COMENTÁRIOS E MODELOS DE ATOS E PROCEDIMENTOS PARA IMPLANTAÇÃO DA LEI FEDERAL Nº 14.133/2021

JAIR EDUARDO SANTANA
VIVIANE FERNANDES DE ARAUJO
MARIA DO CARMO DE CAMPOS VALADARES
LILIANE VASCONCELOS
LUCIANA DE MACEDO POLI

COMENTÁRIOS E MODELOS DE ATOS E PROCEDIMENTOS PARA IMPLANTAÇÃO DA LEI FEDERAL Nº 14.133/2021

Belo Horizonte

2023

© 2023 Editora Fórum Ltda.

É proibida a reprodução total ou parcial desta obra, por qualquer meio eletrônico, inclusive por processos xerográficos, sem autorização expressa do Editor.

Conselho Editorial

Adilson Abreu Dallari
Alécia Paolucci Nogueira Bicalho
Alexandre Coutinho Pagliarini
André Ramos Tavares
Carlos Ayres Britto
Carlos Mário da Silva Velloso
Cármen Lúcia Antunes Rocha
Cesar Augusto Guimarães Pereira
Clovis Beznos
Cristiana Fortini
Dinorá Adelaide Musetti Grotti
Diogo de Figueiredo Moreira Neto (in memoriam)
Egon Bockmann Moreira
Emerson Gabardo
Fabrício Motta
Fernando Rossi
Flávio Henrique Unes Pereira

Floriano de Azevedo Marques Neto
Gustavo Justino de Oliveira
Inês Virgínia Prado Soares
Jorge Ulisses Jacoby Fernandes
Juarez Freitas
Luciano Ferraz
Lúcio Delfino
Marcia Carla Pereira Ribeiro
Márcio Cammarosano
Marcos Ehrhardt Jr.
Maria Sylvia Zanella Di Pietro
Ney José de Freitas
Oswaldo Othon de Pontes Saraiva Filho
Paulo Modesto
Romeu Felipe Bacellar Filho
Sérgio Guerra
Walber de Moura Agra

Luís Cláudio Rodrigues Ferreira
Presidente e Editor

Coordenação editorial: Leonardo Eustáquio Siqueira Araújo
Aline Sobreira de Oliveira

Rua Paulo Ribeiro Bastos, 211 – Jardim Atlântico – CEP 31710-430
Belo Horizonte – Minas Gerais – Tel.: (31) 99412.0131
www.editoraforum.com.br – editoraforum@editoraforum.com.br

Técnica. Empenho. Zelo. Esses foram alguns dos cuidados aplicados na edição desta obra. No entanto, podem ocorrer erros de impressão, digitação ou mesmo restar alguma dúvida conceitual. Caso se constate algo assim, solicitamos a gentileza de nos comunicar através do e-mail editorial@editoraforum.com.br para que possamos esclarecer, no que couber. A sua contribuição é muito importante para mantermos a excelência editorial. A Editora Fórum agradece a sua contribuição.

Dados Internacionais de Catalogação na Publicação (CIP) de acordo com AACR2

C732   Comentários e modelos de atos e procedimentos para implantação da Lei Federal nº 14.133/2021 / Jair Eduardo Santana, Viviane Fernandes de Araujo, Maria do Carmo de Campos Valadares, Liliane Vasconcelos, Luciana de Macedo Poli. Belo Horizonte: Fórum, 2023.

591p.; 17cm x 24cm.
ISBN 978-65-5518-525-6

1. Lei Federal nº 14.133/2021. 2. Nova Lei de Licitações e Contratos. 3. Comentários e modelos para implantação da NLLC. I. Jair Eduardo Santana. II. Viviane Fernandes de Araujo. III. Maria do Carmo de Campos Valadares. IV. Liliane Vasconcelos. V. Luciana de Macedo Poli. VI. Título.

CDD 342
CDU 342.2

Ficha catalográfica elaborada por Lissandra Ruas Lima – CRB/6 – 2851

Informação bibliográfica deste livro, conforme a NBR 6023:2018 da Associação Brasileira de Normas Técnicas (ABNT):

SANTANA, Jair Eduardo; ARAUJO, Viviane Fernandes de; VALADARES, Maria do Carmo de Campos; VASCONCELOS, Liliane; POLI, Luciana de Macedo. *Comentários e modelos de atos e procedimentos para implantação da Lei Federal nº 14.133/2021*. Belo Horizonte: Fórum, 2023. 591p. ISBN 978-65-5518-525-6.

AGRADECIMENTOS

Diógenes Jardel Soares Rodrigues

Geraldo Magela Costa

João Henrique Abreu Quadros de Sá

Marina Maldonado Paranhos

Mateus Signorini Costa

Rafael de Paiva Nunes Romoaldo

Sirley de Oliveira Arruda

SUMÁRIO

PARTE 1

DOUTRINA: COMENTÁRIOS À LEI FEDERAL Nº 14.133/2021

CAPÍTULO 1
DA LICITAÇÃO 13

CAPÍTULO 2
DA VIGÊNCIA 15

CAPÍTULO 3
DAS VEDAÇÕES À PARTICIPAÇÃO NAS LICITAÇÕES 17

CAPÍTULO 4
DOS CONSÓRCIOS 23

CAPÍTULO 5
DAS COOPERATIVAS 25

CAPÍTULO 6
DOS MICROEMPREENDEDORES, MICROEMPRESAS E PEQUENAS
EMPRESAS 27

CAPÍTULO 7
DA CONTAGEM DOS PRAZOS 33

CAPÍTULO 8
DOS PRINCÍPIOS 35

CAPÍTULO 9
DO AGENTE DE CONTRATAÇÃO, DO PREGOEIRO E DAS COMISSÕES 39

CAPÍTULO 10
DA FORMALIZAÇÃO DO PROCESSO LICITATÓRIO – REGRAS GERAIS 43

CAPÍTULO 11
DOS CRITÉRIOS DE JULGAMENTO 63

CAPÍTULO 12
DO ASSESSORAMENTO JURÍDICO...69

CAPÍTULO 13
DA PUBLICIDADE..71

CAPÍTULO 14
DAS MODALIDADES E LIMITES 73

CAPÍTULO 15
DOS PROCEDIMENTOS AUXILIARES...77

CAPÍTULO 16
DAS ALIENAÇÕES 85

CAPÍTULO 17
DO OBJETO 89

CAPÍTULO 18
DAS COMPRAS 93

CAPÍTULO 19
DOS SERVIÇOS EM GERAL..97

CAPÍTULO 20
DA LOCAÇÃO DE IMÓVEIS...99

CAPÍTULO 21
DAS LICITAÇÕES INTERNACIONAIS...101

CAPÍTULO 22
DAS OBRAS E SERVIÇOS DE ENGENHARIA 103

CAPÍTULO 23
DA DISPENSA DE LICITAÇÃO 111

CAPÍTULO 24
DA INEXIGIBILIDADE DE LICITAÇÃO..123

CAPÍTULO 25
DA FORMALIZAÇÃO DO PROCESSO DE CONTRATAÇÃO DIRETA...................129

CAPÍTULO 26
DOS VALORES NA NLLC 131

CAPÍTULO 27
DA HABILITAÇÃO..133

CAPÍTULO 28
DA GARANTIA DE CONTRATO..143

CAPÍTULO 29
DA GARANTIA DE PROPOSTA 145

CAPÍTULO 30
DO JULGAMENTO 147

CAPÍTULO 31
DO ENCERRAMENTO DA LICITAÇÃO 149

CAPÍTULO 32
DOS PAGAMENTOS..151

CAPÍTULO 33
DOS CONTRATOS 155

CAPÍTULO 34
DAS IMPUGNAÇÕES, DOS PEDIDOS DE ESCLARECIMENTO
E DOS RECURSOS..175

CAPÍTULO 35
DOS MEIOS ALTERNATIVOS DE RESOLUÇÃO DE CONTROVÉRSIAS 177

CAPÍTULO 36
DO CONTROLE DAS CONTRATAÇÕES 179

CAPÍTULO 37
DOS CONVÊNIOS..183

CAPÍTULO 38
DAS INFRAÇÕES E SANÇÕES ADMINISTRATIVAS..185

CAPÍTULO 39
DOS CRIMES EM LICITAÇÕES E CONTRATOS ADMINISTRATIVOS...................191

PARTE 2
PRÁTICA (MODELOS)

1 – MODELOS DE ATOS NORMATIVOS..197

2 – MODELO DE PROCESSO DE CONCORRÊNCIA ELETRÔNICA 299

3 – MODELO DE EDITAL DE PREGÃO ELETRÔNICO...365

4 – MANUAL DE CONTRATAÇÃO DIRETA EM DECORRÊNCIA DO VALOR
CONFORME ART. 75, I E II DA LEI FEDERAL Nº 14.133/2021 395

5 – MODELO DE PROCESSO DE DISPENSA ELETRÔNICA 409

6 – MODELO DE PROCESSO DE INEXIGIBILIDADE DE LICITAÇÃO –
ARTIGO 74, I, II E III DA LEI FEDERAL Nº 14.133/2021 443

7 – MODELO DE PROCESSO DE INEXIGIBILIDADE – ARTIGO 74, V DA LEI
FEDERAL Nº 14.133/2021 483

8 – MODELO DE PROCESSO DE INEXIGIBILIDADE/CREDENCIAMENTO
ELETRÔNICO – ARTIGO 74, IV, C/C 79, III, DA LEI FEDERAL Nº 14.133/2021.....509

9 – MODELO DE EDITAL DE INEXIGIBILIDADE/CREDENCIAMENTO –
ARTIGO 74, IV, C/C 79, II, DA LEI FEDERAL Nº 14.133/2021 559

10 – MODELO DE EDITAL DE INEXIGIBILIDADE/CREDENCIAMENTO –
ARTIGO 74, IV, C/C 79, I, DA LEI FEDERAL Nº 14.133/2021....................................577

REFERÊNCIAS...591

PARTE 1

DOUTRINA: COMENTÁRIOS À LEI FEDERAL Nº 14.133/2021

CAPÍTULO 1

DA LICITAÇÃO

Licitação é um processo obrigatório, pelo qual as entidades públicas selecionam a proposta que melhor atenda ao interesse público, mediante regras preestabelecidas que garantam igualdade de condições a todos os interessados.

O processo licitatório tem por objetivos:
- assegurar a seleção da proposta apta a gerar o resultado de contratação mais vantajoso para a Administração Pública, inclusive no que se refere ao ciclo de vida do objeto;
- assegurar o tratamento isonômico entre os licitantes, bem como a justa competição;
- evitar contratações com sobrepreço ou com preços manifestamente inexequíveis e superfaturamento na execução dos contratos;
- incentivar a inovação e o desenvolvimento nacional sustentável.

Pilares:
- planejamento;
- governança;
- transparência;
- parceria com o mercado privado na busca pela eficiência.

Principais inovações:
- governança;
- planejamento da licitação: fase interna;
- instituição de novos regimes de execução contratual;
- novas modalidades com novas formas de disputas e novos critérios de julgamento;
- inversão da fase de habilitação como regra para todas as modalidades licitatórias;
- padronização na realização das licitações na forma eletrônica tratando a forma presencial como exceção;
- novos paradigmas como *compliance*, gestão de riscos e PNCP – Portal Nacional de Contratações Públicas;
- novas formas de extinção contratual.

A Lei Federal nº 14.133 aplica-se a:
– alienação e concessão de direito real de uso de bens;
– compra, inclusive por encomenda;
– locação;
– concessão e permissão de uso de bens públicos;
– prestação de serviços, inclusive os técnico-profissionais especializados;
– obras e serviços de arquitetura e engenharia;
– contratações de tecnologia da informação e de comunicação.

O art. 187 da NLLC previu expressamente a faculdade de os municípios poderem aplicar os regulamentos editados pela União:

Art. 187. Os Estados, o Distrito Federal e os Municípios poderão aplicar os regulamentos editados pela União para execução desta Lei.

O Tribunal de Contas da União, no processo em que a Unifesp justificou a inclusão em edital de cláusula com base em entendimento aceito pelo Tribunal de Contas do Estado de São Paulo, divergente da orientação do TCU, decidiu que:

não se pode perder de vista que, no que concerne a normas gerais de licitação, devem as entidades jurisdicionadas acatar o posicionamento do Tribunal de Contas da União, conforme expresso no enunciado nº 222 da Súmula de Jurisprudência do TCU, verbis:
As Decisões do Tribunal de Contas da União, relativas à aplicação de normas gerais de licitação, sobre as quais cabe privativamente à União legislar, devem ser acatadas pelos administradores dos Poderes da União, dos Estados, do Distrito Federal e dos Municípios. (Acórdão nº 3104/2013-Plenário, TC 024.968/2013-7. Rel. Min. Valmir Campelo, 20.11.2013)

É importante que os órgãos públicos observem as regras gerais estabelecidas pela União, entretanto, tão importante quanto isso é que adaptem os regulamentos da NLLC, no que tange às regras específicas, à sua estrutura física e de recursos humanos.

CAPÍTULO 2

DA VIGÊNCIA

Muito embora a Lei Federal nº 14.133 tenha sido sancionada e publicada no dia 1º.4.2021, foi facultada às entidades públicas sua *aplicação a partir de 31.12.2023*, nos termos do inc. II do art. 193, alterado pela Medida Provisória nº 1.167, de 2023, com exceção dos dispositivos que tratam dos crimes e das penas, bem como dos processos e dos procedimentos judiciais:

> Art. 193. *Revogam-se*:
> I – *os arts. 89 a 108 da Lei nº 8.666, de 21 de junho de 1993, na data de publicação desta Lei;*
> II – em 30 de dezembro de 2023: (Redação dada pela Medida provisória nº 1.167, de 2023)
> a) a Lei nº 8.666, de 1993; (incluído pela Medida Provisória nº 1.167, de 2023)
> b) a Lei nº 10.520, de 2002; (incluído pela Medida Provisória nº 167, de 2023)
> c) os art. 1º a art. 47-A da Lei nº 12.462, de 2011. (incluído pela Medida Provisória nº 167, de 2023)

Os contratos assinados com fundamento nas leis nºs 8.666/93 e 10.520/2002 continuarão a ser regidos por essas leis.

A Medida Provisória nº 1.167, de 2023, fixou as seguintes regras de transição, podendo a Administração optar por licitar ou contratar diretamente de acordo com as leis nºs 8.666/93 e 10.520/2002, desde que:

- a publicação do edital ou do ato autorizativo da contratação direta ocorra até 29.12.2023; e
- a opção escolhida seja expressamente indicada no edital ou no ato autorizativo da contratação direta.

CAPÍTULO 3

DAS VEDAÇÕES À PARTICIPAÇÃO NAS LICITAÇÕES

Não poderá participar, direta ou indiretamente, da licitação ou da execução do contrato, devendo ser observadas as situações que possam configurar conflito de interesses no exercício ou após o exercício do cargo ou emprego, nos termos da legislação que disciplina a matéria:

- agente público de órgão ou entidade licitante ou contratante;
- terceiro que auxilie a condução da contratação na qualidade de integrante da equipe de apoio;
- profissional especializado ou funcionário ou representante da empresa que preste assessoria técnica;
- *aquele que mantenha vínculo* de natureza técnica, comercial, econômica, financeira, trabalhista ou civil com dirigente do órgão ou entidade contratante ou *com agente público que desempenhe função na licitação ou atue na fiscalização ou na gestão do contrato, ou que deles seja cônjuge, companheiro ou parente em linha reta, colateral ou por afinidade, até o terceiro grau,* devendo essa proibição constar expressamente do edital de licitação;
- autor do anteprojeto, do projeto básico ou do projeto executivo, pessoa física ou jurídica, quando a licitação versar sobre obra, serviços ou fornecimento de bens a ele relacionados;
- empresa, isoladamente ou em consórcio, responsável pela elaboração do projeto básico ou do projeto executivo, ou empresa da qual o autor do projeto seja dirigente, gerente, controlador, acionista ou detentor de mais de 5% (cinco por cento) do capital com direito a voto, responsável técnico ou subcontratado, quando a licitação versar sobre obra, serviços ou fornecimento de bens a ela necessários.

A critério da Administração e exclusivamente a seu serviço, o autor dos projetos e a empresa a que se referem os itens anteriores poderão participar no apoio das atividades de planejamento da contratação, de execução da licitação ou de gestão do contrato, desde que sob supervisão exclusiva de agentes públicos do órgão ou entidade.

Equipararam-se aos autores do projeto as empresas integrantes do mesmo grupo econômico.

As vedações previstas nos itens anteriores não impedem a licitação ou a contratação de obra ou serviço que inclua como encargo do contratado a elaboração do projeto básico e do projeto executivo, nas contratações integradas, e do projeto executivo, nos demais regimes de execução.

– pessoa física ou jurídica que se encontre, ao tempo da licitação, impossibilitada de participar da licitação em decorrência de sanção que lhe foi imposta.

O impedimento será também aplicado ao licitante que atue em substituição a outra pessoa, física ou jurídica, com o intuito de burlar a efetividade da sanção a ela aplicada, inclusive a sua controladora, controlada ou coligada, desde que devidamente comprovado o ilícito ou a utilização fraudulenta da personalidade jurídica do licitante.

– aquele que mantenha vínculo de natureza técnica, comercial, econômica, financeira, trabalhista ou civil com dirigente do órgão ou entidade contratante, ou com agente público que desempenhe função na licitação ou atue na fiscalização ou na gestão do contrato, ou que deles seja cônjuge, companheiro ou parente em linha reta, colateral ou por afinidade, até o terceiro grau, *devendo essa proibição constar expressamente do edital de licitação*;

– empresas controladoras, controladas ou coligadas, nos termos da Lei nº 6.404, de 15.12.1976, concorrendo entre si (Sociedades por Ações);

– pessoa física ou jurídica que, nos 5 (cinco) anos anteriores à divulgação do edital, tenha sido condenada judicialmente, com trânsito em julgado, por exploração de trabalho infantil, por submissão de trabalhadores a condições análogas às de escravo ou por contratação de adolescentes nos casos vedados pela legislação trabalhista;

– pessoa física ou jurídica que integre o rol de pessoas sancionadas ou seja declarada inidônea, em licitações e contratações realizadas no âmbito de projetos e programas parcialmente financiados por agência oficial de cooperação estrangeira ou por organismo financeiro internacional com recursos do financiamento ou da contrapartida nacional.

Participação simultânea de empresas com sócios comuns em licitação:

A interpretação teleológica da legislação, especialmente a do princípio da igualdade de condições a todos os interessados, conduz ao entendimento de que *o concurso de licitantes pertencentes a sócios comuns somente é irregular quando puder alijar do certame outros potenciais participantes.*

De acordo com o precedente revelado pelo Acórdão nº 297/2009 – Plenário, a participação simultânea de empresas que tenham sócios comuns em um mesmo certame *configuraria irregularidade nos casos de*:

a) *convite*;
b) *contratação por dispensa de licitação*;
c) *existência de relação entre as licitantes e a empresa responsável pela elaboração do projeto executivo*;
d) *contratação de uma das empresas para fiscalizar serviço prestado por outra*. (Acórdão nº 526/2013-Plenário, TC 028.129/2012-1. Rel. Min. Marcos Bemquerer Costa, 13.3.2013) (Grifos nossos)

Participação em uma mesma licitação de empresas cujos sócios tenham relações de parentesco:

não existe vedação legal à participação, em uma mesma licitação, de empresas com sócios com relação de parentesco;

entretanto, essas relações podem e devem ser levadas em conta sempre que houver indícios consistentes de conluio, como é o caso dos autos;

manter a penalidade de declaração de inidoneidade para contratar com a administração pública por três anos, *por ter sido evidenciada a inexistência de competição real entre as duas empresas do grupo familiar.* (Acórdão nº 1.448/2013-Plenário, TC 013.658/2009-4. Rel. Min. Walton Alencar Rodrigues, 12.6.2013) (Grifos nossos)

Ao julgar a Representação nº 1.047.871, o Tribunal de Contas do Estado de Minas Gerais concluiu que:

A constatação de participação em certames de empresas com sócios em comum ou de empresas cujos sócios tenham parentesco entre si não é suficiente para caracterizar fraude em licitação, sendo necessário que tais fatos sejam examinados em conjunto com outros elementos de convicção.

O gestor de contrato responde por nepotismo ao não coibir a admissão de familiar seu por empresa prestadora de serviço terceirizado em contratações sob a sua fiscalização, por afronta aos princípios da moralidade e da impessoalidade.

ILEGALIDADE NA PARTICIPAÇÃO EM LICITAÇÃO DE EMPRESA CUJOS SÓCIOS SEJAM ASSOCIADOS AO AUTOR DO PROJETO BÁSICO
É ilegal a participação em licitação de empresa cujos sócios sejam associados ao autor do projeto básico em outras sociedades empresariais, à vista do disposto no art. 9º, inciso I e §3º, da Lei 8.666/93.
O relator asseverou que o caso revelou o uso de recurso ardiloso, destinado a burlar a vedação legal, consistente "em se convidar empresa da qual o autor do projeto básico não era sócio, mas cujos sócios eram associados ao autor do projeto em duas outras empresas".
Na avaliação do relator, "a ligação comercial entre o autor do projeto básico e os sócios da empresa vencedora do certame pode ter-lhes dado as vantagens indevidas acima mencionadas, ferindo o princípio da isonomia e da legalidade que norteiam os procedimentos licitatórios".
Tal conduta "tem potencial ainda maior de afrontar o princípio da isonomia no âmbito da licitação na modalidade convite, dado o universo restrito dos concorrentes e a discricionariedade concedida ao promotor do certame na escolha dos licitantes".
Concluiu assim, o relator, que a irregularidade caracterizou fraude ao procedimento licitatório, razão pela qual incluiu em sua minuta de acórdão proposta no sentido de que a empresa fosse declarada inidônea para licitar com a Administração Pública Federal.

O Tribunal, ao acolher a proposta do relator, julgou as contas de dois dos responsáveis irregulares, imputando-lhes o débito apurado e aplicando-lhes multas individuais, concedeu a um terceiro responsável novo e improrrogável prazo para recolhimento de débito de sua responsabilidade e declarou inidônea para licitar com a Administração Pública Federal a empresa que burlara o Convite 4/2006. (Acórdão nº 1924/2013-Plenário, TC 029.266/2011-4. Rel. Min. Subst. Augusto Sherman Cavalcanti, 24.7.2013)

Em resposta à Consulta nº 425.856/20, o Tribunal de Contas do Estado do Paraná decidiu que:

> É vedada a participação em licitação ou a contratação de empresa que possua em seu quadro societário cônjuge, companheiro ou parente em linha reta, colateral ou por afinidade, até o terceiro grau, inclusive, de integrante do Controle Interno da entidade licitante.
> O principal fundamento foi o inciso IV do art. 14 da Lei Federal nº 14.133/2021 que dispõe: "Art. 14. *Não poderão disputar licitação ou participar da execução de contrato, direta ou indiretamente*: [...]
> IV - *aquele que mantenha vínculo* de natureza técnica, comercial, econômica, financeira, trabalhista ou civil com dirigente do órgão ou entidade contratante ou *com agente público que desempenhe função na licitação ou atue na fiscalização ou na gestão do contrato, ou que deles seja cônjuge, companheiro ou parente em linha reta, colateral ou por afinidade, até o terceiro grau,* devendo essa proibição constar expressamente do edital de licitação". (Grifos nossos)

O Supremo Tribunal Federal, ao apreciar a definição de contratos com cláusulas uniformes assim relatou:

> A essa questão, apesar da discussão doutrinária sobre o tema, é assente no entendimento jurisprudencial do Tribunal Superior Eleitoral a *impossibilidade dos contratos administrativos por licitação obedecerem* às *cláusulas uniformes*. A melhor definição para a questão provê do voto do ilustre Ministro Sepúlveda Pertence na oportunidade de enfrentar o tema: [...]
> "Não obstante, a mim me parece que o contrato por licitação e contrato de cláusulas uniformes ao menos, no sentido em que utilizado na Constituição (art. 54, I, a) ou na regra de inelegibilidade -, são conceitos que "hurlent de se trouver ensemble".
> *Contrato de cláusulas uniformes é o contrato chamado de adesão*, que, na lição de Orlando Gomes (Contratos, 11ª ed. p. 118), é aquele no qual "uma das partes tem de aceitar, em bloco, as cláusulas estabelecidas pela outra, aderindo a uma situação contratual que encontra definida em todos os seus termos. O consentimento manifesta-se com a simples adesão no conteúdo preestabelecido da relação jurídica".
> Derivam eles, nota Darcy Bessone (Do Contrato, 1960, p. 82), "da *adesão, sem prévia discussão, a um bloco de cláusulas elaborado pela sua parte*".
> Na licitação, é certo, a administração pública pré-ordena no edital uma série de cláusulas, às quais, atendendo ao convite, não teria objeto a licitação.
> Veja-se, no ponto, o precioso testemunho doutrinário de Caio Mário (Instituições de Direito Civil, 6ª, III), igual ao do invocado pelo recorrido, quando observa que, "*no contrato de licitação, a oferta traz a convocação dos interessados para apresentar suas propostas, nas quais, obrigados embora a submeter-se a certas condições fixas, pormenorizam as suas proposições quanto ao preço, prazo, etc., ficando o anunciante com a liberdade de escolher aquela que seja de sua conveniência e até de não aceitar nenhuma* (fl. 216).
> O que se tem, portanto, é que, na formação do contrato administrativo, por licitações, suas cláusulas advêm, parcialmente, da oferta ao público substantivada no edital, que já contém estipulações prévias e unilateralmente fixadas, aos quais há de aderir o licitante para concorrer, mas, de outro lado, também daquelas resultantes da proposta do concorrente vitorioso, relativa aos pontos objeto do concurso, que, de sua vez, o Poder Público aceita ao adjudicar-lhe o contrato.
> *No contrato por licitação, por conseguinte, não há jamais o que é o caráter específico do contrato de adesão: provir a totalidade do seu conteúdo normativo da oferta unilateral de uma das partes a que simplesmente adere globalmente o aceitante:* ao contrário, o momento culminante do

aperfeiçoamento do contrato administrativo formado mediante licitação não é o de adesão do licitante às cláusulas pré-fixadas no edital, mas, sim o da aceitação pela Administração Pública de proposta selecionada como a melhor sobre as cláusula abertas ao concurso de ofertas. (Respe nº 10.130) (Apelação Cível nº 994.04.048412-2, 9ª Câmara de Direito Público. Rel. Des. Oswaldo Luiz Palu, j. 14.4.2010) (Grifos nossos)

CAPÍTULO 4

DOS CONSÓRCIOS

Salvo vedação devidamente justificada no processo licitatório, pessoa jurídica poderá participar de licitação em consórcio, *observadas as seguintes normas*:

- comprovação de compromisso público ou particular de constituição de consórcio, subscrito pelos consorciados;
- indicação da empresa líder do consórcio, que será responsável por sua representação perante a Administração;
- admissão, para efeito de habilitação técnica, do somatório dos quantitativos de cada consorciado e, para efeito de habilitação econômico-financeira, do somatório dos valores de cada consorciado;
- impedimento de a empresa consorciada participar, na mesma licitação, de mais de um consórcio ou de forma isolada;
- responsabilidade solidária dos integrantes pelos atos praticados em consórcio, tanto na fase de licitação quanto na de execução do contrato.

O edital deverá estabelecer para o consórcio acréscimo de 10% (dez por cento) a 30% (trinta por cento) sobre o valor exigido de licitante individual para a habilitação econômico-financeira, salvo justificação.

O acréscimo não se aplica aos consórcios compostos, em sua totalidade, de microempresas e pequenas empresas, assim definidas em lei.

O licitante vencedor é obrigado a promover, antes da celebração do contrato, a constituição e o registro do consórcio.

Desde que haja justificativa técnica aprovada pela autoridade competente, o edital de licitação poderá estabelecer limite máximo para o número de empresas consorciadas.

A substituição de consorciado deverá ser expressamente autorizada pelo órgão ou entidade contratante e condicionada à comprovação de que a nova empresa do consórcio possui, no mínimo, os mesmos quantitativos para efeito de habilitação técnica e os mesmos valores para efeito de qualificação econômico-financeira apresentados pela empresa substituída para fins de habilitação do consórcio no processo licitatório que originou o contrato.

CAPÍTULO 5

DAS COOPERATIVAS

Os profissionais organizados sob a forma de cooperativa poderão participar de licitação quando:

- a constituição e o funcionamento da cooperativa observarem as regras estabelecidas na legislação aplicável, em especial a Lei nº 5.764, de 16.12.1971, a Lei nº 12.690, de 19.7.2012, e a Lei Complementar nº 130, de 17.4.2009;
- a cooperativa apresentar demonstrativo de atuação em regime cooperado, com repartição de receitas e despesas entre os cooperados;
- qualquer cooperado, com igual qualificação, for capaz de executar o objeto contratado, vedado à Administração indicar nominalmente pessoas;
- o objeto da licitação referir-se, em se tratando de cooperativas enquadradas na Lei nº 12.690, de 19.7.2012, a serviços especializados constantes do objeto social da cooperativa, a serem executados de forma complementar à sua atuação.

O Tribunal de Contas da União, no Acórdão nº 2.260/2017 da Primeira Câmara, decidiu que:

A permissão à participação de cooperativas em licitações que envolvam *terceirização de serviços com subordinação, pessoalidade e habitualidade* afronta os arts. 4º, inciso II, e 5º da Lei 12.690/2012 e a Súmula TCU 281;

A aparente economicidade dos valores ofertados pelo licitante nesses casos não compensa o risco de relevante prejuízo financeiro para a Administração Pública advindo de eventuais ações trabalhistas.

CAPÍTULO 6

DOS MICROEMPREENDEDORES, MICROEMPRESAS E PEQUENAS EMPRESAS

O art. 4º da Lei Federal nº 14.133 previu a aplicação dos arts. 42 a 49 da LC nº 123, *exceto*:
- no caso de licitação para aquisição de *bens ou contratação de serviços em geral*, ao item *cujo valor estimado for superior* à *receita bruta máxima admitida* para fins de enquadramento como empresa de pequeno porte;
- no caso de contratação de *obras e serviços de engenharia*, às licitações cujo *valor estimado for superior* à *receita bruta máxima admitida* para fins de enquadramento como empresa de pequeno porte.

Para fins do cômputo do valor estimado da receita bruta máxima admitida nas contratações com prazo de vigência superior a 1 (um) ano, será considerado o valor anual do contrato.

A administração deverá prever no edital, com fundamento no §2º do art. 4º da Lei Federal nº 14.133, *declaração de observância do limite de contratação no ano-calendário* de realização da licitação, constando expressamente que até a respectiva data não celebrou contratos com a Administração Pública cujos valores somados extrapolem a receita bruta máxima admitida para fins de enquadramento como empresa de pequeno porte.

Caso a modalidade de licitação utilizada seja a concorrência e a proposta mais bem classificada não tiver sido ofertada por ME ou EPP e houver proposta apresentada por ME ou EPP em *valor igual até 10% (dez por cento) superior* à *melhor proposta, estará configurado o empate* previsto no art. 44, §1º, da Lei Complementar nº 123/2006.

Ocorrendo o empate, proceder-se-á da seguinte forma:
- a ME ou a EPP mais bem classificada será convocada para apresentar nova proposta de preço inferior àquela considerada classificada em 1º lugar, sob pena de preclusão do exercício do direito de desempate;
- não sendo vencedora a ME ou EPP mais bem classificada, na forma do subitem anterior, serão convocadas as demais ME e EPP remanescentes cujas propostas estejam dentro do limite de 10%, na ordem classificatória, para o exercício do mesmo direito;
- no caso de equivalência dos valores apresentados pelas ME e EPP que se encontrem no limite estabelecido de 10%, será realizado sorteio entre elas para que se identifique aquela que primeiro poderá apresentar nova oferta.

Na hipótese da não contratação nos termos previstos acima, o objeto licitado será adjudicado, desde que cumpridas as condições de habilitação, em favor da proposta de menor preço.

Havendo restrição na comprovação da regularidade fiscal e trabalhista, em se tratando de ME ou EPP, será assegurado o prazo de 5 (cinco) dias úteis, cujo termo inicial corresponderá ao momento em que o proponente for declarado vencedor do certame, prorrogáveis por igual período, a critério da Administração Pública, para regularização da documentação, pagamento ou parcelamento do débito, e emissão de eventuais certidões negativas ou positivas com efeito de certidão negativa.

A prorrogação do prazo para a regularização fiscal e trabalhista igualmente dependerá de requerimento, devidamente fundamentado, a ser dirigido à comissão ou agente de contratação.

Entende-se por tempestivo o requerimento apresentado dentro dos cinco dias úteis inicialmente concedidos.

A não regularização da documentação, no prazo previsto, implicará decadência do direito à contratação, sem prejuízo das sanções cabíveis.

Enquanto o município não editar legislação própria mais favorável à microempresa e empresa de pequeno porte, aplicar-se-á obrigatoriamente a legislação federal.

Obrigatoriamente deverá ser concedido tratamento diferenciado e simplificado para as microempresas e empresas de pequeno porte, objetivando a promoção do desenvolvimento econômico e social no âmbito municipal e regional, a ampliação da eficiência das políticas públicas e o incentivo à inovação tecnológica.

A Administração Pública deverá:

- realizar processo licitatório destinado exclusivamente à participação de microempresas e empresas de pequeno porte nos itens de contratação cujo valor seja de até R$80.000,00;
- estabelecer, em certames para aquisição de bens de natureza divisível, cota de até 25% (vinte e cinco por cento) do objeto para a contratação de microempresas e empresas de pequeno porte;
- nas compras por dispensa de licitação de que tratam os incs. I e II do art. 75 (contratação direta), dar preferência às microempresas e empresas de pequeno porte.

Fica dispensado o cumprimento dessas exigências quando:

a) não houver um mínimo de 3 (três) fornecedores competitivos enquadrados como microempresas ou empresas de pequeno porte sediados local ou regionalmente e capazes de cumprir as exigências estabelecidas no instrumento convocatório;

b) o tratamento diferenciado e simplificado para as microempresas e empresas de pequeno porte *não for vantajoso para a Administração Pública* ou representar prejuízo ao conjunto ou complexo do objeto a ser contratado;

c) a licitação for inexigível ou dispensável, nos termos dos arts. 74 e 75 da Lei nº 14.133, de 2021, excetuando-se as dispensas tratadas pelos incs. I e II do art. 75 da mesma lei, *nas quais a compra deverá ser feita preferencialmente de microempresas e empresas de pequeno porte.*

Microempreendedor Individual (MEI), para os efeitos da Lei Complementar nº 123, é quem:

- auferiu receita bruta, no ano-calendário anterior, de até R$81.000,00;
- optou pelo Simples Nacional ou não esteja impedido de optar por esse regime;
- constituiu-se como empresário individual conforme definição do art. 966 da Lei nº 10.406/2002 (Código Civil);
- não exerça atividade tributada na forma dos Anexos V ou VI da Lei Complementar nº 123, salvo autorização relativa a exercício de atividade isolada na forma regulamentada pelo CGSN;
- não possua mais de um estabelecimento;
- não participe de outra empresa como titular, sócio ou administrador;
- não seja constituído na forma de *startup*;
- constituiu-se como empresário individual que exerça atividade de comercialização e processamento de produtos de natureza extrativista.

A Lei Complementar nº 128, de 19.12.2008, criou condições especiais para que o trabalhador conhecido como informal possa se tornar um MEI legalizado.

Entre as vantagens oferecidas por essa lei está o registro no Cadastro Nacional de Pessoas Jurídicas (CNPJ), o que facilita a abertura de conta bancária, o pedido de empréstimos e a emissão de notas fiscais.

Além disso, o MEI será enquadrado no Simples Nacional e ficará isento dos tributos federais.

O Tribunal de Contas da União proferiu o Acórdão nº 1.238/2016, de relatoria da Ministra Ana Arraes, no sentido de que:

- não há obrigação legal de parcelamento do objeto da licitação exclusivamente para permitir a participação de microempresas e empresas de pequeno porte;
- o parcelamento do objeto deve visar precipuamente o interesse da Administração.

Anotou a relatora:

apesar de o art. 47 da Lei Complementar 123/2006 determinar que, nas contratações públicas, deverá ser concedido tratamento diferenciado e simplificado para microempresas e empresas de pequeno porte, não existe determinação para que as aquisições realizadas pela administração pública sejam divididas em parcelas com o objetivo de permitir a participação dessas empresas.

Nesse sentido, prosseguiu, "*o tratamento diferenciado e simplificado somente poderá ser concedido caso seja vantajoso para a administração pública* e não represente prejuízo ao conjunto ou complexo do objeto a ser contratado, conforme determina o art. 49 da Lei Complementar 123/2006".

Contestou a relatora, assim, a tese da unidade instrutiva, observando, adicionalmente, que, no caso concreto "não se vislumbra ganho com o procedimento sugerido pela unidade técnica, pois atenderá apenas ao interesse do particular, e não da administração", visto que "a administração pública tem a exata noção dos custos desses serviços, e a divisão do objeto não necessariamente irá ampliar a competitividade e, em consequência, reduzir os preços ofertados aos patamares esperados", além disso, "ocorrerá aumento de custos administrativos com a gestão desses contratos".

Por meio do Acórdão nº 4.506/2022, de relatoria do Ministro Jorge Oliveira, a Primeira Câmara do Tribunal de Contas da União assentou que a viabilidade técnica e econômica da subcontratação de determinada parcela do objeto não significa a obrigatoriedade da adoção do parcelamento na licitação, pois há hipóteses em que a celebração de um único contrato se mostra a opção mais adequada para o atendimento do interesse público e das necessidades da Administração, ainda que eventualmente parte dos serviços, de caráter acessório, seja realizada por empresa subcontratada, circunstância que deve ser devidamente justificado no processo da contratação.

Conforme entendimento exarado no Acórdão nº 330/2015, do Tribunal de Constas da União, para que uma empresa seja classificada como ME ou EPP e seja beneficiada pela Lei Complementar nº 123/06, *não se faz necessária a adesão ao Simples Nacional*:

> a recente alteração promovida pela Lei Complementar 147, de 7 de agosto de 2014, mediante a qual foi incluído o artigo 3-B na Lei Complementar 123/2006, em que é expresso que os dispositivos da Lei Complementar 123/2006 são aplicáveis "a todas as microempresas e empresas de pequeno porte, assim definidas pelos incisos I e II do caput e §4º do art. 3º, ainda que não enquadradas no regime tributário do Simples Nacional". (Acórdão nº 330/2015 – Plenário, TC 028.839/2012-9. Rel. Min. Vital do Rêgo, 4.3.2015)

Concluiu o Tribunal de Contas da União no Acórdão nº 358/2015 que:

> a adesão ao Simples Nacional não se faz necessária para que as empresas sejam classificadas como EPP ou ME e tampouco é imprescindível para que as empresas sejam beneficiadas pela Lei Complementar 123/2006 [...]; a recente alteração promovida pela Lei Complementar 147, de 7 de agosto de 2014, mediante a qual foi incluído o artigo 3-B na Lei Complementar 123/2006, em que é expresso que os dispositivos da Lei Complementar 123/2006 são aplicáveis "a todas as microempresas e empresas de pequeno porte, assim definidas pelos incisos I e II do caput e §4º do art. 3º, ainda que não enquadradas no regime tributário do Simples Nacional".

O Acórdão nº 1.778/2022, de relatoria do Ministro Jorge Oliveira – Plenário do Tribunal de Contas da União, assentou que:

> Em licitação que tem por objeto a prestação de serviços de transporte mediante a locação de veículos com motoristas, em que a locação é o componente principal do serviço e a mão de obra tem caráter acessório e instrumental, é possível a participação de microempresa ou empresa de pequeno porte optante do Simples Nacional, não sendo necessário que ela, caso contratada, promova sua exclusão desse regime tributário.
>
> De conformidade com entendimento do Tribunal de Contas da União:
>
> *Havendo dúvidas* sobre o enquadramento da licitante na condição de microempresa ou de empresa de pequeno porte, segundo os parâmetros estabelecidos no art. 3º da Lei Complementar 123/06, além de se realizar as pesquisas pertinentes nos sistemas de pagamento da Administração Pública Federal, *deve ser solicitado à licitante*:
>
> *a apresentação dos documentos contábeis aptos a demonstrar* a correção e *a veracidade de sua declaração* de qualificação como microempresa ou empresa de pequeno porte para fins de usufruto dos benefícios da referida Lei.
>
> Analisando os argumentos da empresa, relembrou a relatora que, nos termos da Lei Complementar 123/06, a sociedade será enquadrada como EPP desde que aufira, em cada ano-calendário, receita bruta superior a R$360.000,00 e igual ou inferior a R$3.600.000,00.

Caso a EPP, no ano-calendário, exceda em mais de 20% o limite da receita bruta anual (R$3.600.000,00), *fica excluída, no mês subsequente* à ocorrência do excesso, do tratamento jurídico diferenciado previsto na lei.

Dessa forma, quando da participação no pregão, em novembro de 2007, já tendo recebido aproximadamente R$4.700.000,00 somente do governo federal, a empresa vencedora não poderia usufruir do tratamento jurídico diferenciado.

Pelos fatos narrados, contudo, sugeriu a relatora a declaração da inidoneidade da empresa para participar de licitação na Administração Pública Federal, nos termos do art. 46 da Lei Orgânica do TCU.

Nesse sentido, o Plenário do Tribunal, acolhendo a proposta da relatora, revogou a cautelar concedida, determinando o prosseguimento do pregão com a exclusão da empresa inicialmente vencedora, declarando-a inidônea para participar de licitação na Administração Pública Federal pelo período de seis meses, nos termos do art. 46 da Lei 8.443/92, e recomendando ao Comando de Operações Navais da Marinha que, "havendo dúvidas sobre o enquadramento de licitante na condição de microempresa ou de empresa de pequeno porte, segundo os parâmetros estabelecidos no art. 3º da Lei Complementar 123/2006, além de realizar as pesquisas pertinentes nos sistemas de pagamento da Administração Pública Federal, solicite à licitante a apresentação dos documentos contábeis aptos a demonstrar a correção e a veracidade de sua declaração de qualificação como microempresa ou empresa de pequeno porte para fins de usufruto dos benefícios da referida lei. (Acórdão nº 1.370/2015-Plenário, TC 034.794/2014-0. Rel. Min. Ana Arraes, 3.6.2015) (Grifos nossos)

A Lei Complementar Federal nº 155/2016 alterou o limite de R$3.600.000,00 para R$4.800.000,00.

CAPÍTULO 7

DA CONTAGEM DOS PRAZOS

Na contagem dos prazos serão excluídos o dia do começo e incluídos o dia do vencimento, e observadas as seguintes disposições:
– os prazos expressos em dias corridos serão computados de modo contínuo;
– os prazos expressos em meses ou anos serão computados de data a data;
– se no mês do vencimento não houver o dia equivalente àquele do início do prazo, considera-se como termo o último dia do mês.

Nos prazos expressos em dias úteis, serão computados somente os dias em que ocorrer expediente administrativo no órgão ou entidade competente.

Considera-se dia do começo do prazo:
– o primeiro dia útil seguinte ao da disponibilização da informação na internet;
– a data de juntada aos autos do aviso de recebimento, quando a notificação for pelos correios.

Considera-se prorrogado o prazo até o primeiro dia útil seguinte se o vencimento cair em dia em que não houver expediente, se o expediente for encerrado antes da hora normal ou se houver indisponibilidade da comunicação eletrônica.

CAPÍTULO 8

DOS PRINCÍPIOS

Os princípios são os valores de determinada sociedade que se cristalizaram econômica, política, social e culturalmente.

Os princípios que regem as licitações públicas são os seguintes:

- *Legalidade:* exige que a administração siga todos os preceitos legais que rege seus atos.
- *Impessoalidade:* impede que a administração tenha como base de ação as pessoas envolvidas. O interesse público está acima e não há que se dar vantagens a pessoas ou grupo de pessoas, por motivo nenhum.
- *Moralidade:* exige que o administrador seja honesto em seus atos, buscando sempre o interesse público.
- *Publicidade:* é todo processo de divulgação oficial tendente a tornar público determinado ato, para que este se inicie e produza efeitos externos.
- *Eficiência:* fazer certo a coisa certa = modo de fazer.

É o dever da boa administração, que já não se contenta em desempenhar suas atividades apenas na legalidade, mas necessita alcançar os melhores resultados para que os serviços públicos sejam prestados adequadamente.

De acordo com o Mestre Hely Lopes Meirelles, o princípio da eficiência: "É o mais moderno princípio da função administrativa, que já não se contenta em ser desempenhada apenas com legalidade, exigindo resultados positivos, para o serviço público e satisfatório atendimento das necessidades da comunidade e de seus membros".[1]

- *Eficácia:* fazer a coisa certa = resultado.
- *Efetividade:* impacto e efeitos produzidos pelos resultados.
- *Interesse público:* é o pressuposto de que toda atuação do Estado seja pautada com o objetivo precípuo de atender à coletividade.

O TRF 3ª R., na Ap-RN nº 0003157-09.1997.4.03.6000/MS – 6ª T., de relatoria da Desembargadora Federal Regina Costa, publicada no *Diário da Justiça* de 14.6.2013, decidiu pela:

Possibilidade de licitante que entregou a proposta com um minuto de atraso, de acordo com o protocolo anotado à mão, participar do certame, *tendo em vista a preponderância do princípio da supremacia do interesse público que, na hipótese, manifesta-se pelo ensejo da maior competitividade possível no certame.*

---

[1] MEIRELLES, Hely Lopes. *Direito administrativo brasileiro*. São Paulo: Malheiros, 1996.

- *Probidade administrativa:* revela a honestidade de proceder ou a maneira criteriosa de cumprir todos os deveres. É o procedimento justo.
- *Igualdade:* é o tratamento uniforme às pessoas que estejam em situações iguais. Ofende o princípio da igualdade restringir a competição, estabelecendo objeto com indicação de qualidade ou características exclusivas, *quando essas não forem indispensáveis* à *satisfação do interesse público.*
- *Planejamento:* é o ato de pensar antes de fazer, com o objetivo de prevenir e diminuir falhas.
- *Transparência:* é o dever de prestar contas à população, divulgando de forma ampla e acessível o uso dos recursos públicos.
- *Segregação de funções:* é a separação de funções, evitando o acúmulo por um mesmo servidor.
- *Motivação:* é a apresentação das razões que levaram a determinada decisão.
- *Vinculação ao edital:* é a observância das normas estabelecidas de forma objetiva no edital.
- *Julgamento objetivo:* é a observância aos critérios prefixados pela administração, levando em consideração o interesse do serviço público.
- *Segurança jurídica:* é a coerência na aplicação das leis, propiciando um ambiente previsível, razoável e estável.
- *Razoabilidade:* é a harmonização da norma geral com o caso concreto, visando assegurar o objetivo da lei, que no caso das licitações é a satisfação de uma necessidade da sociedade.

Sobre a aplicação do princípio da razoabilidade, o professor Adilson Abreu Dallari nos ensina:

> Ao administrador público, não basta atuar conforme a lei. Não faz sentido emperrar a Administração para dar cumprimento à LITERALIDADE da lei.
>
> Agora é preciso mais: a Administração deve buscar, entre as soluções teoricamente possíveis, aquela que, diante das circunstâncias do caso concreto, permita atingir os resultados necessários à satisfação do interesse público.[2]

- *Competitividade:* assegura a participação de qualquer interessado em igualdade de condições, sem privilegiar determinado indivíduo ou segmento.
- *Proporcionalidade:* é o instrumento de equilíbrio entre os meios e os fins na aplicação das leis.
- *Celeridade:* é a busca pela execução dos processos de forma rápida e efetiva.
- *Economicidade:* a administração tem que buscar comprar mais e melhor, com menos recursos. É a relação custo x benefício.
- *Desenvolvimento nacional sustentável:* é aquele que satisfaz as necessidades presentes, sem comprometer a capacidade das gerações futuras de suprir suas próprias necessidades (Relatório Brundtland de 1987, produzido pela Comissão Mundial sobre o Meio Ambiente e Desenvolvimento).

---

[2] DALLARI, Adilson Abreu. Privatização, eficiência e responsabilidade. *In*: MOREIRA NETO, Diogo de Figueiredo. *Uma avaliação das tendências contemporâneas do direito administrativo.* Rio de Janeiro: Renovar, 2003.

São diretrizes de sustentabilidade, na forma do Decreto Federal nº 7.746/2012, alterado pelo Decreto nº 9.178, de 2017:

I - baixo impacto sobre recursos naturais como flora, fauna, ar, solo e água;

II - preferência para materiais, tecnologias e matérias-primas de origem local;

III - maior eficiência na utilização de recursos naturais como água e energia;

IV - maior geração de empregos, preferencialmente com mão de obra local;

V - maior vida útil e menor custo de manutenção do bem e da obra;

VI - uso de inovações que reduzam a pressão sobre recursos naturais;

VII - origem sustentável dos recursos naturais utilizados nos bens, nos serviços e nas obras; e

VIII - utilização de produtos florestais madeireiros e não madeireiros originários de manejo florestal sustentável ou de reflorestamento.

Alertamos que a adoção de critérios e práticas de sustentabilidade deverá ser justificada nos autos e preservar o caráter competitivo do certame.

CAPÍTULO 9

DO AGENTE DE CONTRATAÇÃO, DO PREGOEIRO E DAS COMISSÕES

Caberá à autoridade máxima do órgão ou da entidade, ou a quem for delegada atribuição, promover gestão por competências e designar agentes públicos para o desempenho das funções essenciais à execução da lei de licitação, que deverão preencher os seguintes requisitos:

- sejam, preferencialmente, servidores efetivos ou empregados públicos dos quadros permanentes da Administração Pública;
- tenham atribuições relacionadas a licitações e contratos ou possuam formação compatível ou qualificação atestada por certificação profissional emitida por escola de governo criada e mantida pelo poder público; e
- não sejam cônjuge ou companheiro de licitantes ou contratados habituais da administração nem tenham com eles vínculo de parentesco, colateral ou por afinidade, até o terceiro grau, ou de natureza técnica, comercial, econômica, financeira, trabalhista e civil.

Relação de parentesco (até 3º grau civil, afim ou consanguíneo)				
Formas de parentesco		Graus de parentesco		
		1º Grau	2º Grau	3º Grau
Parentes consanguíneos	Ascendentes	Pai, mãe	Avô, avó	Bisavô, bisavó
	Descendentes	Filho, filha	Neto, neta	Bisneto, bisneta
	Em linha colateral		Irmão, irmã	Tio, tia (maternos e paternos) sobrinhos (as)
Parentes por afinidade	Ascendentes	Sogro, sogra padrasto e madrasta do cônjuge	Pais dos sogros (avô, avó do cônjuge)	Avós dos sogros (bisavô, bisavó do cônjuge)
	Descendentes	Filho do(a) esposo(a) (enteado), Genro, nora	Filho (a) do (a) enteado(a) (neto ou neta da esposa)	Bisneto, bisneta do cônjuge
	Em linha colateral		Cunhados (irmãos do cônjuge)	
Cônjuge, companheiro(a)	Marido e mulher (cônjuges), companheiro e companheira não são parentes, entretanto, para fins do disposto na Súmula Vinculante nº 13 do STF, deverão ser tratados como de primeiro grau, vedada a nomeação para o provimento de cargos em comissão, de confiança ou função gratificada.			

A autoridade superior observará o princípio da segregação de funções, vedada a designação do mesmo agente público para atuação simultânea em funções mais suscetíveis a riscos, de modo a reduzir a possibilidade de ocultação de erros e de ocorrência de fraudes na respectiva contratação, inclusive em relação aos órgãos de assessoramento jurídico e de controle interno da Administração.

Os municípios com até 20.000 (vinte mil) habitantes terão o prazo de 6 (seis) anos, ou seja, até 1º.4.2027 para cumprimento dos requisitos de gestão por competência e condução dos processos por agente de contratação do quadro de servidores efetivos do órgão.

A autoridade superior designará *agente de contratação*, entre servidores efetivos ou empregados públicos dos quadros permanentes da Administração Pública, para tomar decisões, acompanhar o trâmite da licitação, dar impulso ao procedimento licitatório e executar quaisquer outras atividades necessárias ao bom andamento do certame até a homologação.

Ao apreciar o tema, o TCE/MA, no Processo nº 5.819/2022, decidiu que:

– somente servidores ocupantes de cargo de provimento efetivo devem ser designados como agente de contratação para atuar na condução do processo de licitação;
– é possível designar servidores efetivos, cedidos de qualquer das esferas de governo para atuar como agente de contratação na condução do processo de licitação.

O agente de contratação será auxiliado por equipe de apoio e responderá individualmente pelos atos que praticar, salvo quando induzido a erro pela atuação da equipe.

É facultada a substituição do agente de contratação, nas licitações que envolvam bens ou serviços especiais, por comissão de contratação formada por, no mínimo 3 (três) membros, que responderão solidariamente por todos os atos praticados pela comissão, ressalvado o membro que expressar posição individual divergente fundamentada e registrada em ata lavrada na reunião em que houver sido tomada a decisão.

Comissão de contratação é o conjunto de agentes públicos indicados pela Administração, em caráter permanente ou especial, com a função de receber, examinar e julgar documentos relativos às licitações e aos procedimentos auxiliares.

As regras relativas à atuação do agente de contratação e da equipe de apoio, ao funcionamento da comissão de contratação e à atuação de fiscais e gestores de contratos *serão estabelecidas em regulamento*, e deverá ser prevista a possibilidade de eles contarem com o apoio dos órgãos de assessoramento jurídico e de controle interno para o desempenho das suas funções essenciais.

Em licitação que envolva *bens ou serviços especiais* cujo objeto não seja rotineiramente contratado pela Administração, poderá ser contratado, por prazo determinado, *serviço de empresa ou de profissional especializado para assessorar os agentes públicos responsáveis pela condução da licitação.*

Em licitação na *modalidade pregão*, o agente responsável pela condução do certame será designado *pregoeiro*.

É *vedado ao agente público designado para atuar na* área de licitações e contratos, ressalvados os casos previstos em lei:

– Admitir, prever ou tolerar, nos atos que praticar, situações que: comprometam, restrinjam ou frustrem o caráter competitivo do processo licitatório, inclusive nos casos de participação de sociedades cooperativas; estabeleçam preferências ou distinções em razão da naturalidade, da sede ou do domicílio dos licitantes; sejam impertinentes ou irrelevantes para o objeto específico do contrato.

- Estabelecer tratamento diferenciado de natureza comercial, legal, trabalhista, previdenciária ou qualquer outra entre empresas brasileiras e estrangeiras, inclusive no que se refere a moeda, modalidade e local de pagamento, mesmo quando envolvido financiamento de agência internacional.
- Opor resistência injustificada ao andamento dos processos e, indevidamente, retardar ou deixar de praticar ato de ofício, ou praticá-lo contra disposição expressa em lei.

A advocacia pública promoverá, a critério do agente público, a defesa em processo judicial ou extrajudicial, da autoridade competente e dos servidores públicos, ainda que não mais ocupem o cargo, emprego ou função, *desde que*:

- sejam decorrentes de procedimentos relacionados às licitações e aos contratos de que tenham participado;
- o ato tenha sido praticado com estrita observância de orientação constante em parecer jurídico elaborado na forma do §1º do art. 53 da Lei nº 14.133;
- os autos do processo não contenham prova da prática de atos ilícitos dolosos.

CAPÍTULO 10

DA FORMALIZAÇÃO DO PROCESSO LICITATÓRIO – REGRAS GERAIS

Na formalização do processo licitatório, observar-se-á o seguinte:
- Os documentos serão produzidos por escrito, com data e local de sua realização e assinatura dos responsáveis.
- Os valores, os preços e os custos utilizados terão como expressão monetária a moeda corrente nacional, ressalvadas as licitações de âmbito internacionais.
- *O desatendimento de exigências meramente formais* que não comprometam a aferição da qualificação do licitante ou a compreensão do conteúdo de sua proposta *não importará seu afastamento da licitação ou a invalidação do processo.*
- *A prova de autenticidade de cópia de documento* público ou particular poderá ser feita perante agente da Administração, *mediante apresentação de original* ou de declaração de autenticidade por advogado, sob sua responsabilidade pessoal.
- *O reconhecimento de firma somente será exigido quando houver dúvida de autenticidade,* salvo imposição legal.

O Tribunal de Contas da União, por meio do Plenário, proferiu o Acórdão nº 2.036/2022 nos seguintes termos:

> É irregular que o edital exija, para habilitação das licitantes, a apresentação de documentos originais, cópias autenticadas ou cópias acompanhadas dos originais. Em caso de dúvida quanto à veracidade das informações apresentadas, o órgão condutor do certame deve promover as diligências necessárias para esclarecer ou complementar a instrução do processo. (Acórdão nº 2036/2022 – Plenário – Representação. Rel. Min. Bruno Dantas)

- Os atos serão preferencialmente digitais, de forma a permitir que sejam produzidos, comunicados, armazenados e validados por meio eletrônico.

A partir de *documentos de formalização de demandas,* os órgãos responsáveis pelo planejamento de *cada ente federativo poderão, na forma de regulamento, elaborar plano de contratações anual,* com o objetivo de racionalizar as contratações dos órgãos e entidades sob sua competência, garantir o alinhamento com o seu planejamento estratégico e subsidiar a elaboração das respectivas leis orçamentárias.

O plano de contratações anual deverá ser divulgado e mantido à disposição do público em sítio eletrônico oficial e será observado pelo ente federativo na realização de licitações e na execução dos contratos.

São permitidas a identificação e assinatura digital por pessoa física ou jurídica em meio eletrônico, mediante certificado digital emitido em âmbito da Infraestrutura de Chaves Públicas Brasileira (ICP-Brasil).

Os atos praticados no processo licitatório são públicos, ressalvadas as hipóteses de informações cujo sigilo seja imprescindível à segurança da sociedade e do Estado, na forma da lei, *exceto*:

– quanto ao conteúdo das propostas, até a respectiva abertura;
– quanto ao orçamento da Administração, desde que devidamente justificado nos termos do art. 24 da Lei nº 14.133.

O processo de licitação observará as seguintes fases, em sequência:

– Preparatória.
– De divulgação do edital de licitação.
– De apresentação de propostas e lances, quando for o caso.
– De julgamento.

Desde que previsto no edital, *na fase de julgamento, o órgão ou entidade licitante poderá, em relação ao licitante provisoriamente vencedor, realizar análise e avaliação da conformidade da proposta*, mediante homologação de amostras, exame de conformidade e prova de conceito, entre outros testes de interesse da Administração, de modo a comprovar sua aderência às especificações definidas no termo de referência ou no projeto básico.

– De habilitação.

A fase de habilitação poderá, mediante ato motivado com explicitação dos benefícios decorrentes, anteceder as fases de propostas e julgamento, desde que expressamente previsto no edital de licitação.

– Recursal.
– De homologação.

As licitações serão realizadas preferencialmente sob a forma eletrônica, admitida a utilização da forma presencial, desde que motivada, devendo a sessão pública ser registrada em ata *e gravada em* áudio *e vídeo, e a gravação juntada aos autos do processo licitatório depois de seu encerramento.*

Nos procedimentos realizados por meio eletrônico, a Administração poderá determinar, como condição de validade e eficácia, que os licitantes pratiquem seus atos em formato eletrônico.

A Administração poderá exigir certificação por organização independente acreditada pelo Instituto Nacional de Metrologia, Qualidade e Tecnologia (Inmetro) como condição para aceitação de:

– estudos, anteprojetos, projetos básicos e projetos executivos;
– conclusão de fases ou de objetos de contratos;
– material e corpo técnico apresentados por empresa para fins de habilitação.

Da fase preparatória

A fase preparatória do processo licitatório é caracterizada pelo planejamento e deve compatibilizar-se, sempre que elaborado, com o plano de contratações anual de que trata o inc. VII do *caput* do art. 12 da Lei nº 14.133, e com as leis orçamentárias, bem como abordar todas as considerações técnicas, mercadológicas e de gestão que possam interferir na contratação, compreendidos:

- a definição da necessidade da contratação fundamentada em estudo técnico preliminar que caracterize o interesse público envolvido;
- a definição do objeto para atendimento da necessidade, por meio de termo de referência, anteprojeto, projeto básico ou projeto executivo, conforme o caso;
- a definição das condições de execução e pagamento, das garantias exigidas e ofertadas e das condições de recebimento;
- o orçamento estimado, com as composições dos preços utilizados para sua formação;
- a elaboração do edital de licitação;
- a elaboração de minuta de contrato, quando necessária, que constará obrigatoriamente como anexo do edital de licitação;
- o regime de fornecimento de bens, de prestação de serviços ou de execução de obras e serviços de engenharia, observados os potenciais de economia de escala;
- a modalidade de licitação, o critério de julgamento, o modo de disputa e a adequação e eficiência da forma de combinação desses parâmetros, para os fins de seleção da proposta apta a gerar o resultado de contratação mais vantajoso para a Administração Pública, considerado todo o ciclo de vida do objeto;
- a motivação circunstanciada das condições do edital, tais como justificativa: de exigências de qualificação técnica, mediante indicação das parcelas de maior relevância técnica ou valor significativo do objeto; de qualificação econômico-financeira; dos critérios de pontuação e julgamento das propostas técnicas, nas licitações com julgamento por melhor técnica ou técnica e preço; e das regras pertinentes à participação de empresas em consórcio;
- a análise dos riscos que possam comprometer o sucesso da licitação e a boa execução contratual;
- a motivação sobre o momento da divulgação do orçamento da licitação.

Do estudo técnico preliminar

O estudo técnico preliminar é o documento constitutivo da primeira etapa do planejamento de uma contratação que caracteriza o interesse público envolvido e a sua melhor solução e dá base ao anteprojeto, ao termo de referência ou ao projeto básico a serem elaborados caso se conclua pela viabilidade da contratação.

Pilares do ETP que deverá ser elaborado antes do projeto básico e termo de referência:
- *o planejamento* da contratação;
- *o interesse público* envolvido;
- *a análise do objeto* na escolha da melhor solução.

Objetivos do estudo técnico preliminar:
- análises de custos x viabilidade técnica do objeto;
- composição do objeto e sua adequação à necessidade;
- tecnologia a ser utilizada e o resultado a ser alcançado (materiais, financeiros e recursos humanos empregados).

Portanto, o estudo técnico preliminar deverá evidenciar o problema a ser resolvido e a sua melhor solução, de modo a permitir a avaliação da viabilidade técnica e econômica da contratação, e conterá os seguintes elementos, *obrigatoriamente:*

– descrição da necessidade da contratação, considerando o problema a ser resolvido sob a perspectiva do interesse público;
– estimativas das quantidades para a contratação, acompanhadas das memórias de cálculo e dos documentos que lhes dão suporte, que considerem interdependências com outras contratações, de modo a possibilitar economia de escala;
– estimativa do valor da contratação, acompanhada dos preços unitários referenciais, das memórias de cálculo e dos documentos que lhe dão suporte, que poderão constar de anexo classificado, se a Administração optar por preservar o seu sigilo até a conclusão da licitação;
– justificativas para o parcelamento ou não da contratação;
– posicionamento conclusivo sobre a adequação da contratação para o atendimento da necessidade a que se destina.

Dispensáveis mediante justificativa:
– demonstração da previsão da contratação no plano de contratações anual, sempre que elaborado, de modo a indicar o seu alinhamento com o planejamento da Administração;
– requisitos da contratação;
– levantamento de mercado, que consiste na análise das alternativas possíveis, e justificativa técnica e econômica da escolha do tipo de solução a contratar;
– descrição da solução como um todo, inclusive das exigências relacionadas à manutenção e à assistência técnica, quando for o caso;
– demonstrativo dos resultados pretendidos em termos de economicidade e de melhor aproveitamento dos recursos humanos, materiais e financeiros disponíveis;
– providências a serem adotadas pela Administração previamente à celebração do contrato, inclusive quanto à capacitação de servidores ou de empregados para fiscalização e gestão contratual;
– contratações correlatas e/ou interdependentes;
– descrição de possíveis impactos ambientais e respectivas medidas mitigadoras, incluídos requisitos de baixo consumo de energia e de outros recursos, bem como logística reversa para desfazimento e reciclagem de bens e refugos, quando aplicável.

Quando o estudo técnico preliminar for para contratação de obras e serviços *comuns* de engenharia, a especificação do objeto poderá ser apenas através de termo de referência ou projeto básico, dispensada a elaboração de projetos, desde que demonstrada a inexistência de prejuízo para a aferição dos padrões de desempenho e qualidade almejados.

O estudo técnico preliminar poderá indicar a utilização de mão de obra, materiais, tecnologias e matérias-primas existentes no local da execução, conservação e operação do bem, serviço ou obra, desde que não sejam causados prejuízos à competitividade do processo licitatório e à eficiência do respectivo contrato, nos termos do §2º do art. 25 da Lei Federal nº 14.133/2021.

Do setor de compras, serviços e obras

Os órgãos responsáveis pelas atividades de administração de materiais, de obras, serviços, licitações e contratos deverão:

- Instituir instrumentos que permitam, preferencialmente, a centralização dos procedimentos de aquisição e contratação de bens e serviços.
- Criar catálogo eletrônico de padronização de compras, serviços e obras, admitida a adoção do catálogo do Poder Executivo Federal por todos os entes federativos.

Catálogo eletrônico de padronização de compras, serviços e obras é o sistema informatizado, de gerenciamento centralizado e com indicação de preços, destinado a permitir a padronização de itens a serem adquiridos pela Administração Pública e que estarão disponíveis para a licitação.

O catálogo poderá ser utilizado em licitações cujo critério de julgamento seja o de menor preço ou de maior desconto e conterá toda a documentação e os procedimentos próprios da fase interna de licitações, assim como as especificações dos respectivos objetos, conforme disposto em regulamento.

A não utilização do catálogo eletrônico de padronização deverá ser justificada por escrito e anexada ao respectivo processo licitatório.

- Instituir sistema informatizado de acompanhamento de obras, inclusive com recursos de imagem e vídeo.
- *Instituir*, com auxílio dos órgãos de assessoramento jurídico e de controle interno, *modelos de minutas de editais, de termos de referência, de contratos padronizados* e de outros documentos, admitida a adoção das minutas do Poder Executivo federal por todos os entes federativos.

A não utilização das minutas de editais, de termos de referência, de contratos padronizados, e de outros documentos deverá ser justificada por escrito e anexada ao respectivo processo licitatório.

- Promover a adoção gradativa de tecnologias e processos integrados que permitam a criação, a utilização e a atualização de modelos digitais de obras e serviços de engenharia.

Os itens de consumo adquiridos para suprir as demandas das estruturas da Administração Pública deverão ser de qualidade comum, não superior à necessária para cumprir as finalidades às quais se destinam, vedada a aquisição de artigos de luxo.

Os poderes Executivo, Legislativo e Judiciário deverão definir os limites para enquadramento dos bens de consumo nas categorias comum e luxo, vedadas novas compras de bens de consumo pela autoridade competente, até que seja expedido o regulamento de que trata o §1º do art. 20 da Lei Federal nº 14.133/2021:

a partir de 28/09/2021, foi vedada a aquisição de novas compras de bens de consumo sem a referida regulamentação.

Das compras e serviços

Nos termos da Lei Federal nº 14.133:
- *compra*: é a aquisição remunerada de bens para fornecimento de uma só vez ou parceladamente, considerada imediata aquela com prazo de entrega de até 30 (trinta) dias da ordem de fornecimento;
- *serviço*: é a atividade ou conjunto de atividades destinadas a obter determinada utilidade, intelectual ou material, de interesse da Administração;

- *bens e serviços comuns*: são aqueles cujos padrões de desempenho e qualidade podem ser objetivamente definidos pelo edital, por meio de especificações usuais de mercado;
- *serviços e fornecimentos contínuos*: são os serviços contratados e compras realizadas pela Administração Pública para a manutenção da atividade administrativa, decorrentes de necessidades permanentes ou prolongadas;
- *serviços contínuos com regime de dedicação exclusiva de mão de obra*: são aqueles cujo modelo de execução contratual exige, entre outros requisitos, que: os empregados do contratado fiquem à disposição nas dependências do contratante para a prestação dos serviços; o contratado não compartilhe os recursos humanos e materiais disponíveis de uma contratação para execução simultânea de outros contratos; o contratado possibilite a fiscalização pelo contratante quanto à distribuição, controle e supervisão dos recursos humanos alocados aos seus contratos;
- *serviço comum de engenharia*: é todo serviço de engenharia que tem por objeto ações, objetivamente padronizáveis em termos de desempenho e qualidade, de manutenção, de adequação e de adaptação de bens móveis e imóveis, com preservação das características originais dos bens.

Das licitações de obras e serviços de engenharia

Para fins da Lei Federal nº 14.133:
- *obra*: é toda atividade estabelecida, por força de lei, como privativa das profissões de arquiteto e engenheiro que implica intervenção no meio ambiente por meio de um conjunto harmônico de ações que, agregadas, formam um todo que inova o espaço físico da natureza ou acarreta alteração substancial das características originais de bem imóvel;
- *bens e serviços especiais*: são aqueles que possuem alta heterogeneidade ou complexidade, que inviabilize a descrição por meio de especificação usual no mercado, conforme justificativa prévia do contratante;
- *serviços não contínuos ou contratados por escopo*: são aqueles que impõem ao contratado o dever de realizar a prestação de um serviço específico em período predeterminado, podendo ser prorrogado, desde que justificadamente, pelo prazo necessário à conclusão do objeto;
- *serviço de engenharia*: é toda atividade ou conjunto de atividades destinadas a obter determinada utilidade, intelectual ou material, de interesse para a Administração e que, não enquadradas no conceito de obra, são estabelecidas, por força de lei, como privativas das profissões de arquiteto e engenheiro ou de técnicos especializados, que compreendem:
- *serviço comum de engenharia*: todo serviço de engenharia que tem por objeto ações objetivamente padronizáveis em termos de desempenho e qualidade, de manutenção, de adequação e de adaptação de bens móveis e imóveis, com preservação das características originais dos bens;

- *serviço especial de engenharia*: é aquele que, por sua alta heterogeneidade ou complexidade, não pode se enquadrar na definição de serviço comum de engenharia.
- *projeto básico*: é o conjunto de elementos necessários e suficientes, com nível de precisão adequado para definir e dimensionar a obra ou o serviço, ou o complexo de obras ou de serviços objeto da licitação, elaborado com base nas indicações dos estudos técnicos preliminares, que assegure a viabilidade técnica e o adequado tratamento do impacto ambiental do empreendimento e que possibilite a avaliação do custo da obra e a definição dos métodos e do prazo de execução, devendo conter os seguintes elementos:
- levantamentos topográficos e cadastrais, sondagens e ensaios geotécnicos, ensaios e análises laboratoriais, estudos socioambientais e demais dados e levantamentos necessários para execução da solução escolhida;
- soluções técnicas globais e localizadas, suficientemente detalhadas, de forma a evitar, por ocasião da elaboração do projeto executivo e da realização das obras e montagem, a necessidade de reformulações ou variantes quanto à qualidade, ao preço e ao prazo inicialmente definidos;
- identificação dos tipos de serviços a executar e dos materiais e equipamentos a incorporar à obra, bem como das suas especificações, de modo a assegurar os melhores resultados para o empreendimento e a segurança executiva na utilização do objeto, para os fins a que se destina, considerados os riscos e os perigos identificáveis, sem frustrar o caráter competitivo para a sua execução;
- informações que possibilitem o estudo e a definição de métodos construtivos, de instalações provisórias e de condições organizacionais para a obra, sem frustrar o caráter competitivo para a sua execução;
- subsídios para montagem do plano de licitação e gestão da obra, compreendidos a sua programação, a estratégia de suprimentos, as normas de fiscalização e outros dados necessários em cada caso;
- orçamento detalhado do custo global da obra, fundamentado em quantitativos de serviços e fornecimentos propriamente avaliados, *obrigatório exclusivamente para os regimes de execução indireta*:
  - empreitada por preço unitário;
  - empreitada por preço global;
  - empreitada integral;
  - contratação por tarefa; e
  - fornecimento e prestação de serviço associado.
- *projeto executivo*: é o conjunto de elementos necessários e suficientes à execução completa da obra, com o detalhamento das soluções previstas no projeto básico, a identificação de serviços, de materiais e de equipamentos a serem incorporados à obra, bem como suas especificações técnicas, de acordo com as normas técnicas pertinentes.

Nas licitações de obras e serviços de engenharia e arquitetura, sempre que adequada ao objeto da licitação, será preferencialmente adotada a Modelagem da Informação da Construção (*Building Information Modelling* – BIM) ou tecnologias e processos integrados similares ou mais avançados que venham a substituí-la.

Segundo a *Building Smart*, organização mundial de desenvolvedoras de tecnologia para ao o setor da construção, BIM é a:

Representação digital das características físicas e funcionais de uma edificação, que permite integrar de forma sistêmica e transversal às várias fases do ciclo de vida de uma obra com o gerenciamento de todas as informações disponíveis em projeto, formando uma base confiável para decisões durante o seu ciclo de vida, definido como existente desde a primeira concepção até à demolição.

Da audiência pública e consulta pública

A Administração poderá convocar, com antecedência mínima de 8 (oito) dias úteis, audiência pública, presencial ou a distância, na forma eletrônica, sobre licitação que pretenda realizar, com disponibilização prévia de informações pertinentes, inclusive de estudo técnico preliminar e elementos do edital de licitação, e com possibilidade de manifestação de todos os interessados.

A Administração também poderá submeter a licitação à prévia consulta pública, mediante a disponibilização de seus elementos a todos os interessados, que poderão formular sugestões no prazo fixado.

Da matriz de riscos

Matriz de riscos é a cláusula contratual definidora de riscos e de responsabilidades entre as partes e caracterizadora do equilíbrio econômico-financeiro inicial do contrato, em termos de ônus financeiro decorrente de eventos supervenientes à contratação, contendo, no mínimo, as seguintes informações:

– listagem de possíveis eventos supervenientes à assinatura do contrato que possam causar impacto em seu equilíbrio econômico-financeiro e previsão de eventual necessidade de prolação de termo aditivo por ocasião de sua ocorrência;

– no caso de obrigações de resultado, estabelecimento das frações do objeto com relação às quais haverá liberdade para os contratados inovarem em soluções metodológicas ou tecnológicas, em termos de modificação das soluções previamente delineadas no anteprojeto ou no projeto básico;

– no caso de obrigações de meio, estabelecimento preciso das frações do objeto com relação às quais não haverá liberdade para os contratados inovarem em soluções metodológicas ou tecnológicas, devendo haver obrigação de aderência entre a execução e a solução predefinida no anteprojeto ou no projeto básico, consideradas as características do regime de execução no caso de obras e serviços de engenharia.

O edital poderá contemplar matriz de alocação de riscos entre o contratante e o contratado, hipótese em que o cálculo do valor estimado da contratação poderá considerar taxa de risco compatível com o objeto da licitação e com os riscos atribuídos ao contratado, de acordo com metodologia predefinida pelo ente federativo.

A matriz deverá promover a alocação eficiente dos riscos de cada contrato e estabelecer a responsabilidade que caiba a cada parte contratante, bem como os mecanismos que afastem a ocorrência do sinistro e mitiguem os seus efeitos, caso este ocorra durante a execução contratual.

Quando a contratação se referir a obras e serviços de grande vulto ou forem adotados os regimes de contratação integrada e semi-integrada, o edital obrigatoriamente contemplará matriz de alocação de riscos entre o contratante e o contratado.

Obras, serviços e fornecimentos de grande vulto são aqueles cujo valor estimado supera R$228.833.309,04 (duzentos e vinte e oito milhões, oitocentos e trinta e três mil e nove reais e quatro centavos), conforme Decreto Federal nº 11.317, de 2022.

Da pesquisa de mercado e do valor estimado da contratação

O valor previamente estimado da contratação deverá ser compatível com os valores praticados pelo mercado, considerados os preços constantes de bancos de dados públicos e as quantidades a serem contratadas, observadas a potencial economia de escala e as peculiaridades do local de execução do objeto.

No processo licitatório para *aquisição de bens e contratação de serviços em geral*, conforme regulamento, o valor estimado será definido com base no melhor preço aferido por meio da utilização dos seguintes parâmetros, adotados de forma combinada ou não:

– composição de custos unitários menores ou iguais à mediana do item correspondente no painel para consulta de preços ou no banco de preços em saúde disponíveis no Portal Nacional de Contratações Públicas (PNCP);

– contratações similares feitas pela Administração Pública, em execução ou concluídas no período de 1 (um) ano anterior à data da pesquisa de preços, inclusive mediante sistema de registro de preços, observado o índice de atualização de preços correspondente;

– utilização de dados de pesquisa publicada em mídia especializada, de tabela de referência formalmente aprovada pelo Poder Executivo federal e de sítios eletrônicos especializados ou de domínio amplo, desde que contenham a data e hora de acesso;

– pesquisa direta com no mínimo 3 (três) fornecedores, mediante solicitação formal de cotação, desde que seja apresentada justificativa da escolha desses fornecedores e que não tenham sido obtidos os orçamentos com mais de 6 (seis) meses de antecedência da data de divulgação do edital;

– pesquisa na base nacional de notas fiscais eletrônicas, na forma de regulamento.

Nas contratações realizadas por municípios, estados e Distrito Federal, desde que não envolvam recursos da União, o valor previamente estimado da contratação poderá ser definido por meio da utilização de outros sistemas de custos adotados pelo respectivo ente federativo.

No processo licitatório para contratação de *obras e serviços de engenharia*, conforme regulamento, o valor estimado, acrescido do percentual de Benefícios e Despesas Indiretas (BDI) de referência e dos Encargos Sociais (ES) cabíveis, será definido por meio da utilização de parâmetros na seguinte ordem:

a) Composição de custos unitários menores ou iguais à mediana do item correspondente do Sistema de Custos Referenciais de Obras (Sicro), para serviços e obras de infraestrutura de transportes, ou do Sistema Nacional de Pesquisa de Custos e Índices de Construção Civil (Sinapi), para as demais obras e serviços de engenharia.

No processo licitatório para contratação de obras e serviços de engenharia sob os regimes de contratação integrada ou semi-integrada, o valor estimado da contratação será calculado acrescido ou não de parcela referente à remuneração do risco, e, sempre que necessário e o anteprojeto permitir, a estimativa de preço será baseada em orçamento sintético, balizado no sistema de custo acima, devendo a utilização de metodologia expedita ou paramétrica e de avaliação aproximada baseada em outras contratações similares ser reservada às frações do empreendimento não suficientemente detalhadas no anteprojeto.

– Será exigido dos licitantes ou contratados, no orçamento que compuser suas respectivas propostas, no mínimo, o mesmo nível de detalhamento do orçamento sintético.

b) Utilização de dados de pesquisa publicada em mídia especializada, de tabela de referência formalmente aprovada pelo Poder Executivo federal e de sítios eletrônicos especializados ou de domínio amplo, *desde que contenham a data e a hora de acesso.*

c) Contratações similares feitas pela Administração Pública, em execução ou concluídas no período de 1 (um) ano anterior à data da pesquisa de preços, observado o índice de atualização de preços correspondente.

– Pesquisa na base nacional de notas fiscais eletrônicas, na forma de regulamento.

Nas contratações diretas por *inexigibilidade ou por dispensa*, quando não for possível estimar o valor do objeto na forma estabelecida acima, o contratado deverá comprovar previamente que os preços estão em conformidade com os praticados em contratações semelhantes de objetos de mesma natureza, por meio da apresentação de notas fiscais emitidas para outros contratantes no período de até 1 (um) ano anterior à data da contratação pela Administração, ou por outro meio idôneo.

Desde que justificado, o orçamento estimado da contratação poderá ter caráter sigiloso, sem prejuízo da divulgação do detalhamento dos quantitativos e das demais informações necessárias para a elaboração das propostas, e, nesse caso, o sigilo não prevalecerá para os órgãos de controle interno e externo.

Na hipótese de licitação em que for adotado o critério de julgamento por maior desconto, o preço estimado ou o máximo aceitável constará do edital da licitação.

– *Sobrepreço*: é o preço orçado para licitação ou contratado em valor expressivamente superior aos preços referenciais de mercado, seja de apenas 1 (um) item, se a licitação ou a contratação for por preços unitários de serviço, seja do valor global do objeto, se a licitação ou a contratação for por tarefa, empreitada por preço global ou empreitada integral, semi-integrada ou integrada.

– *Superfaturamento*: é o dano provocado ao patrimônio da Administração, caracterizado, entre outras situações, por: medição de quantidades superiores às efetivamente executadas ou fornecidas; deficiência na execução de obras e de serviços de engenharia que resulte em diminuição da sua qualidade, vida útil ou segurança; alterações no orçamento de obras e de serviços de engenharia que causem desequilíbrio econômico-financeiro do contrato em favor do contratado; outras alterações de cláusulas financeiras que gerem recebimentos contratuais antecipados, distorção do cronograma físico-financeiro, prorrogação injustificada do prazo contratual com custos adicionais para a Administração ou reajuste irregular de preços.

O Tribunal de Contas da União julgou que:

O fato de a empresa não participar da elaboração do edital e do orçamento base da licitação não a isenta de responsabilidade solidária pelo dano (art. 16, §2º, da Lei 8.443/1992) na hipótese de recebimento de pagamentos por serviços superfaturados, pois à licitante cabe ofertar preços compatíveis com os praticados pelo mercado (art. 43, inciso IV, da Lei 8.666/1993), independentemente de eventual erro cometido pela Administração quando da elaboração do edital e do orçamento:

Ainda que a Administração, por meio de seus agentes, tenha incorrido em erro, ao definir, no Pregão Presencial 10/2006, um orçamento-base superestimado, a conduta da empresa contratada de propor preços acima dos valores de mercado constituiu ato ilícito, na medida em que infringiu o dever jurídico preceituado no art. 43, inciso IV, da Lei 8.666/1993. Os comandos da Lei 8.666/1993 se direcionam tanto ao agente público quanto ao privado, que renuncia em alguma medida ao ambiente de liberdade econômica que prevalece nos contratos privados. (Acórdão nº 1.304/2017 Plenário, Embargos de Declaração. Rel. Min. Benjamin Zymler)

Na aquisição de veículos, a Administração deve ficar atenta à jurisprudência que vem se consolidando no âmbito do TCU de que:

Os preços de referência para aquisição de veículos são aqueles divulgados pela Fundação de Pesquisas Econômicas (Fipe), uma vez que as tabelas baseiam-se em pesquisas de preços médios praticados em 24 estados brasileiros, descartando valores muito abaixo ou acima da média (Acórdãos nºs 2.877/2011, 3.019/2011, 5.324/2011, 5.325/2011, 6.758/2011, 7.723/2011, todos da 2ª Câmara).

a variação causada pelas diferenças regionais já se encontra precificada nas tabelas de referência. (Acórdão nº 7.502/2015-Segunda Câmara, TC 003.392/2013-9. Rel. Min. Raimundo Carreiro, 15.9.2015)

Ao julgar a Denúncia nº 1.092.463 o Tribunal de Contas do Estado de Minas Gerais concluiu que:

O gestor público, analisando razões de custo/benefício envolvidas no caso concreto, deve delimitar claramente o objeto a ser contratado no processo licitatório referente à aquisição de veículos "zero km", buscando suficientemente caracterizar se os automóveis se referem àqueles que irão receber o primeiro emplacamento ou àqueles que já foram adquiridos por revendedoras, mas ainda não tiveram nenhuma rodagem.

Nos termos da jurisprudência do Tribunal de Contas da União, compete ao Fisco apurar eventual prejuízo ao erário decorrente de não pagamento ou pagamento a menor de tributo, isto é, a apuração, lançamento e fiscalização, bem como a interpretação final sobre as hipóteses de incidência, base de cálculo e valor devido. (Processo nº 1092463 – Denúncia. Rel. Cons. Conselheiro Wanderley Ávila, deliberado em 10.2.2022)

O Tribunal de Contas da União, por meio do Plenário, proferiu o seguinte o acórdão:

Na aquisição de veículos novos (zero quilômetro), é irregular a aplicação do art. 12 da Lei 6.729/1979 para restringir o fornecimento de veículos apenas por concessionárias, impedindo a participação de revendedoras nos procedimentos licitatórios, pois contraria os princípios do desenvolvimento nacional sustentável, da isonomia e da impessoalidade, e a livre concorrência (arts. 3º, inciso II, e 170, inciso IV, da Constituição Federal e art. 3º, caput, da Lei 8.666/1993). (Acórdão nº 1.510/2022 – Plenário. Representação. Rel. Min. Subst. Augusto Sherman)

O Tribunal de Contas da União, nos termos do voto do ministro relator, decidiu que:

os preços obtidos pela Administração na fase interna da licitação, em coletas destinadas apenas a formar o preço de referência dos serviços a serem licitados, precisam ser vistos com reserva, porque o mercado fornecedor está ciente de que os valores informados naquela ocasião não vinculam as propostas que eventualmente venham a apresentar no certame licitatório. [...] Os preços são artificialmente subestimados ou superestimados, uma vez que os fornecedores de bens e serviços não desejam revelar aos seus concorrentes os preços que estão dispostos a praticar, no futuro certame licitatório. [...] Referidos preços não se mostram hábeis a compor o referencial usado na quantificação de aparente superfaturamento de preços. [...] A comparação para esse fim deveria considerar os preços efetivamente praticados pelo mercado fornecedor em situação semelhante. (Acórdão nº 2.149/2014 – Primeira Câmara, TC 019.511/2011-6. Rel. Min. Walton Alencar Rodrigues, 20.5.2014)

A Segunda Câmara do Tribunal de Contas da União concluiu, por meio do Acórdão nº 445/2022, que:

A preterição, em dispensa de licitação, da ordem de classificação das empresas que apresentam cotações de produtos viola os princípios da isonomia e da legalidade (arts. 3º e 50 da Lei 8.666/1993). (Acórdão nº 445/2022 – Segunda Câmara. Representação. Rel. Min. Aroldo Cedraz)

Do edital

O edital deverá conter o objeto da licitação e as regras relativas à convocação, ao julgamento, à habilitação, aos recursos e às penalidades da licitação, à fiscalização e à gestão do contrato, à entrega do objeto e às condições de pagamento.

Sempre que o objeto permitir, a Administração adotará minutas padronizadas de edital e de contrato com cláusulas uniformes.

Desde que, conforme demonstrado em estudo técnico preliminar, não sejam causados prejuízos à competitividade do processo licitatório e à eficiência do respectivo contrato, *o edital poderá prever a utilização de mão de obra, materiais, tecnologias e matérias-primas existentes no local da execução, conservação e operação do bem, serviço ou obra.*

Nas contratações de obras, serviços e fornecimentos de grande vulto, o edital deverá prever a obrigatoriedade de implantação de programa de integridade pelo licitante vencedor, no prazo de 6 (seis) meses, contado da celebração do contrato, conforme regulamento que disporá sobre as medidas a serem adotadas, a forma de comprovação e as penalidades pelo seu descumprimento.

Obras, serviços e fornecimentos de grande vulto são aqueles cujo valor estimado supera R\$228.833.309,04 (duzentos e vinte e oito milhões, oitocentos e trinta e três mil e nove reais e quatro centavos) (Decreto Federal nº 11.317, de 2022).

O edital poderá prever a responsabilidade do contratado pela:
- Obtenção do licenciamento ambiental.

Os licenciamentos ambientais de obras e serviços de engenharia licitados e contratados pelo poder público terão prioridade de tramitação nos órgãos e entidades integrantes do Sistema Nacional do Meio Ambiente (Sisnama) e deverão ser orientados pelos princípios da celeridade, da cooperação, da economicidade e da eficiência.
- Realização da desapropriação autorizada pelo poder público.

Independentemente do prazo de duração do contrato, será *obrigatória a previsão no edital de* índice *de reajustamento de preço, com data-base vinculada* à *data do orçamento estimado* e com a possibilidade de ser estabelecido mais de um índice específico ou setorial, em conformidade com a realidade de mercado dos respectivos insumos.

Nas licitações de serviços contínuos, observado o interregno mínimo de 1 (um) ano, o critério de reajustamento será por:
- *reajustamento* em sentido estrito, quando não houver regime de dedicação exclusiva de mão de obra ou predominância de mão de obra, mediante previsão de índices específicos ou setoriais;
- *repactuação*, quando houver regime de dedicação exclusiva de mão de obra ou predominância de mão de obra, mediante demonstração analítica da variação dos custos.

O edital poderá, na forma disposta em regulamento, exigir que percentual mínimo da mão de obra responsável pela execução do objeto da contratação seja constituído por:
- mulheres vítimas de violência doméstica;
- oriundos ou egressos do sistema prisional.

Disposição expressa no edital ou no contrato poderá prever pagamento em conta vinculada ou pagamento pela efetiva comprovação do fato gerador.

Os editais de licitação para a contratação de bens, serviços e obras poderão, mediante prévia justificativa da autoridade competente, exigir que o contratado promova, em favor de órgão ou entidade integrante da Administração Pública ou daqueles por ela indicados a partir de processo isonômico, medidas de compensação comercial, industrial ou tecnológica ou acesso a condições vantajosas de financiamento, cumulativamente ou não, na forma estabelecida pelo Poder Executivo federal.

Nas contratações destinadas à implantação, à manutenção e ao aperfeiçoamento dos sistemas de tecnologia de informação e comunicação considerados estratégicos em ato do Poder Executivo federal, a licitação poderá ser restrita a bens e serviços com tecnologia desenvolvida no país produzidos de acordo com o processo produtivo básico de que trata a Lei nº 10.176, de 11.1.2001.

Os prazos mínimos para apresentação de propostas e lances, contados a partir da data de divulgação do edital de licitação, são de:

Modalidades licitatórias

Alienação de bens

Critério de julgamento	Regime de contratação	Prazo	Modalidade	Condução do certame
Maior lance (art. 6º, XL)		15 dias úteis (art. 55, III)	Leilão	Leiloeiro oficial ou Servidor designado (art. 31)

Aquisição de bens comuns

Critério de julgamento	Regime de contratação	Prazo	Modalidade	Condução do certame
Menor preço ou maior desconto (art. 6º, XLI)	Fornecimento parcelado; Fornecimento total; Fornecimento e prestação de serviço associado (art. 6º, XXXIV)	8 dias úteis (art. 55, I, "a")	Pregão	Pregoeiro (art. 8º, §5º)
Maior retorno econômico (art. 39)		15 dias úteis (art. 55, I, "b")	Concorrência	Agente de contratação (art. 8º) ou Comissão de contratação (art. 8, §2º)

Aquisição de bens especiais

Critério de julgamento	Regime de contratação	Prazo	Modalidade	Condução do certame
Menor preço Maior desconto	Fornecimento parcelado; Fornecimento total; Fornecimento e prestação de serviço associado (art. 6º, XXXIV)	15 dias úteis (art. 55, I, "b")	Concorrência (art. 6º, XXXVIII)	Agente de contratação (art. 8º) ou Comissão de contratação (art. 8º, §2º)
Técnica e preço	Fornecimento parcelado; Fornecimento total; Fornecimento e prestação de serviço associado (art. 6º, XXXIV)	35 dias úteis (art. 55, IV)	Concorrência (art. 6º, XXXVIII)	Agente de contratação (art. 8º) ou Comissão de contratação (art. 8º, §2º)
Maior retorno econômico	Fornecimento parcelado; Fornecimento total; Fornecimento e prestação de serviço associado (art. 6º, XXXIV)	15 dias úteis (art. 55, I, "b")	Concorrência (art. 6º, XXXVIII)	Agente de contratação (art. 8º) ou Comissão de contratação (art. 8º, §2º)

(continua)

(continua)

Modalidades licitatórias				
Aquisição de bens especiais				
Critério de julgamento	Regime de contratação	Prazo	Modalidade	Condução do certame
Menor preço ou maior desconto Técnica e preço Maior retorno econômico	Fornecimento parcelado Fornecimento total Fornecimento e prestação de serviço associado (art. 6º, XXXIV)	60 dias úteis (art. 32, §1º, VIII)	Diálogo competitivo (art. 6º, XLII)	Comissão de contratação (art. 32, §1º, XI)
Contratação de serviços comuns				
Critério de julgamento	Regime de contratação da execução	Prazo de publicação	Modalidade	Condução do certame
Menor preço ou maior desconto (art. 6º, XLI)	Tarefa (art. 6º, XXXI); Empreitada por preço unitário (art. 6º, XXVIII); Empreitada por preço global (art. 6º, XXIX).	10 dias úteis (art. 55, II, "a")	Pregão	Pregoeiro (art. 8º, §5º)
Contratação de serviços comuns de engenharia				
Critério de julgamento	Regime de contratação da execução	Prazo de publicação	Modalidade	Condução do certame
Menor preço Maior desconto		10 dias úteis (art. 55, II, "a")	Pregão (art. 29, parágrafo único)	Pregoeiro (art. 8º, §5º)
Maior retorno econômico		35 dias úteis (art. 55, II, "c")	Concorrência (art. 6º, XXXVIII)	Agente de contratação (art. 8º)
Menor preço Técnica e preço Maior retorno econômico	Contratação semi-integrada	35 dias úteis (art. 55, IV)	Concorrência (art. 6º, XXXVIII)	Agente de contratação (art. 8º)
Menor preço Técnica e preço Maior retorno econômico	Contratação integrada	60 dias úteis (art. 55, II, "c")	Concorrência (art. 6º, XXXVIII)	Agente de contratação (art. 8º)

Modalidades licitatórias				
Contratação de serviços especiais de engenharia				
Critério de julgamento	**Regime de contratação**	**Prazo**	**Modalidade**	**Condução do certame**
Menor preço Maior desconto		25 dias úteis (art. 55, II, "b")	Concorrência (art. 6º, XXXVIII)	Agente de contratação (art. 8º) *ou* Comissão de contratação (art. 8º, §2º)
Melhor técnica Técnica e preço		35 dias úteis (art. 55, IV)	Concorrência (art. 6º, XXXVIII)	Agente de contratação (art. 8º) *ou* Comissão de contratação (art. 8º, §2º)
Maior retorno econômico		35 dias úteis (art. 55, II, "c")	Concorrência (art. 6º, XXXVII)	Agente de contratação (art. 8º) *ou* Comissão de contratação (art. 8º, §2º)
Menor preço Melhor técnica Técnica e preço Maior retorno econômico	Contratação integrada	60 dias úteis (art. 55, II, "c")	Concorrência (art. 6º, XXXVII)	Agente de contratação (art. 8º) *ou* Comissão de contratação (art. 8º, §2º)
Menor preço Melhor técnica Técnica e preço Maior retorno econômico	Contratação semi-integrada	35 dias úteis (art. 55, II, "c")	Concorrência (art. 6º, XXXVIII)	Agente de contratação (art. 8º) *ou* Comissão de contratação (art. 8º, §2º)
-		60 dias úteis (art. 32, §1º, VIII)	Diálogo competitivo (art. 6º, XLII)	Comissão de contratação (art. 32, §1º, XI)
Contratação de obras comuns de engenharia				
Critério de julgamento	**Regime de contratação**	**Prazo**	**Modalidade**	**Condução do certame**
Menor preço Maior desconto		10 dias úteis (art. 55, II, "a")	Concorrência (art. 6º, XXXVIII)	Agente de contratação (art. 8º)
Maior retorno econômico		35 dias úteis (art. 55, II, "c")	Concorrência (art. 6º, XXXVIII)	Agente de contratação (art. 8º)

Modalidades licitatórias				
Contratação de obras comuns de engenharia				
Critério de julgamento	Regime de contratação	Prazo	Modalidade	Condução do certame
Menor preço Maior retorno econômico	Contratação integrada	60 dias úteis (art. 55, II, "c")	Concorrência (art. 6º, XXXVIII)	Agente de contratação (art. 8º)
Menor preço Maior retorno econômico	Contratação semi-integrada	35 dias úteis (art. 55, II, "c")	Concorrência (art. 6º, XXXVIII)	Agente de contratação (art. 8º)
Contratação de obras especiais de engenharia				
Critério de julgamento	Regime de contratação	Prazo	Modalidade	Condução do certame
Menor preço Maior desconto		25 dias úteis (art. 55, II, "b")	Concorrência (art. 6º, XXXVIII)	Agente de contratação (art. 8º) *ou* Comissão de contratação (art. 8º, §2º)
Técnica e preço		35 dias úteis (art. 55, IV)	Concorrência (art. 6º, XXXVIII)	Agente de contratação (art. 8º) *ou* Comissão de contratação (art. 8º, §2º)
Maior retorno econômico		35 dias úteis (art. 55, II, "c")	Concorrência (art. 6º, XXXVIII)	Agente de contratação (art. 8º) *ou* Comissão de contratação (art. 8º, §2º)
Menor preço Técnica e preço Maior retorno econômico	Contratação integrada	60 dias úteis (art. 55, II, "c")	Concorrência (art. 6º, XXXVIII)	Agente de contratação (art. 8º) *ou* Comissão de contratação (art. 8º, §2º)
Menor preço Técnica e preço Maior retorno econômico	Contratação semi-integrada	35 dias úteis (art. 55, II, "c")	Concorrência (art. 6º, XXXVIII)	Agente de contratação (art. 8º) *ou* Comissão de contratação (art. 8º, §2º)
		60 dias úteis (art. 32, §1º, VIII)	Diálogo competitivo (art. 6º, XLII)	Comissão de contratação (art. 32, §1º, XI)

Modalidades licitatórias				
Concessão de serviço público				
Critério de julgamento	Regime de contratação	Prazo	Modalidade	Condução do certame
		35 dias úteis (art. 55, II, "d")	Concorrência (art. 179)	Comissão de contratação (art. 8º, §2º)
		60 dias úteis (art. 32, §1º, VIII)	Diálogo competitivo (art. 179)	Comissão de contratação (art. 32, §1º, XI)
Concessão de serviço público precedida da execução de obra pública				
Critério de julgamento	Regime de contratação	Prazo	Modalidade	Condução do certame
		35 dias úteis (art. 55, II, "d")	Concorrência (art. 179)	Comissão de contratação (art. 8º, §2º)
		60 dias úteis (art. 32, §1º, VIII)	Diálogo competitivo (art. 179)	Comissão de contratação (art. 32, §1º, XI)
Parceria público-privada				
Critério de julgamento	Regime de contratação	Prazo	Modalidade	Condução do certame
		35 dias úteis (art. 55, II, "d")	Concorrência (art. 180)	Comissão de contratação (art. 8º, §2º)
		60 dias úteis (art. 32, §1º, VIII)	Diálogo competitivo (art. 180)	Comissão de contratação (art. 32, §1º, XI)
Contratação de serviços técnicos especializados de natureza predominantemente intelectual				
Critério de julgamento	Regime de contratação	Prazo	Modalidade	Condução do certame
Melhor Técnica ou conteúdo artístico		35 dias úteis (art. 55, IV)	Concurso	Comissão de contratação (art. 8º, §2º)
Melhor técnica ou conteúdo artístico Técnica e Preço Maior retorno econômico		35 dias úteis (art. 55, IV)	Concorrência	Agente de contratação (art. 8º) *ou* Comissão de contratação (art. 8º, §2º)
		35 dias úteis (art. 55, II, "d")	Diálogo competitivo (art. 6º, XLII)	Comissão de contratação (art. 32, §1º, XI)

(conclusão)

Modalidades licitatórias

Procedimentos auxiliares das licitações e das contratações

Critério de julgamento	Regime de contratação	Prazo	Modalidade	Condução do certame
	Fornecimento de bens Prestação de serviços	Aberto (art. 79, parágrafo único, I)	Credenciamento	Comissão de contratação (art. 6º, L)
		Aberto (art. 80, §2º)	Pré-qualificação	Comissão de contratação (art. 6º, L)
		Definido em regulamento	Procedimento de Manifestação de Interesse	Comissão de contratação (art. 6º, L)
Menor preço por item (art. 82, V) Menor preço por grupo de itens (art. 82, V e §1º) Maior desconto (art. 82, V)			*Sistema de Registro de Preços* para fornecimento de bens, prestação de serviços, obras comuns e serviços comuns de engenharia *Contratação direta (art. 6º, XLV e art. 85)*	Comissão de contratação (art. 6º, L)
Menor preço por item (art. 82, V) Menor preço por grupo de itens (art. 82, V e §1º) Maior desconto (art. 82, V)		8 (oito) dias úteis para fornecimento 10 (dez) dias úteis para serviços e serviços comuns de engenharia	*Sistema de Registro de Preços* para fornecimento de bens, prestação de serviços e serviços comuns de engenharia por *Pregão (art. 6º, XLV)*	Pregoeiro (art. 8º, §5º)
Menor preço por item (art. 82, V) Menor preço por grupo de itens (art. 82, V e §1º) Maior desconto (art. 82, V)		8 (oito) dias úteis para fornecimento 10 (dez) dias úteis para serviços e serviços comuns de engenharia	*Sistema de Registro de Preços* para fornecimento de bens, prestação de serviços, obras comuns e serviços comuns de engenharia por *Concorrência (art. 6º, XLV)*	Comissão de contratação (art. 6º, L)
		Permanentemente aberto (art. 87, §1º) Chamamento anual (art. 87, §1º)	Registro cadastral	Comissão de contratação (art. 6º, L)

Eventuais modificações no edital implicarão nova divulgação na mesma forma de sua divulgação inicial, *além do cumprimento dos mesmos prazos dos atos e procedimentos originais*, exceto quando a alteração não comprometer a formulação das propostas.

Os prazos de divulgação do edital poderão, mediante decisão fundamentada, ser reduzidos até a metade nas licitações realizadas pelo Ministério da Saúde, no âmbito do Sistema Único de Saúde (SUS).

O edital de licitação poderá estabelecer intervalo mínimo de diferença de valores entre os lances, que incidirá tanto em relação aos lances intermediários quanto em relação à proposta que cobrir a melhor oferta.

O TCEMG considerou irregular a cláusula do Edital de Pregão do Município de Carneirinho, que *previu entrega de pneus no prazo de 48 (quarenta e oito) horas*, sob o fundamento de que:

> O objeto pneus tem vida útil estimada pelo fabricante do produto, e o desgaste, decorrente do uso, é de notória percepção, podendo o recorrente, a fim de se resguardar para hipóteses emergenciais, planejar-se e promover controle periódico de estoque de pneus, de modo a se evitar, assim, que a imposição de prazo tão diminuto comprometa o caráter competitivo do certame. (Recurso Ordinário nº 898.682. Rel. Cons. José Alves Viana, 4.3.2015)

Da margem de preferência

No processo de licitação, poderá ser estabelecida margem de preferência para:

I – bens manufaturados e serviços nacionais que atendam a normas técnicas brasileiras;

– *serviço nacional*: é o serviço prestado em território nacional, nas condições estabelecidas pelo Poder Executivo federal;

– *produto manufaturado nacional*: produto manufaturado produzido no território nacional de acordo com o processo produtivo básico ou com as regras de origem estabelecidas pelo Poder Executivo federal.

II – bens reciclados, recicláveis ou biodegradáveis, conforme regulamento.

A margem de preferência:

– será definida em decisão fundamentada do Poder Executivo federal, no caso do item I;

– poderá ser de até 10% (dez por cento) sobre o preço dos bens e serviços que não se enquadrem no disposto nos itens I ou II;

– poderá ser estendida a bens manufaturados e serviços originários de Estados Partes do Mercado Comum do Sul (Mercosul), desde que haja reciprocidade com o país prevista em acordo internacional aprovado pelo Congresso Nacional e ratificado pelo Presidente da República.

Para os bens manufaturados nacionais e serviços nacionais resultantes de desenvolvimento e inovação tecnológica no país, definidos conforme regulamento do Poder Executivo federal, a margem de preferência poderá ser de até 20% (vinte por cento).

A margem de preferência não se aplica aos bens manufaturados nacionais e aos serviços nacionais se a capacidade de produção desses bens ou de prestação desses serviços no país for inferior:

– à quantidade a ser adquirida ou contratada; ou

– aos quantitativos fixados em razão do parcelamento do objeto, quando for o caso.

CAPÍTULO 11

DOS CRITÉRIOS DE JULGAMENTO

O julgamento das propostas será realizado de acordo com os seguintes critérios:
– menor preço;
– maior desconto;
– melhor técnica ou conteúdo artístico;
– técnica e preço;
– maior lance, no caso de leilão;
– maior retorno econômico.

O julgamento por menor preço ou maior desconto e, quando couber, por técnica e preço considerará o menor dispêndio para a Administração, atendidos os parâmetros mínimos de qualidade definidos no edital de licitação.

Os custos indiretos, relacionados com as despesas de manutenção, utilização, reposição, depreciação e impacto ambiental do objeto licitado, entre outros fatores vinculados ao seu ciclo de vida, poderão ser considerados para a definição do menor dispêndio, sempre que objetivamente mensuráveis, conforme disposto em regulamento.

O julgamento por maior desconto terá como referência o preço global fixado no edital de licitação, e o desconto será estendido aos eventuais termos aditivos.

O julgamento por melhor técnica ou conteúdo artístico considerará exclusivamente as propostas técnicas ou artísticas apresentadas pelos licitantes, e o edital deverá definir o prêmio ou a remuneração que será atribuída aos vencedores.

O critério de julgamento melhor técnica ou conteúdo artístico poderá ser utilizado para a contratação de projetos e trabalhos de natureza técnica, científica ou artística.

O julgamento por técnica e preço considerará a maior pontuação obtida a partir da ponderação, segundo fatores objetivos previstos no edital, das notas atribuídas aos aspectos de técnica e de preço da proposta.

O critério de julgamento técnica e preço será escolhido quando o estudo técnico preliminar demonstrar que a avaliação e a ponderação da qualidade técnica das propostas que superarem os requisitos mínimos estabelecidos no edital forem relevantes aos fins pretendidos pela Administração nas licitações para contratação de:
– serviços técnicos especializados de natureza predominantemente intelectual, caso em que o critério de julgamento de técnica e preço deverá ser preferencialmente empregado;
– serviços majoritariamente dependentes de tecnologia sofisticada e de domínio restrito, conforme atestado por autoridades técnicas de reconhecida qualificação;
– bens e serviços especiais de tecnologia da informação e de comunicação;

- obras e serviços especiais de engenharia;
- objetos que admitam soluções específicas e alternativas e variações de execução, com repercussões significativas e concretamente mensuráveis sobre sua qualidade, produtividade, rendimento e durabilidade, quando essas soluções e variações puderem ser adotadas à livre escolha dos licitantes, conforme critérios objetivamente definidos no edital de licitação.

No julgamento por técnica e preço, deverão ser avaliadas e ponderadas as propostas técnicas e, em seguida, as propostas de preço apresentadas pelos licitantes, na proporção máxima de 70% (setenta por cento) de valoração para a proposta técnica.

O desempenho pretérito na execução de contratos com a Administração Pública deverá ser considerado na pontuação técnica, observado o disposto nos §§3º e 4º do art. 88 da Lei nº 14.133 e em regulamento.

O julgamento por melhor técnica ou por técnica e preço deverá ser realizado por:

I – verificação da capacitação e da experiência do licitante, comprovadas por meio da apresentação de atestados de obras, produtos ou serviços previamente realizados;

II – atribuição de notas a quesitos de natureza qualitativa por *banca* designada para esse fim, de acordo com orientações e limites definidos em edital, considerados a demonstração de conhecimento do objeto, a metodologia e o programa de trabalho, a qualificação das equipes técnicas e a relação dos produtos que serão entregues.

A banca terá no mínimo 3 (três) membros e poderá ser composta de:

- servidores efetivos ou empregados públicos pertencentes aos quadros permanentes da Administração Pública;
- profissionais contratados por conhecimento técnico, experiência ou renome na avaliação dos quesitos especificados em edital, desde que seus trabalhos sejam supervisionados por profissionais designados conforme o disposto no art. 7º da Lei nº 14.133/2021, sendo preferencialmente servidores efetivos.

III – atribuição de notas por desempenho do licitante em contratações anteriores aferida nos documentos comprobatórios de que trata o §3º do art. 88 da Lei nº 14.133/2021, e em registro cadastral unificado disponível no Portal Nacional de Contratações Públicas (PNCP).

Ressalvados os casos de inexigibilidade de licitação, o julgamento será obrigatoriamente por melhor técnica ou técnica e preço, *na proporção de 70% (setenta por cento) de valoração da proposta técnica*, na licitação para contratação dos seguintes serviços técnicos especializados de natureza predominantemente intelectual, cujo valor estimado da contratação seja superior a R$343.249,96 (trezentos e quarenta e três mil, duzentos e quarenta e nove reais e noventa e seis centavos):

- estudos técnicos, planejamentos, projetos básicos e projetos executivos;
- fiscalização, supervisão e gerenciamento de obras e serviços;
- controles de qualidade e tecnológico, análises, testes e ensaios de campo e laboratoriais, instrumentação e monitoramento de parâmetros específicos de obras e do meio ambiente e demais serviços de engenharia que se enquadrem na definição de serviços técnicos especializados de natureza predominantemente intelectual.

No julgamento por melhor técnica ou por técnica e preço, a obtenção de pontuação devido à capacitação técnico-profissional exigirá que a execução do respectivo contrato tenha participação direta e pessoal do profissional correspondente.

O julgamento por maior retorno econômico, utilizado exclusivamente para a celebração de contrato de eficiência, considerará a maior economia para a Administração, e a remuneração deverá ser fixada em percentual que incidirá de forma proporcional à economia efetivamente obtida na execução do contrato.

- *contrato de eficiência*: é o contrato cujo objeto é a prestação de serviços, que pode incluir a realização de obras e o fornecimento de bens, com o objetivo de proporcionar economia ao contratante, na forma de redução de despesas correntes, remunerado o contratado com base em percentual da economia gerada.

Nas licitações por maior retorno econômico os licitantes apresentarão:

- proposta de trabalho, que deverá contemplar:
  a) as obras, os serviços ou os bens, com os respectivos prazos de realização ou fornecimento;
  b) a economia que se estima gerar, expressa em unidade de medida associada à obra, ao bem ou ao serviço e em unidade monetária.
- proposta de preço, que corresponderá a percentual sobre a economia que se estima gerar durante determinado período, expressa em unidade monetária.

O edital de licitação deverá prever parâmetros objetivos de mensuração da economia gerada com a execução do contrato, que servirá de base de cálculo para a remuneração devida ao contratado.

Para efeito de julgamento da proposta, o retorno econômico será o resultado da economia que se estima gerar com a execução da proposta de trabalho, deduzida a proposta de preço.

Nos casos em que não for gerada a economia prevista no contrato de eficiência:

- a diferença entre a economia contratada e a efetivamente obtida será descontada da remuneração do contratado;
- se a diferença entre a economia contratada e a efetivamente obtida for superior ao limite máximo estabelecido no contrato, o contratado sujeitar-se-á, ainda, a outras sanções cabíveis.

Ao julgar o Processo nº 898.667, decorrente de relatório da Assessoria para Coordenação da Fiscalização Integrada ACFI/Suricato, o Tribunal de Contas do Estado de Minas Gerais *aplicou pena de ressarcimento ao erário de forma solidária no valor histórico a ser corrigido de R$33.877,42 e multa, aos gestores e duas empresas privadas que forneceram medicamentos* ao município da pequena cidade de Conceição do Rio Verde, em *valores superiores aos da tabela de preços do Sistema de Acompanhamento do Mercado de Medicamentos* – SAMMED, da Câmara de Regulação de Mercado do Medicamento – CMED:

- JS Distribuidora de Medicamentos Ltda., fornecedor de medicamentos à época;
- Medway Log Comércio e Serviços Ltda., fornecedor de medicamentos à época;
- Adilson Gonçalves de Oliveira Paganelli, prefeito em 2013;
- Dario de Souza Augusto, secretário de saúde em 2013; e
- Viviana de Almeida, pregoeira à época.

O Plenário do Tribunal de Contas da União, proferiu o Acórdão nº 2.452/2017, no qual ficou consignado que:

– de acordo com a jurisprudência do Tribunal, a empresa licitante tem liberdade para elaborar o BDI de sua proposta conforme o seu planejamento tributário, desde que os preços finais estejam condizentes com as referências de mercado;
– a taxa de BDI com percentual acima do limite referencial não representa, por si só, superfaturamento, desde que o preço contratado, ou seja, custo mais BDI, esteja compatível com o preço de mercado.

Dos modos de disputa

O modo de disputa poderá ser, isolada ou conjuntamente:

– *Aberto*, hipótese em que os licitantes apresentarão suas propostas por meio de lances públicos e sucessivos, crescentes ou decrescentes.

A utilização do modo de disputa aberto será vedada quando adotado o critério de julgamento de técnica e preço.

– *Fechado*, hipótese em que as propostas permanecerão em sigilo até a data e hora designadas para sua divulgação.

A utilização isolada do modo de disputa fechado será vedada quando adotados os critérios de julgamento de menor preço ou de maior desconto.

Modo de disputa	Critério de julgamento
Aberto	Menor preço; Maior desconto; Maior oferta; e Maior retorno econômico.
Fechado	Técnica e preço; Melhor técnica ou conteúdo artístico; e Maior retorno econômico.
Fechado e aberto	Menor preço; Maior desconto; e Maior retorno econômico.

Dos lances

Serão considerados intermediários os lances:

– iguais ou inferiores ao maior já ofertado, quando adotado o critério de julgamento de maior lance;
– iguais ou superiores ao menor já ofertado, quando adotados os demais critérios de julgamento.

Após a definição da melhor proposta, se a diferença em relação à proposta classificada em segundo lugar for de pelo menos 5% (cinco por cento), a Administração poderá admitir o reinício da disputa aberta, nos termos estabelecidos no instrumento convocatório, para a definição das demais colocações.

O edital de licitação poderá estabelecer intervalo mínimo de diferença de valores entre os lances, que incidirá tanto em relação aos lances intermediários quanto em relação à proposta que cobrir a melhor oferta.

Da apresentação das planilhas adequadas ao valor final da proposta

Nas licitações de obras ou serviços de engenharia, após o julgamento, o licitante vencedor deverá reelaborar e apresentar à Administração, por meio eletrônico, as planilhas com indicação dos quantitativos e dos custos unitários, bem como com detalhamento das Bonificações e Despesas Indiretas (BDI) e dos Encargos Sociais (ES), com os respectivos valores adequados ao valor final da proposta vencedora, admitida a utilização dos preços unitários, no caso de empreitada por preço global, empreitada integral, contratação semi-integrada e contratação integrada, exclusivamente para eventuais adequações indispensáveis no cronograma físico-financeiro e para balizar excepcional aditamento posterior do contrato.

CAPÍTULO 12

DO ASSESSORAMENTO JURÍDICO

O órgão de assessoramento jurídico da Administração, ao final da fase preparatória, realizará o controle prévio de legalidade mediante análise jurídica da contratação.

Na elaboração do parecer jurídico, o órgão de assessoramento jurídico da Administração deverá:

- apreciar o processo licitatório conforme critérios objetivos prévios de atribuição de prioridade;
- redigir sua manifestação em linguagem simples e compreensível e de forma clara e objetiva, com apreciação de todos os elementos indispensáveis à contratação e com exposição dos pressupostos de fato e de direito levados em consideração na análise jurídica.

As contratações diretas, acordos, termos de cooperação, convênios, ajustes, adesões a atas de registro de preços, outros instrumentos congêneres e de seus termos aditivos também estão sujeitos ao controle prévio de legalidade do órgão de assessoramento jurídico da Administração.

A Procuradoria Jurídica poderá, através de regulamento, definir previamente em quais hipóteses será dispensável a análise jurídica, devendo considerar:

- o baixo valor;
- a baixa complexidade da contratação;
- a entrega imediata do bem; ou
- a utilização de minutas de editais e instrumentos de contrato, convênio ou outros ajustes previamente padronizados pelo órgão de assessoramento jurídico.

CAPÍTULO 13

DA PUBLICIDADE

Encerrada a instrução do processo sob os aspectos técnico e jurídico, a publicidade do edital de licitação será realizada mediante divulgação e manutenção do inteiro teor do ato convocatório e de seus anexos no *Portal Nacional de Contratações Públicas (PNCP)*.

Todos os elementos do edital, incluídos minuta de contrato, termos de referência, anteprojeto, projetos e outros anexos deverão ser divulgados em sítio eletrônico oficial na mesma data de divulgação do edital, *sem necessidade de registro ou de identificação para acesso.*

Sítio eletrônico oficial é o sítio da internet, certificado digitalmente por autoridade certificadora, no qual o ente federativo divulga de forma centralizada as informações e os serviços de governo digital dos seus órgãos e entidades.

Além da publicação no PNCP:

- É obrigatória a publicação de *extrato do edital* no: Diário Oficial da União, do Estado, do Distrito Federal ou do Município, ou, no caso de consórcio público, do ente de maior nível entre eles; e jornal diário de grande circulação.
- É *facultada* a divulgação adicional e *a manutenção do inteiro teor do edital e de seus anexos*: em sítio eletrônico oficial do ente federativo do órgão ou entidade responsável pela licitação ou, no caso de consórcio público, do ente de maior nível entre eles; e a divulgação direta a interessados devidamente cadastrados para esse fim.

Até 31.12.2023, os municípios deverão realizar divulgação complementar de suas contratações mediante *publicação de extrato de edital de licitação em jornal diário de grande circulação local.*

Após a homologação do processo licitatório, serão disponibilizados os documentos elaborados na fase preparatória que porventura não tenham integrado o edital e seus anexos:

- obrigatoriamente no Portal Nacional de Contratações Públicas (PNCP); e
- facultativamente no sítio eletrônico do órgão que promover a licitação.

Será divulgada, em sítio eletrônico oficial, a cada exercício financeiro, a relação de empresas favorecidas em decorrência da aplicação de margem de preferência, com indicação do volume de recursos destinados a cada uma delas.

Do Portal Nacional de Contratações Públicas (PNCP)

O Portal Nacional de Contratações Públicas (PNCP) é um sítio eletrônico oficial destinado a:

- divulgação centralizada e obrigatória dos atos exigidos pela Lei Federal nº 14.133/2021;
- realização facultativa das contratações pelos órgãos e entidades dos poderes Executivo, Legislativo e Judiciário de todos os entes federativos.

O PNCP *conterá*, entre outras, as seguintes informações acerca das contratações:
- planos de contratação anuais;
- catálogos eletrônicos de padronização;
- editais de credenciamento e de pré-qualificação, avisos de contratação direta e editais de licitação e respectivos anexos;
- atas de registro de preços;
- contratos e termos aditivos;
- notas fiscais eletrônicas, quando for o caso.

O PNCP, entre outras funcionalidades, oferecerá:
- sistema de registro cadastral unificado;
- painel para consulta de preços, banco de preços em saúde e acesso à base nacional de notas fiscais eletrônicas;
- sistema de planejamento e gerenciamento de contratações, incluído o cadastro de atesto de cumprimento de obrigações;
- sistema eletrônico para a realização de sessões públicas;
- acesso ao Cadastro Nacional de Empresas Inidôneas e Suspensas (Ceis) e ao Cadastro Nacional de Empresas Punidas (CNEP);
- sistema de gestão compartilhada com a sociedade de informações referentes à execução do contrato, que possibilite:
  a) envio, registro, armazenamento e divulgação de mensagens de texto ou imagens pelo interessado previamente identificado;
  b) acesso ao sistema informatizado de acompanhamento de obras;
  c) comunicação entre a população e representantes da Administração e do contratado designados para prestar as informações e esclarecimentos pertinentes, na forma de regulamento;
  d) divulgação, na forma de regulamento, de relatório final com informações sobre a consecução dos objetivos que tenham justificado a contratação e eventuais condutas a serem adotadas para o aprimoramento das atividades da Administração.

Desde que mantida a integração com o PNCP, as contratações poderão ser realizadas por meio de sistema eletrônico fornecido por pessoa jurídica de direito privado, na forma de regulamento.

Os municípios com até 20.000 (vinte mil) habitantes terão o prazo de 6 (seis) anos, ou seja, até 1º.4.2027, para cumprimento das regras relativas à divulgação em sítio eletrônico oficial.

Enquanto não adotarem o PNCP, os municípios com até 20.000 (vinte mil) habitantes deverão:
- publicar, em diário oficial, as informações que a lei exige que sejam divulgadas em sítio eletrônico oficial, admitida a publicação de extrato;
- disponibilizar a versão física dos documentos em suas repartições, vedada a cobrança de qualquer valor, salvo o referente ao fornecimento de edital ou de cópia de documento, que não será superior ao custo de sua reprodução gráfica.

CAPÍTULO 14

DAS MODALIDADES E LIMITES

São modalidades de licitação:
- *Pregão*: modalidade de licitação obrigatória para aquisição de bens e serviços comuns, cujo critério de julgamento poderá ser o de menor preço ou o de maior desconto.
- *Concorrência*: modalidade de licitação para contratação de bens e serviços especiais e de obras e serviços comuns e especiais de engenharia.
- *Concurso*: modalidade de licitação para escolha de trabalho técnico, científico ou artístico, cujo critério de julgamento será o de melhor técnica ou conteúdo artístico, e para concessão de prêmio ou remuneração ao vencedor.
- *Leilão*: modalidade de licitação para alienação de bens imóveis ou de bens móveis inservíveis ou legalmente apreendidos a quem oferecer o maior lance.
- *Diálogo competitivo*: modalidade de licitação para contratação de obras, serviços e compras em que a Administração Pública realiza diálogos com licitantes previamente selecionados mediante critérios objetivos, com o intuito de desenvolver uma ou mais alternativas capazes de atender às suas necessidades, devendo os licitantes apresentarem proposta final após o encerramento dos diálogos.

É vedada a criação de outras modalidades de licitação ou, ainda, a combinação entre elas.

Pregão

O pregão é a modalidade a ser utilizada sempre que o objeto possuir padrões de desempenho e qualidade que possam ser objetivamente definidos pelo edital, por meio de especificações usuais de mercado.

Não se aplica:
- às contratações de serviços especializados de natureza predominantemente intelectual; e
- de obras e serviços de engenharia, exceto os serviços comum de engenharia.

Concorrência

Poderão ser licitados na modalidade concorrência:
- bens e serviços especiais e de obras; e
- serviços comuns e especiais de engenharia.

O critério de julgamento poderá ser:
– menor preço;
– melhor técnica ou conteúdo artístico;
– técnica e preço;
– maior retorno econômico;
– maior desconto.

Concurso

O concurso observará as regras e condições previstas em edital, que indicará:
– a qualificação exigida dos participantes;
– as diretrizes e formas de apresentação do trabalho;
– as condições de realização e o prêmio ou remuneração a ser concedida ao vencedor.

Nos concursos destinados à elaboração de projeto, o vencedor deverá ceder à Administração Pública, todos os direitos patrimoniais relativos ao projeto e autorizar sua execução conforme juízo de conveniência e oportunidade das autoridades competentes.

Leilão

O leilão poderá ser cometido a leiloeiro oficial ou a servidor designado pela autoridade competente da Administração, e regulamento deverá dispor sobre seus procedimentos operacionais.

Se optar pela realização de leilão por intermédio de leiloeiro oficial, a Administração deverá selecioná-lo mediante credenciamento ou licitação na modalidade pregão e adotar o critério de julgamento de maior desconto para as comissões a serem cobradas, utilizados como parâmetro máximo os percentuais definidos na lei que regula a referida profissão e observados os valores dos bens a serem leiloados.

O leilão será precedido da divulgação do edital em sítio eletrônico oficial, que conterá:
– a descrição do bem, com suas características, e no caso de imóvel, sua situação e suas divisas, com remissão à matrícula e aos registros;
– o valor pelo qual o bem foi avaliado, o preço mínimo pelo qual poderá ser alienado, as condições de pagamento e, se for o caso, a comissão do leiloeiro designado;
– a indicação do lugar onde estiverem os móveis, os veículos e os semoventes;
– o sítio da internet e o período em que ocorrerá o leilão, salvo se excepcionalmente for realizado sob a forma presencial por comprovada inviabilidade técnica ou desvantagem para a Administração, hipótese em que serão indicados o local, o dia e a hora de sua realização;
– a especificação de eventuais ônus, gravames ou pendências existentes sobre os bens a serem leiloados.

Além da divulgação no sítio eletrônico oficial, o edital do leilão será afixado em local de ampla circulação de pessoas na sede da Administração e poderá, ainda, ser divulgado por outros meios necessários para ampliar a publicidade e a competitividade da licitação.

O leilão não exigirá registro cadastral prévio, não terá fase de habilitação e deverá ser homologado assim que concluída a fase de lances, superada a fase recursal e efetivado o pagamento pelo licitante vencedor, na forma definida no edital.

Diálogo competitivo

A modalidade diálogo competitivo é restrita a contratações em que a Administração:

– Vise a contratar objeto que envolva as seguintes condições: inovação tecnológica ou técnica; impossibilidade de o órgão ou entidade ter sua necessidade satisfeita sem a adaptação de soluções disponíveis no mercado; e impossibilidade de as especificações técnicas serem definidas com precisão suficiente pela Administração.

– Verifique a necessidade de definir e identificar os meios e as alternativas que satisfazem suas necessidades, com destaque para os seguintes aspectos: a solução técnica mais adequada; os requisitos técnicos aptos a concretizar a solução já definida; a estrutura jurídica ou financeira do contrato.

Na modalidade diálogo competitivo, serão observadas as seguintes disposições:

– A Administração apresentará, por ocasião da divulgação do edital em sítio eletrônico oficial, suas necessidades e as exigências já definidas e estabelecerá prazo mínimo de 25 (vinte e cinco) dias úteis para manifestação de interesse na participação da licitação.

– Os critérios empregados para pré-seleção dos licitantes deverão ser previstos em edital, e serão admitidos todos os interessados que preencherem os requisitos objetivos estabelecidos.

– A divulgação de informações de modo discriminatório que possa implicar vantagem para algum licitante será vedada.

– A Administração não poderá revelar a outros licitantes as soluções propostas ou as informações sigilosas comunicadas por um licitante sem o seu consentimento.

– A fase de diálogo poderá ser mantida até que a Administração, em decisão fundamentada, identifique a solução ou as soluções que atendam às suas necessidades.

– As reuniões com os licitantes pré-selecionados serão registradas em ata e gravadas mediante utilização de recursos tecnológicos de áudio e vídeo.

– O edital poderá prever a realização de fases sucessivas, caso em que cada fase poderá restringir as soluções ou as propostas a serem discutidas.

– A Administração deverá, ao declarar que o diálogo foi concluído, juntar aos autos do processo licitatório os registros e as gravações da fase de diálogo, iniciar a fase competitiva com a divulgação de edital contendo a especificação da solução que atenda às suas necessidades e os critérios objetivos a serem utilizados para seleção da proposta mais vantajosa e abrir prazo, não inferior a 60 (sessenta) dias úteis, para todos os licitantes pré-selecionados apresentarem suas propostas, que deverão conter os elementos necessários para a realização do projeto.

– A Administração poderá solicitar esclarecimentos ou ajustes às propostas apresentadas, desde que não impliquem discriminação nem distorçam a concorrência entre as propostas.

– A Administração definirá a proposta vencedora de acordo com critérios divulgados no início da fase competitiva, assegurada a contratação mais vantajosa como resultado.

– O diálogo competitivo será conduzido por comissão de contratação composta de pelo menos 3 (três) servidores efetivos ou empregados públicos pertencentes aos quadros permanentes da Administração, admitida a contratação de profissionais para assessoramento técnico da comissão.

Os profissionais contratados assinarão termo de confidencialidade e abster-se-ão de atividades que possam configurar conflito de interesses.

Modalidade	Objeto	Critério de julgamento
Pregão	Aquisição de bens e serviços comuns	Menor preço ou o de maior desconto; Maior retorno econômico.
Concorrência	Bens e serviços especiais e de obras; Serviços comuns e especiais de engenharia.	Menor preço; Melhor técnica ou conteúdo artístico; Técnica e preço; Maior retorno econômico; Maior desconto.
Concurso	Trabalho técnico, científico ou artístico	Melhor técnica ou conteúdo artístico
Leilão	Alienação de bens imóveis; Alienação de bens móveis inservíveis ou legalmente apreendidos	Maior lance
Diálogo competitivo	Obras; Serviços; e Compras.	Menor preço; Maior retorno econômico; Maior desconto. Técnica e preço.

CAPÍTULO 15

DOS PROCEDIMENTOS AUXILIARES

São procedimentos auxiliares das licitações e das contratações:
- Credenciamento: critérios claros e objetivos definidos em regulamento.
- Pré-qualificação: critérios claros e objetivos definidos em regulamento, e o mesmo procedimento de julgamento das licitações.
- Procedimento de manifestação de interesse: critérios claros e objetivos definidos em regulamento, e o mesmo procedimento de julgamento das licitações.
- Sistema de registro de preços: critérios claros e objetivos definidos em regulamento.
- Registro cadastral: critérios claros e objetivos definidos em regulamento.

Credenciamento

Credenciamento é o processo administrativo de chamamento público em que a Administração Pública convoca interessados em prestar serviços ou fornecer bens para que, preenchidos os requisitos necessários, se credenciem no órgão ou na entidade para executar o objeto quando convocados.

O credenciamento poderá ser usado nas seguintes hipóteses de contratação:
- *paralela e não excludente*: caso em que é viável e vantajosa para a Administração a realização de contratações simultâneas em condições padronizadas;
- *com seleção a critério de terceiros*: caso em que a seleção do contratado está a cargo do beneficiário direto da prestação;
- *em mercados fluidos*: caso em que a flutuação constante do valor da prestação e das condições de contratação inviabiliza a seleção de agente por meio de processo de licitação.

Os procedimentos de credenciamento serão definidos em regulamento, observadas as seguintes regras:
- a Administração deverá divulgar e manter à disposição do público, em sítio eletrônico oficial, edital de chamamento de interessados, de modo a permitir o *cadastramento permanente de novos interessados*;
- critérios objetivos de distribuição da demanda, na hipótese de contratação paralela e não excludente, quando o objeto não permitir a contratação imediata e simultânea de todos os credenciados;
- o edital de chamamento de interessados deverá prever as condições padronizadas de contratação e, nas hipóteses de contratação paralela e não excludente e com seleção a critério de terceiros, deverá definir o valor da contratação;

- em mercados fluidos, a Administração deverá registrar as cotações de mercado vigentes no momento da contratação;
- não será permitido o cometimento a terceiros do objeto contratado sem autorização expressa da Administração;
- será admitida a denúncia por qualquer das partes nos prazos fixados no edital.

Pré-qualificação

A pré-qualificação é o procedimento técnico-administrativo para selecionar previamente:
- licitantes que reúnam condições de habilitação para participar de futura licitação ou de licitação vinculada a programas de obras ou de serviços objetivamente definidos;
- bens que atendam às exigências técnicas ou de qualidade estabelecidas pela Administração.

Na pré-qualificação observar-se-á o seguinte:
- quando aberta a licitantes, poderão ser dispensados os documentos que já constarem do registro cadastral;
- quando aberta a bens, poderá ser exigida a comprovação de qualidade.

O procedimento de pré-qualificação ficará permanentemente aberto para a inscrição de interessados.

Quanto ao procedimento de pré-qualificação, constarão do edital:
- as informações mínimas necessárias para definição do objeto;
- a modalidade, a forma da futura licitação e os critérios de julgamento.

A apresentação de documentos far-se-á perante órgão ou comissão indicada pela Administração, que deverá examiná-los no prazo máximo de 10 (dez) dias úteis e determinar correção ou reapresentação de documentos, quando for o caso, com vistas à ampliação da competição.

Os bens e os serviços pré-qualificados deverão integrar o catálogo de bens e serviços da Administração.

A pré-qualificação poderá ser realizada em grupos ou segmentos, segundo as especialidades dos fornecedores.

A pré-qualificação poderá ser parcial ou total, com alguns ou todos os requisitos técnicos ou de habilitação necessários à contratação, assegurada, em qualquer hipótese, a igualdade de condições entre os concorrentes.

Quanto ao prazo, a pré-qualificação terá validade:
- de 1 (um) ano, no máximo, e poderá ser atualizada a qualquer tempo;
- não superior ao prazo de validade dos documentos apresentados pelos interessados.

Os licitantes e os bens pré-qualificados serão obrigatoriamente divulgados e mantidos à disposição do público.

A licitação que se seguir ao procedimento da pré-qualificação poderá ser restrita a licitantes ou bens pré-qualificados.

Procedimento de manifestação de interesse

A Administração poderá solicitar à iniciativa privada, mediante procedimento aberto de manifestação de interesse a ser iniciado com a publicação de edital de chamamento público, a propositura e a realização de estudos, investigações, levantamentos e projetos de soluções inovadoras que contribuam com questões de relevância pública, na forma de regulamento.

Os estudos, as investigações, os levantamentos e os projetos vinculados à contratação e de utilidade para a licitação, realizados pela Administração ou com a sua autorização, estarão à disposição dos interessados, e o vencedor da licitação deverá ressarcir os dispêndios correspondentes, conforme especificado no edital.

A realização, pela iniciativa privada, de estudos, investigações, levantamentos e projetos em decorrência do procedimento de manifestação de interesse:

- não atribuirá ao realizador direito de preferência no processo licitatório;
- não obrigará o poder público a realizar licitação;
- não implicará, por si só, direito a ressarcimento de valores envolvidos em sua elaboração;
- será remunerada somente pelo vencedor da licitação, vedada, em qualquer hipótese, a cobrança de valores do poder público.

Para aceitação dos produtos e serviços, a Administração deverá elaborar parecer fundamentado com:

- a demonstração de que o produto ou serviço entregue é adequado e suficiente à compreensão do objeto;
- de que as premissas adotadas são compatíveis com as reais necessidades do órgão; e
- de que a metodologia proposta é a que propicia maior economia e vantagem entre as demais possíveis.

O procedimento poderá ser restrito a *startups*, assim considerados os microempreendedores individuais, as microempresas e as empresas de pequeno porte, de natureza emergente e com grande potencial, que se dediquem à pesquisa, ao desenvolvimento e à implementação de novos produtos ou serviços baseados em soluções tecnológicas inovadoras que possam causar alto impacto, exigida, na seleção definitiva da inovação, validação prévia fundamentada em métricas objetivas, de modo a demonstrar o atendimento das necessidades da Administração.

Sistema de registro de preços

Sistema de registro de preços é o conjunto de procedimentos para realização, mediante contratação direta ou licitação nas modalidades pregão ou concorrência, de registro formal de preços relativos à prestação de *serviços, a obras e à aquisição e locação de bens* para contratações futuras.

- *Ata de registro de preços*: é o documento vinculativo e obrigacional, com característica de compromisso para futura contratação, no qual são registrados o objeto, os preços, os fornecedores, os órgãos participantes e as condições a serem praticadas, conforme as disposições contidas no edital da licitação, no aviso ou instrumento de contratação direta e nas propostas apresentadas.
- Órgão *ou entidade gerenciadora*: órgão ou entidade da Administração Pública responsável pela condução do conjunto de procedimentos para registro de preços e pelo gerenciamento da ata de registro de preços dele decorrente.
- Órgão *ou entidade participante*: órgão ou entidade da Administração Pública que participa dos procedimentos iniciais da contratação para registro de preços e integra a ata de registro de preços.

– Órgão *ou entidade não participante*: órgão ou entidade da Administração Pública que não participa dos procedimentos iniciais da licitação para registro de preços e não integra a ata de registro de preços.

O edital de licitação para registro de preços deverá dispor sobre:

– as especificidades da licitação e de seu objeto, inclusive a quantidade máxima de cada item que poderá ser adquirida;
– a quantidade mínima a ser cotada de unidades de bens ou, no caso de serviços, de unidades de medida;
– a possibilidade de prever preços diferentes: quando o objeto for realizado ou entregue em locais diferentes; em razão da forma e do local de acondicionamento; quando admitida cotação variável em razão do tamanho do lote; por outros motivos justificados no processo;
– a possibilidade de o licitante oferecer ou não proposta em quantitativo inferior ao máximo previsto no edital, obrigando-se nos limites dela;
– o critério de julgamento da licitação, que será o de menor preço ou o de maior desconto sobre tabela de preços praticada no mercado;

O critério de julgamento de menor preço por grupo de itens somente poderá ser adotado quando for demonstrada a inviabilidade de se promover a adjudicação por item e for evidenciada a sua vantagem técnica e econômica, e o critério de aceitabilidade de preços unitários máximos deverá ser indicado no edital.

Observados os parâmetros estabelecidos nos §§1º, 2º e 3º do art. 23 da Lei Federal nº 14.133/2021, a contratação posterior de item específico constante de grupo de itens exigirá prévia pesquisa de mercado e demonstração de sua vantagem para o órgão ou entidade.

– as condições para alteração de preços registrados;
– o registro de mais de um fornecedor ou prestador de serviço, desde que aceitem cotar o objeto em preço igual ao do licitante vencedor, assegurada a preferência de contratação de acordo com a ordem de classificação;
– a vedação à participação do órgão ou entidade em mais de uma ata de registro de preços com o mesmo objeto no prazo de validade daquela de que já tiver participado, salvo na ocorrência de ata que tenha registrado quantitativo inferior ao máximo previsto no edital;
– as hipóteses de cancelamento da ata de registro de preços e suas consequências.

É permitido registro de preços com indicação limitada a unidades de contratação, sem indicação do total a ser adquirido, apenas nas seguintes situações:

– quando for a primeira licitação para o objeto e o órgão ou entidade não tiver registro de demandas anteriores;
– no caso de alimento perecível;
– no caso em que o serviço estiver integrado ao fornecimento de bens.

Nas situações acima é obrigatória a indicação do valor máximo da despesa e é vedada a participação de outro órgão ou entidade na ata.

O sistema de registro de preços poderá ser usado para a contratação de bens e serviços, inclusive de obras e serviços de engenharia, observadas as seguintes condições:

– realização prévia de ampla pesquisa de mercado;
– seleção de acordo com os procedimentos previstos em regulamento;
– desenvolvimento obrigatório de rotina de controle;

- atualização periódica dos preços registrados;
- definição do período de validade do registro de preços;
- inclusão, em ata de registro de preços, do licitante que aceitar cotar os bens ou serviços em preços iguais aos do licitante vencedor na sequência de classificação da licitação e inclusão do licitante que mantiver sua proposta original.

O sistema de registro de preços poderá, na forma de regulamento, ser utilizado nas hipóteses de inexigibilidade e de dispensa de licitação para a aquisição de bens ou para a contratação de serviços por mais de um órgão ou entidade.

A existência de preços registrados implicará compromisso de fornecimento nas condições estabelecidas, mas não obrigará a Administração a contratar, facultada a realização de licitação específica para a aquisição pretendida, desde que devidamente motivada.

O prazo de vigência da ata de registro de preços será de 1 (um) ano e poderá ser prorrogado, por igual período, desde que comprovado o preço vantajoso.

O contrato decorrente da ata de registro de preços terá sua vigência estabelecida em conformidade com as disposições nela contidas.

A Administração poderá contratar a execução de obras e serviços de engenharia pelo sistema de registro de preços, desde que atendidos os seguintes requisitos:
- existência de projeto padronizado, sem complexidade técnica e operacional;
- necessidade permanente ou frequente de obra ou serviço a ser contratado.

O órgão ou entidade gerenciadora deverá, na fase preparatória do processo licitatório, para fins de registro de preços, realizar procedimento público de intenção de registro de preços para, nos termos de regulamento, possibilitar, pelo prazo mínimo de 8 (oito) dias úteis, a participação de outros órgãos ou entidades na respectiva ata e determinar a estimativa total de quantidades da contratação.

Esse procedimento é dispensável quando o órgão ou entidade gerenciadora for o único contratante.

Os órgãos e entidades que não participarem do procedimento poderão aderir à ata de registro de preços na condição de não participantes, observados os seguintes requisitos:
- apresentação de justificativa da vantagem da adesão, inclusive em situações de provável desabastecimento ou descontinuidade de serviço público;
- demonstração de que os valores registrados estão compatíveis com os valores praticados pelo mercado na forma do art. 23 da Lei nº 14.133;
- prévias consulta e aceitação do órgão ou entidade gerenciadora e do fornecedor.

A faculdade de adesão está limitada a órgãos e entidades da Administração Pública federal, estadual, distrital e municipal que, na condição de não participantes, desejarem aderir à ata de registro de preços de órgão ou entidade gerenciadora federal, estadual ou distrital.

Sobre a vedação de adesão por município à ata de registro de preços originada de outro município prevista no art. 86, §3º da Lei Federal nº 14.133/2021, em resposta à Consulta nº 1.102.289, o Tribunal de Contas de Minas Gerais esclareceu:

> Por esse motivo, ao questionamento posto no item 3, respondo ao consulente no seguinte sentido: '3. Compete ao Estado de Minas Gerais, em âmbito regional, e aos municípios mineiros, no âmbito local, regulamentar, com fundamento no art. 78, §1º, da Lei nº 14.133/21, os procedimentos auxiliares, entre os quais se insere o sistema de registro de preços,

oportunidade em que poderá dispor acerca ou não de adesão a atas de registro de preços municipais, além de distritais, estaduais e federais, na medida em que a previsão do §3º do art. 86 veicula norma específica aplicável apenas à Administração Pública Federal.

As aquisições ou as contratações por órgãos não participantes não poderão exceder, por órgão ou entidade, a 50% (cinquenta por cento) dos quantitativos dos itens do instrumento convocatório registrados na ata de registro de preços para o órgão gerenciador e para os órgãos participantes.

O quantitativo decorrente das adesões à ata de registro de preços por órgãos não *participantes não poderá exceder, na totalidade, ao dobro do quantitativo de cada item registrado na ata de registro de preços para o órgão gerenciador e órgãos participantes*, independentemente do número de órgãos não participantes que aderirem, *exceto* para aquisição emergencial de medicamentos e material de consumo médico-hospitalar por órgãos e entidades da Administração Pública federal, estadual, distrital e municipal, a adesão à ata de registro de preços gerenciada pelo Ministério da Saúde.

– A adesão à ata de registro de preços de órgão ou entidade gerenciadora do Poder Executivo federal por órgãos e entidades da Administração Pública estadual, distrital e municipal poderá ser exigida para fins de transferências voluntárias, se destinada à execução descentralizada de programa ou projeto federal e comprovada a compatibilidade dos preços registrados com os valores praticados no mercado na forma do art. 23 da Lei nº 14.133/2021.

Será vedada aos órgãos e entidades da Administração Pública federal a adesão à ata de registro de preços gerenciada por órgão ou entidade estadual, distrital ou municipal.

Principais características do registro de preços:
– necessidade de entrega do objeto de forma parcelada;
– a remuneração dos produtos contratados ocorre por unidade ou os serviços são remunerados por tarefa;
– necessidade de frequentes contratações;
– o objeto a ser contratado for de interesse de mais de um órgão ou de mais de um programa de governo;
– quando não é possível definir previamente à licitação a quantidade a ser adquirida.

AGU e REGISTRO DE PREÇOS.
Orientação Normativa/AGU nº 20, de 01.04.2009 - DOU de 07.04.2009, S. 1, ps. 14 e 15
"Na licitação para registro de preços, a indicação da dotação orçamentária é exigível apenas antes da assinatura do contrato".
REFERÊNCIA: arts. 15 e 38, caput, da Lei no 8.666, de 1993; art. 3º do Decreto no 3.931, de 2001; Acórdãos TCU 3.146/2004-Primeira Câmara e 1.279/2008-Plenário.

O Tribunal de Contas do Estado de Minas Gerais, no julgamento da Denúncia nº 932.692, de Relatoria do Conselheiro Cláudio Couto Terrão, decidiu que:

Por não gerar compromisso de contratação, na licitação para registro de preços não é necessário indicar a dotação orçamentária, que somente será exigida para a formalização do contrato ou outro instrumento hábil.

Nos termos da decisão do Tribunal de Contas da União, a utilização do sistema de registros de preços é cabível quando:

A demanda é incerta, seja em relação a sua ocorrência, seja no que concerne à quantidade de bens a ser demandada.

"não faria sentido realizar uma estimativa prévia e, com base nela, efetivar um processo licitatório, no qual tenham sido definidas quantidades exatas a serem adquiridas, sem saber nem se essas aquisições serão efetivamente necessárias.

Num cenário bastante plausível, poderia haver a compra de bens que não seriam necessários". (Acórdão nº 2.197/2015 – Plenário, TC 028.924/2014-2. Rel. Min. Benjamin Zymler, 2.9.2015)

Registro cadastral

Os órgãos e entidades da Administração Pública deverão utilizar o sistema de registro cadastral unificado disponível no Portal Nacional de Contratações Públicas (PNCP), para efeito de cadastro unificado de licitantes, na forma disposta em regulamento.

O sistema de registro cadastral unificado será público e deverá ser amplamente divulgado e estar permanentemente aberto aos interessados, e será obrigatória a realização de chamamento público pela internet, no mínimo anualmente, para atualização dos registros existentes e para ingresso de novos interessados.

É proibida a exigência, pelo órgão ou entidade licitante, de registro cadastral complementar para acesso a edital e anexos.

A Administração poderá realizar licitação restrita a fornecedores cadastrados, atendidos os critérios, as condições e os limites estabelecidos em regulamento, bem como a ampla publicidade dos procedimentos para o cadastramento.

- será admitido fornecedor que realize seu cadastro dentro do prazo previsto no edital para apresentação de propostas.
- o interessado que requerer o cadastro poderá participar de processo licitatório até a decisão da Administração, e a celebração do contrato ficará condicionada à emissão do certificado de registro cadastral.

Ao requerer, a qualquer tempo, inscrição no cadastro ou a sua atualização, o interessado fornecerá os elementos necessários exigidos para habilitação previstos na Lei Federal nº 14.133/2021.

O inscrito, considerada sua área de atuação, será classificado por categorias, subdivididas em grupos, segundo a qualificação técnica e econômico-financeira avaliada, de acordo com regras objetivas divulgadas em sítio eletrônico oficial.

Ao inscrito será fornecido certificado, renovável sempre que atualizar o registro.

A atuação do contratado no cumprimento de obrigações assumidas será avaliada pelo contratante, que emitirá documento comprobatório da avaliação realizada, com menção ao seu desempenho na execução contratual, baseado em indicadores objetivamente definidos e aferidos, e a eventuais penalidades aplicadas, o que constará do registro cadastral em que a inscrição for realizada.

A anotação do cumprimento de obrigações pelo contratado será condicionada à implantação e à regulamentação do cadastro de atesto de cumprimento de obrigações, apto à realização do registro de forma objetiva, em atendimento aos princípios da impessoalidade, da igualdade, da isonomia, da publicidade e da transparência, de modo a possibilitar a implementação de medidas de incentivo aos licitantes que possuírem ótimo desempenho anotado em seu registro cadastral.

A qualquer tempo poderá ser alterado, suspenso ou cancelado o registro de inscrito que deixar de satisfazer exigências determinadas pela Lei nº 14.133/2021 ou por regulamento.

CAPÍTULO 16

DAS ALIENAÇÕES

Alienação é todo e qualquer ato que tem o efeito de transferir o domínio de uma coisa para outra pessoa, seja por venda, por troca ou por doação.

A alienação de bens *imóveis* da Administração Pública está subordinada à:
– existência de interesse público devidamente justificado;
– avaliação prévia;
– autorização legislativa; e
– licitação na modalidade leilão.

É *dispensada a licitação* nos casos de:

a) Dação em pagamento.

b) Doação, permitida exclusivamente para outro órgão ou entidade da Administração Pública, de qualquer esfera de governo, ressalvado o disposto nas alíneas "f", "g" e "h" do inc. I do art. 76 da Lei nº 14.133.

Cessadas as razões que justificaram a doação, os imóveis doados serão revertidos ao patrimônio da pessoa jurídica doadora, vedada sua alienação pelo beneficiário.

c) Permuta por outros imóveis que atendam aos requisitos relacionados às finalidades precípuas da Administração, desde que a diferença apurada não ultrapasse a metade do valor do imóvel que será ofertado pela União, segundo avaliação prévia, e ocorra a torna de valores, sempre que for o caso.

d) Investidura.

Entende-se por investidura, para os fins da Lei nº 14.133, a:

I - alienação, ao proprietário de imóvel lindeiro, de área remanescente ou resultante de obra pública que se tornar inaproveitável isoladamente, por preço que não seja inferior ao da avaliação nem superior a 50% (cinquenta por cento) do valor máximo permitido para dispensa de licitação de bens e serviços;

II - alienação, ao legítimo possuidor direto ou, na falta dele, ao poder público, de imóvel para fins residenciais construído em núcleo urbano anexo à usina hidrelétrica, desde que considerado dispensável na fase de operação da usina e que não integre a categoria de bens reversíveis ao final da concessão.

e) Venda a outro órgão ou entidade da Administração Pública de qualquer esfera de governo.

f) Alienação gratuita ou onerosa, aforamento, concessão de direito real de uso, locação e permissão de uso de bens imóveis residenciais construídos, destinados ou efetivamente usados em programas de habitação ou de regularização fundiária de interesse social desenvolvidos por órgão ou entidade da Administração Pública.

g) Alienação gratuita ou onerosa, aforamento, concessão de direito real de uso, locação e permissão de uso de bens imóveis comerciais de âmbito local, com área de até 250 m² (duzentos e cinquenta metros quadrados) e destinados a programas de regularização fundiária de interesse social desenvolvidos por órgão ou entidade da Administração Pública.

h) Alienação e concessão de direito real de uso, gratuita ou onerosa, de terras públicas rurais da União e do Instituto Nacional de Colonização e Reforma Agrária (Incra) onde incidam ocupações até o limite de que trata o §1º do art. 6º da Lei nº 11.952, de 25.6.2009, para fins de regularização fundiária, atendidos os requisitos legais.

i) Legitimação de posse de que trata o art. 29 da Lei nº 6.383, de 7.12.1976, mediante iniciativa e deliberação dos órgãos da Administração Pública competentes.

j) Legitimação fundiária e legitimação de posse de que trata a Lei nº 13.465, de 11.7.2017.

A alienação de bens imóveis da Administração Pública cuja aquisição tenha sido derivada de procedimentos judiciais ou de dação em pagamento *dispensará autorização legislativa* e exigirá apenas:

– valiação prévia; e

– licitação na modalidade leilão.

A Administração poderá conceder título de propriedade ou de direito real de uso de imóvel, *admitida a dispensa de licitação, quando o uso se destinar a*:

– outro órgão ou entidade da Administração Pública, qualquer que seja a localização do imóvel;

– pessoa natural que, nos termos de lei, regulamento ou ato normativo do órgão competente, haja implementado os requisitos mínimos de cultura, de ocupação mansa e pacífica e de exploração direta sobre área rural, observado o limite de que trata o §1º do art. 6º da Lei nº 11.952, de 25.6.2009, *dispensada autorização legislativa, e observados os seguintes condicionamentos*:

I – aplicação exclusiva às áreas em que a detenção por particular seja comprovadamente anterior a 1º.12.2004;

II – submissão aos demais requisitos e impedimentos do regime legal e administrativo de destinação e de regularização fundiária de terras públicas;

III – vedação de concessão para exploração não contemplada na lei agrária, nas leis de destinação de terras públicas ou nas normas legais ou administrativas de zoneamento ecológico-econômico;

IV – previsão de extinção automática da concessão, dispensada notificação, em caso de declaração de utilidade pública, de necessidade pública ou de interesse social;

V – aplicação exclusiva a imóvel situado em zona rural e não sujeito a vedação, impedimento ou inconveniente à exploração mediante atividade agropecuária;

VI – limitação a áreas de que trata o §1º do art. 6º da Lei nº 11.952, de 25.6.2009, vedada a dispensa de licitação para áreas superiores;

VII – acúmulo com o quantitativo de área decorrente do caso previsto na alínea "i" até o limite previsto no item VI.

A doação com encargo será licitada e de seu instrumento constarão, obrigatoriamente, os encargos, o prazo de seu cumprimento e a cláusula de reversão, sob pena de nulidade do ato, dispensada a licitação em caso de interesse público devidamente justificado.

Caso o donatário necessite oferecer o imóvel em garantia de financiamento, a cláusula de reversão e as demais obrigações serão garantidas por hipoteca em segundo grau em favor do doador.

Para a venda de bens imóveis, será concedido direito de preferência ao licitante que, submetendo-se a todas as regras do edital, comprove a ocupação do imóvel objeto da licitação.

O TCEMG só permite a doação de bens públicos a particular, em caráter excepcional, e desde que obedecidos os seguintes requisitos, conforme Consulta nº 898.741:

- os bens sejam desafetados;
- haja autorização legislativa;
- a lei autorizativa *no caso de concessão*, ao tratar das condições de transferência do bem, deverá vinculá-lo à atividade empresarial e à sua reversão ao patrimônio público, quando cessada a ação do particular;
- no caso específico de disponibilização de terrenos públicos a particulares para instalação de indústrias ou empresas, seja justificado o motivo de não ter dado preferência ao instituto da concessão do direito real de uso, que melhor resguarda o interesse e o patrimônio público;
- demonstração pelo gestor público de que os atos de disposição do patrimônio público estão vinculados a políticas públicas consistentes, de interesse social;
- demonstração de que estão sendo observados todos os princípios administrativos, notadamente os da impessoalidade e da moralidade.

O Tribunal de Contas do Estado de Minas Gerais, em resposta à Consulta nº 932.774, decidiu pela impossibilidade de se realizar procedimento licitatório para a concessão de direito real de uso com previsão no contrato administrativo de posterior doação de bens imóveis, nos seguintes termos:

> embora a concessão de direito real de uso e a doação de bens imóveis possuam certa similaridade quanto aos respectivos procedimentos licitatórios que as antecedem (utilização, como regra, da modalidade concorrência e tipo de julgamento maior lance ou maior oferta para as duas finalidades), não se mostra adequada a cumulação/combinação dos dois institutos em um mesmo contrato administrativo, uma vez que o produto dessa junção – tanto a venda com reserva de domínio, no caso da concessão onerosa, quanto a doação condicional, na hipótese de concessão gratuita - possui regras específicas na Lei n. 8.666/93 (tais como autorização legislativa, em certos casos, modalidade licitatória própria, avaliação prévia do bem e aferição do interesse público).

Em julgamento realizado no dia 10.3.2022, o Supremo Tribunal Federal (STF) decidiu, por maioria, que não é necessária a realização de licitação prévia para transferência de concessão ou do controle societário da concessionária de serviços públicos, sob o argumento do Ministro Dias Toffoli de que o que interessa para a administração pública é a proposta mais vantajosa, e não a identidade do contratado.

Ressaltou que é necessário zelar pela continuidade da prestação dos serviços, e a modificação do contratado não implica, automaticamente, burla à obrigatoriedade de licitação ou ofensa aos princípios constitucionais correlatos.

Observou que, em regra geral, as características do contratado são indiferentes para o Estado. Basta que seja idôneo, ou seja, comprove a capacidade para cumprir as obrigações assumidas no contrato, o que é aferido por critérios objetivos e preestabelecidos. Além disso, o princípio constitucional da impessoalidade veda que a administração "tenha preferência por esse ou aquele particular" (Ação Direta de Inconstitucionalidade – ADI nº 2.946).

A alienação de bens *móveis* da Administração Pública está subordinada à:

– existência de interesse público devidamente justificado;

– avaliação prévia; e

– licitação na modalidade leilão.

É *dispensada a licitação* nos casos de:

a) doação, permitida exclusivamente para fins e uso de interesse social, após avaliação de oportunidade e conveniência socioeconômica em relação à escolha de outra forma de alienação;

b) permuta, permitida exclusivamente entre órgãos ou entidades da Administração Pública;

c) venda de ações, que poderão ser negociadas em bolsa, observada a legislação específica;

d) venda de títulos, observada a legislação pertinente;

e) venda de bens produzidos ou comercializados por entidades da Administração Pública, em virtude de suas finalidades;

f) venda de materiais e equipamentos sem utilização previsível por quem deles dispõe para outros órgãos ou entidades da Administração Pública.

CAPÍTULO 17

DO OBJETO

Uma das formas de garantir que a administração comprará o melhor pelo menor preço é a descrição clara do objeto da licitação, pois é através de sua correta especificação que o agente de contratação, pregoeiro ou comissão de contratação poderão desclassificar ofertas de qualidade inferior, que não atendam às características constantes do edital.

Destaca-se ainda, que mesmo havendo dotação orçamentária e disponibilidade financeira, a despesa tem que ser afeta ao interesse público, como nos ensina Flávio Corrêa de Toledo Junior ao citar artigo de Ivan Barbosa Rigolin e Gina Copola:

> Deve-se ter presente, ao lado disso, que a licitação de muitas daquelas despesas em geral contribui grandemente para a sua legitimidade, porém é certo também que *muitas despesas públicas, pela sua impropriedade essencial, nem mesmo licitadas são aceitáveis*, de modo que *não devem imaginar as autoridades que o simples procedimento licitatório prévio tem sempre condão de validar todos os gastos do poder público* [...].[3] (Grifos nossos)

O Tribunal de Justiça do Estado do Rio de Janeiro manteve a condenação da Secretaria Municipal de Nova Iguaçu – RJ, em ação civil pública ajuizada pelo Ministério Público do Estado, em virtude de ato de improbidade administrativa, nos seguintes termos:

> Apelação cível. Ação civil pública. Improbidade administrativa. *Contratação de empresa para fornecer mão de obra para desempenhar função típica da administração pública. Ausência de concurso público para preenchimento dos cargos.* Controvérsia que versa sobre o valor da multa civil aplicada na sentença. Parte autora que não nega a contratação feita através de licitação, na modalidade pregão presencial. Alegação da 1ª apelante, de que agiu de boa-fé e que não houve prejuízo ao erário público, ou enriquecimento ilícito, tendo o Tribunal de Contas concordado com os preços praticados, que não são suficientes para justificar a conduta ilícita. *Tipo de mão de obra contratado que se encontra inserido no quadro de pessoal permanente do Município, com funções típicas de servidor público. Indispensável o preenchimento do cargo por via de concurso público, sob pena de violação ao disposto no art. 37, II e IX da CF/1988 e aos princípios da legalidade, moralidade, impessoalidade que devem nortear os atos da Administração Pública. Ato* ímprobo *praticado que se enquadra no descrito no art. 11, caput e inciso I da Lei nº 8.429/1992.* O fato de não ter havido dano ao Erário ou enriquecimento sem causa da

---

[3] TOLEDO JUNIOR, Flávio Corrêa de. As despesas impróprias na jurisprudência do TCE-SP. *Fórum Administrativo – FA*, Belo Horizonte, ano 16, n. 185, p. 31-37, jul. 2016.

1ª apelante não a exime de responsabilidade por violação dos deveres constitucionais inerentes ao cargo que ocupa, e também pela lesão ao interesse público. Conduta lesiva deve ser punida com rigor, a fim de garantir a forma normativa da lei. Aplicação de multa pelo Tribunal de Contas e Ação Civil Pública que não configura *bis in idem*. Condenação imputada pelo Tribunal de Contas, na esfera administrativa que não se confunde com a sanção pelo cometimento de ato de improbidade administrativa, uma vez que esta última deriva de um ilícito civil, enquanto que a 1ª se motiva por irregularidade administrativa. Art. 12 da Lei 8.429/1992. Valor da condição fixada de forma razoável e proporcional ao ato lesivo praticado, uma vez que não houve dano ao Erário ou enriquecimento ilícito, levando-se em consideração o disposto no inciso III do art. 12 da Lei 8.429/1992. Negado provimento a ambos os recursos. (TJRJ. AP nº 0027105-76.2013.8.19.0038 – 21ª C. Cív. – Rel. Márcia Cunha Silva Araújo de Carvalho. *DJe*, 9 mar. 2017) (Grifos nossos)

Em resposta à Consulta nº 837.403, o Tribunal de Contas do Estado de Minas Gerais, decidiu que:

- a exploração econômica da folha de pagamento de agentes públicos deve, em regra, ser precedida de licitação, em consonância com o princípio constitucional da livre concorrência;
- na hipótese de a exploração econômica referir-se à folha de pagamento de câmara municipal, a esta compete realizar o procedimento licitatório para a respectiva cessão; e
- o Legislativo deve promover entendimento com o Executivo acerca da destinação da receita auferida, uma vez que o ingresso deve observar os princípios da unidade do orçamento, da universalidade e da unidade de tesouraria;
- é vedado o recebimento de investimentos em projeto de construção de uma nova sede do legislativo municipal como contraprestação pelo gerenciamento da folha de pagamento do respectivo órgão.

O Tribunal de Contas da União assentou que:

É *irregular a contratação de serviços por postos de trabalho, com medição e pagamento por hora trabalhada ou por posto de serviço, sempre que a prestação do serviço puder ser avaliada por determinada unidade quantitativa ou por nível de serviço alcançado* (aferição por resultados), em obediência ao art. 3º, §1º, do Decreto 2.271/97.

Em Auditoria realizada na área de licitações, contratos e convênios do Serviço de Apoio às Micro e Pequenas Empresas do Mato Grosso do Sul, fora apontada, entre as irregularidades encontradas, a *ausência de critérios quantitativos para contratação e pagamento de serviços de manutenção predial, com previsão de pagamento por hora trabalhada.*

Como destacou a unidade instrutiva, a natureza dos serviços a serem licitados (manutenção predial preventiva e corretiva, que compreende serviços de hidráulica, elétrica, pintura, carpintaria, esquadrias, cobertura, gesso e serralheria) permite a quantificação dos custos com base em critérios estabelecidos em publicações técnicas e governamentais, como Sinapi e a TCPO (Tabela para Composição de Custos para Orçamentos), de larga utilização em certames públicos.

Adotar remuneração por hora trabalhada, para esse tipo de serviço, possibilita a ocorrência do aumento do lucro da empresa proporcionalmente à sua inaptidão na execução dos serviços, pois quanto mais tempo usar para realizar um serviço maior será o seu lucro.

Taxativo em seu voto, e acolhendo a manifestação da unidade técnica, o relator afirmou a *inadequação do critério de pagamento por hora trabalhada*, bem como sua contrariedade à jurisprudência do Tribunal. (Acórdão nº 5.157/2015 – Primeira Câmara, TC 007.603/2012-6. Rel. José Múcio Monteiro, 8.9.2015) (Grifos nossos)

As certificações estabelecidas pelo Inmetro podem ser exigidas em processos licitatórios desde que:
- não sejam estabelecidas como requisito de habilitação;
- constem no edital como característica do produto que se pretende adquirir, conforme Acórdão nº 545/2014 – Plenário do TCU:

> As certificações estabelecidas pelo Inmetro constituem-se em verdadeiras garantias para os consumidores, bem como para toda a cadeia produtiva, de que os produtos da indústria nacional estão alinhados com o que há de mais moderno, seguro e eficiente num mercado globalizado e cada vez mais exigente. Destarte, independentemente de serem as normalizações do instituto obrigatórias ou voluntárias, as empresas deveriam sempre procurar adequar seus produtos a tais regramentos, pois, com isso, entre outras vantagens competitivas, elas se mostrariam aos consumidores como fidedignas.

E acrescentou, na mesma linha, excerto do voto condutor do Acórdão nº 1.225/2014 – Plenário, onde se lê:

> *a obtenção de preços de aquisição mais baixos não pode ser atingida* às *custas da contratação de produtos de baixa qualidade ou de empresas sem condições de prestar serviços adequados.* Licitar implica, necessariamente, fazer restrições, pois no momento em que se definem as características do produto/serviço que se deseja, afasta-se a possibilidade das empresas que não detêm produtos ou serviços com aquelas características de fornecerem para a Administração. (Acórdão nº 165/2015 – Plenário, TC 016.284/2014-3. Rel. Min. José Múcio Monteiro, 4.2.2015) (Grifos nossos)

O Tribunal de Contas da União considerou legítima a exigência de certificação comprovando que o objeto licitado está em conformidade com a norma da Associação Brasileira de Normas Técnicas (ABNT), de forma a garantir a qualidade e o desempenho dos produtos a serem adquiridos pela Administração, desde que tal exigência esteja devidamente justificada nos autos do procedimento administrativo, conforme destacou o relator em seu voto:
- "Administração Pública deve procurar produtos e serviços com a devida qualidade e que atendam adequadamente às suas necessidades";
- é importante mudar o paradigma predominante da busca do menor preço a qualquer custo, que, muitas vezes, ocasiona contratações de obras, bens e serviços de baixa qualidade, que não atendem a contento às necessidades da entidade contratante, afetando o nível dos serviços públicos prestados;
- assinalou que a certificação de acordo com norma da ABNT permite à Administração assegurar-se de que o produto a ser adquirido possui determinados requisitos de qualidade e desempenho;
- ponderou, contudo, que a busca pela qualidade não significa descuidar da economicidade ou desconsiderar a necessidade de ampliação da competitividade das licitações, devendo ser avaliado em cada caso "se as exigências e condições estabelecidas estão em consonância com as normas vigentes e se

elas são pertinentes em relação ao objeto do contrato, inclusive no intuito de garantir que o produto/serviço a ser contratado tenha a qualidade desejada" (Acórdão nº 1.225/2014-Plenário, TC 034.009/2010-8. Rel. Min. Aroldo Cedraz, 14.5.2014).

Nos termos do Acórdão nº 1.445/2022, de relatoria do Ministro Substituto Augusto Sherman, o Plenário do Tribunal de Contas da União concluiu que:

> Na hipótese de a certificação de qualidade ou o laudo exigido para o fornecimento do produto estar em desconformidade com a amostra apresentada pelo licitante, cabe ao pregoeiro diligenciar para que seja apresentado o documento correto, em vez de proceder à desclassificação da proposta, sobretudo quando há considerável diferença de preços entre esta e a dos licitantes subsequentes. Nesse caso, não há alteração na substância da proposta, pois o novo laudo apenas atesta condição preexistente do produto ofertado, que já se encontrava intrínseca na amostra.

Conforme entendimento do Tribunal de Contas da União, no Acórdão nº 180/2015 – Plenário, nas contratações para aquisição de livros didáticos ou para bibliotecas, o edital poderá:

> Dividir lotes para "aquisição por área de conhecimento", em que o objeto não é dividido em itens, mas sim parcelado em grupos temáticos sem a indicação prévia dos livros a serem adquiridos, os quais serão demandados posteriormente;
>
> Determinar como critério de julgamento o "maior desconto", que deverá incidir sobre o *preço dos livros listados nos catálogos oficiais das respectivas editoras*. (Acórdão nº 180/2015 – Plenário, TC 032.610/2013-0. Rel. Min. Bruno Dantas, 4.2.2015) (Grifos nossos)

A seguir são listados alguns endereços eletrônicos que poderão subsidiar a descrição dos objetos a serem licitados:

– www.gov.br/pncp/pt-br;

– www.bec.sp.gov.br;

– www.cadterc.sp.gov.br;

– www.tce.rj.gov.br;

– www.comprasnet.gov.br;

– www.comprasmg.com.br;

– www.bb.com.br;

– www.fgv.br;

– https://www.ipead.face.ufmg.br/site/siteipead/html/index.php?

CAPÍTULO 18

DAS COMPRAS

Compra é toda aquisição remunerada de bens para fornecimento de uma só vez ou parceladamente.

O planejamento de compras deverá considerar a expectativa de consumo anual e observar o seguinte:

- condições de aquisição e pagamento semelhantes às do setor privado;
- processamento por meio de sistema de registro de preços, quando pertinente;
- determinação de unidades e quantidades a serem adquiridas em função de consumo e utilização prováveis, cuja estimativa será obtida, sempre que possível, mediante adequadas técnicas quantitativas, admitido o fornecimento contínuo;
- condições de guarda e armazenamento que não permitam a deterioração do material;
- atendimento aos princípios: da padronização, considerada a compatibilidade de especificações estéticas, técnicas ou de desempenho; do parcelamento, quando for tecnicamente viável e economicamente vantajoso; da responsabilidade fiscal, mediante a comparação da despesa estimada com a prevista no orçamento.

O termo de referência deverá conter, além dos elementos previstos no inc. XXIII do *caput* do art. 6º da Lei Federal nº 14.133/2021, as seguintes informações:

- especificação do produto, preferencialmente conforme catálogo eletrônico de padronização, observados os requisitos de qualidade, rendimento, compatibilidade, durabilidade e segurança;
- indicação dos locais de entrega dos produtos e das regras para recebimentos provisório e definitivo, quando for o caso;
- especificação da garantia exigida e das condições de manutenção e assistência técnica, quando for o caso.

Desde que fundamentada em estudo técnico preliminar, a Administração poderá exigir que os serviços de manutenção e assistência técnica sejam prestados mediante deslocamento de técnico ou disponibilizados em unidade de prestação de serviços localizada em distância compatível com suas necessidades.

Na aplicação do princípio do parcelamento, referente às compras, deverão ser considerados:

- a viabilidade da divisão do objeto em lotes;

- o aproveitamento das peculiaridades do mercado local, com vistas à economicidade, sempre que possível, desde que atendidos os parâmetros de qualidade; e
- o dever de buscar a ampliação da competição e de evitar a concentração de mercado.

O parcelamento não será adotado quando:
- a economia de escala, a redução de custos de gestão de contratos ou a maior vantagem na contratação recomendar a compra do item do mesmo fornecedor;
- o objeto a ser contratado configurar sistema único e integrado e houver a possibilidade de risco ao conjunto do objeto pretendido;
- o processo de padronização ou de escolha de marca levar a fornecedor exclusivo.

No caso de licitação que envolva o fornecimento de bens, a Administração poderá excepcionalmente:
- indicar uma ou mais marcas ou modelos, desde que formalmente justificado, nas seguintes hipóteses: em decorrência da necessidade de padronização do objeto; em decorrência da necessidade de manter a compatibilidade com plataformas e padrões já adotados pela Administração; quando determinada marca ou modelo comercializados por mais de um fornecedor forem os únicos capazes de atender às necessidades do contratante; quando a descrição do objeto a ser licitado puder ser mais bem compreendida pela identificação de determinada marca ou determinado modelo aptos a servir apenas como referência;
- exigir amostra ou prova de conceito do bem no procedimento de pré-qualificação permanente, na fase de julgamento das propostas ou de lances, ou no período de vigência do contrato ou da ata de registro de preços, desde que previsto no edital da licitação e justificada a necessidade de sua apresentação; essa exigência restringir-se-á ao licitante provisoriamente vencedor quando realizada na fase de julgamento das propostas ou de lances; as amostras poderão ser examinadas por instituição com reputação ético-profissional na especialidade do objeto, previamente indicada no edital;
- vedar a contratação de marca ou produto, quando, mediante processo administrativo, restar comprovado que produtos adquiridos e utilizados anteriormente pela Administração não atendem a requisitos indispensáveis ao pleno adimplemento da obrigação contratual;
- solicitar, motivadamente, carta de solidariedade emitida pelo fabricante, que assegure a execução do contrato, no caso de licitante revendedor ou distribuidor.

A prova de qualidade de produto apresentado pelos proponentes como similar ao das marcas eventualmente indicadas no edital será admitida por qualquer um dos seguintes meios:
- comprovação de que o produto está de acordo com as normas técnicas determinadas pelos órgãos oficiais competentes, pela Associação Brasileira de Normas Técnicas (ABNT) ou por outra entidade credenciada pelo Inmetro;
- declaração de atendimento satisfatório emitida por outro órgão ou entidade de nível federativo equivalente ou superior que tenha adquirido o produto;

– certificação, certificado, laudo laboratorial ou documento similar que possibilite a aferição da qualidade e da conformidade do produto ou do processo de fabricação, inclusive sob o aspecto ambiental, emitido por instituição oficial competente ou por entidade credenciada.

O edital poderá exigir, como condição de aceitabilidade da proposta, certificação de qualidade do produto por instituição credenciada pelo Conselho Nacional de Metrologia, Normalização e Qualidade Industrial (Conmetro).

A Administração poderá, nos termos do edital de licitação, oferecer protótipo do objeto pretendido e exigir, na fase de julgamento das propostas, amostras do licitante provisoriamente vencedor, para atender à diligência ou, após o julgamento, como condição para firmar contrato.

O processo de padronização deverá conter:

– parecer técnico sobre o produto, considerados especificações técnicas e estéticas, desempenho, análise de contratações anteriores, custo e condições de manutenção e garantia;
– despacho motivado da autoridade superior, com a adoção do padrão;
– síntese da justificativa e descrição sucinta do padrão definido, divulgadas em sítio eletrônico oficial.

É permitida a padronização com base em processo de outro órgão ou entidade de nível federativo igual ou superior ao do órgão adquirente, devendo o ato que decidir pela adesão a outra padronização ser devidamente motivado, com indicação da necessidade da Administração e dos riscos decorrentes dessa decisão, e divulgado em sítio eletrônico oficial.

As contratações de soluções baseadas em *software* de uso disseminado serão disciplinadas em regulamento que defina processo de gestão estratégica das contratações desse tipo de solução.

Quando houver a possibilidade de compra ou de locação de bens, o estudo técnico preliminar deverá considerar os custos e os benefícios de cada opção, com indicação da alternativa mais vantajosa.

Os entes federativos instituirão centrais de compras, com o objetivo de realizar compras em grande escala, para atender a diversos órgãos e entidades sob sua competência e atingir as finalidades da Lei nº 14.133/2021.

No caso dos municípios com até 10.000 (dez mil) habitantes, serão preferencialmente constituídos consórcios públicos para realização de compras de grande escala, nos termos da Lei nº 11.107, de 6.4.2005.

CAPÍTULO 19

DOS SERVIÇOS EM GERAL

As licitações de serviços atenderão aos princípios:
- da padronização, considerada a compatibilidade de especificações estéticas, técnicas ou de desempenho;
- do parcelamento, quando for tecnicamente viável e economicamente vantajoso, devendo ser considerados: a responsabilidade técnica; o custo para a Administração de vários contratos ante as vantagens da redução de custos, com divisão do objeto em itens; o dever de buscar a ampliação da competição e de evitar a concentração de mercado.

Na licitação de serviços de manutenção e assistência técnica, o edital deverá definir o local de realização dos serviços, admitida a exigência de deslocamento de técnico ao local da repartição ou a exigência de que o contratado tenha unidade de prestação de serviços em distância compatível com as necessidades da Administração.

Poderão ser objeto de execução por terceiros as atividades materiais acessórias, instrumentais ou complementares aos assuntos que constituam área de competência legal do órgão ou da entidade, vedado à Administração ou a seus agentes, na contratação do serviço terceirizado:
- indicar pessoas expressamente nominadas para executar direta ou indiretamente o objeto contratado;
- fixar salário inferior ao definido em lei ou em ato normativo a ser pago pelo contratado;
- estabelecer vínculo de subordinação com funcionário de empresa prestadora de serviço terceirizado;
- definir forma de pagamento mediante exclusivo reembolso dos salários pagos;
- demandar a funcionário de empresa prestadora de serviço terceirizado a execução de tarefas fora do escopo do objeto da contratação;
- prever em edital exigências que constituam intervenção indevida da Administração na gestão interna do contratado.

Durante a vigência do contrato, é vedado ao contratado contratar cônjuge, companheiro ou parente em linha reta, colateral ou por afinidade, até o terceiro grau, de dirigente do órgão ou entidade contratante ou de agente público que desempenhe função na licitação ou atue na fiscalização ou na gestão do contrato, *devendo essa proibição constar expressamente do edital de licitação.*

A Administração poderá, mediante justificativa expressa, contratar mais de uma empresa ou instituição para executar o mesmo serviço, desde que essa contratação não implique perda de economia de escala, quando:

– o objeto da contratação puder ser executado de forma concorrente e simultânea por mais de um contratado; e

– a múltipla execução for conveniente para atender à Administração.

A Administração deverá manter o controle individualizado da execução do objeto contratual relativamente a cada um dos contratados.

Nas contratações de serviços com regime de dedicação exclusiva de mão de obra, o contratado deverá apresentar, quando solicitado pela Administração, sob pena de multa, comprovação do cumprimento das obrigações trabalhistas e com o Fundo de Garantia do Tempo de Serviço (FGTS) em relação aos empregados diretamente envolvidos na execução do contrato, em especial quanto ao:

– registro de ponto;

– recibo de pagamento de salários, adicionais, horas extras, repouso semanal remunerado e décimo terceiro salário;

– comprovante de depósito do FGTS;

– recibo de concessão e pagamento de férias e do respectivo adicional;

– recibo de quitação de obrigações trabalhistas e previdenciárias dos empregados dispensados até a data da extinção do contrato;

– recibo de pagamento de vale-transporte e vale-alimentação, na forma prevista em norma coletiva.

CAPÍTULO 20

DA LOCAÇÃO DE IMÓVEIS

A locação de imóveis deverá ser precedida de licitação e avaliação prévia do bem, do seu estado de conservação, dos custos de adaptações e do prazo de amortização dos investimentos necessários, salvo quando inexigível a licitação nos termos do inc. V do art. 74, que dispõe:

> Art. 74. É inexigível a licitação quando inviável a competição, em especial nos casos de: [...]
> V - aquisição ou locação de imóvel cujas características de instalações e de localização tornem necessária sua escolha.

CAPÍTULO 21

DAS LICITAÇÕES INTERNACIONAIS

Nas licitações de âmbito internacional, o edital deverá ajustar-se às diretrizes da política monetária e do comércio exterior e atender às exigências dos órgãos competentes.

Quando for permitido ao licitante estrangeiro cotar preço em moeda estrangeira, o licitante brasileiro igualmente poderá fazê-lo.

O pagamento feito ao licitante brasileiro eventualmente contratado em virtude de licitação internacional será efetuado em moeda corrente nacional.

As garantias de pagamento ao licitante brasileiro serão equivalentes àquelas oferecidas ao licitante estrangeiro.

Os gravames incidentes sobre os preços constarão do edital e serão definidos a partir de estimativas ou médias dos tributos.

As propostas de todos os licitantes estarão sujeitas às mesmas regras e condições, na forma estabelecida no edital.

O edital não poderá prever condições de habilitação, classificação e julgamento que constituam barreiras de acesso ao licitante estrangeiro, admitida a previsão de margem de preferência para bens produzidos no país e serviços nacionais que atendam às normas técnicas brasileiras.

CAPÍTULO 22

DAS OBRAS E SERVIÇOS DE ENGENHARIA

As licitações de obras e serviços de engenharia devem respeitar, especialmente, as normas relativas à:
- disposição final ambientalmente adequada dos resíduos sólidos gerados pelas obras contratadas;
- mitigação por condicionantes e compensação ambiental, que serão definidas no procedimento de licenciamento ambiental;
- utilização de produtos, de equipamentos e de serviços que, comprovadamente, favoreçam a redução do consumo de energia e de recursos naturais;
- avaliação de impacto de vizinhança, na forma da legislação urbanística;
- proteção do patrimônio histórico, cultural, arqueológico e imaterial, inclusive por meio da avaliação do impacto direto ou indireto causado pelas obras contratadas;
- acessibilidade para pessoas com deficiência ou com mobilidade reduzida.

Dos regimes de execução
Na *execução indireta* de obras e serviços de engenharia, são admitidos os seguintes regimes:
I – *Empreitada por preço unitário*: contratação da execução da obra ou do serviço por preço certo de unidades determinadas.
II – *Empreitada por preço global*: contratação da execução da obra ou do serviço por preço certo e total.
III – *Empreitada integral*: contratação de empreendimento em sua integralidade, compreendida a totalidade das etapas de obras, serviços e instalações necessárias, sob inteira responsabilidade do contratado até sua entrega ao contratante em condições de entrada em operação, com características adequadas às finalidades para as quais foi contratado e atendidos os requisitos técnicos e legais para sua utilização com segurança estrutural e operacional.
IV – *Contratação por tarefa*: regime de contratação de mão de obra para pequenos trabalhos por preço certo, com ou sem fornecimento de materiais.
V – *Contratação integrada*: regime de contratação de obras e serviços de engenharia em que o contratado é responsável por elaborar e desenvolver os projetos básico e executivo, executar obras e serviços de engenharia, fornecer bens

ou prestar serviços especiais e realizar montagem, teste, pré-operação e as demais operações necessárias e suficientes para a entrega final do objeto.

VI – *Contratação semi-integrada*: regime de contratação de obras e serviços de engenharia em que o contratado é responsável por elaborar e desenvolver o projeto executivo, executar obras e serviços de engenharia, fornecer bens ou prestar serviços especiais e realizar montagem, teste, pré-operação e as demais operações necessárias e suficientes para a entrega final do objeto.

VII – *Fornecimento e prestação de serviço associado*: regime de contratação em que, além do fornecimento do objeto, o contratado responsabiliza-se por sua operação, manutenção ou ambas, por tempo determinado.

Os regimes de execução a que se referem os itens II, III, IV, V e VI serão licitados por preço global e adotarão sistemática de medição e pagamento associada à execução de etapas do cronograma físico-financeiro vinculadas ao cumprimento de metas de resultado, vedada a adoção de sistemática de remuneração orientada por preços unitários ou referenciada pela execução de quantidades de itens unitários.

É vedada a realização de obras e serviços de engenharia sem projeto executivo, ressalvada a contratação de obras e serviços *comuns* de engenharia, quando demonstrado em estudo técnico preliminar:

– que a inexiste prejuízo para a aferição dos padrões de desempenho e qualidade almejados;
– que a especificação do objeto poderá ser realizada apenas em termo de referência ou em projeto básico.

A Administração é dispensada da elaboração de projeto básico nos casos de contratação integrada, hipótese em que deverá ser elaborado anteprojeto de acordo com metodologia definida em ato do órgão competente.

Anteprojeto é a peça técnica com todos os subsídios necessários à elaboração do projeto básico, que deve conter, no mínimo, os seguintes elementos:

– demonstração e justificativa do programa de necessidades, avaliação de demanda do público-alvo, motivação técnico-econômico-social do empreendimento, visão global dos investimentos e definições relacionadas ao nível de serviço desejado;
– condições de solidez, de segurança e de durabilidade;
– prazo de entrega;
– estética do projeto arquitetônico, traçado geométrico e/ou projeto da área de influência, quando cabível;
– parâmetros de adequação ao interesse público, de economia na utilização, de facilidade na execução, de impacto ambiental e de acessibilidade;
– proposta de concepção da obra ou do serviço de engenharia;
– projetos anteriores ou estudos preliminares que embasaram a concepção proposta;
– levantamento topográfico e cadastral;
– pareceres de sondagem;
– memorial descritivo dos elementos da edificação, dos componentes construtivos e dos materiais de construção, de forma a estabelecer padrões mínimos para a contratação.

Na contratação integrada, após a elaboração do projeto básico pelo contratado, o conjunto de desenhos, especificações, memoriais e cronograma físico-financeiro deverá ser submetido à aprovação da Administração, que avaliará sua adequação em relação aos parâmetros definidos no edital e conformidade com as normas técnicas, vedadas alterações que reduzam a qualidade ou a vida útil do empreendimento e mantida a responsabilidade integral do contratado pelos riscos associados ao projeto básico.

Nos regimes de *contratação integrada e semi-integrada*, o edital e o contrato, sempre que for o caso, deverão prever as providências necessárias para a efetivação de desapropriação autorizada pelo poder público, bem como conter:

- o responsável por cada fase do procedimento expropriatório;
- a responsabilidade pelo pagamento das indenizações devidas;
- a estimativa do valor a ser pago a título de indenização pelos bens expropriados, inclusive de custos correlatos;
- a distribuição objetiva de riscos entre as partes, incluído o risco pela diferença entre o custo da desapropriação e a estimativa de valor e pelos eventuais danos e prejuízos ocasionados por atraso na disponibilização dos bens expropriados;
- em nome de quem deverá ser promovido o registro de imissão provisória na posse e o registro de propriedade dos bens a serem desapropriados.

Na *contratação semi-integrada*, mediante prévia autorização da Administração, o projeto básico poderá ser alterado, desde que demonstrada a superioridade das inovações propostas pelo contratado em termos de redução de custos, de aumento da qualidade, de redução do prazo de execução ou de facilidade de manutenção ou operação, assumindo o contratado a responsabilidade integral pelos riscos associados à alteração do projeto básico.

A execução de cada etapa será obrigatoriamente precedida da conclusão e da aprovação, pela autoridade competente, dos trabalhos relativos às etapas anteriores.

Empreitada por preço global

Vantagens:
- simplicidade nas medições (medições por etapa concluída);
- menor custo para a administração pública na fiscalização da obra;
- valor final do contrato é, em princípio, fixo;
- restringe os pleitos do construtor e a assinatura de aditivos;
- dificulta o "jogo de planilha"; e
- incentiva o cumprimento de prazo, pois o contratado só recebe quando conclui uma etapa.

Desvantagens:
- como o construtor assume os riscos associados aos quantitativos de serviços, o valor global da proposta tende a ser superior se comparado com o regime de preços unitários;
- tendência de haver maior percentual de riscos e imprevistos no BDI do construtor; e
- a licitação e contratação exigem projeto básico com elevado grau de detalhamento dos serviços (art. 47 da Lei nº 8.666/93).

Indicação:
- contratação de estudos e projetos;
- elaboração de pareceres e laudos técnicos;
- obras e serviços executados "acima da terra" que apresentam boa precisão na estimativa de quantitativos, a exemplo de construção de edificações e linhas de transmissão.

Empreitada por preço unitário
Vantagens:
- pagamento apenas pelos serviços efetivamente executados;
- apresenta menor risco para o construtor, na medida em que ele não assume risco quanto aos quantitativos de serviços (riscos geológicos do construtor são minimizados); e
- a obra pode ser licitada com um projeto com grau de detalhamento inferior ao exigido para uma empreitada por preço global ou integral.

Desvantagens:
- exige rigor nas medições dos serviços;
- maior custo da administração para acompanhamento da obra;
- favorece o "jogo de planilha";
- necessidade frequente de aditivos, para inclusão de novos serviços ou alteração dos quantitativos dos serviços contratuais;
- o preço final do contrato é incerto, pois se baseia em estimativa de quantitativos que podem variar durante a execução da obra;
- exige que as partes renegociem preços unitários quando ocorrem alterações relevantes dos quantitativos contratados; e
- não incentiva o cumprimento de prazos, pois o contratado recebe por tudo o que fez, mesmo atrasado.

Indicação:
- contratações de serviços de gerenciamento e supervisão de obras;
- obras executadas abaixo da terra ou que apresentam incertezas intrínsecas nas estimativas de quantitativos, a exemplo de execução de fundações, serviços de terraplanagem, desmontes de rocha, implantação, pavimentação, duplicação e restauração de rodovias, canais, barragens, adutoras, perímetros de irrigação, obras de saneamento, infraestrutura urbana, obras portuárias, gradagem e derrocamento, reforma de edificações e poços artesianos (Acórdão nº 1.977/2013 – Plenário. Rel. Min. Valmir Campelo, Processo nº 044.312/2012-1).

O Tribunal de Contas da União decidiu que deverão ser adotadas:
- A empreitada por *preço global*: quando for possível definir previamente no projeto, com boa margem de precisão, as quantidades dos serviços a serem executados.
- A empreitada por *preço unitário*: para objetos que, por sua natureza, não permitam a precisa indicação dos quantitativos orçamentários (Acórdão nº 1.978/2013-Plenário, TC 007.109/2013-0. Rel. Min. Valmir Campelo, 31.7.2013).

Os editais devem especificar, de forma objetiva, as regras para as medições, a exemplo de pagamentos a cada etapa conclusiva do empreendimento ou de acordo com o cronograma físico-financeiro da obra, em atendimento ao que dispõe o art. 40, inc. XIV, da Lei nº 8.666/93.

A utilização para objetos com imprecisão intrínseca de quantitativos deve ser justificada no processo, em termos técnicos, econômicos ou outros devidamente motivados.

Alterações no projeto ou nas especificações de obra ou serviço, realizadas unilateralmente pela Administração, implicam a necessidade de celebração de termo aditivo; e observância de que:

– deve haver um fato novo a caracterizar álea extraordinária e extracontratual;
– mesmo que se demonstre existir solução de engenharia melhor que a definida no projeto básico (o que seria questionável, em termos de eficiência e economicidade exigidas nessa peça fundamental), tal condição deve ser *entendida como novidade, não passível de conhecimento prévio na fase licitatória;*
– havendo modificação das especificações a que foi dado conhecimento a todos os licitantes, há de se rever o contrato, tanto em proteção a princípios basilares como o da obtenção da melhor proposta, da isonomia e da moralidade (Acórdão nº 1.978/2013-Plenário, TC 007.109/2013-0. Rel. Min. Valmir Campelo, 31.7.2013).

Erros ou omissões relevantes no orçamento poderão ensejar termos aditivos, de modo a evitar o enriquecimento sem causa de qualquer das partes, devendo-se observar que:

– a dicotomia em questão está em balancear a idealização da empreitada global com a vedação do enriquecimento sem causa;
– não seria concebível que falhas na elaboração do edital redundem, com justa causa, em um superfaturamento;
– a Administração não poderia se beneficiar de erro que ela própria cometeu, pagando por um produto preço relevantemente inferior que o seu justo preço de mercado;
– erro preliminar da própria Administração, independentemente do tipo de empreitada, não pode redundar em ganhos ilícitos; porque se ilícito for, o enriquecimento de uma parte, em detrimento de outra, sem causa jurídica válida, faz-se vedado.
– caberia analisar, em cada caso concreto, se o erro verificado se caracteriza como vício do edital ou não, ou seja, se o erro induziu a uma noção inexata (e a ganhos ilícitos) sobre o negócio a ser contratado ou se era irrisório, acessório ou facilmente perceptível pelo chamado homem médio;
– cada instrumento convocatório explicitar, com precisão, o que será considerado como "erro substancial", capaz de motivar a revisão do contrato;
– que incluam:

nos editais cláusula a estabelecer, de forma objetiva, o que será objeto de aditamentos durante a execução da avença, bem como a definição do que venha a ser "subestimativas ou superestimativas relevantes", como, por exemplo, o estabelecimento de percentuais de tolerância quantitativa admitida em cada item do orçamento que torne descabida a celebração de aditivo, como, ainda, a necessidade de que a imprecisão se refira a serviço materialmente relevante do empreendimento. (Acórdão nº 1.977/2013 – Plenário, TC 044.312/2012-1. Rel. Min. Valmir Campelo, 31.7.2013)

Há que se ficar atento também à prática do denominado "jogo de planilhas", conforme alerta o TCU:

> [...] é certo que diferenças expressivas entre itens de custo possibilitam a prática do denominado *'jogo de planilha'*, em que, por meio de termos aditivos ao contrato original, itens com preços superestimados têm seus quantitativos aumentados, ao passo que outros, com preços subestimados, têm seus quantitativos reduzidos, provocando, em detrimento do erário, o desequilíbrio econômico-financeiro da avença. (Acórdão nº 2.844/2003 – Primeira Câmara)

Das regras e critérios para execução de obras e serviços de engenharia executados com recursos da União decorrentes de convênios, contratos de repasse, termos de compromisso ou instrumentos congêneres

O Governo Federal, através do Decreto Federal nº 7.983/2013, estabeleceu regras e critérios que deverão obrigatoriamente ser cumpridos pelos estados, Distrito Federal e municípios, para elaboração do orçamento de referência de obras e serviços de engenharia, contratados e executados com recursos dos orçamentos da União, quando decorrentes de convênios, contratos de repasse, termos de compromisso ou instrumentos congêneres.

Os custos unitários de referência da administração pública poderão, somente em condições especiais justificadas em relatório técnico elaborado por profissional habilitado e aprovado pelo órgão gestor dos recursos ou seu mandatário, exceder os seus correspondentes do sistema de referência adotado na forma do Decreto nº 7.983/2013, sem prejuízo da avaliação dos órgãos de controle, dispensada a compensação em qualquer outro serviço do orçamento de referência.

O preço global de referência será o resultante do custo global de referência acrescido do valor correspondente ao BDI, que deverá evidenciar em sua composição, no mínimo:
- taxa de rateio da administração central;
- percentuais de tributos incidentes sobre o preço do serviço, excluídos aqueles de natureza direta e personalística que oneram o contratado;
- taxa de risco, seguro e garantia do empreendimento; e
- taxa de lucro.

Comprovada a inviabilidade técnico-econômica de parcelamento do objeto da licitação, nos termos da legislação em vigor, os itens de fornecimento de materiais e equipamentos de natureza específica que possam ser fornecidos por empresas com especialidades próprias e diversas e que representem percentual significativo do preço global da obra devem apresentar incidência de taxa de BDI reduzida em relação à taxa aplicável aos demais itens.

No caso do fornecimento de equipamentos, sistemas e materiais em que o contratado não atue como intermediário entre o fabricante e a administração pública ou que tenham projetos, fabricação e logísticas não padronizados e não enquadrados como itens de fabricação regular e contínua nos mercados nacional ou internacional, o BDI poderá ser calculado e justificado com base na complexidade da aquisição, com exceção à regra prevista no §1º do art. 9º do Decreto nº 7.983/2013.

A anotação de responsabilidade técnica pelas planilhas orçamentárias deverá constar do projeto que integrar o edital de licitação, inclusive de suas eventuais alterações.

Os critérios de aceitabilidade de preços deverão constar do edital de licitação para contratação de obras e serviços de engenharia.

A minuta de contrato deverá conter cronograma físico-financeiro com a especificação física completa das etapas necessárias à medição, ao monitoramento e ao controle das obras.

Em caso de celebração de termo aditivo, o serviço adicionado ao contrato ou que sofra alteração em seu quantitativo ou preço deverá apresentar preço unitário inferior ao preço de referência da administração pública, mantida a proporcionalidade entre o preço global contratado e o preço de referência, ressalvada a exceção prevista no parágrafo único do art. 14 do Decreto nº 7.983/2013 e respeitados os limites previstos no §1º do art. 65 da Lei nº 8.666, de 1993.

O preço de referência deverá ser obtido na forma do Capítulo II do Decreto nº 7.983/2013, considerando a data-base de elaboração do orçamento de referência da Administração, observadas as cláusulas contratuais.

A formação do preço dos aditivos contratuais contará com orçamento específico detalhado em planilhas elaboradas pelo órgão ou entidade responsável pela licitação, na forma prevista no Capítulo II, observado o disposto no art. 14 do Decreto nº 7.983/2013 e mantidos os limites previsto no §1º do art. 65 da Lei nº 8.666, de 1993.

Em caso de adoção dos regimes de empreitada por preço global e de empreitada integral, deverão ser observadas as seguintes disposições para formação e aceitabilidade dos preços:

– na formação do preço que constará das propostas dos licitantes, poderão ser utilizados custos unitários diferentes daqueles obtidos a partir dos sistemas de custos de referência previstos no decreto, desde que o preço global orçado e o de cada uma das etapas previstas no cronograma físico-financeiro do contrato, observado o art. 9º, fiquem iguais ou abaixo dos preços de referência da administração pública obtidos na forma do Capítulo II do Decreto nº 7.983, de 2023, assegurado aos órgãos de controle o acesso irrestrito a essas informações; e

– deverá constar do edital e do contrato cláusula expressa de concordância do contratado com a adequação do projeto que integrar o edital de licitação e as alterações contratuais sob alegação de falhas ou omissões em qualquer das peças, orçamentos, plantas, especificações, memoriais e estudos técnicos preliminares do projeto não poderão ultrapassar, no seu conjunto, dez por cento do valor total do contrato, computando-se esse percentual para verificação do limite previsto no §1º do art. 65 da Lei nº 8.666, de 1993.

Nos editais de licitação para contratação de obras e serviços de engenharia a serem realizados com recursos decorrentes de convênio, contratos de repasse, termos de compromisso ou instrumentos congêneres firmados com a União, *deverão constar os seguintes* critérios de aceitabilidade de preços:

– serão definidos em relação ao preço global e de cada uma das etapas previstas no cronograma físico-financeiro do contrato;

– a diferença percentual entre o valor global do contrato e o preço global de referência não poderá ser reduzida em favor do contratado em decorrência de aditamentos que modifiquem a planilha orçamentária;

– em caso de adoção dos regimes de empreitada por preço unitário e tarefa, a diferença entre o valor global do contrato e o preço global de referência poderá ser reduzida para a preservação do equilíbrio econômico-financeiro do contrato em casos excepcionais e justificados, desde que os custos unitários dos aditivos contratuais não excedam os custos unitários do sistema de referência utilizado na forma do decreto, assegurada a manutenção da vantagem da proposta vencedora ante a da segunda colocada na licitação.

CAPÍTULO 23

DA DISPENSA DE LICITAÇÃO

A dispensa de licitação ocorre em situações em que é possível realizar processo licitatório, entretanto, o legislador isenta a Administração de licitar, quer pelo valor do bem a ser contratado, quer em razão das características próprias.

É dispensável a licitação nos termos do art. 75 da Lei Federal nº 14.133/2021:

I – Para contratação que envolva valores inferiores a R$114.416,65 (cento e quatorze mil, quatrocentos e dezesseis reais e sessenta e cinco centavos), no caso de obras e serviços de engenharia ou de serviços de manutenção de veículos automotores.

II – Para contratação que envolva valores inferiores a R$57.208,33 (cinquenta e sete mil, duzentos e oito reais e trinta e três centavos), no caso de outros serviços e compras.

O Poder Executivo federal atualizará os valores de dispensa, a cada dia 1º de janeiro, pelo Índice Nacional de Preços ao Consumidor Amplo Especial (IPCA-E) ou por índice que venha a substituí-lo, e os divulgará no PNCP.

Para fins de aferição dos valores que atendam aos limites referidos nos incs. I e II, deverão ser observados:

– O somatório do que for despendido no exercício financeiro *pela respectiva unidade gestora*.

Em relação à unidade gestora para fins de contratação direta por valor prevista nos incs. I e II do art. 75 da Lei Federal nº 14.133, fizemos uma ampla pesquisa em decisões dos Tribunais de Contas do país e apuramos que:

a) Para os TCEs de Pernambuco, do Espírito Santo e de Santa Catarina quando a execução orçamentária e financeira for *centralizada*, aplicam-se os limites à prefeitura como um todo, incluindo órgãos e secretarias; por outro lado, caso os recursos orçamentários e *financeiros* sejam *efetivamente descentralizados*, impondo responsabilidade na execução orçamentária e financeira, os limites se aplicam a cada uma das unidades gestoras.

b) Para o TCM da Bahia, só será considerada unidade gestora o órgão ou secretaria que possuir *autonomia* orçamentária e financeira, de forma *descentralizada* e inscrição no CNPJ:

EMENTA: NOVA LEI DE LICITAÇÕES E CONTRATOS. DISPENSA DE LICITAÇÃO PARA CONTRAÇÃO DE PEQUENO VALOR. LIMITES PREVISTOS NA LEI. SECRETARIAS MUNICIPAIS. UNIDADES GESTORAS. RECONHECIMENTO POR

ATO NORMATIVO. É possível que o Município realize dispensa de licitação, com base nos limites estabelecidos no art. 75, incisos I e II, da Lei 14.133/21. Por sua vez, *apenas os órgãos e entidades dotados, por lei, de autonomia financeira e orçamentária é que poderão ser reconhecidos como unidades gestoras para os fins de tais limites legais. EM CASO DE A EXECUÇÃO ORÇAMENTÁRIA SER CENTRALIZADA, APLICAM-SE OS REFERIDOS LIMITES À PREFEITURA COMO UM TODO, INCLUINDO ÓRGÃOS E SECRETARIAS.* Entende-se que a execução orçamentária e financeira da unidade gestora, definida por Ato Normativo, pressupõe a figura do ordenador de despesa. Nesta situação, em atendimento ao quanto determinado na Instrução Normativa RFB nº 1863/2018, *torna-se necessário a inscrição dos órgãos Administrativos no Cadastro Nacional da Pessoa Jurídica (CNPJ).* (TCE-BA. Processo nºs 20237e21 Parecer nº 02161-21)

c) O Tribunal de Contas do Estado de Minas Gerais publicou cartilha em que constou expressamente os entendimentos dos TCEs de Pernambuco, Espírito Santo, Santa Catarina e Bahia, ou seja, se a *execução* orçamentária e financeira for *centralizada* os limites de contratação direta são para a *prefeitura*, e somente se for *efetivamente* descentralizada é que o limite será aplicado para cada órgão ou secretaria:

DISPENSA DE LICITAÇÃO
Dispensa por pequeno valor – art. 75, I e II:
Art. 75, §1º: na aferição dos valores, dever ser observado o somatório da despesa com objetos de mesma natureza no exercício pela Unidade Gestora.
-Unidade Gestora: unidades administrativas com competência para gerir recurso orçamentários.
Vide IN nº 05, de 23/06/1992, Ministério da Economia, Fazenda e Planejamento, e art. 4º, I, da IN nº 1.863, de 27/12/2018, da Receita Federal do Brasil.
QUANDO A EXECUÇÃO ORÇAMENTÁRIA FOR CENTRALIZADA, APLICAM-SE OS REFERIDOS LIMITES À PREFEITURA COMO UM TODO, INCLUINDO ÓRGÃOS E SECRETARIAS. Quando os recursos orçamentários e financeiros sejam efetivamente descentralizados, impondo responsabilidade na execução orçamentária e financeira, os limites se aplicam para cada uma das unidades gestoras (TCEPE, TCEES, TCESC e TCMBA).[4]

– O somatório da despesa realizada com objetos de mesma natureza, entendidos como tais aqueles relativos a contratações no mesmo ramo de atividade.
O Tribunal de Contas do Estado de Minas Gerais, ao responder à Consulta nº 1.104.833, assentou que:

Na Lei Federal n. 14.133/2021 considera-se que *objetos da mesma natureza* são *os que pertencem ao "mesmo ramo de atividade".* Inexiste definição, todavia, acerca do alcance de tal locução, de modo que *os entes federados, no exercício de sua autonomia administrativa, materializado no princípio federativo, de guarida constitucional, podem estabelecer parâmetro próprio para definição objetiva de "ramo de atividade" para os fins do disposto no art. 75 do mencionado diploma legal, observados os demais princípios aplicáveis e os respectivos limites do poder regulamentar.*

Na ausência de regulamentação do conceito de "mesmo ramo de atividade", para os fins preceituados no art. 75 da Lei n. 14.133/2021, os entes poderão reproduzir a normatização federal, que estabelece o nível de subclasse da Classificação Nacional de Atividades

---

[4] TCEMG. *Cartilha TCEMG e os Municípios 2022.* Disponível em: https://eeventos.tce.mg.gov.br.

Econômicas – CNAE como parâmetro, nos termos da Instrução Normativa SEGES/ME n. 67/2021.

É indevida a vinculação do sentido de "natureza" à classificação contábil dos elementos de despesas, consoante orientação da Secretaria do Tesouro Nacional – STN.

Na Lei n. 14.133/2021, para fins de avaliação acerca da possibilidade de contratação direta por dispensa em virtude do valor, foram fixados pressupostos de natureza temporal e organizacional, quais sejam, *o valor total a ser gasto pela respectiva unidade gestora, com objetos de idêntica natureza, no período de um exercício financeiro,* não havendo menção, portanto, aos atuais requisitos de execução conjunta e concomitante e no "mesmo local".

Para a adequada utilização do instituto da dispensa de licitação, *as unidades gestoras da Administração deverão providenciar o planejamento de suas atividades e necessidades, dimensionando as respectivas contratações a serem realizadas no exercício financeiro* subsequente, o que compreende, entre outras medidas, a elaboração de estimativas de quantitativos e custos de produtos, serviços e outros suprimentos necessários à manutenção da unidade e à execução de suas atribuições. (Processo nº 1.104.833 – Consulta. Rel. Cons. Subst. Hamilton Coelho. Tribunal Pleno. Deliberado em 19.10.2022)

Para as contratações de até R$9.153,34 (nove mil, cento e cinquenta e três reais e trinta e quatro centavos), de serviços de manutenção de veículos automotores de propriedade do órgão ou entidade contratante, incluído o fornecimento de peças, não se aplicam as regras para aferição dos valores de dispensa.

O Tribunal de Contas do Estado de Minas Gerais, ao responder à Consulta nº 1.119.728, fixou prejulgamento de tese com caráter normativo, no sentido de que:

§Nas contratações realizadas sob a égide da Lei n. 14.133/21, *é possível a contratação direta, em razão do valor, dos serviços de manutenção de veículos automotores de propriedade do* órgão *ou entidade contratante, incluído o fornecimento de peças, cujo valor INDIVIDUAL não exceda a R$8.643,27, mesmo que o somatório dos valores das contratações realizadas no exercício ultrapasse o montante previsto no inciso I do art. 75, por força do disposto no §7º.*

§Como decorrência da previsão do §7º do art. 75 da Lei n. 14.133/21, *são computadas no somatório para aferição do enquadramento na dispensa de licitação em razão do valor* (art. 75, I) *SOMENTE AS CONTRATAÇÕES DE SERVIÇOS DE MANUTENÇÃO DE VEÍCULOS AUTOMOTORES QUE EXCEDAM A R$8.643,27.* (Processo nº 1.119.728 – Consulta. Rel. Cons. Cláudio Couto Terrão. Deliberado em 21.9.2022) (Grifos nossos)

Os valores serão duplicados para compras, obras e serviços contratados por consórcio público ou por autarquia ou fundação qualificadas como agências executivas na forma da lei.

As contratações serão preferencialmente precedidas de divulgação de aviso em sítio eletrônico oficial, pelo prazo mínimo de 3 (três) dias úteis, com a especificação do objeto pretendido e com a manifestação de interesse da Administração em obter propostas adicionais de eventuais interessados, devendo ser selecionada a proposta mais vantajosa.

As contratações serão preferencialmente pagas por meio de cartão de pagamento, cujo extrato deverá ser divulgado e mantido à disposição do público no Portal Nacional de Contratações Públicas (PNCP).

III – Para contratação que mantenha todas as condições definidas em edital de licitação realizada há menos de 1 (um) ano, quando se verificar que naquela licitação:

a) não surgiram licitantes interessados ou não foram apresentadas propostas válidas;

b) as propostas apresentadas consignaram preços manifestamente superiores aos praticados no mercado ou incompatíveis com os fixados pelos órgãos oficiais competentes.

IV – Para contratação que tenha por objeto:

a) bens, componentes ou peças de origem nacional ou estrangeira necessários à manutenção de equipamentos, a serem adquiridos do fornecedor original desses equipamentos durante o período de garantia técnica, quando essa condição de exclusividade for indispensável para a vigência da garantia;

b) bens, serviços, alienações ou obras, nos termos de acordo internacional específico aprovado pelo Congresso Nacional, quando as condições ofertadas forem manifestamente vantajosas para a Administração;

c) produtos para pesquisa e desenvolvimento, limitada a contratação, no caso de obras e serviços de engenharia, ao valor de R$343.249,96 (trezentos e quarenta e três mil, duzentos e quarenta e nove reais e noventa e seis centavos);

Quando aplicada a obras e serviços de engenharia, essa dispensa seguirá procedimento especial instituído em regulamentação específica.

d) transferência de tecnologia ou licenciamento de direito de uso ou de exploração de criação protegida, nas contratações realizadas por instituição científica, tecnológica e de inovação (ICT) pública ou por agência de fomento, desde que demonstrada vantagem para a Administração;

e) hortifrutigranjeiros, pães e outros gêneros perecíveis, no período necessário para a realização dos processos licitatórios correspondentes, hipótese em que a contratação será realizada diretamente com base no preço do dia;

f) bens ou serviços produzidos ou prestados no país que envolvam, cumulativamente, alta complexidade tecnológica e defesa nacional;

g) materiais de uso das Forças Armadas, com exceção de materiais de uso pessoal e administrativo, quando houver necessidade de manter a padronização requerida pela estrutura de apoio logístico dos meios navais, aéreos e terrestres, mediante autorização por ato do comandante da força militar;

h) bens e serviços para atendimento dos contingentes militares das forças singulares brasileiras empregadas em operações de paz no exterior, hipótese em que a contratação deverá ser justificada quanto ao preço e à escolha do fornecedor ou executante e ratificada pelo comandante da força militar;

i) abastecimento ou suprimento de efetivos militares em estada eventual de curta duração em portos, aeroportos ou localidades diferentes de suas sedes, por motivo de movimentação operacional ou de adestramento;

j) coleta, processamento e comercialização de resíduos sólidos urbanos recicláveis ou reutilizáveis, em áreas com sistema de coleta seletiva de lixo, realizados por associações ou cooperativas formadas exclusivamente de pessoas físicas de baixa renda reconhecidas pelo poder público como catadores de materiais recicláveis, com o uso de equipamentos compatíveis com as normas técnicas, ambientais e de saúde pública;

k) aquisição ou restauração de obras de arte e objetos históricos, de autenticidade certificada, desde que inerente às finalidades do órgão ou com elas compatível;

l) serviços especializados ou aquisição ou locação de equipamentos destinados ao rastreamento e à obtenção de provas previstas nos incs. II e V do *caput* do art. 3º da Lei nº 12.850, de 2.8.2013, quando houver necessidade justificada de manutenção de sigilo sobre a investigação;

m) aquisição de medicamentos destinados exclusivamente ao tratamento de doenças raras definidas pelo Ministério da Saúde.

V – Para contratação com vistas ao cumprimento do disposto nos arts. 3º, 3º-A, 4º, 5º e 20 da Lei nº 10.973, de 2.12.2004, observados os princípios gerais de contratação constantes da referida lei.

VI – Para contratação que possa acarretar comprometimento da segurança nacional, nos casos estabelecidos pelo ministro de Estado da Defesa, mediante demanda dos comandos das Forças Armadas ou dos demais ministérios.

VII – Nos casos de guerra, estado de defesa, estado de sítio, intervenção federal ou de grave perturbação da ordem.

VIII – Nos casos de emergência ou de calamidade pública, quando caracterizada urgência de atendimento de situação que possa ocasionar prejuízo ou comprometer a continuidade dos serviços públicos ou a segurança de pessoas, obras, serviços, equipamentos e outros bens, públicos ou particulares, e somente para aquisição dos bens necessários ao atendimento da situação emergencial ou calamitosa e para as parcelas de obras e serviços que possam ser concluídas no prazo máximo de 1 (um) ano, contado da data de ocorrência da emergência ou da calamidade, vedadas a prorrogação dos respectivos contratos e a recontratação de empresa já contratada com base no disposto neste inciso.

Considera-se emergencial a contratação por dispensa com objetivo de manter a continuidade do serviço público, e deverão ser observados os valores praticados pelo mercado e adotadas as providências necessárias para a conclusão do processo licitatório, sem prejuízo de apuração de responsabilidade dos agentes públicos que deram causa à situação emergencial.

IX – Para a aquisição, por pessoa jurídica de direito público interno, de bens produzidos ou serviços prestados por órgão ou entidade que integrem a Administração Pública e que tenham sido criados para esse fim específico, desde que o preço contratado seja compatível com o praticado no mercado.

X – Quando a União tiver que intervir no domínio econômico para regular preços ou normalizar o abastecimento.

XI – Para celebração de contrato de programa com ente federativo ou com entidade de sua Administração Pública indireta que envolva prestação de serviços públicos de forma associada nos termos autorizados em contrato de consórcio público ou em convênio de cooperação.

XII – Para contratação em que houver transferência de tecnologia de produtos estratégicos para o Sistema Único de Saúde (SUS), conforme elencados em ato da direção nacional do SUS, inclusive por ocasião da aquisição desses produtos durante as etapas de absorção tecnológica, e em valores compatíveis com aqueles definidos no instrumento firmado para a transferência de tecnologia.

XIII – Para contratação de profissionais para compor a comissão de avaliação de critérios de técnica, quando se tratar de profissional técnico de notória especialização.

XIV – Para contratação de associação de pessoas com deficiência, sem fins lucrativos e de comprovada idoneidade, por órgão ou entidade da Administração Pública, para a prestação de serviços, desde que o preço contratado seja compatível com o praticado no mercado e os serviços contratados sejam prestados exclusivamente por pessoas com deficiência.

XV – Para contratação de instituição brasileira que tenha por finalidade estatutária apoiar, captar e executar atividades de ensino, pesquisa, extensão, desenvolvimento institucional, científico e tecnológico e estímulo à inovação, inclusive para gerir administrativa e financeiramente essas atividades, ou para contratação de instituição dedicada à recuperação social da pessoa presa, desde que o contratado tenha inquestionável reputação ética e profissional e não tenha fins lucrativos.

XVI – Para aquisição, por pessoa jurídica de direito público interno, de insumos estratégicos para a saúde produzidos por fundação que, regimental ou estatutariamente, tenha por finalidade apoiar órgão da Administração Pública direta, sua autarquia ou fundação em projetos de ensino, pesquisa, extensão, desenvolvimento institucional, científico e tecnológico e de estímulo à inovação, inclusive na gestão administrativa e financeira necessária à execução desses projetos, ou em parcerias que envolvam transferência de tecnologia de produtos estratégicos para o SUS, nos termos do inc. XII, *e que tenha sido criada para esse fim específico em data anterior* à *entrada em vigor desta lei*, desde que o preço contratado seja compatível com o praticado no mercado.

O Superior Tribunal de Justiça decidiu que o recebimento, por empresa contratada, com fundamento no art. 24, II da Lei de Licitações, das taxas de inscrição de concurso somadas ao valor do contrato, em montante superior ao limite previsto no art. 24, II da Lei nº 8.666/93, caracteriza improbidade administrativa:

EMENTA: ADMINISTRATIVO. IMPROBIDADE ADMINISTRATIVA. CONTRATAÇÃO DIRETA DE EMPRESA ORGANIZADORA DE CONCURSO PÚBLICO, COM FUNDAMENTO NO ART. 24, II, DA LEI DE LICITAÇÕES. VALOR DO CONTRATO ADMINISTRATIVO INFERIOR A R$8.000,00 (OITO MIL REAIS). *RECEBIMENTO PELA EMPRESA CONTRATADA DAS TAXAS DE INSCRIÇÃO DO CONCURSO, EM MONTANTE SUPERIOR AO PERMISSIVO DA LEI DE LICITAÇÕES. NECESSIDADE DE PRÉVIO PROCEDIMENTO LICITATÓRIO*

1. Discute-se nos autos a possibilidade de dispensa de licitação para contratação de organizadoras de concursos públicos, quando o valor do contrato administrativo for inferior ao limite estabelecido no art. 24, II, da Lei n. 8.666/93, qual seja, R$8.000,00 (oito mil reais)

e ocorre o pagamento de taxas de inscrição pelos candidatos à instituição organizadora, totalizando um valor global superior ao limite supracitado.

2. A Constituição da República estabelece como regra a obrigatoriedade da licitação, que é dispensável nas excepcionais hipóteses previstas em lei, não cabendo ao intérprete criar novos casos de dispensa. Isso porque a licitação destina-se a garantir a observância do princípio constitucional da isonomia e a seleção da proposta mais vantajosa para a administração (art. 3º da Lei n. 8.666/93).

3. É imprescindível ponderar, também, a distinção entre interesse público primário e secundário. Este é meramente o interesse patrimonial da administração pública, que deve ser tutelado, mas não sobrepujando o interesse público primário, que é a razão de ser do Estado e sintetiza-se na promoção do bem-estar social. Nos dizeres de Celso Antônio Bandeira de Mello: "O Estado, concebido que é para a realização de interesses públicos (situação, pois, inteiramente diversa da dos particulares), só poderá defender seus próprios interesses privados quando, não se chocarem com os interesses públicos propriamente ditos, coincidam com a realização deles." (MELLO, Celso Antônio Bandeira de. Curso de Direito Administrativo. 19ª edição. Editora Malheiros. São Paulo, 2005, pág. 66)

4. Portanto, ainda que os valores recolhidos como taxa de inscrição não sejam públicos, a adequada destinação desses valores é de interesse público primário. Mesmo que a contratação direta de banca realizadora de concurso sem licitação não afete o interesse público secundário (direitos patrimoniais da administração pública), é contrária ao interesse público primário, pois a destinação de elevado montante de recursos a empresa privada ocorrerá sem o processo competitivo, violando, dessa maneira, o princípio da isonomia, positivado na Constituição Federal e no art. 3º da Lei n. 8.666/93. Recurso especial provido. (1356260 SC 2012/0252591-0. Rel. Min. Humberto Martins, j. 7.2.2013, T2 – Segunda Turma. *DJe*, 19.2.2013) (Grifos nossos)

No julgamento proferido no dia 13.2.2017, relativo ao Edital de Concurso Público nº 969.592, o Tribunal de Contas do Estado de Minas Gerais reafirmou que:

O valor pago para inscrição em concurso público, independente da natureza jurídica, constitui receita pública, devendo, portanto, integrar o patrimônio público e ser contabilizado conforme determina a Lei nº 4.320/64, sendo irregular a destinação dos valores obtidos com as inscrições para conta corrente da empresa organizadora do certame.

O TCU decidiu que para a regularidade da contratação por emergência é *necessário que o fato não decorra da falta de planejamento*, deve existir urgência concreta e efetiva de atendimento, risco concreto e provável e a contratação ser o meio adequado para afastar o risco. (TCU – Processo nº 009.248/1994-3. Decisão nº 347/1994 – Plenário) (Grifos nossos)

O Tribunal de Contas da União também concluiu que:

A dispensa de licitação também se mostra possível quando a situação de emergência decorrer da falta de planejamento, da desídia administrativa ou da má gestão dos recursos púbicos, pois a inércia do gestor, culposa ou dolosa, não pode vir em prejuízo de interesse público maior tutelado pela Administração.

Nessas situações, contudo, o reconhecimento da situação de emergência não implica convalidar ou dar respaldo jurídico à conduta omissiva do administrador, *a quem cabe a responsabilidade pela não realização da licitação em momento oportuno.* (Acórdão nº 2.240/2015 – Primeira Câmara, TC 019.511/2011-6. Rel. Min. Benjamin Zymler, 28.4.2015) (Grifos nossos)

O Tribunal de Contas do Estado de Minas Gerais julgou procedente a Denúncia nº 951.650, considerando irregular a dispensa de licitação realizada pelo Município de Araguari – MG, sob a justificativa de situação emergencial, para *contratação direta de serviços rotineiros e habituais de limpeza urbana, aplicando multa nos seguintes termos*:

– R$105.000,00 à secretária municipal;
– R$35.000,00 ao prefeito municipal;
– R$2.000,00 ao procurador-geral do município.

O Tribunal de Contas da União decidiu que é cabível a contratação por emergência, mesmo quando decorrente de falta de planejamento, da desídia administrativa ou da má gestão dos recursos públicos, desde que devidamente caracterizada a urgência de atendimento da situação que possa ocasionar prejuízo ou comprometer a segurança de pessoas, obras, serviços, equipamentos e outros bens, públicos ou privados, devendo, entretanto, *a Administração abrir procedimento administrativo para apurar o servidor que lhe deu causa, sob pena de responsabilização do gestor*.

A contratação direta também se mostra possível quando a situação de emergência decorre da falta de planejamento, da desídia administrativa ou da má gestão dos recursos púbicos.

O art. 24, inc. IV, da Lei nº 8.666/1993 não distingue a emergência resultante do imprevisível daquela resultante da incúria ou da inércia administrativa, sendo cabível, em ambas as hipóteses, a contratação direta, desde que devidamente caracterizada a urgência de atendimento à situação que possa ocasionar prejuízo ou comprometer a segurança de pessoas, obras, serviços, equipamentos e outros bens, públicos ou particulares.

A situação de contratação emergencial decorrente da falta de planejamento, da desídia administrativa ou da má gestão dos recursos púbicos pode implicar a *responsabilização do gestor que lhe deu causa, em face de sua omissão quanto ao dever de agir a tempo, adotando as medidas cabíveis para a realização do regular procedimento licitatório* (Acórdão nº 1.122/2017 – Plenário, Auditoria. Rel. Min. Benjamin Zymler).

No julgamento da tomada de contas especial relativa às obras de reforma do Estádio João Cláudio de Vasconcelos Machado (Machadão), em Natal/RN, o TCU decidiu que:

A reforma do estádio pode ser considerada como de 'urgência controlada', não enquadrável em hipótese motivadora de dispensa e, portanto, sendo obra licitável;

A dispensa de licitação foi justificada com base em laudo do Corpo de Bombeiros, que indicara a necessidade da interdição do estádio; sendo que "No caso concreto, para mitigar o risco decorrente das más condições estruturais do estádio, bastaria a interdição do local, como se depreende do relatório do Corpo de Bombeiros";

"O anseio pela utilização do estádio em evento esportivo que se aproximava não caracteriza a urgência na realização dos serviços;

Não há que se questionar a necessidade de interdição do estádio, sobejamente indicada nos laudos técnicos emitidos antes da contratação, no entanto, extrai-se dos autos que a interdição seria suficiente para mitigar os riscos, sem que restasse prejudicada ou inviabilizada a realização do processo licitatório";

"O enquadramento em situação emergencial tendente a dispensar a realização de licitação deve ser natural, evidente, e não forçado ou provocado;

Entender como regular a contratação direta nos casos de 'urgência controlada' poderia levar a uma aplicação generalizada da dispensa de licitação sob tal motivação, mormente em um contexto geral de deficiência de equipamentos públicos". (Acórdão nº 513/2013 – Plenário, TC 004.063/2008-4. Rel. Min. Ana Arraes, 13.3.2013) (Grifos nossos)

Hudson Brandão de Araújo, Ex-Secretário de Educação e Cultura do Estado do Rio Grande do Norte, foi condenado por improbidade administrativa e a pagar multa de R$10.000,00 (dez mil reais), por ter contratado, com dispensa das formalidades legais, transporte escolar estudantil.

O relator *desconsiderou a justificativa do Ex-Secretário de que não poderia agir de modo diverso, sem comprometer o atendimento aos alunos, uma vez que outros secretários, em gestões anteriores e posteriores à sua, respeitaram os procedimentos administrativos legais* (TJRN – Processo nº 0602604-45.2008.8.20.0106).

Ex-Prefeito é condenado por improbidade administrativa e a ressarcir ao erário, sob o fundamento constante no voto do relator de que:

> Constitui ato de improbidade administrativa frustrar a licitude de processo licitatório ou dispensá-lo indevidamente;
> Nas contratações da administração pública a regra é a realização de prévia licitação;
> Os casos de dispensa e inexigibilidade são exceções e exigem justificativa fundamentada do gestor público;
> Os contratos de arrendamento de veículos apresentados nos autos foram realizados sem qualquer observância aos princípios constitucionais da legalidade, da moralidade e da publicidade da administração pública, haja vista que não se verificou quaisquer procedimentos de licitação, tampouco, foi aberto processo administrativo para declinar os motivos de dispensa ou inexigibilidade do procedimento licitatório. (*DJe* 12.03.2013)

O juiz da 2ª Vara Criminal da Comarca de Alvorada condenou o Ex-Prefeito João Carlos Brun à pena de 4 anos e 8 meses de detenção, e 50 dias-multa (considerando o valor do dia-multa ao equivalente a um salário mínimo vigente à época dos fatos, corrigido por índice oficial de inflação até a data do efetivo pagamento), por considerar que:

> O acusado *RENOVOU por duas vezes contrato inicialmente realizado por dispensa de licitação por emergência* para transporte de agentes de saúde que atuariam no combate à dengue no município, com fundamento no risco do surgimento de uma epidemia de dengue, não obstante tenha sido alertado pela assessoria jurídica do Município que não haveria possibilidade de prorrogação do contrato emergencial, sendo que no prazo de seis meses de vigência, deveria ser realizada a licitação.

O Tribunal de Contas da União decidiu que é irregular a dispensa, com fulcro no art. 24, inc. XIII, da Lei nº 8.666/93, de licitação na contratação da Universidade do Estado do Rio de Janeiro (UERJ) para prestação de assessoria, consultoria e aperfeiçoamento nas áreas jurídicas e de recursos humanos, em decorrência:

> da amplitude e a imprecisão do objeto do contrato;
> da ausência de especificação das quantidades de cada serviço;
> da definição de quantitativos em atos posteriores à contratação;
> do contrato e a proposta da UERJ "permitirem concluir que alguns serviços contratados consistiram, na verdade, em mão de obra terceirizada, atividade que não se inclui entre as exceções à obrigatoriedade de licitar previstas no art. 24, XIII, da Lei 8.666/93";

de restar evidenciado nos autos que a UERJ não detinha capacidade de executar, com sua própria estrutura e de acordo com suas competências, o objeto do contrato, requisitos da dispensa de licitação com fulcro no citado dispositivo, conforme pacífica jurisprudência da Corte de Contas;

de que o art. 24, XIII, da Lei 8.666/93 requer contratada dotada de inquestionável reputação ético-profissional, e são as suas características próprias que fundamentam a escolha da Administração, não se admitindo atuação como mera intermediária na prestação dos serviços contratados";

de que "na hipótese de serviços realizados por profissionais não integrantes do quadro funcional da instituição dotada de inquestionável reputação ético-profissional, como no caso sob exame, deixa de haver justo motivo para a dispensa de licitação com fulcro no art. 24, XIII, haja vista que esses serviços podem ser executados por entidades que atuam no ramo de atividade, as quais também podem captar esses profissionais";

de que "a dispensa de licitação para contratar intermediadora de serviços representa burla à licitação e concessão de privilégio indevido a uma instituição que, embora sem fins lucrativos, está explorando atividade de natureza econômica". Acórdão 344/2014-Plenário, TC 022.849/2006-0. Rel. Min. Walton Alencar Rodrigues, 19.2.2014. (*Informativo de Jurisprudência do TCU sobre Licitações e Contratos*, n. 186, 18 e 19.2.2014)

O Tribunal de Contas da União também decidiu que:

a entidade contratada por dispensa de licitação, com base no art. 24, XIII, da Lei 8.666/1993, deve comprovar a capacidade de execução do objeto pactuado com meios próprios e de acordo com as suas finalidades institucionais, sendo, portanto, inadmissível a subcontratação dos serviços (v.g. Acórdãos Plenário 1.803/2010 e 551/2010)".

Aduziu o relator que esse entendimento destina-se a "evitar que se utilize desse permissivo legal para contratação direta de empresa que atuará meramente como intermediária na prestação dos serviços", afastando-se o risco de "fuga ao regular certame licitatório, pois a empresa de fato executora do objeto não preencheria os requisitos subjetivos e objetivos para que fosse contratada com fulcro nessa hipótese de dispensa de licitação".

Ademais, caso a contratada não possua as condições técnicas para a execução dos serviços contratados, inferiu o relator, não há como supor que ela atenda ao requisito legal que estabelece a necessidade de as contratadas possuírem "inquestionável reputação ético-profissional".

entendimento jurisprudencial pretende assegurar o respeito ao princípio da economicidade, evitando "o desnecessário pagamento de valores a título de taxa de intermediação, correspondente à diferença entre o montante despendido pela administração e aquele auferido pela subcontratada executora dos serviços".

"o essencial é verificar em cada caso se houve a desvirtuação da norma legal de forma a se concluir que a contratada atuou como mera intermediária ou não detinha a capacitação necessária para a execução do objeto". (Acórdão 3193/2014-Plenário, TC 015.560/2006-1. Rel. Min. Benjamin Zymler, 19.11.2014. (*Informativo de Licitações e Contratos do TCU*, nº 224, 18 e 19.11.2014) (Grifos nossos)

Nos termos da decisão exarada pelo Tribunal de Contas da União:

É possível a contratação de fundação de apoio por dispensa de licitação, com fundamento no art. 24, inciso XIII, da Lei 8.666/93, para a realização de vestibular, desde que:
haja nexo efetivo entre a natureza da instituição e o objeto contratado; e

compatibilidade com os preços de mercado. (Acórdão nº 1.828/2015 – 1ª Câmara, TC 033.982/2011-2. Rel. Min. Benjamin Zymler, 31.3.2015) (Grifos nossos)

O Tribunal de Contas da União, ao julgar as contas da Universidade Federal do Ceará, concluiu que:

Entre as irregularidades identificadas nas contas da Universidade Federal do Ceará (UFC), estava a dispensa de licitação efetivada com vistas à contratação de fundação de apoio para a prática de atos administrativos de competência exclusiva da universidade, que não se confundiam com atividades relacionadas a ensino, pesquisa ou desenvolvimento institucional, científico e tecnológico da entidade contratante, pressuposto para a contratação direta fundada no art. 24, XIII, da Lei nº 8.666/93.

Em seu voto, observou o relator que o TCU, ciente da amplitude inadequadamente conferida pelas instituições federais de ensino superior (Ifes) à expressão "desenvolvimento institucional", determinou ao Ministério da Educação, por meio do Acórdão nº 2.731/2008-Plenário, que instituísse ato normativo regulamentando o relacionamento daquelas instituições com suas fundações de apoio, de modo a evitar contratações diretas envolvendo objetos que não se enquadrassem naquele conceito.

Acolhendo proposição do relator, deliberou a Segunda Câmara no sentido de determinar à Universidade Federal do Ceará que "exija que as contratações relativas a projetos classificados como de desenvolvimento institucional impliquem produtos que resultem em melhorias mensuráveis da eficácia e eficiência no desempenho da universidade, com impacto evidente em sistemas de avaliação institucional do Ministério da Educação e em políticas públicas plurianuais de ensino superior com metas definidas, evitando enquadrar nesse conceito atividades tais como manutenção predial ou infraestrutural, conservação, limpeza, vigilância, reparos, aquisições e serviços na área de informática, expansões vegetativas ou de atividades de secretariado, serviços gráficos e reprográficos, telefonia, tarefas técnico-administrativas de rotina, como a realização de concursos vestibulares, e que, adicionalmente, não estejam objetivamente definidas no Plano de Desenvolvimento Institucional da universidade", bem como "não transfira, para as fundações de apoio, recursos destinados à execução de obras ou serviços de engenharia, tendo em vista o não enquadramento desta atividade no conceito de desenvolvimento institucional, nos termos da jurisprudência firmada por este tribunal de contas". (Acórdão nº 730/2010 – 2ª Câmara, TC-020.225/2007-5. Rel. Min. Aroldo Cedraz, 2.3.2010)

CAPÍTULO 24

DA INEXIGIBILIDADE DE LICITAÇÃO

A inexigibilidade de licitação é definida pela impossibilidade de licitar. Mesmo que a Administração quisesse, não conseguiria realizar o processo licitatório, diante da impossibilidade de definição de critérios objetivos de seleção.

Esse dispositivo não é taxativo, portanto, caracterizada a impossibilidade de licitar, amparada estará a situação pela inexigibilidade de licitação, face ao disposto no *caput* do art. 74 da Lei Federal nº 14.133/2021.

É inexigível a licitação quando houver inviabilidade de competição, em especial nos casos de:

I – Aquisição de materiais, de equipamentos ou de gêneros ou contratação de serviços que só possam ser fornecidos por produtor, empresa ou representante comercial exclusivos.

A Administração deverá demonstrar a inviabilidade de competição, *vedada a preferência por marca específica*, mediante:
– atestado de exclusividade;
– contrato de exclusividade;
– declaração do fabricante ou outro documento idôneo capaz de comprovar que o objeto é fornecido ou prestado por produtor, empresa ou representante comercial exclusivos.

II – Contratação de profissional do setor artístico, diretamente ou por meio de empresário exclusivo, desde que consagrado pela crítica especializada ou pela opinião pública.

Considera-se empresário exclusivo a pessoa física ou jurídica que possua contrato, declaração, carta ou outro documento que ateste a exclusividade permanente e contínua de representação, no país ou em estado específico, do profissional do setor artístico, *afastada a possibilidade de contratação direta por inexigibilidade por meio de empresário com representação restrita a evento ou local específico.*

No Acórdão nº 351/2015, o Tribunal de Contas da União decidiu que na contratação de artistas consagrados, com base na hipótese de inexigibilidade prevista no art. 25, inc. III, da Lei nº 8.666/93, a comprovação do representante deve ser feita através de:

a) Cópia do contrato de exclusividade dos artistas com o empresário contratado, registrado em cartório.

a.1) O contrato de exclusividade difere da autorização que assegura exclusividade apenas para os dias correspondentes à apresentação dos artistas e que é restrita à localidade do evento, a qual não se presta a fundamentar a inexigibilidade.

b) A simples autorização ou carta de exclusividade não se presta a comprovar a inviabilidade da competição, pois não retrata uma representação privativa para qualquer evento em que o profissional for convocado, pois, "confere exclusividade apenas para os dias correspondentes à apresentação dos artistas e que é restrita à localidade do evento" (Acórdão nº 351/2015 – Segunda Câmara, TC 032.315/2011-2. Rel. Min. Subst. Marcos Bemquerer Costa, 10.2.2015).

A Segunda Câmara do Tribunal de Contas da União, por meio do Acórdão nº 1.341/2022, concluiu que:

> Na contratação de profissional do setor artístico por inexigibilidade de licitação, a apresentação de atestado de exclusividade restrito ao dia e à localidade do evento, em vez do contrato de exclusividade entre o artista e o empresário contratado, caracteriza grave infração à norma legal, ensejando, ainda que não configurado dano ao erário, aplicação de multa e julgamento pela irregularidade das contas, haja vista que o contrato de exclusividade é imprescindível para caracterizar a inviabilidade de competição de que trata o art. 25, inciso III, da Lei 8.666/1993. (Acórdão nº 1.341/2022 – Segunda Câmara, Tomada de Contas Especial. Rel. Min. Augusto Nardes)

– *Reconhecimento pela crítica especializada* corresponde à aceitação, por especialistas conhecidos, da capacidade e do refinamento do trabalho avaliado.
– *Consagração pela opinião pública* baseia-se na sedimentação de uma reputação perante o público local.
III – Contratação dos seguintes serviços técnicos especializados de natureza predominantemente intelectual com profissionais ou empresas de notória especialização, vedada a inexigibilidade para serviços de publicidade e divulgação:
a) estudos técnicos, planejamentos, projetos básicos ou projetos executivos;
b) pareceres, perícias e avaliações em geral;
c) assessorias ou consultorias técnicas e auditorias financeiras ou tributárias;
d) fiscalização, supervisão ou gerenciamento de obras ou serviços;
e) patrocínio ou defesa de causas judiciais ou administrativas;
f) treinamento e aperfeiçoamento de pessoal;
g) restauração de obras de arte e de bens de valor histórico;
h) controles de qualidade e tecnológico, análises, testes e ensaios de campo e laboratoriais, instrumentação e monitoramento de parâmetros específicos de obras e do meio ambiente e demais serviços de engenharia que se enquadrem no disposto neste inciso.

Notória especialização é a qualidade de profissional ou de empresa cujo conceito, no campo de sua especialidade, decorrente de desempenho anterior, estudos, experiência, publicações, organização, aparelhamento, equipe técnica ou outros requisitos relacionados com suas atividades, permite inferir que o seu trabalho é essencial e reconhecidamente adequado à plena satisfação do objeto do contrato.

Singularidade do objeto: é considerado singular o objeto devido à subjetividade de valoração da melhor forma de atender ao interesse público, ou seja, não há uma forma objetiva de selecionar o sujeito ou o serviço que melhor atenderá o interesse público. Não se trata de um objeto comum, mas, sim, de um objeto com características próprias, peculiares.

Nos termos do Acórdão nº 1.397/2022, o Plenário do Tribunal de Contas da União concluiu que:

- Nas contratações diretas por inexigibilidade de licitação, o conceito de singularidade não pode ser confundido com a ideia de unicidade, exclusividade, ineditismo ou raridade;
- O fato de o objeto poder ser executado por outros profissionais ou empresas não impede a contratação direta amparada no art. 25, inciso II, da Lei 8.666/1993;
- *A inexigibilidade, amparada nesse dispositivo legal, decorre da impossibilidade de se fixar critérios objetivos de julgamento.* (Acórdão nº 1.397/2022 – Plenário, Representação. Rel. Min. Benjamin Zymler) (Grifos nossos)

A Lei Federal nº 14.039/2020 alterou o Estatuto da OAB (Lei Federal nº 8.906/94) e o Decreto-Lei nº 9.295/46 ("Dispõe sobre o Conselho Federal de Contabilidade e as atribuições do Contador"), para dispor sobre a natureza técnica e singular dos serviços prestados por advogados e por profissionais de contabilidade nos seguintes termos:

Art. 3º-A. Os serviços profissionais de advogado são, por sua natureza, técnicos e singulares, quando comprovada sua notória especialização, nos termos da lei.

Parágrafo único. *Considera-se notória especialização* o profissional ou a sociedade de advogados cujo conceito no campo de sua especialidade, decorrente de desempenho anterior, estudos, experiências, publicações, organização, aparelhamento, equipe técnica ou de outros requisitos relacionados com suas atividades, permita inferir que o seu trabalho é essencial e indiscutivelmente o mais adequado à plena satisfação do objeto do contrato. (Grifos nossos)

Art. 25. ....

§1º Os serviços profissionais de contabilidade são, por sua natureza, técnicos e singulares, quando comprovada sua notória especialização, nos termos da lei.

§2º *Considera-se notória especialização* o profissional ou a sociedade de profissionais de contabilidade cujo conceito no campo de sua especialidade, decorrente de desempenho anterior, estudos, experiências, publicações, organização, aparelhamento, equipe técnica ou de outros requisitos relacionados com suas atividades, permita inferir que o seu trabalho é essencial e indiscutivelmente o mais adequado à plena satisfação do objeto do contrato. (Grifos nossos)

O Tribunal de Contas de Minas Gerais fixou prejulgamento de tese, com caráter normativo, nos seguintes termos:

Diante do exposto, o relator encampou o voto vista, e o Tribunal Pleno fixou prejulgamento de tese, com caráter normativo, por maioria, nos seguintes termos: inexiste divergência entre a Recomendação n. 36 do Conselho Nacional do Ministério Público e o posicionamento deste Tribunal de Contas acerca da contratação direta por inexigibilidade de licitação pela Administração Pública de serviços advocatícios, observando-se os preceitos da recente Lei n. 14.039, de agosto de 2020, que reconheceu a singularidade dos serviços de advocacia pela natureza técnica dessa atividade, sem prejuízo do cumprimento das demais condições para contratação por inexigibilidade de licitação, em especial os requisitos previstos no art. 26 da Lei n. 8.666/93. Vencido o conselheiro Wanderley Ávila, que propôs o sobrestamento da deliberação final desta consulta, até julgamento de mérito, pelo STF, da ADI 6569, contra a Lei 14.039/2020. (Consulta nº 987.411. Rel. Cons. Cláudio Couto Terrão, 2.12.2020)

E ainda:

RECURSOS ORDINÁRIOS. INEXIGIBILIDADE. SERVIÇOS TÉCNICOS JURÍDICOS. SINGULARIDADE. JUSTIFICATIVA DE PREÇOS. OUTROS CONTRATOS CELEBRADOS PELO CONTRATADO. PARTICIPAÇÃO NA LICITAÇÃO. PREFEITO MUNICIPAL. LINDB. LIQUIDAÇÃO E PAGAMENTO APÓS TERMO FINAL DA VIGÊNCIA. IRREGULARIDADE. BAIXA LESIVIDADE. PRINCÍPIO DA INSIGNIFICÂNCIA. PROVIMENTO PARCIAL. 1. Para fins de caracterização da hipótese descrita no inciso II do art. 25 da Lei nº 8.666/93, considera-se singular o objeto que exige, na seleção do melhor executor, grau de subjetividade insuscetível de ser medido pelos critérios objetivos de qualificação inerentes ao processo de licitação. 2. *Nos termos do art. 3º-A da Lei nº 8.906/94 (Estatuto da OAB), com redação dada pela Lei nº 14.039/20, os serviços profissionais de advogado são, por sua natureza, técnicos e singulares, quando comprovada sua notória especialização. 3. Não sendo possível realizar o confronto de preços em contratações de outros profissionais devido à singularidade do objeto, a razoabilidade do valor poderá ser aferida por meio da comparação com o preço praticado pelo contratado em outros órgãos para a prestação de serviços equivalentes.* 4. A responsabilização do agente público deve observar o disposto no art. 28 da Lei de Introdução às Normas do Direito Brasileiro (LINDB), o qual prescreve que ¿o agente público responderá pessoalmente por suas decisões ou opiniões técnicas em caso de dolo ou erro grosseiro. 5. Não havendo indício de participação do prefeito em atos do certame licitatório, não é possível presumir sua responsabilidade. 6. A ausência de contrato em vigor por ocasião da realização da liquidação e pagamento da despesa representa uma afronta ao art. 60, parágrafo único, da Lei nº 8.666/93, e aos arts. 62 e 63 da Lei nº 4.320/64, os quais o apontam como documento imprescindível à liquidação da despesa. 7. Diante da irrelevância da conduta apurada, que, do ponto de vista material, não provocou lesividade à Administração, sendo ínfima a sua repercussão no mundo jurídico, impõe-se a aplicação do princípio da insignificância. (Recurso Ordinário nº 1.095.473. Rel. Cons. Cláudio Terrão. Sessão de 16.2.2022. *DOC*, 25 mar. 2022) (Grifos nossos)

RECURSO ORDINÁRIO. REPRESENTAÇÃO. ADMISSIBILIDADE. RECURSO CONHECIDO. MÉRITO. *CONTRATAÇÃO DE SERVIÇOS DE CONSULTORIA JURÍDICA E CONTÁBIL. INEXIGIBILIDADE DE LICITAÇÃO. SINGULARIDADE E NOTÓRIA ESPECIALIZAÇÃO. LEI N. 14.039/2020.* MODELO DE PARECER FORNECIDO PELA CONTRATADA. INDÍCIOS DE MONTAGEM. ADMISSIBILIDADE. PROVIMENTO. 1. *Com as recentes alterações trazidas pela Lei n. 14.039/2020, uma vez presentes os requisitos necessários para hipótese de inexigibilidade de licitação (art. 25, II, da Lei n. 8.666/1993), incluindo a demonstração de notória especialização da empresa contratada, não há que se falar em irregularidade da contratação.* 2. Não há vedação legal de que o particular interessado em contratar com a Administração Pública forneça subsídios aos agentes públicos, tais quais modelo de peça processual e, ainda, a elaboração de parecer é prerrogativa de independência funcional. (Recurso Ordinário nº 1.076.904. Rel. Cons. Sebastião Helvecio. Sessão de 27.1.2021. *DOC*, 2.6.2021) (Grifos nossos)

CONSULTA. *ASSESSORIA JURÍDICA. EXECUÇÃO INDIRETA. ÂMBITO MUNICIPAL. POSSIBILIDADE. VEDAÇÕES.* PODER DE IMPÉRIO ESTATAL. LICITAÇÃO. REGRA. *NOTÓRIA ESPECIALIZAÇÃO. SINGULARIDADE DO OBJETO. SUBJETIVIDADE. INVIABILIDADE DE COMPETIÇÃO. INEXIGIBILIDADE.* REVOGAÇÃO DOS PRECEDENTES CONTRÁRIOS. 1) É *possível a execução indireta dos serviços de assessoria jurídica no âmbito municipal,* desde que as atividades contratadas não caracterizem manifestação do poder de império estatal, estando vedada para as funções que: a) envolvam a tomada de decisão ou posicionamento institucional nas áreas de planejamento, coordenação, supervisão e controle; b) sejam consideradas estratégicas para o órgão ou a entidade, cuja terceirização possa colocar em risco o controle de processos e de conhecimentos e tecnologias; c) estejam relacionadas ao poder de polícia, de regulação, de outorga de serviços públicos e de aplicação de sanção; d) sejam inerentes às categorias funcionais abrangidas pelo plano de cargos do órgão ou da entidade, exceto disposição legal em contrário ou quando se tratar de cargo extinto, total ou parcialmente, no âmbito do quadro geral de pessoal. 2) A execução indireta dos serviços de assessoria jurídica compatível com os paradigmas legais deve observar a regra definida no art. 37, XXI, da Constituição da República, ou seja, contratação mediante a realização de procedimento licitatório. 3) É possível, porém, a contratação direta, por inexigibilidade de licitação, dos serviços de assessoria jurídica quando caracterizados como serviço técnico especializado previsto no art. 13 da Lei nº 8.666/93, desde que comprovadas no caso concreto, por meio do procedimento de justificação descrito no art. 26 da mesma norma, a notória especialização do prestador e a singularidade do objeto, assim considerado aquele que exige, na seleção do melhor executor, grau de subjetividade insuscetível de ser medido pelos critérios objetivos de qualificação inerentes ao processo de licitação. 4) Nos termos do parágrafo único do art. 210-A do Regimento Interno, revogam-se as Consultas nos 684.672, 708.580, 735.385, 765.192, 873.919 e 888.126, deliberadas, respectivamente, em 01/09/04, 08/11/06, 17/10/07, 27/11/08, 10/04/13 e 08/08/13. (Consulta nº 1.076.932. Rel. Cons. Cláudio Terrão. Sessão de 3.2.2021. *DOC*, 4.3.2021) (Grifos nossos)

É vedada a subcontratação de empresas ou atuação de profissionais distintos daqueles que tenham justificado a inexigibilidade.

IV – Objetos que devam ou possam ser contratados por meio de credenciamento.

V – Aquisição ou locação de imóvel cujas características de instalações e de localização tornem necessária sua escolha, observados os seguintes requisitos:

- avaliação prévia do bem, do seu estado de conservação, dos custos de adaptações, quando imprescindíveis às necessidades de utilização, e do prazo de amortização dos investimentos;
- certificação da inexistência de imóveis públicos vagos e disponíveis que atendam ao objeto;
- justificativas que demonstrem a singularidade do imóvel a ser comprado ou locado pela Administração e que evidenciem vantagem para ela.

CAPÍTULO 25

DA FORMALIZAÇÃO DO PROCESSO DE CONTRATAÇÃO DIRETA

Nos termos do art. 72 da Lei Federal nº 14.133/2021, o processo de contratação direta, que compreende os casos de inexigibilidade e de dispensa de licitação, inclusive em decorrência do limite de valor, deverá ser instruído com os seguintes documentos:

I - *documento de formalização de demanda* e, se for o caso, estudo técnico preliminar, análise de riscos, termo de referência, projeto básico ou projeto executivo;

II - *estimativa de despesa*, que deverá ser calculada na forma estabelecida no art. 23 da Lei;

III - parecer jurídico e pareceres técnicos, se for o caso, que demonstrem o atendimento dos requisitos exigidos;

IV - demonstração da compatibilidade da previsão de recursos orçamentários com o compromisso a ser assumido;

V - comprovação de que o contratado preenche os requisitos de habilitação e qualificação mínima necessária;

VI - razão da escolha do contratado;

VII - justificativa de preço;

VIII - autorização da autoridade competente.

O ato que autoriza a contratação direta ou o extrato decorrente do contrato deverá ser divulgado e mantido à disposição do público em sítio eletrônico oficial.

Na hipótese de contratação direta indevida ocorrida com dolo, fraude ou erro grosseiro, o contratado e o agente público responsável responderão solidariamente pelo dano causado ao erário, sem prejuízo de outras sanções legais cabíveis.

O Tribunal de Contas do Estado de Minas Gerais, na Consulta nº 786.537, de relatoria do Conselheiro Licurgo Mourão, de 8.7.2009, decidiu que:

É obrigatória a comprovação da regularidade do contratado para com as Fazendas Federal, Estadual e Municipal, nas hipóteses de dispensa e inexigibilidade de licitação, em observância aos princípios da igualdade e da legalidade, previstos no art. 5º, caput, e art. 37, caput, da CR/88, e ao disposto no art. 26, parágrafo único, da Lei 8.666/93. Acrescentou que a comprovação da regularidade fiscal busca assegurar a contratação de empresa cumpridora das obrigações tributárias a ela impostas, afastando a possibilidade de uma empresa em situação fiscal irregular contratar com o ente público. Uma empresa que não tiver sua documentação legalizada não poderá contratar com a Administração, ainda que diretamente, sem licitação.

CAPÍTULO 26

DOS VALORES NA NLLC

Os valores atualizados a partir de 1º.1.2023, nos termos do Decreto Federal nº 11.317, de 29.12.2022, são os seguintes:

Valor atualizado	Descrição	Dispositivo
R$9.153,34	Valor inferior ao qual se aplica para fins de aferição de valores de serviços de manutenção de veículos automotores de propriedade do órgão ou entidade contratante, incluído o fornecimento de peças, a dispensa do somatório a ser despendido no exercício ou de despesas da mesma natureza.	§7º do art. 75
R$11.441,66	Valor inferior ao qual poderá ser firmado contrato *verbal* com a Administração, para aquisição de pequenas compras ou prestação de serviços de pronto pagamento.	§2º do art. 95
R$57.208,33	Valor inferior ao qual poderá ser realizada contratação direta, para outros serviços e compras.	Inc. II do *caput* do art. 75
R$114.416,65	Valor inferior ao qual poderá ser realizada contratação direta, para obras e serviços de engenharia ou de serviços de manutenção de veículos automotores.	Inc. I do *caput* do art. 75
R$343.249,96	Valor inferior ao qual poderá ser realizada contratação direta para produtos para pesquisa e desenvolvimento, no caso de obras e serviços de engenharia.	Alínea "c" do inc. IV do *caput* do art. 75
R$343.249,96	Valor inferior ao qual poderá ser dispensada a documentação de habilitação para contratações de produto para pesquisa e desenvolvimento.	Inc. III do *caput* do art. 70
R$228.833.309,04	Valor a partir do qual obras, serviços e fornecimentos serão considerados de *grande vulto*.	Inc. XXII do *caput* do art. 6º

O Poder Executivo federal atualizará, a cada dia 1º de janeiro, pelo Índice Nacional de Preços ao Consumidor Amplo Especial (IPCA-E) ou por índice que venha a substituí-lo, os valores fixados na Lei Federal nº 14.133, os quais serão divulgados no PNCP.

CAPÍTULO 27

DA HABILITAÇÃO

A habilitação é a fase da licitação em que se verifica o conjunto de informações e documentos necessários e suficientes para demonstrar a capacidade do licitante de realizar o objeto da licitação, dividindo-se em:

I – jurídica;

II – técnica;

III – fiscal, social e trabalhista;

IV – econômico-financeira.

Na fase de habilitação das licitações, serão observadas as seguintes disposições:

I – poderá ser exigida dos licitantes a declaração de que atendem aos requisitos de habilitação, e o declarante responderá pela veracidade das informações prestadas, na forma da lei;

II – será exigida a apresentação dos documentos de habilitação apenas pelo licitante vencedor, exceto quando a fase de habilitação anteceder a de julgamento;

III – serão exigidos os documentos relativos à regularidade fiscal, em qualquer caso, somente em momento posterior ao julgamento das propostas, e apenas do licitante mais bem classificado;

IV – será exigida do licitante declaração de que cumpre as exigências de reserva de cargos para pessoa com deficiência e para reabilitado da Previdência Social, previstas em lei e em outras normas específicas.

Constará do edital de licitação cláusula que exija dos licitantes, sob pena de desclassificação, declaração de que suas propostas econômicas compreendem a integralidade dos custos para atendimento dos direitos trabalhistas assegurados na Constituição Federal, nas leis trabalhistas, nas normas infralegais, nas convenções coletivas de trabalho e nos termos de ajustamento de conduta vigentes na data de entrega das propostas.

Após a entrega dos documentos para habilitação, não será permitida a substituição ou a apresentação de novos documentos, salvo em sede de diligência, para:

– complementação de informações acerca dos documentos já apresentados pelos licitantes e desde que necessária para apurar fatos existentes à época da abertura do certame;

– atualização de documentos cuja validade tenha expirado após a data de recebimento das propostas.

Na análise dos documentos de habilitação, *a comissão de contratação poderá sanar erros ou falhas que não alterem a substância dos documentos e sua validade jurídica,* mediante despacho fundamentado registrado e acessível a todos, atribuindo-lhes eficácia para fins de habilitação e classificação.

Quando a fase de habilitação anteceder a de julgamento e já tiver sido encerrada, não caberá exclusão de licitante por motivo relacionado à habilitação, salvo em razão de fatos supervenientes ou só conhecidos após o julgamento.

A habilitação poderá ser realizada por processo eletrônico de comunicação a distância, nos termos dispostos em regulamento.

A documentação poderá:

- ser apresentada em original, por cópia ou por qualquer outro meio expressamente admitido pela Administração;
- ser substituída por registro cadastral emitido por órgão ou entidade pública, desde que previsto no edital e que o registro tenha sido feito em obediência ao disposto na lei;
- ser dispensada, total ou parcialmente, nas contratações para entrega imediata, nas contratações em valores inferiores a 1/4 (um quarto) do limite para dispensa de licitação para compras em geral e nas contratações de produto para pesquisa e desenvolvimento até o valor de R$343.249,96 (trezentos e quarenta e três mil, duzentos e quarenta e nove reais e noventa e seis centavos).

As empresas estrangeiras que não funcionem no país deverão apresentar documentos equivalentes, na forma de regulamento emitido pelo Poder Executivo federal.

Habilitação jurídica

A habilitação *jurídica* visa demonstrar a capacidade de o licitante exercer direitos e assumir obrigações, e a documentação a ser apresentada *limita-se* à:

- comprovação de existência jurídica da pessoa e,
- quando cabível, de autorização para o exercício da atividade a ser contratada.

Qualificação técnico-profissional e técnico-operacional

A documentação relativa à *qualificação técnico-profissional e técnico-operacional será restrita* a:

- Apresentação de profissional, devidamente registrado no conselho profissional competente, quando for o caso, detentor de atestado de responsabilidade técnica por execução de obra ou serviço de características semelhantes, para fins de contratação.

O profissional indicado pelo licitante deverá participar da obra ou serviço objeto da licitação, e será admitida a sua substituição por profissionais de experiência equivalente ou superior, desde que aprovada pela Administração.

Salvo na contratação de obras e serviços de engenharia, a critério da Administração, essa exigência poderá ser substituída por outra prova de que o profissional ou a empresa possui conhecimento técnico e experiência prática na execução de serviço de características semelhantes, hipótese em que as provas alternativas aceitáveis deverão ser previstas em regulamento.

Não serão admitidos atestados de responsabilidade técnica de profissionais que, na forma de regulamento, tenham dado causa à aplicação das sanções de impedimento de licitar e contratar e/ou declaração de inidoneidade para licitar ou contratar, em decorrência de orientação proposta, de prescrição técnica ou de qualquer ato profissional de sua responsabilidade.

– Certidões ou atestados, regularmente emitidos pelo conselho profissional competente, quando for o caso, que demonstrem capacidade operacional na execução de serviços similares de complexidade tecnológica e operacional equivalente ou superior, bem como documentos comprobatórios emitidos na forma do §3º do art. 88 da Lei nº 14.133/2021.

A exigência de atestados será restrita às *parcelas de maior relevância ou valor significativo* do objeto da licitação, assim consideradas as que tenham *valor individual igual ou superior a 4% (quatro por cento)* do valor total estimado da contratação.

– Será admitida a exigência de atestados com quantidades mínimas de até 50% (cinquenta por cento) das parcelas de maior relevância ou valor significativo, vedadas limitações de tempo e de locais específicos relativas aos atestados.

Em se tratando de serviços contínuos, o edital poderá exigir certidão ou atestado que demonstre que o licitante tenha executado serviços similares ao objeto da licitação, em períodos sucessivos ou não, por um *prazo mínimo, que não poderá ser superior a 3 (três) anos.*

O edital poderá prever, para aspectos técnicos específicos, que a qualificação técnica seja demonstrada por meio de atestados relativos a potencial subcontratado, limitado a 25% (vinte e cinco por cento) do objeto a ser licitado, hipótese em que mais de um licitante poderá apresentar atestado relativo ao mesmo potencial subcontratado.

Em caso de apresentação por licitante de *atestado* de desempenho anterior *emitido em favor de consórcio* do qual tenha feito parte, se o atestado ou o contrato de constituição do consórcio não identificar a atividade desempenhada por cada consorciado individualmente, serão adotados os seguintes critérios na avaliação de sua qualificação técnica:

I – Caso o atestado tenha sido emitido em favor de *consórcio homogêneo,* as experiências atestadas deverão ser reconhecidas para cada empresa consorciada na proporção quantitativa de sua participação no consórcio, salvo nas licitações para contratação de serviços técnicos especializados de natureza predominantemente intelectual, em que todas as experiências atestadas deverão ser reconhecidas para cada uma das empresas consorciadas.

Consórcio homogêneo: formado por empresas com objeto social similar.

II – Caso o atestado tenha sido emitido em favor de *consórcio heterogêneo,* as experiências atestadas deverão ser reconhecidas para cada consorciado de acordo com os respectivos campos de atuação, inclusive nas licitações para contratação de serviços técnicos especializados de natureza predominantemente intelectual.

Consórcio heterogêneo: formado por empresas que atuam em determinado segmento de atividade e que possuem qualificações diferentes e que não se confundem.

Para fins de comprovação do *percentual de participação do consorciado,* caso este não conste expressamente do atestado ou da certidão, deverá ser juntada ao atestado ou à certidão cópia do instrumento de constituição do consórcio.

Salvo na contratação de obras e serviços de engenharia, a critério da Administração, essa exigência poderá ser substituída por outra prova de que o profissional ou a empresa possui conhecimento técnico e experiência prática na execução de serviço de características semelhantes, hipótese em que as provas alternativas aceitáveis deverão ser previstas em regulamento.

– Indicação do pessoal técnico, das instalações e do aparelhamento adequados e disponíveis para a realização do objeto da licitação, bem como da qualificação de cada membro da equipe técnica que se responsabilizará pelos trabalhos.

O profissional indicado pelo licitante deverá participar da obra ou serviço objeto da licitação, e será admitida a sua substituição por profissionais de experiência equivalente ou superior, desde que aprovada pela Administração.

Será admitida a exigência da relação dos compromissos assumidos pelo licitante que importem em diminuição da disponibilidade do pessoal técnico.

– Prova do atendimento de requisitos previstos em lei especial, quando for o caso.

– Registro ou inscrição na entidade profissional competente, quando for o caso.

Sociedades empresárias estrangeiras atenderão à essa exigência por meio da apresentação, no momento da assinatura do contrato, da solicitação de registro perante a entidade profissional competente no Brasil.

– Declaração de que o licitante tomou conhecimento de todas as informações e das condições locais para o cumprimento das obrigações objeto da licitação.

Quando a avaliação prévia do local de execução *for imprescindível* para o conhecimento pleno das condições e peculiaridades do objeto a ser contratado, o edital de licitação poderá prever, sob pena de inabilitação, a necessidade de o licitante atestar que conhece o local e as condições de realização da obra ou serviço, assegurado a ele o direito de realização de vistoria prévia.

– O edital de licitação sempre deverá prever a possibilidade de substituição da vistoria por declaração formal assinada pelo responsável técnico do licitante acerca do conhecimento pleno das condições e peculiaridades da contratação.

– Se os licitantes optarem por realizar vistoria prévia, a Administração deverá disponibilizar data e horário diferentes para os eventuais interessados.

Serão aceitos atestados ou outros documentos hábeis emitidos por entidades estrangeiras quando acompanhados de tradução para o português, salvo se comprovada a inidoneidade da entidade emissora.

No Acórdão nº 2.208/2016, o Tribunal de Contas da União decidiu que:

> *Não se admite a transferência do acervo técnico da pessoa física para a pessoa jurídica*, para fins de comprovação de qualificação técnica em licitações públicas, pois a capacidade técnico-operacional (art. 30, inciso II, da Lei 8.666/1993) não se confunde com a capacidade técnico-profissional (art. 30, §1º, inciso I, da Lei 8.666/1993), uma vez que a primeira considera aspectos típicos da pessoa jurídica, como instalações, equipamentos e equipe, enquanto a segunda relaciona-se ao profissional que atua na empresa. (Acórdão nº 2.208/2016 – Plenário, Representação. Rel. Min. Subst. Augusto Sherman) (Grifos nossos)

Nos termos do Acórdão nº 3.094/2020, o Plenário do Tribunal de Contas da União concluiu que:

> É *irregular a exigência* de que o atestado de capacidade técnico-operacional de empresa participante de licitação *seja registrado ou averbado no Crea* (art. 55 da Resolução-Confea 1.025/2009), *cabendo tal exigência apenas para fins de qualificação técnico-profissional.*
>
> Podem, no entanto, ser solicitadas as certidões de acervo técnico (CAT) ou as anotações e registros de responsabilidade técnica (ART/RRT) emitidas pelo conselho de fiscalização em nome dos profissionais vinculados aos atestados, como forma de conferir autenticidade e veracidade às informações constantes nos documentos emitidos em nome das licitantes. (Acórdão nº 3.094/2020 Plenário, Representação. Rel. Min. Subst. Augusto Sherman)

Nos termos do Acórdão nº 3.298/2022, proferido pela Segunda Câmara do Tribunal de Contas da União:

> Para fins de habilitação técnico-operacional em certames visando à contratação de obras e serviços de engenharia, devem ser exigidos atestados emitidos em nome da licitante, podendo ser solicitadas as certidões de acervo técnico (CAT) ou anotações/registros de responsabilidade técnica (ART/RRT) emitidas pelo conselho de fiscalização profissional competente em nome dos profissionais vinculados aos referidos atestados, como forma de conferir autenticidade e veracidade às informações constantes nos documentos emitidos em nome das licitantes. (Acórdão nº 3.298/2022 – Segunda Câmara, Prestação de Contas. Rel. Min. Subst. Marcos Bemquerer)

No julgamento da Denúncia nº 942.180, o TCEMG considerou irregular a exigência na fase de habilitação de "Cópia autenticada do Certificado de Registro e Licenciamento de Veículo – CRLV/2014, do veículo a ser utilizado na prestação do serviço, o qual não poderá ser inferior ao ano de fabricação exigido no edital", por entender que:

- a exigência em questão é desarrazoada e afronta o disposto no §6º do art. 30 da Lei nº 8.666/93, que veda comprovação de propriedade e de localização prévia, e estabelece apenas que as exigências mínimas relativas à instalação de canteiros, máquinas, equipamentos e pessoal técnico especializado, considerados essenciais para o cumprimento do objeto da licitação, serão atendidas mediante a apresentação de relação explícita e da declaração formal da sua disponibilidade, sob as penas cabíveis;
- não faz sentido demandar que a licitante formalize contrato de compromisso de cessão ou locação apenas para participar da licitação, o que resulta no mesmo que exigir a propriedade;
- tal exigência pode ser feita apenas da licitante vencedora, quando da assinatura do contrato, com vistas a não onerar as demais licitantes, e, assim, comprometer a competitividade do certame.

Na licitação conduzida pelo Município de Brasilândia D'Oeste/RO, fora apontada exigência de vínculo empregatício, na data de entrega da proposta, de engenheiro civil, ambiental e sanitarista com as licitantes.

> A relatora destacou que "a jurisprudência do Tribunal também é pacífica no sentido de ser ilegal a exigência de comprovação de vínculo empregatício do responsável técnico com a empresa licitante, pois impõe um ônus desnecessário aos concorrentes, na medida em que são obrigados a contratar, ou a manter em seu quadro, profissionais apenas para participar da licitação (acórdãos 103/2009 e 1.808/2011, do Plenário, entre outros)".
>
> Pontuou a relatora que o objetivo da Administração é garantir que os profissionais indicados possam, de fato, desempenhar suas funções para garantir a execução do objeto licitado: "O vínculo do profissional qualificado não precisa, portanto, ser necessariamente trabalhista ou societário. É suficiente a existência de um contrato de prestação de serviços, regido pela legislação civil comum".
>
> Nesse passo, ausentes as justificativas que embasassem a exigência editalícia, o Plenário acatou a proposta da relatora para que a Representação fosse considerada procedente, rejeitando-se as razões apresentadas pelos responsáveis e imputando-lhes multas individuais. (Acórdão nº 1.842/2013 – Plenário, TC 011.556/2012-9. Rel. Min. Ana Arraes, 17.7.2013)

O Plenário do Tribunal de Contas da União ao proferir o Acórdão nº 1.450/2022 reiterou que:

> Para comprovação do vínculo profissional do responsável técnico com a licitante (art. 30, §1º, inciso I, da Lei 8.666/1993), deve-se admitir a apresentação de:
> • cópia da carteira de trabalho (CTPS),
> • cópia do contrato social da licitante em que conste o profissional como sócio,
> • cópia do contrato de trabalho ou, ainda,
> • *declaração de contratação futura do profissional detentor do atestado apresentado, desde que acompanhada de declaração de anuência do profissional.* (Acórdão nº 1.450/2022 – Plenário, Monitoramento. Rel. Min. Vital do Rêgo)

O Ministro Vital do Rêgo, do Tribunal de Contas da União, no Acórdão nº 5.383/2016, decorrente de pedido de reexame, relatou que:

> Tribunal examinou Pedido de Reexame interposto pelo Conselho Regional de Engenharia e Agronomia do Distrito Federal (Crea/DF) em face do Acórdão 5.942/2014 Segunda Câmara, que, ao apreciar possíveis irregularidades em pregão promovido pela Agência Nacional de Aviação Civil (Anac), visando à contratação de empresa especializada na prestação de "serviços de planejamento, implantação, operação, gerenciamento de Central de Atendimento contínuo e sazonal e gestão de teleatendimento receptivo e ativo nas formas de atendimento eletrônico e humano na modalidade Contact Center, incluindo registro e fornecimento de informações aos usuários e ao público em geral", dera ciência à Anac "*de que só se pode exigir registro de empresa licitante, de seus responsáveis técnicos e de atestados de capacidade técnica no conselho de fiscalização responsável pela atividade básica ou serviço preponderante da empresa*".
>
> No Pedido de Reexame, sustentou o recorrente que deveria ser determinado à Anac e aos demais jurisdicionados que exigissem registro dos licitantes junto ao Crea nos certames cujo objeto se referisse à prestação de serviços de engenharia, como ocorrera com o pregão objeto da decisão combatida.
>
> Rejeitando tal pretensão, o relator incorporou ao seu voto a análise da unidade técnica no sentido de que "a atividade básica ou o serviço preponderante exigidos nessa licitação estão claramente relacionados com a operação e o gerenciamento dessa Central [de Atendimento e Teleatendimento], atraindo assim a competência do CRA para fiscalizar sua execução e não a do CREA".
>
> Dessa forma, o relator entendeu não ser o caso de modificar o acórdão guerreado "somente pelo fato de haver serviços de engenharia envolvidos na referida contratação, uma vez que tal argumento, por si só, não é suficiente", consignando, ainda, ser preciso "demonstrar ser essa [serviço de engenharia] a atividade básica ou o serviço preponderante exigido pela Administração", o que não teria ocorrido no caso.
>
> Para arrematar, ressaltou que "a jurisprudência do TCU sobre a matéria se consolidou no sentido de que o registro ou inscrição na entidade profissional competente, previsto no art. 30, inc. I, da Lei 8.666/1993, deve se limitar ao conselho que fiscalize a atividade básica ou o serviço preponderante da licitação".

A Segunda Câmara do Tribunal de Contas da União decidiu, no Acórdão nº 9.609/2017, que:

> Em contratações de *serviços* de software, não há amparo legal para a exigência de certificado de qualidade de processo de software, a exemplo de CMMi ou MPS.BR, como requisito de habilitação no certame licitatório.

A Nota Técnica 5/2010, dispõe que:

"É vedada a exigência de avaliação (ou 'certificado') de qualidade de processo de software, a exemplo de CMMi ou MPS.BR, como requisito para habilitação em licitação, por ausência de previsão legal, por implicar em despesas anteriores à contratação e desnecessárias à competição e por ferir a isonomia, restringindo injustificadamente a competição."

TCU permite "a exigência de certificação de qualidade em licitações para a contratação na modalidade *fábrica* de software *desde que*:

devidamente comprovada sua necessidade em face da complexidade dos serviços; e compatível com a própria maturidade do órgão contratante em avaliar, técnica e qualitativamente, os artefatos e produtos gerados pela contratada".

O Plenário do Tribunal de Contas da União, ao proferir o Acórdão nº 1.580/2022, assentou que:

É ilegal a exigência do Certificado de Boas Práticas de Fabricação e Controle (CBPF) como critério de qualificação técnica para participação em certame licitatório, tendo em vista a natureza exaustiva da lista de requisitos definidos no art. 30 da Lei 8.666/1993. (Acórdão nº 1.580/2022 – Plenário, Auditoria. Rel. Min. Antonio Anastasia)

O Plenário do Tribunal de Contas da União, ao proferir o Acórdão nº 1.381/2022, decidiu que:

É irregular a exigência de que as licitantes sejam registradas junto aos serviços especializados em Engenharia e Segurança do Trabalho e de que disponham de Programa de Controle Médico de Saúde Ocupacional (PCMSO) e de Programa de Proteção de Riscos Ambientais (PPRA), uma vez que não é possível a inclusão de requisitos de habilitação não previstos em lei (art. 30, §5º, da Lei 8.666/1993). (Acórdão nº 1.381/2022 – Plenário, Representação. Rel. Min. Benjamin Zymler)

Entendeu o Tribunal de Contas da União, no Acórdão nº 1.158/2016, tendo como Relator o Ministro Benjamin Zymler:

Em síntese, questionou a representante sua inabilitação no certame "por não ter apresentado atestado de capacidade técnica-operacional em seu nome", contrariando, supostamente, exigência estabelecida no edital.

Ponderou o relator que "a Lei de Licitações, ao prever que os licitantes comprovem, por meio de atestados, 'aptidão para desempenho de atividade pertinente e compatível em características, quantidades e prazos com o objeto da licitação' (art. 30, inciso II), *busca prevenir, a bem do interesse público, a contratação de empresas que não possuam a necessária qualificação técnica para a execução do objeto demandado*".

Nesse sentido, "há de se ter em conta que a dinâmica de um mercado instável e competitivo induz permanente ajuste na conformação das organizações empresárias, de modo que, para além da mera exigência de atestados – que, a rigor, retratam situações pretéritas –, *incumbe ao agente público verificar a efetiva capacitação técnica do licitante no momento da realização do certame*".

No caso concreto, concluiu, "houve simples alteração na razão social da representante, circunstância insuscetível, por si só, de lhe retirar a aptidão técnica revelada em obras anteriormente executadas".

Ademais, arrematou, "o fato de os atestados impugnados terem sido emitidos pela própria FUFMT (peça 1, p. 156-190) coloca a universidade em posição privilegiada para aferir a real qualificação da [empresa representante]".

Por meio do Acórdão nº 2.212/2017, o Plenário do Tribunal de Contas da União decidiu que:

> a jurisprudência do TCU é no sentido de que o credenciamento só é exigível após a contratação, não podendo ser demandado como critério de habilitação dos licitantes por constituir ônus financeiro e operacional desarrazoado para empresas competidoras. [...] obrigatoriedade de apresentação pelos licitantes, ainda na fase de habilitação técnica, de relação de postos de combustíveis, acarreta ônus desnecessário ao licitante e, em consequência, restringe indevidamente a competitividade da licitação, sendo, portanto, exigência irregular, por afrontar o art. 9º da Lei 10.520/2002 c/c o art. 3º, §1º, caput e inciso I, da Lei 8.666/1993.

Habilitações fiscal, social e trabalhista

As habilitações *fiscal, social e trabalhista* serão aferidas mediante a verificação dos seguintes requisitos:
- a inscrição no Cadastro de Pessoas Físicas (CPF) ou no Cadastro Nacional da Pessoa Jurídica (CNPJ);
- a inscrição no cadastro de contribuintes estadual e/ou municipal, se houver, relativo ao domicílio ou sede do licitante, pertinente ao seu ramo de atividade e compatível com o objeto contratual;
- a regularidade perante a Fazenda federal, estadual e/ou municipal do domicílio ou sede do licitante, ou outra equivalente, na forma da lei;
- a regularidade relativa à Seguridade Social e ao FGTS, que demonstre cumprimento dos encargos sociais instituídos por lei;
- a regularidade perante a Justiça do Trabalho;
- o cumprimento do disposto no inc. XXXIII do art. 7º da Constituição Federal.

Os documentos poderão ser substituídos ou supridos, no todo ou em parte, por outros meios hábeis a comprovar a regularidade do licitante, inclusive por meio eletrônico.

O Plenário do Tribunal de Contas da União, por meio do Acórdão nº 470/2022, decidiu que:

> É irregular a exigência de certidão de infração trabalhista para habilitação em processo licitatório, uma vez que o art. 29, inciso V, da Lei 8.666/1993 considera que a regularidade trabalhista deve ser atestada por intermédio da prova de inexistência de débitos inadimplidos perante a Justiça do Trabalho, mediante a apresentação de certidão negativa (Título VII-A da CLT). (Acórdão nº 470/2022 – Plenário, Representação. Rel. Min. Vital do Rêgo)

Habilitação econômico-financeira

A habilitação *econômico-financeira* visa demonstrar a aptidão econômica do licitante para cumprir as obrigações decorrentes do futuro contrato, devendo ser comprovada de forma objetiva, por coeficientes e índices econômicos previstos no edital, devidamente justificados no processo licitatório, e será *restrita* à apresentação da seguinte documentação:

– Balanço patrimonial, demonstração de resultado de exercício e demais demonstrações contábeis dos 2 (dois) últimos exercícios sociais.

A critério da Administração, poderá ser exigida declaração, assinada por profissional habilitado da área contábil, que ateste o atendimento pelo licitante dos índices econômicos previstos no edital.

É vedada a exigência de valores mínimos de faturamento anterior e de índices de rentabilidade ou lucratividade.

É admitida a exigência da relação dos compromissos assumidos pelo licitante que importem em diminuição de sua capacidade econômico-financeira, excluídas parcelas já executadas de contratos firmados.

A Administração, nas compras para entrega futura e na execução de obras e serviços, poderá estabelecer no edital a exigência de capital mínimo ou de patrimônio líquido mínimo equivalente a até 10% (dez por cento) do valor estimado da contratação.

É vedada a exigência de índices e valores não usualmente adotados para a avaliação de situação econômico-financeira suficiente para o cumprimento das obrigações decorrentes da licitação.

As empresas criadas no exercício financeiro da licitação deverão atender a todas as exigências da habilitação e ficarão autorizadas a substituir os demonstrativos contábeis pelo balanço de abertura.

Os documentos limitar-se-ão ao último exercício no caso de a pessoa jurídica ter sido constituída há menos de 2 (dois) anos.

– Certidão negativa de feitos sobre falência expedida pelo distribuidor da sede do licitante.

Por meio do Acórdão nº 2.365/2017, o Plenário do Tribunal de Contas da União decidiu que:

> É vedada a exigência, para fins de qualificação econômico-financeira, de índice de endividamento geral menor ou igual a 0,50, sem justificativa no processo administrativo da licitação, por afronta ao disposto no art. 31, §5º, da Lei 8.666/1993.

No Acórdão nº 8.330/2017, de relatoria do Ministro Augusto Nardes, a Segunda Câmara do Tribunal de Contas da União decidiu que:

> O tratamento favorecido às microempresas e empresas de pequeno porte para comprovação de regularidade fiscal, previsto na Lei Complementar 123/2006, *não se estende* à *qualificação econômico-financeira*.

CAPÍTULO 28

DA GARANTIA DE CONTRATO

A critério da autoridade competente, em cada caso, poderá ser exigida, mediante previsão no edital, prestação de garantia nas contratações de obras, serviços e fornecimentos.

Caberá *ao contratado* optar por uma das seguintes modalidades de garantia:

- Caução em dinheiro ou em títulos da dívida pública emitidos sob a forma escritural, mediante registro em sistema centralizado de liquidação e de custódia autorizado pelo Banco Central do Brasil, e avaliados por seus valores econômicos, conforme definido pelo Ministério da Economia.
- Seguro-garantia.

O seguro-garantia tem por objetivo garantir o fiel cumprimento das obrigações assumidas pelo contratado perante à Administração, inclusive as multas, os prejuízos e as indenizações decorrentes de inadimplemento, observadas as seguintes regras: o prazo de vigência da apólice será igual ou superior ao prazo estabelecido no contrato principal e deverá acompanhar as modificações referentes à vigência deste mediante a emissão do respectivo endosso pela seguradora; o seguro-garantia continuará em vigor mesmo se o contratado não tiver pago o prêmio nas datas convencionadas.

Nos contratos *de execução continuada ou de fornecimento contínuo de bens e serviços*, será permitida a substituição da apólice de seguro-garantia na data de renovação ou de aniversário, desde que mantidas as mesmas condições e coberturas da apólice vigente e desde que nenhum período fique descoberto, salvo na hipótese de suspensão do contrato por ordem ou inadimplemento da Administração.

Nas contratações de *obras e serviços de engenharia de grande vulto*, poderá ser exigida a prestação de garantia, na modalidade seguro-garantia, com cláusula de retomada prevista no art. 102 da Lei Federal nº 14.133/2021, em percentual equivalente a até 30% (trinta por cento) do valor inicial do contrato.

O edital fixará prazo mínimo de 1 (um) mês, contado da data de homologação da licitação e anterior à assinatura do contrato, para a prestação da garantia pelo contratado quando optar pela modalidade seguro-garantia.

- *Fiança bancária* emitida por banco ou instituição financeira devidamente autorizada a operar no país pelo Banco Central do Brasil.

Na hipótese de suspensão do contrato por ordem ou inadimplemento da Administração, o contratado ficará desobrigado de renovar a garantia ou de endossar a apólice de seguro até a ordem de reinício da execução ou o adimplemento pela Administração.

Nas contratações de obras, serviços e fornecimentos, a garantia poderá ser de até 5% (cinco por cento) do valor inicial do contrato, autorizada a majoração desse percentual para até 10% (dez por cento), desde que justificada mediante análise da complexidade técnica e dos riscos envolvidos.

Nas contratações de serviços e fornecimentos contínuos com vigência superior a 1 (um) ano, assim como nas subsequentes prorrogações, será utilizado o valor anual do contrato para definição e aplicação dos percentuais.

A garantia prestada pelo contratado será liberada ou restituída após a fiel execução do contrato ou após a sua extinção por culpa exclusiva da Administração e, quando em dinheiro, atualizada monetariamente.

Nos casos de contratos que impliquem a entrega de bens pela Administração, dos quais o contratado ficará depositário, o valor desses bens deverá ser acrescido ao valor da garantia.

Na contratação de obras e serviços de engenharia, o edital poderá exigir a prestação da garantia na modalidade seguro-garantia e prever a obrigação de a seguradora, em caso de inadimplemento pelo contratado, assumir a execução e concluir o objeto do contrato, hipótese em que:

I – a seguradora deverá firmar o contrato, inclusive os aditivos, como interveniente anuente e poderá:

a) ter livre acesso às instalações em que for executado o contrato principal;

b) acompanhar a execução do contrato principal;

c) ter acesso à auditoria técnica e contábil;

d) requerer esclarecimentos ao responsável técnico pela obra ou pelo fornecimento.

II – a emissão de empenho em nome da seguradora, ou a quem ela indicar para a conclusão do contrato, será autorizada desde que demonstrada sua regularidade fiscal;

III – a seguradora poderá subcontratar a conclusão do contrato, total ou parcialmente.

Na hipótese de inadimplemento do contratado, serão observadas as seguintes disposições:

– caso a seguradora execute e conclua o objeto do contrato, estará isenta da obrigação de pagar a importância segurada indicada na apólice;

– caso a seguradora não assuma a execução do contrato, pagará a integralidade da importância segurada indicada na apólice.

No Acórdão nº 2.467, o Plenário do Tribunal de Contas da União decidiu que:

É *irregular* a prestação de garantia contratual na modalidade fiança bancária, prevista no art. 56, §1º, inciso III, da Lei 8.666/1993, *emitida por empresa que não seja instituição financeira autorizada a operar pelo Banco Central do Brasil.*

CAPÍTULO 29

DA GARANTIA DE PROPOSTA

Poderá ser exigida, no momento da apresentação da proposta, a comprovação do recolhimento de quantia a título de garantia de proposta, como requisito de pré-habilitação.

A garantia de proposta não poderá ser superior a 1% (um por cento) do valor estimado para a contratação.

A garantia de proposta será devolvida aos licitantes no prazo de 10 (dez) dias úteis, contado da assinatura do contrato ou da data em que for declarada fracassada a licitação.

Implicará execução do valor integral da garantia de proposta a recusa em assinar o contrato ou a não apresentação dos documentos para a contratação.

A garantia de proposta poderá ser prestada nas seguintes modalidades:
- *caução em dinheiro ou em títulos da dívida pública* emitidos sob a forma escritural, mediante registro em sistema centralizado de liquidação e de custódia autorizado pelo Banco Central do Brasil, e avaliados por seus valores econômicos, conforme definido pelo Ministério da Economia;
- *seguro-garantia*;
- *fiança bancária* emitida por banco ou instituição financeira devidamente autorizada a operar no país pelo Banco Central do Brasil.

CAPÍTULO 30

DO JULGAMENTO

Serão desclassificadas as propostas que:
– Contiverem vícios insanáveis.
– Não obedecerem às especificações técnicas pormenorizadas no edital.
– Apresentarem preços inexequíveis ou permanecerem acima do orçamento estimado para a contratação.

No caso de obras e serviços de engenharia e arquitetura, para efeito de avaliação da exequibilidade e de sobrepreço, serão considerados o preço global, os quantitativos e os preços unitários tidos como relevantes, observado o critério de aceitabilidade de preços unitário e global a ser fixado no edital, conforme as especificidades do mercado correspondente.

No caso de obras e serviços de engenharia, serão consideradas inexequíveis as propostas cujos valores forem inferiores a 75% (setenta e cinco por cento) do valor orçado pela Administração.

Nas contratações de obras e serviços de engenharia, será exigida garantia adicional do licitante vencedor cuja proposta for inferior a 85% (oitenta e cinco por cento) do valor orçado pela Administração, equivalente à diferença entre este último e o valor da proposta, sem prejuízo das demais garantias exigíveis.
– Não tiverem sua exequibilidade demonstrada, quando exigido pela Administração.

A Administração poderá realizar diligências para aferir a exequibilidade das propostas.
– Apresentarem desconformidade com quaisquer outras exigências do edital, desde que insanável.

A verificação da conformidade das propostas poderá ser feita exclusivamente em relação à proposta mais bem classificada.

Em caso de empate entre duas ou mais propostas, sem prejuízo do disposto no art. 44 da Lei Complementar nº 123/2066, serão utilizados os seguintes critérios de desempate, nesta ordem:

I – disputa final, hipótese em que os licitantes empatados poderão apresentar nova proposta em ato contínuo à classificação;

II – avaliação do desempenho contratual prévio dos licitantes, para a qual deverão preferencialmente ser utilizados registros cadastrais para efeito de atesto de cumprimento de obrigações previstas na lei;

III – desenvolvimento pelo licitante de ações de equidade entre homens e mulheres no ambiente de trabalho, conforme regulamento;

IV – desenvolvimento pelo licitante de programa de integridade, conforme orientações dos órgãos de controle.

Em igualdade de condições, se não houver desempate, será assegurada preferência, sucessivamente, aos bens e serviços produzidos ou prestados por:

– empresas estabelecidas no território do estado ou do Distrito Federal do órgão ou entidade da Administração Pública estadual ou distrital licitante ou, no caso de licitação realizada por órgão ou entidade de município, no território do estado em que este se localize;

– empresas brasileiras;

– empresas que invistam em pesquisa e no desenvolvimento de tecnologia no país;

– empresas que comprovem a prática de mitigação, nos termos da Lei nº 12.187, de 29.12.2009 (Política Nacional sobre Mudança do Clima – PNMC).

Definido o resultado do julgamento, a Administração poderá negociar condições mais vantajosas com o primeiro colocado.

A negociação poderá ser feita com os demais licitantes, segundo a ordem de classificação inicialmente estabelecida, quando o primeiro colocado, mesmo após a negociação, for desclassificado em razão de sua proposta permanecer acima do preço máximo definido pela Administração.

A negociação será conduzida por agente de contratação ou comissão de contratação, na forma de regulamento, e, depois de concluída, terá seu resultado divulgado a todos os licitantes e anexado aos autos do processo licitatório.

CAPÍTULO 31

DO ENCERRAMENTO DA LICITAÇÃO

Encerradas as fases de julgamento e habilitação, e exauridos os recursos administrativos, o processo licitatório *será encaminhado* à *autoridade superior, que poderá*:
- determinar o retorno dos autos para saneamento de irregularidades;
- revogar a licitação por motivo de conveniência e oportunidade;
- proceder à anulação da licitação, de ofício ou mediante provocação de terceiros, sempre que presente ilegalidade insanável;
- adjudicar o objeto e homologar a licitação.

Ao pronunciar a *nulidade*, a autoridade indicará expressamente os atos com vícios insanáveis, tornando sem efeito todos os subsequentes que deles dependam, e dará ensejo à apuração de responsabilidade de quem lhes tenha dado causa.

O motivo determinante para a *revogação* do processo licitatório deverá ser resultante de fato superveniente devidamente comprovado.

Nos casos de anulação e revogação, deverá ser assegurada a prévia manifestação dos interessados.

Essas regras serão aplicadas, no que couber, à contratação direta e aos procedimentos auxiliares da licitação.

CAPÍTULO 32

DOS PAGAMENTOS

No dever de pagamento pela Administração, será observada a ordem cronológica para *cada fonte diferenciada de recursos*, subdividida nas seguintes categorias de contratos:

I – fornecimento de bens;

II – locações;

III – prestação de serviços;

IV – realização de obras.

A ordem cronológica poderá ser alterada, mediante prévia justificativa da autoridade competente e posterior comunicação ao órgão de controle interno da Administração e ao tribunal de contas competente, exclusivamente nas seguintes situações:

– grave perturbação da ordem, situação de emergência ou calamidade pública;

– pagamento a microempresa, empresa de pequeno porte, agricultor familiar, produtor rural pessoa física, microempreendedor individual e sociedade cooperativa, desde que demonstrado o risco de descontinuidade do cumprimento do objeto do contrato;

– pagamento de serviços necessários ao funcionamento dos sistemas estruturantes, desde que demonstrado o risco de descontinuidade do cumprimento do objeto do contrato;

– pagamento de direitos oriundos de contratos em caso de falência, recuperação judicial ou dissolução da empresa contratada;

– pagamento de contrato cujo objeto seja imprescindível para assegurar a integridade do patrimônio público ou para manter o funcionamento das atividades finalísticas do órgão ou entidade, quando demonstrado o risco de descontinuidade da prestação de serviço público de relevância ou o cumprimento da missão institucional.

A inobservância imotivada da ordem cronológica ensejará a apuração de responsabilidade do agente responsável, cabendo aos órgãos de controle a sua fiscalização.

O órgão ou entidade deverá disponibilizar, mensalmente, em seção específica de acesso à informação em seu sítio na internet, a ordem cronológica de seus pagamentos, bem como as justificativas que fundamentarem a eventual alteração dessa ordem.

No caso de controvérsia sobre a execução do objeto, quanto a dimensão, qualidade e quantidade, *a parcela incontroversa deverá ser liberada no prazo previsto para pagamento.*

Na contratação de obras, fornecimentos e serviços, inclusive de engenharia, poderá ser estabelecida remuneração variável vinculada ao desempenho do contratado, com base em metas, padrões de qualidade, critérios de sustentabilidade ambiental e prazos de entrega definidos no edital de licitação e no contrato.

O pagamento poderá ser ajustado em base percentual sobre o valor economizado em determinada despesa, quando o objeto do contrato visar à implantação de processo de racionalização, hipótese em que as despesas correrão à conta dos mesmos créditos orçamentários, na forma de regulamentação específica.

A utilização de remuneração variável será motivada e respeitará o limite orçamentário fixado pela Administração para a contratação.

Não será permitido pagamento antecipado, parcial ou total, relativo a parcelas contratuais vinculadas ao fornecimento de bens, à execução de obras ou à prestação de serviços.

A antecipação de pagamento somente será permitida se propiciar sensível economia de recursos ou se representar condição indispensável para a obtenção do bem ou para a prestação do serviço, hipótese que deverá ser previamente justificada no processo licitatório e expressamente prevista no edital de licitação ou instrumento formal de contratação direta.

A Administração poderá exigir a prestação de garantia adicional como condição para o pagamento antecipado.

Caso o objeto não seja executado no prazo contratual, o valor antecipado deverá ser devolvido.

No ato de liquidação da despesa, os serviços de contabilidade comunicarão aos órgãos da administração tributária as características da despesa e os valores pagos.

Nos termos do Acórdão nº 358/2015, do Tribunal de Contas da União, caracteriza-se como pagamento antecipado, vedado pelos arts. 62 e 63 da Lei nº 4.320/64, mesmo diante da existência de documento de autorização para posterior recebimento do material do fornecedor:

Permitir que produtos adquiridos e pagos fiquem em poder do fornecedor.

Analisando a questão, o relator aduziu não haver "como justificar o procedimento adotado pela prefeitura no tocante à aquisição de merenda escolar, por meio do qual os produtos adquiridos e já pagos ficavam em poder do fornecedor". No caso, prosseguiu, "a prefeitura recebia um documento denominado 'Carta de Crédito', que consistia em uma autorização para posterior recebimento do material do fornecedor". E concluiu asseverando tratar-se de "prática de pagamento antecipado, vedado pelos arts. 62 e 63 da Lei. 4.320/1964, altamente temerária, na medida que submete o ente municipal ao risco de não receber os bens adquiridos e pagos". (Acórdão nº 358/2015 – Plenário, TC 003.261/2011-5. Rel. Min. Subst. Augusto Sherman Cavalcanti, 4.3.2015)

Nos termos do Acórdão nº 1.826/2017, o Plenário do Tribunal de Contas da União decidiu que:

A inclusão de cláusula de antecipação de pagamento fundamentada no art. 40, inciso XIV, alínea d, da Lei 8.666/1993 *deve ser precedida de estudos que comprovem sua real necessidade e economicidade* para a Administração Pública, *mesmo que a título de mobilização* em um contrato de prestação de serviços técnicos de arquitetura, no qual não há a mobilização de grandes equipamentos, como em um contrato de obra. (Acórdão nº 1.826/2017 – Plenário, Representação. Rel. Min. Vital do Rêgo)

O Tribunal de Contas do Estado de Minas Gerais, na Consulta nº 788.114, respondida em 1º.7.2009, decidiu que nas contratações de *shows* artísticos e estruturas como palco, sonorização e iluminação, o órgão público poderá antecipar parte do pagamento, desde que:

- previsto no instrumento convocatório, no termo de contrato, e nos termos do art. 40, XIV, "d", da Lei nº 8.666/93;
- redunde em economia ao erário; e
- o pagamento antecipado seja acompanhado de prestação de garantia por parte do contratado e de fixação de multa pelo descumprimento correlato.

O conselheiro observou que o pagamento antecipado justificar-se-ia, não para contemplar exigências de prestadores ou fornecedores, mas, tão somente, quando implicasse economia ao erário.

Segundo entendimento do *Tribunal de Contas da União*, são requisitos para a realização de pagamentos antecipados:

- previsão no ato convocatório;
- existência, no processo licitatório, de estudo fundamentado comprovando: a real necessidade e economicidade da medida; e estabelecimento de garantias específicas e suficientes que resguardem a Administração dos riscos inerentes à operação (Acórdão nº 4.143/2016 – Primeira Câmara, Tomada de Contas Especial. Rel. Min. Benjamin Zymler).

O TCEMG, em resposta à Consulta nº 898.675, decidiu que, se não houver norma fiscal em sentido contrário, o município pode aceitar a emissão de notas fiscais pelo fornecimento de produtos ou serviços da contratada, ainda que com o CNPJ da filial, desde que, nas condições de habilitação, o edital tenha exigido a apresentação de comprovação da regularidade fiscal da pessoal jurídica (matriz + filiais).

Segue abaixo a ementa da decisão:

EMENTA: CONSULTA – PREFEITURA MUNICIPAL – LICITAÇÃO – *CONTRATAÇÃO DA EMPRESA MATRIZ – EMISSÃO DE NOTA FISCAL COM O CNPJ DAS EMPRESAS FILIAIS – POSSIBILIDADE, DESDE QUE NÃO HAJA NORMA FISCAL EM SENTIDO CONTRÁRIO* – NECESSIDADE DE EXIGÊNCIA NO EDITAL DA COMPROVAÇÃO DA REGULARIDADE FISCAL DOS ESTABELECIMENTOS MATRIZ E FILIAIS – PRECEDENTE (CONSULTA N. 724015, DE 23/05/07) – RESUMO DA TESE REITERADAMENTE ADOTADA. Se não houver expressa norma fiscal em sentido contrário, o Município pode aceitar a emissão de notas fiscais pelo fornecimento de produtos ou serviços da contratada, ainda que com o CNPJ de sua filial, desde que, nas condições de habilitação, o edital tenha exigido a apresentação da comprovação da regularidade fiscal da pessoa jurídica (matriz + filiais). (Consulta nº 898.675. Rel. Cons. Cláudio Couto Terrão, 11.2.2014) (Grifos nossos)

CAPÍTULO 33

DOS CONTRATOS

O contrato deverá refletir a alocação realizada pela matriz de riscos, especialmente quanto:

- às hipóteses de alteração para o restabelecimento da equação econômico-financeira do contrato nos casos em que o sinistro seja considerado na matriz de riscos como causa de desequilíbrio não suportada pela parte que pretenda o restabelecimento;
- à possibilidade de resolução quando o sinistro majorar excessivamente ou impedir a continuidade da execução contratual;
- à contratação de seguros obrigatórios previamente definidos no contrato, integrado o custo de contratação ao preço ofertado.

No contrato, as partes têm interesses opostos e desejam coisas diferentes: o vendedor quer desapossar-se de um bem com a condição de receber em troca o mais elevado preço possível; o comprador deseja adquirir o mesmo bem, pagando o menor preço possível.

Contrato administrativo é a designação que se dá ao contrato firmado entre o particular (pessoa física ou jurídica de direito privado) e o poder público (pessoa jurídica de direito público), a fim de assegurar o funcionamento de serviço público ou de um negócio público.

O contrato administrativo caracteriza-se pela supremacia de poder e privilégio administrativo na relação contratual.

Os contratos regular-se-ão pelas suas cláusulas e pelos preceitos de direito público, e a eles serão aplicados, supletivamente, os princípios da teoria geral dos contratos e as disposições de direito privado.

Todo contrato deverá mencionar os nomes das partes e os de seus representantes, a finalidade, o ato que autorizou sua lavratura, o número do processo da licitação ou da contratação direta e a sujeição dos contratantes às normas da lei e às cláusulas contratuais.

Contratante – é o órgão ou entidade que necessita da mercadoria, serviço ou obra.

Contratado – é a pessoa física ou jurídica que irá fornecer a mercadoria, executar o serviço ou a obra.

A Administração convocará regularmente o licitante vencedor para assinar o termo de contrato ou para aceitar ou retirar o instrumento equivalente, dentro do prazo e nas condições estabelecidas no edital de licitação, sob pena de decair o direito à contratação, sem prejuízo das sanções previstas na Lei nº 14.133.

O prazo de convocação poderá ser prorrogado 1 (uma) vez, por igual período, mediante solicitação da parte durante seu transcurso, devidamente justificada, e desde que o motivo apresentado seja aceito pela Administração.

Será facultado à Administração, quando o convocado não assinar o termo de contrato ou não aceitar ou não retirar o instrumento equivalente no prazo e nas condições estabelecidas, convocar os licitantes remanescentes, na ordem de classificação, para a celebração do contrato *nas condições propostas pelo licitante vencedor*.

Na hipótese de nenhum dos licitantes aceitar a contratação, a Administração, observados o valor estimado e sua eventual atualização nos termos do edital, poderá:

– convocar os licitantes remanescentes para negociação, na ordem de classificação, com vistas à obtenção de preço melhor, mesmo que acima do preço do adjudicatário;

– adjudicar e celebrar o contrato nas condições ofertadas pelos licitantes remanescentes, atendida a ordem classificatória, quando frustrada a negociação de melhor condição.

Decorrido o prazo de validade da proposta indicado no edital sem convocação para a contratação, ficarão os licitantes liberados dos compromissos assumidos.

A recusa injustificada do adjudicatário em assinar o contrato ou em aceitar ou retirar o instrumento equivalente no prazo estabelecido pela Administração caracterizará o descumprimento total da obrigação assumida e o sujeitará às penalidades legalmente estabelecidas e à imediata perda da garantia de proposta em favor do órgão ou entidade licitante.

Essa regra não se aplicará aos licitantes remanescentes.

Será facultada à Administração a convocação dos demais licitantes classificados para a contratação de remanescente de obra, de serviço ou de fornecimento em consequência de rescisão contratual, observados os mesmos critérios estabelecidos nos §§2º e 4º do art. 90 da Lei Federal nº 14.133.

Os contratos e seus aditamentos terão forma escrita e serão juntados ao processo que tiver dado origem à contratação, divulgados e mantidos à disposição do público em sítio eletrônico oficial.

Será admitida a manutenção em sigilo de contratos e de termos aditivos quando imprescindível à segurança da sociedade e do Estado, nos termos da legislação que regula o acesso à informação.

Será admitida a forma eletrônica na celebração de contratos e de termos aditivos, atendidas as exigências previstas em regulamento.

Contratos relativos a direitos reais sobre imóveis serão formalizados por escritura pública lavrada em notas de tabelião, cujo teor deverá ser divulgado e mantido à disposição do público em sítio eletrônico oficial.

Antes de formalizar ou prorrogar o prazo de vigência do contrato, a Administração deverá:

– verificar a regularidade fiscal do contratado;

– consultar o Cadastro Nacional de Empresas Inidôneas e Suspensas (Ceis) e o Cadastro Nacional de Empresas Punidas (CNEP);

– emitir as certidões negativas: de inidoneidade, de impedimento e de débitos trabalhistas e juntá-las ao respectivo processo.

São necessárias em todo contrato cláusulas que estabeleçam:

– o objeto e seus elementos característicos;

- a vinculação ao edital de licitação e à proposta do licitante vencedor ou ao ato que tiver autorizado a contratação direta e à respectiva proposta;
- a legislação aplicável à execução do contrato, inclusive quanto aos casos omissos;
- o regime de execução ou a forma de fornecimento;
- o preço e as condições de pagamento, os critérios, a data-base e a periodicidade do reajustamento de preços e os critérios de atualização monetária entre a data do adimplemento das obrigações e a do efetivo pagamento;
- os critérios e a periodicidade da medição, quando for o caso, e o prazo para liquidação e para pagamento;
- os prazos de início das etapas de execução, conclusão, entrega, observação e recebimento definitivo, quando for o caso;
- o crédito pelo qual correrá a despesa, com a indicação da classificação funcional programática e da *categoria econômica*;

Destacamos que a lei não exige a indicação do elemento de despesa, tendo em vista que em algumas situações só será conhecido após o julgamento da licitação, como nos casos em que poderá ser vencedor da licitação pessoa física ou pessoa jurídica, o que impossibilita a informação na minuta do contrato anexa ao edital.

- a matriz de risco, quando for o caso;
- o prazo para resposta ao pedido de repactuação de preços, quando for o caso;
- o prazo para resposta ao pedido de restabelecimento do equilíbrio econômico-financeiro, quando for o caso;
- as garantias oferecidas para assegurar sua plena execução, quando exigidas, inclusive as que forem oferecidas pelo contratado no caso de antecipação de valores a título de pagamento;
- o prazo de garantia mínima do objeto, observados os prazos mínimos estabelecidos nesta lei e nas normas técnicas aplicáveis, e as condições de manutenção e assistência técnica, quando for o caso;
- os direitos e as responsabilidades das partes, as penalidades cabíveis e os valores das multas e suas bases de cálculo;
- as condições de importação e a data e a taxa de câmbio para conversão, quando for o caso;
- a obrigação do contratado de manter, durante toda a execução do contrato, em compatibilidade com as obrigações por ele assumidas, todas as condições exigidas para a habilitação na licitação, ou para a qualificação, na contratação direta;
- a obrigação de o contratado cumprir as exigências de reserva de cargos prevista em lei, bem como em outras normas específicas, para pessoa com deficiência, para reabilitado da Previdência Social e para aprendiz;
- o modelo de gestão do contrato, observados os requisitos definidos em regulamento;
- os casos de extinção.

Os contratos celebrados pela Administração Pública com pessoas físicas ou jurídicas, inclusive as domiciliadas no exterior, deverão conter cláusula que declare *competente o foro da sede da Administração* para dirimir qualquer questão contratual, ressalvadas as seguintes hipóteses:

Licitação internacional para a aquisição de bens e serviços cujo pagamento seja feito com o produto de financiamento concedido por organismo financeiro internacional de que o Brasil faça parte ou por agência estrangeira de cooperação;

- *licitação internacional*: licitação processada em território nacional na qual é admitida a participação de licitantes estrangeiros, com a possibilidade de cotação de preços em moeda estrangeira, ou licitação na qual o objeto contratual pode ou deve ser executado no todo ou em parte em território estrangeiro;
- contratação com empresa estrangeira para a compra de equipamentos fabricados e entregues no exterior precedida de autorização do Chefe do Poder Executivo;
- aquisição de bens e serviços realizada por unidades administrativas com sede no exterior.

De acordo com as peculiaridades de seu objeto e de seu regime de execução, o contrato conterá cláusula que preveja período antecedente à expedição da ordem de serviço para verificação de pendências, liberação de áreas ou adoção de outras providências cabíveis para a regularidade do início de sua execução.

Independentemente do prazo de duração, o contrato deverá conter cláusula que estabeleça o índice de reajustamento de preço, com *data-base vinculada* à *data do orçamento estimado*, e poderá ser estabelecido mais de um índice específico ou setorial, em conformidade com a realidade de mercado dos respectivos insumos.

Nos contratos de serviços contínuos, observado o interregno mínimo de 1 (um) ano, o critério de reajustamento de preços será por:

- *reajustamento em sentido estrito*, quando não houver regime de dedicação exclusiva de mão de obra ou predominância de mão de obra, mediante previsão de índices específicos ou setoriais;
- *reajustamento em sentido estrito*: forma de manutenção do equilíbrio econômico-financeiro de contrato consistente na aplicação do índice de correção monetária previsto no contrato, que deve retratar a variação efetiva do custo de produção, admitida a adoção de índices específicos ou setoriais.
- *repactuação*, quando houver regime de dedicação exclusiva de mão de obra ou predominância de mão de obra, mediante demonstração analítica da variação dos custos.

Repactuação: forma de manutenção do equilíbrio econômico-financeiro de contrato utilizada para serviços contínuos com regime de dedicação exclusiva de mão de obra ou predominância de mão de obra, por meio da análise da variação dos custos contratuais, devendo estar prevista no edital com data vinculada à apresentação das propostas, para os custos decorrentes do mercado, e com data vinculada ao acordo, à convenção coletiva ou ao dissídio coletivo ao qual o orçamento esteja vinculado, para os custos decorrentes da mão de obra.

Nos contratos para serviços contínuos com regime de dedicação exclusiva de mão de obra ou com predominância de mão de obra, o prazo para resposta ao pedido de repactuação de preços será preferencialmente de 1 (um) mês, contado da data do fornecimento da demonstração analítica da variação dos custos, por meio de apresentação da planilha de custos e formação de preços, ou do novo acordo, convenção ou sentença normativa que fundamenta a repactuação.

Nos contratos de obras e serviços de engenharia, sempre que compatível com o regime de execução, a medição será mensal.

Nas contratações de projetos ou de serviços técnicos especializados, inclusive daqueles que contemplem o desenvolvimento de programas e aplicações de internet para computadores, máquinas, equipamentos e dispositivos de tratamento e de comunicação da informação (*software*) – e a respectiva documentação técnica associada –, o autor deverá ceder todos os direitos patrimoniais a eles relativos para a Administração Pública, hipótese em que poderão ser livremente utilizados e alterados por ela em outras ocasiões, sem necessidade de nova autorização de seu autor.

Quando o projeto se referir a obra imaterial de caráter tecnológico, insuscetível de privilégio, a cessão dos direitos incluirá o fornecimento de todos os dados, documentos e elementos de informação pertinentes à tecnologia de concepção, desenvolvimento, fixação em suporte físico de qualquer natureza e aplicação da obra.

É facultado à Administração Pública deixar de exigir a cessão de direitos quando o objeto da contratação envolver atividade de pesquisa e desenvolvimento de caráter científico, tecnológico ou de inovação, considerados os princípios e os mecanismos instituídos pela Lei nº 10.973, de 2.12.2004.

Produtos para pesquisa e desenvolvimento: bens, insumos, serviços e obras necessários para atividade de pesquisa científica e tecnológica, desenvolvimento de tecnologia ou inovação tecnológica, discriminados em projeto de pesquisa.

Na hipótese de posterior alteração do projeto pela Administração Pública, o autor deverá ser comunicado, e os registros serão promovidos nos órgãos ou entidades competentes.

A *divulgação no Portal Nacional de Contratações Públicas (PNCP)* é condição indispensável para a eficácia do contrato e de seus aditamentos e deverá ocorrer nos seguintes prazos, *contados da data de sua assinatura*:
– 20 (vinte) dias úteis, no caso de licitação;
– 10 (dez) dias úteis, no caso de contratação direta.

Os contratos celebrados em caso de urgência terão eficácia a partir de sua assinatura e deverão ser publicados nos prazos previstos acima, sob pena de nulidade.

A divulgação, quando referente à contratação de profissional do setor artístico por inexigibilidade, deverá identificar os custos do cachê do artista, dos músicos ou da banda, quando houver, do transporte, da hospedagem, da infraestrutura, da logística do evento e das demais despesas específicas.

No caso de obras, a Administração divulgará em sítio eletrônico oficial:
– em até 25 (vinte e cinco) dias úteis após a assinatura do contrato, os quantitativos e os preços unitários e totais que contratar; e
– em até 45 (quarenta e cinco) dias úteis após a conclusão do contrato, os quantitativos executados e os preços praticados.

O instrumento de contrato é obrigatório, salvo nas seguintes hipóteses, em que a Administração poderá substituí-lo por outro instrumento hábil, como carta-contrato, nota de empenho de despesa, autorização de compra ou ordem de execução de serviço:
– dispensa de licitação em razão de valor;
– compras com entrega imediata e integral dos bens adquiridos e dos quais não resultem obrigações futuras, inclusive quanto à assistência técnica, independentemente de seu valor.

É nulo e de nenhum efeito o contrato verbal com a Administração, salvo o de pequenas compras ou o de prestação de serviços de pronto pagamento, assim entendidos aqueles de valor não superior a R$11.441,66 (onze mil, quatrocentos e quarenta e um reais e sessenta e seis centavos).

O Plenário do Tribunal de Contas da União decidiu que nas contratações de seguros por órgãos da administração pública e seus respectivos aditivos:

– deverão ser formalizados instrumentos contratuais, tendo em vista a necessária discriminação de cláusulas previstas no art. 55 e das informações constantes do art. 61 da Lei Federal nº 8.666/93, haja vista que a simples emissão de apólices de forma unilateral pela empresa seguradora caracteriza desconformidade com o disposto nos arts. 60 e 62 da Lei Federal nº 8.666/93;

– é vedada a intermediação de empresa corretora na execução de contrato de seguros, ainda que inexista vínculo formal direto da corretora com o órgão contratante:

atuação de empresa corretora de seguros na intermediação da execução do contrato de seguros, ainda que sem vínculo formal direto com a Administração Pública, constitui afronta aos arts. 16, §3º, do Decreto 60.459/67, aos princípios da licitação constantes da Lei 8.666/93 e do art. 37, XXI, da Constituição Federal, bem como contraria jurisprudência do TCU sobre a matéria (Decisões 938/2002-TCU-Plenário e 400/1995-TCU-Plenário). (Acórdão nº 600/2015 – Plenário, TC 011.796/2011-1. Rel. Min. Raimundo Carreiro, 25.3.2015)

Segundo entendimento do Tribunal de Contas da União, as contratações de seguros por órgãos da Administração Pública, e seus respectivos aditivos, sem a devida formalização por meio de instrumento de contrato, configuram desconformidade com os arts. 60 e 62 da Lei nº 8.666/93, tendo em vista a necessária discriminação de cláusulas previstas no art. 55 e das informações constantes do art. 61 da mesma lei, não obstante:

– o reconhecimento pelo TCU da possibilidade de prorrogação além do prazo previsto no art. 57, inc. II, da Lei nº 8.666/93 para contrato de locação, ajuste regido predominantemente pelo direito privado, como o de seguros;

– o art. 62, §3º, inc. I, da Lei nº 8.666/93, afastar a aplicação do prazo do art. 57, inc. II, aos contratos de seguro;

– diferentes normas do direito privado preverem a possibilidade de renovação tácita da apólice ou contrato de seguros.

Da alocação de riscos

O contrato poderá identificar os riscos contratuais previstos e presumíveis e prever matriz de alocação de riscos, alocando-os entre contratante e contratado, mediante indicação daqueles a serem assumidos pelo setor público ou pelo setor privado ou daqueles a serem compartilhados.

A alocação de riscos considerará, em compatibilidade com as obrigações e os encargos atribuídos às partes no contrato, a natureza do risco, o beneficiário das prestações a que se vincula e a capacidade de cada setor para melhor gerenciá-lo.

Os riscos que tenham cobertura oferecida por seguradoras serão preferencialmente transferidos ao contratado.

A alocação dos riscos contratuais será quantificada para fins de projeção dos reflexos de seus custos no valor estimado da contratação.

A matriz de alocação de riscos definirá o equilíbrio econômico-financeiro inicial do contrato em relação a eventos supervenientes e deverá ser observada na solução de eventuais pleitos das partes.

Sempre que atendidas as condições do contrato e da matriz de alocação de riscos, será considerado mantido o equilíbrio econômico-financeiro, renunciando as partes aos pedidos de restabelecimento do equilíbrio relacionados aos riscos assumidos, exceto no que se refere:

- às alterações unilaterais determinadas pela Administração;
- ao aumento ou à redução, por legislação superveniente, dos tributos diretamente pagos pelo contratado em decorrência do contrato.

Na alocação de riscos poderão ser adotados métodos e padrões usualmente utilizados por entidades públicas e privadas, e os ministérios e secretarias supervisores dos órgãos e das entidades da Administração Pública poderão definir os parâmetros e o detalhamento dos procedimentos necessários à sua identificação, alocação e quantificação financeira.

Nas contratações integradas ou semi-integradas, os riscos decorrentes de fatos supervenientes à contratação associados à escolha da solução de projeto básico pelo contratado deverão ser alocados como de sua responsabilidade na matriz de riscos.

Das prerrogativas da Administração

O regime jurídico dos contratos confere à Administração, em relação a eles, as prerrogativas de:

- modificá-los, unilateralmente, para melhor adequação às finalidades de interesse público, respeitados os direitos do contratado;
- extingui-los, unilateralmente, nos casos especificados na lei;
- fiscalizar sua execução;
- aplicar sanções motivadas pela inexecução total ou parcial do ajuste;
- ocupar provisoriamente bens móveis e imóveis e utilizar pessoal e serviços vinculados ao objeto do contrato nas hipóteses de: risco à prestação de serviços essenciais; necessidade de acautelar apuração administrativa de faltas contratuais pelo contratado, inclusive após extinção do contrato.

As cláusulas econômico-financeiras e monetárias dos contratos não poderão ser alteradas sem prévia concordância do contratado.

Da duração dos contratos

A duração dos contratos será a prevista em edital, e deverão ser observadas, no momento da contratação e a cada exercício financeiro, a disponibilidade de créditos orçamentários, bem como a previsão no plano plurianual, quando ultrapassar 1 (um) exercício financeiro.

A Administração poderá celebrar contratos com prazo de até 5 *(cinco) anos nas hipóteses de serviços e fornecimentos contínuos*, inclusive *aluguel de equipamentos e* à *utilização de programas de informática*, observadas as seguintes diretrizes:

- a autoridade competente do órgão ou entidade contratante deverá atestar a maior vantagem econômica vislumbrada em razão da contratação plurianual;
- a Administração deverá atestar, no início da contratação e de cada exercício, a existência de créditos orçamentários vinculados à contratação e a vantagem em sua manutenção;

– a Administração terá a opção de extinguir o contrato, sem ônus, quando não dispuser de créditos orçamentários para sua continuidade ou quando entender que o contrato não mais lhe oferece vantagem.

A extinção ocorrerá apenas na próxima data de aniversário do contrato e não poderá ocorrer em prazo inferior a 2 (dois) meses, contado da referida data.

O contrato que previr a operação continuada de sistemas estruturantes de tecnologia da informação poderá ter vigência máxima de 15 (quinze) anos.

Os contratos de serviços e fornecimentos contínuos poderão ser prorrogados sucessivamente, respeitada a *vigência máxima decenal*, desde que haja previsão em edital e que a autoridade competente ateste que as condições e os preços permanecem vantajosos para a Administração, permitida a negociação com o contratado ou a extinção contratual sem ônus para qualquer das partes.

A Administração poderá celebrar contratos com prazo de até 10 (dez) anos nas seguintes hipóteses:

– para contratação que tenha por objeto: bens ou serviços produzidos ou prestados no país que envolvam, cumulativamente, alta complexidade tecnológica e defesa nacional; materiais de uso das Forças Armadas, com exceção de materiais de uso pessoal e administrativo, quando houver necessidade de manter a padronização requerida pela estrutura de apoio logístico dos meios navais, aéreos e terrestres, mediante autorização por ato do comandante da força militar;

– para contratação com vistas ao cumprimento do disposto nos arts. 3º, 3º-A, 4º, 5º e 20 da Lei nº 10.973, de 2.12.2004, observados os princípios gerais de contratação constantes da referida lei;

– para contratação que possa acarretar comprometimento da segurança nacional, nos casos estabelecidos pelo ministro de Estado da Defesa, mediante demanda dos comandos das Forças Armadas ou dos demais ministérios;

– para contratação em que houver transferência de tecnologia de produtos estratégicos para o Sistema Único de Saúde (SUS), conforme elencados em ato da direção nacional do SUS, inclusive por ocasião da aquisição desses produtos durante as etapas de absorção tecnológica, e em valores compatíveis com aqueles definidos no instrumento firmado para a transferência de tecnologia;

– para aquisição, por pessoa jurídica de direito público interno, de insumos estratégicos para a saúde produzidos por fundação que, regimental ou estatutariamente, tenha por finalidade apoiar órgão da Administração Pública direta, sua autarquia ou fundação em projetos de ensino, pesquisa, extensão, desenvolvimento institucional, científico e tecnológico e de estímulo à inovação, inclusive na gestão administrativa e financeira necessária à execução desses projetos, ou em parcerias que envolvam transferência de tecnologia de produtos estratégicos para o SUS, nos termos do inc. XII do *caput* do art. 75 da Lei Federal nº 14.133, e que tenha sido criada para esse fim específico em data anterior à entrada em vigor da lei de licitações, desde que o preço contratado seja compatível com o praticado no mercado.

A Administração poderá estabelecer a vigência por prazo indeterminado nos contratos em que seja usuária de serviço público oferecido em regime de monopólio, desde que comprovada, a cada exercício financeiro, a existência de créditos orçamentários vinculados à contratação.

Na contratação que gere receita e no contrato de eficiência que gere economia para a Administração, os prazos serão de:
- até 10 (dez) anos, nos contratos sem investimento;
- até 35 (trinta e cinco) anos, nos contratos com investimento, assim considerados aqueles que impliquem a elaboração de benfeitorias permanentes, realizadas exclusivamente a expensas do contratado, que serão revertidas ao patrimônio da Administração Pública ao término do contrato.

Na contratação que previr a conclusão de escopo predefinido, o prazo de vigência será automaticamente prorrogado quando seu objeto não for concluído no período firmado no contrato.

Quando a não conclusão decorrer de culpa do contratado:
- o contratado será constituído em mora, aplicáveis a ele as respectivas sanções administrativas;
- a Administração poderá optar pela extinção do contrato e, nesse caso, adotará as medidas admitidas em lei para a continuidade da execução contratual.

Os prazos contratuais previstos na Lei Federal nº 14.133/2021 não excluem nem revogam os prazos contratuais previstos em lei especial.

O contrato firmado sob o regime de fornecimento e prestação de serviço associado terá sua vigência máxima definida pela soma do prazo relativo ao fornecimento inicial ou à entrega da obra com o prazo relativo ao serviço de operação e manutenção, este limitado a 5 (cinco) anos contados da data de recebimento do objeto inicial, autorizada a prorrogação na forma do art. 107 da Lei Federal nº 14.133/2021.

(continua)

Duração dos contratos por objeto			
Objetos	Artigo	Prazo de vigência	Prorrogação – vigência máxima
Serviços e fornecimentos contínuos	106	Até 5 anos	Até 10 anos – art. 107
Aluguel de equipamentos	106	Até 5 anos	
Utilização de programas de informática	106, §2º	Até 5 anos	
Aquisição por dispensa de licitação de bens ou serviços produzidos ou prestados no país que envolvam, cumulativamente, alta complexidade tecnológica e defesa nacional	108	Até 10 anos	
Aquisição por dispensa de licitação de materiais de uso das forças armadas, com exceção de materiais de uso pessoal e administrativo, quando houver necessidade de manter padronização requerida pela estrutura de apoio logístico dos meios navais, aéreos e terrestres, mediante autorização por ato do comandante da força militar	108	Até 10 anos	
Contratação com vistas ao cumprimento do disposto nos arts. 3º, 3º-A, 4º, 5º e 20 da Lei nº 10.973, de 2.12.2004, observados os princípios gerais de contratação constantes da referida lei	108	Até 10 anos	

(conclusão)

Duração dos contratos por objeto			
Objetos	Artigo	Prazo de vigência	Prorrogação – vigência máxima
Contratação que possa acarretar comprometimento da segurança nacional, nos casos estabelecidos pelo ministro de estado da defesa, mediante demanda dos comandos das forças armadas ou dos demais ministérios	108	Até 10 anos	
Contratação em que houver transferência de tecnologia de produtos estratégicos para o Sistema Único de Saúde (SUS), conforme elencados em ato da direção nacional do SUS, inclusive por ocasião da aquisição desses produtos durante as etapas de absorção tecnológica, e em valores compatíveis com aqueles definidos no instrumento firmado para a transferência de tecnologia	108	Até 10 anos	
Para aquisição, por pessoa jurídica de direito público interno, de insumos estratégicos para a saúde produzidos por fundação que, regimental ou estatutariamente, tenha por finalidade apoiar órgão da Administração Pública direta, sua autarquia ou fundação em projetos de ensino, pesquisa, extensão, desenvolvimento institucional, científico e tecnológico e de estímulo à inovação, inclusive na gestão administrativa e financeira necessária à execução desses projetos, ou em parcerias que envolvam transferência de tecnologia de produtos estratégicos para o SUS, nos termos do inc. XII do *caput* do art. 75 da Lei Federal nº 14.133, e que tenha sido criada para esse fim específico em data anterior à entrada em vigor da lei licitações, desde que o preço contratado seja compatível com o praticado no mercado	108	Até 10 anos	
Contrato com usuária de serviço público oferecido em regime de monopólio	109	Prazo indeterminado	
Contratação que gere receita	110	Até 10 anos, contratos sem investimentos Até 35 anos, contratos com investimentos	
Contrato de eficiência que gere economia para a administração	110	Até 10 anos, contratos sem investimentos Até 35 anos, contratos com investimentos	
Contrato de escopo predefinido	111	Até o período firmado no contrato para a conclusão	Prorrogação automática até a conclusão do objeto
Contrato que previr a operação continuada de sistemas estruturantes de tecnologia da informação	114	Até 15 anos	

O Tribunal de Contas do Estado de Minas Gerais, em resposta à Consulta nº 951.416, de relatoria da Conselheira Adriene Andrade, decidiu que:

CONSULTA. LICITAÇÃO. *PARTICIPAÇÃO EXCLUSIVA DE MICROEMPRESAS E EMPRESAS DE PEQUENO PORTE. CONTRATAÇÃO DE SERVIÇOS DE NATUREZA CONTINUADA.* PRORROGAÇÃO CONTRATUAL ANUAL. ART. 57, II E IV, DA LEI N. 8.666/93. VALOR DE ENQUADRAMENTO. VALORES DO PRIMEIRO ANO DE VIGÊNCIA CONTRATUAL. OBSERVÂNCIA DO ARTIGO 48, I, DA LC N. 123/2006.
1. Para efeito de abertura de licitação exclusiva às microempresas e empresas de peque-no porte, na contratação de serviços continuados, *devem ser considerados apenas os valores referentes ao primeiro ano de vigência contratual.*
2. Decisão por maioria de votos. (Grifos nossos)

Da execução dos contratos

O contrato deverá ser executado fielmente pelas partes, de acordo com as cláusulas avençadas e as normas da Lei nº 14.133, e cada parte responderá pelas consequências de sua inexecução total ou parcial.

– *Gestor do contrato*: servidor público cuja atribuição é gerenciar o contrato, tomar decisões relativas à sua execução e sobre eventuais e possíveis alterações das condições avençadas por meio de aditamentos ou apostilamentos, quando autorizados.

– *Fiscal do contrato*: servidor responsável por acompanhar a execução de campo das obrigações contratadas.

É proibido à Administração retardar imotivadamente a execução de obra ou ser-viço, ou de suas parcelas, inclusive na hipótese de posse do respectivo chefe do Poder Executivo ou de novo titular no órgão ou entidade contratante.

Nas contratações de obras e serviços de engenharia, sempre que a responsabi-lidade pelo licenciamento ambiental for da Administração, a manifestação prévia ou licença prévia, quando cabíveis, deverão ser obtidas antes da divulgação do edital.

Em caso de impedimento, ordem de paralisação ou suspensão do contrato, o cronograma de execução será prorrogado automaticamente pelo tempo correspondente, anotadas tais circunstâncias mediante simples apostila.

Nas contratações de obras, a Administração deverá divulgar, em sítio eletrônico oficial e em placa a ser afixada em local da obra de fácil visualização pelos cidadãos, *aviso público de obra paralisada*, com o motivo e o responsável pela inexecução temporária do objeto do contrato e a data prevista para o reinício da sua execução.

Os textos com as informações da paralisação deverão ser elaborados pela Administração.

Ao longo de toda a execução do contrato, o contratado deverá cumprir a reserva de cargos prevista em lei para pessoa com deficiência, para reabilitado da Previdência Social ou para aprendiz, bem como as reservas de cargos previstas em outras normas específicas.

Sempre que solicitado pela Administração, o contratado deverá comprovar o cumprimento da reserva de cargos, com a indicação dos empregados que preencherem as referidas vagas.

A execução do contrato deverá ser acompanhada e fiscalizada por 1 (um) ou mais fiscais do contrato, representantes da Administração especialmente designados, ou pelos respectivos substitutos, permitida a contratação de terceiros para assisti-los e subsidiá-los com informações pertinentes a essa atribuição.

O fiscal do contrato anotará em registro próprio todas as ocorrências relacionadas à execução do contrato, determinando o que for necessário para a regularização das faltas ou dos defeitos observados.

O fiscal do contrato informará a seus superiores, em tempo hábil para a adoção das medidas convenientes, a situação que demandar decisão ou providência que ultrapasse sua competência.

O fiscal do contrato será auxiliado pelos órgãos de assessoramento jurídico e de controle interno da Administração, que deverão dirimir dúvidas e subsidiá-lo com informações relevantes para prevenir riscos na execução contratual.

Na hipótese da contratação de terceiros, deverão ser observadas as seguintes regras:

- a empresa ou o profissional contratado assumirá responsabilidade civil objetiva pela veracidade e pela precisão das informações prestadas, firmará termo de compromisso de confidencialidade e não poderá exercer atribuição própria e exclusiva de fiscal de contrato;
- a contratação de terceiros não eximirá de responsabilidade o fiscal do contrato, nos limites das informações recebidas do terceiro contratado.

O contratado deverá manter preposto aceito pela Administração no local da obra ou do serviço para representá-lo na execução do contrato.

O contratado será obrigado a reparar, corrigir, remover, reconstruir ou substituir, a suas expensas, no total ou em parte, o objeto do contrato em que se verificarem vícios, defeitos ou incorreções resultantes de sua execução ou de materiais nela empregados.

O contratado será responsável pelos danos causados diretamente à Administração ou a terceiros em razão da execução do contrato, e não excluirão nem reduzirão essa responsabilidade a fiscalização ou o acompanhamento pelo contratante.

Somente o contratado será responsável pelos encargos trabalhistas, previdenciários, fiscais e comerciais resultantes da execução do contrato.

A inadimplência do contratado em relação aos encargos trabalhistas, fiscais e comerciais não transferirá à Administração a responsabilidade pelo seu pagamento e não poderá onerar o objeto do contrato nem restringir a regularização e o uso das obras e das edificações, inclusive perante o registro de imóveis, ressalvada: *exclusivamente* nas contratações de serviços contínuos com regime de dedicação exclusiva de mão de obra, a Administração responderá solidariamente pelos encargos previdenciários e subsidiariamente pelos encargos trabalhistas se comprovada falha na fiscalização do cumprimento das obrigações do contratado.

O Plenário do Supremo Tribunal Federal aprovou a tese de repercussão geral firmada no julgamento do Recurso Extraordinário (RE) nº 760.931, nos seguintes termos:

> *inadimplemento dos encargos trabalhistas dos empregados do contratado não transfere ao poder público contratante automaticamente a responsabilidade pelo seu pagamento, seja em caráter solidário ou subsidiário*, nos termos do artigo 71, parágrafo 1º, da Lei 8.666/1993.

Nas contratações de serviços contínuos com regime de dedicação exclusiva de mão de obra, para assegurar o cumprimento de obrigações trabalhistas pelo contratado, a Administração, mediante disposição em edital ou em contrato, poderá, entre outras medidas:

- exigir caução, fiança bancária ou contratação de seguro-garantia com cobertura para verbas rescisórias inadimplidas;
- condicionar o pagamento à comprovação de quitação das obrigações trabalhistas vencidas relativas ao contrato;
- efetuar o depósito de valores em conta vinculada;
- em caso de inadimplemento, efetuar diretamente o pagamento das verbas trabalhistas, que serão deduzidas do pagamento devido ao contratado;
- estabelecer que os valores destinados a férias, a décimo terceiro salário, a ausências legais e a verbas rescisórias dos empregados do contratado que participarem da execução dos serviços contratados serão pagos pelo contratante ao contratado somente na ocorrência do fato gerador.

Os valores depositados na conta vinculada são absolutamente impenhoráveis.

O recolhimento das contribuições previdenciárias observará o disposto no art. 31 da Lei nº 8.212, de 24.7.1991:

Art. 31. A empresa contratante de serviços executados mediante cessão de mão de obra, inclusive em regime de trabalho temporário, deverá reter 11% (onze por cento) do valor bruto da nota fiscal ou fatura de prestação de serviços e recolher, em nome da empresa cedente da mão de obra, a importância retida até o dia 20 (vinte) do mês subsequente ao da emissão da respectiva nota fiscal ou fatura, ou até o dia útil imediatamente anterior se não houver expediente bancário naquele dia, observado o disposto no §5º do art. 33 desta Lei.

Na execução do contrato e sem prejuízo das responsabilidades contratuais e legais, o contratado poderá subcontratar partes da obra, do serviço ou do fornecimento até o limite autorizado, em cada caso, pela Administração.

O contratado apresentará à Administração documentação que comprove a capacidade técnica do subcontratado, que será avaliada e juntada aos autos do processo correspondente.

Regulamento ou edital de licitação poderão vedar, restringir ou estabelecer condições para a subcontratação.

Será vedada a subcontratação de pessoa física ou jurídica, se aquela ou os dirigentes desta mantiverem vínculo de natureza técnica, comercial, econômica, financeira, trabalhista ou civil com dirigente do órgão ou entidade contratante ou com agente público que desempenhe função na licitação ou atue na fiscalização ou na gestão do contrato, ou se deles forem cônjuge, companheiro ou parente em linha reta, colateral, ou por afinidade, até o terceiro grau, devendo essa proibição constar expressamente do edital de licitação.

Ao proferir o Acórdão nº 5.472/2022, a Segunda Câmara do Tribunal de Contas da União assentou que:

A subcontratação total do objeto, em que se evidencia a mera colocação de interposto entre a administração pública contratante e a empresa efetivamente executora (subcontratada), é irregularidade ensejadora de débito, o qual corresponde à diferença entre os pagamentos recebidos pela empresa contratada e os valores por ela pagos na subcontratação integral. (Acórdão nº 5.472/2022 – Segunda Câmara, Recurso de Representação. Rel. Min. Antônio Anastasia)

A Administração terá o dever de explicitamente emitir decisão sobre todas as solicitações e reclamações relacionadas à execução dos contratos regidos pela Lei nº 14.133, ressalvados os requerimentos manifestamente impertinentes, meramente protelatórios ou de nenhum interesse para a boa execução do contrato.

Salvo disposição legal ou cláusula contratual que estabeleça prazo específico, concluída a instrução do requerimento, a Administração terá o prazo de 1 (um) mês para decidir, admitida a prorrogação motivada por igual período.

Da alteração dos contratos e dos preços

Os contratos poderão ser alterados, com as devidas justificativas, nos seguintes casos:

- unilateralmente pela Administração: quando houver modificação do projeto ou das especificações, para melhor adequação técnica a seus objetivos; quando for necessária a modificação do valor contratual em decorrência de acréscimo ou diminuição quantitativa de seu objeto, nos limites permitidos pela lei. As alterações unilaterais não poderão transfigurar o objeto da contratação.
- por acordo entre as partes: quando conveniente a substituição da garantia de execução; quando necessária a modificação do regime de execução da obra ou do serviço, bem como do modo de fornecimento, em face de verificação técnica da inaplicabilidade dos termos contratuais originários; quando necessária a modificação da forma de pagamento por imposição de circunstâncias supervenientes, mantido o valor inicial atualizado e vedada a antecipação do pagamento em relação ao cronograma financeiro fixado sem a correspondente contraprestação de fornecimento de bens ou execução de obra ou serviço;
- para restabelecer o equilíbrio econômico-financeiro inicial do contrato em caso de força maior, caso fortuito ou fato do príncipe ou em decorrência de fatos imprevisíveis ou previsíveis de consequências incalculáveis, que inviabilizem a execução do contrato tal como pactuado, respeitada, em qualquer caso, a repartição objetiva de risco estabelecida no contrato.

Será aplicado o equilíbrio econômico financeiro às contratações de obras e serviços de engenharia, quando a execução for obstada pelo atraso na conclusão de procedimentos de desapropriação, desocupação, servidão administrativa ou licenciamento ambiental, por circunstâncias alheias ao contratado.

Caso a alteração unilateral do contrato aumente ou diminua os encargos do contratado, a Administração deverá restabelecer, no mesmo termo aditivo, o equilíbrio econômico-financeiro inicial.

Se forem decorrentes de falhas de projeto, as alterações de contratos de obras e serviços de engenharia ensejarão apuração de responsabilidade do responsável técnico e adoção das providências necessárias para o ressarcimento dos danos causados à Administração.

Nas alterações unilaterais o contratado será obrigado a aceitar, nas mesmas condições contratuais, acréscimos ou supressões de até 25% (vinte e cinco por cento) do valor inicial atualizado do contrato que se fizerem nas obras, nos serviços ou nas compras, e, no caso de reforma de edifício ou de equipamento, o limite para os acréscimos será de 50% (cinquenta por cento).

Se o contrato não contemplar preços unitários para obras ou serviços cujo aditamento se fizer necessário, esses serão fixados por meio da aplicação da relação geral entre os valores da proposta e o do orçamento-base da Administração sobre os preços referenciais ou de mercado vigentes na data do aditamento.

Nas contratações de obras e serviços de engenharia, a diferença percentual entre o valor global do contrato e o preço global de referência não poderá ser reduzida em favor do contratado em decorrência de aditamentos que modifiquem a planilha orçamentária.

Nas alterações contratuais para supressão de obras, bens ou serviços, se o contratado já houver adquirido os materiais e os colocado no local dos trabalhos, estes deverão ser pagos pela Administração pelos custos de aquisição regularmente comprovados e monetariamente reajustados, podendo caber indenização por outros danos eventualmente decorrentes da supressão, desde que regularmente comprovados.

A extinção do contrato não configurará óbice para o reconhecimento do desequilíbrio econômico-financeiro, hipótese em que será concedida indenização por meio de termo indenizatório.

O pedido de restabelecimento do equilíbrio econômico-financeiro deverá ser formulado durante a vigência do contrato e antes de eventual prorrogação.

A formalização do termo aditivo é condição para a execução, pelo contratado, das prestações determinadas pela Administração no curso da execução do contrato, salvo nos casos de justificada necessidade de antecipação de seus efeitos, hipótese em que a formalização deverá ocorrer no prazo máximo de 1 (um) mês.

Nas hipóteses em que for adotada a *contratação integrada ou semi-integrada*, é vedada a alteração dos valores contratuais, exceto nos seguintes casos:
- para restabelecimento do equilíbrio econômico-financeiro decorrente de caso fortuito ou força maior;
- por necessidade de alteração do projeto ou das especificações para melhor adequação técnica aos objetivos da contratação, a pedido da Administração, desde que não decorrente de erros ou omissões por parte do contratado, observados os limites estabelecidos no art. 125 da Lei Federal nº 14.133/2021;
- por necessidade de alteração do projeto nas contratações semi-integradas;
- por ocorrência de evento superveniente alocado na matriz de riscos como de responsabilidade da Administração.

Os preços contratados serão alterados, para mais ou para menos, conforme o caso, se houver, após a data da apresentação da proposta, criação, alteração ou extinção de quaisquer tributos ou encargos legais ou a superveniência de disposições legais, com comprovada repercussão sobre os preços contratados.

Os preços dos contratos para *serviços contínuos com regime de dedicação exclusiva de mão de obra* ou com predominância de mão de obra serão repactuados para manutenção do equilíbrio econômico-financeiro, mediante demonstração analítica da variação dos custos contratuais, *com data vinculada*:
- à da apresentação da proposta, para custos decorrentes do mercado;
- ao acordo, à convenção coletiva ou ao dissídio coletivo ao qual a proposta esteja vinculada, para os custos de mão de obra.

A Administração não se vinculará às disposições contidas em acordos, convenções ou dissídios coletivos de trabalho que tratem de matéria não trabalhista, de pagamento de participação dos trabalhadores nos lucros ou resultados do contratado, ou que estabeleçam direitos não previstos em lei, como valores ou índices obrigatórios de encargos sociais ou previdenciários, bem como de preços para os insumos relacionados ao exercício da atividade.

É vedado a órgão ou entidade contratante vincular-se às disposições previstas nos acordos, convenções ou dissídios coletivos de trabalho que tratem de obrigações e direitos que somente se aplicam aos contratos com a Administração Pública.

A repactuação deverá observar o interregno mínimo de 1 (um) ano, contado da data da apresentação da proposta ou da data da última repactuação.

A repactuação poderá ser dividida em tantas parcelas quantas forem necessárias, observado o princípio da anualidade do reajuste de preços da contratação, podendo ser realizada em momentos distintos para discutir a variação de custos que tenham sua anualidade resultante em datas diferenciadas, como os decorrentes de mão de obra e os decorrentes dos insumos necessários à execução dos serviços.

Quando a contratação envolver mais de uma categoria profissional, a repactuação poderá ser dividida em tantos quantos forem os acordos, convenções ou dissídios coletivos de trabalho das categorias envolvidas na contratação.

A repactuação será precedida de solicitação do contratado, acompanhada de demonstração analítica da variação dos custos, por meio de apresentação da planilha de custos e formação de preços, ou do novo acordo, convenção ou sentença normativa que fundamenta a repactuação.

Registros que não caracterizam alteração do contrato podem ser realizados por *simples apostila*, dispensada a celebração de termo aditivo, *como nas seguintes situações*:

– variação do valor contratual para fazer face ao reajuste ou à repactuação de preços previstos no próprio contrato;
– atualizações, compensações ou penalizações financeiras decorrentes das condições de pagamento previstas no contrato;
– alterações na razão ou na denominação social do contratado;
– empenho de dotações orçamentárias.

No Acórdão nº 18.379/2021, a Segunda Câmara do Tribunal de Contas da União assentou que:

> A mera variação de preços de mercado, decorrente, por exemplo, de variações cambiais, não é suficiente para determinar a realização de reequilíbrio econômico-financeiro do contrato, sendo essencial a presença de uma das hipóteses previstas no art. 65, inciso II, alínea d, da Lei 8.666/1993.
>
> Diferença entre os preços contratuais reajustados e os de mercado é situação previsível, já que dificilmente os índices contratuais refletem perfeitamente a evolução do mercado. (Acórdão nº 18.379/2021 – Segunda Câmara, Tomada de Contas Especial. Rel. Min. Augusto Nardes)

Ao proferir o Acórdão nº 3.266/2022, o Tribunal de Contas da União, por meio da Primeira Câmara, decidiu que:

As reduções ou supressões de quantitativos decorrentes de alteração contratual devem ser consideradas de forma isolada, ou seja, o conjunto de reduções e o conjunto de acréscimos devem ser sempre calculados sobre o valor original do contrato, aplicando-se a cada um desses conjuntos, individualmente e sem nenhum tipo de compensação entre eles, os limites de alteração estabelecidos no art. 65, §1º, da Lei 8.666/1993. (Acórdão nº 3.266/2022 – Primeira Câmara, Representação. Rel. Min. Subst. Augusto Sherman)

Das hipóteses de extinção dos contratos

Constituirão motivos para extinção do contrato, a qual deverá ser formalmente motivada nos autos do processo, *assegurados o contraditório e a ampla defesa*, as seguintes situações:

- não cumprimento ou cumprimento irregular de normas editalícias ou de cláusulas contratuais, de especificações, de projetos ou de prazos;
- desatendimento das determinações regulares emitidas pela autoridade designada para acompanhar e fiscalizar sua execução ou por autoridade superior;
- alteração social ou modificação da finalidade ou da estrutura da empresa que restrinja sua capacidade de concluir o contrato;
- decretação de falência ou de insolvência civil, dissolução da sociedade ou falecimento do contratado;
- caso fortuito ou força maior, regularmente comprovados, impeditivos da execução do contrato;
- atraso na obtenção da licença ambiental, ou impossibilidade de obtê-la, ou alteração substancial do anteprojeto que dela resultar, ainda que obtida no prazo previsto;
- atraso na liberação das áreas sujeitas à desapropriação, à desocupação ou à servidão administrativa, ou impossibilidade de liberação dessas áreas;
- razões de interesse público, justificadas pela autoridade máxima do órgão ou da entidade contratante;
- não cumprimento das obrigações relativas à reserva de cargos prevista em lei, bem como em outras normas específicas, para pessoa com deficiência, para reabilitado da Previdência Social ou para aprendiz.

O contratado terá direito à extinção do contrato nas seguintes hipóteses:

I – supressão, por parte da Administração, de obras, serviços ou compras que acarrete modificação do valor inicial do contrato além do limite permitido no art. 125 da Lei nº 14.133/2021;

II – suspensão de execução do contrato, por ordem escrita da Administração, por prazo superior a 3 (três) meses;

III – repetidas suspensões que totalizem 90 (noventa) dias úteis, independentemente do pagamento obrigatório de indenização pelas sucessivas e contratualmente imprevistas desmobilizações e mobilizações e outras previstas;

IV – atraso superior a 2 (dois) meses, contado da emissão da nota fiscal, dos pagamentos ou de parcelas de pagamentos devidos pela Administração por despesas de obras, serviços ou fornecimentos;

V – não liberação pela Administração, nos prazos contratuais, de área, local ou objeto, para execução de obra, serviço ou fornecimento, e de fontes de materiais naturais especificadas no projeto, inclusive devido a atraso ou descumprimento das obrigações atribuídas pelo contrato à Administração relacionadas à desapropriação, à desocupação de áreas públicas ou a licenciamento ambiental.

As hipóteses de extinção a que se referem os incs. II, III e IV observarão as seguintes disposições:

- não serão admitidas em caso de calamidade pública, de grave perturbação da ordem interna ou de guerra, bem como quando decorrerem de ato ou fato que o contratado tenha praticado, do qual tenha participado ou para o qual tenha contribuído;
- assegurarão ao contratado o direito de optar pela suspensão do cumprimento das obrigações assumidas até a normalização da situação, admitido o restabelecimento do equilíbrio econômico-financeiro do contrato, na forma da alínea "d" do inc. II do *caput* do art. 124 da Lei nº 14.133.

Os emitentes das garantias previstas no art. 96 da Lei nº 14.133/2021 deverão ser notificados pelo contratante quanto ao início de processo administrativo para apuração de descumprimento de cláusulas contratuais.

A extinção do contrato poderá ser:

I – determinada por ato unilateral e escrito da Administração, exceto no caso de descumprimento decorrente de sua própria conduta;

II – consensual, por acordo entre as partes, por conciliação, por mediação ou por comitê de resolução de disputas, desde que haja interesse da Administração;

III – determinada por decisão arbitral, em decorrência de cláusula compromissória ou compromisso arbitral, ou por decisão judicial.

A extinção determinada por ato unilateral da Administração e a extinção consensual deverão ser precedidas de autorização escrita e fundamentada da autoridade competente e reduzidas a termo no respectivo processo.

Quando a extinção decorrer de culpa exclusiva da Administração, o contratado será ressarcido pelos prejuízos regularmente comprovados que houver sofrido e terá direito a:

- devolução da garantia;
- pagamentos devidos pela execução do contrato até a data de extinção;
- pagamento do custo da desmobilização.

A extinção determinada por ato unilateral da Administração poderá acarretar, sem prejuízo das sanções previstas na lei, as seguintes consequências:

I – Assunção imediata do objeto do contrato, no estado e local em que se encontrar, por ato próprio da Administração.

A assunção imediata fica a critério da administração, que poderá dar continuidade à obra ou ao serviço por execução direta ou indireta.

II – Ocupação e utilização do local, das instalações, dos equipamentos, do material e do pessoal empregados na execução do contrato e necessários à sua continuidade.

A ocupação fica a critério da administração, que poderá dar continuidade à obra ou ao serviço por execução direta ou indireta, devendo o ato ser precedido de autorização expressa do ministro de Estado, do secretário estadual ou do secretário municipal competente, conforme o caso.

III – Execução da garantia contratual para:
- ressarcimento da Administração Pública por prejuízos decorrentes da não execução;
- pagamento de verbas trabalhistas, fundiárias e previdenciárias, quando cabível;
- pagamento das multas devidas à Administração Pública;
- exigência da assunção da execução e da conclusão do objeto do contrato pela seguradora, quando cabível;

IV – Retenção dos créditos decorrentes do contrato até o limite dos prejuízos causados à Administração Pública e das multas aplicadas.

Da nulidade dos contratos

Constatada irregularidade no procedimento licitatório ou na execução contratual, caso não seja possível o saneamento, a decisão sobre a suspensão da execução ou sobre a declaração de nulidade do contrato somente será adotada na hipótese em que se revelar medida de interesse público, com avaliação, entre outros, dos seguintes aspectos:

I – impactos econômicos e financeiros decorrentes do atraso na fruição dos benefícios do objeto do contrato;

II – riscos sociais, ambientais e à segurança da população local decorrentes do atraso na fruição dos benefícios do objeto do contrato;

III – motivação social e ambiental do contrato;

IV – custo da deterioração ou da perda das parcelas executadas;

V – despesa necessária à preservação das instalações e dos serviços já executados;

VI – despesa inerente à desmobilização e ao posterior retorno às atividades;

VII – medidas efetivamente adotadas pelo titular do órgão ou entidade para o saneamento dos indícios de irregularidades apontados;

VIII – custo total e estágio de execução física e financeira dos contratos, dos convênios, das obras ou das parcelas envolvidas;

IX – fechamento de postos de trabalho diretos e indiretos em razão da paralisação;

X – custo para realização de nova licitação ou celebração de novo contrato;

XI – custo de oportunidade do capital durante o período de paralisação.

Caso a paralisação ou anulação não se revele medida de interesse público, o poder público deverá optar pela continuidade do contrato e pela solução da irregularidade por meio de indenização por perdas e danos, sem prejuízo da apuração de responsabilidade e da aplicação de penalidades cabíveis.

A declaração de nulidade do contrato administrativo requererá análise prévia do interesse público envolvido, e operará retroativamente, impedindo os efeitos jurídicos que o contrato deveria produzir ordinariamente e desconstituindo os já produzidos.

Caso não seja possível o retorno à situação fática anterior, a nulidade será resolvida pela indenização por perdas e danos, sem prejuízo da apuração de responsabilidade e aplicação das penalidades cabíveis.

Ao declarar a nulidade do contrato, a autoridade, com vistas à continuidade da atividade administrativa, poderá decidir que ela só tenha eficácia em momento futuro, suficiente para efetuar nova contratação, por prazo de até 6 (seis) meses, prorrogável uma única vez.

A nulidade não exonerará a Administração do dever de indenizar o contratado pelo que houver executado até a data em que for declarada ou tornada eficaz, bem como por outros prejuízos regularmente comprovados, desde que não lhe seja imputável, e será promovida a responsabilização de quem lhe tenha dado causa.

Nenhuma contratação será feita sem a caracterização adequada de seu objeto e sem a indicação dos créditos orçamentários para pagamento das parcelas contratuais vincendas no exercício em que for realizada a contratação, sob pena de nulidade do ato e de responsabilização de quem lhe tiver dado causa.

Do recebimento do objeto do contrato

O objeto do contrato será recebido:

I – *em se tratando de obras e serviços*:

- provisoriamente, pelo responsável por seu acompanhamento e fiscalização, mediante termo detalhado, quando verificado o cumprimento das exigências de caráter técnico;
- definitivamente, por servidor ou comissão designada pela autoridade competente, mediante termo detalhado que comprove o atendimento das exigências contratuais;

II – *em se tratando de compras*:

- provisoriamente, de forma sumária, pelo responsável por seu acompanhamento e fiscalização, com verificação posterior da conformidade do material com as exigências contratuais;
- definitivamente, por servidor ou comissão designada pela autoridade competente, mediante termo detalhado que comprove o atendimento das exigências contratuais.

O objeto do contrato poderá ser rejeitado, no todo ou em parte, quando estiver em desacordo com o contrato.

O recebimento provisório ou definitivo não excluirá a responsabilidade civil pela solidez e pela segurança da obra ou serviço nem a responsabilidade ético-profissional pela perfeita execução do contrato, nos limites estabelecidos pela lei ou pelo contrato.

Os prazos e os métodos para a realização dos recebimentos provisório e definitivo serão definidos em regulamento ou no contrato.

Salvo disposição em contrário constante do edital ou de ato normativo, *os ensaios, os testes e as demais provas para aferição da boa execução do objeto do contrato exigidos por normas técnicas oficiais correrão por conta do contratado.*

Em se tratando de projeto de obra, o recebimento definitivo pela Administração não eximirá o projetista ou o consultor da responsabilidade objetiva por todos os danos causados por falha de projeto.

Em se tratando de obra, o recebimento definitivo pela Administração não eximirá o contratado, pelo prazo mínimo de 5 (cinco) anos, admitida a previsão de prazo de garantia superior no edital e no contrato, da responsabilidade objetiva pela solidez e pela segurança dos materiais e dos serviços executados e pela funcionalidade da construção, da reforma, da recuperação ou da ampliação do bem imóvel, e, em caso de vício, defeito ou incorreção identificados, o contratado ficará responsável pela reparação, pela correção, pela reconstrução ou pela substituição necessárias.

CAPÍTULO 34

DAS IMPUGNAÇÕES, DOS PEDIDOS DE ESCLARECIMENTO E DOS RECURSOS

Qualquer pessoa é parte legítima para impugnar edital de licitação por irregularidade ou para solicitar esclarecimento sobre os seus termos, devendo protocolar o pedido até 3 (três) dias úteis antes da data de abertura do certame.

A resposta à impugnação ou ao pedido de esclarecimento será divulgada em sítio eletrônico oficial no prazo de até 3 (três) dias úteis, limitado ao último dia útil anterior à data da abertura do certame.

Dos atos da Administração cabem:

I – Recurso, no prazo de 3 (três) dias úteis, contado da data de intimação ou de lavratura da ata, em face de:

   a) ato que defira ou indefira pedido de pré-qualificação de interessado ou de inscrição em registro cadastral, sua alteração ou cancelamento;

   b) julgamento das propostas;

      – a intenção de recorrer deverá ser manifestada imediatamente, sob pena de preclusão, e o prazo para apresentação das razões recursais será iniciado na data de intimação ou de lavratura da ata de habilitação ou inabilitação ou, na hipótese de adoção da inversão de fases prevista no §1º do art. 17 da Lei Federal nº 14.133/2021, da ata de julgamento;

      – a apreciação dar-se-á em fase única.

   c) ato de habilitação ou inabilitação de licitante;

      – a intenção de recorrer deverá ser manifestada imediatamente, sob pena de preclusão, e o prazo para apresentação das razões recursais será iniciado na data de intimação ou de lavratura da ata de habilitação ou inabilitação ou, na hipótese de adoção da inversão de fases prevista no §1º do art. 17 da Lei Federal nº 14.133/2021, da ata de julgamento.

      – a apreciação dar-se-á em fase única.

   d) anulação ou revogação da licitação;

   e) extinção do contrato, quando determinada por ato unilateral e escrito da Administração.

O recurso será dirigido à autoridade que tiver editado o ato ou proferido a decisão recorrida, que, se não reconsiderar o ato ou a decisão no prazo de 3 (três) dias úteis, encaminhará o recurso com a sua motivação à autoridade superior, a qual deverá proferir sua decisão no prazo máximo de 10 (dez) dias úteis, contado do recebimento dos autos.

O acolhimento do recurso implicará invalidação apenas de ato insuscetível de aproveitamento.

O prazo para apresentação de contrarrazões será o mesmo do recurso e terá início na data de intimação pessoal ou de divulgação da interposição do recurso.

Será assegurado ao licitante vista dos elementos indispensáveis à defesa de seus interesses.

II – Pedido de reconsideração, no prazo de 3 (três) dias úteis, contado da data de intimação, relativamente a ato do qual não caiba recurso hierárquico.

Da aplicação das sanções de advertência, multa e impedimento de licitar e contratar, previstas nos incs. I, II e III do *caput* do art. 156 da Lei nº 14.133/2021, caberá recurso no prazo de 15 (quinze) dias úteis, contado da data da intimação.

O recurso será dirigido à autoridade que tiver proferido a decisão recorrida, que, se não a reconsiderar no prazo de 5 (cinco) dias úteis, encaminhará o recurso com sua motivação à autoridade superior, a qual deverá proferir sua decisão no prazo máximo de 20 (vinte) dias úteis, contado do recebimento dos autos.

Da aplicação da sanção de declaração de inidoneidade para licitar ou contratar, prevista no inc. IV do *caput* do art. 156 da Lei nº 14.133, caberá apenas pedido de reconsideração, que deverá ser apresentado no prazo de 15 (quinze) dias úteis, contado da data da intimação, e decidido no prazo máximo de 20 (vinte) dias úteis, contado do seu recebimento.

O recurso e o pedido de reconsideração terão efeito suspensivo do ato ou da decisão recorrida até que sobrevenha decisão final da autoridade competente.

– *Efeito suspensivo*: paralisa o processo na fase em que está até o julgamento do recurso.

– *Efeito devolutivo*: os procedimentos administrativos da licitação continuam sendo realizados, durante o processamento e julgamento do recurso.

Na elaboração de suas decisões, a autoridade competente será auxiliada pelo órgão de assessoramento jurídico, que deverá dirimir dúvidas e subsidiá-la com as informações necessárias.

O Tribunal de Contas da União, por meio do Acórdão nº 1.016/2022 do Plenário, decidiu que: "a ausência de publicação das respostas aos questionamentos da licitação, de maneira objetiva, antes da data de abertura das propostas, contraria o art. 31 da Lei 13.303/2016, podendo ensejar a necessidade de republicação do edital".

CAPÍTULO 35

DOS MEIOS ALTERNATIVOS DE RESOLUÇÃO DE CONTROVÉRSIAS

Nas contratações poderão ser utilizados meios alternativos de prevenção e resolução de controvérsias, notadamente a conciliação, a mediação, o comitê de resolução de disputas e a arbitragem. Serão aplicados às controvérsias relacionadas a direitos patrimoniais disponíveis, como as questões relacionadas ao restabelecimento do equilíbrio econômico-financeiro do contrato, ao inadimplemento de obrigações contratuais por quaisquer das partes e ao cálculo de indenizações.

A arbitragem será sempre de direito e observará o princípio da publicidade.

Os contratos poderão ser aditados para permitir a adoção dos meios alternativos de resolução de controvérsias.

O processo de escolha dos árbitros, dos colegiados arbitrais e dos comitês de resolução de disputas observará critérios isonômicos, técnicos e transparentes.

CAPÍTULO 36

DO CONTROLE DAS CONTRATAÇÕES

As contratações públicas deverão submeter-se a práticas contínuas e permanentes de gestão de riscos e de controle preventivo, inclusive mediante adoção de recursos de tecnologia da informação, e, além de estar subordinadas ao controle social, sujeitar-se-ão às seguintes linhas de defesa:

I – primeira linha de defesa, integrada por servidores e empregados públicos, agentes de licitação e autoridades que atuam na estrutura de governança do órgão ou entidade;

II – segunda linha de defesa, integrada pelas unidades de assessoramento jurídico e de controle interno do próprio órgão ou entidade;

III – terceira linha de defesa, integrada pelo órgão central de controle interno da Administração e pelo tribunal de contas.

Na forma de regulamento, a implementação das práticas será de responsabilidade da alta administração do órgão ou entidade e levará em consideração os custos e os benefícios decorrentes de sua implementação, optando-se pelas medidas que promovam relações íntegras e confiáveis, com segurança jurídica para todos os envolvidos, e que produzam o resultado mais vantajoso para a Administração, com eficiência, eficácia e efetividade nas contratações públicas.

Para a realização de suas atividades, os órgãos de controle deverão ter acesso irrestrito aos documentos e às informações necessárias à realização dos trabalhos, inclusive aos documentos classificados pelo órgão ou entidade, e o órgão de controle com o qual foi compartilhada eventual informação sigilosa tornar-se-á corresponsável pela manutenção do seu sigilo.

Os integrantes das linhas de defesa observarão o seguinte:

– quando constatarem simples impropriedade formal, adotarão medidas para o seu saneamento e para a mitigação de riscos de sua nova ocorrência, preferencialmente com o aperfeiçoamento dos controles preventivos e com a capacitação dos agentes públicos responsáveis;

– quando constatarem irregularidade que configure dano à Administração, sem prejuízo das medidas pertinentes a simples impropriedade formal, adotarão as providências necessárias para a apuração das infrações administrativas, observadas a segregação de funções e a necessidade de individualização das condutas, bem como remeterão ao Ministério Público competente cópias dos documentos cabíveis para a apuração dos ilícitos de sua competência.

Os órgãos de controle adotarão, na fiscalização, critérios de oportunidade, materialidade, relevância e risco e considerarão as razões apresentadas pelos órgãos e entidades responsáveis e os resultados obtidos com a contratação.

As razões apresentadas pelos órgãos e entidades responsáveis deverão ser encaminhadas aos órgãos de controle até a conclusão da fase de instrução do processo e não poderão ser desentranhadas dos autos.

A omissão na prestação das informações não impedirá as deliberações dos órgãos de controle nem retardará a aplicação de qualquer de seus prazos de tramitação e de deliberação.

Os órgãos de controle desconsiderarão os documentos impertinentes, meramente protelatórios ou de nenhum interesse para o esclarecimento dos fatos.

Qualquer licitante, contratado ou pessoa física ou jurídica poderá representar aos órgãos de controle interno ou ao tribunal de contas competente.

Na fiscalização de controle será observado o seguinte:

I – viabilização de oportunidade de manifestação aos gestores sobre possíveis propostas de encaminhamento que terão impacto significativo nas rotinas de trabalho dos órgãos e entidades fiscalizados, a fim de que eles disponibilizem subsídios para avaliação prévia da relação entre custo e benefício dessas possíveis proposições;

II – adoção de procedimentos objetivos e imparciais e elaboração de relatórios tecnicamente fundamentados, baseados exclusivamente nas evidências obtidas e organizados de acordo com as normas de auditoria do respectivo órgão de controle, de modo a evitar que interesses pessoais e interpretações tendenciosas interfiram na apresentação e no tratamento dos fatos levantados;

III – definição de objetivos, nos regimes de empreitada por preço global, empreitada integral, contratação semi-integrada e contratação integrada, atendidos os requisitos técnicos, legais, orçamentários e financeiros, de acordo com as finalidades da contratação, devendo, ainda, ser perquirida a conformidade do preço global com os parâmetros de mercado para o objeto contratado, considerada inclusive a dimensão geográfica.

Ao suspender cautelarmente o processo licitatório, o tribunal de contas deverá pronunciar-se definitivamente sobre o mérito da irregularidade que tenha dado causa à suspensão no prazo de 25 (vinte e cinco) dias úteis, contado da data do recebimento das informações solicitadas, prorrogável por igual período uma única vez, e definirá objetivamente:

– as causas da ordem de suspensão;

– o modo como será garantido o atendimento do interesse público obstado pela suspensão da licitação, no caso de objetos essenciais ou de contratação por emergência.

Ao ser intimado da ordem de suspensão do processo licitatório, o órgão ou entidade deverá, no prazo de 10 (dez) dias úteis, admitida a prorrogação:

– informar as medidas adotadas para cumprimento da decisão;

– prestar todas as informações cabíveis;

– proceder à apuração de responsabilidade, se for o caso.

O descumprimento ensejará a apuração de responsabilidade e a obrigação de reparação do prejuízo causado ao erário.

A decisão que examinar o mérito da medida cautelar deverá definir as medidas necessárias e adequadas, em face das alternativas possíveis, para o saneamento do processo licitatório, ou determinar a sua anulação.

Os tribunais de contas deverão, por meio de suas escolas de contas, promover eventos de capacitação para os servidores efetivos e empregados públicos designados para o desempenho das funções essenciais à execução da Lei de Licitações, incluídos cursos presenciais e a distância, redes de aprendizagem, seminários e congressos sobre contratações públicas.

CAPÍTULO 37

DOS CONVÊNIOS

Aplicam-se as disposições da Lei Federal nº 14.133/2021, no que couber e na ausência de norma específica, aos convênios, acordos, ajustes e outros instrumentos congêneres celebrados por órgãos e entidades da Administração Pública, na forma estabelecida em regulamento do Poder Executivo federal.

Com a edição da Lei nº 13.019/2014, os convênios poderão ser utilizados exclusivamente:

Dispositivo legal	Aplicação	Instrumento
Lei nº 14.133/2021 (art. 184)	Entre órgãos públicos	Convênios
CF (§1º do art. 199)	Entidades filantrópicas e sem fins lucrativos	Convênios e contratos

CAPÍTULO 38

DAS INFRAÇÕES E SANÇÕES ADMINISTRATIVAS

O licitante ou o contratado será responsabilizado administrativamente pelas seguintes infrações:

I – dar causa à inexecução parcial do contrato;

II – dar causa à inexecução parcial do contrato que cause grave dano à Administração, ao funcionamento dos serviços públicos ou ao interesse coletivo;

III – dar causa à inexecução total do contrato;

IV – deixar de entregar a documentação exigida para o certame;

V – não manter a proposta, salvo em decorrência de fato superveniente devidamente justificado;

VI – não celebrar o contrato ou não entregar a documentação exigida para a contratação, quando convocado dentro do prazo de validade de sua proposta;

VII – ensejar o retardamento da execução ou da entrega do objeto da licitação sem motivo justificado;

VIII – apresentar declaração ou documentação falsa exigida para o certame ou prestar declaração falsa durante a licitação ou a execução do contrato;

IX – fraudar a licitação ou praticar ato fraudulento na execução do contrato;

X – comportar-se de modo inidôneo ou cometer fraude de qualquer natureza;

XI – praticar atos ilícitos com vistas a frustrar os objetivos da licitação;

XII – praticar ato lesivo previsto no art. 5º da Lei nº 12.846, de 1º.8.2013.

Serão aplicadas ao responsável pelas infrações administrativas as seguintes sanções:

I – advertência;

Nos casos de inexecução parcial do contrato, quando não se justificar a imposição de penalidade mais grave.

II – multa;

– calculada na forma do edital ou do contrato, não poderá ser inferior a 0,5% (cinco décimos por cento) nem superior a 30% (trinta por cento) do valor do contrato licitado ou celebrado com contratação direta e será aplicada ao responsável por qualquer das infrações administrativas previstas no art. 155 da Lei nº 14.133/2021;

– poderá ser aplicada conjuntamente com as demais sanções;

– será facultada a defesa do interessado no prazo de 15 (quinze) dias úteis, contado da data de sua intimação.

III – impedimento de licitar e contratar;

Será aplicada ao responsável pelas infrações administrativas previstas nos incs. II, III, IV, V, VI e VII do *caput* do art. 155 da Lei nº 14.133/2021, quando não se justificar a imposição de penalidade mais grave, e impedirá o responsável de licitar ou contratar no âmbito da Administração Pública direta e indireta do ente federativo que tiver aplicado a sanção, pelo prazo máximo de 3 (três) anos.

IV – declaração de inidoneidade para licitar ou contratar.

Será aplicada ao responsável pelas infrações administrativas previstas nos incs. VIII, IX, X, XI e XII do *caput* do art. 155 da Lei nº 14.133/2021, bem como pelas infrações administrativas previstas nos incs. II, III, IV, V, VI e VII do *caput* do referido artigo que justifiquem a imposição de penalidade mais grave que a sanção de impedimento de licitar e contratar com a Administração Pública, e impedirá o responsável de licitar ou contratar no âmbito da Administração Pública direta e indireta de todos os entes federativos, pelo prazo mínimo de 3 (três) anos e máximo de 6 (seis) anos.

A sanção será precedida de análise jurídica e observará as seguintes regras:

– quando aplicada por órgão do Poder Executivo, será de competência exclusiva de ministro de Estado, de secretário estadual ou de secretário municipal e, quando aplicada por autarquia ou fundação, será de competência exclusiva da autoridade máxima da entidade;

– quando aplicada por órgãos dos poderes Legislativo e Judiciário, pelo Ministério Público e pela Defensoria Pública no desempenho da função administrativa, será de competência exclusiva de autoridade de nível hierárquico equivalente às autoridades referidas no item anterior, na forma de regulamento.

Na aplicação das sanções serão considerados:

– a natureza e a gravidade da infração cometida;

– as peculiaridades do caso concreto;

– as circunstâncias agravantes ou atenuantes;

– os danos que dela provierem para a Administração Pública;

– a implantação ou o aperfeiçoamento de programa de integridade, conforme normas e orientações dos órgãos de controle.

Se a multa aplicada e as indenizações cabíveis forem superiores ao valor de pagamento eventualmente devido pela Administração ao contratado, além da perda desse valor, a diferença será descontada da garantia prestada ou será cobrada judicialmente.

A aplicação das sanções não exclui, em hipótese alguma, a obrigação de reparação integral do dano causado à Administração Pública.

Na aplicação das sanções de impedimento de licitar e contratar e declaração de inidoneidade, deverá ser instaurado processo de responsabilização, a ser conduzido por comissão composta de 2 (dois) ou mais servidores estáveis, que avaliará fatos e circunstâncias conhecidos e intimará o licitante ou o contratado para, no prazo de 15 (quinze) dias úteis, contado da data de intimação, apresentar defesa escrita e especificar as provas que pretenda produzir.

Em órgão ou entidade da Administração Pública cujo quadro funcional não seja formado de servidores estatutários, a comissão será composta de 2 (dois) ou mais empregados públicos pertencentes aos seus quadros permanentes, preferencialmente com, no mínimo, 3 (três) anos de tempo de serviço no órgão ou entidade.

Na hipótese de deferimento de pedido de produção de novas provas ou de juntada de provas julgadas indispensáveis pela comissão, o licitante ou o contratado poderá apresentar alegações finais no prazo de 15 (quinze) dias úteis, contado da data da intimação.

Serão indeferidas pela comissão, mediante decisão fundamentada, provas ilícitas, impertinentes, desnecessárias, protelatórias ou intempestivas.

A prescrição ocorrerá em 5 (cinco) anos, contados da ciência da infração pela Administração, e será:

- interrompida pela instauração do processo de responsabilização;
- suspensa pela celebração de acordo de leniência previsto na Lei nº 12.846, de 1º.8.2013;
- suspensa por decisão judicial que inviabilize a conclusão da apuração administrativa.

Os atos previstos como infrações administrativas na Lei nº 14.133 ou em outras leis de licitações e contratos da Administração Pública que também sejam tipificados como atos lesivos na Lei nº 12.846, de 1º.8.2013, serão apurados e julgados conjuntamente, nos mesmos autos, observados o rito procedimental e a autoridade competente definidos na referida lei.

A personalidade jurídica poderá ser desconsiderada sempre que utilizada com abuso do direito para facilitar, encobrir ou dissimular a prática dos atos ilícitos ou para provocar confusão patrimonial, e, nesse caso, todos os efeitos das sanções aplicadas à pessoa jurídica serão estendidos aos seus administradores e sócios com poderes de administração, a pessoa jurídica sucessora ou a empresa do mesmo ramo com relação de coligação ou controle, de fato ou de direito, com o sancionado, observados, em todos os casos, o contraditório, a ampla defesa e a obrigatoriedade de análise jurídica prévia.

Os órgãos e entidades dos poderes Executivo, Legislativo e Judiciário de todos os entes federativos deverão, no prazo máximo 15 (quinze) dias úteis, contado da data de aplicação da sanção, informar e manter atualizados os dados relativos às sanções por eles aplicadas, para fins de publicidade no Cadastro Nacional de Empresas Inidôneas e Suspensas (Ceis) e no Cadastro Nacional de Empresas Punidas (CNEP), instituídos no âmbito do Poder Executivo federal.

O Poder Executivo regulamentará a forma de cômputo e as consequências da soma de diversas sanções aplicadas a uma mesma empresa e derivadas de contratos distintos.

O atraso injustificado na execução do contrato sujeitará o contratado à multa de mora, na forma prevista em edital ou em contrato.

A aplicação de multa de mora não impedirá que a Administração a converta em compensatória e promova a extinção unilateral do contrato com a aplicação cumulada de outras sanções previstas na lei.

É admitida a reabilitação do licitante ou contratado perante a própria autoridade que aplicou a penalidade, exigidos, cumulativamente:

- reparação integral do dano causado à Administração Pública;
- pagamento da multa;
- transcurso do prazo mínimo de 1 (um) ano da aplicação da penalidade, no caso de impedimento de licitar e contratar, ou de 3 (três) anos da aplicação da penalidade, no caso de declaração de inidoneidade;

– cumprimento das condições de reabilitação definidas no ato punitivo;
– análise jurídica prévia, com posicionamento conclusivo quanto ao cumprimento dos requisitos definidos no art. 163 da Lei nº 14.133.

A sanção pelas infrações previstas nos incs. VIII e XII do *caput* do art. 155 da Lei nº 14.133 exigirá, como condição de reabilitação do licitante ou contratado, a implantação ou aperfeiçoamento de programa de integridade pelo responsável.

O Plenário do Tribunal de Contas da União proferiu o Acórdão nº 2.077/2017, em processo de representação sobre ausência de adoção de medida administrativa ante a exigência de indícios da prática de atos tipificados no art. 7º da Lei nº 10.520/02, com a retirada injustificada de propostas de preços, nos seguintes termos: "a aplicação de penalidade não se restringe ao poder judiciário, mas, nos termos das Leis 8.666/1993 e 10.520/2002, também aos entes públicos que exercem a função administrativa; *a apuração das condutas faltosas praticadas por licitantes não consiste em faculdade do gestor* público com tal atribuição, *mas em dever legal*"; devendo adotar as medidas legais em função de tais resultados, tendo como parâmetros norteadores as disposições do art. 7º da Lei nº 10.520/2002 e do Acórdão nº 1.793/2011 – Plenário.

A Lei Federal nº 12.843/2013 dispõe que:

> Art. 23. Os órgãos *ou entidades dos Poderes Executivo, Legislativo e Judiciário de todas as esferas de governo deverão informar e manter atualizados, para fins de publicidade, no Cadastro Nacional de Empresas Inidôneas e Suspensas - CEIS,* de caráter público, instituído no âmbito do Poder Executivo federal, os dados relativos às sanções por eles aplicadas, nos termos do disposto nos arts. 87 e 88 da Lei no 8.666, de 21 de junho de 1993.

Diante do exposto, os órgãos públicos municipais (prefeituras, câmaras, administrações indiretas), quando aplicarem penalidades de *suspensão* ou *inidoneidade* a empresas, nos termos do art. 87 da Lei Federal nº 8.666/93 e art. 7º da Lei Federal nº 10.520/2002, deverão registrar a penalidade no Cadastro Nacional de Empresa Inidôneas e Suspensas (Ceis) e no Cadastro Nacional de Empresas Punidas (CNEP).

ADMINISTRATIVO - LICITAÇÃO - INIDONEIDADE DECRETADA PELA CONTROLADORIA GERAL DA UNIÃO - ATO IMPUGNADO VIA MANDADO DE SEGURANÇA.
1. Empresa que, em processo administrativo regular, teve decretada a sua inidoneidade para licitar e contratar com o Poder Público, com base em fatos concretos.
2. Constitucionalidade da sanção aplicada com respaldo na Lei de Licitações, Lei 8.666/93 (arts. 87e 88).
3. Legalidade do ato administrativo sancionador que observou o devido processo legal, o contraditório e o princípio da proporcionalidade.
4. Inidoneidade que, como sanção, só produz efeito para o futuro (efeito ex nunc), sem interferir nos contratos já existentes e em andamento.
5. Segurança denegada. (STJ. MS nº 13.101/DF 2007/0224011-3. Rel. Min. José Delgado, j. 14.5.2008, S1 – Primeira Seção. *DJe*, 9 dez. 2008)

O Tribunal de Contas da União decidiu que:

a jurisprudência do TCU é clara, com base em julgados do Supremo Tribunal Federal, de que a sanção de declaração de inidoneidade produz efeitos ex-nunc, não afetando, automaticamente, contratos em andamento celebrados antes da aplicação da sanção (Acórdãos 3.002/2010, 1.340/2011 e 1.782/2012, todos do Plenário).

O Tribunal, ao acolher o voto do relator, decidiu não conhecer do pedido de reexame (Acórdão nº 432/2014 – Plenário, TC 028.979/2012-5. Rel. Min. Aroldo Cedraz, 26.2.2014).

O TCU decidiu que a declaração de inidoneidade para participação em licitação:

não pode ser estendida aos sócios e administradores, nem a futuras empresas constituídas com o mesmo quadro societário de empresas declaradas inidôneas, mediante os seguintes fundamentos:

doutrina e precedente do STJ no sentido de que "A desconsideração da personalidade societária ... deve ser precedida de processo administrativo específico, em que sejam assegurados a ampla defesa e o contraditório a todos os interessados";

O Acórdão 2.549/2008 - Plenário, segundo o qual não é possível declarar a inidoneidade dos *sócios* de determinada empresa, em vista do disposto no art. 46 da Lei 8.443/92, que menciona apenas o *licitante* como destinatário da sanção;

o Acórdão 2.809/2009 – Plenário, que "entendeu ser solução jurídica inadequada estender a futuras empresas que viessem a ser criadas as penalidades impostas a empresas envolvidas em conluio". Isso porque "tais empresas sequer existem no mundo jurídico, não lhes tendo sido assegurados, previamente à aplicação da sanção proposta, os direitos constitucionais ao devido processo legal, à ampla defesa e ao contraditório";

poderá ser proibida a participação de empresas constituídas após a apenação, com o mesmo objeto e que tenham em seu quadro societário qualquer dos responsáveis da empresa inidônea ou seus parentes, até o terceiro grau, porque:

Nesse caso, poderá ser desconsiderada a personalidade jurídica para estender os efeitos da sanção imposta pelo TCU a eventuais empresas *fundadas com o intuito de ultrapassar a proibição de licitar com a Administração Pública* (Acórdão 2.549/2008 e 2.809/2009, ambos do Plenário). (Acórdão nº 495/2013 – Plenário, TC 015.452/2011-5. Rel. Min. Raimundo Carreiro, 13.3.2013) (Grifos nossos)

CAPÍTULO 39

DOS CRIMES EM LICITAÇÕES E CONTRATOS ADMINISTRATIVOS

Foram incluídos no Código Penal brasileiro, por força da Lei Federal nº 14.133, as seguintes condutas criminosas:
– *Contratação direta ilegal*

> Art. 337-E. Admitir, possibilitar ou dar causa à contratação direta fora das hipóteses previstas em lei:
> Pena - reclusão, de 4 (quatro) a 8 (oito) anos, e multa.

– *Frustração do caráter competitivo de licitação*

> Art. 337-F. Frustrar ou fraudar, com o intuito de obter para si ou para outrem vantagem decorrente da adjudicação do objeto da licitação, o caráter competitivo do processo licitatório:
> Pena - reclusão, de 4 (quatro) anos a 8 (oito) anos, e multa.

– *Patrocínio de contratação indevida*

> Art. 337-G. Patrocinar, direta ou indiretamente, interesse privado perante a Administração Pública, dando causa à instauração de licitação ou à celebração de contrato cuja invalidação vier a ser decretada pelo Poder Judiciário:
> Pena - reclusão, de 6 (seis) meses a 3 (três) anos, e multa.

– *Modificação ou pagamento irregular em contrato administrativo*

> Art. 337-H. Admitir, possibilitar ou dar causa a qualquer modificação ou vantagem, inclusive prorrogação contratual, em favor do contratado, durante a execução dos contratos celebrados com a Administração Pública, sem autorização em lei, no edital da licitação ou nos respectivos instrumentos contratuais, ou, ainda, pagar fatura com preterição da ordem cronológica de sua exigibilidade:
> Pena - reclusão, de 4 (quatro) anos a 8 (oito) anos, e multa.

— Perturbação de processo licitatório

Art. 337-I. Impedir, perturbar ou fraudar a realização de qualquer ato de processo licitatório:
Pena - detenção, de 6 (seis) meses a 3 (três) anos, e multa.

— Violação de sigilo em licitação

Art. 337-J. Devassar o sigilo de proposta apresentada em processo licitatório ou proporcionar a terceiro o ensejo de devassá-lo:
Pena - detenção, de 2 (dois) anos a 3 (três) anos, e multa.

— Afastamento de licitante

Art. 337-K. Afastar ou tentar afastar licitante por meio de violência, grave ameaça, fraude ou oferecimento de vantagem de qualquer tipo:
Pena - reclusão, de 3 (três) anos a 5 (cinco) anos, e multa, além da pena correspondente à violência.
Parágrafo único. Incorre na mesma pena quem se abstém ou desiste de licitar em razão de vantagem oferecida.

— Fraude em licitação ou contrato

Art. 337-L. Fraudar, em prejuízo da Administração Pública, licitação ou contrato dela decorrente, mediante:
I - entrega de mercadoria ou prestação de serviços com qualidade ou em quantidade diversas das previstas no edital ou nos instrumentos contratuais;
II - fornecimento, como verdadeira ou perfeita, de mercadoria falsificada, deteriorada, inservível para consumo ou com prazo de validade vencido;
III - entrega de uma mercadoria por outra;
IV - alteração da substância, qualidade ou quantidade da mercadoria ou do serviço fornecido;
V - qualquer meio fraudulento que torne injustamente mais onerosa para a Administração Pública a proposta ou a execução do contrato:
Pena - reclusão, de 4 (quatro) anos a 8 (oito) anos, e multa.

— Contratação inidônea

Art. 337-M. Admitir à licitação empresa ou profissional declarado inidôneo:
Pena - reclusão, de 1 (um) ano a 3 (três) anos, e multa.
§1º Celebrar contrato com empresa ou profissional declarado inidôneo:
Pena - reclusão, de 3 (três) anos a 6 (seis) anos, e multa.
§2º Incide na mesma pena do caput deste artigo aquele que, declarado inidôneo, venha a participar de licitação e, na mesma pena do §1º deste artigo, aquele que, declarado inidôneo, venha a contratar com a Administração Pública.

– Impedimento indevido

Art. 337-N. Obstar, impedir ou dificultar injustamente a inscrição de qualquer interessado nos registros cadastrais ou promover indevidamente a alteração, a suspensão ou o cancelamento de registro do inscrito:
Pena - reclusão, de 6 (seis) meses a 2 (dois) anos, e multa.

– Omissão grave de dado ou de informação por projetista

Art. 337-O. Omitir, modificar ou entregar à Administração Pública levantamento cadastral ou condição de contorno em relevante dissonância com a realidade, em frustração ao caráter competitivo da licitação ou em detrimento da seleção da proposta mais vantajosa para a Administração Pública, em contratação para a elaboração de projeto básico, projeto executivo ou anteprojeto, em diálogo competitivo ou em procedimento de manifestação de interesse:
Pena - reclusão, de 6 (seis) meses a 3 (três) anos, e multa.
§1º Consideram-se condição de contorno as informações e os levantamentos suficientes e necessários para a definição da solução de projeto e dos respectivos preços pelo licitante, incluídos sondagens, topografia, estudos de demanda, condições ambientais e demais elementos ambientais impactantes, considerados requisitos mínimos ou obrigatórios em normas técnicas que orientam a elaboração de projetos.
§2º Se o crime é praticado com o fim de obter benefício, direto ou indireto, próprio ou de outrem, aplica-se em dobro a pena prevista no caput deste artigo.
Art. 337-P. A pena de multa cominada aos crimes previstos neste Capítulo seguirá a metodologia de cálculo prevista neste Código e não poderá ser inferior a 2% (dois por cento) do valor do contrato licitado ou celebrado com contratação direta.

Com a inclusão no Código Penal dos tipos penais da Lei nº 14.133, de 2021, aplica-se o §4º do art. 33 do referido Código:

Art. 33. A pena de reclusão deve ser cumprida em regime fechado, semi-aberto ou aberto. A de detenção, em regime semi-aberto, ou aberto, salvo necessidade de transferência a regime fechado. [...]
§4º O condenado por crime contra a administração pública terá a progressão de regime do cumprimento da pena condicionada à reparação do dano que causou, ou à devolução do produto do ilícito praticado, com os acréscimos legais.

PARTE 2

PRÁTICA (MODELOS)

1

MODELOS DE ATOS NORMATIVOS

DECRETO Nº _____, DE ___ DE _____ DE 20__

DISPÕE SOBRE O PLANO DE CONTRATAÇÕES ANUAL E INSTITUI O SISTEMA DE PLANEJAMENTO E GERENCIAMENTO DE CONTRATAÇÕES DO MUNICÍPIO DE _____

O Prefeito do Município de _____, no uso das atribuições que lhe confere o art. _____ da Lei Orgânica Municipal, e considerando o disposto no inciso VII do *caput* do art. 12 da Lei Federal nº 14.133, de 1º de abril de 2021,

DECRETA:

Art. 1º Este Decreto e regulamenta o inciso VII do *caput* do art. 12 da Lei Federal nº 14.133, de 1º de abril de 2021, para dispor sobre o Plano de Contratações Anual e instituir o Sistema de Planejamento e Gerenciamento de Contratações – PGC, no município de _____.

Art. 2º Para fins do disposto neste Decreto, considera-se:

I – autoridade competente: agente público com poder de decisão indicado formalmente como responsável por autorizar as licitações, os contratos ou a ordenação de despesas realizados no âmbito do município, ou, ainda, por encaminhar os processos de contratação para as centrais de compras de que trata o art. 181 da Lei nº 14.133, de 2021;

II – requisitante: agente ou unidade responsável por identificar a necessidade de contratação de bens, serviços e obras e requerê-la;

III – área técnica: agente ou unidade com conhecimento técnico-operacional sobre o objeto demandado, responsável por analisar o documento de formalização de demanda, e promover a agregação de valor e a compilação de necessidades de mesma natureza;

IV – formulário de programação anual de contratação: documento em que a área requisitante evidencia e detalha a necessidade de contratação;

V – plano de contratações anual: documento que consolida as demandas que o órgão ou a entidade planeja contratar no exercício subsequente ao de sua elaboração;

VI – setor de contratações: unidade responsável pelo planejamento, pela coordenação e pelo acompanhamento das ações destinadas às contratações, no âmbito do município; e

VII – PGC: ferramenta informatizada integrante da plataforma do Sistema de Informática do município, para elaboração e acompanhamento do plano de contratações anual do município de _____;

VIII – Plano de Contratação Anual – PCA: documento que consolida as demandas que o município planeja contratar no exercício subsequente ao de sua elaboração.

§1º Os papéis de requisitante e de área técnica poderão ser exercidos pelo mesmo agente público ou unidade, desde que, no exercício dessas atribuições, detenha conhecimento técnico-operacional sobre o objeto demandado, observado o disposto no inciso III do *caput*.

§2º A definição dos requisitantes e das áreas técnicas não ensejará, obrigatoriamente, a criação de novas estruturas nas unidades organizacionais.

Art. 3º A elaboração do plano de contratações anual tem como objetivos:

I – racionalizar as contratações das secretarias, por meio da promoção de contratações centralizadas e compartilhadas, a fim de obter economia de escala, padronização de produtos e serviços e redução de custos processuais;

II – garantir o alinhamento com o planejamento estratégico, o plano diretor de logística sustentável e outros instrumentos de governança existentes;

III – subsidiar a elaboração da lei orçamentária;

IV – evitar o fracionamento de despesas; e

V – sinalizar intenções ao mercado fornecedor, de forma a aumentar o diálogo potencial com o mercado e incrementar a competitividade.

Art. 4º Ficam dispensadas de registro no plano de contratações anual:

I – as contratações que envolvam valores inferiores ao limite fixado no inciso I do art. 75 da Lei 14.133, de 2021, no caso de obras e serviços de engenharia ou de serviços de manutenção de veículos automotores;

II – as contratações que envolvam valores inferiores ao limite fixado no inciso II do art. 75 da Lei 14.133, de 2021, no caso de outros serviços e compras.

Art. 5º Para elaboração do plano de contratações anual, o requisitante preencherá o formulário de programação anual de contratação, na forma do Anexo I, com as seguintes informações:

I – justificativa da necessidade da contratação;

II – descrição sucinta do objeto;

III – quantidade a ser contratada, quando couber, considerada a expectativa de consumo anual;

IV – estimativa preliminar do valor da contratação, por meio de procedimento simplificado, de acordo com as orientações da Secretaria de _____;

V – indicação da data pretendida para a conclusão da contratação, a fim de não gerar prejuízos ou descontinuidade das atividades do órgão ou da entidade;

VI – grau de prioridade da compra ou da contratação em baixo, médio ou alto, de acordo com a metodologia estabelecida pelo órgão ou pela entidade contratante;

VII – indicação de vinculação ou dependência com o objeto de outro documento de formalização de demanda para a sua execução, com vistas a determinar a sequência em que as contratações serão realizadas; e

VIII – nome da área requisitante ou técnica com a identificação do responsável.

Art. 6º As informações de que trata o art. 3º serão formalizadas até o mês de _____ do ano de elaboração do plano de contratações anual.

Art. 7º Encerrado o prazo previsto no art. 6º, o setor de contratações consolidará as demandas encaminhadas pelos requisitantes ou pelas áreas técnicas e adotará as medidas necessárias para:

I – agregar, sempre que possível, os documentos de formalização de demanda com objetos de mesma natureza com vistas à racionalização de esforços de contratação e à economia de escala;

II – adequar e consolidar o plano de contratações anual, observado o disposto no art. 5º; e

III – elaborar o calendário de contratação, por grau de prioridade da demanda, consideradas a data estimada para o início do processo de contratação e a disponibilidade orçamentária e financeira.

§1º O prazo para tramitação do processo de contratação ao setor de contratações constará do calendário de que trata o inciso III do *caput*.

§2º O processo de contratação de que trata o §1º será acompanhado de estudo técnico preliminar, quando cabível, termo de referência, anteprojeto ou projeto básico, considerado o tempo necessário para realizar o procedimento ante a disponibilidade da força de trabalho na instrução do processo.

§3º O setor de contratações concluirá a consolidação do plano de contratações anual até ___ de _____ do ano de sua elaboração e o encaminhará para aprovação da autoridade competente.

Art. 8º Até a primeira quinzena do mês de _____ do ano de elaboração do plano de contratações anual, a autoridade competente aprovará as contratações nele previstas.

§1º A autoridade competente poderá reprovar itens do plano de contratações anual ou devolvê-lo ao setor de contratações, se necessário, para realizar adequações junto às áreas requisitantes ou técnicas, observado o prazo previsto no *caput*.

§2º O plano de contratações anual aprovado pela autoridade competente será disponibilizado no sítio oficial do Município.

Art. 9º Durante o ano de sua elaboração, o plano de contratações anual poderá ser revisado e alterado por meio de inclusão, exclusão ou redimensionamento de itens, nas seguintes hipóteses:

I – no período de _____ a _____ do ano de elaboração do plano de contratações anual, para a sua adequação à proposta orçamentária do órgão ou da entidade encaminhada ao Poder Legislativo; e

II – na quinzena posterior à publicação da Lei Orçamentária Anual, para adequação do plano de contratações anual ao orçamento aprovado para aquele exercício.

Parágrafo único. Nas hipóteses deste artigo, as alterações no plano de contratações anual serão aprovadas pela autoridade competente em até 10 (dez) dias contados do encerramento dos prazos de que trata os incisos I e II do *caput*.

Art. 10. O Setor de contratações elaborará o calendário de licitações em consonância com as informações enviadas pelas áreas requisitantes.

Art. 11. As áreas requisitantes, quando do envio dos processos de contratações dos seus itens ao Setor de Contratações, deverão observar o prazo para início da instrução processual a fim de que o objeto pretendido seja contratado na data desejada.

Parágrafo único. Para a contratação dos itens dentro do prazo desejado pela área requisitante, a instrução processual deverá ter início considerando os prazos indicados a seguir:

I – O prazo mínimo de _____ (_____) dias de antecedência para a instrução processual dos itens, considerando histórico de contratação anterior ou outras experiências, que tratem de novas contratações de bens e serviços a serem contratados nas modalidades licitatórias previstas na legislação vigente; e

II – O prazo mínimo de ____ (_____) dias de antecedência para a instrução processual de itens referentes a dispensa de licitação, inexigibilidade de licitação e adesão a ata de registro de preços.

Art. 12. As demandas constantes do Plano de Contratações Anual (PCA) para a efetiva contratação deverão ser encaminhadas ao Setor de _____ com a antecedência necessária para o cumprimento da data estimada, acompanhadas da devida instrução processual, de acordo com os normativos que regerem o assunto, considerando os prazos elencados no art. 11.

Art. 13. Na execução do Plano de Contratações Anual (PCA), o Setor de _____ observará se as demandas a ele encaminhadas constam no Plano vigente.

§1º As demandas que não constarem do Plano de Contratações Anual (PCA) ensejarão a sua revisão, caso justificadas, mediante aprovação da Autoridade Competente, ou a quem esta delegar.

§2º Caberá à área requisitante solicitar à Autoridade Competente, mediante justificativa, a autorização para inclusão de demanda não registrada no PCA.

§3º Durante a execução do Plano de Contratações Anual (PCA), o Setor de Contratações acompanhará o calendário de licitações, visando verificar os itens que estão com suas datas de início de instrução processual em atraso, promovendo bimensalmente, ou em outro período que a área achar necessário, o alerta às Áreas Requisitantes.

§4º As Áreas Requisitantes poderão solicitar a alteração da data desejada para a contratação do item, postergando a contratação, transferindo para o Plano de Contratações Anual (PCA) do ano subsequente ou solicitando o cancelamento do item no Plano vigente, assim como qualquer outra informação referente ao item, desde que com a devida justificativa e autorização da Autoridade Competente.

§5º Durante a execução do Plano, os procedimentos de contratações, registrados no Plano vigente, enviados após a primeira quinzena do mês de _____, por não haver mais tempo hábil para a execução, exceto os que tiverem seu enquadramento identificado como dispensa, inexigibilidade e adesão, considerando os prazos do art. 11, serão inseridos, automaticamente, pelo Setor de Contratações ou pela Área Técnica correspondente, no Plano de Contratações Anual (PCA) subsequente.

§6º A demanda registrada e não enviada até a primeira quinzena do mês de _____ será cancelada no PCA pelo Setor de _____, podendo ser cadastrada no PCA do ano subsequente a partir de manifestação da área requisitante.

§7º Os processos licitatórios a que se referem as demandas previstas no §6º, se cadastradas no PCA do ano subsequente, poderão ser deflagrados no ano em curso, devendo a homologação ocorrer no ano subsequente.

Art. 14. A partir do mês de _____ do ano de execução do plano de contratações anual, os setores de contratações elaborarão, de acordo com as orientações da Secretaria de _____, relatórios de riscos referentes à provável não efetivação da contratação de itens constantes do plano de contratações anual até o término daquele exercício.

§1º O relatório de gestão de riscos terá frequência mínima bimestral e sua apresentação deverá ocorrer, no mínimo, nos meses de abril, julho e outubro de cada ano.

§2º O relatório de que trata o §1º será encaminhado à autoridade competente para adoção das medidas de correção pertinentes.

§3º Ao final do ano de vigência do plano de contratações anual, as contratações planejadas e não realizadas serão justificadas quanto aos motivos de sua não consecução, e, se permanecerem necessárias, serão incorporadas ao plano de contratações referente ao ano subsequente.

Art. 15. O Plano de Contratações Anual (PCA) será disponibilizado automaticamente no Portal Nacional de Contratações Públicas (PNCP), após a aprovação pela Autoridade Competente.

Parágrafo único. Será disponibilizado no sítio eletrônico o endereço de acesso ao Plano de Contratações Anual (PCA) no Portal Nacional de Contratações Públicas, no prazo de 15 (quinze) dias, contados da data de encerramento das etapas de revisão e redimensionamento.

Art. 16. Os dirigentes e os servidores que utilizarem o PGC responderão administrativa, civil e penalmente por ato ou fato que caracterize o uso indevido de senhas de acesso ou que transgrida as normas de segurança instituídas.

Art. 17. Faz parte integrante deste Decreto o Anexo I – Programação Anual de Compras por Unidade Orçamentária.

Art. 18. Este Decreto entra em vigor na data de sua publicação.

_____, _____ de _____ de 20__
PREFEITO MUNICIPAL

ANEXO I – DECRETO MUNICIPAL Nº _____, DE ____DE _____ DE 20___

PROGRAMAÇÃO ANUAL DE CONTRATAÇÕES POR UNIDADE ORÇAMENTÁRIA ANO DE APLICAÇÃO: _____	
Órgão/Secretaria	
Descrição sucinta do objeto	
Finalidade da Contratação	
Valor estimado da contratação para o ano	
Fonte de recurso	
Data estimada para iniciar a compra, execução do serviço ou obra	

DECRETO Nº _____, DE ___ DE _____ DE 20__

APROVA O PLANO DE CONTRATAÇÕES DO MUNICÍPIO DE _____, PARA O ANO DE _____

O Prefeito do Município de _____, no uso das atribuições que lhe confere o art. _____ da Lei Orgânica Municipal, e considerando o disposto no art. 9º do Decreto Municipal nº _____, de _____*(informar o Decreto que dispõe sobre o PAC e o artigo que determina sua aprovação).*

DECRETA:

Art. 1º Fica aprovado o Plano de Contratação do Município de _____, para o ano de _____, a ser observado na realização de licitações e contratações, na forma do Anexo I deste Decreto.

Art. 2º O Plano de Contração Anual deverá ser divulgado e mantido à disposição do público no *site* da prefeitura municipal, em cumprimento ao disposto no §1º do art. 12 da Lei 14.1333/2021.

Art. 3º Este Decreto entra em vigor na data de sua publicação.

_____, ____ de _____ de 20__

PREFEITO MUNICIPAL

ANEXO I – DECRETO MUNICIPAL Nº _____, DE ____ DE _____ DE 20___

PLANO ANUAL DE CONTRATAÇÕES – ANO DE APLICAÇÃO: _____			
SÍNTESE DO OBJETO	DATA ESTIMADA PARA INÍCIO DO PROCESSO DE CONTRATAÇÃO	ÓRGÃO/ SECRETARIA	VALOR ESTIMADO PARA O ANO R$
TOTAL ESTIMADO DO OBJETO			
SÍNTESE DO OBJETO	DATA ESTIMADA PARA INÍCIO DO PROCESSO DE CONTRATAÇÃO	ÓRGÃO/ SECRETARIA	VALOR ESTIMADO PARA O ANO R$
TOTAL ESTIMADO DO OBJETO			

DECRETO Nº_____, DE _____ DE _____ DE 20__

DISPÕE SOBRE A ATUAÇÃO DO PREGOEIRO E DOS AGENTES ESPECIFICADOS NO §3º DO ART. 8º DA LEI FEDERAL 14.133/2021 NO MUNICÍPIO DE _____

O Prefeito de _____, Estado de Minas Gerais, no uso de suas atribuições legais, de conformidade com o inciso, art. ____ da Lei Orgânica Municipal, e tendo em vista o disposto no §3º do art. 8º da Lei Federal nº 14.133, de 1º de abril de 2021,

DECRETA:

Art. 1º As regras de atuação do pregoeiro, agente de contratação e da equipe de apoio, ao funcionamento da comissão de contratação e à atuação de fiscais e gestores de contratos, no âmbito do Poder Executivo do Município de _____, passam a ser regulamentadas por este Decreto.

Art. 2º Para os efeitos deste Decreto, consideram-se as seguintes definições:

I – Agente de Contratação: pessoa designada pela autoridade competente, entre servidores efetivos ou empregados públicos dos quadros permanentes do Município, para tomar decisões, acompanhar o trâmite da licitação, dispensa ou inexigibilidade, dar impulso ao procedimento licitatório e executar quaisquer outras atividades necessárias ao bom andamento do certame até a homologação;

II – Equipe de Apoio: servidores designados para auxiliar o agente de contratação ou pregoeiro no exercício de suas atribuições;

III – Comissão de Contratação: conjunto de agentes públicos indicados pela Administração, em caráter permanente ou especial, com a função de receber, examinar e julgar documentos relativos às licitações e aos procedimentos auxiliares;

IV – Fiscal do Contrato: agente público designado para acompanhar, fiscalizar e supervisionar, em campo, a execução do objeto dos contratos administrativos firmados pela Administração Pública;

V – Gestor do Contrato: agente público designado para controlar contratos administrativos, de modo a promover as medidas necessárias à correta execução do objeto contratado, de acordo com as condições previstas no ato convocatório, no instrumento de contrato e na legislação aplicada;

VI – Pregoeiro: pessoa designada pela autoridade competente, entre servidores públicos do Município, para tomar decisões, acompanhar o trâmite da licitação na modalidade pregão, dar impulso ao procedimento licitatório e executar quaisquer outras atividades necessárias ao bom andamento do certame até a homologação.

Art. 3º O agente público designado para o cumprimento do disposto neste Decreto não poderá ser cônjuge ou companheiro de licitantes ou contratados habituais da administração, nem ter com eles vínculo de parentesco, colateral ou por afinidade, até o terceiro grau, ou de natureza técnica, comercial, econômica, financeira, trabalhista e civil.

Parágrafo único. Consideram-se habituais os contratados que possuam contratos vigentes com o Executivo Municipal no ano em que for designado o agente público.

Art. 4º O pregoeiro, o agente de contratação e o respectivo suplente serão designados pela autoridade competente, em caráter permanente ou especial, conforme disposto no art. 8º da Lei 14.133/2021.

Art. 5º A Comissão de Contratação, será designada, em caráter permanente ou especial, com a função de receber, examinar e julgar documentos relativos às licitações e aos procedimentos auxiliares.

Parágrafo único. O diálogo competitivo será conduzido por comissão de contratação, admitida a contratação de profissionais para assessoramento técnico da comissão.

Art. 6º A equipe de apoio e os seus respectivos suplentes serão designados para auxiliar o agente de contratação ou pregoeiro na licitação.

Parágrafo único. A Equipe de Apoio será formada por, no mínimo, 3 (três) membros, preferencialmente servidores efetivos ou empregados públicos, pertencentes aos quadros da Administração Pública Municipal.

Art. 7º Caberá ao Pregoeiro, ao Agente de Contratação e à Comissão de Contratação, em especial:

I – dar impulso ao procedimento, tomar decisões em prol da boa condução da licitação, inclusive por meio de demandas às áreas das unidades de contratações, descentralizadas ou não, para fins de saneamento da fase preparatória, caso necessário;

II – acompanhar os trâmites da licitação e promover diligências, caso sejam necessárias;

III – conduzir e coordenar a sessão pública da licitação e promover o recebimento das propostas, a análise de sua aceitabilidade e sua classificação, bem como a análise dos documentos fiscais.

IV – receber, examinar e decidir as impugnações e os pedidos de esclarecimentos ao edital e aos seus anexos e requisitar subsídios formais aos responsáveis pela elaboração desses documentos, caso necessário;

V – sanear erros ou falhas que não alterem a substância das propostas;

VI – negociar, quando for o caso, condições mais vantajosas com o primeiro colocado;

VII – indicar o vencedor do certame;

VIII – conduzir os trabalhos da equipe de apoio; e

IX – encaminhar o processo instruído, após encerradas as fases de julgamento e de habilitação e exauridos os recursos administrativos, à autoridade superior para adjudicação e para homologação.

Art. 8º O Fiscal do contrato será designado pelo Secretário Municipal da pasta, mediante Portaria, com a indicação resumida do objeto do contrato, o número do procedimento licitatório, dispensa ou inexigibilidade que originou a contratação.

§1º Para o exercício da função, o fiscal do contrato, deverá ser formalmente cientificado da indicação e das respectivas atribuições fixadas neste decreto antes da formalização do ato de designação.

§2º O Fiscal do Contrato será, preferencialmente, escolhido conforme as competências e conhecimentos técnicos compatíveis com o objeto da fiscalização, e poderá ser designado para a fiscalização de mais de 1 (um) instrumento contratual.

Art. 9º Compete ao Fiscal de Contrato, em especial:

I – Acompanhar a execução contratual em seus aspectos qualitativos e quantitativos;

II – Registrar todas as ocorrências surgidas durante a execução do contrato;

III – Determinar a reparação, correção, remoção, reconstrução ou substituição, a expensas da contratada, no total ou em parte, do objeto contratado em que se verificarem vícios, defeitos ou incorreções resultantes de sua execução;

IV – Receber o objeto do contrato mediante termo assinado pelas partes;

V – Rejeitar, no todo ou em parte, serviço ou fornecimento de objeto em desacordo com as especificações contidas no contrato;

VI – Exigir e assegurar o cumprimento dos prazos previamente estabelecidos no contrato e instrumentos dele decorrentes;

VII – Exigir o cumprimento das cláusulas do contrato e respectivos termos aditivos;

VIII – Atestar as notas fiscais e faturas;

IX – Comunicar ao Gestor do Contrato, em tempo hábil, qualquer ocorrência que requeira a tomada de decisões ou providências que ultrapassem o seu âmbito de competência, em face de risco ou iminência de prejuízo ao interesse público;

X – Aprovar a medição dos serviços efetivamente realizados, em consonância com o previsto no contrato;

XI – Emitir atestado de avaliação do serviço prestado ou do objeto recebido;

XII – Conhecer os termos do edital e as condições do contrato, em especial os prazos, os cronogramas, as obrigações das partes, os casos de rescisão, a existência de cláusula de reajuste, se for o caso, e as hipóteses de aditamento;

XIII – Acompanhar e fiscalizar a execução da obra, do serviço ou do fornecimento de bens, em estrita observância ao edital e ao contrato;

XIV – Juntar documentos, registrar telefonemas, fazer anotações, redigir atas de reunião, anexar correspondências, inclusive as eletrônicas, e quaisquer documentos relativos à execução do contrato, no processo de fiscalização;

XV – Registrar todas as ocorrências durante a execução do contrato, notificando o contratado, por escrito, a sanar os problemas em prazo hábil, a ser estipulado de acordo com o caso concreto;

XVI – Fazer cumprir fielmente as obrigações avençadas, relatando por escrito e sugerindo à autoridade superior a aplicação das sanções, na forma do edital e do contrato, no caso de inadimplência, garantindo ao contratado o direito de defesa;

XVI – Conferir a conclusão das etapas e o cumprimento das condições de pagamento no caso de obras ou serviços de engenharia;

XVII – Dar recebimento provisório das obras, serviços e compras mediante termo circunstanciado.

Art. 10. O Gestor de Contrato será o agente público do órgão integrante da Administração Pública Municipal indicado pelo dirigente da área responsável pela demanda técnica ao Secretário Municipal, que o designará por meio de Portaria publicada no Diário Oficial do Município, contendo o nome completo, a identificação funcional, o cargo ou função pública exercida pelo agente público, a indicação do substituto em caso de ausência e a descrição resumida do objeto do contrato, bem como o número do procedimento licitatório, dispensa ou inexigibilidade que originou a contratação.

§1º O Gestor de Contrato deve estar lotado na unidade administrativa da Secretaria Municipal demandante da contratação, responsável pela fiscalização ou supervisão das atividades a que o contrato esteja relacionado.

§2º O Gestor de Contrato será, preferencialmente, escolhido conforme a sua capacitação técnica em relação ao objeto do contrato e poderá ser designado para o gerenciamento de mais de 1 (um) instrumento contratual.

§3º Para o exercício da função, o Gestor do contrato, deverá ser formalmente cientificado da indicação e das respectivas atribuições fixadas neste decreto, antes da formalização do ato de designação.

Art. 11. São atribuições do Gestor de Contrato, em especial:

I – Zelar pelo fiel cumprimento do contrato que tiver sido formalmente designado, dispensando especial atenção às cláusulas referentes às obrigações contratuais;

II – Acompanhar o trâmite processual desde a assinatura até a emissão do Relatório Final de Acompanhamento da Execução das atividades desenvolvidas por força do ajuste contratual;

III – Dar suporte ao Fiscal do Contrato oferecendo subsídios e orientações para as atividades daquele;

IV – Solicitar, em tempo hábil, aos seus superiores as decisões e as providências que ultrapassarem a sua competência para a adoção das medidas convenientes;

V – Prestar à Secretaria de _____, por escrito, as informações solicitadas a respeito da execução do(s) contrato(s) sob sua responsabilidade;

VI – Aferir junto com o Fiscal do Contrato, todos os documentos de habilitação para pagamento, inclusive o Relatório Circunstanciado de Execução do Contrato, corrigindo eventuais inconsistências identificadas quando na sua não aprovação;

VII – Acompanhar o registro de pagamentos efetuados, observando o saldo de empenho, compatibilizando com as informações relativas à execução financeira e orçamentária;

VIII – Adotar providências, junto à unidade competente, visando à garantia da disponibilidade orçamentária e financeira durante toda a vigência contratual, bem como a emissão das notas de empenhos nos valores e saldos necessários;

IX – Solicitar à _____ manifestação quanto à disponibilidade orçamentária para a cobertura de despesas relativas a aditamentos contratuais que venham a alterar o valor do contrato ou da nota de empenho emitida;

X – Solicitar à _____ o cancelamento total ou parcial do empenho, os reforços, e as inscrições em restos a pagar, quando for o caso;

XI – Promover o controle das garantias financeiras apresentadas pelas contratadas;

XII – Analisar todas as modificações no projeto pretendidas pela contratada, recomendando que o processo seja submetido à Procuradoria Jurídica, quando necessário;

XIII – Dar ciência à Área Técnica Demandante e à _____, sobre alterações necessárias ao projeto e suas consequências no custo originalmente previsto;

XIV – Realizar pesquisa no mercado e/ou órgãos de outra(s) Administração(ões) Pública(s) Municipal(is) sobre valores pagos pelos serviços e bens similares cuja prorrogação, repactuação, renovação, revisão, reajuste de preços, reequilíbrio econômico-financeiro, esteja sendo requerido;

XV – Responsabilizar-se pela guarda documental, envolvendo os processos de fiscalização, até a efetivação do último pagamento relativo à contratação.

Art. 12. Os fiscais de contratos e gestores de contratos poderão ser assistidos e subsidiados por terceiros contratados pela administração, conforme estabelecido no §3º do art. 8º da Lei Federal 14.133/2021.

§1º A possibilidade de contratação de terceiros para assistir e subsidiar o Fiscal e o Gestor de Contrato com informações pertinentes às suas atribuições deverá ser prevista, sempre que possível, pelo órgão ou pela entidade demandante no respectivo Termo de Referência ou Projeto Básico e, por conseguinte, constar expressamente do contrato celebrado entre a Administração Pública Municipal e o particular.

§2º A contratação de terceiros não exime as atribuições do Fiscal e do Gestor de Contrato, cabendo-lhes adotar as providências necessárias visando à fiel execução do contrato.

§3º Em observância ao princípio da economicidade, a contratação de terceiros somente poderá ser realizada se o objeto contratado exigir informações especializadas, insupríveis por pessoal pertencente aos quadros de agentes públicos municipais.

Art. 13. Este Decreto entrará em vigor na data de sua publicação.

_____de _____, ___ de _____ de 20__.

PREFEITO MUNICIPAL

DECRETO Nº ____, DE _____ DE _____ DE _____

REGULAMENTA O ART. 20 DA LEI FEDERAL Nº 14.133, DE 1º DE ABRIL DE 2021 NO ÂMBITO DO MUNICÍPIO DE _____

O Prefeito do Município de _____, Estado de Minas Gerais, no uso das atribuições que lhe confere o inciso ___ do art. ____ da Lei Orgânica Municipal,

DECRETA:

Art. 1º Este Decreto regulamenta o disposto no art. 20 da Lei Federal nº 14.133, de 1º de abril de 2021, para estabelecer o enquadramento dos bens adquiridos nas categorias de comum e de luxo.

Art. 2º Para fins do disposto neste Decreto, considera-se:

I – bem de luxo: bem de consumo cujas características extrapolem às necessidades da Administração, reconhecíveis por meio de qualidades que indiquem:

a) ostentação;

b) magnificência;

c) apelo estético; ou

d) refinamento;

II – bem de qualidade comum: bem de consumo cujas características essenciais são indispensáveis ao atendimento da necessidade da Administração;

III – bem de consumo: todo material que atenda a, no mínimo, um dos seguintes critérios:

a) durabilidade: em uso normal, perde ou reduz as suas condições de uso, no prazo de dois anos;

b) vulnerabilidade: facilmente quebradiço ou deformável, de modo irrecuperável ou com perda de sua identidade;

c) perecibilidade: sujeito a modificações químicas ou físicas que levam à deterioração ou à perda de suas condições de uso com o decorrer do tempo;

d) integrabilidade: que se incorpora em outro bem, ainda que suas características originais sejam alteradas, de modo que sua retirada acarrete prejuízo à essência do bem principal; ou

e) alterabilidade: adquirido para fins de utilização como matéria-prima ou matéria intermediária para a geração de outro bem;

Art. 3º Não será enquadrado como bem de luxo aquele que, mesmo considerado na definição do inciso I do *caput* do art. 2º:

I – for adquirido a preço similar ou inferior ao preço do bem de qualidade comum de mesma natureza; ou

II – tenha as características superiores justificadas em face da necessidade do ente.

Art. 4º É vedada a aquisição de bens de consumo enquadrados como bens de luxo, nos termos do inciso I do art. 2º deste Decreto.

Art. 5º O setor de _____ do Poder Executivo do Município de _____, ao identificar bens de consumo de luxo no DFD – Documento de Formalização de Demanda, Termo de Referência e/ou Projeto Básico, conforme disposto no artigo 2º deste Decreto, requererá ao setor requisitante a supressão ou substituição dos bens ou a demonstração do enquadramento ao disposto no artigo 3º deste Decreto, antes da publicação do edital de licitação ou da compra direta.

Art. 6º Quando executar recursos decorrentes de transferências voluntárias da União, o Executivo Municipal deverá observar as regras de enquadramento de bens de luxo dispostas no Decreto Federal nº 10.818, de 27 de setembro de 2021, ou outro que venha a substituí-lo.

Art. 7º Este Decreto entra em vigor na data de sua publicação.

_____, ___ de _____ de 20_____.

PREFEITO MUNICIPAL

DECRETO Nº ____, DE __DE _____ DE ____.

REGULAMENTA O ARTIGO 10 DA LEI FEDERAL Nº 14.133 DE 01 DE ABRIL DE 2021, E DÁ OUTRAS PROVIDÊNCIAS.

O PREFEITO DO MUNICÍPIO DE _____, no uso de suas atribuições legais, tendo em vista o disposto no artigo 10 da Lei nº 14.133, de 1º de abril de 2021, e considerando que:

O art. 10 da Lei Federal nº 14.133/2021 assegura o direito aos servidores públicos que tiverem participado de procedimentos relacionados às licitações e contratos de serem representados judicial ou extrajudicialmente pela advocacia pública;

O Supremo Tribunal Federal no julgamento do Recurso Extraordinário 11556016 AGR/SP, decidiu:

"Recurso extraordinário. Direito constitucional e administrativo. Ação direta de inconstitucionalidade. Lei 5.071/2017 e Decreto 17.729/2017 do Município de Tatuí – SP. *Alegação de ofensa aos artigos 131 e 132 da Constituição Federal. Inocorrência. Normas constitucionais de reprodução não obrigatória pelos entes municipais. Inexistência de obrigatoriedade de os municípios instituírem procuradorias municipais.* Recurso interposto sob a égide do novo código de processo civil. Ausência de condenação em honorários advocatícios no juízo recorrido. Impossibilidade de majoração nesta sede recursal. Artigo 85, §11, do CPC/2015." (gn)

A procuradoria jurídica do Município não dispõe de corpo técnico em quantidade suficiente para atender a eventual solicitação de servidores para representação judicial ou extrajudicial;

DECRETA:

Art. 1º Este Decreto se aplica aos servidores públicos e agentes políticos da Administração Pública do Poder Executivo do Município de _____ que, em decorrência da prática de atos funcionais, venham a ocupar o polo passivo em ações civis públicas, ações populares, ações de improbidade, ações criminais ou sejam indiciados em inquérito civil ou criminal, ou estejam respondendo a processos perante outros órgãos de controle.

§1º Consideram-se servidores públicos, para os fins deste Decreto, os servidores efetivos ou comissionados do Poder Executivo do Município de _____.

§2º Consideram-se agentes políticos, para os fins deste Decreto, o Prefeito e os Secretários Municipais.

§3º A assistência dos servidores e agentes políticos somente será realizada se cumpridas, cumulativamente, as seguintes exigências:

I - o ato tenha sido praticado no exercício de cargo efetivo, em comissão, ou como agente político integrante da estrutura da administração do Poder Executivo do Município de _____;

II - o ato não seja contrário a parecer da Procuradoria do Município, emitido até a data da sua realização.

§4º Aplica-se o presente Decreto na hipótese de o servidor público ou o agente político não mais ocupar o cargo ou função em que foi praticado o ato questionado.

Art. 2º Para beneficiar-se do disposto neste Decreto, o servidor ou o agente político deverá apresentar requerimento formal junto à _____.

Art. 3º Apresentado o requerimento, a assistência será deferida mediante parecer favorável da Procuradoria Jurídica do Município e autorização expressa do Prefeito Municipal.

Art. 4º O disposto neste Decreto não prejudicará as competências institucionais da Procuradoria no tocante à representação judicial do Município.

Parágrafo único. Demonstrada e justificada pela procuradoria jurídica do Município a impossibilidade de promover a representação do requerente, sem prejuízo às suas competências institucionais, fica autorizada a contratação, obedecendo-se às formalidades da Lei Federal nº 14.133/2021.

Art. 5º Não será admitida a assistência prevista neste Decreto em processos em que o Poder Executivo do Município de _____ seja parte.

Art. 6º Todos os setores do Poder Executivo do Município de _____ ficam obrigados a fornecer ao advogado que atuará na defesa todas as informações e documentos necessários para viabilizar a assistência.

Art. 7º A autorização de que trata o art. 3º, I deste Decreto deverá ser publicada em diário oficial do Município com as seguintes informações:

I - Número de inscrição do advogado na OAB/MG;

II - Nome, matrícula, cargo, função e lotação do servidor beneficiado;

III - Número do processo.

Art. 8º O servidor ou agente político restituirá os gastos com sua defesa, admitindo-se o parcelamento nos mesmos prazos aplicáveis à dívida ativa, quando:

I - for condenado criminalmente ou em ação de improbidade por decisão transitada em julgado;

II - o ato for considerado ilegal ou inconstitucional por decisão transitada em julgado;

III - o Município, no curso do processo, tomar conhecimento de circunstâncias que apontem para a ilegalidade manifesta do ato e para o dolo, culpa grave ou erro grosseiro do servidor ou agente político, observado, neste caso, o seguinte procedimento:

a) iniciativa fundamentada da procuradoria jurídica do Município;

b) manifestação prévia do interessado, em prazo não inferior a 5 (cinco) dias úteis;

c) decisão final irrecorrível do Procurador Geral do Município.

Art. 9º Este Decreto entra em vigor em _____ de_____ de _____.

PREFEITO MUNICIPAL

DECRETO Nº ___ , DE ___ DE _____ DE _____

REGULAMENTA O PROCEDIMENTO AUXILIAR DE CREDENCIAMENTO NO ÂMBITO DO PODER EXECUTIVO DO MUNICÍPIO DE _____

O Prefeito Municipal de _____, Estado de Minas Gerais, no uso das atribuições legais que lhe confere a Lei Orgânica, com fundamento inciso I do art. 30 da Constituição Federal, e considerando:

A necessidade de regulamentação do credenciamento conforme estabelecido no parágrafo único do art. 79 da Lei Federal nº 14.133/21;

DECRETA:

Art. 1º Credenciamento é um processo administrativo precedido de chamamento público em que a Administração Pública convoca interessados em prestar serviços ou fornecer bens para que, preenchidos os requisitos necessários, se credenciem por meio de cadastramento no órgão ou na entidade para executar ou fornecer o objeto quando convocados.

§1º Aplicam-se ao credenciamento a Lei Federal nº 14.133, de 2021, e demais normas legais pertinentes.

§2º O procedimento de credenciamento será conduzido por comissão de contratação permanente ou comissão especial designada pela autoridade competente.

§3º O credenciamento não estabelece a obrigação de a Administração efetivar a contratação, face à sua precariedade e, por isso, a qualquer momento, o credenciado ou o contratante poderá denunciar o credenciamento, inclusive, quando for constatada qualquer irregularidade na observância e cumprimento das normas fixadas no edital, neste Regulamento e na legislação pertinente, sem prejuízo do contraditório e da ampla defesa.

Art. 2º O cadastramento de interessados será iniciado com a publicação de edital de credenciamento, mediante aviso público no Portal Nacional de Contratações Públicas – PNCP e no sítio eletrônico oficial do Município de _____.

Parágrafo único. Qualquer alteração nas condições de credenciamento será divulgada e publicada pela mesma forma em que se deu o texto original.

Art. 3º A documentação será analisada no prazo máximo de até 15 (quinze) dias úteis, contados a partir da entrega da documentação no órgão ou entidade contratante, prorrogável, se autorizado pela autoridade competente, por igual período por uma única vez.

Parágrafo único. Decorridos os prazos para a análise, caso o julgamento do pedido de credenciamento não tenha sido concluído, a comissão especial de credenciamento terá o prazo de 2 (dois) dias úteis para decidir.

Art. 4º Caso necessário, serão solicitados esclarecimentos, retificações e complementações da documentação ao interessado.

Art. 5º A inscrição de interessados no credenciamento implica a aceitação integral e irrestrita de todas as condições estabelecidas neste Regulamento e no edital de credenciamento.

Art. 6º O interessado deverá apresentar a documentação para avaliação pela comissão de contratação ou da comissão especial de credenciamento.

Art. 7º O credenciamento poderá ser usado nas seguintes hipóteses de contratação:

I – paralela e não excludente;

II – com seleção a critério de terceiros;

III – em mercados fluidos.

Art. 8º O edital deverá conter:

I – as exigências de habilitação, em conformidade com o art. 62 da Lei Federal nº 14.133, de 2021;

II – as exigências específicas de qualificação técnica;

III – as regras da contratação;

IV – os valores fixados para remuneração por categoria de atuação;

V – minuta de contrato de adesão ou instrumento equivalente; e

VI – modelos de declarações, quando for o caso.

Art. 9º O interessado que atender a todos os requisitos previstos no edital de credenciamento, se habilitado, será credenciado no órgão ou entidade contratante, encontrando-se apto a executar o objeto, quando convocado.

§1º O resultado do credenciamento será publicado no Diário Oficial do Município e divulgado no Portal Nacional de Contratações Públicas – PNCP e no sítio do órgão contratante em prazo não superior a 5 (cinco) dias úteis, contados da autorização de que trata o inciso VIII, do art. 72, da Lei Federal nº 14.133/2021.

§2º Indeferido o credenciamento, caberá recurso no prazo de 3 (três) dias úteis, contados da data da publicação, na forma do §1º deste artigo.

§3º Os recursos serão recebidos por meio eletrônico e serão dirigidos à autoridade máxima do órgão ou entidade contratante por intermédio da comissão de contratação, a qual poderá reconsiderar sua decisão, no prazo de 3 (três) dias úteis, ou, nesse mesmo prazo, fazê-lo subir, devidamente informado.

§4º A autoridade máxima, após receber o recurso e a informação da comissão de contratação proferirá, também no prazo de 5 (cinco) dias úteis, a sua decisão, devendo promover a respectiva publicação, na forma do §1º deste artigo.

§5º Será vedada a participação de pessoas físicas ou jurídicas cumprindo sanção que as impeça de participar de licitações ou ser contratada pela Administração Pública.

Art. 10. Durante a vigência do edital de credenciamento, incluídas as suas republicações, o órgão ou entidade contratante, a seu critério, poderá convocar por ofício os credenciados para nova análise de documentação, quando serão exigidos os documentos que comprovem a manutenção das condições apresentadas quando do cadastramento para o credenciamento do interessado, sob pena de extinção do contrato ou instrumento equivalente.

§1º A partir da data em que for convocado para apresentar a documentação atualizada, o credenciado terá até 5 (cinco) dias úteis para enviá-la.

§2º A análise da documentação deverá ser realizada em prazo igual ao do cadastramento para o credenciamento, cuja decisão está sujeita a recurso na forma do §§2º, 3º e 4º do art. 9º deste Regulamento.

§3º Os credenciados convocados para apresentar a documentação referida no *caput* deste artigo participarão normalmente, quando for o caso, dos sorteios de demandas ou das convocações feitas pelo órgão ou entidade contratante.

§4º O resultado da análise prevista no *caput* deste artigo será publicado na forma do §1º do art. 9º deste Regulamento.

Art. 11. Durante a vigência do credenciamento, os credenciados deverão manter todas as condições exigidas para a habilitação relacionadas às condições de credenciamento e constantes perante o cadastro unificado disponível no Portal Nacional de Contratações Públicas (PNCP) e, alternativamente, no Cadastro de Fornecedores do Município, sob pena de extinção do contrato.

Parágrafo único. Em auxílio ao seu dever de fiscalizar o contrato de adesão, e para que possa verificar se os credenciados estão cumprindo o disposto no *caput*, o órgão ou entidade contratante deverá estabelecer a possibilidade e a forma como os usuários poderão denunciar irregularidades na prestação dos serviços e/ou no faturamento.

Art. 12. Não há impedimento que um mesmo interessado, quando couber, seja credenciado para executar mais de um objeto, desde que possua os requisitos de habilitação para todos.

Parágrafo único. O credenciado, no caso descrito no *caput* deste artigo, poderá apresentar de uma vez só a documentação exigida, salvo se as exigências de capacidade técnica forem diferenciadas, devendo, neste caso, apresentar complementação da documentação relativa a este quesito.

Art. 13. O credenciado que deixar de cumprir às exigências deste Regulamento, do edital de credenciamento e dos contratos de adesão firmados com a Administração terá seu contrato extinto, sem prejuízo das sanções previstas nos arts. 156 e seguintes da Lei Federal nº 14.133, de 2021.

Art. 14. São obrigações do credenciado:

I – executar os termos do instrumento contratual em conformidade com as especificações básicas constantes do edital;

II – ser responsável, em relação aos seus técnicos e ao serviço, por todas as despesas decorrentes da execução dos instrumentos contratuais, tais como: salários, encargos sociais, taxas, impostos, seguros, seguro de acidente de trabalho, transporte, hospedagem, alimentação e outros que venham a incidir sobre o objeto do contrato decorrente do credenciamento;

III – responder por quaisquer prejuízos que seus empregados ou prepostos vierem a causar ao patrimônio do órgão ou entidade contratante ou a terceiros, decorrentes de ação ou omissão culposa ou dolosa, procedendo imediatamente aos reparos ou indenizações cabíveis e assumindo o ônus decorrente;

IV – manter, durante o período de vigência do contrato de adesão, todas as condições que ensejaram o credenciamento, em especial no que tange à regularidade fiscal e capacidade técnico-operacional, quando couber;

VI – responsabilizar-se integralmente pela execução do contrato, nos termos da legislação vigente, sendo-lhe proibida a subcontratação do objeto sem previsão editalícia e autorização expressa do órgão ou entidade contratante;

VII – manter disciplina nos locais dos serviços, quando for o caso, retirando imediatamente após notificação, qualquer empregado considerado com conduta inconveniente pelo órgão ou entidade contratante;

VIII – cumprir ou elaborar em conjunto com o contratante o planejamento e a programação do trabalho a ser realizado, bem como a definição do cronograma de execução das tarefas;

IX – conduzir os trabalhos em harmonia com as atividades do contratante, de modo a não causar transtornos ao andamento normal de seus serviços, quando for o caso;

X – apresentar, quando solicitado pelo contratante, relação completa dos profissionais, indicando os cargos, funções e respectivos nomes completos, bem como, o demonstrativo do tempo alocado e cronograma respectivo, quando couber;

XI – manter as informações e dados do contratante em caráter de absoluta confidencialidade e sigilo, ficando proibida a sua divulgação para terceiros, por qualquer meio, obrigando-se, ainda, a efetuar a entrega para a contratante de todos os documentos envolvidos, em ato simultâneo à entrega do relatório final ou do trabalho contratado;

XII – observar o estrito atendimento dos valores e os compromissos morais que devem nortear as ações do contratado e a conduta de seus funcionários no exercício das atividades previstas no contrato.

Art. 15. São obrigações do Contratante:

I – acompanhar e fiscalizar o contrato por 1 (um) ou mais fiscais do contrato, representantes da Administração especialmente designados conforme requisitos estabelecidos no art. 7º da Lei Federal nº 14.133, de 2021, ou pelos respectivos substitutos, permitida a contratação de terceiros para assisti-los e subsidiá-los com informações pertinentes a essa atribuição;

II – proporcionar todas as condições necessárias, para que o credenciado contratado possa cumprir o estabelecido no contrato;

III – prestar todas as informações e esclarecimentos necessários para a fiel execução contratual, que venham a ser solicitados pelo contratado;

IV – fornecer os meios necessários à execução, pelo contratado, dos serviços objeto do contrato;

V – garantir o acesso e a permanência dos empregados do contratado nas dependências dos órgãos ou entidades contratantes, quando necessário para a execução do objeto do contrato;

VI – efetuar os pagamentos pelos serviços prestados, dentro dos prazos previstos no contrato, no edital de credenciamento e na legislação.

Art. 16. A contratação decorrente do credenciamento obedecerá às regras da Lei Federal nº 14.133, de 2021, deste Regulamento e dos termos da minuta do instrumento contratual, anexa ao respectivo edital.

Art. 17. A Administração convocará o credenciado no prazo definido no edital de credenciamento, para assinar ou retirar o instrumento contratual, dentro das condições estabelecidas na legislação e no edital, e dar início à execução do serviço, sob pena de decair o direito à contratação, sem prejuízo das sanções previstas nos arts. 156 e seguintes da Lei Federal nº 14.133, de 2021 e no edital de credenciamento.

Parágrafo único. O credenciado contratado deverá indicar e manter preposto, aceito pelo órgão ou entidade contratante, para representá-lo na execução do contrato.

Art. 18. O instrumento contratual deverá ser assinado pelo representante legal do credenciado, e observará a minuta contemplada no edital de credenciamento.

Art. 19. A divulgação no Portal Nacional de Contratações Públicas (PNCP) e no sítio eletrônico oficial do contratante é condição indispensável para a eficácia do contrato e de seus aditamentos e deverá ocorrer no prazo de até 10 (dias) úteis da data de sua assinatura.

Parágrafo único. Fica dispensada a divulgação no Portal Nacional de Contratações Públicas (PNCP), até que o Município efetive seu cadastro na plataforma, tendo em vista possuir população inferior a 20.000 habitantes, observado o disposto no art. 176 da Lei Federal 14.133/2021. (*Retirar este parágrafo se o município tiver mais de 20.000 habitantes*)

Art. 20. O órgão ou entidade contratante pagará à contratada, pelo serviço executado ou o fornecimento do bem, as importâncias e as formas fixadas no edital de credenciamento, de acordo com a demanda.

Parágrafo único. O edital de credenciamento, quando couber, deverá indicar a tabela de preços dos diversos serviços a serem prestados, os critérios de reajustamento e as condições e prazos para o pagamento dos serviços, bem como a vedação expressa de pagamento de qualquer sobretaxa em relação à tabela adotada.

Art. 21. Na hipótese de contratação paralela e não excludente, caso em que é viável e vantajosa para a Administração a realização de contratações simultâneas em condições padronizadas, o edital conterá objeto específico e deverá observar o seguinte:

§1º O órgão ou entidade contratante deverá emitir documento que apresente, para cada demanda específica, pelo menos:

I – descrição da demanda;

II – razões para a contratação;

III – tempo e valores estimados de contratação, incluindo os elementos técnicos sobre os quais estiverem apoiados e o memorial de cálculo;

IV – número de credenciados necessários para a realização do serviço;

V – cronograma de atividades, com previsão das datas de início e de conclusão dos trabalhos;

VI – localidade/região em que será realizada a execução do serviço.

§2º As demandas deverão seguir, necessariamente, os parâmetros do objeto a ser executado e exigências de qualificação definidos pelo edital de credenciamento às quais se referem.

§3º As demandas, para a hipótese do *caput* deste artigo, caso não se pretenda a convocação, ao mesmo tempo, de todos os credenciados para a execução do serviço ou fornecimento do bem, serão providas por meio de sorteio, de modo que seja distribuída por padrões estritamente impessoais e aleatórios, que formará uma lista para ordem de chamada para a execução de cada objeto, observando-se sempre o critério de rotatividade e os seguintes requisitos:

I – os credenciados serão chamados para executar o objeto de acordo com sua posição na lista a que se refere o §3º deste artigo;

II – executado o serviço ou sendo chamado e não puder atender, será convocado o próximo da lista e assim sucessivamente;

III – à medida que forem deferidas novas adesões, os credenciados serão inseridos ao final da lista, obedecida a ordem de deferimento.

§4º As demandas, se heterogêneas, serão apresentadas em lotes distintos, por objeto e localidade a ser contratado.

§5º Os contratos terão sua execução iniciada mediante a emissão da ordem de serviço/fornecimento, devendo os trabalhos serem desenvolvidos na forma estabelecida no edital, observada a Lei Federal nº 14.133, de 2021 e este Regulamento.

§6º A ordem de serviço descreverá, no mínimo, a demanda específica a ser executada, relacionando:

I – descrição da demanda;

II – tempo, horas ou fração e valores de contratação;

III – credenciados e/ou serviços necessários;

IV – cronograma de atividade, com indicação das datas de início e conclusão dos trabalhos;

V – localidade/região em que será realizado o serviço.

§7º O edital poderá vedar, restringir ou estabelecer condições para a subcontratação parcial do objeto.

§8º Nas hipóteses de contratação previstas no *caput* deste artigo, serão observadas, no que couber, as disposições constantes no artigo 23 deste decreto.

Art. 22. Na hipótese de contratação com seleção a critério de terceiros, caso em que a seleção do contratado está a cargo do beneficiário direto da prestação, serão observadas, no que couber, as disposições constantes no artigo 23 deste decreto.

Art. 23. A contratação em mercados fluidos se dará nas hipóteses em que a seleção de agente por meio de processo de licitação fica dificultada pelas relevantes oscilações de preços decorrentes dos custos dos objetos envolvidos e da natureza da demanda.

§1º No caso de contratação por meio de mercado eletrônico as exigências habilitatórias podem se restringir às indispensáveis à garantia do cumprimento das obrigações.

§2º O edital de credenciamento dos interessados para a contratação de serviços ou fornecimento de bens em mercados fluidos deverá prever descontos mínimos sobre cotações de preço de mercado vigentes no momento da contratação.

§3º A Secretaria _____ deverá firmar um acordo corporativo de desconto com os fornecedores dos serviços ou bens a serem contratados prevendo a concessão de desconto mínimo previsto no termo de referência incidente sobre o preço de mercado do momento da contratação.

§4º Para a busca do objeto a que se refere o *caput* deste artigo deverá ser provida, quando couber, solução tecnológica que permita a integração com sistemas gerenciadores e acesso via *web services* aos sistemas dos fornecedores.

§5º A Administração poderá revogar o edital de credenciamento por razões de interesse público decorrente de fato superveniente devidamente comprovado, pertinente e suficiente para justificar tal conduta.

§6º Após a data a fixada no edital de credenciamento para a entrega dos envelopes, novos interessados poderão requerer o credenciamento, desde que comprovem o atendimento dos requisitos de habilitação, ficando aptas a firmarem o contrato.

§7º Todos os credenciados que se manifestarem e que atenderem às exigências do edital poderão celebrar o contrato para a prestação do serviço ou fornecimento do bem.

§8º Ao se credenciar, o interessado declara que concorda com os termos da minuta do contrato de prestação de serviço ou fornecimento de bem anexo ao edital.

§9º Os interessados em se credenciar deverão apresentar à comissão de contratação a documentação exigida no edital de credenciamento.

§10. O exame e julgamento relativo à documentação recebida serão processados pela comissão de contratação que poderá conceder prazo adicional para complementar a entrega de documentos eventualmente faltantes ou para promover a regularização desses, mediante comunicação diretamente aos interessados.

§11. O julgamento final relativo à documentação será divulgado no sítio oficial do município.

§12. A critério da comissão de contratação, a divulgação do julgamento poderá ser realizada paulatinamente, à medida que as documentações forem recebidas, analisadas e julgadas conforme o edital de credenciamento.

§13. O interessado que tiver o pedido de credenciamento indeferido, poderá apresentar recurso no prazo e na forma estabelecida no art. 9º deste Regulamento.

§14. Após a habilitação, será publicada a lista com os credenciados aptos a assinarem o contrato de prestação de serviços ou de fornecimento de bens.

§15. O contrato de serviços ou de fornecimento de bens serão assinados, na forma e prazo previsto no edital ou assinalado na convocação formal emitida pela Administração.

§16. No momento da contratação, a Administração deverá registrar as cotações de mercado vigentes.

§17. A Administração poderá celebrar contratos com prazo de até 5 (cinco) anos nas hipóteses de serviços e fornecimentos contínuos, podendo ser prorrogados sucessivamente, respeitada a vigência máxima decenal, desde que haja previsão em edital e respeitadas as diretrizes do art. 106 da Lei Federal nº 14.133, de 2021.

§18. O órgão gerenciador poderá, a qualquer tempo, alterar os termos e condições do credenciamento.

§19. Na hipótese do §18 deste artigo, os credenciados deverão manifestar anuência, sob pena de extinção do contrato.

§20. Na ocorrência de alteração(ões) de condição(ões) do credenciamento, o órgão gerenciador providenciará a publicação resumida do(s) aditamento(s) ao(s) contratos pelos mesmos meios da publicação do edital de credenciamento.

Art. 24. O não cumprimento das disposições deste Decreto, do edital e da Lei Federal nº 14.133, de 2021 poderá acarretar a extinção do contrato de adesão, sem prejuízo da aplicação de eventuais sanções.

Art. 25. O credenciado poderá, a qualquer tempo, solicitar seu descredenciamento mediante envio de solicitação escrita ao órgão ou entidade contratante.

Art. 26. Os casos omissos serão resolvidos com base nos princípios gerais do direito administrativo nas disposições constantes neste Regulamento e na Lei Federal nº 14.133, de 2021.

Art. 27. Este Decreto entra em vigor na data de sua publicação.

_____, ____ de _____ de 20_____.

PREFEITO MUNICIPAL

DECRETO Nº ____, DE __DE _____ DE ____

REGULAMENTA A CONTRATAÇÃO DE SERVIÇOS E OBRAS, AS AQUISIÇÕES E AS LOCAÇÕES DE BENS QUANDO PROCESSADAS PELO SISTEMA DE REGISTRO DE PREÇOS NO ÂMBITO DO MUNICÍPIO DE _____, E DÁ OUTRAS PROVIDÊNCIAS.

O PREFEITO DO MUNICÍPIO DE _____, no uso de suas atribuições legais, e considerando que:

O art. 78, §1º da Lei Federal nº 14.133, de 1º de abril de 2021 estabelece que o sistema de registro de preços obedecerá a critérios objetivos definidos em regulamento;

A adoção do sistema de registro de preços se justifica para contratações futuras através do registro formal de preços relativos à prestação de serviços, obras, aquisições e locações de bens;

DECRETA:

CAPÍTULO I

DISPOSIÇÕES GERAIS

Art. 1º Este Decreto regulamenta a contratação de serviços, obras, aquisições e locações de bens, quando processadas por meio de Sistema de Registro de Preços – SRP, no âmbito do Poder Executivo do Município de _____.

Art. 2º Para os efeitos deste Decreto, são adotadas as seguintes definições:

I – sistema de registro de preços: conjunto de procedimentos para realização, mediante contratação direta ou licitação na modalidade de pregão ou de concorrência, de registro formal de preços relativos a prestação de serviços, a obras, a aquisições e a locação de bens para contratações futuras;

II – ata de registro de preços: documento vinculativo e obrigacional, com característica de compromisso para futura contratação, no qual são registrados o objeto, os preços, os fornecedores, os órgãos participantes e as condições a serem praticadas, conforme as disposições contidas no edital da licitação, no aviso ou instrumento de contratação direta e nas propostas apresentadas;

III – órgão ou entidade gerenciadora: órgão ou entidade da Administração Pública responsável pela condução do conjunto de procedimentos para registro de preços e pelo gerenciamento da ata de registro de preços dele decorrente;

IV – órgão ou entidade participante: órgão ou entidade da Administração Pública que participa dos procedimentos iniciais da contratação para registro de preços e integra a ata de registro de preços;

V – órgão ou entidade não participante: órgão ou entidade da Administração Pública que não participa dos procedimentos iniciais da contratação para registro de preços e não integra a ata de registro de preços.

Art. 3º O SRP poderá ser adotado nas seguintes hipóteses:

I – quando, pela natureza do objeto, não for possível definir previamente o quantitativo a ser demandado pela Administração;

II – quando for conveniente a aquisição ou a locação de bens ou a contratação de serviços para atendimento a mais de um órgão ou entidade, por meio de contratação compartilhada;

III – quando as obras e os serviços de engenharia tiverem projeto padronizado, sem complexidade técnica e operacional, para atender à necessidade permanente ou frequente da Administração;

IV – quando da realização de inexigibilidade e dispensa de licitação para aquisição de bens ou para contratação de serviços por mais de um órgão ou entidade, na forma disposta neste Decreto.

CAPÍTULO II

DA LICITAÇÃO PARA REGISTRO DE PREÇOS

Art. 4º A licitação para registro de preços será realizada na modalidade pregão ou concorrência, e observará as regras gerais da Lei federal nº 14.133, de 1º de abril de 2021, e o edital deverá dispor sobre:

I – as especificidades da licitação e de seu objeto, incluindo a quantidade máxima de cada item que poderá ser adquirida;

II – a quantidade mínima de unidades de bens a ser cotada ou, no caso de serviços, de unidades de medida;

III – a possibilidade de prever preços diferentes:

a) quando o objeto for realizado ou entregue em locais diferentes;

b) em razão da forma e do local de armazenamento;

c) quando admitida cotação variável em razão do tamanho do lote; ou

d) por outros motivos justificados no processo.

IV – a possibilidade de o licitante oferecer ou não proposta em quantitativo inferior ao máximo previsto no edital, obrigando-se nos limites dela;

V – o critério de julgamento da licitação, que será o de menor preço ou o de maior desconto sobre tabela de preços praticada no mercado;

VI – as condições para alteração de preços registrados;

VII – o registro de mais de um fornecedor ou prestador de serviço, desde que aceitem cotar o objeto em preço igual ao do licitante vencedor, assegurada a preferência de contratação de acordo com a ordem de classificação;

VIII – a vedação à participação do Município de _____ em mais de uma ata de registro de preços com o mesmo objeto no prazo de validade daquela de que já tiver participado, salvo na ocorrência de ata que tenha registrado quantitativo inferior ao máximo previsto no edital; e

IX – às hipóteses de cancelamento da ata de registro de preços e suas consequências.

§1º A administração fica autorizada a deflagrar novo processo para registro de preços ou para adesão a ata de outro ente para o mesmo objeto, nos 60 (sessenta) dias finais de vigência da ARP, justificando o risco de desabastecimento ou paralisação de serviços essenciais e ou contínuos, vedada a emissão de ordem de fornecimento ou serviço enquanto existentes quantitativos disponíveis na ata anterior.

§2º O critério de julgamento de menor preço por lote somente poderá ser adotado quando for justificadamente demonstrada a inviabilidade de se promover a adjudicação por item e for evidenciada a vantagem técnica e econômica desta decisão.

§3º O critério de aceitabilidade de preços unitários máximos, sempre deverá ser indicado no edital.

§4º Na hipótese de que o trata o §2º deste artigo, observados os parâmetros estabelecidos nos §§1º do art. 22 e 3º do art. 23 da Lei Federal nº 14.133/2021, a contratação posterior de item específico constante de lote exigirá prévia pesquisa de mercado e demonstração de sua vantagem para o Município.

§5º É permitido o registro de preços com indicação limitada a unidades de contratação, sem indicação do total a ser adquirido, nas seguintes situações:

I – quando for a primeira licitação para o objeto, e a Administração não tiver registro de demandas anteriores;

II – no caso de alimento perecível; ou

III – no caso em que o serviço estiver integrado ao fornecimento de bens.

§6º Nas situações do §5º deste artigo, é obrigatória a indicação do valor máximo da despesa e, vedada a participação de outro órgão ou entidade na ata.

§7º Nas contratações de bens e serviços, inclusive de obras e serviços de engenharia, deverão ser observadas também as seguintes condições:

I – realização prévia de ampla pesquisa de mercado;

II – desenvolvimento obrigatório de rotina de controle;

III – atualização periódica dos preços registrados;

IV – definição do período de validade do registro de preços; e

V – inclusão, em ata de registro de preços, do licitante que aceitar cotar os bens ou serviços em preços iguais aos do licitante vencedor na ordem de classificação da licitação, e inclusão do licitante que mantiver sua proposta original quando nenhum dos licitantes classificados assinar a ata de registro de preços, respeitado o disposto no art. 5º, §7º deste Decreto.

§8º O valor estimado do objeto será definido com base no melhor preço aferido por meio dos parâmetros estabelecidos no art. 23 da Lei Federal nº 14.133/2021.

§9º Desde que justificado, o orçamento estimado da contratação poderá ter caráter sigiloso, sem prejuízo da divulgação do detalhamento dos quantitativos e das demais informações necessárias para a elaboração das propostas, e, neste caso:

I – o sigilo não prevalecerá para os órgãos de controle interno e externo;

II – quando adotado o critério de julgamento maior desconto, o preço estimado ou o máximo aceitável constará do edital de licitação.

§10. Na licitação para registro de preços não é necessária a indicação de dotação orçamentária, que somente será exigida para a efetivação da contratação.

CAPÍTULO III

DA ATA DE REGISTRO DE PREÇOS

Art. 5º Homologada a licitação, o licitante mais bem classificado será convocado para assinar a ata de registro de preços, no prazo e nas condições estabelecidas no edital, podendo este prazo ser prorrogado uma vez, por igual período, desde que ocorra motivo justificado e aceito pela Administração Municipal.

§1º O prazo de vigência da ata de registro de preços, contado a partir da publicação do extrato da ata no Portal Nacional de Contratações Públicas (PNCP) e na imprensa oficial do Município, será de 1 (um) ano, prorrogável por igual período, desde que comprovado que as condições e os preços permanecem vantajosos para a Administração, conforme pesquisa de preços que deverá instruir o aditivo que formalizará a prorrogação.

§2º No caso de prorrogação do prazo de vigência da ata de registro de preços na forma prevista no §1º deste artigo, os quantitativos fixados na licitação ou no instrumento de contratação direta serão renovados para o novo período de vigência.

§3º Será incluído, na ata de registro de preços, na forma de anexo, o registro dos licitantes que aceitarem executar o objeto pelo preço ofertado pelo classificado em 1º lugar, respeitada a sequência da ordem de classificação no certame.

§4º O registro a que se refere o §2º deste artigo, objetiva a formação de cadastro de reserva no caso de impossibilidade de execução integral do objeto pelo primeiro classificado.

§5º A habilitação dos licitantes que comporão o cadastro de reserva a que se refere o §2º deste artigo, será verificada na sessão que definir a ordem de classificação dos licitantes.

§6º A recusa do adjudicatário em assinar a ata de registro de preços dentro do prazo estabelecido no edital, permitirá a convocação dos licitantes que compuserem o cadastro de reserva, respeitada a ordem de classificação, sem prejuízo das sanções previstas em lei e no edital.

§7º Na hipótese de nenhum dos licitantes classificados assinar a ata de registro de preços, a administração poderá convocar os licitantes remanescentes, respeitando a ordem de menor preço ofertado, para assinatura da ata de registro de preços nas condições ofertadas por eles, desde que o valor seja igual ou inferior ao preço estimado do objeto.

§8º É permitido efetuar acréscimos nos quantitativos fixados na ata de registro de preços, respeitados os limites previstos no art. 125 da Lei Federal nº 14.133/2021, desde que caracterizadas circunstâncias supervenientes, devidamente demonstradas nos autos do processo, que demonstrem porque as estimativas inicialmente previstas em edital ou no ato que autorizar a contratação direta serão insuficientes para atender à demanda durante o prazo de vigência.

Art. 6º A existência de preços registrados implicará compromisso de fornecimento nas condições estabelecidas, mas não obrigará o Município a contratar, facultada a realização de licitação específica para a contratação pretendida, desde que devidamente motivada.

Parágrafo único. O compromisso de que trata o *caput* deste artigo também se aplica aos licitantes que aceitarem compor o cadastro reserva.

Art. 7º O licitante que aceitar compor o cadastro de reserva mas deixar de responder ou recusar a convocação do Executivo Municipal para assumir o remanescente da ata de registro de preços, ficará sujeito à imposição das sanções previstas em Lei e no edital, assegurados o contraditório e a ampla defesa.

CAPÍTULO IV

DAS REGRAS GERAIS PARA CONTRATAÇÃO

Art. 8º As contratações decorrentes da ata de registro de preços serão formaliza-das por:

I – instrumento contratual;

II – carta-contrato;

III – nota de empenho de despesa;

IV – autorização de compra;

V – ordem de serviço; ou

VI – instrumento equivalente.

Art. 9º Se o detentor da ARP não assinar o contrato ou não executar o objeto, conforme requerido em algum dos instrumentos previstos no art. 8º deste Decreto, o órgão gerenciador poderá convocar os licitantes que compõem o cadastro de reserva para fazê-lo, sem prejuízo das sanções administrativas cabíveis.

Art. 10. Os contratos celebrados em decorrência do registro de preços estão su-jeitos às regras previstas na Lei Federal nº 14.133/2021.

Parágrafo único. O contrato decorrente do SRP somente será celebrado durante o prazo de validade da ata de registro de preços.

Art. 11. A alteração do preço registrado não altera automaticamente os preços dos contratos decorrentes do sistema de registro de preços, cuja revisão deverá ser feita pelo órgão contratante.

CAPÍTULO V

DO REGISTRO DE PREÇOS PARA CONTRATAÇÕES POR DISPENSA
OU INEXIGIBILIDADE DE LICITAÇÃO

Art. 12. O SRP poderá ser utilizado nas hipóteses de inexigibilidade e de dispensa de licitação para a contratação de serviços, obras, aquisição e locação de bens por mais de um órgão ou entidade, quando a demanda se revelar incerta quanto ao momento da sua efetiva ocorrência ou imprecisa na sua quantidade.

§1º Quando da realização do SRP para inexigibilidade e dispensa de licitação deverá ser assinada ata de registro de preços e respeitadas as condições dispostas no presente Decreto.

§2º No caso de utilização do SRP para a contratação direta de bens e serviços de pequeno valor, nas hipóteses dos incisos I e II do *caput* do art. 75 da Lei Federal n. 14.133, de 1º de abril de 2021, aplica-se também o disposto no Decreto Municipal nº ___, de ____ de _____ de _____, (indicar o nº do decreto municipal que regulamenta as contratações diretas com fundamento na Lei 14.133/21).

CAPÍTULO VI

DA REVISÃO E DO CANCELAMENTO DOS PREÇOS REGISTRADOS

Art. 13. Os preços registrados poderão ser revistos em decorrência de redução dos preços praticados no mercado ou de fato superveniente à pesquisa que balizou o preço estimado que eleve o custo do objeto, devendo ser celebrado termo aditivo para adequar o preço registrado ao preço de mercado, observadas as disposições contidas na alínea "d" do inciso II do *caput* do art. 124 da Lei federal n. 14.133, de 1º de abril de 2021.

Art. 14. Quando o preço registrado se tornar superior ao preço praticado no mercado por motivo superveniente, o Município convocará o fornecedor para negociar a redução dos preços aos valores praticados pelo mercado.

§1º O fornecedor que não aceitar reduzir o preço registrado aos valores praticados pelo mercado será liberado do compromisso assumido, sem aplicação de penalidade.

§2º Na ocorrência do disposto no §1º deste artigo, serão convocados para negociação do valor e assinatura de nova ata pelo preço atualizado do mercado, os licitantes que compõem o cadastro de reserva, respeitada a ordem de classificação.

Art. 15. Quando o preço de mercado se tornar superior aos preços registrados em proporção que impossibilite o cumprimento das obrigações, poderá haver a atualização do preço registrado, mediante a demonstração do fato superveniente que causou a elevação e que indique a impossibilidade de cumprimento das obrigações, desde que atendidos os seguintes requisitos:

I – a atualização dos preços registrados seja requerida pelo detentor da ata de registro de preços;

II – seja demonstrada, através de documentação comprobatória, a desproporcionalidade entre os encargos do detentor da ata e o preço registrado, tornando inviável a manutenção das condições inicialmente pactuadas.

§1º A demonstração da necessidade de aumento do valor registrado será da signatária da ata, cabendo ao Município a análise e deliberação a respeito do pedido.

§2º Se não houver prova efetiva da desatualização e da desproporcionalidade dos custos e da existência de fato superveniente, o pedido será indeferido pela

Administração Pública Municipal e o detentor da ata continuará obrigado a cumprir as obrigações assumidas, sob pena de cancelamento da ARP e aplicação de penalidades previstas em lei e no edital.

§3º O requerimento de atualização dos preços na forma disposta no *caput* deste artigo não retira da detentora da ata a obrigação de executar o objeto descrito nas ordens de fornecimento ou de serviços emitidas antes da data de apresentação do requerimento.

§4º No caso de deferimento do pedido o preço atualizado retroagirá à data do protocolo do requerimento.

§5º Na hipótese de cancelamento da ARP, o Município poderá convocar os demais licitantes integrantes do cadastro reserva para que manifestem interesse em assumir o remanescente do objeto, pelo preço registrado na ata cancelada.

§6º Comprovada a desatualização dos preços registrados decorrentes de fato superveniente que prejudique o cumprimento da ARP, a Administração Pública Municipal poderá efetuar a atualização do preço registrado, adequando-o ao menor preço praticado no mercado.

§7º Na hipótese de não haver cadastro de reserva é facultado à Administração Municipal:

I – convocar os licitantes remanescentes, respeitada a ordem de classificação, para negociação do valor;

II – sendo o valor negociado igual ou inferior ao orçamento atualizado, abrir o envelope de habilitação da licitante em sessão pública, momento em que os documentos inicialmente apresentados poderão ser atualizados;

III – assinar nova ARP, estando a licitante habilitada.

Art. 16. A ata de registro de preços será cancelada quando:

I – o signatário descumprir as obrigações assumidas;

II – o signatário não receber a nota de empenho ou instrumento equivalente no prazo estabelecido pela Administração, sem justificativa aceitável;

III – o signatário não aceitar reduzir seu preço registrado, na hipótese de este se tornar superior àqueles praticados no mercado, observado o disposto no artigo 14 deste Decreto;

IV – o signatário sofrer sanção prevista no inciso III ou IV do *caput* do art. 156 da Lei Federal nº 14.133, de 1º de abril de 2021;

V – o signatário for condenado por algum dos crimes previstos no art. 178 da Lei federal n. 14.133, de 1º de abril de 2021, por sentença transitada em julgado.

Art. 17. O cancelamento do registro de preços poderá decorrer de caso fortuito ou força maior que prejudique o cumprimento da ata, devidamente comprovado e justificado:

I – por razão de interesse público; ou

II – no pedido do fornecedor.

Art. 18. Nas hipóteses de cancelamento da ARP previstas no art. 17 deste Decreto, o Município poderá convocar os demais licitantes integrantes do cadastro de reserva para que manifestem interesse em assumir o remanescente do objeto, pelo preço registrado na ata cancelada.

Art. 19. O cancelamento da ata de registros de preços será formalizado por despacho do _____, assegurados o contraditório e a ampla defesa.

Parágrafo único. Previamente à decisão de cancelamento de que trata o inciso I do art. 17, o detentor da ARP será intimado para se manifestar no prazo de 5 (cinco) dias úteis, em cumprimento ao direito ao contraditório e ampla defesa.

CAPÍTULO VII

DA ADESÃO DO MUNICÍPIO A ATAS DE REGISTRO DE PREÇOS DE OUTROS ÓRGÃOS OU ENTIDADES DA ADMINISTRAÇÃO PÚBLICA

Art. 20. O Poder Executivo do Município de _____ poderá aderir à ata de registro de preços gerenciadas por entes da Administração Pública Federal, Estadual, Distrital ou Municipal, na condição de não participante, observados os seguintes requisitos:

I – elaboração do documento de formalização de demanda (DFD) contendo as especificidades do objeto que pretenda contratar, com a demonstração da adequação às necessidades, inclusive quanto aos prazos e quantidades;

II – apresentação de justificativa da vantagem da adesão, inclusive em situações de provável desabastecimento ou descontinuidade de serviço público;

III – demonstração de que os valores registrados estão compatíveis com os valores praticados no mercado;

IV – prévia consulta e aceitação do órgão ou entidade gerenciadora e do detentor da ata de registro de preços.

§1º O quantitativo da adesão disposta no *caput* deste artigo não poderá exceder a 50% (cinquenta por cento) dos quantitativos dos itens contidos na ARP para o órgão gerenciador e eventuais órgãos participantes.

§2º A adesão pelo Município à ata de registro de preços gerenciada por órgão ou entidade do Poder Executivo Federal, quando obrigatória para fins de transferências de convênios, contratos de repasse, termos de compromisso ou instrumentos congêneres, não fica sujeita ao limite de que trata o §1º deste artigo se:

I – destinada à execução descentralizada de programa ou projeto federal; e

II – comprovada a compatibilidade dos preços registrados com os valores praticados no mercado na forma do art. 23 da Lei Federal nº 14.133/2021.

§3º Em caso de aquisição emergencial de medicamentos e material de consumo médico-hospitalar pelo Município, a adesão à ata de registro de preços gerenciada pelo Ministério da Saúde não estará sujeita ao limite do §2º do artigo 21 deste Decreto.

§4º O termo de adesão à ata de registro de preços e às contratações dele decorrentes serão divulgados no sítio oficial do Município de _____ e no PNCP.

CAPÍTULO VIII

DA ADESÃO A ATAS DE REGISTRO DE PREÇOS GERENCIADAS PELO EXECUTIVO MUNICIPAL DE _____ POR ÓRGÃOS OU ENTIDADES NÃO PARTICIPANTES

Art. 21. O Município de _____ poderá conceder a um órgão ou a uma entidade não participante a adesão a ata de registro de preços, observados os limites do §2º deste artigo, desde que o edital ou o ato de autorização da contratação direta autorize expressamente a adesão e que sejam respeitados os seguintes requisitos essenciais:

I – consulta pelo órgão ou pela entidade da Administração não participante do processo deflagrado pelo Município sobre a possibilidade de adesão;

II – manifestação da beneficiária da ata de registro de preços acerca da possibilidade de adesão; e

III – publicidade do termo de adesão à ata de registro de preços e das aquisições dele decorrentes.

§1º A publicação da adesão e das contratações decorrentes do termo de adesão à ata de registro de preços será de responsabilidade do órgão ou da entidade da Administração aderente.

§2º O quantitativo decorrente das adesões à ata de registro de preços a que se refere o *caput* deste artigo, não poderá exceder, na totalidade, ao dobro do quantitativo de cada item registrado na ARP para o órgão gerenciador e órgãos participantes, independentemente do número de órgãos não participantes que aderirem.

CAPÍTULO IX

DISPOSIÇÕES FINAIS

Art. 22. A divulgação no PNCP é condição para a eficácia dos instrumentos contratuais decorrentes das atas de registro de preços e de seus aditamentos, e deverá ocorrer no prazo de 10 (dez) dias úteis, contados da data de sua assinatura ou da confirmação de recebimento pelo contratado.

Parágrafo único. Enquanto o PNCP não for efetivamente viabilizado, a divulgação será realizada no Imprensa Oficial do Município de _____, conforme disposto na Lei Municipal nº _____ e no sitio oficial do Município de _____ *(esse parágrafo poderá ser mantido apenas para os municípios com população de até 20.000 habitantes que não tiverem cadastrado no PNCP).*

Art. 23. Este Decreto entrará em vigor na data de sua publicação.

_____, _____ de _____ de 20___.

PREFEITO MUNICIPAL

DECRETO Nº ____, DE __DE _____ DE 20____.

REGULAMENTA AS LICITAÇÕES NA FORMA ELETRÔNICA DEFLAGRADAS PELOS CRITÉRIOS DE JULGAMENTO DE MENOR PREÇO E MAIOR DESCONTO, NAS MODALIDADES PREGÃO E CONCORRÊNCIA, PARA CONTRATAÇÃO DE BENS, SERVIÇOS E OBRAS, E DÁ OUTRAS PROVIDÊNCIAS.

(Este decreto deverá ser adaptado ao sistema utilizado pelo Município para deflagração das licitações eletrônicas)

O PREFEITO DO MUNICÍPIO DE _____, no uso de suas atribuições legais, e tendo em vista o disposto na Lei nº 14.133, de 1º de abril de 2021:

DECRETA:

CAPÍTULO I

DISPOSIÇÕES PRELIMINARES

Art. 1º Este Decreto dispõe sobre a licitação pelo critério de julgamento por menor preço ou maior desconto, na forma eletrônica, para a contratação de bens, serviços e obras, no âmbito do Executivo Municipal de _____.

§1º É obrigatória a utilização da forma eletrônica nas licitações de que trata este Decreto.

§2º Será admitida, excepcionalmente, mediante prévia justificativa da autoridade competente, a utilização da forma presencial, desde que fique comprovada a inviabilidade técnica ou a desvantagem para a Administração na realização da forma eletrônica, devendo ser observado o disposto nos §§2º e 5º do art. 17 da Lei nº 14.133, de 1º de abril de 2021.

Art. 2º O critério de julgamento de menor preço ou maior desconto será obrigatório, exceto na modalidade concorrência, quando o estudo técnico preliminar demonstrar que a avaliação e a ponderação da qualidade técnica das propostas que excederem os requisitos mínimos das especificações forem relevantes aos fins pretendidos pela Administração.

Art. 3º Para fins do disposto neste Decreto consideram-se:

I - lances intermediários:

a) lances iguais ou superiores ao menor já ofertado, quando adotado o critério de julgamento de menor preço; e

b) lances iguais ou inferiores ao maior já ofertado, quando adotado o critério de julgamento de maior desconto.

CAPÍTULO II

DOS PROCEDIMENTOS

Art. 4º O Pregão e a Concorrência eletrônicos serão realizados em sessão pública, por meio de sistema eletrônico que promova a comunicação via internet.

Art. 5º A realização da licitação pelo critério do menor preço ou maior desconto observará as seguintes fases sucessivas:

I - preparatória;

II - divulgação do edital de licitação;

III - apresentação de propostas e lances;

IV - julgamento;

V - habilitação;

VI - recursal; e

VII - homologação.

§1º A fase referida no inciso V do *caput* poderá, mediante ato motivado com explicitação dos benefícios decorrentes, anteceder as fases referidas nos incisos III e IV, desde que expressamente previsto no edital de licitação e observados os seguintes requisitos:

I - os licitantes apresentarão as propostas com o preço ou o maior desconto;

II - serão verificados os documentos de habilitação apenas do licitante classificado em 1º lugar;

Art. 6º O critério de julgamento por menor preço ou maior desconto considerará o menor dispêndio para a Administração, atendidos os parâmetros mínimos de qualidade definidos no edital de licitação.

§1º Os custos indiretos, relacionados às despesas de manutenção, utilização, reposição, depreciação e impacto ambiental, entre outros fatores vinculados ao seu ciclo de vida, poderão ser considerados para a definição do menor dispêndio, sempre que objetivamente mensuráveis, de acordo com o §1º do art. 34 da Lei nº 14.133, de 2021.

§2º O julgamento por maior desconto terá como referência o preço fixado no edital de licitação, e o desconto será estendido aos eventuais termos aditivos.

CAPÍTULO III

DA CONDUÇÃO DO PROCESSO

Art. 7º A licitação, na forma eletrônica, será conduzida pelo pregoeiro, agente de contratação ou pela comissão de contratação, quando o substituir, nos termos do disposto no §2º do art. 8º da Lei nº 14.133, de 2021.

CAPÍTULO IV

DA FASE PREPARATÓRIA

Art. 8º A fase preparatória do processo licitatório deve compatibilizar-se com o Plano de Contratações Anual e com as leis orçamentárias, bem como:

I - abordar as considerações técnicas, mercadológicas e de gestão que possam interferir na contratação;

II - compreender os documentos e procedimentos necessários de que dispõe o art. 18 da Lei nº 14.133, de 2021, observada a modalidade de licitação adotada, nos termos do art. 4º do referido mandamento legal; e

III - a regulamentação local.

Parágrafo único. Os preceitos do desenvolvimento sustentável serão observados na fase preparatória da licitação, em suas dimensões econômica, social, ambiental e cultural, no mínimo, com base nos planos de gestão de logística sustentável dos órgãos e das entidades.

Art. 9º Desde que justificado, o orçamento estimado da contratação poderá ter caráter sigiloso, sem prejuízo da divulgação do detalhamento dos quantitativos e das demais informações necessárias para a elaboração das propostas.

§1º Para fins do disposto no *caput*, o orçamento estimado para a contratação não será tornado público antes de definido o resultado do julgamento das propostas, observado o §1º do art. 37 deste Decreto.

§2º Nas hipóteses em que for adotado o critério de julgamento pelo maior desconto, o valor estimado ou o valor de referência para aplicação do desconto constará obrigatoriamente no edital de licitação.

Art. 10. Caberá ao licitante interessado em participar da licitação, na forma eletrônica:

I - credenciar-se previamente no sistema eletrônico utilizado no certame;

II - remeter, no prazo estabelecido, exclusivamente via sistema, a proposta com o preço ou o desconto e os documentos de habilitação até a data e hora marcadas para abertura da sessão;

III - responsabilizar-se formalmente pelas transações efetuadas em seu nome;

IV - assumir como firmes e verdadeiras suas propostas e seus lances, inclusive os atos praticados diretamente ou por seu representante, excluída a responsabilidade do provedor do sistema ou do Executivo Municipal por eventuais danos decorrentes de uso indevido da senha, ainda que por terceiros;

V - acompanhar as operações no sistema eletrônico durante o processo licitatório e responsabilizar-se pelo ônus decorrente da perda de negócios diante da inobservância de mensagens emitidas pela Administração ou de sua desconexão; e

VI - comunicar imediatamente ao provedor do sistema qualquer acontecimento que possa comprometer o sigilo ou a segurança, para imediato bloqueio de acesso.

CAPÍTULO V

DA FASE DA DIVULGAÇÃO DO EDITAL DE LICITAÇÃO

Art. 11. A fase externa da licitação, na forma eletrônica, será iniciada com a convocação dos interessados por meio da publicação do inteiro teor do edital de licitação e de seus anexos no PNCP.

Parágrafo único. Sem prejuízo do disposto no *caput*, é obrigatória a publicação de extrato do edital:

I - no Diário Oficial do Município; e

II - em jornal diário de grande circulação.

Art. 12. Eventuais modificações no edital de licitação implicarão nova divulgação na mesma forma de sua divulgação inicial, além do cumprimento dos mesmos prazos dos atos e procedimentos originais, exceto se, inquestionavelmente, a alteração não comprometer a formulação das propostas.

CAPÍTULO VI

DA FASE DE APRESENTAÇÃO DA PROPOSTA E LANCES

Art. 13. Os prazos mínimos para a apresentação das propostas e lances, contados a partir do 1º dia útil subsequente à data de divulgação do edital de licitação no PNCP, são:

I - de 8 (oito) dias úteis, para a aquisição de bens na modalidade pregão;

II - de 15 (quinze) dias úteis, para a aquisição de bens especiais na modalidade concorrência;

III - no caso de serviços e obras:

a) de 10 (dez) dias úteis, no caso de serviços comuns e de obras e serviços comuns de engenharia;

b) de 25 (vinte e cinco) dias úteis, no caso de serviços especiais e de obras e serviços especiais de engenharia;

c) de 60 (sessenta) dias úteis, quando o regime de execução for de contratação integrada;

d) de 35 (trinta e cinco) dias úteis, quando o regime de execução for o de contratação semi-integrada ou nas hipóteses não abrangidas pelas alíneas "a", "b" e "c" deste inciso.

Art. 14. Após a divulgação do edital de licitação, os licitantes encaminharão, exclusivamente por meio do sistema, a proposta com o preço ou o percentual de desconto, até a data e o horário estabelecidos para abertura da sessão pública.

§1º O licitante declarará, em campo próprio do sistema, sem prejuízo da exigência de outras declarações previstas em legislação específica e na Lei nº 14.133, de 2021, o cumprimento dos requisitos para a habilitação e a conformidade de sua proposta, com as exigências do edital de licitação.

§2º A falsidade da declaração de que trata o §1º sujeitará o licitante às sanções previstas na Lei nº 14.133, de 2021.

§3º Os licitantes poderão retirar ou substituir a proposta até a abertura da sessão pública.

§4º Poderá ser exigida, no momento da apresentação da proposta a comprovação do recolhimento de quantia a título de garantia de proposta, como requisito de pré--habilitação, nos termos do art. 58 da Lei Federal nº 14.133/2021.

Art. 15. Quando do cadastramento da proposta, na forma estabelecida no art. 14 deste Decreto, o licitante poderá parametrizar o seu valor final mínimo ou o seu percentual de desconto final máximo e obedecerá às seguintes regras: *(adaptar de acordo com o sistema)*

I - a aplicação do intervalo mínimo de diferença de valores ou de percentuais entre os lances, incidirá tanto em relação aos lances intermediários quanto em relação ao lance que cobrir a melhor oferta; e

II - os lances serão de envio automático pelo sistema, respeitado o valor final mínimo estabelecido e o intervalo de que trata o inciso I deste artigo.

§1º O valor final mínimo ou o percentual de desconto final máximo de que trata o *caput*, poderá ser alterado pelo fornecedor durante a fase de disputa, sendo vedado:

I - valor superior a lance já registrado pelo fornecedor no sistema, quando adotado o critério de julgamento por menor preço; e

II - percentual de desconto inferior a lance já registrado pelo fornecedor no sistema, quando adotado o critério de julgamento por maior desconto.

§2º O valor final mínimo ou o percentual de desconto final máximo parametrizado na forma do *caput* possuirá caráter sigiloso para os demais fornecedores e para o órgão ou entidade promotor da licitação.

CAPÍTULO VII

DA ABERTURA DA SESSÃO PÚBLICA E DA FASE DE ENVIO DE LANCES

Seção I

Do procedimento

Art. 16. A partir do horário previsto no edital de licitação, a sessão pública será aberta automaticamente pelo sistema.

§1º A verificação da conformidade da proposta será feita exclusivamente na fase de julgamento.

§2º O sistema disponibilizará campo próprio para troca de mensagens entre o pregoeiro, o agente de contratação ou a comissão de contratação, e os licitantes, vedada outra forma de comunicação.

Art. 17. Iniciada a fase competitiva, observado o modo de disputa adotado no edital, os licitantes poderão encaminhar lances exclusivamente por meio do sistema eletrônico.

§1º O licitante será imediatamente informado do recebimento do lance e do valor consignado no registro.

§2º O licitante somente poderá oferecer valor inferior ou maior percentual de desconto ao último lance por ele ofertado e registrado pelo sistema, observado, o intervalo mínimo de diferença de valores ou de percentuais entre os lances, que incidirá tanto em relação aos lances intermediários quanto em relação ao lance que cobrir a melhor oferta.

§3º Observado o §2º deste artigo, o licitante poderá, uma única vez, excluir seu último lance ofertado, no intervalo de quinze segundos após o registro no sistema, na hipótese de lance inconsistente ou inexequível, nos termos dos arts. 39 e 40 deste Decreto. *(adequar conforme sistema utilizado pelo órgão)*

§4º O pregoeiro, o agente de contratação ou a comissão de contratação, poderá, durante a disputa, como medida excepcional, excluir a proposta ou o lance que possa comprometer, restringir ou frustrar o caráter competitivo do processo licitatório, mediante comunicação eletrônica automática via sistema.

§5º Eventual exclusão de proposta do licitante, de que trata o §4º, implica a retirada do licitante do certame, sem prejuízo do direito de defesa.

Art. 18. Serão adotados para o envio de lances os seguintes modos de disputa:

I - aberto: os licitantes apresentarão lances públicos e sucessivos, com prorrogações, conforme o critério de julgamento adotado no edital de licitação;

II - aberto e fechado: os licitantes apresentarão lances públicos e sucessivos, com lance final fechado, conforme o critério de julgamento adotado no edital de licitação; ou

III - fechado e aberto: compõe-se de dois estágios: a etapa fechada de envio de lances, e a tapa aberta para oferecimento de lances finais.

§1º Quando da opção por um dos modos de disputa estabelecidos nos incisos I a III do *caput*, o edital preverá intervalo mínimo de diferença de valores ou de percentuais entre os lances, que incidirá tanto em relação aos lances intermediários quanto em relação ao lance que cobrir a melhor oferta.

§2º Os lances serão ordenados pelo sistema e divulgados da seguinte forma:

I - ordem crescente, quando adotado o critério de julgamento por menor preço; ou

II - ordem decrescente, quando adotado o critério de julgamento por maior desconto.

Seção II

Modo de disputa aberto

Art. 19. No modo de disputa aberto, a etapa de envio de lances na sessão pública terá duração inicial de ___ (_____) minutos.

§1º Após o prazo de que trata o *caput*, o sistema encaminhará aviso de fechamento iminente dos lances, após o que transcorrerá o período de tempo de até ___ (_____) minutos, aleatoriamente determinado, findo o qual será automaticamente encerrada a recepção de lances. *(adequar conforme sistema utilizado pelo órgão)*

§2º A prorrogação automática da etapa de envio de lances, de que trata o §1º, será de ___ (_____) minutos e ocorrerá sucessivamente sempre que houver lances enviados nesse período de prorrogação, inclusive quando se tratar de lances intermediários. *(adequar conforme sistema utilizado pelo órgão)*

§3º Na hipótese de não haver novos lances na forma estabelecida no *caput* e no §2º deste artigo, a sessão pública será encerrada automaticamente.

§4º Encerrada a sessão pública sem prorrogação automática pelo sistema, nos termos do §2º deste artigo o pregoeiro, o agente de contratação ou a comissão de contratação, poderá admitir o reinício da etapa de envio de lances, em prol da consecução do melhor preço, mediante justificativa.

Art. 20. Após a definição da melhor proposta, se a diferença em relação à proposta classificada em segundo lugar for de pelo menos 5% (cinco por cento), será assegurado o reinício da disputa aberta, para definição das demais colocações.

Art. 21. O pregoeiro, o agente de contratação ou a comissão de contratação, solicitará ao licitante melhor classificado que, no prazo de ____ (_____) horas, envie a proposta adequada ao último lance ofertado após a negociação realizada, acompanhada, se for o caso, dos documentos complementares, quando necessários à confirmação daqueles exigidos no edital e já apresentados.

Art. 22. Quando houver desconexão do sistema eletrônico para a Administração e persistir por tempo superior a ___ (_____) minutos, a sessão pública será suspensa e reiniciada somente após decorridas ____ (_____) horas da comunicação do fato, da nova data e horário aos participantes, no sítio eletrônico utilizado para divulgação.

Seção III

Modo de disputa aberto e fechado

Art. 23. No modo de disputa aberto e fechado, a etapa de envio de lances na sessão pública terá duração inicial de ___ (_____) minutos.

§1º Após o prazo de que trata o *caput*, o sistema encaminhará aviso de fechamento iminente dos lances, após o que transcorrerá o período de tempo de até ____ (_____) minutos, aleatoriamente determinado, findo o qual será automaticamente encerrada a recepção de lances.

§2º Encerrado o prazo previsto no §1º, o sistema abrirá oportunidade para que o autor da oferta de valor mais baixo e os das ofertas com preços até 10 % (dez por cento) superiores àquela, possam ofertar um lance final e fechado em até _____ (_____) minutos, o qual será sigiloso até o encerramento deste prazo.

§3º Não havendo pelo menos 3 (três) ofertas nas condições definidas no §2º deste artigo, poderão os autores de melhores lances subsequentes, na ordem de classificação, até o máximo de 3 (três), oferecer um lance final e fechado em até ___ (_____) minutos, o qual será sigiloso até o encerramento deste prazo.

§4º Quando o critério de julgamento adotado for o de menor preço, após o término dos prazos estabelecidos nos §§2º e 3º deste artigo, o sistema ordenará os lances segundo a ordem crescente de valores.

§5º Sendo o critério de julgamento adotado o de maior desconto, após o término dos prazos estabelecidos nos §§2º e 3º deste artigo, o sistema ordenará os lances segundo a ordem decrescente de valores.

§6º Não havendo lance final e fechado classificado na forma estabelecida nos §§§2º, 3º e 4º deste artigo, haverá o reinício da etapa fechada, para que os demais licitantes, em até 5 (cinco) minutos e até o máximo de 3 (três), na ordem de classificação, possam ofertar um lance final e fechado, o qual será sigiloso até o encerramento deste prazo.

Art. 24. Poderá o pregoeiro, o agente de contratação ou a comissão de contratação, admitir o reinício da etapa fechada, caso nenhum licitante classificado na etapa de lance fechado atenda às exigências de habilitação.

Parágrafo único. Não serão aceitos dois ou mais lances de mesmo valor, prevalecendo aquele que for recebido e registrado em primeiro lugar.

Art. 25. Após a definição da melhor proposta, se a diferença em relação à proposta classificada em segundo lugar for de pelo menos 5% (cinco por cento), será assegurado o reinício da disputa aberta, para definição das demais colocações.

Art. 26. Quando houver desconexão do sistema eletrônico para a Administração e persistir por tempo superior a ___ (_____) minutos, a sessão pública será suspensa e reiniciada somente após decorridas _____ (_____) horas da comunicação do fato, da nova data e horário aos participantes, no sítio eletrônico utilizado para divulgação.

Parágrafo único. Caso o licitante não apresente lances, concorrerá com o valor de sua proposta.

Art. 27. Encerrada a etapa de envio de lances da sessão pública, o pregoeiro, o agente de contratação ou a comissão de contratação, deverá encaminhar, pelo sistema eletrônico, contraproposta ao licitante que tenha apresentado o melhor preço, para que seja obtida melhor proposta, observando que:

I - A negociação será realizada por meio do sistema, podendo ser acompanhada pelos demais licitantes;

II - No prazo de _____ (_____) horas, o licitante deverá enviar a proposta adequada à negociação realizada, acompanhada, se for o caso, dos documentos complementares.

Art. 28. Após a negociação do preço, o pregoeiro, o agente de contratação ou a comissão de contratação, iniciará a fase de aceitação e julgamento da proposta.

Seção III

Modo de disputa fechado e aberto

Art. 29. No modo de disputa fechado e aberto, a etapa de envio de lances será em sessão fechada com duração inicial de ____ (_____) minutos.

§1º Após o prazo de que trata o *caput*, o sistema encaminhará aviso de abertura iminente dos lances, após o que transcorrerá o período de tempo de até ____ (_____) minutos, aleatoriamente determinado, findo o qual será automaticamente encerrada a recepção de lances.

§2º Encerrado o prazo previsto no §1º, o sistema abrirá oportunidade para que o autor da oferta de valor mais baixo e os das ofertas com preços até _____% (_____ por cento) superiores àquela possam ofertar um lance final em até _____ (_____) minutos, o qual será aberto até o encerramento deste prazo.

§3º Não havendo pelo menos 3 (três) ofertas nas condições definidas no §2º, poderão os autores de melhores lances, na ordem de classificação, até o máximo de 3 (três), oferecer um lance final e aberto em até _____ (_____) minutos, até o encerramento deste prazo.

§4º Após o término dos prazos estabelecidos neste artigo, o sistema ordenará os lances segundo a ordem crescente ou decrescente de valores, conforme o critério de julgamento adotado.

§5º Não havendo lance final e aberto classificado na forma estabelecida nos §§2º e 3º deste artigo, haverá o reinício da etapa aberta, para que os demais licitantes, em até _____ (_____) minutos, até o máximo de 3 (três), na ordem de classificação, possam ofertar um lance final e aberto, até o encerramento deste prazo.

Art. 30. Poderá o pregoeiro, o agente de contratação ou a comissão de contratação admitir o reinício da etapa aberta, caso nenhum licitante classificado na etapa de lance aberto atenda às exigências de habilitação.

Parágrafo único. Não serão aceitos dois ou mais lances de mesmo valor, prevalecendo aquele que for recebido e registrado em primeiro lugar.

Art. 31. Quando houver desconexão do sistema eletrônico para a Administração e persistir por tempo superior a _____ (_____) minutos, a sessão pública será suspensa e reiniciada somente após decorridas _____ (_____) horas da comunicação do fato, da nova data e horário aos participantes, no sítio eletrônico utilizado para divulgação.

Art. 32. Após a definição da melhor proposta, se a diferença em relação à proposta classificada em segundo lugar for de pelo menos 5% (cinco por cento), será assegurado o reinício da disputa aberta, para definição das demais colocações.

Parágrafo único. Caso o licitante não apresente lances, concorrerá com o valor de sua proposta.

Art. 33. Encerrada a etapa de envio de lances da sessão pública, o pregoeiro, o agente de contratação ou a comissão de contratação, deverá encaminhar, pelo sistema eletrônico, contraproposta ao licitante que tenha apresentado o melhor preço, para que seja obtida melhor proposta, observando que:

I - A negociação será realizada por meio do sistema, podendo ser acompanhada pelos demais licitantes;

II - No prazo de _____ (_____) horas, o licitante deverá enviar a proposta adequada à negociação realizada, acompanhada, se for o caso, dos documentos complementares.

Art. 34. O pregoeiro, o agente de contratação ou a comissão de contratação, solicitará ao licitante melhor classificado que, no prazo de _____ (_____) horas, envie a proposta adequada ao último lance ofertado após a negociação realizada, acompanhada, se for o caso, dos documentos complementares.

Art. 35. Após a negociação do preço, o pregoeiro, o agente de contratação ou a comissão de contratação, iniciará a fase de aceitação e julgamento da proposta.

CAPÍTULO VIII
DA FASE DO JULGAMENTO

Art. 36. Encerrada a etapa de envio de lances da sessão pública, o pregoeiro, o agente de contratação ou a comissão de contratação, realizará a verificação:

I - da conformidade da proposta classificada em primeiro lugar quanto à adequação ao objeto estipulado; e

II - a compatibilidade do preço ou maior desconto final em relação ao estimado para a contratação, conforme definido no edital, observado o disposto nos arts. 30 e 40 deste Decreto.

§1º Desde que previsto no edital, a Administração poderá, em relação ao licitante provisoriamente vencedor, realizar análise e avaliação da conformidade da proposta, mediante homologação de amostras, exame de conformidade e prova de conceito, entre outros testes de interesse público, de modo a comprovar sua aderência às especificações definidas no termo de referência ou no projeto básico.

§2º O edital de licitação deverá estabelecer prazo de, no mínimo, _____ horas, prorrogável por igual período, para envio no sistema da proposta adequada ao último lance ofertado e, se necessário, dos documentos complementares.

§3º A prorrogação de que trata o §2º, poderá ocorrer nas seguintes situações:

I - por solicitação do licitante, mediante justificativa aceita pelo pregoeiro, pelo agente de contratação ou pela comissão de contratação; ou

II - de ofício, a critério do pregoeiro, do agente de contratação ou da comissão de contratação, quando constatado que o prazo estabelecido não é suficiente para o envio dos documentos exigidos no edital para a verificação da conformidade de que trata o *caput*.

Art. 37. Na hipótese de a proposta do primeiro colocado permanecer acima do preço máximo ou inferior ao desconto definido para a contratação, o pregoeiro, o agente de contratação ou a comissão de contratação poderá negociar condições mais vantajosas, após definido o resultado do julgamento.

§1º A negociação será realizada por meio do sistema e poderá ser acompanhada pelos demais licitantes.

§2º Quando o primeiro colocado, mesmo após a negociação, for desclassificado em razão de sua proposta permanecer acima do preço máximo ou inferior ao desconto definido para a contratação, a negociação poderá ser feita com os demais licitantes classificados, exclusivamente por meio do sistema, respeitada a ordem de classificação.

§3º Concluída a negociação, o resultado será registrado na ata da sessão pública, devendo esta ser anexada aos autos do processo de contratação.

§4º Observado o prazo de que trata o §2º do art. 36 deste Decreto, o pregoeiro, o agente de contratação ou a comissão de contratação deverá solicitar, no sistema, o envio da proposta adequada e, se necessário, dos documentos complementares.

§5º No caso de licitações em que o procedimento exija apresentação de planilhas com indicação dos quantitativos e dos custos unitários, bem como com detalhamento das Bonificações e Despesas Indiretas (BDI) e dos Encargos Sociais (ES), esta deverá ser encaminhada via sistema com os respectivos valores readequados à proposta vencedora.

Art. 38. Desde que previsto em edital, caso a proposta do licitante vencedor não atenda ao quantitativo total estimado para a contratação, poderá ser convocada a quantidade de licitantes necessária para alcançar o total estimado, respeitada a ordem de classificação, observado o preço da proposta vencedora.

Art. 39. No caso de obras e serviços de engenharia serão consideradas inexequíveis as propostas cujos valores forem inferiores a 75% (setenta e cinco por cento) do valor orçado pela Administração.

Art. 40. No caso de bens e serviços em geral, é indício de inexequibilidade das propostas valores inferiores a 50% (cinquenta por cento) do valor orçado pela Administração.

Art. 41. A inexequibilidade só será declarada após diligência do pregoeiro, do agente de contratação ou da comissão de contratação, que comprove que o licitante não confirmou a exequibilidade de sua proposta.

Art. 42. Encerrada a fase de julgamento, após a verificação de conformidade da proposta, o pregoeiro, o agente de contratação ou a comissão de contratação, verificará a documentação de habilitação do licitante conforme disposições do edital de licitação, observado o disposto no Capítulo IX deste Decreto.

CAPÍTULO IX

DA FASE DE HABILITAÇÃO

Art. 43. Para habilitação dos licitantes, serão exigidos, exclusivamente do licitante classificando em primeiro lugar, os documentos necessários e suficientes para demonstrar a capacidade de realizar o objeto da licitação, nos termos dos arts. 62 a 70 da Lei nº 14.133, de 2021.

§1º A documentação exigida para fins de habilitação jurídica, fiscal, social e trabalhista e econômico-financeira, desde que prevista no edital de licitação, poderá ser substituída pelo registro cadastral no _____ , ou em sistemas semelhantes mantidos pela União, Estados, pelo Distrito Federal ou pelos Municípios.

§2º A documentação de habilitação de que trata o *caput* poderá ser dispensada, total ou parcialmente:

I - nas contratações para entrega imediata;

II - nas contratações em valores inferiores a 1/4 (um quarto) do limite para dispensa de licitação de que trata o inciso II do art. 75 da Lei nº 14.133, de 2021; e

III - nas contratações de produto para pesquisa e desenvolvimento até o valor de que trata o inciso III do art. 70 da Lei Federal nº 14.133, de 2023.

Art. 44. Quando permitida a participação de empresas estrangeiras que não funcionem no País, as exigências de habilitação serão atendidas mediante documentos equivalentes, apresentados em tradução livre.

Parágrafo único. Na hipótese de o licitante vencedor ser empresa estrangeira que não funcione no País, para fins de assinatura do contrato ou da ata de registro de preços, os documentos exigidos para a habilitação serão traduzidos por tradutor juramentado no País e apostilados nos termos dispostos no Decreto nº 8.660, de 29 de janeiro de 2016, ou de outro que venha a substituí-lo, ou consularizados pelos respectivos consulados ou embaixadas.

Art. 45. A participação de consórcio de empresas será permitida, observado o disposto no art. 15 da Lei Federal nº 14.133/2021, devendo sua vedação ser devidamente justificada nos autos do processo.

Art. 46. Serão exigidos os documentos de habilitação apenas do licitante vencedor, exceto quando houver inversão da fase de habilitação.

§1º A verificação pelo pregoeiro, pelo agente de contratação ou pela comissão de contratação, em sítios eletrônicos oficiais de órgãos e entidades emissores de certidões constitui meio legal de prova, para fins de habilitação.

§2º Na hipótese de o licitante não atender às exigências para habilitação, o pregoeiro, o agente de contratação ou a comissão de contratação, examinará a proposta subsequente e assim sucessivamente, na ordem de classificação, até a apuração de uma proposta que atenda ao edital de licitação, observado o prazo disposto no §2º do art. 36 deste Decreto.

Art. 47. Após a apresentação dos documentos de habilitação, fica vedada a substituição ou a apresentação de novos documentos, salvo em sede de diligência, para:

I - complementação de informações acerca dos documentos já apresentados pelos licitantes e desde que necessária para apurar fatos existentes à época da abertura do certame; e

II - atualização de documentos cuja validade tenha expirado após a data de recebimento das propostas.

CAPÍTULO X

DA INTENÇÃO DE RECORRER E DA FASE RECURSAL

Art. 48. Qualquer licitante poderá, durante o prazo concedido na sessão pública, não inferior a 10 minutos, de forma imediata após o término do julgamento das propostas e da fase de habilitação, em campo próprio do sistema, manifestar sua intenção de recorrer, sob pena de preclusão, caso em que ficará, a autoridade superior autorizada a adjudicar o objeto ao licitante declarado vencedor.

§1º As razões do recurso deverão ser apresentadas em momento único, em campo próprio no sistema, no prazo de três dias úteis, contados a partir da data de intimação ou de lavratura da ata de habilitação ou inabilitação ou, na hipótese de adoção da inversão de fases, da ata de julgamento.

§2º Os demais licitantes ficarão intimados para, se desejarem, apresentar suas contrarrazões, no prazo de três dias úteis, contado da data de intimação pessoal ou de divulgação da interposição do recurso.

§3º Será assegurado ao licitante vista dos elementos indispensáveis à defesa de seus interesses.

§4º O acolhimento do recurso importará na invalidação apenas dos atos que não possam ser aproveitados.

CAPÍTULO XI

DO SANEAMENTO DA PROPOSTA E DOS DOCUMENTOS DE HABILITAÇÃO

Art. 49. O pregoeiro, o agente de contratação ou a comissão de contratação, deverá, no julgamento das propostas, sanar erros ou falhas que não alterem a sua substância e sua validade jurídica, atribuindo-lhes eficácia para fins de classificação.

Art. 50. O pregoeiro, o agente de contratação ou a comissão de contratação, deverá, na análise dos documentos de habilitação, sanar erros ou falhas que não alterem a substância dos documentos e sua validade jurídica, mediante decisão fundamentada, registrada em ata e acessível a todos, atribuindo-lhes eficácia para fins de habilitação.

Art. 51. Na hipótese de necessidade de suspensão da sessão pública para a realização de diligências, o seu reinício somente poderá ocorrer mediante aviso prévio no sistema com, no mínimo, vinte e quatro horas de antecedência, e a ocorrência será registrada em ata.

CAPÍTULO XII

DA ADJUDICAÇÃO E HOMOLOGAÇÃO

Art. 52. Encerradas as fases de julgamento e habilitação, e exauridos os recursos administrativos, o processo licitatório será encaminhado à autoridade superior para adjudicar o objeto e homologar o procedimento, observado o disposto no art. 71 da Lei nº 14.133, de 2021.

CAPÍTULO XIII

DA CONVOCAÇÃO PARA A CONTRATAÇÃO OU ASSINATURA
DA ATA DE REGISTRO DE PREÇOS

Art. 53. Após a homologação, o licitante vencedor será convocado para assinar o termo de contrato ou a ata de registro de preços, ou aceitar ou retirar o instrumento equivalente, no prazo estabelecido no edital de licitação, sob pena de decair o direito à contratação, sem prejuízo das sanções previstas na Lei nº 14.133, de 2021, e em outras legislações aplicáveis.

§1º O prazo de convocação poderá ser prorrogado 1 (uma) vez, por igual período, mediante solicitação da parte durante seu transcurso, devidamente justificada, e desde que o motivo apresentado seja aceito pela Administração.

§2º Na hipótese de o vencedor da licitação não assinar o contrato ou a ata de registro de preços, ou não aceitar ou não retirar o instrumento equivalente no prazo e nas condições estabelecidas, outro licitante poderá ser convocado, respeitada a ordem de classificação, para celebrar a contratação ou a ata de registro de preços, ou instrumento equivalente, nas condições propostas pelo licitante vencedor, sem prejuízo da aplicação das sanções previstas na Lei nº 14.133, de 2021, e em outras legislações aplicáveis.

§3º Caso nenhum dos licitantes aceite a contratação nos termos do §2º deste artigo, a Administração, observados o valor estimado e sua eventual atualização nos termos do edital de licitação, poderá:

I - convocar os licitantes remanescentes para negociação, na ordem de classificação, com vistas à obtenção de preço melhor, mesmo que acima do preço ou inferior ao desconto do adjudicatário, respeitado o valor ou o desconto estimado;

II - adjudicar e celebrar o contrato ou ata de registro de preço nas condições ofertadas pelos licitantes remanescentes, atendida a ordem classificatória, quando frustrada a negociação de melhor condição.

§4º A recusa injustificada do adjudicatário em assinar o contrato ou a ata de registro de preço, ou em aceitar ou retirar o instrumento equivalente no prazo estabelecido pela Administração caracterizará o descumprimento total da obrigação assumida e o sujeitará às penalidades legalmente estabelecidas e à imediata perda da garantia de proposta em favor do órgão ou entidade promotora da licitação.

§5º A regra do §4º deste artigo não se aplicará aos licitantes remanescentes convocados na forma do inciso I do §3º deste artigo.

CAPÍTULO XIV

DA SANÇÃO

Art. 54. Os licitantes estarão sujeitos às sanções administrativas previstas na Lei nº 14.133, de 2021, e às demais cominações legais, resguardado o direito à ampla defesa, na forma do regulamento municipal.

CAPÍTULO XV

DA REVOGAÇÃO E DA ANULAÇÃO

Art. 55. A autoridade superior poderá revogar o procedimento licitatório de que trata este Decreto por motivo de conveniência e oportunidade, e deverá anular por ilegalidade insanável, de ofício ou por provocação de terceiros, assegurada a prévia manifestação dos interessados.

§1º O motivo determinante para a revogação do processo licitatório deverá ser resultante de fato superveniente devidamente comprovado.

§2º Ao pronunciar a nulidade, a autoridade indicará expressamente os atos com vícios insanáveis, tornando sem efeito todos os subsequentes que deles dependam, e dará ensejo à apuração de responsabilidade de quem lhes tenha dado causa.

§3º Na hipótese da ilegalidade de que trata o *caput* ser constatada durante a execução contratual, aplica-se o disposto no art. 147 da Lei nº 14.133, de 2021.

CAPÍTULO XVI
DISPOSIÇÕES FINAIS

Art. 56. Os horários estabelecidos no edital de licitação, no aviso e durante a sessão pública observarão o horário de Brasília, Distrito Federal, inclusive para contagem de tempo e registro no sistema eletrônico e na documentação relativa ao certame.

Art. 57. Os casos omissos decorrentes da aplicação deste Decreto serão dirimidos pelo Executivo Municipal, que poderá expedir normas complementares e disponibilizar informações adicionais, em meio eletrônico.

Art. 58. Este Decreto entra em vigor em ___ de _____ de _____.

_____, ____ de _____ de 20_____.

PREFEITO MUNICIPAL

DECRETO Nº ____, DE __DE _____ DE ____

REGULAMENTA AS LICITAÇÕES DEFLAGRADAS PELO CRITÉRIO DE JULGAMENTO POR MAIOR RETORNO ECONÔMICO, NA FORMA ELETRÔNICA, E DÁ OUTRAS PROVIDÊNCIAS.

(Este decreto deverá ser adaptado ao sistema utilizado pelo Município para deflagração das licitações eletrônicas)

O Prefeito do MUNICÍPIO DE _____, no uso de suas atribuições legais, e tendo em vista o disposto na Lei nº 14.133, de 1º de abril de 2021:

DECRETA:

CAPÍTULO I

DISPOSIÇÕES PRELIMINARES

Art. 1º Este Decreto dispõe sobre a licitação pelo critério de julgamento por maior retorno econômico, na forma eletrônica, para a contratação de bens, serviços e obras, no âmbito do Executivo Municipal de _____.

§1º É obrigatória a forma eletrônica nas licitações de que trata este Decreto.

§2º Será admitida, excepcionalmente, mediante prévia justificativa da autoridade competente, a utilização da forma presencial, desde que fique comprovada a inviabilidade técnica ou a desvantagem para a Administração na realização da forma eletrônica, devendo ser observado o disposto nos §§2º e 5º do art. 17 da Lei nº 14.133, de 1º de abril de 2021.

Art. 2º O critério de julgamento de que trata o art. 1º deste Decreto será adotado exclusivamente para a celebração de contratos de eficiência, nos termos do art. 39 da Lei nº 14.133, de 2021.

Art. 3º O critério de julgamento por maior retorno econômico será adotado:

I - nas modalidades concorrência; ou

II - na fase competitiva da modalidade diálogo competitivo, quando o critério de que trata o *caput* for entendido como o que melhor se adéqua à solução identificada na fase de diálogo.

Art. 4º Para fins do disposto neste Decreto, consideram-se:

I - lances intermediários: lances iguais ou superiores ao menor já ofertado;

II - contrato de eficiência: contrato cujo objeto é a prestação de serviços, que pode incluir a realização de obras e o fornecimento de bens, com o objetivo de proporcionar economia ao contratante, na forma de redução de despesas correntes, remunerado o contratado com base em percentual da economia gerada.

Art. 5º Aplica-se o disposto no art. 14 da Lei nº 14.133, de 2021, em relação à vedação de participação do procedimento de licitação de que trata este Decreto.

CAPÍTULO II

DOS PROCEDIMENTOS

Art. 6º A licitação será realizada à distância e em sessão pública, por meio do Sistema _____ disponível no endereço eletrônico _____.

Art. 7º A realização da licitação pelo critério de julgamento por maior retorno econômico observará as seguintes fases sucessivas:

I - preparatória;

II - de divulgação do edital de licitação;

III - de apresentação de propostas e lances, quando for o caso;

IV - de julgamento;

V - de habilitação;

VI – recursal;

VII - de homologação.

§1º A fase referida no inciso V do *caput* poderá, mediante ato motivado com explicitação dos benefícios decorrentes, anteceder as fases referidas nos incisos III e IV, desde que expressamente previsto no edital de licitação e observados os seguintes requisitos:

I - os licitantes apresentarão simultaneamente as propostas de trabalho e as propostas de preço;

II - serão verificados os documentos de habilitação apenas do licitante classificado em 1º lugar;

§2º Na adoção da modalidade de licitação diálogo competitivo serão observados os termos do art. 32 da Lei nº 14.133, de 2021.

Art. 8º O critério de julgamento por maior retorno econômico considerará a maior economia para a Administração, na forma de redução de despesas correntes, calculada pela diferença entre o resultado da economia que se estima gerar com a execução da proposta de trabalho e a proposta de preço.

CAPÍTULO III

DA CONDUÇÃO DO PROCESSO

Art. 9º A licitação, na forma eletrônica, será conduzida pelo agente de contratação ou comissão de contratação, nos termos do disposto do art. 8º da Lei nº 14.133, de 2021.

Art. 10. A proposta de trabalho de que trata o art. 22 desde Decreto será analisada por banca, composta por, no mínimo, 3 (três) membros, sendo pelo menos 2 servidores efetivos pertencentes aos quadros permanentes da Administração Pública Municipal.

§1º Será permitida a contratação de profissionais por conhecimento técnico, experiência ou renome para assessoramento técnico na avaliação dos quesitos especificados em edital.

§2º Os profissionais de que trata o §1º assinarão termo de confidencialidade e abster-se-ão de atividades que possam configurar conflito de interesses.

CAPÍTULO IV

DA FASE PREPARATÓRIA

Art. 11. A fase preparatória do processo licitatório deve compatibilizar-se com o plano de contratações anual, quando houver, com a lei orçamentária, bem como abordar todas as considerações técnicas, mercadológicas e de gestão que possam interferir na contratação, compreendidos os documentos e procedimentos necessários de que dispõe o art. 18 da Lei nº 14.133, de 2021.

Parágrafo único. Os preceitos do desenvolvimento sustentável serão observados na fase preparatória da licitação, em suas dimensões econômica, social, ambiental e cultural, no mínimo, com base nos planos de gestão de logística sustentável do órgão.

Art. 12. Para o uso do critério de julgamento por maior retorno econômico, o estudo técnico preliminar deverá contemplar, além dos elementos definidos no §1º do art. 18 da Lei nº 14.133, de 2021, o seguinte:

I - a potencial economia em despesas correntes;

II - o risco envolvido, se comparado com outro modelo de contratação;

III - a adequação do modelo de remuneração em face da disponibilidade orçamentária e financeira da administração; e

IV - o prazo de vigência adequado para o contrato de eficiência.

Art. 13. O termo de referência ou o projeto básico deverá prover todos os dados e as informações necessários e suficientes para que os licitantes possam elaborar suas propostas de trabalho e de preço.

Art. 14. Nos contratos de eficiência, os prazos de vigência serão de:

I - até 10 (dez) anos, nos contratos sem investimento, no qual inexistem benfeitorias permanentes;

II - até 35 (trinta e cinco) anos, nos contratos com investimento, quando implicar a elaboração de benfeitorias permanentes, realizadas exclusivamente às expensas do contratado, que serão revertidas ao patrimônio da Administração Pública ao término do contrato.

Parágrafo único. Para a definição do prazo de vigência dos contratos de eficiência, a Administração deverá considerar, no mínimo:

I - o potencial de novas tecnologias, ou demais inovações no mercado virem a tornar defasada a solução contratada, com base na proposta de trabalho; e

II - a compatibilidade com a amortização dos investimentos realizados, no caso dos contratos com investimento.

Art. 15. O edital de licitação deverá prever, no mínimo:

I - parâmetros objetivos de mensuração da economia gerada com a execução do contrato, que servirá de base de cálculo para a remuneração devida ao contratado;

II - o limite máximo do déficit da economia efetivamente obtida em relação à economia contratada, acima da qual haverá apuração de responsabilidade, podendo culminar em sanção ao particular;

III - nível mínimo de economia que se pretende gerar; e

IV - direito de realização de vistoria prévia, nos termos dos §§2º a 4º do art. 63 da Lei nº 14.133, de 2021, na hipótese de a avaliação prévia do local de intervenção ser imprescindível para a confecção da proposta de trabalho.

§1º Os parâmetros objetivos de mensuração de que trata o inciso I, se adequarão ao comportamento sazonal da despesa corrente que se pretende minimizar, com medição mensal.

§2º As mensurações em prazos superiores ao disposto no §1º são excepcionais e deverão ser justificadas nos autos correspondentes.

Art. 16. Caberá ao licitante interessado em participar da licitação, na forma eletrônica:

I - credenciar-se previamente no sistema eletrônico _____ utilizado no certame;

II - remeter, no prazo estabelecido, exclusivamente via sistema, a proposta de trabalho, a proposta de preço até a data e hora marcadas para abertura da sessão;

III - responsabilizar-se formalmente pelas transações efetuadas em seu nome, assumir como firmes e verdadeiras suas propostas, inclusive os atos praticados diretamente ou por seu representante, excluída a responsabilidade do provedor do sistema ou do órgão ou entidade promotora da licitação por eventuais danos decorrentes de uso indevido da conta de acesso, ainda que por terceiros;

IV - acompanhar as operações no sistema eletrônico durante o processo licitatório e responsabilizar-se pelo ônus decorrente da perda de negócios diante da inobservância de mensagens emitidas pela Administração ou de sua desconexão; e

V - comunicar imediatamente ao provedor do sistema qualquer acontecimento que possa comprometer o sigilo ou a segurança, para imediato bloqueio de acesso.

CAPÍTULO V

DA DIVULGAÇÃO DO EDITAL DE LICITAÇÃO

Art. 17. A fase externa da licitação, na forma eletrônica, será iniciada com a convocação dos interessados por meio da publicação do inteiro teor do edital de licitação e de seus anexos no PNCP.

Parágrafo único. Sem prejuízo do disposto no *caput*, é obrigatória a publicação de extrato do edital:

I - no Diário Oficial do Município; e

II - em jornal diário de grande circulação.

Art. 18. Eventuais modificações no edital de licitação implicarão nova divulgação na mesma forma de sua divulgação inicial, além do cumprimento dos mesmos prazos dos atos e procedimentos originais, exceto se, inquestionavelmente, a alteração não comprometer a formulação das propostas, resguardado o tratamento isonômico aos licitantes.

CAPÍTULO VI
DA APRESENTAÇÃO DAS PROPOSTAS

Art. 19. Os prazos mínimos para a apresentação das propostas e lances, contados a partir do 1º dia útil subsequente à data de divulgação do edital de licitação no PNCP, são:

I - de 15 (quinze) dias úteis, para a aquisição de bens comuns e especiais na modalidade concorrência;

II - de 60 (sessenta) dias úteis, para a aquisição de bens especiais na modalidade diálogo competitivo, haja vista o disposto no inciso VIII do §1º do art. 32 da Lei nº 14.133, de 2021;

III - no caso de serviços comuns e especiais de engenharia:

a) de 35 (trinta e cinco) dias úteis, quando adotada a modalidade concorrência;

b) de 60 (sessenta) dias úteis, quando adotada a modalidade concorrência e o regime de contratação integrada.

IV - no caso de obras comuns e especiais:

a) de 35 (trinta e cinco) dias úteis, quando adotada a modalidade concorrência;

b) de 60 (sessenta) dias úteis, quando adotada a modalidade concorrência e o regime de contratação integrada.

c) de 35 (trinta e cinco) dias úteis, quando adotada a modalidade concorrência e o regime de contratação semi-integrada.

V - no caso de serviços técnicos especializados de natureza predominantemente intelectual, de 35 (trinta e cinco) dias úteis, quando adotada a modalidade concorrência.

Art. 20. Após a divulgação do edital de licitação, os licitantes encaminharão, exclusivamente por meio do sistema, a proposta de trabalho e a proposta de preço, até a data e o horário estabelecidos para abertura da sessão pública.

Art. 21. Quando do cadastramento da proposta no modo de disputa aberto o licitante poderá parametrizar o seu percentual final mínimo referente à proposta de preço e obedecerá às seguintes regras:

I - a aplicação do intervalo mínimo de diferença de percentuais entre os lances, que incidirá tanto em relação aos lances intermediários quanto em relação ao lance que cobrir a melhor oferta; e

II - os lances serão de envio automático pelo sistema, respeitado o percentual final mínimo estabelecido e o intervalo de que trata o inciso I deste artigo.

§1º O percentual final mínimo de que trata o *caput* poderá ser alterado pelo fornecedor durante a fase de disputa, desde que não implique valor superior a lance já registrado por ele no sistema.

§2º O valor final mínimo ou o percentual de desconto final máximo parametrizado na forma do *caput* possuirá caráter sigiloso para os demais fornecedores e para o órgão ou entidade promotor da licitação.

Art. 22. A proposta de trabalho deverá contemplar:

I - os serviços e, de forma acessória, os demais itens a serem executados, prestados ou fornecidos, com os respectivos prazos de realização ou fornecimento; e

II - a economia que se estima gerar, expressa em unidade de medida associada ao serviço, à obra e ao bem, e em unidade monetária.

Parágrafo único. A proposta de trabalho deverá evidenciar sua relação com a economia da despesa corrente, possibilitando sua análise quanto a aspectos técnicos qualitativos e quantitativos.

Art. 23. A proposta de preço será expressa em percentual incidente sobre a economia que se estima gerar, durante determinado período.

Parágrafo único. A proposta de preço não deverá contemplar valor referente a eventuais benfeitorias ou intervenções realizadas pelo licitante.

CAPÍTULO VII

DOS MODOS DE DISPUTA

Art. 24. Serão adotados os seguintes modos de disputa:

I - fechado: os licitantes apresentarão propostas que permanecerão em sigilo até o início da sessão pública, sendo vedada a apresentação de lances; ou

II - aberto: os licitantes apresentarão lances públicos e sucessivos, com prorrogações, incidentes na proposta de preço;

III - aberto e fechado: os licitantes apresentarão lances públicos e sucessivos, com lance final fechado; ou

IV - fechado e aberto: compõe-se de dois estágios: a etapa fechada de envio de lances, e a etapa aberta para oferecimento de lances finais.

§1º Quando da opção pelo modo de disputa aberto, o edital preverá intervalo mínimo de diferença de percentuais entre os lances, que incidirá tanto em relação aos lances intermediários quanto em relação ao lance que cobrir o maior retorno econômico.

§2º Os lances serão ordenados pelo sistema e divulgados em ordem crescente.

Seção I

Modo de disputa fechado

Art. 25. No modo de disputa fechado, a etapa de envio de lances na sessão pública terá duração inicial de ___ (_____) minutos.

§1º Após o prazo de que trata o *caput*, ocorrerá a prorrogação automática da etapa de envio de lances por ___ (_____) minutos. *(adequar conforme sistema utilizado pelo órgão)*

§2º Na hipótese de não haver novos lances na forma estabelecida no *caput* e no §1º deste artigo, a sessão pública será encerrada automaticamente.

§3º Encerrado o prazo previsto no §1º, o sistema abrirá oportunidade para que o autor da oferta de valor mais baixo e os das ofertas com preços até ___ % (_____ por cento) superiores àquela, possam ofertar um lance final e fechado em até _____ (_____) minutos, o qual será sigiloso até o encerramento deste prazo.

§4º Não havendo pelo menos 3 (três) ofertas nas condições definidas no §3º deste artigo, poderão os autores de melhores lances subsequentes, na ordem de clas-sificação, até o máximo de 3 (três), oferecer um lance final e fechado em até ___ (_____) minutos, o qual será sigiloso até o encerramento deste prazo.

§5º Após o término dos prazos estabelecidos nos §§2º e 3º deste artigo, o siste-ma ordenará os lances segundo a ordem crescente de valores.

§6º Não havendo lance final e fechado classificado na forma estabelecida nos §§2º, 3º e 4º deste artigo, haverá o reinício da etapa fechada, para que os demais lici-tantes, em até ____ (_____) minutos e até o máximo de _____ (____), na ordem de classificação, possam ofertar um lance final e fechado.

Art. 26. Poderá o agente de contratação ou a comissão de contratação, admitir o reinício da etapa fechada, caso nenhum licitante classificado atenda às exigências de habilitação.

Parágrafo único. Não serão aceitos dois ou mais lances de mesmo valor, prevale-cendo aquele que for recebido e registrado em primeiro lugar.

Art. 27. Quando houver desconexão do sistema eletrônico para a Administração e persistir por tempo superior a ___ (_____) minutos, a sessão pública será suspensa e reiniciada somente após decorridas _____ (_____) horas da comunicação do fato, da nova data e horário aos participantes, no sítio eletrônico utilizado para divulgação.

Parágrafo único. Caso o licitante não apresente lances, concorrerá com o valor de sua proposta.

Art. 28. Encerrada a etapa de envio de lances da sessão pública, o agente de con-tratação ou a comissão de contratação, deverá encaminhar, pelo sistema eletrônico, contraproposta ao licitante que tenha apresentado o melhor preço, para que seja obtida melhor proposta, observando que:

I - A negociação será realizada por meio do sistema, podendo ser acompanhada pelos demais licitantes;

II - No prazo de _____ (_____) horas, o licitante deverá enviar a proposta adequada à negociação realizada, acompanhada, se for o caso, dos documentos com-plementares.

Art. 29. Após a negociação do preço, o agente de contratação ou a comissão de contratação, iniciará a fase de aceitação e julgamento da proposta.

Seção II

Modo de disputa aberto

Art. 30. No modo de disputa aberto, a etapa de envio de lances na sessão pública terá duração inicial de ___ (_____) minutos.

§1º Após o prazo de que trata o *caput*, o sistema encaminhará aviso de fechamento iminente dos lances, após o que transcorrerá o período de tempo de até ___ (_____) minutos, aleatoriamente determinado, findo o qual será automaticamente encerrada a recepção de lances. *(adequar conforme sistema utilizado pelo órgão)*

§2º A prorrogação automática da etapa de envio de lances, de que trata o §1º, será de ___(_____) minutos e ocorrerá sucessivamente sempre que houver lances enviados nesse período de prorrogação, inclusive quando se tratar de lances intermediários. *(adequar conforme sistema utilizado pelo órgão)*

§3º Na hipótese de não haver novos lances na forma estabelecida no *caput* e no §2º deste artigo, a sessão pública será encerrada automaticamente.

§4º Encerrada a sessão pública sem prorrogação automática pelo sistema, nos termos do §2º deste artigo o agente de contratação ou a comissão de contratação, poderá admitir o reinício da etapa de envio de lances, em prol da consecução do melhor preço, mediante justificativa.

Art. 31. Após a definição da melhor proposta, se a diferença em relação à proposta classificada em segundo lugar for de pelo menos 5%(cinco por cento), será assegurado o reinício da disputa aberta, para definição das demais colocações.

Art. 32. O agente de contratação ou a comissão de contratação, solicitará ao licitante melhor classificado que, no prazo de ___ (_____) horas, envie a proposta adequada ao último lance ofertado após a negociação realizada, acompanhada, se for o caso, dos documentos complementares, quando necessários à confirmação daqueles exigidos no edital e já apresentados.

Art. 33. Quando houver desconexão do sistema eletrônico para a Administração e persistir por tempo superior a ___ (_____) minutos, a sessão pública será suspensa e reiniciada somente após decorridas ____ (_____) horas da comunicação do fato, da nova data e horário aos participantes, no sítio eletrônico utilizado para divulgação.

Seção III

Modo de disputa aberto e fechado

Art. 34. No modo de disputa aberto e fechado, a etapa de envio de lances na sessão pública terá duração inicial de ___ (_____) minutos.

§1º Após o prazo de que trata o *caput*, o sistema encaminhará aviso de fechamento iminente dos lances, após o que transcorrerá o período de tempo de até ____ (_____) minutos, aleatoriamente determinado, findo o qual será automaticamente encerrada a recepção de lances.

§2º Encerrado o prazo previsto no §1º, o sistema abrirá oportunidade para que o autor da oferta de valor mais baixo e os das ofertas com preços até ___ % (_____

por cento) superiores àquela, possam ofertar um lance final e fechado em até _____ (_____) minutos, o qual será sigiloso até o encerramento deste prazo.

§3º Não havendo pelo menos 3 (três) ofertas nas condições definidas no §2º deste artigo, poderão os autores de melhores lances subsequentes, na ordem de classificação, até o máximo de 3 (três), oferecer um lance final e fechado em até ___ (_____) minutos, o qual será sigiloso até o encerramento deste prazo.

§4º Após o término dos prazos estabelecidos nos §§2º e 3º deste artigo, o sistema ordenará os lances segundo a ordem crescente de valores.

§5º Não havendo lance final e fechado classificado na forma estabelecida nos §§2º, 3º e 4º deste artigo, haverá o reinício da etapa fechada, para que os demais licitantes, em até _____ (_____) minutos e até o máximo de 3 (três), na ordem de classificação, possam ofertar um lance final e fechado, o qual será sigiloso até o encerramento deste prazo.

Art. 35. Poderá o agente de contratação ou a comissão de contratação, admitir o reinício da etapa fechada, caso nenhum licitante classificado na etapa de lance fechado atenda às exigências de habilitação.

Parágrafo único. Não serão aceitos dois ou mais lances de mesmo valor, prevalecendo aquele que for recebido e registrado em primeiro lugar.

Art. 36. Após a definição da melhor proposta, se a diferença em relação à proposta classificada em segundo lugar for de pelo menos 5% (cinco por cento), será assegurado o reinício da disputa aberta, para definição das demais colocações.

Art. 37. Quando houver desconexão do sistema eletrônico para a Administração e persistir por tempo superior a ___ (_____) minutos, a sessão pública será suspensa e reiniciada somente após decorridas _____ (_____) horas da comunicação do fato, da nova data e horário aos participantes, no sítio eletrônico utilizado para divulgação.

Parágrafo único. Caso o licitante não apresente lances, concorrerá com o valor de sua proposta.

Art. 38. Encerrada a etapa de envio de lances da sessão pública, o agente de contratação ou a comissão de contratação, deverá encaminhar, pelo sistema eletrônico, contraproposta ao licitante que tenha apresentado o melhor preço, para que seja obtida melhor proposta, observando que:

I - A negociação será realizada por meio do sistema, podendo ser acompanhada pelos demais licitantes;

II - No prazo de _____ (_____) horas, o licitante deverá enviar a proposta adequada à negociação realizada, acompanhada, se for o caso, dos documentos complementares.

Art. 39. Após a negociação do preço, o agente de contratação ou a comissão de contratação, iniciará a fase de aceitação e julgamento da proposta.

Seção IV

Modo de disputa fechado e aberto

Art. 40. No modo de disputa fechado e aberto, a etapa de envio de lances será em sessão fechada com duração inicial de ____ (____) minutos.

§1º Após o prazo de que trata o *caput*, o sistema encaminhará aviso de abertura iminente dos lances, após o que transcorrerá o período de tempo de até ____ (_____) minutos, aleatoriamente determinado, findo o qual será automaticamente encerrada a recepção de lances.

§2º Encerrado o prazo previsto no §1º, o sistema abrirá oportunidade para que o autor da oferta de valor mais baixo e os das ofertas com preços até ____% (_____ por cento) superiores àquela possam ofertar um lance final em até ____ (_____) minutos, o qual será aberto até o encerramento deste prazo.

§3º Não havendo pelo menos 3 (três) ofertas nas condições definidas no §2º, poderão os autores de melhores lances, na ordem de classificação, até o máximo de 3 (três), oferecer um lance final e aberto em até ____ (_____) minutos, até o encerramento deste prazo.

§4º Após o término dos prazos estabelecidos neste artigo, o sistema ordenará os lances segundo a ordem crescente de valores.

§5º Não havendo lance final e aberto classificado na forma estabelecida nos §§2º e 3º deste artigo, haverá o reinício da etapa aberta, para que os demais licitantes, em até ____ (_____) minutos, até o máximo de 3 (três), na ordem de classificação, possam ofertar um lance final e aberto, até o encerramento deste prazo.

Art. 41. Poderá o agente de contratação ou a comissão de contratação, admitir o reinício da etapa aberta, caso nenhum licitante classificado na etapa de lance aberto atenda às exigências de habilitação.

Parágrafo único. Não serão aceitos dois ou mais lances de mesmo valor, prevalecendo aquele que for recebido e registrado em primeiro lugar.

Art. 42. Quando houver desconexão do sistema eletrônico para a Administração e persistir por tempo superior a ____ (_____) minutos, a sessão pública será suspensa e reiniciada somente após decorridas _____ (_____) horas da comunicação do fato, da nova data e horário aos participantes, no sítio eletrônico utilizado para divulgação.

Art. 43. Após a definição da melhor proposta, se a diferença em relação à proposta classificada em segundo lugar for de pelo menos 5% (cinco por cento), será assegurado o reinício da disputa aberta, para definição das demais colocações.

Parágrafo único. Caso o licitante não apresente lances, concorrerá com o valor de sua proposta.

Art. 44. Encerrada a etapa de envio de lances da sessão pública, o agente de contratação ou a comissão de contratação, deverá encaminhar, pelo sistema eletrônico, contraproposta ao licitante que tenha apresentado o melhor preço, para que seja obtida melhor proposta, observando que:

I - A negociação será realizada por meio do sistema, podendo ser acompanhada pelos demais licitantes;

II - No prazo de _____ (_____) horas, o licitante deverá enviar a proposta adequada à negociação realizada, acompanhada, se for o caso, dos documentos complementares.

Art. 45. O agente de contratação ou a comissão de contratação, solicitará ao licitante melhor classificado que, no prazo de ____ (_____) horas, envie a proposta adequada ao último lance ofertado após a negociação realizada, acompanhada, se for o caso, dos documentos complementares.

Art. 46. Após a negociação do preço, o agente de contratação ou a comissão de contratação, iniciará a fase de aceitação e julgamento da proposta.

CAPÍTULO VIII

DA ABERTURA DA SESSÃO PÚBLICA E DA FASE DE ENVIO DE LANCES

Art. 47. A partir do horário previsto no edital de licitação, a sessão pública será aberta automaticamente pelo sistema.

§1º A verificação da conformidade das propostas será feita exclusivamente na fase de julgamento em relação às propostas do licitante mais bem classificado.

§2º O sistema disponibilizará campo próprio para troca de mensagens entre o agente de contratação ou a comissão de contratação, e os licitantes, vedada outra forma de comunicação.

§3º O agente de contratação ou a comissão de contratação, poderá durante a disputa, como medida excepcional, excluir a proposta ou o lance que possa comprometer, restringir ou frustrar o caráter competitivo do processo licitatório, mediante comunicação eletrônica automática via sistema.

§4º Eventual exclusão de proposta do licitante, de que trata o §3º, implica a retirada do licitante do certame, sem prejuízo do direito de defesa.

§5º Durante a sessão pública, os licitantes serão informados, em tempo real, do melhor lance registrado, vedada a identificação do licitante.

Art. 48. Em caso de empate entre dois ou mais valores finais de retorno econômico, serão utilizados os critérios de desempate previstos no art. 60 da Lei nº 14.133, de 2021.

Parágrafo único. O critério previsto no inciso I do art. 60 da Lei nº 14.133, de 2021, será aplicado apenas com relação à proposta de preço.

CAPÍTULO IX

DO JULGAMENTO DAS PROPOSTAS

Art. 49. Encerrada a etapa de envio de lances, o agente de contratação ou a comissão de contratação, realizará a verificação da conformidade das propostas de trabalho e de preços classificadas em primeiro lugar quanto à sua adequação técnica e, observado o disposto nos arts. 53 e 54, ao valor proposto para fins de remuneração, conforme definido no edital.

§1º Desde que previsto no edital, a Administração poderá, em relação ao licitante provisoriamente vencedor, realizar análise e avaliação da conformidade da proposta de trabalho, mediante homologação de amostras, exame de conformidade e prova de conceito, entre outros testes de interesse da Administração, de modo a comprovar sua aderência aos objetivos do contrato de eficiência.

§2º O edital de licitação deverá estabelecer prazo de, no mínimo, _____ (_____) horas, prorrogável por igual período, para envio das propostas e, se necessário, dos documentos complementares, adequados ao último lance ofertado.

§3º A prorrogação de que trata o §2º, poderá ocorrer nas seguintes situações:

I - por solicitação do licitante, mediante justificativa aceita pelo agente de contratação ou pela comissão de contratação; ou

II - de ofício, a critério do agente de contratação ou da comissão de contratação, quando constatado que o prazo estabelecido não é suficiente para o envio dos documentos exigidos no edital para a verificação da conformidade de que trata o *caput*.

Art. 50. A análise das propostas de trabalho será realizada por banca designada nos termos do art. 10 deste Decreto, composta por membros com conhecimento sobre o objeto.

Art. 51. O exame de conformidade das propostas de trabalho observará as regras e as condições previstas em edital, que considerarão, no mínimo:

I - os aspectos técnicos da solução proposta;

II - o atendimento a preceitos de desenvolvimento sustentável; e

III - a efetividade em minimização da despesa corrente objeto da licitação.

Art. 52. É indício de inexequibilidade das propostas a previsão de percentuais referentes à proposta de preços inferiores a 10% (dez por cento).

§1º A inexequibilidade só será declarada após diligência do agente de contratação ou da comissão de contratação, que comprove que o licitante não confirmou a exequibilidade de sua proposta.

Art. 53. O agente de contratação ou a comissão de contratação, com o auxílio da banca, deverá realizar avaliação sobre eventual sobrepreço da proposta de preço.

§1º Para os fins de que trata o *caput*, a Administração deverá realizar análise sobre o custo referente à remuneração típica do contrato de eficiência, em detrimento da contratação do objeto da proposta de trabalho, com a eventual remuneração sobre a intervenção ou a benfeitoria.

§2º Constatado o sobrepreço, o agente de contratação ou a comissão de contratação, deverá negociar condições mais vantajosas.

§3º A negociação será realizada por meio do sistema e poderá ser acompanhada pelos demais licitantes.

§4º Quando o primeiro colocado, mesmo após a negociação, for desclassificado em razão de sobrepreço, a análise de propostas e a negociação poderá ser feita com os demais licitantes classificados, exclusivamente por meio do sistema, respeitada a ordem de classificação.

§5º Concluída a negociação, se houver, o resultado será registrado na ata da sessão pública, devendo esta ser anexada aos autos do processo de contratação.

Art. 54. Encerrada a fase de julgamento, após a verificação de conformidade das propostas, o licitante classificado em 1º lugar terá o prazo de _____ (_____) _____ para apresentação dos documentos de habilitação na forma exigida no Capítulo X deste Decreto.

CAPÍTULO X

DA HABILITAÇÃO

Art. 55. Para habilitação serão exigidos, exclusivamente do licitante classificado em primeiro lugar, os documentos necessários e suficientes para demonstrar a capacidade do licitante de realizar o objeto da licitação, nos termos dos arts. 62 a 70 da Lei nº 14.133, de 2021.

§1º A documentação exigida para fins de habilitação jurídica, fiscal, social e trabalhista e econômico-financeira, desde que prevista no edital de licitação, poderá ser substituída pelo registro cadastral no _____, ou em sistemas semelhantes mantidos pela União, Estados, pelo Distrito Federal ou pelos Municípios.

Art. 56. Quando permitida a participação de empresas estrangeiras que não funcionem no País, as exigências de habilitação serão atendidas mediante documentos equivalentes, inicialmente apresentados em tradução livre.

Parágrafo único. Na hipótese de o licitante vencedor ser empresa estrangeira que não funcione no País, para fins de assinatura do contrato, os documentos exigidos para a habilitação serão traduzidos por tradutor juramentado no País e apostilados nos termos dispostos no Decreto nº 8.660, de 29 de janeiro de 2016, ou de outro que venha a substituí-lo, ou consularizados pelos respectivos consulados ou embaixadas.

Art. 57. Quando permitida a participação de consórcio de empresas, será observado o disposto no art. 15 da Lei nº 14.133, de 2021.

Art. 58. Serão exigidos os documentos de habilitação apenas do licitante vencedor, exceto quando houver inversão da fase de habilitação.

§1º A verificação, pelo agente de contratação ou pela comissão de contratação, em sítios eletrônicos oficiais de órgãos e entidades emissores de certidões constitui meio legal de prova, para fins de habilitação.

§2º Na hipótese de o licitante não atender às exigências para habilitação, o agente de contratação ou a comissão de contratação, concederá o prazo de _____ (_____) _____ para a licitante classificada em 2º lugar apresentar os documentos de habilitação, e assim sucessivamente, na ordem de classificação, até a apuração de licitante que atenda ao edital de licitação.

§3º Serão disponibilizados para acesso público os documentos de habilitação do licitante convocado para a apresentação da documentação habilitatória.

CAPÍTULO XI

DA INTENÇÃO DE RECORRER E DA FASE RECURSAL

Art. 59. Qualquer licitante poderá, durante o prazo concedido na sessão pública, não inferior a _____ minutos, de forma imediata após o término do julgamento das propostas e da fase de habilitação, em campo próprio do sistema, manifestar sua intenção de recorrer, sob pena de preclusão, caso em que ficará, a autoridade superior autorizada a adjudicar o objeto ao licitante declarado vencedor.

§1º As razões do recurso deverão ser apresentadas em momento único, em campo próprio no sistema, no prazo de três dias úteis, contados a partir da data de intimação ou de lavratura da ata de habilitação ou inabilitação ou, na hipótese de adoção da inversão de fases, da ata de julgamento.

§2º Os demais licitantes ficarão intimados para, se desejarem, apresentar suas contrarrazões, no prazo de três dias úteis, contado da data de intimação pessoal ou de divulgação da interposição do recurso.

§3º Será assegurado ao licitante vista dos elementos indispensáveis à defesa de seus interesses.

§4º O acolhimento do recurso importará na invalidação apenas dos atos que não possam ser aproveitados.

CAPÍTULO XII

DO SANEAMENTO DA PROPOSTA E DOS DOCUMENTOS DE HABILITAÇÃO

Art. 60. O agente de contratação ou a comissão de contratação deverá, no julgamento das propostas, sanar erros ou falhas que não alterem a sua substância e sua validade jurídica, atribuindo-lhes eficácia para fins de classificação.

Art. 61. O agente de contratação ou a comissão de contratação deverá, na análise dos documentos de habilitação, sanar erros ou falhas que não alterem a substância dos documentos e sua validade jurídica, mediante decisão fundamentada, registrada em ata e acessível a todos, atribuindo-lhes eficácia para fins de habilitação.

Art. 62. Na hipótese de necessidade de suspensão da sessão pública para a realização de diligências, o seu reinício somente poderá ocorrer mediante aviso prévio no sistema com, no mínimo, vinte e quatro horas de antecedência, e a ocorrência será registrada em ata.

CAPÍTULO XIII

DA ADJUDICAÇÃO E DA HOMOLOGAÇÃO

Art. 63. Encerradas as fases de julgamento e habilitação, e exauridos os recursos administrativos, o processo licitatório será encaminhado à autoridade superior para adjudicar o objeto e homologar o procedimento, observado o disposto no art. 71 da Lei nº 14.133, de 2021.

CAPÍTULO XIV

DA CONVOCAÇÃO PARA A CONTRATAÇÃO

Art. 64. Após a homologação, o licitante vencedor será convocado para assinar o termo de contrato ou aceitar ou retirar o instrumento equivalente, no prazo estabelecido no edital de licitação, sob pena de decair o direito à contratação, sem prejuízo das sanções previstas na Lei nº 14.133, de 2021, e em outras legislações aplicáveis.

§1º O prazo de convocação poderá ser prorrogado 1 (uma) vez, por igual período, mediante solicitação da parte durante seu transcurso, devidamente justificada, e desde que o motivo apresentado seja aceito pela Administração.

§2º Na hipótese de o vencedor da licitação não assinar o contrato ou não aceitar ou não retirar o instrumento equivalente no prazo e nas condições estabelecidas, outro licitante poderá ser convocado, respeitada a ordem de classificação, para celebrar a contratação ou a ata de registro de preços, ou instrumento equivalente, nas condições propostas pelo licitante vencedor, sem prejuízo da aplicação das sanções previstas na Lei nº 14.133, de 2021, e em outras legislações aplicáveis.

§3º Caso nenhum dos licitantes aceite a contratação nos termos do §2º deste artigo, a Administração, observados o valor estimado e sua eventual atualização nos termos do edital de licitação, poderá:

I - convocar os licitantes remanescentes para negociação, na ordem de classificação, com vistas à obtenção de preço melhor, mesmo que acima do preço ou inferior ao desconto do adjudicatário, respeitado o valor ou o desconto estimado;

II - adjudicar e celebrar o contrato nas condições ofertadas pelos licitantes remanescentes, atendida a ordem classificatória, quando frustrada a negociação de melhor condição.

§4º A recusa injustificada do adjudicatário em assinar o contrato ou em aceitar ou retirar o instrumento equivalente no prazo estabelecido pela Administração caracterizará o descumprimento total da obrigação assumida e o sujeitará às penalidades legalmente estabelecidas e à imediata perda da garantia de proposta em favor do órgão ou entidade promotora da licitação.

§5º A regra do §4º deste artigo não se aplicará aos licitantes remanescentes convocados na forma do inciso I do §3º deste artigo.

CAPÍTULO XV

DA EXECUÇÃO DO CONTRATO DE EFICIÊNCIA

Art. 65. A remuneração do contratado será proporcional à economia gerada, nos casos de equivalência ou de superação da economia prevista na proposta de trabalho.

Art. 66. Durante a execução do contrato de eficiência, se não for gerada a economia prevista:

I - a diferença entre a economia contratada e a efetivamente obtida será descontada da remuneração do contratado;

II - se a diferença entre a economia contratada e a efetivamente obtida for superior ao limite máximo estabelecido no contrato, o contratado ficará sujeito às sanções previstas na Lei nº 14.133, de 2021, e, ainda, às outras sanções previstas em edital.

CAPÍTULO XVI

DAS SANÇÕES

Art. 67. Os licitantes estarão sujeitos às sanções administrativas previstas na Lei nº 14.133, de 2021, e às demais cominações legais, resguardado o direito à ampla defesa.

CAPÍTULO XVII

DA REVOGAÇÃO E DA ANULAÇÃO

Art. 68. A autoridade superior poderá revogar o procedimento licitatório de que trata este Decreto por motivo de conveniência e oportunidade, e deverá anular por ilegalidade insanável, de ofício ou por provocação de terceiros, assegurada a prévia manifestação dos interessados.

§1º O motivo determinante para a revogação do processo licitatório deverá ser resultante de fato superveniente devidamente comprovado.

§2º Ao pronunciar a nulidade, a autoridade indicará expressamente os atos com vícios insanáveis, tornando sem efeito todos os subsequentes que deles dependam, e dará ensejo à apuração de responsabilidade de quem lhes tenha dado causa.

§3º Na hipótese da ilegalidade de que trata o *caput* ser constatada durante a execução contratual, aplica-se o disposto no art. 147 da Lei nº 14.133, de 2021.

CAPÍTULO XVIII

DISPOSIÇÕES FINAIS

Art. 69. Os horários estabelecidos no edital de licitação, no aviso e durante a sessão pública observarão o horário de Brasília, Distrito Federal, inclusive para contagem de tempo e registro no sistema eletrônico e na documentação relativa ao certame.

Art. 70. Os casos omissos decorrentes da aplicação deste Decreto serão dirimidos pelo Executivo Municipal, que poderá expedir normas complementares e disponibilizar informações adicionais, em meio eletrônico.

Art. 71. Este Decreto entra em vigor em ＿＿＿ de ＿＿＿＿＿＿＿＿ de ＿＿＿＿＿＿.

＿＿＿＿＿＿＿＿＿＿＿＿＿, de ＿＿＿＿＿＿＿＿＿＿＿＿＿＿ de 20＿＿＿.

PREFEITO MUNICIPAL

DECRETO Nº ___, DE __DE _____ DE ____

REGULAMENTA AS LICITAÇÕES ELETRÔNICAS DEFLAGRADAS PELO CRITÉRIO DE JULGAMENTO TÉCNICA E PREÇO, E DÁ OUTRAS PROVIDÊNCIAS.

(Este decreto deverá ser adaptado ao sistema utilizado pelo Município para deflagração das licitações eletrônicas)

O Prefeito do MUNICÍPIO DE _____, no uso de suas atribuições legais, e tendo em vista o disposto na Lei nº 14.133, de 1º de abril de 2021;

DECRETA:

CAPÍTULO I

DISPOSIÇÕES PRELIMINARES

Art. 1º Este Decreto dispõe sobre as licitações eletrônicas deflagradas pelo critério de julgamento técnica e preço, para a contratação de bens, serviços e obras, no âmbito do Executivo Municipal de _____.

§1º É obrigatória a forma eletrônica nas licitações de que trata este Decreto.

§2º Será admitida, excepcionalmente, mediante prévia justificativa da autoridade competente, a utilização da forma presencial, desde que fique comprovada a inviabilidade técnica ou a desvantagem para a Administração na realização da forma eletrônica, devendo ser observado o disposto nos §§2º e 5º do art. 17 da Lei nº 14.133, de 1º de abril de 2021.

Art. 2º O critério de julgamento de que trata o art. 1º deste Decreto será adotado quando o estudo técnico preliminar demonstrar que a capacidade técnica das licitantes foi relevante para os fins pretendidos pela Administração, nas licitações para contratação de:

I - serviços técnicos especializados de natureza predominantemente intelectual, preferencialmente, realizados em trabalhos relativos a:

a) estudos técnicos, planejamentos, projetos básicos e projetos executivos;

b) pareceres, perícias e avaliações em geral;

c) assessorias e consultorias técnicas e auditorias financeiras e tributárias;

d) fiscalização, supervisão e gerenciamento de obras e serviços;

e) patrocínio ou defesa de causas judiciais e administrativas;

f) treinamento e aperfeiçoamento de pessoal;

g) restauração de obras de arte e de bens de valor histórico;

h) controles de qualidade e tecnológico, análises, testes e ensaios de campo e laboratoriais, instrumentação e monitoramento de parâmetros específicos de obras e do meio ambiente e demais serviços de engenharia que se enquadrem na definição deste inciso;

i) serviços majoritariamente dependentes de tecnologia sofisticada e de domínio restrito, conforme atestado por autoridades técnicas de reconhecida qualificação;

j) bens e serviços especiais de tecnologia da informação e de comunicação;

k) obras e serviços especiais de engenharia; e

l) objetos que admitam soluções específicas e variações de execução, com repercussões significativas e concretamente mensuráveis sobre sua qualidade, produtividade, rendimento e durabilidade, quando essas soluções e variações puderem ser adotadas à livre escolha dos licitantes, conforme critérios objetivamente definidos no edital de licitação.

§1º Nas hipóteses previstas nas alíneas "a", "d" e "h" do inciso I deverá ser observado o disposto no §2º do art. 37 da Lei nº 14.133, de 2021.

Art. 3º O critério de julgamento por técnica e preço será adotado:

I - na modalidade concorrência; ou

II - na fase competitiva da modalidade diálogo competitivo, quando o critério de que trata o *caput* for entendido como o que melhor se adéqua à solução identificada na fase de diálogo.

Art. 4º Deverá ser observado o disposto no art. 14 da Lei nº 14.133, de 2021, em relação à vedação de participação no procedimento de licitação de que trata este Decreto.

CAPÍTULO II

DOS PROCEDIMENTOS

Art. 5º A licitação será realizada à distância e em sessão pública, por meio do Sistema _____ disponível no endereço eletrônico _____.

Art. 6º A realização da licitação pelo critério de julgamento por técnica e preço observará as seguintes fases sucessivas:

I - preparatória;

II - de divulgação do edital de licitação;

III - de apresentação de propostas de técnica e de preço;

IV - de julgamento;

V - de habilitação;

VI - recursal; e

VII - de homologação.

§1º A fase referida no inciso V do *caput* poderá, mediante ato motivado com explicitação dos benefícios decorrentes, anteceder as fases referidas nos incisos III e IV, desde que expressamente previsto no edital de licitação, e observados os seguintes requisitos:

I - os licitantes apresentarão simultaneamente os documentos de habilitação, as propostas técnicas e as propostas de preço;

II - serão verificados os documentos de habilitação de todos os licitantes;

III - serão convocados para envio de lances apenas os licitantes habilitados.

§2º Na adoção da modalidade de licitação diálogo competitivo, serão observadas as fases próprias desta modalidade, nos termos do art. 32 da Lei nº 14.133, de 2021.

Art. 7º O critério de julgamento por técnica e preço considerará a maior pontuação das notas atribuídas aos aspectos de técnica e de preço das propostas, obtida segundo fatores objetivos previstos no edital.

CAPÍTULO III

DA CONDUÇÃO DO PROCESSO

Art. 8º A licitação, na forma eletrônica, será conduzida pelo agente de contratação ou pela comissão de contratação, nos termos do disposto no §2º do art. 8º da Lei nº 14.133, de 2021.

Parágrafo único. A designação e atuação do agente de contratação ou da comissão de contratação, deverá ser estabelecida de acordo com as regras definidas em regulamento, conforme disposto no §3º do art. 8º da Lei nº 14.133, de 2021.

Art. 9º Os quesitos da proposta técnica de que trata o art. 21 deste Decreto serão analisados por banca, composta por, no mínimo, 3 (três) membros, sendo pelo menos 2 servidores efetivos pertencentes aos quadros permanentes da Administração Pública Municipal.

Parágrafo único. Será permitida a contratação de profissionais por conhecimento técnico, experiência ou renome na avaliação dos quesitos especificados em edital, quando se fizer necessário, desde que seus trabalhos sejam supervisionados por profissionais designados conforme o disposto no art. 7º da Lei nº 14.133, de 2021.

CAPÍTULO IV

DA FASE PREPARATÓRIA

Art. 10. A fase preparatória do processo licitatório deve compatibilizar-se com o plano de contratações anual, quando elaborado, e com as leis orçamentárias, bem como abordar todas as considerações técnicas, mercadológicas e de gestão, que possam interferir na contratação, compreendidos os documentos e procedimentos necessários de que dispõe o art. 18 da Lei nº 14.133, de 2021, observada a modalidade de licitação adotada.

Art. 11. Para o uso do critério de julgamento por técnica e preço, o estudo técnico preliminar deve compreender a justificativa dos critérios de pontuação e julgamento das propostas técnicas.

Art. 12. O edital de licitação deverá prever os requisitos da pontuação técnica, graduando as notas que serão conferidas a cada item, na proporção máxima de 70% (setenta por cento) de valoração para a proposta de técnica.

Art. 13. Caberá ao licitante interessado em participar da licitação, na forma eletrônica:

I - credenciar-se previamente no sistema eletrônico _____ utilizado no certame;

II - remeter, no prazo estabelecido, exclusivamente via sistema, a proposta técnica e a proposta de preço até a data e hora marcadas para abertura da sessão;

III - responsabilizar-se formalmente pelas transações efetuadas em seu nome, assumir como firmes e verdadeiras suas propostas, inclusive os atos praticados diretamente, ou por seu representante, excluída a responsabilidade do provedor do sistema ou do órgão ou entidade promotora da licitação por eventuais danos decorrentes de uso indevido da conta de acesso, ainda que por terceiros;

IV - acompanhar as operações no sistema eletrônico durante o processo licitatório e responsabilizar-se pelo ônus decorrente da perda de negócios diante da inobservância de mensagens emitidas pela Administração ou de sua desconexão; e

V - comunicar imediatamente ao provedor do sistema qualquer acontecimento que possa comprometer o sigilo ou a segurança, para imediato bloqueio de acesso.

CAPÍTULO V

DA DIVULGAÇÃO DO EDITAL DE LICITAÇÃO

Art. 14. A fase externa da licitação, na forma eletrônica, será iniciada com a convocação dos interessados por meio da publicação do inteiro teor do edital de licitação e de seus anexos no PNCP.

Parágrafo único. Sem prejuízo do disposto no *caput*, é obrigatória a publicação de extrato do edital:

I - no Diário Oficial do Município; e

II - em jornal diário de grande circulação.

Art. 15. Eventuais modificações no edital de licitação implicarão nova divulgação na mesma forma de sua divulgação inicial, além do cumprimento dos mesmos prazos dos atos e procedimentos originais, exceto se, inquestionavelmente, a alteração não comprometer a formulação das propostas, resguardado o tratamento isonômico aos licitantes.

CAPÍTULO VI

DA APRESENTAÇÃO DAS PROPOSTAS

Art. 16. Os prazos mínimos para a apresentação das propostas, contados a partir do 1º dia útil subsequente à data de divulgação do edital de licitação no PNCP, são:

I - de 35 (trinta e cinco) dias úteis, para a aquisição de bens especiais na modalidade concorrência;

II - de 60 (sessenta) dias úteis, para a aquisição de bens especiais na modalidade diálogo competitivo;

III - de 60 (sessenta) dias úteis na contratação de serviços comuns e especiais de engenharia através da modalidade concorrência, cujo regime de contratação seja integrada;

IV - de 35 (trinta e cinco) dias úteis na contratação de serviços especiais de engenharia através da modalidade concorrência;

V - de 60 (sessenta) dias úteis, na contratação de obras especiais de engenharia quando adotada a modalidade concorrência, cujo regime seja de execução integrada;

VI - de 35 (trinta e cinco) dias úteis, na contratação de obras especiais de engenharia quando adotada a modalidade concorrência, cujo regime seja de execução semi-integrada;

VII - de 35 (trinta e cinco) dias úteis, na contratação de serviços técnicos de natureza predominantemente intelectual na modalidade concorrência.

Art. 17. Após a divulgação do edital de licitação, os licitantes encaminharão, exclusivamente por meio do sistema, as propostas técnicas e as propostas de preço, até a data e o horário estabelecidos para abertura da sessão pública.

§1º Na hipótese de a fase de habilitação anteceder as fases referidas nos incisos III e IV do art. 6º deste Decreto, os licitantes encaminharão, na forma e no prazo estabelecidos no *caput*, simultaneamente os documentos de habilitação, a proposta técnica e a proposta de preço.

§2º O licitante declarará, em campo próprio do sistema, sem prejuízo da exigência de outras declarações previstas em legislação específica e na Lei nº 14.133, de 2021, o cumprimento dos requisitos para a habilitação e a conformidade de suas propostas com as exigências do edital de licitação.

§3º A falsidade da declaração de que trata o §2º sujeitará o licitante às sanções previstas na Lei nº 14.133, de 2021.

§4º Os licitantes poderão retirar ou substituir a proposta técnica e a proposta de preço ou, na hipótese do §1º, os documentos de habilitação, anteriormente inseridos no sistema até a abertura da sessão pública.

§5º Serão disponibilizados para acesso público os documentos que compõem as propostas dos licitantes convocados, após a fase de apresentação de propostas.

CAPÍTULO VII

DA ABERTURA DA SESSÃO PÚBLICA

Seção I

Do procedimento

Art. 18. A partir do horário previsto no edital de licitação, a sessão pública será aberta automaticamente pelo sistema.

Parágrafo único. O sistema disponibilizará campo próprio para troca de mensagens entre o agente de contratação ou a comissão de contratação, e os licitantes, vedada outra forma de comunicação.

Art. 19. Na hipótese de o sistema eletrônico se desconectar no decorrer da sessão pública, e persistir por tempo superior a dez minutos para a Administração, a sessão será suspensa e reiniciada somente decorridas vinte e quatro horas após a comunicação do fato aos participantes, no sítio eletrônico utilizado para divulgação. *(adequar conforme o sistema utilizado)*

Seção II

Da proposta técnica

Art. 20. A análise das propostas técnicas será realizada pela banca designada nos termos do art. 9º deste Decreto.

Art. 21. O exame das propostas técnicas observará as regras e as condições previstas em edital, que considerarão, no mínimo, os seguintes quesitos:

I - a valoração da capacitação técnico-operacional e técnico-profissional, por meio da comprovação de prévia realização de obras, produtos ou serviços;

II - o atendimento a preceitos de desenvolvimento sustentável;

III - a quantidade e a qualidade dos recursos financeiros, tecnológicos ou humanos que o licitante se compromete a alocar para a execução do contrato; e

IV - a metodologia de execução técnica do licitante.

Sessão III

Da fase de lances e do modo de disputa

Art. 22. Após conclusão da análise das propostas técnicas, será iniciada a fase de lances entre as licitantes cujas propostas técnicas tenham sido classificadas.

Art. 23. Será adotado o modo de disputa fechado, em que a etapa de envio de lances na sessão pública terá duração inicial de ___ (_____) minutos.

§1º Após o prazo de que trata o *caput*, ocorrerá a prorrogação automática da etapa de envio de lances por ___(_____) minutos. *(adequar conforme sistema utilizado pelo órgão)*

§2º Na hipótese de não haver novos lances na forma estabelecida no *caput* e no §1º deste artigo, a sessão pública será encerrada automaticamente.

§3º Encerrado o prazo previsto no §1º, o sistema abrirá oportunidade para que o autor da oferta de valor mais baixo e os das ofertas com preços até ___ % (_____ por cento) superiores àquela, possam ofertar um lance final e fechado em até _____ (_____) minutos, o qual será sigiloso até o encerramento deste prazo.

§4º Não havendo pelo menos 3 (três) ofertas nas condições definidas no §3º deste artigo, poderão os autores de melhores lances na ordem de classificação, até o máximo de 3 (três), oferecer um lance final e fechado em até ___ (_____) minutos, o qual será sigiloso até o encerramento deste prazo.

§5º Após o término dos prazos estabelecidos nos §§2º e 3º deste artigo, o sistema ordenará os lances segundo a ordem crescente de valores.

§6º Não havendo lance final e fechado classificado na forma estabelecida nos §§2º, 3º e 4º deste artigo, haverá o reinício da etapa fechada, para que os demais licitantes, em até _____ (_____) minutos e até o máximo de _____ (_____), na ordem de classificação, possam ofertar um lance final e fechado.

Art. 24. Poderá o agente de contratação ou a comissão de contratação admitir o reinício da etapa fechada, caso nenhum licitante classificado atenda às exigências de habilitação.

Parágrafo único. Não serão aceitos dois ou mais lances de mesmo valor, prevalecendo aquele que for recebido e registrado em primeiro lugar.

Art. 25. O edital de licitação deverá estabelecer prazo de, no mínimo, _____ (_____) horas, prorrogável por igual período, para envio de documentos complementares, adequados ao último lance ofertado.

Parágrafo único. A prorrogação de que trata o *caput*, poderá ocorrer nas seguintes situações:

I - por solicitação do licitante, mediante justificativa aceita pelo agente de contratação ou pela comissão de contratação; ou

II - de ofício, a critério do agente de contratação ou da comissão de contratação, quando constatado que o prazo estabelecido não é suficiente para o envio dos documentos exigidos no edital para a verificação da conformidade de que trata o *caput*.

Art. 26. Quando houver desconexão do sistema eletrônico para a Administração e persistir por tempo superior a ___ (_____) minutos, a sessão pública será suspensa e reiniciada somente após decorridas _____ (_____) horas da comunicação do fato, da nova data e horário aos participantes, no sítio eletrônico utilizado para divulgação.

Parágrafo único. Caso o licitante não apresente lances, concorrerá com o valor de sua proposta.

CAPÍTULO VIII

DO JULGAMENTO

Art. 27. Encerrada a verificação das propostas técnicas e fase de lances, o agente de contratação ou a comissão de contratação verificará qual licitante obteve a maior pontuação conforme as notas atribuídas aos aspectos de técnica e de preço.

Art. 28. Para obtenção da Nota de Preços (NP) será utilizada a seguinte fórmula:

NP = (MPL x 100)/PL

MPL: Menor Proposta Apresentada pelas Licitantes.

PL: Proposta da Licitante.

Parágrafo único. Será desclassificado o licitante que não atingir 60% (sessenta por cento) da pontuação total.

Art. 29. A classificação far-se-á pela ordem crescente da pontuação obtida, sendo considerada vencedora a que obtiver a maior Nota Final (NF), que será obtida através da seguinte fórmula:

NF = (0,7 x NT) + (0,3 x NP)

NT: Nota Técnica

NP: Nota de Preço

Art. 30. Em caso de empate entre duas ou mais notas finais atribuídas entre as propostas técnica e de preço, serão utilizados os critérios de desempate previstos no art. 60 da Lei nº 14.133, de 2021.

Parágrafo único. O critério previsto no inciso I do art. 60 da Lei nº 14.133, de 2021, será aplicado apenas à proposta de preço.

Art. 31. No caso de obras e serviços de engenharia, serão consideradas inexequíveis as propostas cujos valores sejam inferiores a 75% (setenta e cinco por cento) do valor orçado pela Administração.

Art. 32. No caso de bens e serviços especiais, é indício de inexequibilidade das propostas valores inferiores a 50% (cinquenta por cento) do valor orçado pela Administração.

Art. 33. A inexequibilidade só será declarada após diligência do agente de contratação ou da comissão de contratação, que comprove que o licitante não confirmou a exequibilidade de sua proposta.

Art. 34. Encerrada a fase de julgamento, após a verificação de conformidade da proposta, o agente de contratação ou a comissão de contratação, verificará a documentação de habilitação do licitante conforme disposições do edital de licitação, observado o disposto no Capítulo X deste Decreto.

CAPÍTULO IX

DA HABILITAÇÃO

Art. 35. Para habilitação serão exigidos, exclusivamente do licitante classificado em primeiro lugar, os documentos necessários e suficientes para demonstrar a capacidade de realizar o objeto da licitação, nos termos dos arts. 62 a 70 da Lei nº 14.133, de 2021.

§1º A documentação exigida para fins de habilitação jurídica, fiscal, social, trabalhista e econômico-financeira, desde que prevista no edital de licitação, poderá ser substituída pelo registro cadastral no _____, ou em sistemas semelhantes mantidos pela União, Estados, pelo Distrito Federal ou pelos Municípios.

Art. 36. Quando permitida a participação de empresas estrangeiras que não funcionem no País, as exigências de habilitação serão atendidas mediante documentos equivalentes, inicialmente apresentados em tradução livre.

Parágrafo único. Na hipótese de o licitante vencedor ser empresa estrangeira que não funcione no País, para fins de assinatura do contrato, os documentos exigidos para a habilitação serão traduzidos por tradutor juramentado no País e apostilados nos termos dispostos no Decreto nº 8.660, de 29 de janeiro de 2016, ou de outro que venha a substituí-lo, ou consularizados pelos respectivos consulados ou embaixadas.

Art. 37. Quando permitida a participação de consórcio de empresas, será observado o disposto no art. 15 da Lei nº 14.133, de 2021.

Art. 38. Serão exigidos os documentos de habilitação apenas do licitante vencedor, exceto quando houver inversão da fase de habilitação.

§1º A verificação, pelo agente de contratação ou pela comissão de contratação, em sítios eletrônicos oficiais de órgãos e entidades emissoras de certidões constitui meio legal de prova, para fins de habilitação.

§2º Na hipótese de o licitante não atender às exigências para habilitação, o agente de contratação ou a comissão de contratação concederá o prazo de ____ (_____) _____ para a licitante classificada em 2º lugar apresentar os documentos de habilitação, e assim sucessivamente, na ordem de classificação, até a apuração de licitante que atenda ao edital de licitação.

§3º Serão disponibilizados para acesso público os documentos de habilitação do licitante convocado para a apresentação da documentação habilitatória.

CAPÍTULO X

DA INTENÇÃO DE RECORRER E DA FASE RECURSAL

Art. 39. Qualquer licitante poderá, durante o prazo concedido na sessão pública, não inferior a _____ minutos, de forma imediata após o término do julgamento das propostas e da fase de habilitação, em campo próprio do sistema, manifestar sua intenção de recorrer, sob pena de preclusão, caso em que ficará a autoridade superior, autorizada a adjudicar o objeto ao licitante declarado vencedor.

§1º As razões do recurso deverão ser apresentadas em momento único, em campo próprio no sistema, no prazo de três dias úteis, contados a partir da data de intimação ou de lavratura da ata de habilitação ou inabilitação ou, na hipótese de adoção da inversão de fases, da ata de julgamento.

§2º Os demais licitantes ficarão intimados para, se desejarem, apresentar suas contrarrazões, no prazo de três dias úteis, contado da data de intimação pessoal ou de divulgação da interposição do recurso.

§3ª Será assegurado ao licitante vista dos elementos indispensáveis à defesa de seus interesses.

§4º O acolhimento do recurso importará na invalidação apenas dos atos que não possam ser aproveitados.

CAPÍTULO XI

DO SANEAMENTO DA PROPOSTA E DOS DOCUMENTOS DE HABILITAÇÃO

Art. 40. O agente de contratação ou a comissão de contratação deverá no julgamento das propostas, sanar erros ou falhas que não alterem a sua substância e sua validade jurídica, atribuindo-lhes eficácia para fins de classificação.

Art. 41. O agente de contratação ou a comissão de contratação deverá, na análise dos documentos de habilitação, sanar erros ou falhas que não alterem a substância dos documentos e sua validade jurídica, mediante decisão fundamentada, registrada em ata e acessível a todos, atribuindo-lhes eficácia para fins de habilitação.

Art. 42. Na hipótese de necessidade de suspensão da sessão pública para a realização de diligências, o seu reinício somente poderá ocorrer mediante aviso prévio no sistema com, no mínimo, vinte e quatro horas de antecedência, e a ocorrência será registrada em ata.

CAPÍTULO XII

DA ADJUDICAÇÃO E DA HOMOLOGAÇÃO

Art. 43. Encerradas as fases de julgamento e habilitação, e exauridos os recursos administrativos, o processo licitatório será encaminhado à autoridade superior para adjudicar o objeto e homologar o procedimento, observado o disposto no art. 71 da Lei nº 14.133, de 2021.

CAPÍTULO XIII

DA CONVOCAÇÃO PARA A CONTRATAÇÃO

Art. 44. Após a homologação, o licitante vencedor será convocado para assinar o termo de contrato ou aceitar ou retirar o instrumento equivalente, no prazo estabelecido no edital de licitação, sob pena de decair o direito à contratação, sem prejuízo das sanções previstas na Lei nº 14.133, de 2021, e em outras legislações aplicáveis.

§1º O prazo de convocação poderá ser prorrogado 1 (uma) vez, por igual período, mediante solicitação da parte durante seu transcurso, devidamente justificada, e desde que o motivo apresentado seja aceito pela Administração.

§2º Na hipótese de o vencedor da licitação não assinar o contrato ou não aceitar ou não retirar o instrumento equivalente no prazo e nas condições estabelecidas, outro licitante poderá ser convocado, respeitada a ordem de classificação, para celebrar a contratação ou instrumento equivalente, nas condições propostas pelo licitante vencedor, sem prejuízo da aplicação das sanções previstas na Lei nº 14.133, de 2021, e em outras legislações aplicáveis.

§3º Caso nenhum dos licitantes aceite a contratação nos termos do §2º deste artigo, a Administração, observados o valor estimado e sua eventual atualização nos termos do edital de licitação, poderá:

I - convocar os licitantes remanescentes para negociação, na ordem de classificação, com vistas à obtenção de preço melhor, mesmo que acima do preço ou inferior ao desconto do adjudicatário, respeitado o valor ou o desconto estimado;

II - adjudicar e celebrar o contrato nas condições ofertadas pelos licitantes remanescentes, atendida a ordem classificatória, quando frustrada a negociação de melhor condição.

§4º A recusa injustificada do adjudicatário em assinar o contrato ou em aceitar ou retirar o instrumento equivalente no prazo estabelecido pela Administração caracterizará o descumprimento total da obrigação assumida e o sujeitará às penalidades legalmente estabelecidas e à imediata perda da garantia de proposta, quando exigida no edital, em favor do órgão ou entidade promotora da licitação.

§5º A regra do §4º deste artigo não se aplicará aos licitantes remanescentes convocados na forma do inciso I do §3º deste artigo.

CAPÍTULO XIV

DAS SANÇÕES

Art. 45. Os licitantes estarão sujeitos às sanções administrativas previstas na Lei nº 14.133, de 2021, e às demais cominações legais, resguardado o direito à ampla defesa.

CAPÍTULO XV

DA REVOGAÇÃO E DA ANULAÇÃO

Art. 46. A autoridade superior poderá revogar o procedimento licitatório de que trata este Decreto por motivo de conveniência e oportunidade, e deverá anular por ilegalidade insanável, de ofício ou por provocação de terceiros, assegurada a prévia manifestação dos interessados.

§1º O motivo determinante para a revogação do processo licitatório deverá ser resultante de fato superveniente devidamente comprovado.

§2º Ao pronunciar a nulidade, a autoridade indicará expressamente os atos com vícios insanáveis, tornando sem efeito todos os subsequentes que deles dependam, e dará ensejo à apuração de responsabilidade de quem lhes tenha dado causa.

§3º Na hipótese da ilegalidade de que trata o *caput* ser constatada durante a execução contratual, aplica-se o disposto no art. 147 da Lei nº 14.133, de 2021.

CAPÍTULO XV

DISPOSIÇÕES FINAIS

Art. 47. Os horários estabelecidos no edital de licitação, no aviso e durante a sessão pública observarão o horário de Brasília, Distrito Federal, inclusive para contagem de tempo e registro no sistema eletrônico e na documentação relativa ao certame.

Art. 48. Os casos omissos decorrentes da aplicação deste Decreto serão dirimidos pelo Executivo Municipal, que poderá expedir normas complementares e disponibilizar informações adicionais, em meio eletrônico.

Art. 49. Este Decreto entra em vigor em ___ de _____ de _____.

_____, de _____ de 20_____.

PREFEITO MUNICIPAL

DECRETO Nº ___ , DE ___ DE _____ DE _____

REGULAMENTA A APLICAÇÃO DE SANÇÕES ADMINISTRATIVAS NO ÂMBITO DO PODER EXECUTIVO DO MUNICÍPIO DE _____

O Prefeito MUNICIPAL de _____, Estado de Minas Gerais, no uso das atribuições legais que lhe confere a Lei Orgânica do Município, com fundamento no inciso I do art. 30 da Constituição Federal, e considerando:

A necessidade de regulamentação do cômputo e suas consequências em relação à aplicação das penalidades previstas nos incisos I, II, III e IV do *caput* do art. 156 e do parágrafo único do art. 161 da Lei Federal nº 14.133/21;

DECRETA:

CAPÍTULO I

DAS DISPOSIÇÕES GERAIS

Art. 1º Este decreto estabelece procedimentos para a dosimetria, cômputo e consequências, na aplicação de penalidades decorrentes do descumprimento de obrigações pactuadas nos atos convocatórios, nas atas de registro de preços ou nos contratos, no âmbito do Poder Executivo do Município de _____.

Art. 2º A responsabilidade do infrator será apurada, assegurado o contraditório e a ampla defesa, com os meios e recursos a eles inerentes, para aplicação das sanções cabíveis, referentes às condutas especificadas neste decreto.

Parágrafo único – Na aplicação das penalidades cabíveis serão observados e respeitados os princípios da razoabilidade e da proporcionalidade.

Art. 3º Para os fins deste Decreto considera-se:

I – ato ilícito: conduta que infringe dispositivos legais e/ou regras previstas nos atos convocatórios de licitação, na ata de registro de preços, no contrato ou instrumento que o substituir;

II – infrator: pessoa física ou jurídica, inclusive seus representantes, que tenha infringido dispositivos legais ou que tenha descumprido normas para participação ou em sede de licitação ou contratação direta, dispensa e inexigibilidade, bem como as previstas nos contratos ou instrumentos que os substituem, ou disposto em ata de registro de preços;

III – contrato: ajuste, precedido ou não de licitação, formalizado por meio de termo contratual ou instrumentos equivalentes, nos termos do art. 95 da Lei Federal nº 14.133/2021, por meio do qual se estabelecem obrigações recíprocas;

IV – Administração: órgão ou entidade pela qual a Administração Pública atua;

V – Administração Pública: a Administração Direta e Indireta da União, dos Estados, do Distrito Federal e dos Municípios, abrangendo inclusive as entidades com personalidade jurídica de direito privado sob controle do Poder Público e as fundações por ele instituídas ou mantidas;

VI – Autoridade Superior: o Secretário Municipal do órgão requisitante; (*substituir pelo Prefeito Municipal, quando não houver delegação para o Secretário autorizar a abertura de Processo Licitatório*)

VII – Autoridade Máxima: o Prefeito Municipal.

VIII – Programa de integridade: consiste, no âmbito de uma pessoa jurídica, no conjunto de mecanismos e procedimentos internos de integridade, auditoria e incentivo à denúncia de irregularidades e na aplicação efetiva de códigos de ética e de conduta, políticas e diretrizes com objetivo de detectar e sanar desvios, fraudes, irregularidades e atos ilícitos praticados contra a administração pública, nacional ou estrangeira.

IX – TAR – Termo de Ajustamento de Reabilitação.

CAPÍTULO II

DAS INFRAÇÕES

SEÇÃO I

DAS INFRAÇÕES EM ESPÉCIE

Art. 4º O licitante, o detentor da ata de registro de preços ou o contratado será responsabilizado pelas seguintes infrações:

I – dar causa à inexecução parcial do contrato;

II – dar causa à inexecução parcial do contrato que cause grave dano à Administração, ao funcionamento dos serviços públicos ou ao interesse coletivo;

III – dar causa à inexecução total do contrato;

IV – deixar de entregar a documentação exigida para o certame;

V – não manter a proposta, salvo em decorrência de fato superveniente devidamente justificado;

VI – não celebrar o contrato ou ata de registo de preços ou não entregar a documentação exigida para a contratação, quando convocado dentro do prazo de validade de sua proposta;

VII – ensejar o retardamento da execução ou da entrega do objeto da licitação sem motivo justificado;

VIII – apresentar declaração ou documentação falsa exigida para o certame ou prestar declaração falsa durante a licitação ou a execução do contrato;

IX – fraudar a licitação ou praticar ato fraudulento na execução do contrato;

X – comportar-se de modo inidôneo ou cometer fraude de qualquer natureza;

XI – praticar atos ilícitos com vistas a frustrar os objetivos da licitação;

XII – praticar ato lesivo previsto no art. 5º da Lei nº 12.846, de 1º de agosto de 2013;

XIII – tumultuar a sessão pública da licitação;

XIV – propor recursos manifestamente protelatórios em sede de contratação direta ou de licitação;

XV – deixar de regularizar os documentos fiscais no prazo concedido, na hipótese de o infrator enquadrar-se como microempresa ou empresa de pequeno porte, nos termos da Lei Complementar Federal nº 123, de 14 de dezembro de 2006;

XVI – deixar de manter as condições de habilitação durante o prazo do contrato;

XVII – permanecer inadimplente após a aplicação de advertência;

XVIII – deixar de complementar o valor da garantia recolhida após solicitação do contratante;

XIX – deixar de devolver eventuais valores recebidos indevidamente após ser devidamente notificado;

XX – manter empregado, responsável técnico ou qualquer pessoa sob sua responsabilidade com qualificação em desacordo com as exigências do edital ou do contrato, durante a execução do objeto;

XXI – utilizar as dependências do contratante para fins diversos do objeto do contrato;

XXII – tolerar, no cumprimento do contrato, situação apta a gerar ou causar dano físico, lesão corporal ou consequências letais a qualquer pessoa;

XXIII – deixar de fornecer equipamento de proteção individual – EPI, quando exigido, aos seus empregados ou omitir-se em fiscalizar sua utilização, na hipótese de contratação de serviços de mão de obra;

XXIV – deixar de substituir empregado cujo comportamento for incompatível com o interesse público, em especial quando solicitado pela Administração;

XXV – deixar de repor funcionários faltosos;

XXVI – deixar de apresentar, quando solicitado pela administração, comprovação do cumprimento das obrigações trabalhistas e com o Fundo de Garantia do tempo de Serviço (FGTS) em relação aos empregados diretamente envolvidos na execução do contrato, em especial quanto ao:

a) registro de ponto;

b) recibo de pagamento de salários, adicionais, horas extras, repouso semanal remunerado e décimo terceiro salário;

c) comprovante de depósito do FGTS;

d) recibo de concessão e pagamento de férias e do respectivo adicional;

e) recibo de quitação de obrigações trabalhistas e previdenciárias dos empregados dispensados até a data da extinção do contrato;

f) recibo de pagamento de vale-transporte e vale-alimentação, na forma prevista em norma coletiva;

XXVII – deixar de observar a legislação pertinente aplicável ao seu ramo de atividade;

XXVIII – entregar o objeto contratual em desacordo com as especificações, condições e qualidades contratadas e/ou com vício, irregularidade ou defeito oculto que o tornem impróprio para o fim a que se destina;

XXIX – ofender agentes públicos no exercício de suas funções;

XXX – induzir a administração em erro;

XXXI – deixar de manter empregados, que fiquem nas dependências e à disposição da administração nos contratos de serviços contínuos com regime de dedicação exclusiva de mão de obra;

XXXII – compartilhar recursos humanos e materiais disponíveis de uma contratação para execução simultânea de outros contratos por parte do contratado, nos contratos de serviços contínuos com regime de dedicação exclusiva de mão de obra;

XXXIII – impossibilitar a fiscalização pelo contratante quanto à distribuição, controle e supervisão dos recursos humanos alocados aos seus contratos, em relação aos contratos de serviços contínuos com regime de dedicação exclusiva de mão de obra;

XXXIV – apresentar proposta inexequível com finalidade de tumultuar o procedimento;

XXXV – deixar de demonstrar exequibilidade da proposta quando exigida pela administração;

XXXVI – subcontratar serviço em contrato em que não há essa possibilidade;

XXXVII – deixar de apresentar no prazo do art. 96, §3º da Lei 14133/21, garantia pelo contratado quando optar pela modalidade seguro garantia;

XXXVIII – deixar de comprovar, quando solicitado, na execução contratual, a reserva de cargos prevista em lei para pessoa com deficiência, para reabilitado da Previdência Social ou para aprendiz, bem como as reservas de cargos previstas em outras normas específicas;

XXXIX – deixar de manter preposto aceito pela Administração no local da obra ou do serviço para representar o contratado na execução do contrato;

XL – deixar de aceitar as supressões e acréscimos de até 25% (vinte e cinco por cento) em relação aos contratos.

SEÇÃO II

DA DOSIMETRIA

Art. 5º Na aplicação das sanções serão considerados:

I – a natureza e a gravidade da infração cometida;

II – as peculiaridades do caso concreto;

III – as circunstâncias agravantes ou atenuantes;

IV – os danos que dela provierem para a Administração Pública;

V – a implantação ou o aperfeiçoamento de programa de integridade, conforme normas e orientações dos órgãos de controle.

Art. 6º São circunstâncias que sempre agravam a sanção, com consequente aplicação da pena máxima de multa e/ou aplicação direta da penalidade de inidoneidade de licitar e contratar, quando não constituem ou qualificam a infração:

I – a reincidência;

II – ter a infração sido cometida:

a) para facilitar ou assegurar a execução, a ocultação, a impunidade ou vantagem de outra infração;

b) mediante dissimulação, ou outro recurso que dificultou ou tornou impossível a apuração pela administração.

III – quando o infrator:

a) promove, ou organiza a cooperação ou dirige a atividade, com o objetivo de frustrar o caráter competitivo da licitação;

b) coage ou induz outrem para tornar injustamente mais onerosa para a Administração Pública a proposta ou a execução do contrato;

c) comete a infração com o objetivo de obter pagamento ou algum tipo de recompensa financeira ou material.

§1º Considera-se reincidência a repetição de prática infracional, punida por decisão administrativa irrecorrível.

§2º Ocorre a reincidência quando o agente comete nova infração, depois de decisão que não caiba mais recurso, e tenha sido condenado por infração anterior.

§3º Para efeito de reincidência, não prevalece a sanção anterior, se entre a data da decisão administrativa definitiva e aquela da prática posterior houver decorrido período de tempo superior a cinco anos.

Art. 7º São circunstâncias que sempre atenuam a pena, possibilitando a aplicação da pena mínima de cada tipo de sanção prevista no art. 156 da Lei Federal nº 14.133/2021:

I – não ter o infrator cometido nenhuma infração perante a Administração, nos últimos 5 (cinco) anos;

II – não ter o infrator agido com dolo;

III – ter o infrator, espontaneamente e com eficiência, procurado eliminar ou minorar as consequências do ato, reparando o dano.

Art. 8º No concurso de agravantes e atenuantes, a pena deve aproximar-se do limite indicado pelas circunstâncias preponderantes, entendendo-se como tais as que resultam dos motivos determinantes da infração ou da reincidência.

Art. 9º As circunstâncias agravantes e atenuantes têm natureza taxativa e não comportam ampliação.

Art. 10. O agravamento constante no art. 6º, I deste Decreto, será apurado no procedimento da nova infração, do qual se fará constar, por cópia, a decisão que aplicou a infração anterior, ainda que em processo de contratação distinto.

CAPÍTULO III

DAS SANÇÕES

SEÇÃO I

TIPOS DE SANÇÕES

Art. 11. A prática de atos ilícitos sujeita o infrator à aplicação das seguintes sanções administrativas:

I – advertência;

II – multa;

III – impedimento de licitar e contratar com o Município, por no máximo 03 (três) anos, ou quando não se justificar aplicação de penalidade mais grave;

IV – declaração de inidoneidade para licitar ou contratar com a Administração Direta e Indireta da União, dos Estados, do Distrito Federal e dos Municípios, abrangendo inclusive as entidades com personalidade jurídica de direito privado sob controle do Poder Público e as fundações por ele instituídas ou mantidas, por 03 (três) a 06 (seis) anos.

Art. 12. As sanções de advertência, impedimento de licitar ou contratar e declaração de inidoneidade para licitar ou contratar, poderão ser aplicadas cumulativamente com a multa.

Parágrafo único. Na hipótese da cumulação a que se refere o *caput* deste artigo serão concedidos os prazos para defesa e recurso aplicáveis à pena mais gravosa.

Art. 13. A aplicação das sanções deque trata o art. 11 deste Decreto, não exclui, em hipótese alguma, a obrigação de reparação integral do dano causado à Administração Pública.

SEÇÃO II

DA PRESCRIÇÃO

Art. 14. A prescrição da aplicação das penalidades previstas nos incisos III e IV do art. 11 deste Decreto ocorrerá em 5 (cinco) anos, contados da intimação do infrator pela Administração, e será:

I – interrompida pela instauração do processo de responsabilização a que se refere o art. 28 deste Decreto;

II – suspensa pela celebração de acordo de leniência previsto na Lei nº 12.846, de 1º de agosto de 2013;

III – suspensa por decisão judicial que inviabilize a conclusão da apuração administrativa.

SEÇÃO III

DA ADVERTÊNCIA

Art. 15. A sanção de advertência prevista no inciso I do artigo 11 deste Decreto consiste em comunicação formal ao infrator do descumprimento de uma obrigação do edital, da ata de registros de preços ou da inexecução parcial do contrato quando não se justificar a imposição de penalidade mais grave.

SEÇÃO IV

DA MULTA

Art. 16. O infrator que, injustificadamente, descumprir a legislação, cláusulas do edital, da ata de registro de preços ou cláusulas contratuais, sujeitar-se-á à aplicação da penalidade de multa, não podendo ser inferior a 0,5% (cinco décimos por cento) nem superior a 30% (trinta por cento) do valor de referência da licitação, da ata de registro de preços, do contrato licitado ou celebrado com contratação direta, nos termos estabelecidos nos respectivos instrumentos, devendo ser observados, preferencialmente, os seguintes percentuais e diretrizes:

I – multa moratória de 0,5% (cinco décimos por cento) por dia de atraso na entrega de material ou execução de serviços, até o limite de 10% (dez por cento), correspondente a até 30 (trinta) dias de atraso, calculado sobre o valor correspondente à parte inadimplente, excluída, quando for o caso, a parcela correspondente aos impostos destacados no documento fiscal;

II – multa de 10% (dez por cento) sobre o valor total da adjudicação da licitação ou do valor da contratação direta em caso de recusa do infrator em assinar a ata de registro de preços e/ou contrato, ou recusar-se a aceitar ou retirar o instrumento equivalente;

III – multa de 5% (cinco por cento) sobre o valor de referência da licitação ou da contratação direta, nas hipóteses constantes do art. 4º, incisos I, IV, V, XIII, XIV e XV, deste Decreto;

IV – multa de 5% (cinco por cento) sobre o valor total da adjudicação da licitação ou do valor da contratação direta, nas hipóteses constantes do art. 4º, incisos XVI, XVII, XVIII, XX, XXI, XXIII, XXIV, XXV, XXVI, XXVII, XXXI, XXXIII, XXXVIII e XXXIX deste Decreto;

V – multa de 10% (dez por cento) sobre o valor de referência da licitação ou da contratação direta, nas hipóteses constantes do art. 4º, incisos II, III, VI, VII, VIII, IX, X, XI, XII, XXIX, XXX, XXXIV e XXXV deste Decreto;

VI – multa de 10% (dez por cento) sobre o valor total do contrato ou da ata de registro de preços, nas hipóteses constantes do art. 4º, incisos XIX, XXII, XXVIII, XXXII, XXXVI, XXXVII e XL, deste Decreto;

VII – multa indenizatória, a título de perdas e danos, na hipótese de o infrator ensejar a rescisão do contrato ou o cancelamento da ata de registro de preços e sua conduta implicar gastos à Administração Pública superiores aos contratados ou registrados.

§1º A aplicação de multa de mora não impedirá que a Administração a converta em compensatória e promova a extinção unilateral do contrato com a aplicação cumulada de outras sanções previstas neste Decreto.

§2º O atraso injustificado superior a 30 (trinta) dias corridos será considerado como inexecução total do contrato ou da ata de registro de preços, devendo o instrumento respectivo ser extinto, salvo razões de interesse público devidamente explicitadas no ato da autoridade competente pela contratação.

§3º O atraso, para efeito de cálculo da multa, será contado em dias corridos, a partir do primeiro dia útil subsequente ao do encerramento do prazo estabelecido para o cumprimento da obrigação.

§4º Se a recusa em assinar o contrato ou a Ata de Registro de Preços for motivada por fato impeditivo relevante, devidamente comprovado e superveniente à apresentação da proposta, a autoridade competente para a contratação poderá, mediante ato motivado, deixar de aplicar a multa.

§5º No caso de prestações continuadas, a multa de 5% (cinco por cento) de que trata o inciso IV do *caput* será calculada sobre o valor da parcela que eventualmente for descumprida.

§6º A aplicação das multas de natureza moratória não impede a aplicação superveniente de outras multas previstas neste artigo, cumulando-se os respectivos valores.

Art. 17. Os atos convocatórios e os contratos poderão prever outras hipóteses de multa.

Art. 18. Na hipótese de deixar o infrator de pagar a multa aplicada, o valor correspondente será executado observando-se os seguintes critérios:

I – se a multa aplicada for superior ao valor das faturas subsequentes ao mês do inadimplemento, responderá o infrator pela sua diferença, devidamente atualizada monetariamente e acrescida de juros, fixados segundo os índices e taxas utilizados na cobrança dos créditos não tributários do Município ou cobrados judicialmente;

II – inexistindo faturas subsequentes ou sendo estas insuficientes, descontar-se-á do valor da garantia;

III – impossibilitado o desconto a que se refere o inciso II deste artigo, será o crédito correspondente inscrito em dívida ativa.

Art. 19. Na hipótese de aplicação da penalidade de multa, após a publicação do julgamento do recurso no Diário Oficial do Município, será concedido prazo de 05 (cinco) dias úteis para o recolhimento do valor respectivo.

SEÇÃO V

DO IMPEDIMENTO DE LICITAR E CONTRATAR

Art. 20. O impedimento de licitar e contratar impedirá o infrator de participar de licitação e contratar com o Município:

I – por até 01 (um) ano, se o infrator:

a) deixar de entregar a documentação exigida para o certame;

b) não manter a proposta, salvo em decorrência de fato superveniente devidamente justificado;

c) ensejar o retardamento da execução ou da entrega do objeto da licitação sem motivo justificado;

II – por até 02 (dois) anos, se o infrator:

a) apresentar declaração ou documentação falsa exigida para o certame ou prestar declaração falsa durante a licitação ou a execução do contrato;

b) der causa à inexecução parcial do contrato que cause grave dano à Administração, ao funcionamento dos serviços públicos ou ao interesse coletivo;

III – por até 03 (três) anos, se o infrator:

a) não celebrar o contrato ou Ata de Registo de Preços, quando convocado dentro do prazo de validade de sua proposta;

b) fraudar a licitação ou praticar ato fraudulento na execução do contrato;

c) der causa à inexecução total do contrato.

Art. 21. A aplicação da penalidade de impedimento de licitar ou contratar produzirá os seguintes efeitos:

I – impedimento de licitar e contratar com o Município durante o prazo do impedimento;

II – extinção do contrato celebrado, sem prejuízo da rescisão de outros contratos também celebrados com a Administração, caso a manutenção contratual ocasione um risco real ou para a segurança do patrimônio público ou dos servidores públicos.

SEÇÃO VI
DA DECLARAÇÃO DE INIDONEIDADE

Art. 22. A declaração de inidoneidade impede o infrator de licitar e contratar com a Administração Direta e Indireta da União, dos Estados, do Distrito Federal e dos Municípios, abrangendo inclusive as entidades com personalidade jurídica de direito privado sob controle do Poder Público e as fundações por ele instituídas ou mantidas, e será aplicada, entre outros casos, nas seguintes hipóteses:

I – demonstração de inidoneidade para contratar com a Administração, em virtude de atos ilícitos praticados, incluindo os atos que visam frustrar os objetivos da licitação ou contratação, tais como conluio, fraude, adulteração de documentos ou emissão de declaração falsa;

II – ato ou conduta que, segundo previsão no instrumento convocatório e/ou no contrato, seja passível da aplicação da sanção de declaração de inidoneidade;

III – existência de sentença judicial condenatória transitada em julgado pela prática de fraude fiscal no recolhimento de quaisquer tributos ou encargos sociais.

Art. 23. A Administração extinguirá o contrato com o infrator penalizado com a declaração de inidoneidade, sem prejuízo da rescisão de outros contratos já celebrados, caso a manutenção contratual ocasione um risco real ou para a segurança do patrimônio ou dos servidores públicos.

Parágrafo único. Na hipótese de serem atingidos outros contratos, nos termos do disposto no *caput* deste artigo, o infrator deverá ser notificado para apresentação de defesa única no prazo de 15 (quinze) dias úteis, que poderá ocorrer no próprio processo.

Art. 24. A penalidade de declaração de inidoneidade de contratar com a Administração Pública, será aplicada por prazo não superior a 6 (seis) anos, nas seguintes hipóteses:

I – por período de 3 (três) a 4 (quatro) anos, no caso de praticar atos ilícitos com vistas a frustrar os objetivos da licitação;

II – por período de 4 (quatro) a 5 (cinco) anos, nos casos de:

a) fraudar a licitação ou praticar ato fraudulento na execução do contrato;

b) comportar-se de modo inidôneo ou cometer fraude de qualquer natureza.

III – por período de 5 (cinco) a 6 (seis) anos, nos casos de:

a) praticar ato lesivo previsto no art. 5º da Lei 12.846/13;

b) dar causa à inexecução total do contrato, por ato doloso que cause lesão ao erário.

Art. 25. Os efeitos da declaração de inidoneidade permanecem enquanto perdurarem os motivos que determinaram a punição, ou até que seja promovida a reabilitação perante a própria autoridade que a aplicou, limitado ao prazo máximo de 6 (seis) anos.

CAPÍTULO IV

DO PROCESSO PARA APLICAÇÃO DAS SANÇÕES

SEÇÃO I

DAS DISPOSIÇÕES INICIAIS

Art. 26. Na apuração das infrações sujeitas à aplicação da penalidade de advertência, será facultada defesa ao interessado no prazo de 5 (cinco) dias úteis, contado da data de sua intimação.

Parágrafo único. A apuração da infração ocorrerá no âmbito do próprio processo licitatório.

Art. 27. Na apuração das infrações sujeitas à aplicação da penalidade de multa, será facultada defesa ao interessado no prazo de 15 (quinze) dias úteis, contado da data de sua intimação.

Parágrafo único. A apuração da infração ocorrerá no âmbito do próprio processo licitatório.

Art. 28. A aplicação das sanções previstas nos incisos III e IV do art. 11 deste Decreto requererá a instauração de processo de responsabilização, a ser conduzido por comissão composta de 2 (dois) ou mais servidores estáveis, que avaliará fatos e circunstâncias conhecidos e intimará o licitante, detentor da ata de registro de preços ou o contratado, para no prazo de 15 (quinze) dias úteis, contado da data de intimação, apresentar defesa escrita e especificar as provas que pretenda produzir.

§1º Em órgão ou entidade da Administração Pública cujo quadro funcional não seja formado de servidores efetivos, a comissão a que se refere o *caput* deste artigo será composta de 2 (dois) ou mais servidores, preferencialmente com, no mínimo, 3 (três) anos de tempo de serviço no órgão ou entidade.

§2º Na hipótese de deferimento de pedido de produção de novas provas ou de juntada de provas julgadas indispensáveis pela comissão, o licitante, detentor da ata de registro de preços ou o contratado poderá apresentar alegações finais no prazo de 15 (quinze) dias úteis, contado da data da intimação.

§3º Serão indeferidas pela comissão, mediante decisão fundamentada, provas ilícitas, impertinentes, desnecessárias, protelatórias ou intempestivas.

Art. 29. A sanção estabelecida no inciso IV do *caput* do art. 11 deste Decreto será precedida de análise jurídica e é de competência exclusiva do secretário municipal. (*substituir pelo Prefeito Municipal, quando não for atribuída ao Secretário Municipal a competência de ordenar abertura de processos licitatórios*)

Art. 30. Os atos previstos como infrações administrativas neste Decreto ou em outras leis de licitações e contratos da Administração Pública que também sejam tipificados como atos lesivos na Lei de nº 12.846/13, serão apurados e julgados conjuntamente, nos mesmos autos, observados o rito procedimental e a autoridade máxima do Município.

Art. 31. A personalidade jurídica poderá ser desconsiderada sempre que utilizada com abuso do direito para facilitar, encobrir ou dissimular a prática dos atos ilícitos previstos neste Decreto ou para provocar confusão patrimonial.

Parágrafo único. Na desconsideração da personalidade jurídica de que trata o *caput*:

I – os efeitos das sanções aplicadas à pessoa jurídica serão estendidos aos seus administradores e sócios com poderes de administração, à pessoa jurídica sucessora ou à empresa do mesmo ramo com relação de coligação ou controle, de fato ou de direito, com o sancionado;

II – será facultado ao interessado, no próprio processo de responsabilização de que trata o art. 28, o contraditório e a ampla defesa no prazo de 15 (quinze) dias úteis, contado da intimação;

III – é obrigatória a análise jurídica.

Art. 32. A Secretaria Municipal de _____ deverá, no prazo máximo 15 (quinze) dias úteis, contado da data de aplicação da sanção, informar e manter atualizados os dados relativos às sanções aplicadas pelo Poder Executivo Municipal para fins de publicidade:

I – no Cadastro Nacional de Empresas Inidôneas e Suspensas (Ceis); e

II – no Cadastro Nacional de Empresas Punidas (Cnep), instituídos no âmbito do Poder Executivo federal.

SEÇÃO II

DOS RECURSOS

Art. 33. Da aplicação das sanções previstas nos incisos I, II e III do *caput* do art. 11 deste Decreto, caberá recurso no prazo de 15 (quinze) dias úteis, contado da data da intimação.

Parágrafo único. O recurso de que trata o *caput* deste artigo será dirigido à autoridade que tiver proferido a decisão recorrida, que, se não a reconsiderar no prazo de 5 (cinco) dias úteis, encaminhará o recurso com sua motivação à autoridade superior, a qual deverá proferir sua decisão no prazo máximo de 20 (vinte) dias úteis, contado do recebimento dos autos.

Art. 34. Da aplicação da sanção prevista no inciso IV do *caput* do art. 11 deste Decreto, caberá apenas pedido de reconsideração, que deverá ser apresentado no prazo de 15 (quinze) dias úteis, contado da data da intimação, e decidido no prazo máximo de 20 (vinte) dias úteis, contado do seu recebimento.

Art. 35. O recurso e o pedido de reconsideração terão efeito suspensivo do ato ou da decisão recorrida até que sobrevenha decisão final da autoridade competente.

Parágrafo único. Na elaboração de suas decisões, a autoridade competente será auxiliada pelo órgão de assessoramento jurídico, que deverá dirimir dúvidas e subsidiá-la com as informações necessárias.

Art. 36. Após exauridos os recursos administrativos, as sanções aplicadas deverão ser registradas, no prazo máximo 15 (quinze) dias úteis, contado das datas de sua aplicação, no Cadastro Nacional de Empresas Inidôneas e Suspensas (Ceis) e no Cadastro Nacional de Empresas Punidas (Cnep), instituídos no âmbito do Poder Executivo federal.

CAPÍTULO V

DA REABILITAÇÃO

Art. 37. É admitida a reabilitação do licitante ou contratante perante a Administração Pública, antes de transcorrido o prazo máximo da penalidade aplicada, mediante as seguintes condições:

I – reparação integral do dano causado à Administração Pública;

II – pagamento de multa, se for o caso;

III – transcurso do prazo mínimo de 1 (um) ano da aplicação da penalidade, no caso de impedimento de participação em licitação e contratação, ainda que a penalidade seja por prazo superior;

IV – transcurso do prazo mínimo de 3 (três) anos da aplicação da penalidade, no caso de declaração de inidoneidade, ainda que a penalidade seja por prazo superior;

V – cumprimento das condições de reabilitação definidas no ato punitivo;

VI – implantação ou aperfeiçoamento de programa de integridade, quando a sanção for decorrente das infrações previstas nos incisos VIII e XII do art. 4º deste Decreto;

VII – formalização de Termo de Ajustamento de Reabilitação;

VIII – análise jurídica prévia, com posicionamento conclusivo quanto ao cumprimento dos requisitos definidos nesse artigo.

§1º A autoridade competente para firmar o Termo de Ajustamento de Reabilitação é_____ e o acompanhamento do cumprimento deve ser feito pelo _____.

§2º O descumprimento das obrigações previstas no TAR sujeita o compromissário ao restabelecimento da sanção previamente fixada, acrescida de 1/3, bem como a execução do TAR, que tem natureza de título executivo extrajudicial.

§3º A minuta do TAR deve ser analisada e mediada por assessoria jurídica, notadamente para a análise:

I – de seu cabimento;

II – das obrigações do compromissário, que devem conter medidas compensatórias para a infração praticada, trazendo benefícios para a administração municipal;

III – das penalidades pelo descumprimento do Termo de Ajustamento de Reabilitação.

CAPÍTULO VI

DO CÔMPUTO DE SANÇÕES APLICADAS A UMA MESMA EMPRESA EM CONTRATOS DISTINTOS

Art. 38. A aplicação de penalidade à empresa que tiver vigente mais de um contrato no município gerará os seguintes efeitos:

I – Impossibilidade de prorrogação da vigência contratual de contratos distintos do que decorreu a penalidade, no caso de aplicação da sanção de impedimento de licitar ou contratar com o Município;

II – Extinção de todos os contratos distintos do que decorreu a penalidade:

a) no caso de aplicação da sanção de impedimento de licitar e contratar com o Município, caso a manutenção contratual ocasione um risco real ou para a segurança do patrimônio público ou dos servidores públicos;

b) no caso de aplicação de penalidade de inidoneidade para licitar ou contratar com o Município.

Parágrafo único. Os efeitos dos incisos de que trata o *caput* poderão deixar de ser aplicados, mediante justificativa expressa da autoridade superior, que demonstre que suas consequências práticas causarão maior prejuízo para a administração pública.

CAPÍTULO VII

DA DISPENSA, PARCELAMENTO, COMPENSAÇÃO DE DÉBITO DE MULTA

Art. 39. É dispensável a cobrança judicial dos débitos de que trata este Decreto, que não forem quitados administrativamente, quando o valor total atribuído ao mesmo devedor, sem juros ou atualizações, não ultrapassar o valor de R$_____ (_____).

§1º A dispensa de cobrança de que trata o *caput* alcança apenas a parcela da multa que extrapolar o(s) valor(es) de pagamento eventualmente devido pela Administração ao contratado, se houver.

§2º A documentação comprobatória da responsabilidade permanecerá arquivada para eventual início do processo judicial de cobrança, caso haja novos débitos de mesma natureza relativos ao devedor, cujo valor total seja superior ao limite estabelecido no *caput*, observado o prazo prescricional de cinco anos contados da data do ato ou fato do qual se originarem

Art. 40. O débito resultante de multa administrativa de que trata este Decreto poderá ser parcelado, total ou parcialmente, em até 24 (vinte e quatro) parcelas mensais e sucessivas, mediante requerimento formal do interessado à Administração, observado o disposto nos arts. 44 e 45.

§1º O requerimento do interessado será acompanhado do comprovante de que o devedor recolheu à Administração a quantia correspondente a uma parcela, calculada pela divisão do valor do débito que pretende parcelar dividido pelo número de prestações pretendido, observado o art. 40, sob pena, de indeferimento sumário do pleito.

§2º A Administração poderá deferir ou indeferir o pedido ou, ainda, decidir pelo parcelamento do débito em número menor de parcelas pretendidas pelo interessado.

§3º Enquanto não houver decisão da Administração, o devedor recolherá mensalmente, a título de antecipação, a quantia calculada nos termos do §1º

§4º No caso de os débitos se encontrarem sob discussão administrativa ou judicial, submetidos ou não à causa legal de suspensão de exigibilidade, o sujeito passivo deverá comprovar que desistiu expressamente e de forma irrevogável da impugnação ou do recurso interposto, ou da ação judicial, e, cumulativamente, renunciou a quaisquer alegações de direito sobre as quais se fundem a ação judicial e o recurso administrativo.

§5º O pedido de parcelamento deferido constitui confissão de dívida e instrumento hábil e suficiente para a exigência do crédito, podendo a exatidão dos valores parcelados ser objeto de verificação.

§6º O parcelamento não se aplica à parcela da multa a ser descontada do valor de pagamento eventualmente devido pela Administração ao contratado ou da garantia prestada, se houver.

Art. 41. O valor de cada parcela será obtido mediante a divisão entre o valor do débito que se pretende parcelar e o número de prestações.

§1º O valor mínimo de cada parcela não poderá ser inferior a 0,5% (cinco décimos por cento) do limite mínimo definido pelo Tribunal de Contas de Minas Gerais para instauração de Tomada de Contas Especial.

§2º O valor de cada prestação mensal, por ocasião do pagamento, será acrescido de juros equivalentes à taxa referencial do Sistema Especial de Liquidação e de Custódia – SELIC para títulos federais, acumulada mensalmente, calculados a partir do mês subsequente ao da consolidação até o mês anterior ao do pagamento, e de 1% (um por cento) relativamente ao mês em que o pagamento estiver sendo efetuado.

Art. 42. A inadimplência no pagamento ensejará o cancelamento automático do parcelamento concedido, bem como a imediata exigibilidade do débito não quitado.

Parágrafo único. Considera-se inadimplência a falta de pagamento de 3 (três) prestações, consecutivas ou não.

Art. 43. Cancelado o parcelamento, apurar-se-á o saldo devedor, providenciando-se, conforme o caso, o encaminhamento do débito para o prosseguimento da cobrança ou inscrição em dívida ativa.

Art. 44. É vedado o reparcelamento de débito referente a parcelamento em curso ou que não tenha sido cumprido pelo devedor.

Art. 45. Poderá haver compensação total ou parcial dos débitos de que trata este Decreto, com os créditos devidos pela Administração, decorrentes do mesmo contrato ou de outros contratos administrativos que o contratado possua com o mesmo órgão ou entidade sancionadora.

§1º O pedido de compensação poderá ser formalizado pelo interessado, sem prejuízo da possibilidade de a Administração fazê-lo de ofício, acompanhado da relação dos contratos vigentes que serão objeto de compensação do valor do débito pretendido, e submetido à análise da Administração, que, deferindo o pedido, terá caráter definitivo.

§2º A compensação será realizada em observância aos prazos de validade de cada contrato administrativo indicado no requerimento, não podendo ultrapassar o prazo de vigência originário do contrato.

§3º A decisão que deferir ou indeferir o requerimento de que trata o *caput* será proferida no prazo de até 30 (trinta) dias do pedido.

§4º Na hipótese de compensação parcelada mensalmente, a parcela indicada deverá ser fixa, observado o disposto nos §§1º e 2º do art. 40.

§5º As retenções para adimplemento das obrigações de natureza trabalhista e previdenciária dos contratos de serviços com regime de dedicação exclusiva de mão de obra têm prioridade em relação a pedidos de compensação de que trata o §1º

Art. 46. As hipóteses de parcelamento, compensação e suspensão da cobrança poderão ser combinadas entre si.

Art. 47. Fica facultada ao interessado a antecipação de parcelas ou a quitação do débito a qualquer tempo, via Guia de Recolhimento do Município.

CAPÍTULO VIII

DAS DISPOSIÇÕES FINAIS

Art. 48. Computar-se-ão os prazos previstos neste Decreto excluindo-se o dia do começo e incluindo-se o do vencimento e observarão as seguintes disposições:

I – os prazos expressos em dias corridos serão computados de modo contínuo;

II – os prazos expressos em meses ou anos serão computados de data a data;

III – nos prazos expressos em dias úteis, serão computados somente os dias em que ocorrer expediente administrativo no órgão ou entidade competente.

§1º Salvo disposição em contrário, considera-se dia do começo do prazo:

I – o primeiro dia útil seguinte ao da disponibilização da informação na internet;

II – a data de juntada aos autos do aviso de recebimento, quando a notificação for pelos correios.

§2º Considera-se prorrogado o prazo até o primeiro dia útil seguinte se o vencimento cair em dia em que não houver expediente, se o expediente for encerrado antes da hora normal ou se houver indisponibilidade da comunicação eletrônica.

§3º Na hipótese do inciso II do *caput* deste artigo, se no mês do vencimento não houver o dia equivalente àquele do início do prazo, considera-se como termo o último dia do mês.

Art. 49. Este Decreto entra em vigor na data de sua publicação.

_____, ____ de _____ de _____.

PREFEITO MUNICIPAL

DECRETO Nº_____, DE_____ DE _____ DE _____

DISPÕE SOBRE O PROCEDIMENTO ADMINISTRATIVO PARA REALIZAR PESQUISA DE PREÇOS NO MUNICÍPIO DE _____

O Prefeito do MUNICÍPIO de _____, Estado de Minas Gerais, no uso de suas atribuições legais, de conformidade com o inciso ___, art. ____ da Lei Orgânica Municipai, e tendo em vista o disposto no §1º do art. 23 da Lei Federal nº 14.133, de 1º de abril de 2021,

DECRETA:

Art. 1º A pesquisa de preços será documentada devendo conter, em especial:

I – descrição do objeto a ser contratado;

II – identificação do responsável;

III – indicação das fontes consultadas com os respectivos valores.

Art. 2º Para a obtenção do preço estimado, adotar-se-á cálculo que incida sobre um conjunto de 03 (três) ou mais preços, oriundos de um ou mais dos parâmetros de que trata o §1º do art. 23 da Lei Federal nº 14.133/2021.

Art. 3º O Setor de _____ deverá realizar a pesquisa de preços previamente às aquisições de bens e contratações de serviços mediante a utilização dos seguintes parâmetros:

I – consulta aos preços disponíveis no endereço eletrônico http://www._____. gov.br;

II – contratações similares de outros entes públicos, em execução ou concluídas nos 180 (cento e oitenta) dias anteriores à data da pesquisa de preços;

III – pesquisa publicada em mídia especializada, sítios eletrônicos especializados ou de domínio amplo, desde que observados os seguintes quesitos:

a) deve ser realizada perante empresas legalmente estabelecidas;

b) o item cotado deverá estar disponível para venda ou contratação no momento da consulta;

c) a página eletrônica acessada deverá ser copiada e disponibilizada em formato PDF, contendo no mínimo as informações relativas ao item pesquisado como identificação do fornecedor; endereço eletrônico; data e hora do acesso; especificação do item; preço e quantidade;

d) itens que não se refiram a preços promocionais, saldos ou queima de estoque;

e) itens que não sejam usados, avariados, remanufaturados ou provenientes de mostruários;

f) não serão admitidas as cotações:

1. que não possam ser documentadas para posterior comprovação;

2. de itens com especificações ou características distintas das especificações solicitadas;

3. provenientes de sítios de leilão ou de intermediação de vendas.

IV – pesquisa com fornecedores, desde que as datas das pesquisas não ultrapassem 180 (cento e oitenta) dias, contados da data da realização ou do recebimento do orçamento.

§1º A critério da Unidade Compradora, os parâmetros de pesquisa previstos nos incisos deste artigo poderão ser utilizados de forma combinada ou não, devendo ser dada preferência ao previsto no inciso I e demonstrada no processo administrativo a metodologia utilizada para obtenção do preço de referência.

§2º Serão utilizados, como metodologia para obtenção do preço de referência para a contratação, a média, a mediana ou o menor dos valores obtidos na pesquisa de preços, desde que o cálculo incida sobre um conjunto de três ou mais preços, oriundos de um ou mais dos parâmetros adotados neste artigo, desconsiderados os valores inexequíveis e os excessivamente elevados.

§3º Poderão ser utilizados outros critérios ou metodologias, desde que devidamente justificados pela autoridade competente.

§4º Os preços coletados devem ser analisados de forma crítica, em especial, quando houver grande variação entre os valores apresentados.

§5º Para desconsideração dos preços inexequíveis ou excessivamente elevados, deverão ser adotados critérios fundamentados e descritos no processo administrativo.

§6º Excepcionalmente, mediante justificativa da autoridade competente, será admitida a pesquisa com menos de três preços ou fornecedores e, neste caso, o preço de referência será a média.

§7º O resultado da pesquisa de preços de que trata este artigo deve ser consolidado e subscrito pelo servidor por ela responsável, o qual deve certificar-se de que as especificações técnicas do bem ou serviço cotado correspondem ao objeto que se pretende contratar.

§9º Para aferição da vantagem econômica das adesões às atas de registro de preços, bem como da contratação de item específico constante de lote em atas de registro de preços, deverá ser observado o disposto neste Decreto.

Art. 4º Na hipótese de a pesquisa de preços ser realizada com fornecedores, estes deverão receber solicitação formal para apresentação de cotação e ter acesso ao documento elaborado pela Unidade Compradora que reúne as características e as especificações técnicas do objeto a ser adquirido ou do serviço a ser contratado.

Parágrafo único. Deverá ser assegurado aos fornecedores prazo de resposta compatível com a complexidade do objeto a ser licitado.

Art. 5º Nas contratações diretas por inexigibilidade ou por dispensa de licitação, aplica-se o disposto no art. 3º.

§1º Quando não for possível estimar o valor do objeto na forma estabelecida no art. 3º, a justificativa de preços será dada com base em valores de contratações de objetos idênticos, comercializados pela futura contratada, por meio da apresentação de notas fiscais emitidas para outros contratantes, públicos ou privados, no período de até 1 (um) ano anterior à data da contratação pela Administração, ou por outro meio idôneo.

§2º Excepcionalmente, caso a futura contratada não tenha comercializado o objeto anteriormente, a justificativa de preço de que trata o parágrafo anterior poderá ser realizada com objetos semelhantes de mesma natureza, devendo apresentar especificações técnicas que demonstrem similaridade com o objeto pretendido.

§3º Fica vedada a contratação direta por inexigibilidade, caso a justificativa de preços demonstre a possibilidade de competição.

§4º Na hipótese de dispensa de licitação com base nos incisos I e II do art. 75 da Lei nº 14.133, de 1º de abril de 2021, a estimativa de preços de que trata o *caput* poderá ser realizada concomitantemente à seleção da proposta economicamente mais vantajosa.

§5º O procedimento do §4º será realizado por meio de solicitação formal de cotações a fornecedores.

Art. 6º Na pesquisa para obtenção do preço estimado relativo às contratações de prestação de serviços com regime de dedicação de mão de obra exclusiva, o custo estimado da contratação deve contemplar o valor máximo global e mensal estabelecido em decorrência da identificação dos elementos que compõem o preço dos serviços, definidos da seguinte forma:

I – por meio do preenchimento da planilha de custos e formação de preços, observados os custos dos itens referentes ao serviço, podendo ser motivadamente dispensada naquelas contratações em que a natureza do seu objeto torne inviável ou desnecessário o detalhamento dos custos para aferição da exequibilidade dos preços praticados;

II – por meio de fundamentada pesquisa dos preços praticados no mercado em contratações similares; ou ainda por meio da adoção de valores constantes de indicadores setoriais, tabelas de fabricantes, valores oficiais de referência, tarifas públicas ou outros equivalentes, se for o caso.

Art. 7º A pesquisa para obtenção do preço estimado para obras e serviços de engenharia será elaborada utilizando-se dentre outras ferramentas como o SINAPI (Sistema Nacional de Preços e Índices para a Construção Civil) e o SICRO (Sistema de Custos Referenciais de Obras), observando, no que couber, o disposto neste decreto.

Art. 8º Desde que justificado, o orçamento estimado da contratação poderá ter caráter sigiloso, sem prejuízo da divulgação do detalhamento dos quantitativos e das demais informações necessárias para a elaboração das propostas, salvo nas hipóteses de licitação cujo critério de julgamento for por maior desconto.

Parágrafo único. O sigilo não prevalecerá para os órgãos de controle interno e externo.

Art. 9º Este Decreto entrará em vigor na data de sua publicação.

_____ de _____, ___ de _____ de 20__.

PREFEITO MUNICIPAL

PORTARIA Nº _____

NOMEIA AGENTE DE CONTRATAÇÃO E RESPECTIVA EQUIPE DE APOIO

O Prefeito do Município de _____, Estado de Minas Gerais, no uso de suas atribuições legais, e de conformidade com o disposto no art. 8º da Lei Federal nº 14.133, de 1º de abril de 2021,

RESOLVE:

Art. 1º Designar o servidor efetivo _____, para exercer as funções de Agente de Contratação.

Art. 2º Ficam designados como membros da equipe de apoio, que auxiliará o Agente de Contratação, na condução dos processos regidos pela Lei Federal 14.133/2021, os seguintes servidores _____, _____ e _____.

Art. 3º São atribuições do Agente de Contratação, dentre outras estabelecidas em regulamento, o recebimento das propostas, a análise de sua aceitabilidade e sua classificação, bem como a análise dos documentos fiscais.

Parágrafo único. O agente de contratação será auxiliado pela equipe de apoio e responderá individualmente pelos atos que praticar, salvo quando induzido a erro pela atuação da equipe.

Art. 4º O Agente de Contratação será substituído em suas ausências e impedimentos eventuais pelo primeiro nomeado da equipe de apoio, ficando designados como suplentes da equipe os servidores _____ e _____.

Art. 5º Esta Portaria entra em vigor na data de sua publicação.

_____, ___ de _____ de _____.

PREFEITO MUNICIPAL

PORTARIA Nº _____

NOMEIA PREGOEIRO E RESPECTIVA EQUIPE DE APOIO

O Prefeito do Município de _____, Estado de Minas Gerais, no uso de suas atribuições legais, e de conformidade com o disposto no §1º do art. 8º da Lei Federal nº 14.133, de 1º de abril de 2021,

RESOLVE:

Art. 1º Designar o servidor efetivo _____, para exercer as funções de Pregoeiro.

Art. 2º Ficam designados para comporem a equipe de apoio para realização de licitação na modalidade pregão, os seguintes servidores:

I - _____;

II - _____; e

III - _____.

Art. 3º São atribuições do Pregoeiro, dentre outras estabelecidas em regulamento, o recebimento das propostas e lances, a análise de sua aceitabilidade e sua classificação, bem como a habilitação dos licitantes do certame ao licitante vencedor.

Parágrafo único. O Pregoeiro será auxiliado pela equipe de apoio e responderá individualmente pelos atos que praticar, salvo quando induzido a erro pela atuação da equipe.

Art. 4º O Pregoeiro será substituído em suas ausências e impedimentos eventuais pelo primeiro nomeado da equipe de apoio, ficando designados como suplentes da equipe os servidores _____ e _____.

Art. 5º Esta Portaria entra em vigor na data de sua publicação.

_____, ___ de _____ de _____.

PREFEITO MUNICIPAL

PORTARIA Nº _____

DISPÕE SOBRE OS PROCEDIMENTOS RELATIVOS À ANÁLISE DOS PROCESSOS ADMINISTRATIVOS EM MATÉRIA DE LICITAÇÕES, CONTRATOS E DEMAIS AJUSTES, PELA PROCURADORIA JURÍDICA E DÁ OUTRAS PROVIDÊNCIAS

O Procurador-Geral do Município de _____, no uso de suas atribuições legais, de conformidade com o disposto no §5º do art. 53 da Lei Federal nº 14.133/2021,

RESOLVE:

Art. 1º Dispensar a análise jurídica na contratação direta:

I – que envolva valores inferiores ao fixado no inciso I do art. 75 da Lei Federal nº 14.133/2021, no caso de obras e serviços de engenharia;

II – que envolva valores inferiores ao fixado no inciso II do valor do art. 75 da Lei Federal nº 14.133/2021, no caso de outros serviços e compras.

Art. 2º A aplicação da sanção de declaração de inidoneidade para licitar ou contratar, de que trata o inciso IV do art. 156 da Lei Federal nº 14.133/2021, será precedida de análise prévia da procuradoria jurídica.

Art. 3º A análise jurídica prévia em processo de reabilitação de licitante ou contratado, terá posicionamento conclusivo quanto ao cumprimento dos requisitos previstos no art. 163 da Lei Federal nº 14.133/2021.

Art. 4º Esta Portaria entra em vigor na data de sua publicação e é de cumprimento obrigatório para todos os processos de dispensa ou inexigibilidade fundamentados na Lei Federal 14.133/2021.

_____, de _____ de _____ de 20 ____

PROCURADOR-GERAL

2

MODELO DE PROCESSO DE CONCORRÊNCIA ELETRÔNICA

EXERCÍCIO DE ____

PROCESSO LICITATÓRIO Nº: ____/____

MODALIDADE: CONCORRÊNCIA PÚBLICA ELETRÔNICA Nº ____/____

RECURSO ORÇAMENTÁRIO: _____

SÍNTESE DO OBJETO: Contratação de empresa para _____.

(*Ressaltamos que a concorrência é cabível apenas para a contratação de bens e serviços especiais e de obras e serviços comuns e especiais de engenharia:*

"Art. 6º...

XXXVIII – CONCORRÊNCIA: modalidade de licitação para contratação de BENS E SERVIÇOS ESPECIAIS E DE OBRAS E SERVIÇOS COMUNS E ESPECIAIS DE ENGENHARIA, cujo critério de julgamento poderá ser:")

AUTUAÇÃO

Aos ____ dias do mês de _____ do ano de dois mil e _____, nesta Prefeitura, eu, _____, autuei a autorização e demais documentos que seguem.

AUTORIZAÇÃO

Estando cumpridas as formalidades previstas na Lei nº 14.133/21, AUTORIZO a abertura do procedimento licitatório para contratação de empresa para _____, conforme solicitação em anexo e em atendimento ao disposto no inciso II do art. 16 da Lei Complementar nº 101 de 05 de maio de 2000, declaro que a despesa tem adequação orçamentária e financeira com a lei orçamentária anual, compatibilidade com o plano plurianual e com a lei de diretrizes orçamentárias.

_____, ___ de _____ de ___.

Prefeito Municipal

(continua)

DOCUMENTO DE FORMALIZAÇÃO DA DEMANDA – DFD

Atenção: é obrigação de quem solicita dizer exatamente o que precisa.

ÓRGÃO	
SETOR REQUISITANTE	

JUSTIFICATIVA DA NECESSIDADE DA CONTRATAÇÃO:
(Para que precisa?)

GRAU DE PRIORIDADE DA CONTRATAÇÃO

( ) Baixa ( ) Média ( ) Alta

DESCRIÇÃO DO OBJETO A SER CONTRATADO *(O que precisa?)*

ITEM	QUANT.	UNIDADE MEDIDA UNIT. R$	DETALHAMENTO TOTAL R$	PREÇO ESTIMADO	

PREVISÃO DE DATA EM QUE DEVE SER INICIADA A PRESTAÇÃO DOS SERVIÇOS/ FORNECIMENTO: ____/____/_____
(Em que tempo precisa?)

Fornecimento de material

( )	Consumo	( )	Permanente

REGIME DE FORNECIMENTO

( )	Parcela única	( )	Mensal
( )	Semanal	( )	Outro. Especificar:
( )	Quinzenal		_____

OU
QUANDO O OBJETO SE TRATAR DE SERVIÇOS:

Prestação de serviços

( )	Não continuado	( )	Continuado
( )	Parcela única	( )	Semanal
		( )	Quinzenal
		( )	Mensal
		( )	Outro. Especificar:
			_____
			_____

(continua)

REGIME DE EXECUÇÃO			
( )	Empreitada por preço unitário	( )	Contratação por tarefa
( )	Empreitada por preço global	( )	Contratação integrada
( )	Empreitada integral	( )	Contratação semi-integrada
( )	Fornecimento e prestação de serviço associado		

EXIGÊNCIA DE AMOSTRAS OU PROTÓTIPO

( ) Não.
( ) Sim. Critérios objetivos de avaliação:...
....

HABILITAÇÃO ESPECÍFICA

( ) Não.
( ) Sim. Especificar

RESPONSABILIDADES ESPECÍFICAS DA CONTRATADA

( ) Não.
( ) Sim. Especificar:

RESPONSABILIDADES ESPECÍFICAS DO CONTRATANTE

( ) Não.
( ) Sim. Especificar:

LOCAL DE ENTREGA/EXECUÇÃO E CRITÉRIOS DE ACEITAÇÃO DO OBJETO

(Para entregar/executar em qual local, dias úteis e horários? Quem será o fiscal do contrato?)

(As descrições abaixo são exemplificativas. Adequar de acordo com o objeto)

O prazo de entrega dos _____ é de ___ (___) dias, contados do recebimento da Nota de Empenho/Ordem de Fornecimento, ao _____ no endereço _____ – _____/MG – CEP _____, de segunda a sexta-feira, no horário de ___h às __h, e de ___h às __h, telefone (__) _____.

Dúvidas/esclarecimentos sobre a entrega podem ser enviados ao *e-mail* _____@_____;

Os bens serão recebidos provisoriamente no prazo de ____ (_____) dias, pelo(a) responsável pelo acompanhamento e fiscalização do contrato, para efeito de posterior verificação de sua conformidade com as especificações constantes neste Documento de Formalização de Demanda e na proposta. (*adequar de acordo com o objeto*)

Os bens poderão ser rejeitados, no todo ou em parte, quando em desacordo com as especificações constantes neste Documento de Formalização de Demanda e na proposta, devendo ser substituídos no prazo de ___ (___) dias, a contar da notificação da contratada, às suas custas, sem prejuízo da aplicação das penalidades.

(continua)

LOCAL DE ENTREGA/EXECUÇÃO E CRITÉRIOS DE ACEITAÇÃO DO OBJETO

Os bens serão recebidos definitivamente no prazo de ___ (_____) dias, contados do recebimento provisório, após a verificação da qualidade e quantidade do material e consequente aceitação mediante termo circunstanciado. (*adequar de acordo com o objeto*)

Na hipótese de a verificação a que se refere o subitem anterior não ser procedida dentro do prazo fixado, reputar-se-á como realizada, consumando-se o recebimento definitivo no dia do esgotamento do prazo.

O recebimento provisório ou definitivo do objeto não exclui a responsabilidade da contratada pelos prejuízos resultantes da incorreta execução do contrato.

DEFINIÇÃO DA NECESSIDADE DE ELABORAÇÃO OU NÃO DE ESTUDOS TÉCNICOS PRELIMINARES

( ) Com base na baixa complexidade do objeto, o Estudo preliminar e o gerenciamento de riscos da contratação serão dispensados para esta contratação, bastando a elaboração de TR ou PB.

( ) Devido à alta complexidade do objeto, serão necessários elaboração do Estudo preliminar e gerenciamento de riscos da contratação.

( ) Devido à existência de Estudo Técnico Preliminar e de gerenciamento de riscos de contratação anterior, serão utilizados o ETP e GR do Processo Licitatório nº ..../...........

CRÉDITOS ORÇAMENTÁRIOS

(Qual a fonte de recurso e dotação orçamentária?)

ESTIMATIVA DO VALOR DA CONTRATAÇÃO

(Qual o valor que outros órgãos públicos estão pagando por esse objeto ou objeto similar?)

(Objetivando a instrução do processo, informamos que foram realizadas consultas e pesquisa em _____ sobre os preços praticados para o objeto desta Licitação, estimando-se o montante em R$_____.

Obs.: A pesquisa de preços deverá ser realizada conforme estabelecido no art. 23 da Lei 14.133/2021:

"Art. 23.O valor previamente estimado da contratação deverá ser compatível com os valores praticados pelo mercado, considerados os preços constantes de bancos de dados públicos e as quantidades a serem contratadas, observadas a potencial economia de escala e as peculiaridades do local de execução do objeto.

§1º No processo licitatório para aquisição de bens e contratação de serviços em geral, conforme regulamento, o valor estimado será definido com base no melhor preço aferido por meio da utilização dos seguintes parâmetros, adotados de forma combinada ou não:

I – composição de custos unitários menores ou iguais à mediana do item correspondente no painel para consulta de preços ou no banco de preços em saúde disponíveis no Portal Nacional de Contratações Públicas (PNCP);

(conclusão)

ESTIMATIVA DO VALOR DA CONTRATAÇÃO

II – contratações similares feitas pela Administração Pública, em execução ou concluídas no período de 1 (um) ano anterior à data da pesquisa de preços, inclusive mediante sistema de registro de preços, observado o índice de atualização de preços correspondente;

III – utilização de dados de pesquisa publicada em mídia especializada, de tabela de referência formalmente aprovada pelo Poder Executivo federal e de sítios eletrônicos especializados ou de domínio amplo, desde que contenham a data e hora de acesso;

IV – pesquisa direta com no mínimo 3 (três) fornecedores, mediante solicitação formal de cotação, desde que seja apresentada justificativa da escolha desses fornecedores e que não tenham sido obtidos os orçamentos com mais de 6 (seis) meses de antecedência da data de divulgação do edital;

V – pesquisa na base nacional de notas fiscais eletrônicas, na forma de regulamento.")

RESPONSABILIDADE PELA FORMALIZAÇÃO DA DEMANDA

Data: ___/___/___ _____

Assinatura/Identificação do Responsável

(DESDE QUE AUTORIZADO NA LEGISLAÇÃO DO MUNICÍPIO E JUSTIFICADO NO DOCUMENTO DE FORMALIZAÇÃO DE DEMANDA – DFD, O ESTUDO TÉCNICO PRELIMINAR – ETP PODERÁ SER DISPENSADO)

ESTUDO TÉCNICO PRELIMINAR

Objeto: _____

1. INTRODUÇÃO

As aquisições públicas produzem importante impacto na atividade econômica, considerando a quantidade de recursos envolvidos.

Este estudo visa buscar a melhor solução para as aquisições, considerando que um planejamento bem elaborado possibilita contratações potencialmente mais eficientes, posto que a realização de estudos prévios proporciona conhecimento de novas modelagens/metodologias constantes no mercado, resultando na melhor qualidade do gasto com recursos públicos.

Apresentamos os estudos técnicos preliminares que visam assegurar a viabilidade (técnica e econômica) da contratação pretendida e o levantamento dos elementos essenciais que servirão para compor Termo de Referência ou Projeto Básico. *(texto meramente sugestivo. Adequar de acordo com a necessidade da Administração)*

(Obs.: O estudo técnico preliminar deverá conter ao menos os elementos previstos nos itens I, IV, VI, VIII e XIII abaixo e, quando não contemplar os demais itens, apresentar as devidas justificativas)

2. DESENVOLVIMENTO

I – NECESSIDADE DA CONTRATAÇÃO *(adequar de acordo com a necessidade e realidade da Administração)*

Atualmente, o/a _____ dispõe de _____ e, em consequência _____

A necessidade da contratação se evidencia na _____, portanto, _____

(A justificativa da necessidade deve ser fornecida pela unidade requisitante da contratação)

(Quem precisa = Público-alvo (interno e/ou externo)

Por que precisa = Objetivos, motivos e justificativas da contratação

Para que precisa = Quais problemas serão resolvidos/necessidades atendidas, sob a perspectiva do interesse público)

II – ALINHAMENTO ENTRE A CONTRATAÇÃO E O PLANEJAMENTO

A presente contratação encontra respaldo institucional conforme previsão no item ____ do Plano Anual de Contratação do _____ etc.

Demonstrar o alinhamento entre a contratação e o planejamento da Administração, identificando a previsão no Plano Anual de Contratações (PAC) ou, se for o caso, justificando a ausência de previsão.

Informar a política pública a que esteja vinculada ou a ser instituída pela contratação, se for o caso.

III – REQUISITOS DA CONTRATAÇÃO

Preencher com requisitos que a Equipe de Planejamento entender necessários à contratação, a saber:

(- Identificar a necessidade de a contratada promover a transição contratual com transferência de conhecimento, tecnologia e técnicas empregadas;

- Elaborar quadro identificando as soluções de mercado (produtos, fornecedores, fabricantes etc.) que atendem aos requisitos especificados e, caso a quantidade de fornecedores seja considerada restrita, verificar se os requisitos que limitam a participação são realmente indispensáveis, de modo a avaliar a retirada ou flexibilização destes requisitos.

Existem especificações capazes de restringir a competitividade? Em caso positivo, elas estão devidamente justificadas? É o caso de padronização?)

IV – ESTIMATIVA DAS QUANTIDADES

Definir e documentar o método para a estimativa das quantidades a serem contratadas. Poderá ser utilizado o histórico dos quantitativos de aquisições anteriores.

Deverá ser realizada uma análise da contratação anterior, ou série histórica (se houver), para identificar as inconsistências no dimensionamento dos quantitativos. Incluir no processo as memórias de cálculo e os documentos que lhe dão suporte.

(Qual método foi utilizado para definir as estimativas das quantidades? Temos ocorrências futuras que possam impactar o quantitativo?

Em qual documento está a memória de cálculo?

Foi realizada análise crítica com relação aos quantitativos indicados? Existe necessidade de contratação de quantidade superior à estimada? Por quê?)

V – LEVANTAMENTO DE MERCADO

Não é o caso da contratação em tela, tendo em vista a natureza do objeto.

OU

Foram analisadas as contratações efetuadas pelo _____, em que se verificou que foi utilizada a seguinte metodologia para a referida contratação: *(citar a metodologia)*. Do levantamento realizado no mercado, constatou-se a existência das seguintes soluções: *(citar as soluções)*.

Após a análise do custo-benefício de cada uma delas, optou-se pela solução _____, que, apesar de ter custo inicial maior, apresenta maior durabilidade e maiores benefícios em longo prazo.

(Em situações específicas ou nos casos de complexidade técnica do objeto, poderá ser realizada audiência pública para coleta de contribuições a fim de definir a solução mais adequada visando preservar a relação custo-benefício.

Quais alternativas possíveis? O que há no mercado para atender à demanda?

Qual a justificativa técnica e econômica da escolha do tipo de solução a contratar?

É o caso de audiência prévia com os fornecedores ou consulta pública?

É o caso de contratar startup para trazer a solução – Lei Complementar nº 182?)

VI – ESTIMATIVA DO VALOR DA CONTRATAÇÃO

Baseado na pesquisa realizada no Painel de Preços, verificou-se que o valor estimado da referida contratação é de R$_____.

(Deverá demonstrar a estimativa do valor da contratação, acompanhada dos preços unitários referenciais, das memórias de cálculo e dos documentos que lhe dão suporte, que poderão constar de anexo classificado, se a administração optar por preservar o seu sigilo até a conclusão da licitação)

VII – DESCRIÇÃO DA SOLUÇÃO COMO UM TODO

Contratação de empresa especializada para fornecimento de _____ por _____ meses ininterruptos, prorrogáveis por até ___ meses;

(Descrever todos os elementos que devem ser produzidos/contratados/executados para que a contratação produza resultados pretendidos pela Administração.

Qual solução representa o menor dispêndio?

Obs.: Menor dispêndio envolve a análise do ciclo de vida do bem. Deverão ser considerados os custos indiretos, relacionados com as despesas de manutenção, utilização, reposição, depreciação e impacto ambiental, entre outros fatores, poderão ser considerados para a definição do menor dispêndio, sempre que objetivamente mensuráveis, conforme dispuser o regulamento.

Qual a solução será adotada no ETP?

Solução adotada devidamente justificada (com base no levantamento de mercado, sob os aspectos da economicidade, eficácia, eficiência, padronização, sustentabilidade e demais princípios aplicáveis).

Soluções descartadas com justificativas?

Quais benefícios a serem alcançados?

Há necessidade de apresentação de amostras ou protótipo? Quais elementos devem ser observados? Qual procedimento a ser adotado?

O objeto é comum?)

VIII – JUSTIFICATIVA PARA O PARCELAMENTO (OU NÃO) DA SOLUÇÃO

(Definir e documentar o método para avaliar se o objeto é divisível ou não, levando em consideração o mercado fornecedor, podendo ser parcelado caso a contratação nesses moldes assegure, concomitantemente: ser técnica e economicamente viável; que não haverá perda de escala; que haverá melhor aproveitamento do mercado e ampliação da competitividade.

Análise técnica: É viável?

Análise econômica: É viável? É vantajoso? Há perda na economia de escala?

Análise mercadológica: Há aumento da competitividade?

Será por item, lote ou global?)

IX – RESULTADOS PRETENDIDOS

(Declarar os benefícios diretos e indiretos que a Administração deseja com a contratação, em termos de economicidade, eficácia, eficiência, de melhor aproveitamento dos recursos humanos, materiais e financeiros disponíveis, inclusive com respeito a impactos ambientais positivos (por exemplo, diminuição do consumo de papel ou de energia elétrica), bem como, se for o caso, a melhoria da qualidade de produtos.

Deve-se verificar ainda, se for o caso, a contribuição para o desenvolvimento nacional sustentável.

Qual o resultado econômico a ser alcançado?

Foi avaliado o aproveitamento dos recursos humanos?

Foi avaliado o aproveitamento dos materiais disponíveis?

Foi avaliado o aproveitamento dos recursos financeiros disponíveis?)

X – PROVIDÊNCIAS A SEREM ADOTADAS PELA ADMINISTRAÇÃO

Não se vislumbra necessidade de tomada de providências e adequações para a solução ser contratada.

OU

Para a plenitude da solução contratada, faz-se necessária a adequação de _____

(Elaborar cronograma com todas as atividades necessárias à adequação para que a contratação surta seus efeitos e com os responsáveis por esses ajustes nos diversos setores.

Juntar o cronograma ao processo e incluir, no Mapa de Riscos, os riscos de a contratação fracassar caso os ajustes não ocorram em tempo.

É necessário que o órgão público, previamente e/ou para viabilizar a execução da contratação providencie:

Adaptações em seu espaço físico e elétrico?

Alterações em sua estrutura organizacional?

Atualização de infraestrutura tecnológica?

Capacitação de servidores? Os servidores foram treinados para a gestão e fiscalização do contrato?)

XI – CONTRATAÇÕES CORRELATAS E/OU INTERDEPENDENTES

Não se verificam contratações correlatas nem interdependentes para a viabilidade e contratação desta demanda.

OU

São contratações correlatas a esta demanda: – _____

("Contratações correlatas são aquelas que guardam relação com o objeto principal, interligando-se mas que não precisam, necessariamente, ser adquiridas para a completa prestação do objeto principal.")

São contratações interdependentes desta demanda: – _____

("Contratações interdependentes são aquelas que precisam ser contratadas com o objeto principal para sua completa prestação."

Há outra(s) contratação(ões):

(– necessária(s) à – satisfação da demanda?

– interligada(s)?

– que interfere(m) no objeto a ser contratado? (quantitativa e qualitativamente)

– que pode(m) ser agregada(s) ao presente objeto? É o caso de SRP?)

XII – IMPACTOS AMBIENTAIS E MEDIDAS DE TRATAMENTO

A presente contratação não apresenta a possibilidade de ocorrência de impactos ambientais.

Sendo assim, deverá constar do Termo de Referência e/ou Projeto Básico a obrigatoriedade de a contratada instalar _____.

(No caso de a administração da unidade verificar a possibilidade de ocorrência de danos ao meio ambiente, deverá prever as medidas a serem adotadas pela contratada ou pela administração com vistas a evitar a ocorrência do referido dano ou seu tratamento.

- Foram consideradas as medidas mitigadoras do consumo de energia e outros recursos?

Foi considerada a logística reversa para desfazimento e reciclagem de bens e refugos? Foi considerado o desfazimento do bem? (quando aplicável))

XIII – DECLARAÇÃO DE VIABILIDADE *(OU NÃO)* DA CONTRATAÇÃO

Os estudos técnicos preliminares evidenciaram que a contratação da solução se mostra possível e necessária.

Diante do exposto, declara-se ser viável a contratação pretendida.

_____, _____de _____de ____.

(Obs.: Quando houver Equipe de Planejamento instituída, o documento deverá ser assinado por todos os membros.

Não havendo equipe de planejamento constituída, é obrigatória a assinatura da autoridade da Área Requisitante e Técnica (se houver)).

(DESDE QUE AUTORIZADO NA LEGISLAÇÃO DO MUNICÍPIO E JUSTIFICADO NO DOCUMENTO DE FORMALIZAÇÃO DE DEMANDA – DFD, O MAPA DE GESTÃO DE RISCOS PODERÁ SER DISPENSADO)

(continua)

MAPA DE GESTÃO DE RISCOS	
SÍNTESE DO OBJETO	
SETOR RESPONSÁVEL	
FASE DE ANÁLISE	
( ) Planejamento da Contratação	( ) Gestão do contrato
MAPEAMENTO DOS RISCOS	
RISCO 01	*(descrever o risco)* *(Ex.: Questionamentos excessivos em relação ao objeto)*
PROBABILIDADE	( ) Baixa ( ) Média ( ) Alta
IMPACTO	( ) Baixo ( ) Médio ( ) Alto
Dano	*(descrever o possível dano caso a contratação não se efetive)* *(Ex.: Atrasar a aquisição do produto e gerar desabastecimento no setor)*
AÇÃO PREVENTIVA	RESPONSÁVEL
Exemplo: *(Descrever o objeto de forma mais detalhada e objetiva possível)*	Nome do servidor:
AÇÃO DE CONTINGÊNCIA	RESPONSÁVEL
Exemplo: *(Utilizar Ata de Registro de Preços de outro órgão)*	Nome do servidor:
RISCO 02	*(descrever o risco)* *(Contratação deserta ou fracassada)*
PROBABILIDADE	( ) Baixa ( ) Média ( ) Alta
IMPACTO	( ) Baixo ( ) Médio ( ) Alto

(conclusão)

MAPA DE GESTÃO DE RISCOS	
Dano	*(descrever o possível dano caso a contratação não se efetive)*

AÇÃO PREVENTIVA	RESPONSÁVEL
(Exemplo: Encaminhar termo de referência durante a fase de cotação de preços para a maior quantidade de possíveis interessados em participar da licitação)	Nome do servidor:

AÇÃO DE CONTINGÊNCIA	RESPONSÁVEL
(Exemplo: Utilizar Ata de Registro de Preços de outro órgão)	Nome do servidor:

RESPONSÁVEIS PELA ELABORAÇÃO DO MAPA DE RISCOS

Certifico que sou responsável pela elaboração do presente documento.

_____ _____

Data Nome/Assinatura Responsável

PARECER JURÍDICO

(Conforme disposto no §1º do art. 53 da Lei nº 14.133/2021, o parecer jurídico deverá:

a) ser elaborado em linguagem simples e compreensível, e de forma clara e objetiva;

b) apreciar todos os elementos indispensáveis à contratação;

c) expor os pressupostos de fato e de direito levados em consideração na análise jurídica)

Com base nas informações e justificativas apresentadas no processo licitatório, a contratação de _____ *(descrição do objeto)*, quanto ao aspecto jurídico, encontra tipificação legal no inciso II do art. 28 da Lei Federal nº 14.133/2021, porque _____ *(justificar)*.

Quanto à fase preparatória, sob o ângulo jurídico-formal, seguiu todas as cautelas recomendadas pela Lei Federal nº 14.133/2021, em especial: *(adequar os itens abaixo de acordo com o que consta no processo)*

I – Está comprovada a necessidade da contratação para atender o interesse público, conforme constou no estudo técnico preliminar – ETP;

II – Há a definição do objeto para o atendimento da necessidade, por meio de _____ (termo de referência, anteprojeto, projeto básico ou projeto executivo – adequar de acordo com o processo);

III – Consta a definição das condições de execução e pagamento, das garantias exigidas e ofertadas e das condições de recebimento; *(adequar de acordo com o processo)*

IV – Também há na fase preparatória do processo o orçamento estimado, com as composições dos preços utilizados para sua formação bem como a motivação sobre o momento da divulgação do orçamento da licitação;

V – O edital foi elaborado com a minuta de contrato como anexo do edital, onde está previsto o regime de _____ (fornecimento de bens, de prestação de serviços ou de execução de obras e serviços de engenharia) *(adequar de acordo com o processo)*, observados os potenciais de economia de escala, bem como há a análise dos riscos que possam comprometer o sucesso desta licitação e a boa execução contratual;

VI – a modalidade de licitação, o critério de julgamento e o modo de disputa estão de acordo com os preceitos da Lei Federal 14.133/2021;

VII – o setor requisitante justificou:

a) a adequação e eficiência da forma de combinação dos parâmetros, para os fins de seleção da proposta apta a gerar o resultado de contratação mais vantajoso para a Administração Pública, considerado todo o ciclo de vida do objeto;

b) as exigências de qualificação técnica, mediante indicação das parcelas de maior relevância técnica ou valor significativo do objeto, e de qualificação econômico-financeira;

c) os critérios de pontuação e julgamento das propostas técnicas; *(exclusivo para licitações com julgamento por melhor técnica ou técnica e preço)*; e

d) as regras pertinentes à participação de empresas em consórcio.

Também se percebe que há o indicativo expresso do sistema eletrônico que será utilizado para recebimento das propostas e documentação, com o designativo do dia e hora para o início da fase de lances , entre outros requisitos.

Desta forma, entendo que o processo de licitação se encontra respaldado na Lei nº 14.133/2021, devendo o Agente de Contratação/Pregoeiro observar, ainda, a disponibilidade do Edital aos interessados com a antecedência mínima determinada por lei, razão pela qual opino pelo prosseguimento do certame.

Salvo Melhor Juízo, este é o Parecer Jurídico, ao qual remeto a autoridade competente.

_____, _____ de ____.

_____

Advogado

OAB/MG nº

EDITAL DO PROCESSO LICITATÓRIO Nº _____/_____

CONCORRÊNCIA PÚBLICA ELETRÔNICA Nº _____/_____
LICITAÇÃO DO TIPO MENOR PREÇO PARA _____.

O Município de _____, através da Comissão de Contratação *(OU)* do Agente de Contratação divulga para conhecimento do público interessado que no local, até a hora e data adiante indicados, receberá as Propostas Comerciais, para o objeto desta Concorrência Pública Eletrônica, do tipo Menor preço, Critério de Julgamento "Preço Unitário", modo de disputa *(ABERTO ou ABERTO/FECHADO, ou FECHADO/ABERTO (adequar de acordo com o caso concreto),* mediante as condições estabelecidas no presente instrumento convocatório, que se subordina às normas gerais da Lei 14.133, de 1º de abril de 2021, e suas alterações pelo Decreto Municipal nº _____ de _____.

1. DAS PUBLICAÇÕES E INTIMAÇÕES

1.1. Todas as publicações e intimações, inclusive para fins de recurso, serão feitas no órgão de divulgação oficial do Município, que é o quadro de avisos afixado no hall de entrada da Prefeitura, conforme dispõe a Lei Municipal nº____, de _____e no *site* oficial no endereço eletrônico
_____

2. DO OBJETO

2.1. Constitui objeto desta licitação a contratação de empresa para _____, conforme especificado no Anexo I deste Edital.

2.2. A execução será parcelada e atendida mediante requisição.

2.3. A Licitação será distribuída por itens para os quais os interessados poderão participar de um ou mais itens.

(Ressaltamos que a Concorrência é cabível apenas para a contratação de bens e serviços especiais e de obras e serviços comuns e especiais de engenharia:

"Art. 6º...
XXXVIII – CONCORRÊNCIA: modalidade de licitação para contratação de BENS E SERVIÇOS ESPECIAIS E DE OBRAS E SERVIÇOS COMUNS E ESPECIAIS DE ENGENHARIA, cujo critério de julgamento poderá ser:" (GN))

3. DA DOTAÇÃO ORÇAMENTÁRIA

3.1. As despesas decorrentes desta Concorrência Pública Eletrônica correrão à conta das dotações orçamentárias nºs _____ .

4. DA PARTICIPAÇÃO

4.1. Poderão participar da presente licitação os interessados que atenderem a todas as exigências constantes deste Edital e seus anexos, inclusive quanto à documentação.

4.1.1. Será admitida a participação de empresas em consórcio, nos termos do artigo 15 da lei 14.133/2021.

4.1.1.1. O compromisso público ou particular de constituição do consórcio, subscrito pelos consorciados, deverá ser anexado ao sistema juntamente da proposta, contendo, pelo menos, os seguintes elementos:

a) Designação do consórcio e sua composição;

b) Finalidade do consórcio;

c) Prazo de duração do consórcio, que deve coincidir, no mínimo, com o prazo de vigência contratual;

d) Endereço do consórcio e o foro competente para dirimir eventuais demandas entre os consorciados;

e) Definição das obrigações e responsabilidades de cada consorciado e das prestações específicas, inclusive a proporção econômica e financeira da respectiva participação, inclusive a proporção econômica e financeira da respectiva participação de cada consorciado em relação ao objeto licitado;

f) Previsão de responsabilidade solidária de todos os consorciados pelos atos praticados pelo consórcio, tanto na fase de licitação quanto na de execução do contrato, abrangendo também os encargos fiscais, trabalhistas e administrativos referentes ao objeto da contratação;

g) Indicação da empresa responsável pelo consórcio e seu respectivo representante legal, que terá poderes para receber citação, interpor e desistir de recursos, firmar o contrato e praticar os demais atos necessários à participação na licitação e execução do objeto contratado;

h) Compromisso subscrito pelas consorciadas de que o consórcio não terá a sua composição modificada sem a prévia e expressa anuência da Prefeitura de _____ até o cumprimento do objeto da contratação, mediante a emissão do termo de recebimento definitivo, observado o prazo de duração do consórcio, definido na alínea "c" do item 4.1.1.1.

(Obs.: Devem decidir se vão permitir ou não a participação de empresas em consórcio (optar pelos itens 4.1.1 ou 4.3.8))

4.1.2. Os profissionais organizados sob a forma de cooperativa poderão participar de licitação quando:

4.1.2.1. a constituição e o funcionamento da cooperativa observarem as regras estabelecidas na legislação aplicável, em especial a Lei de nº 5764/71, a Lei de nº 12.690/12, e a Lei Complementar de nº 130/09;

4.1.2.2. apresentar demonstrativo de atuação em regime cooperado, com repartição de receitas e despesas entre os cooperados;

4.1.2.3. qualquer cooperado, com igual qualificação, for capaz de executar o objeto contratado, vedado à Administração indicar nominalmente pessoas;

4.1.2.4. o objeto da licitação referir-se, em se tratando de cooperativas enquadradas na Lei de nº 12.690/12, a serviços especializados constantes do objeto social da cooperativa, a serem executados de forma complementar à sua atuação.

4.2. Para ter acesso ao sistema eletrônico, os interessados em participar deste processo deverão ter conhecimento acerca do seu funcionamento e regulamento e receber instruções detalhadas para a correta utilização do sistema.

4.3. Não poderão participar desta concorrência pública eletrônica os interessados que:

4.3.1. se encontrarem em processo de falência, de dissolução, de fusão, de cisão ou de incorporação;

4.3.2. estejam cumprindo suspensão temporária de participação em licitação e impedimento de contratar com o Município, tenham sido declarados inidôneos para licitar ou contratar com a Administração Pública;

4.3.3. sejam estrangeiros que não tenham representação legal no Brasil com poderes expressos para receber citação e responder administrativa e judicialmente;

4.3.4. seja autor do anteprojeto, do projeto básico ou do projeto executivo, pessoa física ou jurídica, quando a licitação versar sobre obra, serviços ou fornecimento de bens a ele relacionados, incluindo autores do projeto as empresas integrantes do mesmo grupo econômico. Equiparam-se aos autores do projeto as empresas integrantes do mesmo grupo econômico; empresa, isoladamente ou em consórcio, responsável pela elaboração do projeto básico ou do projeto executivo, ou empresa da qual o autor do projeto seja dirigente, gerente, controlador, acionista ou detentor de mais de 5% (cinco por cento) do capital com direito a voto, responsável técnico ou subcontratado, quando a licitação versar sobre obra, serviços ou fornecimento de bens a ela necessários;

4.3.5. mantenha vínculo de natureza técnica, comercial, econômica, financeira, trabalhista ou civil com dirigente do órgão ou entidade contratante ou com agente público que desempenhe função na licitação ou atue na fiscalização ou na gestão do contrato, ou que deles seja cônjuge, companheiro ou parente em linha reta, colateral ou por afinidade, até o terceiro grau;

4.3.5.1. A vedação do item anterior se estende para eventuais subcontratadas.

4.3.6. pessoa física ou jurídica que, nos 5 (cinco) anos anteriores à divulgação do edital, tenha sido condenada judicialmente, com trânsito em julgado, por exploração de trabalho infantil, por submissão de trabalhadores a condições análogas às de escravo ou por contratação de adolescentes nos casos vedados pela legislação trabalhista;

4.3.7. empresas controladoras, controladas ou coligadas, nos termos da Lei nº 6.404, de 15 de dezembro de 1976, concorrendo entre si; e

4.3.8. entidades empresariais que estejam reunidas em consórcio. *(verificar observação referente ao item 4.1.1.1)*

4.4. O licitante interessado deverá encaminhar proposta exclusivamente por meio do sistema eletrônico até a data e o horário marcados para abertura da sessão, quando então se encerrará automaticamente a etapa de envio da proposta.

4.5. O licitante interessado deverá enviar os documentos de habilitação exigidos no edital concomitantemente com a proposta.

4.6. O licitante deverá consignar na forma expressa no sistema eletrônico o valor total ofertado para cada item (resultado da multiplicação do valor unitário pela quantidade), já inclusos todos os tributos, fretes, tarifas e demais despesas decorrentes da execução do objeto.

4.7. O licitante deverá fazer em campo próprio do sistema eletrônico a descrição detalhada do produto ofertado ou colocar a expressão "de acordo com o edital".

4.8. O licitante deverá declarar em campo próprio do sistema eletrônico que cumpre plenamente os requisitos de habilitação, que sua proposta está em conformidade com as exigências do edital e que observa a proibição prevista no art. 7º, XXXIII, da Constituição Federal, sob pena de inabilitação, sem prejuízo da aplicação das penalidades previstas em tópico específico deste edital.

4.9. O licitante enquadrado como microempresa ou empresa de pequeno porte deverá declarar em campo próprio do sistema eletrônico que atende aos requisitos do art. 3º da Lei Complementar n. 123/2006 para fazer jus aos benefícios previstos nessa lei.

4.10. Declaração falsa relativa ao cumprimento dos requisitos de habilitação, à conformidade da proposta ou ao enquadramento como microempresa ou empresa de pequeno porte sujeitará o licitante às sanções previstas neste edital.

4.11. Todas as propostas ficarão disponíveis no sistema eletrônico.

4.12. Qualquer elemento que possa identificar o licitante importará desclassificação da proposta, sem prejuízo das sanções previstas neste edital.

4.13. Até a abertura da sessão, o licitante poderá retirar ou substituir a proposta anteriormente encaminhada.

4.14. As propostas terão validade de 60 (sessenta) dias, contados da data de abertura da sessão pública estabelecida no preâmbulo deste edital.

4.15. Decorrido o prazo de validade das propostas sem convocação para contratação, ficam os licitantes liberados dos compromissos assumidos.

4.16. Os Lotes _____ (ou Itens _____) são destinados exclusivamente para empresas que estejam na condição de ME, MEI e EPP, conforme determina o inciso I do art. 48 da LC 123/06. *(Havendo item(ns) cujo valor estimado não ultrapasse R$80.000,00, tal(is) item(ns) será(ao) destinado(s) exclusivamente às empresas que estejam na condição de ME, MEI e EPP. A Administração tem a opção de incluir essa cláusula ou abrir uma licitação específica para esses itens)*

4.17. Os lotes ____ *(ou itens _____)* que correspondem a 25% do total dos lotes *(ou itens)* ___ e ____ desta licitação, serão destinados a cota reservada para ME, MEI e EPP, conforme art. 48, III da LC 123/06 alterada pela LC 147/14. *(De acordo com o art. 48, III da LC 123/06 alterada pela LC 147/14, 25% (vinte e cinco por cento) do total de itens será destinado à cota reservada para ME, MEI e EPP. Essa cota reservada é fixada apenas para os itens que não foram contemplados no item 2.3)*

4.17.1. Não comparecendo licitantes na condição de ME, MEI ou EPP, que oferte proposta para a cota de 25% reservada para empresas nesta condição, o item será adjudicado ao licitante que ofertar a proposta de menor valor para o item correspondente.

(ATENÇÃO: SE NÃO HOUVER UM NÚMERO DE 3 (TRÊS) FORNECEDORES COMPETITIVOS ENQUADRADOS COMO ME, MEI OU EPP SEDIADOS LOCAL OU REGIONALMENTE E CAPAZES DE CUMPRIR AS EXIGÊNCIAS ESTABELECIDAS NO INSTRUMENTO CONVOCATÓRIO, BEM COMO SE ESSE TRATAMENTO NÃO FOR VANTAJOSO PARA A ADMINISTRAÇÃO, OS ITENS 4.16, 4.17 e 4.17.1 PODERÃO SER EXCLUÍDOS DO EDITAL, ENTRETANTO, DEVERÁ CONSTAR NA FASE INTERNA DO PROCESSO A JUSTIFICATIVA QUE CARACTERIZA A DISPENSA PREVISTA NO ART. 49 DA LC)

5. DO CADASTRO E CREDENCIAMENTO

(Adaptar de acordo com o sistema adotado)

5.1. A licitante deverá se cadastrar como usuária perante o provedor do sistema eletrônico utilizado no certame, qual seja, _____, sendo observado o seguinte:

a) O credenciamento para acesso ao sistema ocorrerá pela atribuição de chave de identificação e de senha pessoal e intransferível;

b) A chave de identificação e senha serão utilizadas em qualquer processo eletrônico;

c) Deverão comunicar imediatamente ao provedor do sistema qualquer acontecimento que possa comprometer o sigilo ou a inviabilidade do uso da senha, para imediato bloqueio de acesso;

d) A senha de acesso é de responsabilidade exclusiva do usuário, não cabendo ao provedor do _____ ou ao órgão promotor da licitação responsabilidade por eventuais danos decorrentes do uso indevido da senha, ainda que por terceiros;

e) Deverão solicitar o cancelamento da chave de identificação ou da senha de acesso por interesse próprio.

5.2. O cadastro no SICAF deverá ser feito no Portal de Compras do Governo Federal, no sítio _____, por meio de certificado digital conferido pela Infraestrutura de Chaves Públicas Brasileira – ICP – Brasil.

5.3. O credenciamento junto ao provedor do sistema implica a responsabilidade do licitante ou de seu representante legal e a presunção de sua capacidade técnica para realização das transações inerentes a este Pregão.

5.4. O licitante responsabiliza-se exclusiva e formalmente pelas transações efetuadas em seu nome, assume como firmes e verdadeiras suas propostas e seus lances, inclusive os atos praticados diretamente ou por seu representante, excluída a responsabilidade do provedor do sistema ou do órgão ou entidade promotora da licitação por eventuais danos decorrentes de uso indevido das credenciais de acesso, ainda que por terceiros.

5.5. É de responsabilidade do cadastrado conferir a exatidão dos seus dados cadastrais no SICAF e mantê-los atualizados junto aos órgãos responsáveis pela informação, devendo proceder, imediatamente, à correção ou à alteração dos registros tão logo identifique incorreção ou aqueles se tornem desatualizados.

5.5.1. A não observância do disposto no subitem anterior poderá ensejar desclassificação no momento da habilitação

5.6. Caberá ao licitante acompanhar as operações no sistema eletrônico durante o processo licitatório e responsabilizar-se pelo ônus decorrente de eventuais perdas diante da inobservância de mensagens emitidas pelo sistema ou de sua desconexão.

5.7. Declarado encerrado o credenciamento pela Comissão de Contratação *(OU)* pelo Agente de Contratação, não serão admitidos novos proponentes.

6. DA APRESENTAÇÃO DOS DOCUMENTOS

6.1. Após a publicação do edital, os licitantes encaminharão, exclusivamente por meio do sistema, proposta com a descrição do objeto ofertado e o preço, até a data e o horário estabelecidos para abertura da sessão pública.

a) A etapa de que trata o item 6.1 será encerrada com a abertura da sessão pública.

b) O envio da proposta, nos termos do disposto no item 6.1, ocorrerá por meio de chave de acesso e senha.

c) O licitante declarará, em campo próprio do sistema, o cumprimento dos requisitos para a habilitação e a conformidade de sua proposta com as exigências do edital.

d) Os licitantes poderão retirar ou substituir a proposta inserida no sistema, até a abertura da sessão pública.

e) Na etapa de apresentação da proposta e dos documentos de habilitação pelo licitante, observado o disposto no item 6.1, não haverá ordem de classificação das propostas, o que ocorrerá somente após os procedimentos de negociação das propostas de que trata o Capítulo _____ do Decreto Municipal nº_____/_____.

f) Os documentos que compõem a proposta do licitante mais bem classificado serão disponibilizados para avaliação à Comissão de Contratação *(OU)* ao Agente de Contratação e para acesso público somente após o encerramento do envio de lances.

g) Os documentos complementares à proposta e à habilitação, quando necessários à confirmação daqueles exigidos no edital e já apresentados, serão encaminhados pelo licitante mais bem classificado após o encerramento do envio de lances, observado o prazo de, no mínimo, duas horas, contado da solicitação no sistema pela Comissão de Contratação *(OU)* pelo Agente de Contratação.

h) Durante a sessão pública, a comunicação entre a Comissão de Contratação *(OU)* o Agente de Contratação e os licitantes ocorrerá exclusivamente mediante troca de mensagens, em campo próprio do sistema eletrônico.

i) Cabe ao licitante acompanhar as operações no sistema eletrônico durante a sessão da concorrência pública eletrônica, ficando responsável pelo ônus decorrente da perda de negócios diante da inobservância de qualquer mensagem emitida pelo sistema ou por estar desconectado do sistema, inclusive quanto ao não encaminhamento de documento afeto ao certame.

7. DAS PROPOSTAS COMERCIAIS

7.1. São requisitos da proposta de preço:

a) ser apresentada em língua portuguesa, contendo o número e a modalidade da licitação deste Edital, devendo preferencialmente, conter razão social, CNPJ, endereço, número de telefone e dados bancários.

b) conter a assinatura do responsável legal da empresa ou representante devidamente qualificado;

c) ser elaborada, preferencialmente, nos moldes do Anexo _____ deste edital;

d) conter o prazo de validade da proposta de 60 (sessenta) dias contados da data--limite;

e) conter prazo de entrega de no máximo _____ dias úteis a contar do recebimento da requisição;

f) conter prazo de garantia do objeto de no mínimo ____ (_____) meses, que começará a correr ao término da garantia legal de que trata a Lei nº 8.078/90, adotando-se, para tanto, como termo inicial a data de entrega dos produtos;

(ESSE PRAZO É APENAS PARA LICITAÇÕES CUJO OBJETO É AQUISIÇÃO DE PRODUTOS, NÃO VALENDO PARA ALIMENTOS. NESTES CASOS, PODE-SE PEDIR O PRAZO DE VALIDADE DO ALIMENTO)

(O PRAZO DE GARANTIA DEVE SER COMPATÍVEL COM A NATUREZA DO OBJETO)

g) O licitante deverá apresentar obrigatoriamente a MARCA dos produtos ofertados em sua proposta sob pena de desclassificação.

7.2. No preço proposto, que constituirá a única e completa remuneração, deverão ser computados o lucro e todos os custos, inclusive impostos diretos e indiretos, obrigações tributárias, trabalhistas e previdenciárias, bem como quaisquer outras obrigações inerentes ao fornecimento do objeto, não sendo admitidos pleitos de acréscimos a qualquer título.

7.3. As propostas cadastradas pelos licitantes no sistema eletrônico que descumprirem as exigências do edital quanto à forma de sua apresentação e/ou apresentarem erros que prejudiquem a oferta de lances e o caráter competitivo do certame, também serão desclassificadas mediante decisão fundamentada da Comissão de Contratação *(OU)* do Agente de Contratação.

7.4. A verificação da conformidade das propostas poderá ser feita exclusivamente em relação à proposta mais bem classificada.

8. DA GARANTIA DE PROPOSTAS – DA PRÉ-HABILITAÇÃO

Atenção: A GARANTIA DA PROPOSTA SÓ PODERÁ SER EXIGIDA COMO REQUISITO DE PRÉ-HABILITAÇÃO CONFORME DISPOSTO NO ARTIGO 58 DA LEI FEDERAL Nº 14.133/21

8.1. A licitante prestará garantia de proposta nos termos do art. 58, da Lei Federal nº 14.133/21, em qualquer uma das modalidades permitidas, **que será encaminhada juntamente da proposta,** no valor de R$_____ (_____). *(Esse valor deve ser limitado a 1% do valor estimado do objeto da contratação)*

8.2. As modalidades de garantia referidas no item anterior são:

a) Caução em dinheiro ou em títulos da dívida pública;

c) Seguro garantia;

d) Fiança bancária, emitida por banco ou instituição financeira devidamente autorizada a operar no País pelo Banco Central do Brasil.

8.2.1. Quando a Garantia da Proposta for realizada através de **caução em dinheiro** deverá ser efetivada em moeda corrente nacional, mediante documento de arrecadação próprio, expedido pela Secretaria Municipal de _____, ou através de depósito/transferência bancária na Conta _____, Agência _____, Banco _____, ou pix _____ *(indicar a chave do pix)*, cujo comprovante deverá ser anexado junto à PROPOSTA.

8.2.2. Os títulos da dívida pública previstos na alínea "a" deverão ser emitidos sob a forma escritural, mediante registro em sistema centralizado de liquidação e de custódia autorizado pelo Banco Central do Brasil, e avaliados por seus valores econômicos, conforme definido pelo Ministério da Economia;

8.2.2.1. Caso o título venha a ser extinto ou tenha o seu prazo de validade expirado, a garantia deverá ser prestada por meio de outro título válido que venha a substituir o anterior, emitido pelo Tesouro Nacional e registrado no Sistema Especial de Liquidação e Custódia – SELIC, ou substituído por uma das demais modalidades de garantia.

8.2.3. Em caso de fiança bancária, deverá ser expressa a renúncia do fiador ao benefício de ordem, e aos direitos previstos no artigo 827 do Código Civil (Lei 10.406/02), sendo que, a fiança deverá ser realizada em instituições financeiras regularmente autorizadas pelo Banco Central.

8.3. O prazo mínimo de validade da garantia de proposta será de 60 (sessenta) dias contados da data de entrega da proposta.

8.4. O comprovante de garantia de proposta deverá ser anexado junto à documentação de PROPOSTA.

8.5. A garantia de proposta será liberada em até 10 (dez) dias úteis, contados:

– Da decisão definitiva de inabilitação da licitante;

– Da decisão definitiva de desclassificação da licitante;

– Da homologação da proposta vencedora.

8.6. Dos documentos de habilitação.

A) O licitante classificado em primeiro lugar deverá apresentar os seguintes documentos de habilitação, no prazo de ____ (_____), contados da notificação via sistema.

8.6.1. Habilitação jurídica:

a) registro comercial, no caso de empresa individual;

b) ato constitutivo, estatuto ou contrato social em vigor, devidamente registrado.

b.1) No caso de sociedades por ações, deverá estar acompanhado da documentação de eleição de seus administradores.

b.2) O contrato social consolidado dispensa a apresentação do contrato original e das alterações anteriores, devendo ser apresentadas alterações posteriores, ainda não consolidadas.

c) em se tratando de Microempreendedor Individual – MEI, o Contrato Social ou Estatuto poderá ser substituído pelo Certificado da Condição de Microempreendedor Individual – CCMEI;

d) decreto de autorização, em se tratando de empresa ou sociedade estrangeira em funcionamento no País e ato de registro ou autorização para funcionamento expedido pelo órgão ou entidade competente.

e) inscrição do ato constitutivo, no caso de sociedades civis, acompanhada de prova de diretoria em exercício.

8.6.2. Regularidade fiscal e trabalhista:

a) prova de inscrição no Cadastro Nacional de Pessoas Jurídicas (CNPJ) atualizado, relativo ao domicílio ou sede do licitante, pertinente e compatível com o objeto desta licitação;

b) prova de regularidade para com a Fazenda Federal relativa a Tributos Federais e à Dívida Ativa da União e prova de regularidade perante o Instituto Nacional de Seguridade Social – INSS, através de certidão expedida conjuntamente pela Secretaria da Receita Federal do Brasil – RFB e pela Procuradoria-Geral da Fazenda Nacional – PGFN, conforme Portarias MF 358 e 443/2014.

c) prova de regularidade relativa ao Fundo de Garantia por Tempo de Serviço, demonstrando situação regular no cumprimento dos encargos sociais instituídos por lei, mediante a apresentação de Certificado de Regularidade de Situação perante o Fundo de Garantia do Tempo de Serviço – FGTS ou documento equivalente que comprove a regularidade.

d) prova de regularidade junto a Fazenda Estadual e Municipal.

e) Certidão Negativa de Débitos Trabalhistas (CNDT), provando a inexistência de débitos inadimplidos perante a Justiça do Trabalho.

8.6.3. Qualificação técnica:

a) Pelo menos um atestado fornecido por pessoa jurídica de direito público ou privado, comprovando aptidão do licitante para desempenho de atividade compatível com o objeto da licitação, com execução de pelo menos 50% das seguintes parcelas de maior relevância ou valor significativo do objeto da licitação.

(A administração poderá exigir que o atestado do item anterior seja restrito às parcelas de maior relevância ou valor significativo do objeto da licitação, assim consideradas as que tenham valor individual igual ou superior a 4% (quatro por cento) do valor total estimado da contratação, devendo para tanto, incluir na cláusula as referidas parcelas e quantitativos mínimos).

(poderá ser admitida a exigência de atestados com quantidades mínimas de até 50% (cinquenta por cento) das parcelas de maior relevância ou valor significativo, vedadas limitações de tempo e de locais específicos relativas aos atestados)

8.6.4. Qualificação econômico-financeira:

8.6.4.1. Balanço Patrimonial e Demonstrações Contábeis dos 2 (dois) últimos exercícios sociais, já exigíveis e apresentados na forma da lei, que comprovem a boa situação financeira da empresa, vedada a sua substituição por balancetes ou balanços provisórios, podendo ser atualizados monetariamente, quando encerrados há mais de 03 (três) meses da data de apresentação da proposta, tomando como base a variação, ocorrida no período, do ÍNDICE GERAL DE PREÇOS – DISPONIBILIDADE INTERNA – IGP-DI, publicado pela Fundação Getúlio Vargas – FGV ou outro indicador que o venha substituir.

1 – Se necessária a atualização monetária do Balanço Patrimonial, deverá ser apresentado, juntamente com os documentos em apreço, o Memorial de Cálculo correspondente, assinado pelo representante legal da empresa licitante e por profissional de contabilidade habilitado e devidamente registrado no Conselho Regional de Contabilidade – CRC.

Observações: Serão também aceitos como na forma da lei o Balanço Patrimonial e Demonstrações Contábeis assim apresentados:

I. Sociedades regidas pela Lei Federal nº 6.404/1976 (Sociedade Anônima): Publicados em Diário Oficial, ou publicados em jornal de grande circulação, ou por fotocópia registrada ou autenticada na Junta Comercial da sede ou domicílio da empresa, ou em outro órgão equivalente;

II. Sociedades sujeitas ao regime estabelecido pela Lei Complementar nº 123/2006, optantes pelo Regime Especial Unificado de Arrecadação de Tributos e Contribuições Simples Nacional, o Balanço Patrimonial poderá ser substituído pela Declaração de Informações Socioeconômicas e Fiscais – DEFIS; *(manter essa redação exclusivamente quando não exigir o Índice de Liquidez ou Patrimônio Líquido, pois se exigir não terá como apurar através da DEFIS, uma vez que não possui elementos suficientes para que se faça uma análise)*

III. Microempreendedor Individual – MEI, o Balanço Patrimonial poderá ser substituído pela Declaração Anual do Simples Nacional – DASN; *(manter essa redação exclusivamente quando não exigir o Índice de Liquidez ou Patrimônio Líquido, pois se exigir não terá como apurar através da DASN, uma vez que não possui elementos suficientes para que se faça uma análise)*

IV. Sociedades cadastradas no Sistema Público de Escrituração Digital – SPED deverão apresentar, na forma da lei, a seguinte documentação, extraída das fichas do Livro Digital:

– Termos de Abertura e Encerramento do Livro Digital;

– Balanço Patrimonial;

– Demonstrativo de Resultado do Exercício; e

– Recibo de entrega emitido pelo SPED.

V. Sociedades criadas no exercício em curso: Fotocópia do Balanço de Abertura, devidamente registrado ou autenticado na Junta Comercial da sede ou domicílio da empresa, ou em outro órgão equivalente.

2. Os documentos relativos ao Balanço Patrimonial e Demonstrações Contábeis somente serão aceitos se publicados em jornais oficiais (publicação original ou cópia que possibilite inclusive a identificação do veículo e a data da publicação), ou cópias do Livro Diário registrado na Junta Comercial, Cartório de Registro de Pessoa Jurídica, ou em outro órgão equivalente, contendo assinatura do representante legal da empresa licitante e do profissional de contabilidade habilitado e devidamente registrado no Conselho Regional de Contabilidade – CRC.

3. O Balanço Patrimonial e Demonstrações Contábeis apresentadas para fins de habilitação após o último dia útil do mês de maio do corrente ano serão obrigatoriamente do exercício imediatamente anterior.

8.6.4.2. Certidão de Falência e Concordata emitida por órgão competente com data de emissão de até 3 (três) meses da data de abertura da sessão, quando ausente indicação expressa de prazo de validade na certidão.

8.6.4.2.1. No caso de certidão de recuperação judicial positiva, a licitante deverá, juntamente com a certidão, sob pena de inabilitação, apresentar comprovação de que o plano de recuperação expressamente prevê a participação da empresa em contratações públicas, bem como que referido plano foi homologado judicialmente.

8.6.5. Declaração de cumprimento do disposto no inciso XXXIII do art. 7º da Constituição Federal, na forma do Decreto nº 4.358/2002, de acordo com o Anexo_____I.

8.6.6. Declaração de que cumpre as exigências de reserva de cargos para pessoa com deficiência e para reabilitado da Previdência Social, previstas em lei e em outras normas, devendo utilizar o modelo anexo a este edital.

8.6.7. Declaração de que suas propostas econômicas compreendem a integralidade dos custos para atendimento dos direitos trabalhistas assegurados na Constituição Federal, nas leis trabalhistas, nas normas infralegais, nas convenções coletivas de trabalho e nos eventuais termos de ajustamento de conduta vigentes na data de entrega das propostas.

8.6.8. Havendo a necessidade de envio de documentos para a confirmação daqueles exigidos neste edital e já apresentados, ou, ainda, de envio de documentos não juntados, mas que comprovem que o licitante atende às condições de aceitabilidade da proposta e de habilitação, o licitante será convocado a encaminhá-los, via sistema eletrônico, no prazo fixado pelo pregoeiro ou agente de contratação, sob pena de desclassificação ou de inabilitação, prazo durante o qual, a sessão será suspensa.

8.6.9. A Comissão de Contratação ou Agente de Contratação, deverá, na análise dos documentos de habilitação, sanar erros ou falhas que não alterem a substância dos documentos e sua validade jurídica, mediante decisão fundamentada, registrada em ata e acessível a todos, atribuindo-lhes eficácia para fins de habilitação.

8.6.10. A Comissão de Contratação ou Agente de Contratação deverá consultar sítios oficiais de órgãos e entidades emissores de certidões para verificar as condições de habilitação dos licitantes.

8.6.11. As declarações exigidas neste edital poderão ser supridas mediante manifestação expressa do licitante no chat do sistema _____.

8.6.12. Na hipótese de necessidade de suspensão da sessão pública para a realização de diligências, o seu reinício somente poderá ocorrer mediante aviso prévio no sistema com, no mínimo, vinte e quatro horas de antecedência, e a ocorrência será registrada em ata.

8.6.13. Sob pena de inabilitação, todos os documentos apresentados para habilitação deverão estar em nome do licitante e, preferencialmente, com número do CNPJ e endereço respectivo, observando-se que:

a) se o licitante for matriz, todos os documentos deverão estar em nome da matriz; ou

b) se o licitante for filial, todos os documentos deverão estar em nome da filial;

c) se o licitante for matriz, e o executor do contrato for filial, a documentação deverá ser apresentada com CNPJ da matriz e da filial, simultaneamente;

d) serão dispensados da filial aqueles documentos que, pela própria natureza, comprovadamente, forem emitidos somente em nome da matriz.

9. DA ABERTURA DA SESSÃO PÚBLICA

9.1. A partir do horário previsto no edital, a sessão pública na internet será aberta pela Comissão de Contratação *(OU)* pelo Agente de Contratação com a utilização de chave de acesso e senha.

a) Os licitantes poderão participar da sessão pública na internet, mediante a utilização de chave de acesso e senha.

b) O sistema disponibilizará campo próprio para troca de mensagens entre a Comissão de Contratação *(OU)* o Agente de Contratação e os licitantes.

10. CONFORMIDADE DAS PROPOSTAS

10.1. O sistema ordenará automaticamente as propostas.

10.2. A Comissão de Contratação *(OU)* o Agente de Contratação dará início à fase competitiva, oportunidade em que os licitantes poderão encaminhar lances exclusivamente por meio do sistema eletrônico.

11. MODOS DE DISPUTA *(Adaptar de acordo com o Decreto Municipal que regulamenta a Concorrência Pública Eletrônica)*

(DE ACORDO COM O ART. 56 DA LEI 14.133/21, A CONCORRÊNCIA PÚBLICA ELETRÔNICA COMPORTA OS MODOS DE DISPUTA ABERTO, ABERTO E FECHADO, FECHADO E ABERTO, DESSA FORMA, DEVEM OPTAR ENTRE QUAL MODO SERÁ UTILIZADO E EXCLUIR A REDAÇÃO DO OUTRO)

11.1 Será adotado para o envio de lances na concorrência pública eletrônica o seguinte modo de disputa:

11.1.1. Aberto: os licitantes apresentarão lances públicos e sucessivos, com prorrogações, conforme o critério de julgamento adotado no edital;

(OU)

11.1.1. Aberto e Fechado: compõe-se de dois estágios: a etapa aberta de envio de lances, e a etapa fechada para oferecimento de lances finais.

(OU)

11.1.1. Fechado e Aberto: compõe-se de dois estágios: a etapa fechada de envio de lances, e a etapa aberta para oferecimento de lances finais.

12. MODO DE DISPUTA ABERTO *(Adequar ao Decreto Municipal que trata da concorrência pública eletrônica, caso exista)*

12.1. A etapa de envio de lances na sessão pública durará dez minutos e, após isso, será prorrogada automaticamente pelo sistema quando houver lance ofertado nos últimos dois minutos do período de duração da sessão pública.

12.1.1. A prorrogação automática da etapa de envio de lances, será de dois minutos e ocorrerá sucessivamente sempre que houver lances enviados nos últimos dois minutos do período de duração da sessão pública.

12.1.2. Na hipótese de não haver novos lances na forma estabelecida no item 12.1 e 12.1.1, a sessão pública será encerrada automaticamente.

12.1.3. Encerrada a sessão pública sem prorrogação automática pelo sistema, nos termos do item 12.1.1, a Comissão de Contratação *(OU)* o Agente de Contratação poderá admitir o reinício da etapa de envio de lances, em prol da consecução do melhor preço, mediante justificativa.

12.2. Após a definição da melhor proposta, se a diferença em relação à proposta classificada em segundo lugar for de pelo menos 5% (cinco por cento), será assegurado o reinício da disputa aberta, para definição das demais colocações.

12.3. A Comissão de Contratação *(OU)* o Agente de Contratação solicitará ao licitante mais bem classificado que, no prazo de 2 (duas) horas, envie a proposta adequada ao último lance ofertado após a negociação realizada, acompanhada, se for o caso, dos documentos complementares, quando necessários à confirmação daqueles exigidos neste edital e já apresentados.

12.4. Quando a desconexão do sistema eletrônico para a Comissão de Contratação *(OU)* o Agente de Contratação persistir por tempo superior a 10 (dez) minutos, a sessão pública será suspensa e reiniciada somente após decorridas 24 (vinte e quatro) horas da comunicação do fato, da nova data e horário aos participantes, no sítio eletrônico utilizado para divulgação.

(OU) (adequar de acordo com a definição da cláusula 10.1)

12. MODO DE DISPUTA ABERTO E FECHADO *(Adequar ao Decreto Municipal que trata da concorrência pública eletrônica, caso exista)*

12.1. A etapa de envio de lances na sessão pública terá duração inicial de 15 (quinze) minutos. Após esse prazo, o sistema encaminhará aviso de fechamento iminente dos lances, após o que transcorrerá o período de tempo de até 10 (dez) minutos, aleatoriamente determinado, findo o qual será automaticamente encerrada a recepção de lances.

12.2. Encerrado o prazo previsto no item anterior, o sistema abrirá oportunidade para que o autor da oferta de valor mais baixo e os das ofertas com preços até 10 % (dez por cento) superiores àquela, possam ofertar um lance final e fechado em até 5 (cinco) minutos, o qual será sigiloso até o encerramento deste prazo.

12.3. Não havendo pelo menos 3 (três) ofertas nas condições definidas no item anterior, poderão os autores de melhores lances subsequentes, na ordem de classificação, até o máximo de 3 (três), oferecer um lance final e fechado em até 5 (cinco) minutos, o qual será sigiloso até o encerramento deste prazo.

12.4. Após o término dos prazos estabelecidos nos itens 12.2 e 12.3, o sistema ordenará os lances segundo a ordem crescente de valores.

12.4.1. Não havendo lance final e fechado classificado na forma estabelecida nos itens anteriores, haverá o reinício da etapa fechada, para que os demais licitantes, em até 5 (cinco) minutos e até o máximo de 3 (três), na ordem de classificação, possam ofertar um lance final e fechado, o qual será sigiloso até o encerramento deste prazo.

12.5. Poderá a Comissão de Contratação *(OU)* o Agente de Contratação, auxiliado pela equipe de apoio justificadamente, admitir o reinício da etapa fechada, caso nenhum licitante classificado na etapa de lance fechado atenda às exigências de habilitação.

12.6. Não serão aceitos dois ou mais lances de mesmo valor, prevalecendo aquele que for recebido e registrado em primeiro lugar.

12.7. Após a definição da melhor proposta, se a diferença em relação à proposta classificada em segundo lugar for de pelo menos 5% (cinco por cento), será assegurado o reinício da disputa aberta, para definição das demais colocações.

12.8. Quando a desconexão do sistema eletrônico para a Comissão de Contratação *(OU)* o Agente de Contratação persistir por tempo superior a 10 (dez) minutos, a sessão pública será suspensa e reiniciada somente após decorridas 24 (vinte e quatro) horas da comunicação do fato, da nova data e horário aos participantes, no sítio eletrônico utilizado para divulgação.

12.9. O critério de julgamento será o menor preço _____ *(global ou item, adaptar)*, conforme definido neste edital e seus anexos.

12.10. Caso o licitante não apresente lances, concorrerá com o valor de sua proposta.

12.11. Encerrada a etapa de envio de lances da sessão pública, a Comissão de Contratação *(OU)* o Agente de Contratação deverá encaminhar, pelo sistema eletrônico, contraproposta ao licitante que tenha apresentado o melhor preço, para que seja obtida melhor proposta, vedada a negociação em condições diferentes das previstas neste edital.

12.11.1. A negociação será realizada por meio do sistema, podendo ser acompanhada pelos demais licitantes;

12.11.2. A Comissão de Contratação *(OU)* o Agente de Contratação solicitará ao licitante mais bem classificado que, no prazo de 2 (duas) horas, envie a proposta adequada ao último lance ofertado após a negociação realizada, acompanhada, se for o caso, dos documentos complementares, quando necessários à confirmação daqueles exigidos neste edital e já apresentados.

12.12. Após a negociação do preço, a Comissão de Contratação *(OU)* o Agente de Contratação iniciará a fase de aceitação e julgamento da proposta.

(OU)

12. MODO DE DISPUTA FECHADO E ABERTO *(Adequar ao Decreto Municipal que trata de concorrência pública eletrônica, caso exista)*

12.1. A etapa de envio de lances será em sessão fechada com duração inicial de 15 (quinze) minutos. Após esse prazo, o sistema encaminhará aviso de abertura iminente dos lances, após o que transcorrerá o período de tempo de até 10 (dez) minutos, aleatoriamente determinado, findo o qual será automaticamente encerrada a recepção de lances.

12.2. Encerrado o prazo previsto no item anterior, o sistema abrirá oportunidade para que o autor da oferta de valor mais baixo e os das ofertas com preços até 10% (dez por cento) superiores àquela possam ofertar um lance final em até 5 (cinco) minutos, o qual será aberto até o encerramento deste prazo.

12.3. Não havendo pelo menos 3 (três) ofertas nas condições definidas no item anterior, poderão os autores de melhores lances, na ordem de classificação, até o máximo de 3 (três), oferecer um lance final e aberto em até 5 (cinco) minutos, até o encerramento deste prazo.

12.4. Após o término dos prazos estabelecidos nos itens anteriores, o sistema ordenará os lances segundo a ordem crescente de valores.

12.4.1. Não havendo lance final e aberto classificado da forma estabelecida nos itens 12.2 e 12.3, haverá o reinício da etapa aberta, para que os demais licitantes, em até 5 (cinco) minutos, até o máximo de 3 (três), na ordem de classificação, possam ofertar um lance final e aberto, até o encerramento deste prazo.

12.5. Poderá a Comissão de Contratação *(OU)* o Agente de Contratação, auxiliado pela equipe de apoio, justificadamente, admitir o reinício da etapa aberta, caso nenhum licitante classificado na etapa de lance aberto atenda às exigências de habilitação.

12.6. Não serão aceitos dois ou mais lances de mesmo valor, prevalecendo aquele que for recebido e registrado em primeiro lugar.

12.7. 12.4. Quando a desconexão do sistema eletrônico para a Comissão de Contratação *(OU)* o Agente de Contratação persistir por tempo superior a 10 (dez) minutos, a sessão pública será suspensa e reiniciada somente após decorridas 24 (vinte e quatro) horas da comunicação do fato, da nova data e horário aos participantes, no sítio eletrônico utilizado para divulgação.

12.8. Após a definição da melhor proposta, se a diferença em relação à proposta classificada em segundo lugar for de pelo menos 5% (cinco por cento), será assegurado o reinício da disputa aberta, para definição das demais colocações.

12.9. O critério de julgamento será o menor preço _____ *(global ou item, adaptar)*, conforme, definido neste edital e seus anexos.

12.9. Caso o licitante não apresente lances, concorrerá com o valor de sua proposta.

12.10. Encerrada a etapa de envio de lances da sessão pública, a Comissão de Contratação *(OU)* o Agente de Contratação deverá encaminhar, pelo sistema eletrônico, contraproposta ao licitante que tenha apresentado o melhor preço, para que seja obtida melhor proposta, vedada a negociação em condições diferentes das previstas neste edital.

12.11. A negociação será realizada por meio do sistema, podendo ser acompanhada pelos demais licitantes;

12.12. A Comissão de Contratação *(OU)* o Agente de Contratação solicitará ao licitante mais bem classificado que, no prazo de 2 (duas) horas, envie a proposta adequada ao último lance ofertado após a negociação realizada, acompanhada, se for o caso, dos documentos complementares, quando necessários à confirmação daqueles exigidos neste edital e já apresentados.

12.13. Após a negociação do preço, a Comissão de Contratação *(OU)* o Agente de Contratação iniciará a fase de aceitação e julgamento da proposta.

13. LANCES INTERMEDIÁRIOS

13.1 Serão considerados lances intermediários:

13.1.1. iguais ou inferiores ao maior já ofertado, quando adotado o critério de julgamento de maior lance;

13.1.2. iguais ou superiores ao menor já ofertado, quando adotados os demais critérios de julgamento.

14. DESCONEXÃO DO SISTEMA DURANTE A ETAPA DE LANCES

14.1. Na hipótese de o sistema eletrônico desconectar para a Comissão de Contratação *(OU)* o Agente de Contratação no decorrer da etapa de envio de lances da sessão pública e permanecer acessível aos licitantes, os lances continuarão sendo recebidos, sem prejuízo dos atos realizados.

14.2. Quando a desconexão do sistema eletrônico para a Comissão de Contratação *(OU)* o Agente de Contratação persistir por tempo superior a 10 (dez) minutos, a sessão pública será suspensa e reiniciada somente decorridas 24 (vinte e quatro) horas após a comunicação do fato aos participantes, da nova data e horário , no sítio eletrônico utilizado para divulgação do instrumento convocatório.

15. CRITÉRIOS DE DESEMPATE

15.1. O encerramento da etapa competitiva dar-se-á quando, convocadas pela Comissão de Contratação *(OU)* pelo Agente de Contratação, as LICITANTES manifestarem seu desinteresse em apresentar novos lances.

15.2. Em caso de empate entre duas ou mais propostas, serão utilizados os critérios de desempate definidos no art. 60 da Lei Federal 14.133/21. *(retirar essa cláusula quando optarem pelo modo de disputa aberto)*

15.3. Se a proposta mais bem classificada não tiver sido ofertada por microempresa – ME, microempreendedor individual (MEI) ou empresa de pequeno porte – EPP e houver proposta apresentada por ME, MEI ou EPP até 5% (cinco por cento) superior à melhor proposta, estará configurado o empate previsto no art. 44, §2º, da Lei Complementar nº 123/2006.

15.3.1 Ocorrendo o empate, proceder-se-á da seguinte forma:

15.3.1.1 a ME, MEI ou a EPP mais bem classificada será convocada para, no prazo de 5 (cinco) minutos após o encerramento dos lances, apresentar nova proposta de preço inferior àquela considerada classificada em 1º lugar no certame, sob pena de preclusão do exercício do direito de desempate;

15.3.1.2 apresentada nova proposta, nos termos do subitem anterior e atendidas as exigências habilitatórias, será adjudicado em seu favor o objeto desta concorrência pública eletrônica;

15.3.1.3 não sendo vencedora a ME, MEI ou EPP mais bem classificada, na forma do subitem anterior, serão convocadas as demais ME, MEI e EPP remanescentes cujas propostas estejam dentro do limite estabelecido no *caput*, na ordem classificatória, para o exercício do mesmo direito.

15.3.2 No caso de equivalência dos valores apresentados pelas ME, MEI e EPP que se encontrarem no limite estabelecido no *caput*, será realizado sorteio entre elas para que se identifique aquela que primeiro poderá apresentar melhor oferta.

15.4. Na hipótese da não contratação nos termos previstos na condição anterior, o objeto licitado será adjudicado em favor da proposta classificada em 1º lugar na etapa de lances.

15.5. Será considerado vencedor, o licitante que ao final da disputa de lances, observadas as disposições da Lei Complementar nº 123/2006, ofertar o MENOR PREÇO POR _____ *(ITEM ou GLOBAL)*.

(OU)

15.2. Caso a proposta mais bem classificada não tiver sido ofertada por ME, MEI ou EPP e houver proposta apresentada por ME, MEI ou EPP sediadas local ou regionalmente, em valor até 10% (dez por cento) superior à melhor proposta, será declarada vencedora a proposta apresentada por ME, MEI ou EPP, nos termos do art. 48, §3º da Lei Complementar nº 123/2006.

15.2.1. Serão consideradas ME, MEI ou EPP local aquelas sediadas no Município de _____.

15.2.2. Serão consideradas ME, MEI ou EPP regional aquelas sediadas na região _____. *(definir o que será considerado sediada regionalmente, descrevendo a região na forma definida em lei estadual ou especificando os municípios da regional)*

(A condição acima é opcional, mas se decidirem incluir no edital, excluir os itens 15.2, 15.3 e 15.4. A administração deve avaliar o interesse público de manter ou não o item. Ressaltamos que esse item pode onerar os cofres públicos, já que permite a adjudicação de proposta com valor superior de até 10% ao menor preço apresentado no certame)

(Após as adaptações, renumerar os itens)

(Ressaltamos que as duas opções acima se aplicam quando o preço vencedor não tenha sido ofertado por ME, MEI ou EPP, e a licitação não for exclusiva para ME, MEI ou EPP, bem como não se aplicam em relação aos itens exclusivos para ME, MEI e EPP nem para a cota reserva de 25%)

15.5. A classificação dar-se-á pela ordem crescente de preços propostos e aceitáveis. Será declarado vencedor a LICITANTE que apresentar a proposta de acordo com as especificações deste edital, com o preço de mercado e que OFERTAR O MENOR PREÇO POR _____. *(ITEM ou GLOBAL)*

15.6. Será desclassificada:

a) a proposta que não atender às exigências deste edital;

b) a proposta que apresentar preço excessivo ou manifestamente inexequível.

15.7. Da sessão pública da concorrência pública eletrônica, será lavrada ata circunstanciada, contendo, sem prejuízo de outros, o registro das licitantes credenciadas, das propostas escritas e verbais apresentadas, na ordem de classificação, da análise da documentação exigida para habilitação e dos recursos interpostos.

15.8 A sessão pública não será suspensa, salvo motivo excepcional, devendo toda e qualquer informação, acerca do objeto, ser esclarecida previamente junto à Comissão de Contratação *(OU)* ao Agente de Contratação.

15.9 Caso haja necessidade de adiamento da sessão pública, será marcada nova data para continuação dos trabalhos, devendo ficar intimadas, no mesmo ato, as licitantes presentes.

16. NEGOCIAÇÃO DA PROPOSTA

16.1 Encerrada a etapa de envio de lances da sessão pública, a Comissão de Contratação *(OU)* o Agente de Contratação deverá encaminhar, pelo sistema eletrônico, contraproposta ao licitante que tenha apresentado o melhor preço, para que seja obtida melhor proposta, vedada a negociação em condições diferentes das previstas no edital.

16.1.1. A negociação será realizada por meio do sistema e poderá ser acompanhada pelos demais licitantes.

16.1.2. Os licitantes terão _____horas *(adaptar conforme o decreto municipal que regulamenta a concorrência pública eletrônica)* contadas da solicitação da Comissão de Contratação *(OU)* do Agente de Contratação no sistema, para envio da proposta e, se necessário, dos documentos complementares, adequada ao último lance ofertado após a negociação de que trata o item 16.1.

17. JULGAMENTO DA PROPOSTA

17.1. Encerrada a etapa de negociação de que trata o item 16.1, a Comissão de Contratação *(OU)* o Agente de Contratação examinará a proposta classificada em primeiro lugar quanto à adequação ao objeto e à compatibilidade do preço em relação ao máximo estipulado para contratação no edital, observado o disposto no parágrafo único do art. ____ e no § ____ do art. ____ do Decreto nº Municipal nº_____/_____, e verificará a habilitação do licitante conforme disposições do edital.

17.1.1. Para fins de verificação da documentação de habilitação do licitante classificado em primeiro lugar, será concedido o prazo de ____ (dias/horas) para que o participante vincule ao sistema eletrônico a documentação indicada no item 8 deste instrumento convocatório, considerando as disposições do inciso II, do art. 63 da Lei Federal 14.133/21.

(A documentação de habilitação não precisará ser vinculada ao sistema antes pelas licitantes. Ela será exigida apenas do licitante declarado provisoriamente vencedor, salvo quando invertida as fases e a habilitação for feita antes da análise das propostas)

18. DISPOSIÇÕES GERAIS SOBRE HABILITAÇÃO

18.1. Os documentos que compõem a habilitação do licitante mais bem classificado somente serão disponibilizados para avaliação do Agente de Contratação ou Comissão de Contratação e para acesso público, após o encerramento do envio de lances.

18.2. O desatendimento de exigências meramente formais que não comprometam a aferição da qualificação do licitante ou a compreensão do conteúdo de sua proposta não importará seu afastamento da licitação ou a invalidação do processo.

18.3. A prova de autenticidade de cópia de documento público ou particular poderá ser feita perante agente da Administração, mediante apresentação de original ou de declaração de autenticidade por advogado, sob sua responsabilidade pessoal.

18.4. O reconhecimento de firma somente será exigido quando houver dúvida de autenticidade, salvo imposição legal.

18.5. Os atos serão preferencialmente digitais, de forma a permitir que sejam produzidos, comunicados, armazenados e validados por meio eletrônico.

18.6. As ME, MEI e EPP deverão apresentar toda a documentação exigida para a habilitação, inclusive os documentos comprobatórios da regularidade fiscal e trabalhista, mesmo que estes apresentem alguma restrição.

18.6.1. Havendo restrição na comprovação da regularidade fiscal e trabalhista, será assegurado o prazo de 05 (cinco) dias úteis, cujo termo inicial corresponderá ao momento em que o proponente for declarado o vencedor do certame, prorrogável por igual período, a critério da Administração Pública.

18.6.2. A prorrogação do prazo para a regularização fiscal e trabalhista dependerá de requerimento, devidamente fundamentado, a ser dirigido à Comissão de Contratação *(OU)* ao Agente de Contratação.

18.6.3. Entende-se por tempestivo o requerimento apresentado dentro dos cinco dias úteis inicialmente concedidos.

18.6.4. A não regularização da documentação, no prazo previsto neste item, implicará decadência do direito à contratação, sem prejuízo das sanções cabíveis.

18.6.5. Todos os documentos deverão ter vigência até o dia previsto para realização da concorrência pública eletrônica; inexistindo esse prazo, reputar-se-ão válidos por 90 (noventa) dias, contados de sua expedição, ressalvadas as exceções previstas no edital.

18.6.6. Se o detentor da melhor proposta desatender às exigências previstas neste Edital, será inabilitado, e a Comissão de Contratação *(OU)* o Agente de Contratação examinará as ofertas subsequentes e procederá à habilitação do licitante seguinte, na ordem de classificação, repetindo esse procedimento, sucessivamente, se necessário, até apuração de uma proposta que atenda ao Edital, para declarar o licitante vencedor.

18.6.7. A Comissão de Contratação *(OU)* o Agente de Contratação negociará diretamente com o proponente, para obtenção de melhor preço.

19. DA ADJUDICAÇÃO

19.1. Constatado o atendimento das exigências fixadas no Edital, a LICITANTE será declarada vencedora, sendo-lhe adjudicado o objeto do certame.

19.2. Em caso de desatendimento às exigências de habilitação, a Comissão de Contratação *OU* o Agente de Contratação inabilitará a licitante e examinará as ofertas subsequentes e qualificação das licitantes, na ordem de classificação e, assim, suces-sivamente, até a apuração de uma que atenda ao edital, sendo a respectiva licitante declarada vencedora, ocasião em que poderá negociar com o proponente, para que seja obtido o melhor preço.

19.3. Encerrado o julgamento das propostas e da habilitação, a Comissão de Contratação *OU* o Agente de Contratação proclamará a vencedora, proporcionando, a seguir, oportunidade às licitantes para que manifestem imediata e motivadamente a intenção de interpor recurso, sob pena de decadência do direito por parte da licitante.

19.4. Constará na ata da Sessão a síntese das razões de recurso apresentadas, bem como o registro de que todas as demais Licitantes ficaram intimadas para, que-rendo, manifestar-se sobre as razões do recurso no prazo de 03 (três) dias úteis, após o término do prazo da recorrente.

19.5. É franqueada aos interessados, vista aos autos do processo, nos dias úteis, no horário das _____ às _____ horas, no endereço _____ (*adequar caso o sistema disponibilize acesso ELETRÔNICO ao inteiro teor do processo*)

20. DA IMPUGNAÇÃO DO ATO CONVOCATÓRIO

20.1. Qualquer pessoa poderá impugnar os termos do edital da concorrência pública eletrônica, por meio eletrônico, na forma prevista no edital, até três dias úteis anteriores à data fixada para abertura da sessão pública, enviada exclusivamente para o endereço eletrônico _____.

20.2. A impugnação não possui efeito suspensivo e caberá à Comissão de Con-tratação *OU* ao Agente de Contratação, auxiliado pelos responsáveis pela elaboração do edital e dos anexos, decidir sobre a mesma no prazo de três dias úteis, contados da data de recebimento da impugnação.

20.3. A concessão de efeito suspensivo à impugnação é medida excepcional e deverá ser motivada pela Comissão de Contratação *OU* pelo Agente de Contratação.

20.4. Acolhida a impugnação contra o edital, será definida e publicada nova data para realização do certame, se for o caso.

20.5. Os pedidos de esclarecimento deverão ser enviados até o terceiro dia útil que anteceder a data fixada para a abertura da sessão pública exclusivamente via internet, para o endereço eletrônico _____.

20.6. As respostas às impugnações e aos esclarecimentos solicitados serão disponibilizadas no sistema eletrônico em até 3 (três) dias úteis, limitado ao último dia útil anterior à data da abertura do certame.

21. DOS RECURSOS ADMINISTRATIVOS

21.1. Declarado o vencedor, a Comissão de Contratação *OU* o Agente de Contratação abrirá prazo de 30 (trinta) minutos, durante o qual qualquer licitante poderá, de forma imediata e motivada, em campo próprio do sistema eletrônico, manifestar sua intenção de recurso.

21.2. Não será admitida intenção de recurso de caráter protelatório, fundada em mera insatisfação do licitante, ou baseada em fatos genéricos.

21.3. A Comissão de Contratação *OU* o Agente de Contratação examinará a intenção de recurso, aceitando-a ou, motivadamente, rejeitando-a, em campo próprio do sistema eletrônico.

21.4. Tendo a licitante manifestado, motivadamente, a intenção de recorrer, sob pena de preclusão, na sessão pública da concorrência pública eletrônica, terá ela o prazo de 03 (três) dias úteis para apresentação das razões de recurso.

21.5. As demais licitantes, já intimadas na sessão pública supracitada, terão o prazo de 03 (três) dias úteis para apresentarem as contrarrazões, que começará a correr do término do prazo da recorrente, sendo-lhes assegurada vista imediata dos autos, em secretária. *(adaptar caso o processo seja disponibilizado eletronicamente)*

21.6. As razões e contrarrazões do recurso deverão ser encaminhadas, à Comissão de Contratação *OU* ao Agente de Contratação, por meio eletrônico, no provedor do sistema _____, ou *e-mail* _____.

21.7. O início da contagem dos prazos, bem como seu término, dar-se-á sempre em dias úteis.

21.8. A falta de apresentação de razões, mencionadas no subitem 21.4, importará a decadência do direito de recurso, culminando com a adjudicação do objeto do certame à licitante vencedora.

21.9. O acolhimento do recurso importará a invalidação, apenas, dos atos insuscetíveis de aproveitamento.

21.10. A decisão proferida em grau de recurso será definitiva e dela dar-se-á conhecimento, mediante publicação no Diário Oficial do Município e Sítio Eletrônico Oficial.

21.11. Os recursos deverão ser decididos no prazo de 3 (três) dias úteis pela Administração.

21.12. não sendo decidido o recurso, no prazo previsto do item 21.11, o recorrente encaminhará o recurso com a sua motivação à autoridade superior, no endereço eletrônico _____ ou através da Comissão de Contratação *OU* do Agente de Contratação, que deverá proferir sua decisão no prazo máximo de 10 (dez) dias úteis, contado do recebimento dos autos.

21.13. Não serão conhecidas as contrarrazões a recursos intempestivamente apresentadas.

22. DOS PREÇOS E DO REAJUSTAMENTO

22.1. Por força das Leis Federais nºs 9.069/95 e 10.192/2001, o valor do contrato será reajustado mediante iniciativa da CONTRATADA, desde que observado o interregno mínimo de 1 (um) ano, a contar da data do orçamento estimado ou do último reajuste, tendo como base a variação de índice oficial.

22.2. Decorrido o prazo acima estipulado, os preços unitários serão corrigidos monetariamente pelo INPC (IBGE) ou outro índice que venha a substituí-lo por força de determinação governamental.

22.3. A aplicação do índice dar-se-á de acordo com a variação acumulada do INPC (IBGE) ocorrida nos 12 (doze) meses imediatamente anteriores. *(Se o objeto da licitação for serviços contínuos deverão excluir os itens 22.1, 22.2 e 22.3 e deixar a redação abaixo:)*

22.4. Observado o interregno mínimo de 1 (um) ano, o critério de reajustamento será por:

I – reajustamento em sentido estrito, quando não houver regime de dedicação exclusiva de mão de obra ou predominância de mão de obra, mediante previsão de índices específicos ou setoriais;

II – repactuação, quando houver regime de dedicação exclusiva de mão de obra ou predominância de mão de obra, mediante demonstração analítica da variação dos custos.

23. DAS CONDIÇÕES DE PAGAMENTO

23.1. A Secretaria Municipal de Fazenda efetuará o pagamento decorrente da concretização do objeto licitado, por processo legal, em até _____ dias contados da liquidação da despesa *OU da parcela OU da etapa*, que consiste na comprovação da entrega e recebimento do mesmo nas condições exigidas no edital.

23.2. Em caso de irregularidade , o prazo de pagamento será contado a partir da regularização e sua reapresentação.

23.3. O Município poderá sustar o pagamento a que a contratada tenha direito, enquanto não sanados os defeitos, vícios ou incorreções resultantes da contratação e/ou não recolhimento de eventual multa aplicada.

23.4. Os pagamentos efetuados à CONTRATADA não a isentarão de suas obrigações e responsabilidades vinculadas à execução do contrato, especialmente aquelas relacionadas com a qualidade e manutenção das condições de habilitação.

24. DO CONTRATO

24.1. Após homologado o resultado desta concorrência pública eletrônica, a Administração convocará a licitante vencedora, durante a validade da sua proposta, para assinatura do instrumento contratual, dentro do prazo de 05 (cinco) dias úteis, a contar da comunicação, sob pena de decair o direito à contratação, sem prejuízo das sanções previstas neste Edital e no art. 156 da Lei 14.133/21.

24.1.1. Alternativamente à convocação, a administração poderá encaminhar para assinatura do instrumento contratual, através de correspondência postal com aviso de recebimento (AR) ou meio eletrônico.

24.2. O prazo para assinatura do contrato poderá ser prorrogado uma única vez, por igual período, quando solicitado pela licitante vencedora durante o seu transcurso, desde que ocorra motivo justificado e aceito pela Administração.

24.3. É facultado à Comissão de Contratação *OU* ao Agente de Contratação, caso o adjudicatário quando convocado não assinar o termo de contrato, convocar os licitantes remanescentes, na ordem de classificação, para assiná-lo, após negociação, aceitação da proposta e comprovação dos requisitos de habilitação.

24.4. O contrato a ser firmado com o licitante adjudicatário incluirá as condições estabelecidas neste instrumento convocatório e seus anexos, necessárias à fiel execução do objeto desta licitação.

24.5. Durante a vigência do contrato, é vedado contratar cônjuge, companheiro, parente em linha reta, colateral ou por afinidade, até o terceiro grau, de dirigente de órgão ou entidade contratante ou de agente público que desempenhe função na licitação ou atue na fiscalização ou na gestão do contrato.

25. DAS PENALIDADES

(Adequar essa cláusula de acordo com a legislação municipal que regulamentar a aplicação de penalidades)

25.1 Incorre em infração administrativa o fornecedor que cometer quaisquer das infrações previstas no art. 155 da Lei nº 14.133, de 2021 e art. ___ do Decreto de nº_____, quais sejam:

I – dar causa à inexecução parcial do contrato;

II – dar causa à inexecução parcial do contrato que cause grave dano à Administração, ao funcionamento dos serviços públicos ou ao interesse coletivo;

III – dar causa à inexecução total do contrato;

IV – deixar de entregar a documentação exigida para o certame;

V – não manter a proposta, salvo em decorrência de fato superveniente devidamente justificado;

VI – não celebrar o contrato ou ata de registo de preços ou não entregar a documentação exigida para a contratação, quando convocado dentro do prazo de validade de sua proposta;

VII – ensejar o retardamento da execução ou da entrega do objeto da licitação sem motivo justificado;

VIII – apresentar declaração ou documentação falsa exigida para o certame ou prestar declaração falsa durante a licitação ou a execução do contrato;

IX – fraudar a licitação ou praticar ato fraudulento na execução do contrato;

X – comportar-se de modo inidôneo ou cometer fraude de qualquer natureza;

XI – praticar atos ilícitos com vistas a frustrar os objetivos da licitação;

XII – praticar ato lesivo previsto no art. 5º da Lei nº 12.846, de 1º de agosto de 2013.

XIII – tumultuar a sessão pública da licitação;

XIV – propor recursos manifestamente;

XV – deixar de regularizar os documentos fiscais no prazo concedido, na hipótese de o infrator enquadrar-se como Microempresa ou Empresa de Pequeno Porte, nos termos da Lei Complementar Federal nº 123, de 14 de dezembro de 2006;

XVI – deixar de manter as condições de habilitação durante o prazo do contrato;

XVII – permanecer inadimplente após a aplicação de advertência;

XVIII – deixar de complementar o valor da garantia recolhida após solicitação do contratante;

XIX – deixar de devolver eventuais valores recebidos indevidamente após ser devidamente notificado;

XX – manter empregado, responsável técnico ou qualquer pessoa sob sua responsabilidade com qualificação em desacordo com as exigências do edital ou do contrato, durante a execução do objeto;

XXI – utilizar as dependências do contratante para fins diversos do objeto do contrato;

XXII – tolerar, no cumprimento do contrato, situação apta a gerar ou causar dano físico, lesão corporal ou consequências letais a qualquer pessoa;

XXIII – deixar de fornecer Equipamento de Proteção Individual – EPI, quando exigido, aos seus empregados ou omitir-se em fiscalizar sua utilização, na hipótese de contratação de serviços de mão de obra;

XXIV – deixar de substituir empregado cujo comportamento for incompatível com o interesse público, em especial quando solicitado pela Administração;

XXV – deixar de repor funcionários faltosos;

XXVI – deixar de apresentar, quando solicitado pela administração, comprovação do cumprimento das obrigações trabalhistas e com o Fundo de Garantia do tempo de Serviço (FGTS) em relação aos empregados diretamente envolvidos na execução do contrato, em especial quanto ao:

a) registro de ponto;

b) recibo de pagamento de salários, adicionais, horas extras, repouso semanal remunerado e décimo terceiro salário;

c) comprovante de depósito do FGTS;

d) recibo de concessão e pagamento de férias e do respectivo adicional;

e) recibo de quitação de obrigações trabalhistas e previdenciárias dos empregados dispensados até a data da extinção do contrato;

f) recibo de pagamento de vale-transporte e vale-alimentação, na forma prevista em norma coletiva;

XXVII – deixar de observar a legislação pertinente aplicável ao seu ramo de atividade;

XXVIII – entregar o objeto contratual em desacordo com as especificações, condições e qualidades contratadas e/ou com vício, irregularidade ou defeito oculto que o tornem impróprio para o fim a que se destina;

XXIX – ofender agentes públicos no exercício de suas funções;

XXX – induzir a administração em erro;

XXXI – deixar de manter empregados, que fiquem nas dependências e à disposição da administração nos contratos de serviços contínuos com regime de dedicação exclusiva de mão de obra;

XXXII – compartilhar recursos humanos e materiais disponíveis de uma contratação para execução simultânea de outros contratos por parte do contratado, nos contratos de serviços contínuos com regime de dedicação exclusiva de mão de obra;

XXXIII – impossibilitar a fiscalização pelo contratante quanto à distribuição, controle e supervisão dos recursos humanos alocados aos seus contratos, em relação aos contratos de serviços contínuos com regime de dedicação exclusiva de mão de obra;

XXXIV – apresentar proposta inexequível com finalidade de tumultuar o procedimento;

XXXV – deixar de demonstrar exequibilidade da proposta quando exigida pela administração;

XXXVI – subcontratar serviço em contrato em que não há essa possibilidade;

XXXVII – deixar de apresentar no prazo do art. 96, §3º da Lei 14133/21, garantia pelo contratado quando optar pela modalidade seguro garantia;

XXXVIII – deixar de comprovar, quando solicitado, na execução contratual, a reserva de cargos prevista em lei para pessoa com deficiência, para reabilitado da Previdência Social ou para aprendiz, bem como as reservas de cargos previstas em outras normas específicas;

XXXIX – deixar de manter preposto aceito pela Administração no local da obra ou do serviço para representar o contratado na execução do contrato;

XL – deixar de aceitar as supressões e acréscimos de até 25% (vinte e cinco por cento) em relação aos contratos.

25.2. O fornecedor que cometer qualquer das infrações discriminadas nos subitens anteriores ficará sujeito, sem prejuízo da responsabilidade civil e criminal, às seguintes sanções:

25.2.1. de advertência que consiste em comunicação formal ao infrator do descumprimento de uma obrigação do edital, da ata de registros de preços ou da inexecução parcial do contrato quando não se justificar a imposição de penalidade mais grave.

25.2.2. de multa, o infrator que, injustificadamente, descumprir a legislação, cláusulas do edital ou cláusulas contratuais, não podendo ser inferior a 0,5% (cinco décimos por cento) nem superior a 30% (trinta por cento) do valor de referência do certame ou do contrato nos termos estabelecidos nos respectivos instrumentos, devendo ser observados, preferencialmente, os seguintes percentuais e diretrizes:

I – multa moratória de 0,5% (cinco décimos por cento) por dia de atraso na entrega de material ou execução de serviços, até o limite de 10% (dez por cento), correspondente a até 30 (trinta) dias de atraso, calculado sobre o valor correspondente à parte inadimplente, excluída, quando for o caso, a parcela correspondente aos impostos destacados no documento fiscal;

II – multa de 10% (dez por cento) sobre o valor total da adjudicação do certame ou do valor da contratação direta em caso de recusa do infrator em assinar o contrato, ou recusar-se a aceitar ou retirar o instrumento equivalente;

III – multa de 5% (cinco por cento) sobre o valor de referência do certame, nas hipóteses constantes do item 25.1, subitens I, IV, V, XIII, XIV e XV, deste edital;

IV – multa de 5% (cinco por cento) sobre o valor total da adjudicação, nas hipóteses constantes do item 25.1, subitens XVI, XVII, XVIII, XX, XXI, XXIII, XXIV, XXV, XXVI, XXVII, XXXI, XXXIII, XXXVIII e XXXIX deste edital;

V – multa de 10% (dez por cento) sobre o valor de referência do certame, nas hipóteses constantes do item 25.1, subitens II, III, VI, VII, VIII, IX, X, XI, XII, XXIX, XXX, XXXIV e XXXV deste edital;

VI – multa de 10% (dez por cento) sobre o valor total da adjudicação, nas hipóteses constantes do item 25.1, subitens XIX, XXII, XVIII, XXXII, XXXVI, XXXVII e XL, deste edital;

VII – multa indenizatória, a título de perdas e danos, na hipótese de o infrator ensejar a rescisão do contrato e sua conduta implicar gastos à administração, superiores aos contratados.

25.2.3. de impedimento de licitar e contratar que impedirá o infrator de participar de licitação e contratar com a administração:

I – por até 01 (um) ano, se o infrator:

a) deixar de entregar a documentação exigida para o certame;

b) não manter a proposta, salvo em decorrência de fato superveniente devidamente justificado;

c) ensejar o retardamento da execução ou da entrega do objeto do certame sem motivo justificado;

II – por até 02 (dois) anos, se o infrator:

a) apresentar declaração ou documentação falsa exigida para o certame ou prestar declaração falsa durante o mesmo ou durante a execução do contrato;

b) der causa à inexecução parcial do contrato que cause grave dano à administração, ao funcionamento dos serviços públicos ou ao interesse coletivo;

III – por até 03 (três) anos, se o infrator:

a) não celebrar o contrato, quando convocado dentro do prazo de validade de sua proposta;

b) fraudar o certame ou praticar ato fraudulento na execução do contrato;

c) der causa à inexecução total do contrato.

25.2.4. de Declaração de inidoneidade de contratar com a Administração Pública, será aplicada por prazo não superior a 6 (seis) anos, nas seguintes hipóteses:

I – por período de 3 (três) a 4 (quatro) anos, no caso de praticar atos ilícitos com vistas a frustrar os objetivos do certame;

II – por período de 4 (quatro) a 5 (cinco) anos, nos casos de:

a) fraudar o certame ou praticar ato fraudulento na execução do contrato;

b) comportar-se de modo inidôneo ou cometer fraude de qualquer natureza.

III – por período de 5 (cinco) a 6 (seis) anos, nos casos de:

a) praticar ato lesivo previsto no art. 5º da Lei 12.846/13;

b) dar causa à inexecução total do contrato, por ato doloso que cause lesão ao erário.

25.3. Na aplicação das sanções será observado Decreto nº _____ de _____.

25.3.1 Será considerado falta grave e caracterizado como falha em sua execução o não recolhimento das contribuições sociais da Previdência Social, que poderá dar ensejo à rescisão do contrato, sem prejuízo da aplicação de sanção pecuniária e do impedimento para licitar e contratar com a Administração, nos termos da Lei Federal nº 14.133, de 2021.

26. DISPOSIÇÕES GERAIS

26.1. Nenhuma indenização será devida às licitantes pela elaboração ou pela apresentação de documentação referente ao presente Edital.

26.2. A apresentação das propostas implicará a plena aceitação, por parte da licitante, das condições estabelecidas neste Edital e seus anexos.

26.3. Na contagem dos prazos estabelecidos neste Edital, exclui-se o dia do início e inclui-se o do vencimento, observando-se que só se iniciam e vencem prazos em dia de expediente na Prefeitura.

26.4. O Prefeito Municipal poderá revogar a presente licitação em face de razões de interesse público, derivadas de fato superveniente devidamente comprovado, pertinente e suficiente para justificar tal conduta, devendo anulá-la por ilegalidade, de ofício ou por provocação de qualquer pessoa, mediante ato escrito e fundamentado.

26.5. É facultado à Comissão de Contratação *OU* ao Agente de Contratação ou à autoridade superior, em qualquer fase da licitação, a promoção de diligência destinada a esclarecer ou complementar a instrução do processo.

26.6. O desatendimento de exigências formais não essenciais não importará no afastamento da licitante, desde que sejam possíveis a aferição da sua qualificação e a exata compreensão da sua proposta, durante a realização da sessão pública da concorrência pública eletrônica.

26.7. As normas que disciplinam esta concorrência serão sempre interpretadas em favor da ampliação da disputa entre os interessados, desde que não comprometam o interesse da Administração e a segurança da aquisição.

26.8. A homologação do resultado desta licitação não implicará direito à aquisição.

26.9. No caso de alteração deste Edital no curso do prazo estabelecido para o recebimento das propostas de preços e documentos de habilitação, este prazo será reaberto, exceto quando, inquestionavelmente, a alteração não afetar a formulação das propostas.

26.10. Para dirimir, na esfera judicial, as questões oriundas do presente Edital, será competente o juízo da Comarca de _____/MG.

26.11. Na hipótese de não haver expediente no dia da abertura da presente licitação, ficará esta transferida para o primeiro dia útil subsequente, no mesmo local e horário, anteriormente estabelecidos.

26.12 Cópias do Edital e seus anexos serão fornecidas, gratuitamente, por meio eletrônico, no provedor do sistema _____, pelo *site* _____ ou *e-mail* _____.

26.13. Quaisquer dúvidas porventura existentes sobre o disposto no presente Edital deverão ser objeto de consulta, à Comissão de Contratação *OU* ao Agente de Contratação, por meio eletrônico, em formulário específico do provedor do sistema _____. Demais informações poderão ser obtidas pelos telefones (__) _____ou através do *e-mail*: _____.

26.14. Os casos omissos serão resolvidos pela Comissão de Contratação *OU* pelo Agente de Contratação.

26.15. Fazem parte integrante deste Edital:

– Anexo _____ – Termo de Referência;

– Anexo _____ – Planilha de Apresentação de Propostas;

– Anexo _____ – Modelo de Declaração de que não emprega menor;

– Anexo _____ – Minuta de contrato de fornecimento;

– Anexo _____ – Apuração Contábil – Financeira do Índice de Liquidez;

– Anexo _____ – Modelo de Declaração de Integralidade dos custos;

– Anexo _____ – Modelo de Declaração de Reserva de Cargos para Pessoa com deficiência e para a reabilitação da previdência social;

– Anexo _____ – Modelo de Declaração de que pode usufruir dos benefícios de ME e EPP;

– Anexo _____ – Modelo de Declaração de Limites à Receita Bruta Máxima Admitida.

_____, _____.

Comissão de Contratação *OU* Agente de Contratação

ANEXO _____ AO PROCESSO LICITATÓRIO Nº ____/_____

CONCORRÊNCIA ELETRÔNICA Nº _____/_____

TERMO DE REFERÊNCIA

1. DO OBJETO – Aquisição de _____, para _____ a fim de atender à necessidade da _____ conforme condições, quantidades e exigências estabelecidas neste instrumento e seus anexos:

Item	Descrição	Qtde.	Unid.
01			
02			

(Ressaltamos que a Concorrência é cabível apenas para a contratação de bens e serviços especiais e de obras e serviços comuns e especiais de engenharia)

2. JUSTIFICATIVA E OBJETIVO DA CONTRATAÇÃO

2.1. A aquisição de _____ se faz necessária para possibilitar a __ _____.

3. DESCRIÇÃO DA SOLUÇÃO

3.1. A aquisição, conforme quantidades e descrições no item 1, é para atender à necessidade de _____.

4. REQUISITOS DA CONTRATAÇÃO

4.1. Conforme Estudos Técnicos Preliminares E/OU *Documento de Formalização de Demanda* , além dos requisitos constantes neste termo de referência:

4.1.1. Em razão do valor, as empresas participantes deverão ser microempresas, MEI ou empresas de pequeno porte.

4.1.2. O prazo para entrega do material é de ____ (__) dias a contar do recebimento da ordem de fornecimento;

4.1.3. A entrega dos itens no local indicado pela contratante é de responsabilidade da contratada, devendo esta possuir pessoal habilitado para descarregamento do material, quando necessário;

4.1.4. A(s) empresa(s) vencedora(s) deverá(ão) apresentar toda a documentação necessária à habilitação.

5. CLASSIFICAÇÃO DOS BENS COMUNS

5.1. Os bens a serem adquiridos na presente dispensa de licitação enquadram-se na definição de MATERIAIS caracterizados como comuns, tendo em vista que possuem características tecnicamente padronizadas, de aferição simples, cujos padrões de desempenho e qualidade são objetivamente definidos por meio de especificações usuais do mercado.

6. ESTIMATIVA DE PREÇOS E PREÇOS REFERENCIAIS

6.1 O orçamento estimado da contratação será divulgado após o julgamento das propostas de preços, visando estimular a competitividade e viabilizar a negociação de maneira mais natural, em consonância com o interesse público.

7. ADEQUAÇÃO ORÇAMENTÁRIA

7.1 As despesas decorrentes desta contratação correrão pelas dotações orçamentárias nºs _____.

ANEXO _____ AO PROCESSO LICITATÓRIO Nº _____/_____
CONCORRÊNCIA PÚBLICA ELETRÔNICA Nº _____/_____

MODELO DE PROPOSTA DE PREÇOS

Apresentamos nossa proposta para fornecimento do objeto desta concorrência pública eletrônica, acatando todas as estipulações consignadas no Edital, conforme abaixo:

Item	Unid.	Quant.	Discriminação	Valor Unitário
01	Unid.			

Valor total da proposta (expresso em algarismos e por extenso):

(no preço proposto, que constituirá a única e completa remuneração, deverão ser computados o lucro e todos os custos, inclusive impostos diretos e indiretos, obrigações tributárias, trabalhistas e previdenciárias, bem como quaisquer outras obrigações inerentes ao fornecimento do objeto, não sendo admitidos pleitos de acréscimos a qualquer título)

VALIDADE DA PROPOSTA: 60 (sessenta) dias contados da data-limite prevista para entrega das propostas.

PRAZO DE ENTREGA: _____ (_____) dias a contar do recebimento da requisição.

PRAZO DE GARANTIA DO OBJETO:

Garantia de no mínimo ___ (_____) meses, que começará a correr ao término da garantia legal de que trata a Lei nº 8.078/90, adotando-se, para tanto, como termo inicial a data de entrega do produto.

_____ , _____ de _____ de _____.

_____
Assinatura do Representante Legal da Licitante

Nome: _____

Nº Cédula de Identidade: _____

ANEXO _____ AO PROCESSO LICITATÓRIO Nº ____/____
CONCORRÊNCIA ELETRÔNICA Nº _____/_____

DECLARAÇÃO DE CUMPRIMENTO DO INCISO XXXIII DO ART. 7º DA CONSTITUIÇÃO FEDERAL

MODELO "A": EMPREGADOR PESSOA JURÍDICA

DECLARAÇÃO

Ref.: (identificação da licitação)

_____, inscrito no CNPJ nº_____, por intermédio de seu representante legal o(a) Sr(a)._____, portador(a) da Carteira de Identidade nº_____ e do CPF nº _____, DECLARA, para fins do disposto no inciso VI do art. 68 da Lei nº 14133/21 acrescido pela Lei nº 9.854, de 27 de outubro de 1999, que não emprega menor de dezoito anos em trabalho noturno, perigoso ou insalubre e não emprega menor de dezesseis anos.

_____

(data)

_____

(representante legal)

(Observação: em caso afirmativo, assinalar a ressalva acima)

ANEXO _____ AO PROCESSO LICITATÓRIO Nº ____/ _____
CONCORRÊNCIA ELETRÔNICA Nº _____/ _____

MINUTA DO CONTRATO

O MUNICÍPIO DE _____, CNPJ Nº _____, com sede na _____, a seguir denominado CONTRATANTE, neste ato representado por seu Prefeito Municipal, Sr. _____; e a _____, CNPJ Nº _____, com sede na _____ a seguir denominada CONTRATADA, neste ato representada por _____, resolvem firmar o presente contrato, como especificado no seu objeto, em conformidade com o Processo Licitatório nº ____/____, na modalidade Concorrência Pública nº ____/____, do tipo menor preço, sob a regência da Lei Federal nº 14.133/21, mediante as seguintes cláusulas e condições:

CLÁUSULA PRIMEIRA – DO OBJETO

1.1. Contratação de empresa para fornecimento de _____, para utilização _____, conforme abaixo especificado:

Item	Quantidade estimada	Descrição minuciosa do objeto	Valor por unidade	Valor total
01				
02				
03				
04				

CLÁUSULA SEGUNDA – DO PREÇO E DA FORMA DE PAGAMENTO

2.1. O contratante pagará ao contratado, o valor total estimado de R$_____.

2.2. O valor a ser pago será apurado através das ordens de fornecimento emitidas e devidamente atendidas pelo Contratado.

2.3. O pagamento será realizado mensalmente, até o ___ (_____) dia útil do mês seguinte àquele em que foi efetuado o fornecimento, mediante apresentação das respectivas Notas Fiscais/Faturas.

2.4. O pagamento das faturas seguirá a estrita ordem cronológica das datas de suas exigibilidades, cabendo ao contratado manter durante toda a execução do objeto, em compatibilidade com as obrigações por ele assumidas, todas as condições de habilitação e qualificação exigidas na licitação.

2.5. Não será efetuado qualquer pagamento ao CONTRATADO enquanto houver pendência de liquidação da obrigação financeira em virtude de penalidade ou inadimplência contratual.

2.6. O preço referido no item 2.1 inclui todos os custos e benefícios decorrentes do fornecimento do produto, de modo a constituírem a única e total contraprestação pela execução do contrato.

2.7. Em caso de irregularidade na emissão dos documentos fiscais, o prazo de pagamento será de 5 (cinco) dias úteis contado a partir da regularização dos mesmos e sua reapresentação.

2.8. O Município poderá sustar o pagamento a que a contratada tenha direito, enquanto não sanados os defeitos, vícios ou incorreções resultantes da contratação e/ou não recolhimento de multa aplicada.

2.9. Os pagamentos efetuados à CONTRATADA não a isentarão de suas obrigações e responsabilidades vinculadas à execução do contrato, especialmente aquelas relacionadas com a qualidade.

2.10. Nos casos de eventuais atrasos de pagamento não justificados, provocados exclusivamente pela Administração, o valor devido deverá ser acrescido de atualização financeira, e sua apuração se fará desde a data de seu vencimento até a data do efetivo pagamento, em que os juros de mora serão calculados à taxa de 0,5% (meio por cento) ao mês, mediante aplicação da seguinte fórmula:

$$EM = N \times VP \times I$$

onde:

EM = Encargos moratórios;

VP = Valor da parcela em atraso;

N = Número de dias entre a data prevista para o pagamento (vencimento) e a do efetivo pagamento;

I = Índice de compensação financeira, assim apurado:

$$I = \frac{(TX / 100)}{30}$$

TX = Percentual da taxa de juros de mora mensal definido no edital/contrato.

CLÁUSULA TERCEIRA – DO REAJUSTAMENTO

3.1. Por força das Leis Federais nºs 9.069/95 e 10.192/2001, o valor do contrato será reajustado mediante iniciativa da CONTRATADA, desde que observado o interregno mínimo de 1 (um) ano, a contar da data do orçamento estimado ou do último reajuste, tendo como base a variação de índice oficial.

3.2. Decorrido o prazo acima estipulado, os preços unitários serão corrigidos monetariamente pelo INPC (IBGE) ou outro índice que venha a substituí-lo por força de determinação governamental.

3.3. A aplicação do índice dar-se-á de acordo com a variação acumulada do INPC (IBGE) ocorrida nos 12 (doze) meses imediatamente anteriores. *(Se o objeto da licitação for serviços contínuos, deverão ser excluídos os itens 3.1, 3.2 e 3.3 e deixar a redação abaixo:)*

3.1 Observado o interregno mínimo de 1 (um) ano, o critério de reajustamento será por:

I – reajustamento em sentido estrito, quando não houver regime de dedicação exclusiva de mão de obra ou predominância de mão de obra, corrigidos monetariamente pelo INPC (IBGE) ou outro índice que venha a substituí-lo por força de determinação governamental, a contar da data do orçamento estimado ou do último reajuste. A aplicação do índice dar-se-á de acordo com a variação acumulada do INPC (IBGE) ocorrida nos 12 (doze) meses imediatamente anteriores.

II – repactuação, quando houver regime de dedicação exclusiva de mão de obra ou predominância de mão de obra, mediante demonstração analítica da variação dos custos.

CLÁUSULA QUARTA – DO FORNECIMENTO E DA FISCALIZAÇÃO

4.1. Os _____ serão entregues na _____, mediante apresentação de ordem de fornecimento emitida pelo setor de compras.

4.2. Por motivo de força maior, a entrega poderá ser realizada, mediante autorização e aviso prévio, em outro local.

4.3. O recebimento dos produtos será efetuado por _____, após a verificação da quantidade e qualidade dos mesmos e consequente aceitação, obrigando o licitante vencedor a reparar, corrigir, substituir, remover às suas expensas, no todo ou em parte, o objeto da contratação em que se verifiquem defeitos ou incorreções.

4.4. O fiscal do contrato será o servidor _____, observados os artigos 117 e seguintes da Lei 14.133/21 e o gestor do contrato o Sr. _____ .

4.5. Na ocorrência de atrasos na entrega, o CONTRATANTE poderá aplicar as penalidades previstas neste contrato.

CLÁUSULA QUINTA – DAS OBRIGAÇÕES DAS PARTES

5.1. São obrigações das partes:

I – DO CONTRATANTE:

a) Notificar a CONTRATADA através da Secretaria Municipal de _____, fixando-lhe prazo para corrigir irregularidades observadas no fornecimento dos produtos;

b) Expedir, através da Secretaria Municipal de _____, atestado de inspeção do fornecimento, que servirá de instrumento de avaliação do cumprimento das obrigações contratuais e do pagamento devido;

c) Efetuar os pagamentos devidos à CONTRATADA, na forma convencionada, dentro do prazo previsto, desde que atendidas as formalidades necessárias;

d) Proceder às advertências, multas e demais cominações legais pelo descumprimento dos termos deste contrato;

II – DA CONTRATADA:

a) Responder, em relação aos seus empregados, por todas as despesas decorrentes do fornecimento do produto, tais como: salários, seguros de acidente, taxas, impostos e contribuições, indenizações, vales-refeição, vales-transporte e outras que porventura venham a ser criadas e exigidas pelo Governo;

b) Promover o fornecimento, responsabilizando-se pela qualidade dos produtos;

c) Substituir, de imediato, às suas expensas, o objeto do contrato que não se adequar às especificações constantes deste contrato;

d) Responder pelos danos causados diretamente ao CONTRATANTE ou a terceiros, decorrentes de sua culpa ou dolo, durante o fornecimento do produto, não excluindo ou reduzindo essa responsabilidade a fiscalização ou o acompanhamento pelo CONTRATANTE;

e) Assumir a responsabilidade por todos os encargos previdenciários e obrigações sociais previstos na legislação social e trabalhista em vigor, obrigando-se a saldá-la na época própria, vez que os seus empregados não manterão nenhum vínculo empregatício com o CONTRATANTE;

f) Apresentar a atualização, a cada 180 dias, da Certidão Negativa de Débito Trabalhista (CNDT) referida na Lei nº 12.440 de 07.07.2011;

g) É vedado subcontratar parte ou a totalidade do objeto, salvo mediante expressa autorização do Contratante, sendo vedada a subcontratação da pessoas física ou jurídica, se aquela ou os dirigentes desta mantiverem vínculo de natureza, comercial, econômica, financeira, trabalhista ou civil com dirigente do órgão ou entidade contratante ou com agente público que desempenhe função na licitação ou atue na fiscalização ou na gestão do contrato, ou que deles seja cônjuge, companheiro ou parente em linha reta, colateral ou por afinidade, até o terceiro grau;

h) A contratada está obrigada a viabilizar o acesso de seus empregados, via internet, por meio de senha própria, aos sistemas da Previdência Social e da Receita do Brasil, com o objetivo de verificar se as suas contribuições previdenciárias foram recolhidas;

i) Reter 11% sobre o valor da fatura de serviços da contratada, nos termos do art. 31, da Lei 8.212/1993; *(Obs.: esta cláusula só será aplicada se o objeto do contrato for prestação de serviços para cessão de mão de obra)*

j) A contratada é obrigada a viabilizar a emissão do cartão cidadão pela Caixa Econômica Federal para todos os empregados;

k) A contratada está obrigada a oferecer todos os meios necessários aos seus empregados para a obtenção de extratos de recolhimentos sempre que solicitado pela fiscalização;

l) A contratada deve, sempre que solicitado, apresentar extrato de FGTS dos empregados.

CLÁUSULA SEXTA – DA DOTAÇÃO ORÇAMENTÁRIA

6.1. As despesas decorrentes desta contratação correrão pelas dotações orçamentárias nºs _____.

CLÁUSULA SÉTIMA – DA VIGÊNCIA

7.1. O prazo de vigência deste contrato será até __/__/____, contado da data de sua assinatura.

7.2. A prorrogação do prazo contratual poderá ocorrer, a critério do Contratante, nos termos da Lei Federal nº 14.133/21.

CLÁUSULA OITAVA – DA EXTINÇÃO

8.1. O instrumento contratual, firmado em decorrência da presente licitação, poderá ser extinto de conformidade com o art. 137 da Lei Federal nº 14.133, de 2021.

CLÁUSULA NONA – DAS SANÇÕES ADMINISTRATIVAS

(Adequar essa cláusula de acordo com a legislação municipal que regulamentar a aplicação de penalidades)

9.1. Incorre em infração administrativa o fornecedor que cometer quaisquer faz infrações previstas no art. 155 da Lei nº 14.133, de 2021 e art. ___ do Decreto nº _____, quais sejam:

I – dar causa à inexecução parcial do contrato;

II – dar causa à inexecução parcial do contrato que cause grave dano à Administração, ao funcionamento dos serviços públicos ou ao interesse coletivo;

III – dar causa à inexecução total do contrato;

IV – deixar de entregar a documentação exigida para o certame;

V – não manter a proposta, salvo em decorrência de fato superveniente devidamente justificado;

VI – não celebrar o contrato ou ata de registo de preços ou não entregar a documentação exigida para a contratação, quando convocado dentro do prazo de validade de sua proposta;

VII – ensejar o retardamento da execução ou da entrega do objeto da licitação sem motivo justificado;

VIII – apresentar declaração ou documentação falsa exigida para o certame ou prestar declaração falsa durante a licitação ou a execução do contrato;

IX – fraudar a licitação ou praticar ato fraudulento na execução do contrato;

X – comportar-se de modo inidôneo ou cometer fraude de qualquer natureza;

XI – praticar atos ilícitos com vistas a frustrar os objetivos da licitação;

XII – praticar ato lesivo previsto no art. 5º da Lei nº 12.846, de 1º de agosto de 2013;

XIII – tumultuar a sessão pública da licitação;

XIV – propor recursos manifestamente protelatórios;

XV – deixar de regularizar os documentos fiscais no prazo concedido, na hipótese de o infrator enquadrar-se como Microempresa ou Empresa de Pequeno Porte, nos termos da Lei Complementar Federal nº 123, de 14 de dezembro de 2006;

XVI – deixar de manter as condições de habilitação durante o prazo do contrato;

XVII – permanecer inadimplente após a aplicação de advertência;

XVIII – deixar de complementar o valor da garantia recolhida após solicitação do contratante;

XIX – deixar de devolver eventuais valores recebidos indevidamente após ser devidamente notificado;

XX – manter empregado, responsável técnico ou qualquer pessoa sob sua responsabilidade com qualificação em desacordo com as exigências do edital ou do contrato, durante a execução do objeto;

XXI – utilizar as dependências do contratante para fins diversos do objeto do contrato;

XXII – tolerar, no cumprimento do contrato, situação apta a gerar ou causar dano físico, lesão corporal ou consequências letais a qualquer pessoa;

XXIII – deixar de fornecer Equipamento de Proteção Individual – EPI, quando exigido, aos seus empregados ou omitir-se em fiscalizar sua utilização, na hipótese de contratação de serviços de mão de obra;

XXIV – deixar de substituir empregado cujo comportamento for incompatível com o interesse público, em especial quando solicitado pela Administração;

XXV – deixar de repor funcionários faltosos;

XXVI – deixar de apresentar, quando solicitado pela administração, comprovação do cumprimento das obrigações trabalhistas e com o Fundo de Garantia do tempo de Serviço (FGTS) em relação aos empregados diretamente envolvidos na execução do contrato, em especial quanto ao:

a) registro de ponto;

b) recibo de pagamento de salários, adicionais, horas extras, repouso semanal remunerado e décimo terceiro salário;

c) comprovante de depósito do FGTS;

d) recibo de concessão e pagamento de férias e do respectivo adicional;

e) recibo de quitação de obrigações trabalhistas e previdenciárias dos empregados dispensados até a data da extinção do contrato;

f) recibo de pagamento de vale-transporte e vale-alimentação, na forma prevista em norma coletiva;

XXVII – deixar de observar a legislação pertinente aplicável ao seu ramo de atividade;

XXVIII – entregar o objeto contratual em desacordo com as especificações, condições e qualidades contratadas e/ou com vício, irregularidade ou defeito oculto que o tornem impróprio para o fim a que se destina;

XXIX – ofender agentes públicos no exercício de suas funções;

XXX – induzir a administração em erro;

XXXI – deixar de manter empregados, que fiquem nas dependências e à disposição da administração nos contratos de serviços contínuos com regime de dedicação exclusiva de mão de obra;

XXXII – compartilhar recursos humanos e materiais disponíveis de uma contratação para execução simultânea de outros contratos por parte do contratado, nos contratos de serviços contínuos com regime de dedicação exclusiva de mão de obra;

XXXIII – impossibilitar a fiscalização pelo contratante quanto à distribuição, controle e supervisão dos recursos humanos alocados aos seus contratos, em relação aos contratos de serviços contínuos com regime de dedicação exclusiva de mão de obra;

XXXIV – apresentar proposta inexequível com finalidade de tumultuar o procedimento;

XXXV – deixar de demonstrar exequibilidade da proposta quando exigida pela administração;

XXXVI – subcontratar serviço em contrato em que não há essa possibilidade;

XXXVII – deixar de apresentar no prazo do art. 96, §3º da Lei 14133/21, garantia pelo contratado quando optar pela modalidade seguro garantia;

XXXVIII – deixar de comprovar, quando solicitado, na execução contratual, a reserva de cargos prevista em lei para pessoa com deficiência, para reabilitado da Previdência Social ou para aprendiz, bem como as reservas de cargos previstas em outras normas específicas;

XXXIX – deixar de manter preposto aceito pela Administração no local da obra ou do serviço para representar o contratado na execução do contrato;

XL – deixar de aceitar as supressões e acréscimos de até 25% (vinte e cinco por cento) em relação aos contratos.

9.2. O fornecedor que cometer qualquer das infrações discriminadas nos subitens anteriores ficará sujeito, sem prejuízo da responsabilidade civil e criminal, às seguintes sanções:

9.2.1. de advertência que consiste em comunicação formal ao infrator do descumprimento de uma obrigação do edital, da Ata de Registros de Preços ou da inexecução parcial do contrato quando não se justificar a imposição de penalidade mais grave;

9.2.2. de multa, o infrator que, injustificadamente, descumprir a legislação, cláusulas do edital ou cláusulas contratuais, não podendo ser inferior a 0,5% (cinco décimos por cento) nem superior a 30% (trinta por cento) do valor de referência do certame ou do contrato nos termos estabelecidos nos respectivos instrumentos, devendo ser observados, preferencialmente, os seguintes percentuais e diretrizes:

I – multa moratória de 0,5% (cinco décimos por cento) por dia de atraso na entrega de material ou execução de serviços, até o limite de 10% (dez por cento), correspondente a até 30 (trinta) dias de atraso, calculado sobre o valor correspondente à parte inadimplente, excluída, quando for o caso, a parcela correspondente aos impostos destacados no documento fiscal;

II – multa de 10% (dez por cento) sobre o valor total da adjudicação do certame ou do valor da contratação direta em caso de recusa do infrator em assinar o contrato, ou recusar-se a aceitar ou retirar o instrumento equivalente;

III – multa de 5% (cinco por cento) sobre o valor de referência do certame, nas hipóteses constantes do item 10.1, subitens I, IV, V, XIII, XIV e XV, deste edital;

IV – multa de 5% (cinco por cento) sobre o valor total da adjudicação, nas hipóteses constantes do item 9.1, subitens XVI, XVII, XVIII, XX, XXI, XXIII, XXIV, XXV, XXVI, XXVII, XXXI, XXXIII, XXXVIII e XXXIX deste edital;

V – multa de 10% (dez por cento) sobre o valor de referência do certame, nas hipóteses constantes do item 9.1, subitens II, III, VI, VII, VIII, IX, X, XI, XII, XXIX, XXX, XXXIV e XXXV deste edital;

VI – multa de 10% (dez por cento) sobre o valor total da adjudicação, nas hipóteses constantes do item 9.1, subitens XIX, XXII, XVIII, XXXII, XXXVI, XXXVII e XL, deste edital;

VII – multa indenizatória, a título de perdas e danos, na hipótese de o infrator ensejar a rescisão do contrato e sua conduta implicar gastos à administração, superiores aos contratados.

c) de impedimento de licitar e contratar que impedirá o infrator de participar de licitação e contratar com a administração:

I – por até 01 (um) ano, se o infrator:

a) deixar de entregar a documentação exigida para o certame;

b) não manter a proposta, salvo em decorrência de fato superveniente devidamente justificado;

9.2.3. ensejar o retardamento da execução ou da entrega do objeto do certame sem motivo justificado;

II – por até 02 (dois) anos, se o infrator:

a) apresentar declaração ou documentação falsa exigida para o certame ou prestar declaração falsa durante o mesmo ou durante a execução do contrato;

b) der causa à inexecução parcial do contrato que cause grave dano à administração, ao funcionamento dos serviços públicos ou ao interesse coletivo;

III – por até 03 (três) anos, se o infrator:

a) não celebrar o contrato, quando convocado dentro do prazo de validade de sua proposta;

b) fraudar o certame ou praticar ato fraudulento na execução do contrato;

c) der causa à inexecução total do contrato.

9.2.4. de Declaração de inidoneidade de contratar com a Administração Pública, será aplicada por prazo não superior a 6 (seis) anos, nas seguintes hipóteses:

I – por período de 3 (três) a 4 (quatro) anos, no caso de praticar atos ilícitos com vistas a frustrar os objetivos do certame;

II – por período de 4 (quatro) a 5 (cinco) anos, nos casos de:

a) fraudar o certame ou praticar ato fraudulento na execução do contrato;

b) comportar-se de modo inidôneo ou cometer fraude de qualquer natureza.

III – por período de 5 (cinco) a 6 (seis) anos, nos casos de:

a) praticar ato lesivo previsto no art. 5º da Lei 12.846/13;

b) dar causa à inexecução total do contrato, por ato doloso que cause lesão ao erário.

9.3. Na aplicação das sanções será observado Decreto nº _____ de _____.

9.4. Será considerado falta grave e caracterizado como falha em sua execução o não recolhimento das contribuições sociais da Previdência Social, que poderá dar ensejo à rescisão do contrato, sem prejuízo da aplicação de sanção pecuniária e do impedimento para licitar e contratar com a Administração, nos termos da Lei Federal nº 14.133, de 2021.

CLÁUSULA DÉCIMA – DA ALTERAÇÃO CONTRATUAL

10.1. O contratado fica obrigado a aceitar, nas mesmas condições contratuais, os acréscimos ou supressões, de até 25% (vinte e cinco por cento), de acordo com o que preceitua o art. 125 da Lei Federal nº 14.133 de 2021.

CLÁUSULA DÉCIMA PRIMEIRA – DO REEQUILÍBRIO ECONÔMICO-FINANCEIRO

11.1 Eventuais pedidos de reequilíbrio econômico-financeiro deverão ser respondidos em até _____ (_____) dias contados do protocolo.

CLÁUSULA DÉCIMA SEGUNDA – DA PUBLICAÇÃO

12.1. O procedimento será divulgado no site oficial do Município no endereço eletrônico _____, na imprensa oficial do Município nos termos da Lei Municipal nº _____ e no Portal Nacional de Contratações Públicas - PNCP.

CLÁUSULA DÉCIMA TERCEIRA – DOS CASOS OMISSOS

13.1. Os casos omissos, assim como as dúvidas, serão resolvidos com base na Lei Federal nº 14.133, de 2021, cujas normas ficam incorporadas ao presente instrumento, ainda que delas não se faça aqui menção expressa.

CLÁUSULA DÉCIMA QUARTA – DO FORO

14.1. Fica eleito o foro da comarca de _____ para solucionar quaisquer dúvidas quanto à execução do presente contrato.

E, por estarem justas, as partes firmam o presente instrumento em ___ (_____) vias de igual teor e forma, na presença das testemunhas abaixo.

_____, ____de _____ de _____.

_____   _____
MUNICÍPIO DE _____ CONTRATADA

Testemunhas: _____ _____

CPF nºs:

ANEXO _____ AO PROCESSO LICITATÓRIO Nº ____/ _____
CONCORRÊNCIA ELETRÔNICA Nº _____/ _____

APURAÇÃO CONTÁBIL-FINANCEIRA DO ÍNDICE DE LIQUIDEZ	
NOME DA EMPRESA:	
CNPJ:	
ÍNDICE DE LIQUIDEZ GERAL	
DESCRIÇÃO	VALOR R$
Ativo circulante	
Realizável em longo prazo	
Passivo circulante	
Exigível em longo prazo	

ILG = AC + RLP

_____ = _____ = ____

PC + ELP
AC = Ativo Circulante
RLP = Realizável em longo prazo
PC = Passivo circulante
ELP = Exigível em longo prazo

ÍNDICE DE LIQUIDEZ GERAL APURADO	

Nome do Contador: _____CRC: _____
Assinatura: _____ Data: ___/___/___
Nome do responsável pela empresa: _____
Assinatura: _____ Data: ___/___/___

ANEXO _____ AO PROCESSO LICITATÓRIO Nº ____/____

CONCORRÊNCIA PÚBLICA ELETRÔNICA Nº ____/____

DECLARAÇÃO DE INTEGRALIDADE DOS CUSTOS

_____, inscrito no CNPJ nº _____, por intermédio de seu representante legal o(a) Sr(a). _____, portador(a) da Carteira de Identidade nº _____ e do CPF nº _____, DECLARA que suas propostas econômicas compreendem a integralidade dos custos para atendimento dos direitos trabalhistas assegurados na Constituição Federal, nas leis trabalhistas, nas normas infralegais, nas convenções coletivas de trabalho e nos termos de ajustamento de conduta vigentes na data de entrega das propostas.

_____

(data)

_____

(representante legal)

ANEXO _____ AO PROCESSO LICITATÓRIO Nº _____/_____

CONCORRÊNCIA PÚBLICA ELETRÔNICA Nº _____/_____

DECLARAÇÃO DE RESERVA DE CARGOS PARA PESSOA COM DEFICIÊNCIA E PARA A REABILITAÇÃO DA PREVIDÊNCIA SOCIAL

_____, inscrito no CNPJ nº_____, por intermédio de seu representante legal o(a) Sr(a)._____, portador(a) da Carteira de Identidade nº_____ e do CPF nº _____, DECLARA que cumprirá, caso aplicável, as exigências de reserva de cargos para pessoa com deficiência e para reabilitado da Previdência Social, previstas em lei e em outras normas.

_____

(data)

_____

(representante legal)

ANEXO _____ AO PROCESSO LICITATÓRIO Nº ____/____

CONCORRÊNCIA PÚBLICA ELETRÔNICA Nº _____/____

MODELO DE DECLARAÇÃO DE LIMITE DA RECEITA BRUTA MÁXIMA ADMITIDA PARA FINS DE USUFRUIR DOS BENEFÍCIOS DE ME E EPP
Ref.: ART. 4º, §2º DA LEI FEDERAL Nº 14.133/2021

A empresa _____, inscrita no CNPJ nº_____, por intermédio de seu representante legal o(a) Sr(a)._____, portador(a) da Carteira de Identidade nº_____ e do CPF nº _____, DECLARA, conforme disposto no art. 4º, §2º da Lei Federal nº 14.1333, de 01 de abril de 2021, que, no ano-calendário em que está sendo realizado o processo licitatório nº _____/_____ – _____ nº _____/_____, não celebrou contratos com a Administração Pública cujos valores somados extrapolam a receita bruta máxima admitida para fins de enquadramento como Empresa de Pequeno Porte, e que está apta a usufruir dos benefícios previstos dos artigos 42 a 49 da Lei Complementar n. 123/2006.

_____, ____ de _____ de _____.

_____

(Assinatura do representante da empresa)

MODELO DE EDITAL DE PREGÃO ELETRÔNICO

EDITAL DE PREGÃO ELETRÔNICO Nº _____/_____

PROCESSO nº _____/_____

A Prefeitura Municipal de _____ torna público, para conhecimento dos interessados, que às ____ horas do dia ____ de _____ de _____, *(no portal eletrônico_____,)* será realizada a sessão para recebimento e abertura dos envelopes contendo a Proposta Comercial para o Pregão Eletrônico nº _____/_____, do tipo "MENOR PREÇO", modo de disputa ABERTO ou ABERTO/FECHADO, ou FECHADO/ABERTO *(adequar de acordo com o caso concreto)*, que reger-se-á pelas Lei Federal nº 14.133 de 1º de abril de 2021, Lei Complementar de nº 123 de 14 de dezembro de 2006, pelo *(Decreto Municipal nº _____ de _____)* e, ainda, pelo estabelecido no presente Edital e seus anexos.

1. DO OBJETO

1.1. A presente licitação tem por objeto a aquisição de _____ para atender às necessidades da Secretaria Municipal de _____, conforme Anexo _____ .

1.2. Em caso de discrepância entre as especificações deste objeto descritas no sistema compras.gov.br e as constantes deste edital, prevalecerão as constantes deste edital.

2. DA PARTICIPAÇÃO NA LICITAÇÃO

2.1. Poderão participar da presente licitação os interessados que atenderem a todas as exigências constantes deste Edital e seus anexos, inclusive quanto à documentação.

2.1.1. Será admitida a participação de empresas em consórcio, nos termos do artigo 15 da Lei 14.133/2021.

2.1.1.1. O compromisso público ou particular de constituição do consórcio, subscrito pelos consorciados, deverá ser anexado ao sistema juntwwamente da proposta, contendo, pelo menos, os seguintes elementos:

a) Designação do consórcio e sua composição;

b) Finalidade do consórcio;

c) Prazo de duração do consórcio, que deve coincidir, no mínimo, com o prazo de vigência contratual;

d) Endereço do consórcio e o foro competente para dirimir eventuais demandas entre os consorciados;

e) Definição das obrigações e responsabilidades de cada consorciado e das prestações específicas, inclusive a proporção econômica e financeira da respectiva participação de cada consorciado em relação ao objeto licitado;

f) Previsão de responsabilidade solidária de todos os consorciados pelos atos praticados pelo consórcio, tanto na fase de licitação quanto na de execução do contrato, abrangendo também os encargos fiscais, trabalhistas e administrativos referentes ao objeto da contratação;

g) Indicação da empresa responsável pelo consórcio e seu respectivo representante legal, que terá poderes para receber citação, interpor e desistir de recursos, firmar o contrato e praticar todos os demais atos necessários à participação na licitação e execução do objeto contratado;

h) Compromisso subscrito pelas consorciadas de que o consórcio não terá a sua composição modificada sem a prévia e expressa anuência do Município de _____ até o cumprimento do objeto da contratação, mediante a emissão do termo de recebimento definitivo, observado o prazo de duração do consórcio, definido na alínea "c" do item 2.1.1.1.

(Devem decidir se vão permitir ou não a participação de empresas em consórcio (optar pelos itens 2.1.1 ou 2.3.8))

2.1.2. Os profissionais organizados sob a forma de cooperativa poderão participar de licitação quando:

2.1.2.1. a constituição e o funcionamento da cooperativa observarem as regras estabelecidas na legislação aplicável, em especial a Lei de nº 5764/71, a Lei de nº 12.690/12, e a Lei Complementar de nº 130/09;

2.1.2.2. apresentar demonstrativo de atuação em regime cooperado, com repartição de receitas e despesas entre os cooperados;

2.1.2.3. qualquer cooperado, com igual qualificação, for capaz de executar o objeto contratado, vedado à Administração indicar nominalmente pessoas;

2.1.2.4. O objeto da licitação referir-se, em se tratando de cooperativas enquadradas na Lei de nº 12.690/12, a serviços especializados constantes do objeto social da cooperativa, a serem executados de forma complementar à sua atuação.

2.2. Para ter acesso ao sistema eletrônico, os interessados em participar deste pregão deverão ter conhecimento acerca do seu funcionamento e regulamento e receber instruções detalhadas para a correta utilização do sistema.

2.3. Não poderão participar deste pregão os interessados que:

2.3.1. se encontrarem em processo de falência, de dissolução, de fusão, de cisão ou de incorporação;

2.3.2. estejam cumprindo suspensão temporária de participação em licitação e impedimento de contratar com o Município, tenham sido declarados inidôneos para licitar ou contratar com a Administração Pública;

2.3.3. sejam estrangeiros que não tenham representação legal no Brasil com poderes expressos para receber citação e responder administrativa e judicialmente;

2.3.4. sejam autores do anteprojeto, do projeto básico ou do projeto executivo, pessoa física ou jurídica, quando a licitação versar sobre obra, serviços ou fornecimento de bens a ele relacionados, incluindo autores do projeto as empresas integrantes do mesmo grupo econômico. Equiparam-se aos autores do projeto as empresas integrantes do mesmo grupo econômico; empresa, isoladamente ou em consórcio, responsável pela elaboração do projeto básico ou do projeto executivo, ou empresa da qual o autor do projeto seja dirigente, gerente, controlador, acionista ou detentor de mais de 5% (cinco por cento) do capital com direito a voto, responsável técnico ou subcontratado, quando a licitação versar sobre obra, serviços ou fornecimento de bens a ela necessários;

2.3.5. mantenham vínculo de natureza técnica, comercial, econômica, financeira, trabalhista ou civil com dirigente do órgão ou entidade contratante ou com agente público que desempenhe função na licitação ou atue na fiscalização ou na gestão do contrato, ou que deles seja cônjuge, companheiro ou parente em linha reta, colateral ou por afinidade, até o terceiro grau;

2.3.5.1. A vedação do item anterior se estende para eventuais empresas subcontratadas.

2.3.6. sejam pessoa física ou jurídica que, nos 5 (cinco) anos anteriores à divulgação do edital, tenha sido condenada judicialmente, com trânsito em julgado, por exploração de trabalho infantil, por submissão de trabalhadores a condições análogas às de escravo ou por contratação de adolescentes nos casos vedados pela legislação trabalhista;

2.3.7. empresas controladoras, controladas ou coligadas, nos termos da Lei nº 6.404, de 15 de dezembro de 1976, concorrendo entre si; e

2.3.8. entidades empresariais que estejam reunidas em consórcio. *(verificar observação referente ao item 2.1.1.1)*

2.4. O licitante interessado deverá encaminhar proposta exclusivamente por meio do sistema eletrônico até a data e o horário marcados para abertura da sessão, quando então se encerrará automaticamente a etapa de envio da proposta.

2.5. O licitante interessado poderá enviar os documentos de habilitação exigidos no edital concomitantemente com a proposta.

2.6. O licitante deverá consignar na forma expressa no sistema eletrônico o valor total ofertado para cada item (resultado da multiplicação do valor unitário pela quantidade), já inclusos todos os tributos, fretes, tarifas e demais despesas decorrentes da execução do objeto.

2.7. O licitante deverá fazer em campo próprio do sistema eletrônico a descrição detalhada do produto ofertado ou colocar a expressão "de acordo com o edital".

2.8. O licitante deverá declarar em campo próprio do sistema eletrônico que cumpre plenamente os requisitos de habilitação, que sua proposta está em conformidade com as exigências do edital e que observa a proibição prevista no art. 7º, XXXIII, da Constituição Federal, sob pena de inabilitação, sem prejuízo da aplicação das penalidades previstas em tópico específico deste edital.

2.9. O licitante enquadrado como microempresa ou empresa de pequeno porte deverá declarar em campo próprio do sistema eletrônico que atende aos requisitos do art. 3º da Lei Complementar n. 123/2006 para fazer jus aos benefícios previstos nessa lei.

2.10. Declaração falsa relativa ao cumprimento dos requisitos de habilitação, à conformidade da proposta ou ao enquadramento como microempresa ou empresa de pequeno porte sujeitará o licitante às sanções previstas neste edital.

2.11. Todas as propostas ficarão disponíveis no sistema eletrônico.

2.12. Qualquer elemento que possa identificar o licitante importará desclassificação da proposta, sem prejuízo das sanções previstas neste edital.

2.13. Até a abertura da sessão, o licitante poderá retirar ou substituir a proposta anteriormente encaminhada.

2.14. As propostas terão validade de 60 (sessenta) dias, contados da data de abertura da sessão pública estabelecida no preâmbulo deste edital.

2.15. Decorrido o prazo de validade das propostas sem convocação para contratação, ficam os licitantes liberados dos compromissos assumidos.

2.16. O Lote _____ (ou Itens _____) é(são) destinado(s) exclusivamente para empresas que estejam na condição de ME, MEI e EPP, conforme determina o inciso I do art. 48 da LC 123/06. *(Havendo item(ns) cujo valor estimado não ultrapasse R$80.000,00, tal(is) item(ns) será(ão) destinado(s) exclusivamente às empresas que estejam na condição de ME, MEI e EPP. A Administração tem a opção de incluir essa cláusula ou abrir uma licitação específica para esses itens)*

2.17. Os Lotes _____ *(ou Itens _____)* que correspondem a 25% do total dos itens ___ e ____ desta licitação serão destinados a cota reservada para ME, MEI e EPP, conforme art. 48, III da LC 123/06 alterada pela LC 147/14. *(De acordo com o art. 48, III da LC 123/06 alterada pela LC 147/14, 25% (vinte e cinco por cento) do total de itens será destinado à cota reservada para ME, MEI e EPP. Essa cota reservada é fixada apenas para os itens que não foram contemplados no item 2.3)*

2.17.1. Não comparecendo licitantes na condição de ME, MEI ou EPP, que ofertem proposta para a cota de 25% reservada para empresas nesta condição, o item será adjudicado ao licitante que ofertar a proposta de menor valor para o item correspondente.

(ATENÇÃO: SE NÃO HOUVER UM NÚMERO DE 3 (TRÊS) FORNECEDORES COMPETITIVOS ENQUADRADOS COMO ME, MEI OU EPP SEDIADOS LOCAL OU REGIONALMENTE E CAPAZES DE CUMPRIR AS EXIGÊNCIAS ESTABELECIDAS NO INSTRUMENTO CONVOCATÓRIO, BEM COMO SE ESSE TRATAMENTO NÃO FOR VANTAJOSO PARA A ADMINISTRAÇÃO, OS ITENS 2.16, 2.17 E 2.17.1 PODERÃO SER EXCLUÍDOS DO EDITAL, ENTRETANTO, DEVERÁ CONSTAR NA FASE INTERNA DO PROCESSO A JUSTIFICATIVA QUE CARACTERIZA A DISPENSA PREVISTA NO ART. 49 DA LC)

3. DOS ESCLARECIMENTO E DA IMPUGNAÇÃO DO ATO CONVOCATÓRIO *(compatibilizar com o disposto em Decreto Municipal)*

3.1 Qualquer pessoa poderá impugnar os termos do edital do pregão, por meio eletrônico, na forma prevista no edital, até três dias úteis anteriores à data fixada para abertura da sessão pública, enviada exclusivamente para o endereço eletrônico _____ _____ .

3.2 A impugnação não possui efeito suspensivo e caberá ao pregoeiro, auxiliado pelos responsáveis pela elaboração do edital e dos anexos, decidir sobre a mesma no prazo de três dias úteis, contados da data de recebimento da impugnação.

3.3 A concessão de efeito suspensivo à impugnação é medida excepcional e deverá ser motivada pelo pregoeiro.

3.4. Acolhida a impugnação contra o edital, será definida e publicada nova data para realização do certame, se for o caso.

3.5. Os pedidos de esclarecimento deverão ser enviados até o terceiro dia útil que anteceder a data fixada para a abertura da sessão pública exclusivamente via internet, para o endereço eletrônico _____.

3.6. As respostas às impugnações e aos esclarecimentos solicitados serão disponibilizadas no sistema eletrônico em até 3 (três) dias úteis, limitado ao último dia útil anterior à data da abertura do certame.

4. DO CADASTRO E CREDENCIAMENTO

4.1. A licitante deverá se cadastrar como usuária perante o provedor do sistema eletrônico utilizado no certame, qual seja, _____, sendo observado o seguinte:

a) O credenciamento para acesso ao sistema ocorrerá pela atribuição de chave de identificação e de senha pessoal e intransferível;

b) A chave de identificação e senha serão utilizadas em qualquer processo eletrônico;

c) Deverão comunicar imediatamente ao provedor do sistema qualquer acontecimento que possa comprometer o sigilo ou a inviabilidade do uso da senha, para imediato bloqueio de acesso;

d) A senha de acesso é de responsabilidade exclusiva do usuário, não cabendo ao provedor do _____ ou ao órgão promotor da licitação responsabilidade por eventuais danos decorrentes do uso indevido da senha, ainda que por terceiros;

e) Deverão solicitar o cancelamento da chave de identificação ou da senha de acesso por interesse próprio.

4.2. O cadastro no SICAF deverá ser feito no Portal de Compras do Governo Federal, no sítio _____, por meio de certificado digital conferido pela Infraestrutura de Chaves Públicas Brasileira – ICP – Brasil.

4.3. O credenciamento junto ao provedor do sistema implica a responsabilidade do licitante ou de seu representante legal e a presunção de sua capacidade técnica para realização das transações inerentes a este Pregão.

4.4. O licitante responsabiliza-se exclusiva e formalmente pelas transações efetuadas em seu nome, assume como firmes e verdadeiras suas propostas e seus lances, inclusive os atos praticados diretamente ou por seu representante, excluída a responsabilidade do provedor do sistema ou do órgão ou entidade promotora da licitação por eventuais danos decorrentes de uso indevido das credenciais de acesso, ainda que por terceiros.

4.5. É de responsabilidade do cadastrado conferir a exatidão dos seus dados cadastrais no SICAF e mantê-los atualizados junto aos órgãos responsáveis pela informação, devendo proceder, imediatamente, à correção ou à alteração dos registros tão logo identifique incorreção ou aqueles se tornem desatualizados.

4.5.1. A não observância do disposto no subitem anterior poderá ensejar desclassificação no momento da habilitação

4.6. Caberá ao licitante acompanhar as operações no sistema eletrônico durante o processo licitatório e responsabilizar-se pelo ônus decorrente de eventuais perdas diante da inobservância de mensagens emitidas pelo sistema ou de sua desconexão.

4.7. Declarado encerrado o credenciamento pelo pregoeiro, não serão admitidos novos proponentes.

5. APRESENTAÇÃO DOS DOCUMENTOS

5.1. Após a publicação do edital, os licitantes encaminharão, exclusivamente por meio do sistema, proposta com a descrição do objeto ofertado e o preço, até a data e o horário estabelecidos para abertura da sessão pública.

a) A etapa de que trata o item 5.1 será encerrada com a abertura da sessão pública.

b) O envio da proposta, nos termos do disposto no item 5.1, ocorrerá por meio de chave de acesso e senha.

c) O licitante declarará, em campo próprio do sistema, o cumprimento dos requisitos para a habilitação e a conformidade de sua proposta com as exigências do edital.

d) Os licitantes poderão retirar ou substituir a proposta inserida no sistema, até a abertura da sessão pública.

e) Na etapa de apresentação da proposta pelo licitante, observado o disposto no item 5.1, não haverá ordem de classificação das propostas, o que ocorrerá somente após os procedimentos de negociação das propostas de que trata o Capítulo _____ do Decreto Municipal nº_____/_____.

f) Os documentos que compõem a proposta do licitante mais bem classificado serão disponibilizados para avaliação do pregoeiro e para acesso público somente após o encerramento do envio de lances.

g) Os documentos complementares à proposta, quando necessários à confirmação daqueles exigidos no edital e já apresentados, serão encaminhados pelo licitante mais bem classificado após o encerramento do envio de lances, observado o prazo de, no mínimo, duas horas, contado da solicitação no sistema pelo pregoeiro.

h) Durante a sessão pública, a comunicação entre o pregoeiro e os licitantes ocorrerá exclusivamente mediante troca de mensagens, em campo próprio do sistema eletrônico.

i) Cabe ao licitante acompanhar as operações no sistema eletrônico durante a sessão pública do pregão, ficando responsável pelo ônus decorrente da perda de negócios diante da inobservância de qualquer mensagem emitida pelo sistema ou por estar desconectado do sistema, inclusive quanto ao não encaminhamento de documento afeto ao certame.

6. DA PROPOSTA COMERCIAL

6.1. São requisitos da proposta de preço:

a) ser apresentada em língua portuguesa, contendo o número e a modalidade da licitação deste Edital, devendo preferencialmente, conter razão social, CNPJ, endereço, número de telefone e dados bancários;

b) conter a assinatura do responsável legal da empresa ou representante devidamente qualificado;

c) ser elaborada, preferencialmente, nos moldes do Anexo _____ deste edital;

d) conter o prazo de validade da proposta de 60 (sessenta) dias contados da data-limite;

e) conter prazo de entrega de no máximo _____ dias úteis a contar do recebimento da requisição;

f) conter prazo de garantia do objeto de no mínimo _____ (_____) meses, que começará a correr ao término da garantia legal de que trata a Lei nº 8.078/90, adotando-se, para tanto, como termo inicial a partir da data de entrega dos produtos;

(ESSE PRAZO É APENAS PARA LICITAÇÕES CUJO OBJETO É AQUISIÇÃO DE PRODUTOS, NÃO VALENDO PARA ALIMENTOS. NESTES CASOS, PODE-SE PEDIR O PRAZO DE VALIDADE DO ALIMENTO)

(O PRAZO DE GARANTIA DEVE SER COMPATÍVEL COM A NATUREZA DO OBJETO)

g) O licitante deverá apresentar obrigatoriamente a MARCA dos produtos ofertados em sua proposta sob pena de desclassificação.

6.2. No preço proposto, que constituirá a única e completa remuneração, deverão ser computados o lucro e todos os custos, inclusive impostos diretos e indiretos, obrigações tributárias, trabalhistas e previdenciárias, bem como quaisquer outras obrigações inerentes ao fornecimento do objeto, não sendo admitidos pleitos de acréscimos a qualquer título.

6.3. As propostas cadastradas pelos licitantes no sistema eletrônico que descumprirem as exigências do edital quanto à forma de sua apresentação e/ou apresentarem erros que prejudiquem a oferta de lances e o caráter competitivo do certame também serão desclassificadas mediante decisão fundamentada do pregoeiro.

6.4. A verificação da conformidade das propostas será feita exclusivamente em relação à proposta mais bem classificada.

7. DA PRÉ-HABILITAÇÃO – GARANTIA DE PROPOSTAS

Atenção: A GARANTIA DA PROPOSTA SÓ PODERÁ SER EXIGIDA COMO REQUISITO DE PRÉ-HABILITAÇÃO CONFORME DISPOSTO NO ARTIGO 58 DA LEI FEDERAL Nº 14.133/21

7.1. A licitante prestará garantia de proposta nos termos do art. 58, da Lei Federal nº 14.133/21, em qualquer uma das modalidades permitidas, **que será encaminhada juntamente da proposta,** no valor de R$_____ (_____).
(Esse valor deve ser limitado a 1% do valor estimado do objeto da contratação)

7.2. As modalidades de garantia referidas no item anterior são:

a) Caução em dinheiro ou em títulos da dívida pública;

c) Seguro garantia;

d) Fiança bancária, emitida por banco ou instituição financeira devidamente autorizada a operar no País pelo Banco Central do Brasil.

7.2.1. Quando a Garantia da Proposta for realizada através de **caução em dinheiro** deverá ser efetivada em moeda corrente nacional, mediante documento de arrecadação próprio, expedido pela Secretaria Municipal de _____, ou através de depósito/transferência bancária na Conta _____, Agência _____, Banco _____, ou pix _____ *(indicar a chave do pix)*, cujo comprovante deverá ser anexado junto à PROPOSTA.

7.2.2. Os títulos da dívida pública previstos na alínea "a" deverão ser emitidos sob a forma escritural, mediante registro em sistema centralizado de liquidação e de custódia autorizado pelo Banco Central do Brasil, e avaliados por seus valores econômicos, conforme definido pelo Ministério da Economia;

7.2.2.1. Caso o título venha a ser extinto ou tenha o seu prazo de validade expirado, a garantia deverá ser prestada por meio de outro título válido que venha a substituir o anterior, emitido pelo Tesouro Nacional e registrado no Sistema Especial de Liquidação e Custódia – SELIC, ou substituído por uma das demais modalidades de garantia.

7.2.3. Em caso de fiança bancária, deverá ser expressa a renúncia do fiador ao benefício de ordem, e aos direitos previstos no artigo 827 do Código Civil (Lei 10.406/02), sendo que, a fiança deverá ser realizada em instituições financeiras regularmente autorizadas pelo Banco Central.

7.3. O prazo mínimo de validade da garantia de proposta será de 60 (sessenta) dias contados da data de entrega da proposta.

7.4. O comprovante de garantia de proposta deverá ser anexado junto à documentação de PROPOSTA.

7.5. A garantia de proposta será liberada em até 10 (dez) dias úteis, contados:

– Da decisão definitiva de inabilitação da licitante;

– Da decisão definitiva de desclassificação da licitante;

– Da homologação da proposta vencedora.

7.6. Dos documentos de habilitação:

A) O licitante classificado em primeiro lugar deverá apresentar os seguintes documentos de habilitação, no prazo de ____ (_____) _____, contados da notificação via sistema.

7.6.1. Habilitação jurídica:

a) registro comercial, no caso de empresa individual;

b) ato constitutivo, estatuto ou contrato social em vigor, devidamente registrado.

b.1) no caso de sociedades por ações, deverá estar acompanhado da documentação de eleição de seus administradores;

b.2) o contrato social consolidado dispensa a apresentação do contrato original e das alterações anteriores, devendo ser apresentadas alterações posteriores, ainda não consolidadas;

c) em se tratando de Microempreendedor Individual – MEI, o Contrato Social ou Estatuto poderá ser substituído pelo Certificado da Condição de Microempreendedor Individual – CCMEI;

d) decreto de autorização, em se tratando de empresa ou sociedade estrangeira em funcionamento no País e ato de registro ou autorização para funcionamento expedido pelo órgão ou entidade competente;

e) inscrição do ato constitutivo, no caso de sociedades civis, acompanhada de prova de diretoria em exercício.

7.6.2. Regularidade fiscal e trabalhista:

a) prova de inscrição no Cadastro Nacional de Pessoas Jurídicas (CNPJ) atualizado, relativo ao domicílio ou sede do licitante, pertinente e compatível com o objeto desta licitação;

b) prova de regularidade para com a Fazenda Federal relativa a Tributos Federais e à Dívida Ativa da União e prova de regularidade perante o Instituto Nacional de Seguridade Social – INSS, através de certidão expedida conjuntamente pela Secretaria da Receita Federal do Brasil – RFB e pela Procuradoria-Geral da Fazenda Nacional – PGFN, conforme Portarias MF 358 e 443/2014;

c) Certificado de Regularidade de Situação perante o Fundo de Garantia do Tempo de Serviço – FGTS ou documento equivalente que comprove a regularidade;

d) certidão de regularidade com a Fazenda Estadual e Municipal, referente ao domicílio da empresa;

e) Certidão Negativa de Débitos Trabalhistas (CNDT), provando a inexistência de débitos inadimplidos perante a Justiça do Trabalho.

7.6.3. Qualificação econômico-financeira:

7.6.3.1 Certidão de Falência e Concordata emitida por órgão competente com data de emissão de até 3 (três) meses da data de abertura da sessão, quando ausente indicação expressa de prazo de validade na certidão.

7.6.3.1.1 No caso de certidão de recuperação judicial positiva, a licitante deverá, juntamente com a certidão, sob pena de inabilitação, apresentar comprovação de que o plano de recuperação expressamente prevê a participação da empresa em contratações públicas, bem como que referido plano foi homologado judicialmente.

7.6.4. Declaração de Cumprimento do inciso XXXIII, do art. 7º, da Constituição Federal (Anexo _____).

7.6.5. Declaração de que cumpre as exigências de reserva de cargos para pessoa com deficiência e para reabilitado da Previdência Social, previstas em lei e em outras normas, devendo utilizar o modelo anexo a este edital.

7.6.6. Declaração de que suas propostas econômicas compreendem a integralidade dos custos para atendimento dos direitos trabalhistas assegurados na Constituição Federal, nas leis trabalhistas, nas normas infralegais, nas convenções coletivas de trabalho e nos eventuais termos de ajustamento de conduta vigentes na data de entrega das propostas.

7.6.7. Havendo a necessidade de envio de documentos para a confirmação daqueles exigidos neste edital e já apresentados, ou, ainda, de envio de documentos não juntados, mas que comprovem que o licitante atende às condições de aceitabilidade da proposta e de habilitação, o licitante será convocado a encaminhá-los, via sistema eletrônico, no prazo fixado pelo pregoeiro, sob pena de desclassificação ou de inabilitação, prazo durante o qual, a sessão será suspensa.

7.6.8. O Pregoeiro deverá, na análise dos documentos de habilitação, sanar erros ou falhas que não alterem a substância dos documentos e sua validade jurídica, mediante decisão fundamentada, registrada em ata e acessível a todos, atribuindo-lhes eficácia para fins de habilitação.

7.6.9. O pregoeiro deverá consultar sítios oficiais de órgãos e entidades emissores de certidões para verificar as condições de habilitação dos licitantes.

7.6.10. As declarações exigidas neste edital poderão ser supridas mediante manifestação expressa do licitante no *chat* do sistema _____.

7.6.11. Na hipótese de necessidade de suspensão da sessão pública para a realização de diligências, o seu reinício somente poderá ocorrer mediante aviso prévio no sistema com, no mínimo, vinte e quatro horas de antecedência, e a ocorrência será registrada em ata.

7.6.12. Sob pena de inabilitação, todos os documentos apresentados para habilitação deverão estar em nome do licitante e, preferencialmente, com número do CNPJ e endereço respectivo, observando-se que:

a) se o licitante for matriz, todos os documentos deverão estar em nome da matriz; ou

b) se o licitante for filial, todos os documentos deverão estar em nome da filial;

c) se o licitante for matriz, e o executor do contrato for filial, a documentação deverá ser apresentada com CNPJ da matriz e da filial, simultaneamente;

d) serão dispensados da filial aqueles documentos que, pela própria natureza, comprovadamente, forem emitidos somente em nome da matriz.

8. DA ABERTURA DA SESSÃO PÚBLICA

8.1. A partir do horário previsto no edital, a sessão pública na internet será aberta pelo pregoeiro com a utilização de chave de acesso e senha.

a) Os licitantes poderão participar da sessão pública na internet, mediante a utilização de chave de acesso e senha.

b) O sistema disponibilizará campo próprio para troca de mensagens entre o pregoeiro e os licitantes.

9. CONFORMIDADE DAS PROPOSTAS

9.1.1 O sistema ordenará automaticamente as propostas.

9.2. O Pregoeiro dará início à fase competitiva, oportunidade em que os licitantes poderão encaminhar lances exclusivamente por meio do sistema eletrônico.

10. MODOS DE DISPUTA *(Adaptar de acordo com o Decreto Municipal que regulamenta o Pregão Eletrônico)*

(DE ACORDO COM O ART. 56 DA LEI 14.133/21, O PREGÃO COMPORTA OS MODOS DE DISPUTA ABERTO, ABERTO E FECHADO, FECHADO E ABERTO, DESSA FORMA, DEVEM OPTAR ENTRE QUAL MODO SERÁ UTILIZADO E EXCLUIR A REDAÇÃO DO OUTRO)

10.1. Será adotado para o envio de lances no pregão eletrônico o seguinte modo de disputa:

10.1.1 Aberto: os licitantes apresentarão lances públicos e sucessivos, com prorrogações, conforme o critério de julgamento adotado no edital;

(OU)

10.1.1. Aberto e Fechado: compõe-se de dois estágios: a etapa aberta de envio de lances, e a etapa fechada para oferecimento de lances finais.

(OU)

10.1.1. Fechado e Aberto: compõe-se de dois estágios: a etapa fechada de envio de lances, e a etapa aberta para oferecimento de lances finais.

11. MODO DE DISPUTA ABERTO *(Adequar ao Decreto Municipal que trata de pregão eletrônico, caso exista)*

11.1. A etapa de envio de lances na sessão pública durará dez minutos e, após isso, será prorrogada automaticamente pelo sistema quando houver lance ofertado nos últimos dois minutos do período de duração da sessão pública.

11.1.1. A prorrogação automática da etapa de envio de lances será de dois minutos e ocorrerá sucessivamente sempre que houver lances enviados nos últimos dois minutos do período de duração da sessão pública.

11.1.2. Na hipótese de não haver novos lances na forma estabelecida no item 11.1 e 11.1.1, a sessão pública será encerrada automaticamente.

11.1.3. Encerrada a sessão pública sem prorrogação automática pelo sistema, nos termos do item 11.1.1, o pregoeiro, poderá admitir o reinício da etapa de envio de lances, em prol da consecução do melhor preço, mediante justificativa.

11.2. Após a definição da melhor proposta, se a diferença em relação à proposta classificada em segundo lugar for de pelo menos 5% (cinco por cento), será assegurado o reinício da disputa aberta, para definição das demais colocações.

11.3. O pregoeiro solicitará ao licitante mais bem classificado que, no prazo de 2 (duas) horas, envie a proposta adequada ao último lance ofertado após a negociação realizada, acompanhada, se for o caso, dos documentos complementares, quando necessários à confirmação daqueles exigidos neste edital e já apresentados.

11.4. Quando a desconexão do sistema eletrônico para o pregoeiro persistir por tempo superior a 10 (dez) minutos, a sessão pública será suspensa e reiniciada somente após decorridas 24 (vinte e quatro) horas da comunicação do fato, da nova data e horário aos participantes, no sítio eletrônico utilizado para divulgação.

(OU) (adequar de acordo com a definição da cláusula 10.1)

11. MODO DE DISPUTA ABERTO E FECHADO *(Adequar ao Decreto Municipal que trata de pregão eletrônico, caso exista)*

11.1. A etapa de envio de lances na sessão pública terá duração inicial de 15 (quinze) minutos. Após esse prazo, o sistema encaminhará aviso de fechamento iminente dos lances, após o que transcorrerá o período de tempo de até 10 (dez) minutos, aleatoriamente determinado, findo o qual será automaticamente encerrada a recepção de lances.

11.2. Encerrado o prazo previsto no item anterior, o sistema abrirá oportunidade para que o autor da oferta de valor mais baixo e os das ofertas com preços até 10 % (dez por cento) superiores àquela, possam ofertar um lance final e fechado em até 5 (cinco) minutos, o qual será sigiloso até o encerramento deste prazo.

11.3. Não havendo pelo menos 3 (três) ofertas nas condições definidas no item anterior, poderão os autores de melhores lances subsequentes, na ordem de classificação, até o máximo de 3 (três), oferecer um lance final e fechado em até 5 (cinco) minutos, o qual será sigiloso até o encerramento deste prazo.

11.4. Após o término dos prazos estabelecidos nos itens 11.2 e 11.3, o sistema ordenará os lances segundo a ordem crescente de valores.

11.4.1. Não havendo lance final e fechado classificado na forma estabelecida nos itens anteriores, haverá o reinício da etapa fechada, para que os demais licitantes, em até 5 (cinco) minutos e até o máximo de 3 (três), na ordem de classificação, possam ofertar um lance final e fechado, o qual será sigiloso até o encerramento deste prazo.

11.5. Poderá o pregoeiro, auxiliado pela equipe de apoio justificadamente, admitir o reinício da etapa fechada, caso nenhum licitante classificado na etapa de lance fechado atenda às exigências de habilitação.

11.6. Não serão aceitos dois ou mais lances de mesmo valor, prevalecendo aquele que for recebido e registrado em primeiro lugar.

11.7. Após a definição da melhor proposta, se a diferença em relação à proposta classificada em segundo lugar for de pelo menos 5% (cinco por cento), será assegurado o reinício da disputa aberta, para definição das demais colocações.

11.8. Quando a desconexão do sistema eletrônico para o pregoeiro persistir por tempo superior a 10 (dez) minutos, a sessão pública será suspensa e reiniciada somente após decorridas 24 (vinte e quatro) horas da comunicação do fato, da nova data e horário aos participantes, no sítio eletrônico utilizado para divulgação.

11.9. O critério de julgamento será o menor preço _____ *(global ou item, adaptar)*, conforme, definido neste edital e seus anexos.

11.10. Caso o licitante não apresente lances, concorrerá com o valor de sua proposta.

11.11. Encerrada a etapa de envio de lances da sessão pública, o pregoeiro deverá encaminhar, pelo sistema eletrônico, contraproposta ao licitante que tenha apresentado o melhor preço, para que seja obtida melhor proposta, vedada a negociação em condições diferentes das previstas neste edital.

11.11.1. A negociação será realizada por meio do sistema, podendo ser acompanhada pelos demais licitantes.

11.11.2. O pregoeiro solicitará ao licitante mais bem classificado que, no prazo de 2 (duas) horas, envie a proposta adequada ao último lance ofertado após a negociação realizada, acompanhada, se for o caso, dos documentos complementares, quando necessários à confirmação daqueles exigidos neste edital e já apresentados.

11.12. Após a negociação do preço, o pregoeiro iniciará a fase de aceitação e julgamento da proposta.

(OU)

11. MODO DE DISPUTA FECHADO E ABERTO *(Adequar ao Decreto Municipal que trata de pregão eletrônico, caso exista)*

11.1. A etapa de envio de lances será em sessão fechada com duração inicial de 15 (quinze) minutos. Após esse prazo, o sistema encaminhará aviso de abertura iminente dos lances, após o que transcorrerá o período de tempo de até 10 (dez) minutos, aleatoriamente determinado, findo o qual será automaticamente encerrada a recepção de lances.

11.2. Encerrado o prazo previsto no item anterior, o sistema abrirá oportunidade para que o autor da oferta de valor mais baixo e os das ofertas com preços até 10% (dez por cento) superiores àquela possam ofertar um lance final em até 5 (cinco) minutos, o qual será aberto até o encerramento deste prazo.

11.3. Não havendo pelo menos 3 (três) ofertas nas condições definidas no item anterior, poderão os autores de melhores lances, na ordem de classificação, até o máximo de 3 (três), oferecer um lance final e aberto em até 5 (cinco) minutos, até o encerramento deste prazo.

11.4. Após o término dos prazos estabelecidos nos itens anteriores, o sistema ordenará os lances segundo a ordem crescente de valores.

11.4.1. Não havendo lance final e aberto classificado da forma estabelecida nos itens 11.2 e 11.3, haverá o reinício da etapa aberta, para que os demais licitantes, em até 5 (cinco) minutos, até o máximo de 3 (três), na ordem de classificação, possam ofertar um lance final e aberto, até o encerramento deste prazo.

11.5. Poderá o pregoeiro, auxiliado pela equipe de apoio, justificadamente, admitir o reinício da etapa aberta, caso nenhum licitante classificado na etapa de lance aberto atenda às exigências de habilitação.

11.6. Não serão aceitos dois ou mais lances de mesmo valor, prevalecendo aquele que for recebido e registrado em primeiro lugar.

11.7. Quando a desconexão do sistema eletrônico para o pregoeiro persistir por tempo superior a 10 (dez) minutos, a sessão pública será suspensa e reiniciada somente após decorridas 24 (vinte e quatro) horas da comunicação do fato, da nova data e horário aos participantes, no sítio eletrônico utilizado para divulgação.

11.8. Após a definição da melhor proposta, se a diferença em relação à proposta classificada em segundo lugar for de pelo menos 5% (cinco por cento), será assegurado o reinício da disputa aberta, para definição das demais colocações.

11.9. O critério de julgamento será o menor preço _____ (global ou item, adaptar), conforme, definido neste edital e seus anexos.

11.10. Caso o licitante não apresente lances, concorrerá com o valor de sua proposta.

11.11. Encerrada a etapa de envio de lances da sessão pública, o pregoeiro deverá encaminhar, pelo sistema eletrônico, contraproposta ao licitante que tenha apresentado o melhor preço, para que seja obtida melhor proposta, vedada a negociação em condições diferentes das previstas neste edital.

11.12. A negociação será realizada por meio do sistema, podendo ser acompanhada pelos demais licitantes.

11.13. O pregoeiro solicitará ao licitante mais bem classificado que, no prazo de 2 (duas) horas, envie a proposta adequada ao último lance ofertado após a negociação realizada, acompanhada, se for o caso, dos documentos complementares, quando necessários à confirmação daqueles exigidos neste edital e já apresentados.

11.14. Após a negociação do preço, o pregoeiro iniciará a fase de aceitação e julgamento da proposta.

12. LANCES INTERMEDIÁRIOS

12.1. Serão considerados lances intermediários:

12.1.1. iguais ou inferiores ao maior já ofertado, quando adotado o critério de julgamento de maior lance;

12.1.2. iguais ou superiores ao menor já ofertado, quando adotados os demais critérios de julgamento.

13. DESCONEXÃO DO SISTEMA DURANTE A ETAPA DE LANCES

13.1. Na hipótese de o sistema eletrônico desconectar para o pregoeiro no decorrer da etapa de envio de lances da sessão pública e permanecer acessível aos licitantes, os lances continuarão sendo recebidos, sem prejuízo dos atos realizados.

13.2. Quando a desconexão do sistema eletrônico para o pregoeiro persistir por tempo superior a 10 (dez) minutos, a sessão pública será suspensa e reiniciada somente decorridas 24 (vinte e quatro) horas após a comunicação do fato aos participantes, da nova data e horário, no sítio eletrônico utilizado para divulgação do instrumento convocatório.

14. CRITÉRIOS DE DESEMPATE

14.1. O encerramento da etapa competitiva dar-se-á quando, convocadas pelo Pregoeiro, as LICITANTES manifestarem seu desinteresse em apresentar novos lances.

14.2. Em caso de empate entre duas ou mais propostas, serão utilizados os critérios de desempate definidos no art. 60 da Lei Federal 14.133/21. *(retirar essa cláusula quando optarem pelo modo de disputa aberto)*

14.3. Se a proposta mais bem classificada não tiver sido ofertada por microempresa – ME, microempreendedor individual (MEI) ou empresa de pequeno porte – EPP e houver proposta apresentada por ME, MEI ou EPP até 5% (cinco por cento) superior à melhor proposta, estará configurado o empate previsto no art. 44, §2º, da Lei Complementar nº 123/2006.

14.3.1 Ocorrendo o empate, proceder-se-á da seguinte forma:

14.3.1.1 a ME, MEI ou a EPP mais bem classificada será convocada para, no prazo de 5 (cinco) minutos após o encerramento dos lances, apresentar nova proposta de preço inferior àquela considerada classificada em 1º lugar no certame, sob pena de preclusão do exercício do direito de desempate;

14.3.1.2 apresentada nova proposta, nos termos do subitem anterior e atendidas as exigências habilitatórias, será adjudicado em seu favor o objeto deste Pregão;

14.3.1.3 não sendo vencedora a ME, MEI ou EPP mais bem classificada, na forma do subitem anterior, serão convocadas as demais ME, MEI e EPP remanescentes cujas propostas estejam dentro do limite estabelecido no *caput*, na ordem classificatória, para o exercício do mesmo direito.

14.3.2 No caso de equivalência dos valores apresentados pelas ME, MEI e EPP que se encontrarem no limite estabelecido no *caput*, será realizado sorteio entre elas para que se identifique aquela que primeiro poderá apresentar melhor oferta.

14.4. Na hipótese da não contratação nos termos previstos na condição anterior, o objeto licitado será adjudicado em favor da proposta classificada em 1º lugar na etapa de lances.

14.5. Será considerado vencedor, o licitante que ao final da disputa de lances, observadas as disposições da Lei Complementar nº 123/2006, ofertar o MENOR PREÇO POR ITEM.

(OU)

14.2. Caso a proposta mais bem classificada não tiver sido ofertada por ME, MEI ou EPP e houver proposta apresentada por ME, MEI ou EPP sediadas local ou regionalmente, em valor até 10% (dez por cento) superior à melhor proposta, será declarada vencedora a proposta apresentada por ME, MEI ou EPP, nos termos do art. 48, §3º da Lei Complementar nº 123/2006.

14.2.1. Serão consideradas ME, MEI ou EPP local aquelas sediadas no Município de _____.

14.2.2. Serão consideradas ME, MEI ou EPP regional aquelas sediadas na região _____.

(definir o que será considerado sediada regionalmente, descrevendo a região na forma definida em lei estadual ou especificando os municípios da regional).

(A condição acima é opcional, mas se decidirem incluir no edital, excluir os itens 14.3 e 14.4. A administração deve avaliar o interesse público de manter ou não o item. Ressaltamos que esse item pode onerar os cofres públicos, já que permite a adjudicação de proposta com valor superior de até 10% ao menor preço apresentado no certame)

(As duas opções acima se aplicam quando o preço vencedor não tenha sido ofertado por ME, MEI ou EPP, e a licitação não for exclusiva para ME, MEI ou EPP, bem como não se aplicam em relação aos itens exclusivos para ME, MEI e EPP nem para a cota reserva de 25%)

14.5. A classificação dar-se-á pela ordem crescente de preços propostos e aceitáveis. Será declarado vencedor a LICITANTE que apresentar a proposta de acordo com as especificações deste edital, com o preço de mercado e que OFERTAR O MENOR PREÇO POR ITEM.

14.6. Será desclassificada:

a) a proposta que não atender às exigências deste edital;

b) a proposta que apresentar preço excessivo ou manifestamente inexequível.

14.7. Da sessão pública do Pregão, será lavrada ata circunstanciada, contendo, sem prejuízo de outros, o registro das licitantes credenciadas, das propostas escritas e verbais apresentadas, na ordem de classificação, da análise da documentação exigida para habilitação e dos recursos interpostos.

14.8. A sessão pública não será suspensa, salvo motivo excepcional, devendo toda e qualquer informação, acerca do objeto, ser esclarecida previamente junto ao Pregoeiro.

14.9. Caso haja necessidade de adiamento da Sessão Pública, será marcada nova data para continuação dos trabalhos, devendo ficar intimadas, no mesmo ato, as licitantes presentes.

15. NEGOCIAÇÃO DA PROPOSTA

15.1. Encerrada a etapa de envio de lances da sessão pública, o pregoeiro deverá encaminhar, pelo sistema eletrônico, contraproposta ao licitante que tenha apresentado o melhor preço, para que seja obtida melhor proposta, vedada a negociação em condições diferentes das previstas no edital.

15.1.1. A negociação será realizada por meio do sistema e poderá ser acompanhada pelos demais licitantes.

15.1.2. Os licitantes terão _____horas *(adaptar conforme o decreto municipal que regulamenta o pregão eletrônico)* contadas da solicitação do pregoeiro no sistema, para envio da proposta e, se necessário, dos documentos complementares, adequada ao último lance ofertado após a negociação de que trata o item 15.1.

16. JULGAMENTO DA PROPOSTA

16.1. Encerrada a etapa de negociação de que trata o item 15.1, o pregoeiro examinará a proposta classificada em primeiro lugar quanto à adequação ao objeto e à compatibilidade do preço em relação ao máximo estipulado para contratação no edital, observado o disposto no parágrafo único do art. ____ e no §____ do art. ____ do Decreto Municipal nº_____/_____, e verificará a habilitação do licitante classificado em primeiro lugar, conforme disposições do edital.

16.1.1. Para fins de verificação da documentação de habilitação do licitante classificado em primeiro lugar, será concedido o prazo de ____ *(dias/horas)* para que o participante vincule ao sistema eletrônico a documentação indicada no item 8 deste instrumento convocatório, considerando as disposições do inciso II, do art. 63 da Lei Federal 14.133/21.

(A documentação de habilitação não precisará ser vinculada ao sistema antes pelas licitantes. Ela será exigida apenas do licitante declarado provisoriamente vencedor, salvo quando invertida as fases e a habilitação for feita antes da análise das propostas)

17. DISPOSIÇÕES GERAIS SOBRE HABILITAÇÃO

17.1. Os documentos que compõem a habilitação do licitante mais bem classificado somente serão disponibilizados para avaliação do pregoeiro e para acesso público após o encerramento do envio de lances.

17.2. O desatendimento de exigências meramente formais que não comprometam a aferição da qualificação do licitante ou a compreensão do conteúdo de sua proposta não importará seu afastamento da licitação ou a invalidação do processo.

17.3. A prova de autenticidade de cópia de documento público ou particular poderá ser feita perante agente da Administração, mediante apresentação de original ou de declaração de autenticidade por advogado, sob sua responsabilidade pessoal.

17.4. O reconhecimento de firma somente será exigido quando houver dúvida de autenticidade, salvo imposição legal.

17.5. Os atos serão preferencialmente digitais, de forma a permitir que sejam produzidos, comunicados, armazenados e validados por meio eletrônico.

17.6. As ME, MEI e EPP deverão apresentar toda a documentação exigida para a habilitação, inclusive os documentos comprobatórios da regularidade fiscal e trabalhista, mesmo que estes apresentem alguma restrição.

17.6.1. Havendo restrição na comprovação da regularidade fiscal e trabalhista, será assegurado o prazo de 05 (cinco) dias úteis, cujo termo inicial corresponderá ao momento em que o proponente for declarado o vencedor do certame, prorrogável por igual período, a critério da Administração Pública.

17.6.2. A prorrogação do prazo para a regularização fiscal e trabalhista dependerá de requerimento, devidamente fundamentado, a ser dirigido ao pregoeiro.

17.6.3. Entende-se por tempestivo o requerimento apresentado dentro dos cinco dias úteis inicialmente concedidos.

17.6.4. Anão regularização da documentação, no prazo previsto neste item, implicará decadência do direito à contratação, sem prejuízo das sanções cabíveis.

17.6.5. Todos os documentos deverão ter vigência até o dia previsto para realização do pregão eletrônico; inexistindo esse prazo, reputar-se-ão válidos por 90 (noventa) dias, contados de sua expedição, ressalvadas as exceções previstas no edital.

17.6.6. Se o detentor da melhor proposta desatender às exigências previstas neste Edital, será inabilitado, e o pregoeiro examinará as ofertas subsequentes e procederá à habilitação do licitante seguinte, na ordem de classificação, repetindo esse procedimento, sucessivamente, se necessário, até apuração de uma proposta que atenda ao Edital, para declarar o licitante vencedor.

17.7. O pregoeiro negociará diretamente com o proponente, para obtenção de melhor preço.

18. DA ADJUDICAÇÃO

18.1. Constatado o atendimento das exigências fixadas no Edital, a LICITANTE será declarada vencedora, sendo-lhe adjudicado o objeto do certame.

18.2. Em caso de desatendimento às exigências de habilitação, o pregoeiro inabilitará a licitante e examinará as ofertas subsequentes e qualificação das licitantes, na ordem de classificação e, assim, sucessivamente, até a apuração de uma que atenda ao edital, sendo a respectiva licitante declarada vencedora, ocasião em que poderá negociar com o proponente, para que seja obtido o melhor preço.

18.3. Encerrado o julgamento das propostas e da habilitação, o pregoeiro proclamará a vencedora, proporcionando, a seguir, oportunidade às licitantes para que manifestem imediata e motivadamente a intenção de interpor recurso, sob pena de decadência do direito por parte da licitante.

18.4. Constará na ata da Sessão a síntese das razões de recurso apresentadas, bem como o registro de que todas as demais Licitantes ficaram intimadas para, querendo, manifestar-se sobre as razões do recurso no prazo de 03 (três) dias úteis, após o término do prazo da recorrente.

18.5. É franqueada aos interessados, vista aos autos do processo, nos dias úteis, no horário das _____ às _____ horas, no endereço _____ _____. *(adequar caso o sistema disponibilize acesso ELETRÔNI-CO ao inteiro teor do processo)*

19. DOS RECURSOS ADMINISTRATIVOS

19.1. Declarado o vencedor, o pregoeiro abrirá prazo de 30 (trinta) minutos, durante o qual qualquer licitante poderá, de forma imediata e motivada, em campo próprio do sistema eletrônico, manifestar sua intenção de recurso.

19.2. Não será admitida intenção de recurso de caráter protelatório, fundada em mera insatisfação do licitante, ou baseada em fatos genéricos.

19.3. O pregoeiro examinará a intenção de recurso, aceitando-a ou, motivadamente, rejeitando-a, em campo próprio do sistema eletrônico.

19.4. Tendo a licitante manifestado, motivadamente, a intenção de recorrer, sob pena de preclusão, na sessão pública do pregão eletrônico, terá ela o prazo de 03 (três) dias úteis para apresentação das razões de recurso.

19.5. As demais licitantes, já intimadas na sessão pública supracitada, terão o prazo de 03 (três) dias úteis para apresentarem as contrarrazões, que começará a correr do término do prazo da recorrente, sendo-lhes assegurada vista imediata dos autos, em secretária. *(Adaptar caso o processo seja disponibilizado eletronicamente)*

19.6. As razões e contrarrazões do recurso deverão ser encaminhadas ao prego-eiro, por meio eletrônico, no provedor do sistema _____, ou *e-mail* _____.

19.7. O início da contagem dos prazos, bem como seu término, dar-se-á sempre em dias úteis.

19.8. A falta de apresentação de razões, mencionadas no subitem 19.5, importará a decadência do direito de recurso, culminando com a adjudicação do objeto do certame à licitante vencedora.

19.9. O acolhimento do recurso importará a invalidação, apenas, dos atos insuscetíveis de aproveitamento.

19.10. A decisão proferida em grau de recurso será definitiva e dela dar-se-á conhecimento, mediante publicação no Diário Oficial do Município e Sítio Eletrônico Oficial.

19.11. Os recursos deverão ser decididos no prazo de 3 (três) dias úteis pela Administração.

19.11.1. Não sendo decidido o recurso, no prazo previsto do item 19.11, o recor-rente encaminhará o recurso com a sua motivação à autoridade superior, no endereço eletrônico _____ ou através do pregoeiro, que deverá proferir sua decisão no prazo máximo de 10 (dez) dias úteis, contado do recebimento dos autos.

19.12. Não serão conhecidas as contrarrazões a recursos intempestivamente apresentadas.

20. DO CONTRATO

20.1. Após homologado o resultado deste Pregão, a Administração convocará a licitante vencedora, durante a validade da sua proposta, para assinatura do instrumento contratual, dentro do prazo de 05 (cinco) dias úteis, a contar da comunicação através de telefonema, sob pena de decair o direito à contratação, sem prejuízo das sanções previstas neste Edital e no art. 156 da Lei 14.133/21.

20.1.1. Alternativamente à convocação, a administração poderá encaminhar para assinatura do instrumento contratual, através de correspondência postal com aviso de recebimento (AR) ou meio eletrônico.

20.2. O prazo para assinatura do contrato poderá ser prorrogado uma única vez, por igual período, quando solicitado pela licitante vencedora durante o seu transcurso, desde que ocorra motivo justificado e aceito pela Administração.

20.3. É facultado à(ao) Pregoeira(o), caso o adjudicatário quando convocado não assinar o termo de contrato, convocar os licitantes remanescentes, na ordem de classificação, para assiná-lo, após negociação, aceitação da proposta e comprovação dos requisitos de habilitação.

20.4. O contrato a ser firmado com o licitante adjudicatário incluirá as condições estabelecidas neste instrumento convocatório e seus anexos, necessárias à fiel execução do objeto desta licitação.

20.5. Durante a vigência do contrato, é vedado ao contratado contratar cônjuge, companheiro, parente em linha reta, colateral ou por afinidade, até o terceiro grau, de dirigente de órgão ou entidade contratante ou de agente público que desempenhe função na licitação ou atue na fiscalização ou na gestão do contrato.

21. DO RECEBIMENTO

21.1. Os produtos deverão ser entregues no prédio da Prefeitura Municipal de _____, situado na Rua _____, nº _____ - Centro.

21.2. Concluída a entrega dos produtos, o recebimento destes dar-se-á através de vistoria conjunta realizada pela adjudicatária e pela Comissão de Recebimento.

21.3. A nota fiscal/fatura, sem qualquer rasura, deve ser emitida pela empresa participante do certame, em nome da Prefeitura Municipal de _____ e deverá, obrigatoriamente, ser entregue junto com o seu objeto.

22. DOS ENCARGOS

22.1. Incumbe à Contratante:

22.1.1. Conferir as especificações e receber o material objeto deste edital;

22.1.2. Efetuar o pagamento à licitante vencedora, conforme Nota de Empenho.

22.2. Incumbe à Licitante vencedora:

22.2.1. Entregar os produtos, por sua exclusiva conta e responsabilidade, em perfeitas condições, no prédio da Prefeitura Municipal de _____, situada na Rua

_____, nº ____- Centro, no prazo de até _____(_____) dias úteis, a contar da data do recebimento da requisição, independente das quantidades solicitadas.

22.2.2. Substituir o bem que estiver danificado, quando da entrega deste ou quando for utilizado e a Prefeitura Municipal identificar defeitos de fabricação.

23. DA EXECUÇÃO

23.1. A Licitante vencedora fica obrigada a aceitar nas mesmas condições contratuais, os acréscimos ou supressões que se fizerem nas quantidades do material objeto da presente licitação, até 25% (vinte e cinco por cento) do valor do contrato ou da Nota de Empenho, conforme o caso.

23.2. A Prefeitura se reserva o direito de realizar apenas parte do objeto licitado, ou rejeitar todos, desde que haja conveniência para a Administração.

24. DO PREÇO E DO PAGAMENTO

24.1. Os materiais objeto do presente edital serão fornecidos pelo preço constante na proposta da licitante vencedora.

24.2. O pagamento será realizado em moeda corrente nacional, imediatamente após a data do recebimento dos materiais.

25. DAS PENALIDADES

(Adequar essa cláusula de acordo com a legislação municipal que regulamentar a aplicação de penalidades)

25.1. Incorre em infração administrativa o fornecedor que cometer quaisquer das infrações previstas no art. 155 da Lei nº 14.133, de 2021 e art. ____ do Decreto de nº_____, quais sejam:

I – dar causa à inexecução parcial do contrato;

II – dar causa à inexecução parcial do contrato que cause grave dano à Administração, ao funcionamento dos serviços públicos ou ao interesse coletivo;

III – dar causa à inexecução total do contrato;

IV – deixar de entregar a documentação exigida para o certame;

V – não manter a proposta, salvo em decorrência de fato superveniente devidamente justificado;

VI – não celebrar o contrato ou ata de registo de preços ou não entregar a documentação exigida para a contratação, quando convocado dentro do prazo de validade de sua proposta;

VII – ensejar o retardamento da execução ou da entrega do objeto da licitação sem motivo justificado;

VIII – apresentar declaração ou documentação falsa exigida para o certame ou prestar declaração falsa durante a licitação ou a execução do contrato;

IX – fraudar a licitação ou praticar ato fraudulento na execução do contrato;

X – comportar-se de modo inidôneo ou cometer fraude de qualquer natureza;

XI – praticar atos ilícitos com vistas a frustrar os objetivos da licitação;

XII – praticar ato lesivo previsto no art. 5º da Lei nº 12.846, de 1º de agosto de 2013;

XIII – tumultuar a sessão pública da licitação;

XIV – propor recursos manifestamente;

XV – deixar de regularizar os documentos fiscais no prazo concedido, na hipótese de o infrator enquadrar-se como Microempresa ou Empresa de Pequeno Porte, nos termos da Lei Complementar Federal nº 123, de 14 de dezembro de 2006;

XVI – deixar de manter as condições de habilitação durante o prazo do contrato;

XVII – permanecer inadimplente após a aplicação de advertência;

XVIII – deixar de complementar o valor da garantia recolhida após solicitação do contratante;

XIX – deixar de devolver eventuais valores recebidos indevidamente após ser devidamente notificado;

XX – manter empregado, responsável técnico ou qualquer pessoa sob sua responsabilidade com qualificação em desacordo com as exigências do edital ou do contrato, durante a execução do objeto;

XXI – utilizar as dependências do contratante para fins diversos do objeto do contrato;

XXII – tolerar, no cumprimento do contrato, situação apta a gerar ou causar dano físico, lesão corporal ou consequências letais a qualquer pessoa;

XXIII – deixar de fornecer Equipamento de Proteção Individual – EPI, quando exigido, aos seus empregados ou omitir-se em fiscalizar sua utilização, na hipótese de contratação de serviços de mão de obra;

XXIV – deixar de substituir empregado cujo comportamento for incompatível com o interesse público, em especial quando solicitado pela Administração;

XXV – deixar de repor funcionários faltosos;

XXVI – deixar de apresentar, quando solicitado pela administração, comprovação do cumprimento das obrigações trabalhistas e com o Fundo de Garantia do tempo de Serviço (FGTS) em relação aos empregados diretamente envolvidos na execução do contrato, em especial quanto ao:

a) registro de ponto;

b) recibo de pagamento de salários, adicionais, horas extras, repouso semanal remunerado e décimo terceiro salário;

c) comprovante de depósito do FGTS;

d) recibo de concessão e pagamento de férias e do respectivo adicional;

e) recibo de quitação de obrigações trabalhistas e previdenciárias dos empregados dispensados até a data da extinção do contrato;

f) recibo de pagamento de vale-transporte e vale-alimentação, na forma prevista em norma coletiva;

XXVII – deixar de observar a legislação pertinente aplicável ao seu ramo de atividade;

XXVIII – entregar o objeto contratual em desacordo com as especificações, condições e qualidades contratadas e/ou com vício, irregularidade ou defeito oculto que o tornem impróprio para o fim a que se destina;

XXIX – ofender agentes públicos no exercício de suas funções;

XXX – induzir a administração em erro;

XXXI – deixar de manter empregados, que fiquem nas dependências e à disposição da administração nos contratos de serviços contínuos com regime de dedicação exclusiva de mão de obra;

XXXII – compartilhar recursos humanos e materiais disponíveis de uma contratação para execução simultânea de outros contratos por parte do contratado, nos contratos de serviços contínuos com regime de dedicação exclusiva de mão de obra;

XXXIII – impossibilitar a fiscalização pelo contratante quanto à distribuição, controle e supervisão dos recursos humanos alocados aos seus contratos, em relação aos contratos de serviços contínuos com regime de dedicação exclusiva de mão de obra;

XXXIV – apresentar proposta inexequível com finalidade de tumultuar o procedimento;

XXXV – deixar de demonstrar exequibilidade da proposta quando exigida pela administração;

XXXVI – subcontratar serviço em contrato em que não há essa possibilidade;

XXXVII – deixar de apresentar, no prazo do art. 96, §3º da Lei 14133/21, garantia pelo contratado quando optar pela modalidade seguro garantia;

XXXVIII – deixar de comprovar, quando solicitado, na execução contratual, a reserva de cargos prevista em lei para pessoa com deficiência, para reabilitado da Previdência Social ou para aprendiz, bem como as reservas de cargos previstas em outras normas específicas;

XXXIX – deixar de manter preposto aceito pela Administração no local da obra ou do serviço para representar o contratado na execução do contrato;

XL – deixar de aceitar as supressões e acréscimos de até 25% (vinte e cinco por cento) em relação aos contratos.

25.2. O fornecedor que cometer qualquer das infrações discriminadas nos subitens anteriores ficará sujeito, sem prejuízo da responsabilidade civil e criminal, às seguintes sanções:

25.2.1. de advertência que consiste em comunicação formal ao infrator do descumprimento de uma obrigação do edital, da Ata de Registros de Preços ou da inexecução parcial do contrato quando não se justificar a imposição de penalidade mais grave;

25.2.2. de multa, o infrator que, injustificadamente, descumprir a legislação, cláusulas do edital ou cláusulas contratuais, não podendo ser inferior a 0,5% (cinco décimos por cento) nem superior a 30% (trinta por cento) do valor de referência do certame ou do contrato nos termos estabelecidos nos respectivos instrumentos, devendo ser observados, preferencialmente, os seguintes percentuais e diretrizes:

I – multa moratória de 0,5% (cinco décimos por cento) por dia de atraso na entrega de material ou execução de serviços, até o limite de 10% (dez por cento), correspondente a até 30 (trinta) dias de atraso, calculado sobre o valor correspondente à parte inadimplente, excluída, quando for o caso, a parcela correspondente aos impostos destacados no documento fiscal;

II – multa de 10% (dez por cento) sobre o valor total da adjudicação do certame ou do valor da contratação direta em caso de recusa do infrator em assinar o contrato, ou recusar-se a aceitar ou retirar o instrumento equivalente;

III – multa de 5% (cinco por cento) sobre o valor de referência do certame, nas hipóteses constantes do item 25.1, subitens I, IV, V, XIII, XIV e XV, deste edital;

IV – multa de 5% (cinco por cento) sobre o valor total da adjudicação, nas hipóteses constantes do item 25.1, subitens XVI, XVII, XVIII, XX, XXI, XXIII, XXIV, XXV, XXVI, XXVII, XXXI, XXXIII, XXXVIII e XXXIX deste edital;

V – multa de 10% (dez por cento) sobre o valor de referência do certame, nas hipóteses constantes do item 25.1, subitens II, III, VI, VII, VIII, IX, X, XI, XII, XXIX, XXX, XXXIV e XXXV deste edital;

VI – multa de 10% (dez por cento) sobre o valor total da adjudicação, nas hipóteses constantes do item 25.1, subitens XIX, XXII, XVIII, XXXII, XXXVI, XXXVII e XL, deste edital;

VII – multa indenizatória, a título de perdas e danos, na hipótese de o infrator ensejar a rescisão do contrato e sua conduta implicar gastos à administração, superiores aos contratados.

25.2.3. de impedimento de licitar e contratar que impedirá o infrator de participar de licitação e contratar com a administração:

I – por até 01 (um) ano, se o infrator:

a) deixar de entregar a documentação exigida para o certame;

b) não manter a proposta, salvo em decorrência de fato superveniente devidamente justificado;

c) ensejar o retardamento da execução ou da entrega do objeto do certame sem motivo justificado;

II – por até 02 (dois) anos, se o infrator:

a) apresentar declaração ou documentação falsa exigida para o certame ou prestar declaração falsa durante o mesmo ou durante a execução do contrato;

b) der causa à inexecução parcial do contrato que cause grave dano à administração, ao funcionamento dos serviços públicos ou ao interesse coletivo;

III – por até 03 (três) anos, se o infrator:

a) não celebrar o contrato, quando convocado dentro do prazo de validade de sua proposta;

b) fraudar o certame ou praticar ato fraudulento na execução do contrato;

c) der causa à inexecução total do contrato.

25.2.4. de Declaração de inidoneidade de contratar com a Administração Pública, será aplicada por prazo não superior a 6 (seis) anos, nas seguintes hipóteses:

I – por período de 3 (três) a 4 (quatro) anos, no caso de praticar atos ilícitos com vistas a frustrar os objetivos do certame;

II – por período de 4 (quatro) a 5 (cinco) anos, nos casos de:

a) fraudar o certame ou praticar ato fraudulento na execução do contrato;

b) comportar-se de modo inidôneo ou cometer fraude de qualquer natureza.

III – por período de 5 (cinco) a 6 (seis) anos, nos casos de:

a) praticar ato lesivo previsto no art. 5º da Lei 12.846/13;

b) dar causa à inexecução total do contrato, por ato doloso que cause lesão ao erário.

25.3. Na aplicação das sanções será observado Decreto nº _____ de _____.

25.3. Será considerado falta grave e caracterizado como falha em sua execução o não recolhimento das contribuições sociais da Previdência Social, que poderá dar ensejo à rescisão do contrato, sem prejuízo da aplicação de sanção pecuniária e do impedimento para licitar e contratar com a Administração, nos termos da Lei Federal nº 14.133, de 2021.

26. DA DOTAÇÃO ORÇAMENTÁRIA

26.1. As despesas decorrentes desta licitação correrão à conta da dotação orçamentária nº _____.

27. DAS DISPOSIÇÕES GERAIS

27.1. Nenhuma indenização será devida às licitantes pela elaboração ou pela apresentação de documentação referente ao presente Edital.

27.2. A apresentação das propostas implicará a plena aceitação, por parte da licitante, das condições estabelecidas neste Edital e seus anexos.

27.3. Na contagem dos prazos estabelecidos neste Edital, exclui-se o dia do início e inclui-se o do vencimento, observando-se que só se iniciam e vencem prazos em dia de expediente na Prefeitura.

27.4. O Prefeito Municipal poderá revogar a presente licitação em face de razões de interesse público, derivadas de fato superveniente devidamente comprovado, pertinente e suficiente para justificar tal conduta, devendo anulá-la por ilegalidade, de ofício ou por provocação de qualquer pessoa, mediante ato escrito e fundamentado.

27.5. É facultado ao Pregoeiro ou à autoridade superior, em qualquer fase da licitação, a promoção de diligência destinada a esclarecer ou complementar a instrução do processo.

27.6. O desatendimento de exigências formais não essenciais não importará no afastamento da licitante, desde que sejam possíveis a aferição da sua qualificação e a exata compreensão da sua proposta, durante a realização da sessão pública de pregão.

27.7. As normas que disciplinam este pregão serão sempre interpretadas em favor da ampliação da disputa entre os interessados, desde que não comprometam o interesse da Administração e a segurança da aquisição.

27.8. A homologação do resultado desta licitação não implicará direito à aquisição.

27.9. No caso de alteração deste Edital no curso do prazo estabelecido para o recebimento das propostas de preços e documentos de habilitação, este prazo será reaberto, exceto quando, inquestionavelmente, a alteração não afetar a formulação das propostas.

27.10. Para dirimir, na esfera judicial, as questões oriundas do presente Edital, será competente o juízo da Comarca de _____/MG.

27.11. Na hipótese de não haver expediente no dia da abertura da presente licitação, ficará esta transferida para o primeiro dia útil subsequente, no mesmo local e horário, anteriormente estabelecidos.

27.12. Cópias do Edital e seus anexos serão fornecidas, gratuitamente, por meio eletrônico, no provedor do sistema _____, pelo *site* _____ ou *e-mail* _____.

27.13. Quaisquer dúvidas porventura existentes sobre o disposto no presente Edital deverão ser objeto de consulta, ao Pregoeiro, por meio eletrônico, em formulário específico do provedor do sistema _____. Demais informações poderão ser obtidas pelos telefones (__) _____ou através do *E-mail*: _____.

27.14. Os casos omissos serão resolvidos pelo Pregoeiro.

27.15. Fazem parte integrante deste Edital:

- Anexo _____ – Termo de Referência;

- Anexo _____ – Planilha de Apresentação de Propostas;

- Anexo _____ – Modelo de Declaração de que não emprega menor;

- Anexo _____ – Minuta de contrato de fornecimento;

- Anexo _____ – Modelo de Declaração de Integralidade dos custos;

- Anexo _____ – Modelo de Declaração de Reserva de Cargos para Pessoa com deficiência e para a reabilitação da previdência social;

- Anexo _____ – Modelo de Declaração de que pode usufruir dos benefícios de ME e EPP.

_____, ___ de _____ de ____.

_____

Pregoeiro

TERMO DE REFERÊNCIA

1. DO OBJETO – Aquisição de _____, para _____a fim de atender à necessidade da _____ conforme condições, quantidades e exigências estabelecidas neste instrumento e seus anexos:

Item	Descrição	Qtde.	Unid.
01			
02			

2. JUSTIFICATIVA E OBJETIVO DA CONTRATAÇÃO

2.1. A aquisição de _____ se faz necessária para possibilitar a __ _____.

3. DESCRIÇÃO DA SOLUÇÃO

3.1. A aquisição, conforme quantidades e descrições no item 1, é para atender à necessidade de _____.

4. REQUISITOS DA CONTRATAÇÃO

4.1. Conforme Estudos Técnicos Preliminares *(E/OU)* Documento de Formalização de Demanda, além dos requisitos constantes neste termo de referência:

4.1.1. Em razão do valor, as empresas participantes deverão ser microempresas, MEI ou empresas de pequeno porte.

4.1.2. O prazo para entrega do material é de ____ (__) dias a contar do recebimento da ordem de fornecimento.

4.1.3. A entrega dos itens no local indicado pela contratante é de responsabilidade da contratada, devendo esta possuir pessoal habilitado para descarregamento do material, quando necessário;

4.1.4. A(s) empresa(s) vencedora(s) deverá(ão) apresentar toda a documentação necessária à habilitação.

5. CLASSIFICAÇÃO DOS BENS COMUNS

5.1. Os bens a serem adquiridos na presente dispensa de licitação enquadram-se na definição de MATERIAIS caracterizados como comuns, tendo em vista que possuem características tecnicamente padronizadas, de aferição simples, cujos padrões de desempenho e qualidade são objetivamente definidos por meio de especificações usuais do mercado.

6. ESTIMATIVA DE PREÇOS E PREÇOS REFERENCIAIS

6.1 O orçamento estimado da contratação será divulgado após o julgamento das propostas de preços, visando estimular a competitividade e viabilizar a negociação de maneira mais natural, em consonância com o interesse público.

7. ADEQUAÇÃO ORÇAMENTÁRIA

7.1 As despesas decorrentes desta contratação correrão pelas dotações orçamentárias nºs _____.

MANUAL DE CONTRATAÇÃO DIRETA EM DECORRÊNCIA DO VALOR CONFORME ART. 75, I E II DA LEI FEDERAL Nº 14.133/2021

1 – CADASTRAR O ÓRGÃO OU ENTIDADE NO PNCP

Acessar o *site*: Cadastre-se – Português (Brasil) (www.gov.br).

1º PASSO: Clicar na opção "Clique aqui e cadastre-se"

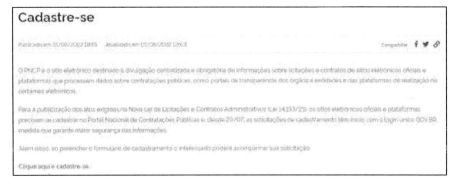

2º PASSO: Fazer o *login* na plataforma gov.br

3º PASSO: Selecionar a opção "Órgão ou Entidade Pública" e clicar em "avançar"

4º PASSO: A Administração deverá verificar as exigências destacadas abaixo

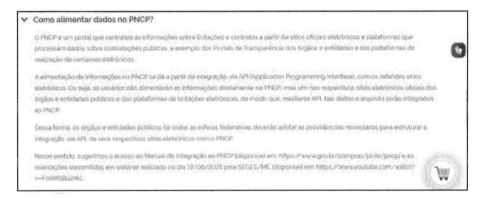

5º PASSO: Entrar em contato com a empresa responsável pelo sistema do órgão ou entidade (portais públicos ou privados responsáveis pelas compras públicas) para que adote as providências necessárias para estruturar a integração com o PNCP (https://www.gov.br/compras/pt-br/pncp/duvidas)

[...]

[...]

Até a efetiva integração entre os sistemas internos do órgão ou entidade e o Portal Nacional de Contratações Públicas – PNCP – Português (Brasil) (www.gov.br), deverão publicar os atos oficiais da Nova Lei de Licitações e Contratos Administrativos em sítio eletrônico oficial e em diário oficial, admitida a publicação de extrato, nos termos do artigo 176, parágrafo único, inciso I.

2 – PUBLICAR DECRETO REGULAMENTANDO A CONTRATAÇÃO DIRETA NO ÓRGÃO

(SE NÃO HOUVER REGULAMENTO EM VIGOR COM BASE NA NLLC)

DECRETO Nº _____, **DE** _____ **DE** _____

REGULAMENTA AS CONTRATAÇÕES DIRETAS COM FUNDAMENTO NA LEI FEDERAL Nº 14.133/2021 E DÁ OUTRAS PROVIDÊNCIAS

O Prefeito do Município de _____, no uso de suas atribuições legais, e considerando que:

A Constituição Federal reservou ao legislador nacional a instituição de normas gerais sobre licitações;

As peculiaridades locais devem ser consideradas na execução dos processos licitatórios, em especial o porte do Município, estrutura organizacional e de pessoal;

DECRETA:

CAPÍTULO I

DAS DISPENSAS E DA INEXIGIBILIDADE

Art. 1º As situações de inexigibilidade referidas no art. 74 e as dispensas previstas nos incisos III e seguintes do art. 75, da Lei Federal 14.133/2021, deverão ser formalizadas através de processos administrativos específicos, instruídos com pelo menos:

I – Documento de formalização de demanda – DFD;

II – Estudo Técnico Preliminar – ETP;

III – Análise de riscos;

IV – Termo de referência para compras e serviços;

V – Projeto Básico para obras e serviços de engenharia;

VI – Estimativa de despesa acompanhada da:

a) demonstração da compatibilidade orçamentária e financeira;

b) pesquisa de preços, e

c) justificativa da escolha do fornecedor.

VII – Comprovação de que o proponente atende aos seguintes requisitos mínimos de habilitação:

a) Prova de inscrição no Cadastro Nacional de Pessoas Jurídicas (CNPJ) atualizado, relativo ao domicílio ou sede do licitante, pertinente e compatível com o objeto desta licitação ou no CPF – Cadastro Nacional de Pessoas Físicas;

b) Prova de existência da pessoa jurídica através de contrato social ou equivalente, e no caso de pessoa física documento de identificação pessoal;

c) Prova de regularidade para com a Fazenda Federal relativa a Tributos Federais e à Dívida Ativa da União e prova de regularidade perante o Instituto Nacional de Seguridade Social – INSS, através de certidão expedida conjuntamente pela Secretaria da Receita Federal do Brasil – RFB e pela Procuradoria-Geral da Fazenda Nacional – PGFN, conforme Portarias MF 358 e 443/2014.

d) Certificado de Regularidade de Situação perante o Fundo de Garantia do Tempo de Serviço – FGTS ou documento equivalente que comprove a regularidade.

e) Certidão de regularidade com a Fazenda Estadual e/ou Municipal, referente ao domicílio da empresa;

f) Certidão Negativa de Débitos Trabalhistas (CNDT), provando a inexistência de débitos inadimplidos perante a Justiça do Trabalho.

VIII – Parecer jurídico:

a) elaborado em linguagem simples e compreensível, e de forma clara e objetiva;

b) que aprecie todos os elementos indispensáveis à contratação;

c) que exponha os pressupostos de fato e de direito levados em consideração na análise jurídica.

IX – Parecer técnico, quando for o caso;

X – Autorização do Prefeito;

XI – Publicação do ato que autorizou a contratação direta no sítio eletrônico oficial;

XII – Publicação do extrato do contrato, quando for o caso, no sítio eletrônico oficial;

XIII – Publicação do extrato do contrato, quando for o caso, no Portal Nacional de Contratações Públicas (PNCP) e seus aditamentos, no prazo de 10 (dez) dias úteis, contados de sua assinatura.

§1º Nas contratações de que trata o art. 1º, o contrato poderá ser substituído por outro instrumento hábil, como carta-contrato, nota de empenho de despesa, autorização de compra ou ordem de execução de serviço, nos termos do inciso I do art. 95 da Lei Federal nº 14.133/2021.

§2º Os documentos de que tratam os incisos II, III, IV e V do *caput*, poderão ser dispensados mediante justificativa do órgão requisitante no Documento de Formalização de Demanda – DFD.

CAPÍTULO II

DA CONTRATAÇÃO DIRETA EM DECORRÊNCIA DO VALOR

Art. 2º É dispensada a formalização de processo administrativo específico na contratação direta:

I – que envolva valores inferiores ao fixado no inciso I do art. 75 da Lei Federal nº 14.133/2021, no caso de obras e serviços de engenharia;

II – que envolva valores inferiores ao fixado no inciso II do art. 75 da Lei Federal nº 14.133/2021, no caso de outros serviços e compras.

III – quando dispensada a publicação do aviso de que trata o §3º do art. 75 da Lei Federal 14.133, de 2021.

Parágrafo único. Fica dispensada a publicação de aviso em sítio eletrônico oficial, pelo prazo mínimo de 3 (três) dias úteis, na forma do §3º do art. 75 da Lei Federal nº 14.133/2021, nas aquisições de que trata os incisos I e II do *caput*, quando:

I – o documento de formalização de demanda for acompanhado de no mínimo 3 (três) orçamentos; e

II – o fornecedor selecionado tiver apresentado o menor preço.

Art. 3º A contratação direta de que trata o art. 2º deverá ser instruída com, pelo menos:

I – Documento de formalização de demanda – DFD;

II – Estimativa de despesa acompanhada:

a) da demonstração da compatibilidade orçamentária e financeira;

b) da respectiva pesquisa de preços; e

c) da justificativa da escolha do fornecedor, quando não for o que apresentar o menor preço.

III – Comprovação de que o proponente atende aos seguintes requisitos mínimos de habilitação:

a) Prova de inscrição no Cadastro Nacional de Pessoas Jurídicas (CNPJ) atualizado, relativo ao domicílio ou sede do licitante, pertinente e compatível com o objeto desta licitação ou no CPF – Cadastro Nacional de Pessoas Físicas;

b) Prova de regularidade para com a Fazenda Federal relativa a Tributos Federais e à Dívida Ativa da União e prova de regularidade perante o Instituto Nacional de Seguridade Social – INSS, através de certidão expedida conjuntamente pela Secretaria da Receita Federal do Brasil – RFB e pela Procuradoria-Geral da Fazenda Nacional – PGFN, conforme Portarias MF 358 e 443/2014.

c) Certificado de Regularidade de Situação perante o Fundo de Garantia do Tempo de Serviço – FGTS ou documento equivalente que comprove a regularidade.

d) Certidão de regularidade Municipal, referente ao domicílio da empresa ou da pessoa física.

§1º Nas contratações de que trata o *caput*, o contrato poderá ser substituído por outro instrumento hábil, como carta-contrato, nota de empenho de despesa, autorização de compra ou ordem de execução de serviço, nos termos do inciso I do art. 95 da Lei Federal nº 14.133/2021.

§2º Fica dispensada a documentação de que trata o inciso III do *caput*:

I – Para as compras até o valor de 1/4 (um quarto) do limite fixado no inciso II do art. 2º; ou

II – Para entrega imediata.

§3º Os documentos de que trata o art. 3º deverão ser anexados à nota de empenho da despesa.

CAPÍTULO III

DISPOSIÇÕES FINAIS

Art. 4º Este Decreto entra em vigor na data de sua publicação e é de cumprimento obrigatório para todos os processos de dispensa ou inexigibilidade fundamentados na Lei Federal 14.133/2021.

_____, de ____ de _____ de _____.

PREFEITO MUNICIPAL

3 – PUBLICAR PORTARIA DA PROCURADORIA JURÍDICA REGULAMENTANDO OS PROCESSOS QUE DEVERÃO SER SUBMETIDOS À ANÁLISE JURÍDICA

(SE NÃO HOUVER PORTARIA EM VIGOR COM BASE NA NLLC)

4 – PORTARIA PARA NOMEAR AGENTE DE CONTRATAÇÃO E RESPECTIVA EQUIPE DE APOIO

5 – A SOLICITAÇÃO DE CONTRATAÇÃO OU COMPRA DEVERÁ SER INICIADA COM O PREENCHIMENTO DO DFD – DOCUMENTO DE FORMALIZAÇÃO DE DEMANDA

(continua)

DOCUMENTO DE FORMALIZAÇÃO DA DEMANDA – DFD					
(Atenção: é obrigação de quem solicita dizer exatamente o que precisa)					
ÓRGÃO					
SETOR REQUISITANTE					
JUSTIFICATIVA DA NECESSIDADE DA CONTRATAÇÃO: *(Para que precisa?)*					
GRAU DE PRIORIDADE DA CONTRATAÇÃO					
( ) Baixa ( ) Média ( ) Alta					
DESCRIÇÃO DO OBJETO A SER CONTRATADO *(o que precisa?)*					
ITEM	QUANT.	UNIDADE MEDIDA	DETALHAMENTO	PREÇO ESTIMADO	
				UNIT. R$	TOTAL R$
PREVISÃO DE DATA EM QUE DEVE SER INICIADA A PRESTAÇÃO DOS SERVIÇOS/FORNECIMENTO: ___/ ___/ ____ *(Em que tempo precisa?)*					

Fornecimento de material			
( )	Consumo	( )	Permanente
1. REGIME DE FORNECIMENTO			
( ) ( ) ( )	Parcela única Semanal Quinzenal	( ) ( )	Mensal Outro. Especificar: ___ _____

OU CASO O OBJETO SEJA PRESTAÇÃO DE SERVIÇOS: Prestação de serviços			
( )	Não continuado	( )	Continuado
( )	Parcela única	( ) ( ) ( ) ( )	Semanal Quinzenal Mensal Outro. Especificar: ___ _____

REGIME DE EXECUÇÃO			
( ) ( ) ( ) ( )	Empreitada por preço unitário Empreitada por preço global Empreitada integral Fornecimento e prestação de serviço associado	( ) ( ) ( )	Contratação por tarefa Contratação integrada Contratação semi-integrada

(continua)

EXIGÊNCIA DE AMOSTRAS OU PROTÓTIPO

( ) Não.
( ) Sim. Critérios objetivos de
avaliação:_____

HABILITAÇÃO ESPECÍFICA

( ) Não.
( ) Sim. Especificar:

RESPONSABILIDADES ESPECÍFICAS DA CONTRATADA

( ) Não.
( ) Sim. Especificar

RESPONSABILIDADES ESPECÍFICAS DO CONTRATANTE

( ) Não.
( ) Sim. Especificar:

LOCAL DE ENTREGA/EXECUÇÃO E CRITÉRIOS DE ACEITAÇÃO DO OBJETO

(Para entregar/executar em qual local, dias úteis e horários? Quem será o fiscal do contrato?)

(As descrições abaixo são exemplificativas. Adequar de acordo com o objeto)

O prazo de entrega dos _____ é de ___ (____) dias, contados do recebimento da Nota de Empenho/ Ordem de Fornecimento/Serviço, ao _____ no endereço _____ – _____ /MG – CEP _____, de segunda a sexta-feira, no horário de ___h às __h, e de ___h às __h, telefone (__) _____.

As dúvidas/os esclarecimentos sobre a entrega podem ser enviada(o)s ao *e-mail* _____@_____;

Os bens/serviços serão recebidos provisoriamente no prazo de ____ (____) dias, pelo(a) responsável pelo acompanhamento e fiscalização do contrato, para efeito de posterior verificação de sua conformidade com as especificações constantes neste Documento de Formalização de Demanda e na proposta. *(adequar de acordo com o objeto)*

Os bens/serviços poderão ser rejeitados, no todo ou em parte, quando em desacordo com as especifica-ções constantes neste Documento de Formalização de Demanda e na proposta, devendo ser substituídos no prazo de ___ (___) dias, a contar da notificação da contratada, às suas custas, sem prejuízo da aplica-ção das penalidades.

Os bens/serviços serão recebidos definitivamente no prazo de ___ (_____) dias, contados do recebimento provisório, após a verificação da qualidade e quantidade do material/serviço e consequente aceitação mediante termo circunstanciado. *(adequar de acordo com o objeto)*

Na hipótese de a verificação a que se refere o subitem anterior não ser procedida dentro do prazo fixado, reputar-se-á como realizada, consumando-se o recebimento definitivo no dia do esgotamento do prazo.

O recebimento provisório ou definitivo do objeto não exclui a responsabilidade da contratada pelos prejuízos resultantes da incorreta execução do contrato.

(conclusão)

DEFINIÇÃO DA NECESSIDADE DE ELABORAÇÃO OU NÃO DE ESTUDOS TÉCNICOS PRELIMINARES

( ) Com base na baixa complexidade do objeto, o Estudo preliminar e o gerenciamento de riscos da contratação serão dispensados para esta contratação, bastando a elaboração de TR ou PB, se for o caso.

( ) Devido à alta complexidade do objeto, serão necessários elaboração do Estudo preliminar e gerenciamento de riscos da contratação.

( ) Devido à existência de Estudo Técnico Preliminar e de gerenciamento de riscos de contratação anterior, serão utilizados o ETP e GR do Processo Licitatório nº _____/_____.

CRÉDITOS ORÇAMENTÁRIOS

(Qual a fonte de recurso e dotação orçamentária?)

ESTIMATIVA DO VALOR DA CONTRATAÇÃO

(Qual o valor que outros órgãos públicos estão pagando por esse objeto ou objeto similar?) Objetivando a instrução do processo, informamos que foram realizadas consultas e pesquisa em _____ sobre os preços praticados para o objeto desta Licitação, estimando-se o montante em R$_____.

(Obs.: A pesquisa de preços deverá ser realizada conforme estabelecido no art. 23 da Lei 14.133/2021: "Art. 23.O valor previamente estimado da contratação deverá ser compatível com os valores praticados pelo mercado, considerados os preços constantes de bancos de dados públicos e as quantidades a serem contratadas, observadas a potencial economia de escala e as peculiaridades do local de execução do objeto.

§1º No processo licitatório para aquisição de bens e contratação de serviços em geral, conforme regulamento, o valor estimado será definido com base no melhor preço aferido por meio da utilização dos seguintes parâmetros, adotados de forma combinada ou não:

I – composição de custos unitários menores ou iguais à mediana do item correspondente no painel para consulta de preços ou no banco de preços em saúde disponíveis no Portal Nacional de Contratações Públicas (PNCP);

II – contratações similares feitas pela Administração Pública, em execução ou concluídas no período de 1 (um) ano anterior à data da pesquisa de preços, inclusive mediante sistema de registro de preços, observado o índice de atualização de preços correspondente;

III – utilização de dados de pesquisa publicada em mídia especializada, de tabela de referência formalmente aprovada pelo Poder Executivo federal e de sítios eletrônicos especializados ou de domínio amplo, desde que contenham a data e hora de acesso;

IV – pesquisa direta com no mínimo 3 (três) fornecedores, mediante solicitação formal de cotação, desde que seja apresentada justificativa da escolha desses fornecedores e que não tenham sido obtidos os orçamentos com mais de 6 (seis) meses de antecedência da data de divulgação do edital;

V – pesquisa na base nacional de notas fiscais eletrônicas, na forma de regulamento.")

RESPONSABILIDADE PELA FORMALIZAÇÃO DA DEMANDA

Data: ___/___/___

_____
Assinatura/Identificação do Responsável

6 – PUBLICAR TODAS AS COMPRAS DIRETAS EM DECORRÊNCIA DE VALOR NO PNCP – PORTAL NACIONAL DE COMPRAS PÚBLICAS, CONFORME §4º DO 75 DA LEI FEDERAL 14.133/2021

Conforme disposto no §4º do art. 75 da Lei Federal 14.133/2021, é obrigatória a publicação das compras realizadas no PNCP – Portal Nacional de Contratações Públicas:

Art. 75. [...]

§4º As contratações de que tratam os incisos I e II do *caput* deste artigo serão preferencialmente pagas por meio de cartão de pagamento, cujo extrato deverá ser divulgado e mantido à disposição do público no Portal Nacional de Contratações Públicas (PNCP).

Os Municípios com até 20.000 (vinte mil) habitantes, enquanto não se cadastrarem no PNCP, poderão realizar as publicações no *site* oficial e no Diário Oficial do Município, conforme art. 176 da Lei Federal nº 14.133/2021:

Art. 176. Os Municípios com até 20.000 (vinte mil) habitantes terão o prazo de 6 (seis) anos, contado da data de publicação desta Lei, para cumprimento: [...].

FUNDAMENTO LEGAL	DATA DO PAGAMENTO	PRESTADOR/FORNECEDOR	OBJETO	VALOR R$

5

MODELO DE PROCESSO DE DISPENSA ELETRÔNICA

(A FORMALIZAÇÃO DESSE PROCESSO DE CONTRATAÇÃO DIRETA É OBRIGATÓRIA PARA OS PROCESSOS DE DISPENSA PREVISTOS NO ART. 75 DA LEI 14.133/2021, OBSERVADO O QUE DISPUSER A LEGISLAÇÃO MUNICIPAL QUE REGULAMENTOU A CONTRATAÇÃO DIRETA)

EXERCÍCIO DE _____

PROCESSO Nº: ____/_____

MODALIDADE: DISPENSA ELETRÔNICA DE LICITAÇÃO Nº _____/_____

RECURSO ORÇAMENTÁRIO:

SÍNTESE DO OBJETO: Contratação de empresa por dispensa eletrônica de licitação, visando à escolha da proposta mais vantajosa para _____ para suprir as necessidades da Secretaria Municipal de _____.

AUTUAÇÃO

Aos ____ dias do mês de _____ do ano de _____, nesta Prefeitura, eu, _____, autuei a autorização e demais documentos que seguem.

AUTORIZAÇÃO

Estando cumpridas as formalidades previstas na Lei Federal nº 14133/2021, AUTORIZO a abertura do procedimento de dispensa eletrônica de licitação, com fundamento no inciso ___ do art. 75 da Lei Federal 14.133/2021, para _____, em decorrência da necessidade *(JUSTIFICAR A NECESSIDADE DA CONTRATAÇÃO)* _____, conforme solicitação em anexo e em atendimento ao disposto no inciso II do art. 16 da Lei Complementar nº 101 de 05 de maio de 2000, declaro que a despesa tem adequação orçamentária e financeira com a lei orçamentária anual, compatibilidade com o plano plurianual e com a lei de diretrizes orçamentárias.

_____, ___ de _____ de _____.

Prefeito Municipal

(continua)

DOCUMENTO DE FORMALIZAÇÃO DA DEMANDA – DFD

(Atenção: é obrigação de quem solicita dizer exatamente o que precisa)

ÓRGÃO	
SETOR REQUISITANTE	

JUSTIFICATIVA DA NECESSIDADE DA CONTRATAÇÃO:
(Para que precisa?)

GRAU DE PRIORIDADE DA CONTRATAÇÃO

( ) Baixa ( ) Média ( ) Alta

DESCRIÇÃO DO OBJETO A SER CONTRATADO (o que precisa?)

ITEM	QUANT.	UNIDADE MEDIDA	DETALHAMENTO	PREÇO ESTIMADO	
				UNIT. R$	TOTAL R$

PREVISÃO DE DATA EM QUE DEVE SER INICIADA A PRESTAÇÃO DOS SERVIÇOS OU O FORNECIMENTO: ____/____/_____
(Em que tempo precisa?)

Fornecimento de material (Para atender como?)

( )	Consumo	( )	Permanente

REGIME DE FORNECIMENTO

( ) ( ) ( )	Parcela única Semanal Quinzenal	( ) ( )	Mensal Outro. Especificar: _____

OU SUBSTITUIR CASO O OBJETO SEJA PRESTAÇÃO DE SERVIÇOS:
Prestação de serviços

( )	Não continuado	( )	Continuado
( )	Parcela única	( ) ( ) ( ) ( )	Semanal Quinzenal Mensal Outro. Especificar: _____

REGIME DE EXECUÇÃO

( ) ( ) ( ) ( )	Empreitada por preço unitário Empreitada por preço global Empreitada integral Fornecimento e prestação de serviço associado	( ) ( ) ( )	Contratação por tarefa Contratação integrada Contratação semi-integrada

(continua)

EXIGÊNCIA DE AMOSTRAS OU PROTÓTIPO

( ) Não.
( ) Sim. Critérios objetivos de avaliação: _____

HABILITAÇÃO ESPECÍFICA

( ) Não.
( ) Sim. Especificar:
Para as contratações com fundamento no art. 74, I, deverá ser comprovada a inviabilidade de competição mediante a apresentação de atestado de exclusividade, contrato de exclusividade, declaração do fabricante ou outro documento idôneo capaz de comprovar que o objeto é fornecido ou prestado por produtor, empresa ou representante comercial exclusivos, vedada a preferência por marca específica.

Para as contratações com fundamento no art. 74, II, através de empresário exclusivo (pessoa física ou jurídica), deverá ser apresentado o contrato, declaração, carta ou outro documento que ateste a exclusividade permanente e contínua de representação, no País ou em Estado específico, do profissional do setor artístico, afastada a possibilidade de contratação direta por inexigibilidade por meio de empresário com representação restrita a evento ou local específico. Deverá ainda ser incluída no processo a documentação que comprove a consagração do artista pela crítica especializada ou pela opinião pública.

Para contratações com fundamento no art. 74, III deverá ser demonstrada a notória especialização do profissional ou da empresa que será contratada, cujo conceito no campo de sua especialidade, decorrente de desempenho anterior, estudos, experiência, publicações, organização, aparelhamento, equipe técnica ou outros requisitos relacionados com suas atividades, permita inferir que o seu trabalho é essencial e reconhecidamente adequado à plena satisfação do objeto do contrato.

RESPONSABILIDADES ESPECÍFICAS DA CONTRATADA

( ) Não.
( ) Sim. Especificar:

RESPONSABILIDADES ESPECÍFICAS DO CONTRATANTE

( ) Não.
( ) Sim. Especificar:

LOCAL DE ENTREGA/EXECUÇÃO E CRITÉRIOS DE ACEITAÇÃO DO OBJETO

(Para entregar/executar em qual local, dias úteis e horários? Quem será o fiscal do contrato?)

O prazo de entrega dos _____ é de ___ (____) dias, contados do recebimento da Ordem de Fornecimento/Serviço, ao _____ no endereço _____ – _____/MG – CEP _____, de segunda a sexta-feira, no horário de ___h às __h, e de ___h às __h, telefone (__) _____.

(OU)

A apresentação artística deverá ser realizada no dia ____ de _____ de _____, às _____ horas, com duração mínima de ____ horas, no local em que o evento será realizado. *(Utilizar esta cláusula quando a contratação tiver por fundamento o art. 74, II)*

(OU)

O prazo para iniciar os serviços é de ____ (_____) dias, contados do recebimento da ordem de serviços. *(Utilizar esta cláusula quando estiverem contratando SERVIÇOS)*

(conclusão)

As dúvidas/os esclarecimentos sobre a entrega podem ser enviada(o)s ao *e-mail* _____@_____.

Os bens/serviços serão recebidos provisoriamente no prazo de ___ (____) dias, pelo(a) responsável pelo acompanhamento e fiscalização do contrato, para efeito de posterior verificação de sua conformidade com as especificações constantes neste Documento de Formalização de Demanda e na proposta. *(adequar de acordo com o objeto)*

Os bens/serviços poderão ser rejeitados, no todo ou em parte, quando em desacordo com as especificações constantes neste Documento de Formalização de Demanda e na proposta, devendo ser substituídos no prazo de ___ (___) dias, a contar da notificação da contratada, às suas custas, sem prejuízo da aplicação das penalidades.

Os bens/serviços serão recebidos definitivamente no prazo de ___ (_____) dias, contados do recebimento provisório, após a verificação da qualidade e quantidade do material/serviço e consequente aceitação mediante termo circunstanciado. *(adequar de acordo com o objeto)*

Na hipótese de a verificação a que se refere o subitem anterior não ser procedida dentro do prazo fixado, reputar-se-á como realizada, consumando-se o recebimento definitivo no dia do esgotamento do prazo.

O recebimento provisório ou definitivo do objeto não exclui a responsabilidade da contratada pelos prejuízos resultantes da incorreta execução do contrato.

DEFINIÇÃO DA NECESSIDADE DE ELABORAÇÃO OU NÃO DE ESTUDOS TÉCNICOS PRELIMINARES

( ) Com base na baixa complexidade do objeto, o Estudo preliminar e o gerenciamento de riscos da contratação serão dispensados para esta contratação, bastando a elaboração de Projeto Básico.

( ) Devido à alta complexidade do objeto, serão necessários elaboração do Estudo preliminar e gerenciamento de riscos da contratação.

( ) Devido à existência de Estudo Técnico Preliminar e de gerenciamento de riscos de contratação anterior, serão utilizados o ETP e GR do Processo nº ..../...........

CRÉDITOS ORÇAMENTÁRIOS *(Qual a fonte de recurso e dotação orçamentária?)*

Informamos que existe previsão de recursos orçamentários à conta da dotação nº _____, compatível com o valor que será pago pela execução do objeto contratado.

ESTIMATIVA DO VALOR DA CONTRATAÇÃO

(Qual o valor que outros órgãos públicos estão pagando por esse objeto ou objeto similar?) Objetivando a instrução do processo, informamos que foram apresentadas notas fiscais emitidas pela futura contratada em decorrência de serviços que possuem a mesma natureza do que está sendo contratado pela Prefeitura Municipal de _____ prestados anteriormente, sendo que todas foram expedidas até 1 (um) ano antes da presente data. *(as notas fiscais poderão ser substituídas por outro documento idôneo)*

Apuramos que o pagamento antecipado de ____% do valor do total do serviço gera benefício financeiro para o Município de redução do valor final de em média ____%. *(manter esta cláusula quando a contratação estiver sendo fundamentada pelo art. 74, II)*

RESPONSABILIDADE PELA FORMALIZAÇÃO DA DEMANDA

Data: ___/___/___ _____
Assinatura/Identificação do Responsável

(DESDE QUE AUTORIZADO NO DECRETO MUNICIPAL QUE REGULAMENTA A COMPRA DIRETA E JUSTIFICADO NO DOCUMENTO DE FORMALIZAÇÃO DE DEMANDA – DFD, O ESTUDO TÉCNICO PRELIMINAR – ETP PODERÁ SER DISPENSADO)

ESTUDO TÉCNICO PRELIMINAR

Objeto: _____

1. INTRODUÇÃO

As aquisições públicas produzem importante impacto na atividade econômica, considerando a quantidade de recursos envolvidos.

Este estudo visa buscar a melhor solução para as aquisições, considerando que um planejamento bem elaborado possibilita contratações potencialmente mais eficientes, posto que a realização de estudos prévios proporciona conhecimento de novas modelagens/metodologias constantes no mercado, resultando na melhor qualidade do gasto com recursos públicos.

Apresentamos os estudos técnicos preliminares que visam assegurar a viabilidade (técnica e econômica) da contratação pretendida e o levantamento dos elementos essenciais que servirão para compor Termo de Referência ou Projeto Básico. *(texto meramente sugestivo. Adequar de acordo com a necessidade da Administração)*

(Obs.: O estudo técnico preliminar deverá conter ao menos os elementos previstos nos itens I, IV, VI, VIII e XIII abaixo e, quando não contemplar os demais itens, apresentar as devidas justificativas)

2. DESENVOLVIMENTO

I – NECESSIDADE DA CONTRATAÇÃO *(adequar de acordo com a necessidade e realidade da Administração)*

Atualmente, o/a _____ dispõe de _____ e, em consequência _____ .

A necessidade da contratação se evidencia na _____, portanto, _____.

(A justificativa da necessidade deve ser fornecida pela unidade requisitante da contratação)

(Quem precisa = Público-alvo (interno e/ou externo)

Por que precisa = Objetivos, motivos e justificativas da contratação

Para que precisa = Quais problemas serão resolvidos/necessidades atendidas, sob a perspectiva do interesse público)

II – ALINHAMENTO ENTRE A CONTRATAÇÃO E O PLANEJAMENTO

A presente contratação encontra respaldo institucional conforme previsão no item ____ do Plano Anual de Contratação do _____ etc.

Demonstrar o alinhamento entre a contratação e o planejamento da Administração, identificando a previsão no Plano Anual de Contratações (PAC) ou, se for o caso, justificando a ausência de previsão.

Informar a política pública a que esteja vinculada ou a ser instituída pela contratação, se for o caso.

III – REQUISITOS DA CONTRATAÇÃO

(Preencher com requisitos que a Equipe de Planejamento entender necessários à contratação, a saber:

(- Identificar a necessidade de a contratada promover a transição contratual com transferência de conhecimento, tecnologia e técnicas empregadas;

- Elaborar quadro identificando as soluções de mercado (produtos, fornecedores, fabricantes etc.) que atendem aos requisitos especificados e, caso a quantidade de fornecedores seja considerada restrita, verificar se os requisitos que limitam a participação são realmente indispensáveis, de modo a avaliar a retirada ou flexibilização destes requisitos.

Existem especificações capazes de restringir a competitividade? Em caso positivo, elas estão devidamente justificadas? É o caso de padronização?

Existem exigências de profissional específico (contratação de serviços)? Em caso positivo, elas estão devidamente fundamentadas?)

IV – ESTIMATIVA DAS QUANTIDADES

Definir e documentar o método para a estimativa das quantidades a serem contratadas. Poderá ser utilizado o histórico dos quantitativos de aquisições anteriores.

Deverá ser realizada uma análise da contratação anterior, ou série histórica (se houver), para identificar as inconsistências no dimensionamento dos quantitativos. Incluir no processo as memórias de cálculo e os documentos que lhe dão suporte.

(Qual método foi utilizado para definir as estimativas das quantidades? Temos ocorrências futuras que possam impactar o quantitativo?

Em qual documento está a memória de cálculo?

Foi realizada análise crítica com relação aos quantitativos indicados? Existe necessidade de contratação de quantidade superior à estimada? Por quê?)

V – LEVANTAMENTO DE MERCADO

Não é o caso da contratação em tela, tendo em vista a natureza do objeto.

OU

Foram analisadas as contratações efetuadas pelo _____, em que se verificou que foi utilizada a seguinte metodologia para a referida contratação: *(citar a metodologia)* Do levantamento realizado no mercado, constatou-se a existência das seguintes soluções: *(citar as soluções)*

Após a análise do custo-benefício de cada uma delas, optou-se pela solução _____, que apesar de ter custo inicial maior, apresenta maior durabilidade e maiores benefícios em longo prazo.

(Em situações específicas ou nos casos de complexidade técnica do objeto, poderá ser realizada audiência pública para coleta de contribuições a fim de definir a solução mais adequada visando preservar a relação custo-benefício.

Quais alternativas possíveis? O que há no mercado para atender à demanda?

Qual a justificativa técnica e econômica da escolha do tipo de solução a contratar?

É o caso de audiência prévia com os fornecedores ou consulta pública?

É o caso de contratar startup para trazer a sol*ução – Lei Complementar nº 182?*

VI – ESTIMATIVA DO VALOR DA CONTRATAÇÃO

Baseado na pesquisa realizada no Painel de Preços, verificou-se que o valor estimado da referida contratação é de R$_____.

(Deverá demonstrar a estimativa do valor da contratação, acompanhada dos preços unitários referenciais, das memórias de cálculo e dos documentos que lhe dão suporte, que poderão constar de anexo classificado, se a administração optar por preservar o seu sigilo até a conclusão da licitação)

VII – DESCRIÇÃO DA SOLUÇÃO COMO UM TODO

Contratação de empresa especializada para fornecimento de _____, por ___ meses ininterruptos, prorrogáveis por até ___ meses.

(Descrever todos os elementos que devem ser produzidos/contratados/executados para que a contratação produza resultados pretendidos pela Administração.

Qual solução representa o menor dispêndio?

Obs.: Menor dispêndio envolve a análise do ciclo de vida do bem. Deverão ser considerados os custos indiretos, relacionados com as despesas de manutenção, utilização, reposição, depreciação e impacto ambiental, entre outros fatores, poderão ser considerados para a definição do menor dispêndio, sempre que objetivamente mensuráveis, conforme dispuser o regulamento.

Qual a solução será adotada no ETP?

Solução adotada devidamente justificada (com base no levantamento de mercado, sob os aspectos da economicidade, eficácia, eficiência, padronização, sustentabilidade e demais princípios aplicáveis)

Soluções descartadas com justificativas?

Quais benefícios a serem alcançados?

Há necessidade de apresentação de amostras ou protótipo? Quais elementos devem ser observados? Qual procedimento a ser adotado?

O objeto é comum?

Os serviços porventura existentes, têm caráter continuado?)

VIII – JUSTIFICATIVA PARA O PARCELAMENTO (OU NÃO) DA SOLUÇÃO

(Definir e documentar o método para avaliar se o objeto é divisível ou não, levando em consideração o mercado fornecedor, podendo ser parcelado caso a contratação nesses moldes assegure, concomitantemente: ser técnica e economicamente viável; que não haverá perda de escala; que haverá melhor aproveitamento do mercado e ampliação da competitividade

Análise técnica: É viável?

Análise econômica: É viável? É vantajoso? Há perda na economia de escala?

Análise mercadológica: Há aumento da competitividade?

Será por item, lote ou global?)

IX – RESULTADOS PRETENDIDOS

(Declarar os benefícios diretos e indiretos que a Administração deseja com a contratação, em termos de economicidade, eficácia, eficiência, de melhor aproveitamento dos recursos humanos, materiais e financeiros disponíveis, inclusive com respeito a impactos ambientais positivos (por exemplo, diminuição do consumo de papel ou de energia elétrica), bem como, se for o caso, a melhoria da qualidade de produtos ou serviços oferecidos à sociedade.

Deve-se verificar ainda, se for o caso, a contribuição para o desenvolvimento nacional sustentável.

Qual o resultado econômico a ser alcançado?

Foi avaliado o aproveitamento dos recursos humanos?

Foi avaliado o aproveitamento dos materiais disponíveis?

Foi avaliado o aproveitamento dos recursos financeiros disponíveis?)

X – PROVIDÊNCIAS A SEREM ADOTADAS PELA ADMINISTRAÇÃO

Não se vislumbra necessidade de tomada de providências e adequações para a solução ser contratada.

OU

Para a plenitude da solução contratada, faz-se necessária a adequação de _____ .

(Elaborar cronograma com todas as atividades necessárias à adequação para que a contratação surta seus efeitos e com os responsáveis por esses ajustes nos diversos setores.

Juntar o cronograma ao processo e incluir, no Mapa de Riscos, os riscos de a contratação fracassar caso os ajustes não ocorram em tempo.

É necessário que o órgão público, previamente e/ou para viabilizar a execução da contratação, providencie:

Adaptações em seu espaço físico e elétrico?

Mobiliário, instalação elétrica, espaço adequado para prestação do serviço?

Alterações em sua estrutura organizacional?

Atualização de infraestrutura tecnológica?

Capacitação de servidores? Os servidores foram treinados para a gestão c fiscalização do contrato?)

XI – CONTRATAÇÕES CORRELATAS E/OU INTERDEPENDENTES

Não se verificam contratações correlatas nem interdependentes para a viabilidade e contratação desta demanda.

OU

São contratações correlatas a esta demanda: – _____

("Contratações correlatas são aquelas que guardam relação com o objeto principal, interligando-se a essa prestação do serviço, mas que não precisam, necessariamente, ser adquiridas para a completa prestação do objeto principal.")

São contratações interdependentes desta demanda: – _____

("Contratações interdependentes são aquelas que precisam ser contratadas com o objeto principal para sua completa prestação.")

(Há outra(s) contratação(ões):
– necessária(s) à satisfação da demanda?
– interligada(s)?
– que interfere(m) no objeto a ser contratado? (quantitativa e qualitativamente)
– que pode(m) ser agregada(s) ao presente objeto? É o caso de SRP?)

XII – IMPACTOS AMBIENTAIS E MEDIDAS DE TRATAMENTO

A presente contratação não apresenta a possibilidade de ocorrência de impactos ambientais. *(OU)* Na realização do serviço verifica-se a possibilidade da ocorrência de danos ao meio ambiente em decorrência do _____.

Sendo assim, deverá constar do Termo de Referência e/ou Projeto Básico a obrigatoriedade de a contratada instalar _____.

(No caso de a administração da unidade verificar a possibilidade de ocorrência de danos ao meio ambiente, deverá prever as medidas a serem adotadas pela contratada ou pela administração com vistas a evitar a ocorrência do referido dano ou seu tratamento.

– Foram consideradas as medidas mitigadoras do consumo de energia e outros recursos?
– Foi considerada a logística reversa para desfazimento e reciclagem de bens e refugos? - Foi considerado o desfazimento do bem? (quando aplicável))

XIII – DECLARAÇÃO DE VIABILIDADE *(OU NÃO)* DA CONTRATAÇÃO

Os estudos técnicos preliminares evidenciaram que a contratação da solução se mostra possível e necessária.

Diante do exposto, declara-se ser viável a contratação pretendida.

_____, _____ de _____ de ____.

(Obs.: Quando houver Equipe de Planejamento instituída, o documento deverá ser assinado por todos os membros.

Não havendo equipe de planejamento constituída, é obrigatória a assinatura da autoridade da Área Requisitante e Técnica (se houver))

(DESDE QUE AUTORIZADO NO DECRETO QUE REGULAMENTA A COMPRA DIRETA E JUSTIFICADO NO DOCUMENTO DE FORMALIZAÇÃO DE DEMANDA – DFD, O MAPA DE GESTÃO DE RISCOS PODERÁ SER DISPENSADO)

(continua)

MAPA DE GESTÃO DE RISCOS		
SÍNTESE DO OBJETO		
SETOR RESPONSÁVEL		
FASE DE ANÁLISE		
( ) Planejamento da Contratação	( ) Gestão do contrato	
MAPEAMENTO DOS RISCOS		
RISCO 01	*(descrever o risco)* *(Ex.: Questionamentos excessivos em relação ao objeto)*	
PROBABILIDADE	( ) Baixa ( ) Média ( ) Alta	
IMPACTO	( ) Baixo ( ) Médio ( ) Alto	
Dano	*(descrever o possível dano caso a contratação não se efetive)* *(Ex.: Atrasar a aquisição do produto e gerar desabastecimento no setor)*	
AÇÃO PREVENTIVA		RESPONSÁVEL
(Exemplo: Descrever o objeto de forma mais detalhada e objetiva possível)		Nome do servidor:
AÇÃO DE CONTINGÊNCIA		RESPONSÁVEL
(Exemplo: Utilizar Ata de Registro de Preços de outro órgão)		Nome do servidor:
RISCO 02	*(descrever o risco)* *(Contratação deserta ou fracassada)*	
PROBABILIDADE	( ) Baixa ( ) Média ( ) Alta	
IMPACTO	( ) Baixo ( ) Médio ( ) Alto	
Dano	*(descrever o possível dano caso a contratação não se efetive)*	
AÇÃO PREVENTIVA		RESPONSÁVEL
(Exemplo: Encaminhar termo de referência durante a fase de cotação de preços para a maior quantidade de possíveis interessados em participar da licitação)		Nome do servidor:

(conclusão)

AÇÃO DE CONTINGÊNCIA	RESPONSÁVEL
(Exemplo: *Utilizar Ata de Registro de Preços de outro órgão)*	Nome do servidor:
RESPONSÁVEIS PELA ELABORAÇÃO DO MAPA DE RISCOS	
Certifico que sou responsável pela elaboração do presente documento. _____ _____ Data Nome/Assinatura Responsável	

PARECER JURÍDICO

(Conforme disposto no §1º do art. 53 da Lei 14.133/2021, o parecer jurídico deverá:

a) ser elaborado em linguagem simples e compreensível, e de forma clara e objetiva;

b) apreciar todos os elementos indispensáveis à contratação;

c) expor os pressupostos de fato e de direito levados em consideração na análise jurídica)

Com base nas informações e justificativas apresentadas no processo, a contratação de _____, quanto ao aspecto jurídico, encontra tipificação legal no inciso ____ do art. 75 da Lei Federal nº 14.133/2021, porque _____ . *(justificar)*

Quanto à fase preparatória, sob o ângulo jurídico-formal, seguiu todas as cautelas recomendadas pela Lei Federal nº 14.133/2021 e no Decreto Municipal nº _____ *(citar o nº do decreto municipal que regulamenta as dispensas)* possuindo o número de ordem em série anual, a indicação do nome da repartição interessada, a minuta do contrato, *(descrever aqui os documentos que constam na fase preparatória do processo)* sendo certo, ainda, constar a expressa indicação da fundamentação legal e o regime de execução.

Também se percebe que há o indicativo expresso da regência da abertura dos envelopes, nos termos da Lei de Licitações, para os interessados em atender ao Aviso de Contratação Direta, com o designativo do local, dia e hora para o recebimento dos envelopes, documentação e proposta, bem como o horário para o início da abertura dos envelopes, entre outros requisitos. *(exclusivo para as contratações dos incisos I e II do art. 75 conforme §3º do mesmo artigo, quando a legislação municipal não dispensar)*

Desta forma, entendo que o processo de dispensa eletrônica de licitação se encontra respaldado na Lei nº 14.133/2021, **devendo o Agente de Contratação observar, ainda, a disponibilidade do Aviso de Licitação aos interessados com a antecedência mínima determinada por lei**, razão pela qual opino pelo prosseguimento do certame. *(a parte em destacada em negrito é exclusiva para as contratações dos incisos I e II do art. 75 conforme §3º do mesmo artigo, quando a legislação municipal não dispensar)*

Ante o exposto, o que procuramos, em sede de parecer jurídico, foi traçar o quadro jurídico em que está inserida a questão, para que o administrador, que tem competência administrativa para licitar ou contratar diretamente via dispensa eletrônica de licitação, tenha elementos técnico-jurídicos, aos quais acrescerá os elementos técnico-administrativos, para pautar a sua decisão.

Salvo Melhor Juízo, este é o Parecer Jurídico, que remeto à autoridade competente.

_____, _____ de ____.

_____

Advogado

OAB/MG nº

AVISO DE DISPENSA ELETRÔNICA DE LICITAÇÃO Nº ____/_____

PROCESSO nº ____/_____.

(O prazo deverá ser de no mínimo 3 dias úteis, conforme disposto no §3º do art. 75 da Lei Federal 14.133)

(Esse aviso tem que ser compatibilizado com as regras do sistema de informática utilizado para realização da dispensa eletrônica)

O Município de _____ torna público, para conhecimento dos interessados, que às ____ horas do dia ____ de _____ de _____ , será realizada a sessão de Dispensa Eletrônica de Licitação, com critério de julgamento MENOR PREÇO, conforme disposto no art. 75, inciso __, da Lei Federal nº 14.133/2021 e demais legislação aplicável.

1. DO OBJETO

1.1. A presente licitação tem por objeto a aquisição de _____ por dispensa Eletrônica de Licitação para atender às necessidades da Secretaria Municipal de _____, conforme Termo de Referência OU Projeto Básico em anexo.

2. DA PARTICIPAÇÃO NO PROCESSO DE DISPENSA ELETRÔNICA DE LICITAÇÃO

2.1. Poderão participar da presente dispensa os interessados que atenderem a todas as especificações do objeto, conforme Termo de Referência

OU

Projeto Básico em anexo, e aos documentos previstos neste Aviso de Dispensa.

2.2. Não poderão participar da dispensa os interessados:

2.2.1. que não atendam às condições deste Aviso de Dispensa Eletrônica e seu(s) anexo(s);

2.2.2. estrangeiros que não tenham representação legal no Brasil com poderes expressos para receber citação e responder administrativa ou judicialmente;

2.2.3. que se enquadrem nas seguintes vedações:

a) autor do anteprojeto, do projeto básico ou do projeto executivo, pessoa física ou jurídica, quando a contratação versar sobre obra, serviços ou fornecimento de bens a ele relacionados;

b) empresa, isoladamente ou em consórcio, responsável pela elaboração do projeto básico ou do projeto executivo, ou empresa da qual o autor do projeto seja dirigente, gerente, controlador, acionista ou detentor de mais de 5% (cinco por cento) do capital com direito a voto, responsável técnico ou subcontratado, quando a contratação versar sobre obra, serviços ou fornecimento de bens a ela necessários;

c) pessoa física ou jurídica que se encontre, ao tempo da contratação, impossibilitada de contratar em decorrência de sanção que lhe foi imposta;

d) aquele que mantenha vínculo de natureza técnica, comercial, econômica, financeira, trabalhista ou civil com dirigente do órgão ou entidade contratante ou com agente público que desempenhe função na licitação ou atue na fiscalização ou na gestão do contrato, ou que deles seja cônjuge, companheiro ou parente em linha reta, colateral ou por afinidade, até o terceiro grau;

e) empresas controladoras, controladas ou coligadas, nos termos da Lei nº 6.404, de 15 de dezembro de 1976, concorrendo entre si;

f) pessoa física ou jurídica que, nos 5 (cinco) anos anteriores à divulgação do aviso, tenha sido condenada judicialmente, com trânsito em julgado, por exploração de trabalho infantil, por submissão de trabalhadores a condições análogas às de escravo ou por contratação de adolescentes nos casos vedados pela legislação trabalhista.

2.2.3.1. equiparam-se aos autores do projeto as empresas integrantes do mesmo grupo econômico;

2.2.3.2. aplica-se o disposto na alínea "c" também ao fornecedor que atue em substituição a outra pessoa, física ou jurídica, com o intuito de burlar a efetividade da sanção a ela aplicada, inclusive a sua controladora, controlada ou coligada, desde que devidamente comprovado o ilícito ou a utilização fraudulenta da personalidade jurídica do fornecedor;

2.2.4. organizações da Sociedade Civil de Interesse Público – OSCIP, atuando nessa condição; e

2.2.5. sociedades cooperativas.

OU

2.3. Será permitida a participação de cooperativas, dcsde que apresentem demonstrativo de atuação em regime cooperado, com repartição de receitas e despesas entre os cooperados e atendam ao art. 16 da Lei nº 14.133/21.

2.3.1. Em sendo permitida a participação de cooperativas, serão estendidas a elas os benefícios previstos para as microempresas e empresas de pequeno porte quando elas atenderem ao disposto no art. 34 da Lei nº 11.488, de 15 de junho de 2007.

(renumerar os itens seguintes conforme a opção adotada acima)

2.4. A participação na presente dispensa eletrônica de licitação se dará mediante Sistema de Dispensa Eletrônica integrado ao Sistema _____, disponível no endereço eletrônico _____.

2.4.1. Os interessados deverão atender aos procedimentos previstos no Manual do Sistema de Dispensa Eletrônica, disponível no _____, para acesso ao sistema e operacionalização.

2.4.2. O interessado é o responsável por qualquer transação efetuada diretamente ou por seu representante no Sistema de Dispensa Eletrônica, não cabendo ao provedor do Sistema ou ao órgão promotor do procedimento a responsabilidade por eventuais danos decorrentes de uso indevido da senha, ainda que por terceiros não autorizados.

2.5. Em razão do valor, as empresas participantes deverão ser ME, MEI ou EPP, conforme determina o inciso I do art. 48 da LC 123/06. (*SE NÃO HOUVER UM NÚMERO DE 3 (TRÊS) FORNECEDORES COMPETITIVOS ENQUADRADOS COMO ME, MEI OU EPP SEDIADOS LOCAL OU REGIONALMENTE E CAPAZES DE CUMPRIR AS EXIGÊNCIAS ESTABELECIDAS NO INSTRUMENTO CONVOCATÓRIO, BEM COMO SE ESSE TRATAMENTO NÃO FOR VANTAJOSO PARA A ADMINISTRAÇÃO, O ITEM 2.5. PODERÁ SER EXCLUÍDO DO EDITAL, ENTRETANTO, DEVERÁ CONSTAR NA FASE INTERNA DO PROCESSO A JUSTIFICATIVA QUE CARACTERIZA A DISPENSA PREVISTA NO ART. 49 DA LC*)

3. DO CADASTRAMENTO DA PROPOSTA

3.1. A empresa interessada em participar desta dispensa deverá encaminhar a proposta de preços, exclusivamente, por meio do Sistema de Dispensa Eletrônica, até a data e horário estabelecidos no preâmbulo deste Edital.

3.2. A proposta de preços deverá conter a descrição do objeto, a marca do produto, quando for o caso, o valor unitário e total, prazo de entrega de no máximo _____ dias úteis a contar do recebimento da requisição.

3.3. A proposta deverá ser apresentada em língua portuguesa, contendo o número deste aviso, devendo, preferencialmente, conter razão social, CNPJ, endereço, número de telefone, número de fax da empresa licitante e dados bancários.

3.4. Deverá conter prazo de garantia do objeto de no mínimo ____ (_____) meses, que começará a correr ao término da garantia legal de que trata a Lei nº 8.078/90, adotando-se, para tanto, como termo inicial a data de entrega dos produtos. (*O PRAZO DE GARANTIA DEVE SER COMPATÍVEL COM A NATUREZA DO OBJETO*)

3.5. A proposta de preços deverá conter declaração de que o preço proposto constitui a única e completa remuneração, e compreende a integralidade do lucro e todos os custos, inclusive impostos diretos e indiretos, obrigações tributárias, trabalhistas e previdenciárias, bem como quaisquer outras obrigações inerentes ao fornecimento do objeto, não sendo admitidos pleitos de acréscimos a qualquer título.

3.6. A apresentação das propostas implica obrigatoriedade do cumprimento das disposições nelas contidas, em conformidade com o que dispõe o Termo de Referência, Projeto Básico ou Projeto Executivo, assumindo o proponente o compromisso de executar os serviços nos seus termos, bem como de fornecer os materiais, equipamentos, ferramentas e utensílios necessários, em quantidades e qualidades adequadas à perfeita execução contratual, promovendo, quando requerido, sua substituição.

3.7. Uma vez enviada a proposta no sistema, os fornecedores NÃO poderão retirá-la, substituí-la ou modificá-la.

3.8. No cadastramento da proposta inicial, o fornecedor deverá, também, assinalar "sim" ou "não" em campo próprio do sistema eletrônico, às seguintes declarações:

3.8.1. que inexistem fatos impeditivos para sua habilitação no certame, ciente da obrigatoriedade de declarar ocorrências posteriores;

3.8.2. que cumpre os requisitos estabelecidos no artigo 3º da Lei Complementar nº 123, de 2006, estando apto a usufruir do tratamento favorecido estabelecido em seus arts. 42 a 49;

3.8.3. que está ciente e concorda com as condições contidas no Aviso de Contratação Direta e seus anexos;

3.8.4. que assume a responsabilidade pelas transações que forem efetuadas no sistema, assumindo como firmes e verdadeiras;

3.8.5. que cumpre as exigências de reserva de cargos para pessoa com deficiência e para reabilitado da Previdência Social, de que trata o art. 93 da Lei nº 8.213/91;

3.8.6. que não emprega menor de 18 anos em trabalho noturno, perigoso ou insalubre e não emprega menor de 16 anos, salvo menor, a partir de 14 anos, na condição de aprendiz, nos termos do artigo 7º, XXXIII, da Constituição.

4. DA FASE DE LANCES

4.1. A partir das ____h da data fixada neste Aviso de Contratação Direta, a sessão pública será automaticamente aberta pelo sistema para o envio de lances públicos e sucessivos, exclusivamente por meio do sistema eletrônico.

4.2. Iniciada a etapa competitiva, os interessados deverão encaminhar lances exclusivamente por meio de sistema eletrônico, sendo imediatamente informados do seu recebimento e do valor consignado no registro.

4.2.1. O lance deverá ser ofertado pelo valor unitário do item.

4.3. O interessado somente poderá oferecer valor inferior ao último lance por ele ofertado e registrado pelo sistema.

4.3.1. O interessado poderá oferecer lances sucessivos iguais ou inferiores ao lance que esteja vencendo o certame, desde que inferiores ao menor por ele ofertado e registrado pelo sistema, sendo tais lances definidos como "lances intermediários" para os fins deste Aviso de Contratação Direta.

4.3.2. O intervalo mínimo de diferença de valores ou percentuais entre os lances, que incidirá tanto em relação aos lances intermediários quanto em relação ao que cobrir a melhor oferta é de _____ (_____).

4.4. Havendo lances iguais ao menor já ofertado, prevalecerá aquele que for recebido e registrado primeiro no sistema.

4.5. Caso o interessado não apresente lances, concorrerá com o valor de sua proposta.

4.6. Durante o procedimento, os interessados serão informados, em tempo real, do valor do menor lance registrado, vedada a identificação do fornecedor.

4.7. Imediatamente após o término do prazo estabelecido para a fase de lances, haverá o seu encerramento, com o ordenamento e divulgação dos lances, pelo sistema, em ordem crescente de classificação.

4.7.1. O encerramento da fase de lances ocorrerá de forma automática pontualmente no horário indicado, sem qualquer possibilidade de prorrogação e não havendo tempo aleatório ou mecanismo similar.

5. DO JULGAMENTO DAS PROPOSTAS DE PREÇOS

5.1. Encerrada a etapa competitiva e ordenadas as ofertas, de acordo com o menor preço apresentado, o Agente de Contratação verificará a aceitabilidade da proposta de valor mais baixo, comparando-o com os valores consignados em Planilha de Custos, decidindo, motivadamente, a respeito.

5.2. No caso de o preço da proposta vencedora estar acima do estimado pela Administração, poderá haver a negociação de condições mais vantajosas.

5.2.1. Nesta situação, será encaminhada contraproposta ao fornecedor que tenha apresentado o melhor preço, para que seja obtida melhor proposta com preço compatível ao estimado pela Administração.

5.2.2. A negociação poderá ser feita com os demais interessados classificados, respeitada a ordem de classificação, quando o primeiro colocado, mesmo após a negociação, for desclassificado em razão de sua proposta permanecer acima do preço máximo definido para a contratação.

5.2.3. Em qualquer caso, concluída a negociação, o resultado será registrado na ata do procedimento da dispensa eletrônica.

5.3. Estando o preço compatível, será solicitado o envio da proposta e, se necessário, de documentos complementares, adequada ao último lance.

5.4. O prazo de validade da proposta não será inferior a _____ (___) dias, a contar da data de sua apresentação.

5.5. A classificação dar-se-á pela ordem crescente de preços propostos e aceitáveis.

5.6. Será declarado vencedor a LICITANTE que apresentar a proposta de acordo com as especificações deste edital, com o preço de mercado e que OFERTAR O MENOR PREÇO POR ITEM.

5.6.1. Será desclassificada:

a) a proposta que não atender às exigências deste aviso de dispensa ou seus anexos, desde que insanável;

b) a proposta que apresentar preço excessivo ou manifestamente inexequível;

c) não tiverem sua exequibilidade demonstrada, quando exigido pela Administração.

5.7. Se houver indícios de inexequibilidade da proposta de preço, ou em caso da necessidade de esclarecimentos complementares, poderão ser efetuadas diligências, para que a empresa comprove a exequibilidade da proposta.

5.8. Erros no preenchimento da planilha não constituem motivo para a desclassificação da proposta. A planilha poderá ser ajustada pelo fornecedor, no prazo indicado pelo sistema, desde que não haja majoração do preço.

5.8.1. O ajuste de que trata este dispositivo se limita a sanar erros ou falhas que não alterem a substância das propostas.

5.8.2 Considera-se erro no preenchimento da planilha passível de correção a indicação de recolhimento de impostos e contribuições na forma do Simples Nacional, quando não cabível esse regime.

5.9. Para fins de análise da proposta quanto ao cumprimento das especificações do objeto, poderá ser colhida a manifestação escrita do setor requisitante do serviço ou da área especializada no objeto.

5.10. Se a proposta ou lance vencedor for desclassificado, será examinada a proposta ou lance subsequente, e, assim sucessivamente, na ordem de classificação.

5.11. Havendo necessidade, a sessão será suspensa, informando-se no *chat* a nova data e horário para a sua continuidade.

5.12. Encerrada a análise quanto à aceitação da proposta, se iniciará a fase de habilitação, observado o disposto neste Aviso de Contratação Direta.

5.12.1. Para fins de verificação da documentação de habilitação do licitante classificado em primeiro lugar, será concedido o prazo de _____ (dias/horas) para que o participante vincule ao sistema eletrônico a documentação indicada no item 8 deste instrumento convocatório, considerando as disposições do inciso II, do art. 63 da Lei Federal nº 14.133/2021.

(A documentação de habilitação não precisará ser vinculada ao sistema antes pelas licitantes. Ela será exigida apenas do licitante declarado provisoriamente vencedor, salvo quando invertidas as fases e a habilitação for feita antes da análise das propostas.)

6. DOS DOCUMENTOS DE HABILITAÇÃO

6.1. O licitante classificado em primeiro lugar deverá apresentar os seguintes documentos de habilitação, no prazo de _____ (_____), contados da notificação via sistema.

6.2. Habilitação jurídica:

a) Empresário individual, inscrição no Registro Público de Empresas Mercantis, a cargo da Junta Comercial da respectiva sede;

b) Em se tratando de Microempreendedor Individual – MEI: Certificado da Condição de Microempreendedor Individual – CCMEI, cuja aceitação ficará condicionada à verificação da autenticidade no sítio www.portaldoempreendedor.gov.br;

c) No caso de sociedade empresária ou empresa individual de responsabilidade limitada – EIRELI: ato constitutivo, estatuto ou contrato social em vigor, devidamente registrado na Junta Comercial da respectiva sede, acompanhado de documento comprobatório de seus administradores;

d) Inscrição no Registro Público de Empresas Mercantis onde opera, com averbação no Registro onde tem sede a matriz, no caso de ser o participante sucursal, filial ou agência;

e) Para a sociedade simples: inscrição do ato constitutivo no Registro Civil das Pessoas Jurídicas do local de sua sede, acompanhada de prova da indicação dos seus administradores;

f) decreto de autorização, em se tratando de sociedade empresária estrangeira em funcionamento no País.

6.2.1. Os documentos acima especificados deverão estar acompanhados de todas as alterações ou consolidação respectiva.

6.3. Habilitação Fiscal e Trabalhista:

a) Prova de inscrição no Cadastro Nacional de Pessoas Jurídicas (CNPJ) atualizado, relativo ao domicílio ou sede do licitante, pertinente e compatível com o objeto deste Aviso de Dispensa Eletrônica;

b) Prova de regularidade para com a Fazenda Federal relativa a Tributos Federais e à Dívida Ativa da União e prova de regularidade perante o Instituto Nacional de Seguridade Social – INSS, através de certidão expedida conjuntamente pela Secretaria da Receita Federal do Brasil – RFB e pela Procuradoria-Geral da Fazenda Nacional – PGFN, conforme Portarias MF 358 e 443/2014;

c) Certificado de Regularidade de Situação perante o Fundo de Garantia do Tempo de Serviço – FGTS ou documento equivalente que comprove a regularidade;

d) Certidão de regularidade com a Fazenda Estadual e Municipal, referente ao domicílio da empresa;

e) Certidão Negativa de Débitos Trabalhistas (CNDT), provando a inexistência de débitos inadimplidos perante a Justiça do Trabalho;

6.3.1. Caso o interessado seja considerado isento dos tributos estaduais ou municipais relacionados ao objeto contratual, deverá comprovar tal condição mediante a apresentação de declaração da Fazenda respectiva do seu domicílio ou sede, ou outra equivalente, na forma da lei.

6.3.2. Os documentos complementares à proposta e à habilitação, quando necessários à confirmação daqueles exigidos no edital e já apresentados, serão encaminhados pelo licitante mais bem classificado após o encerramento do envio de lances, observado o prazo de, no mínimo, duas horas, contado da solicitação do agente de contratação no sistema.

6.4. Durante a sessão pública, a comunicação entre o agente de contratação e os licitantes ocorrerá exclusivamente mediante troca de mensagens, em campo próprio do sistema eletrônico.

6.5. Cabe ao licitante acompanhar as operações no sistema eletrônico durante a sessão pública, ficando responsável pelo ônus decorrente da perda de negócios diante da inobservância de qualquer mensagem emitida pelo sistema ou por estar desconectado do sistema, inclusive quanto ao não encaminhamento de documento afeto ao certame.

6.6. Havendo necessidade de analisar minuciosamente os documentos exigidos, a sessão será suspensa, sendo informada a nova data e horário para a sua continuidade no *chat*.

6.7. Será inabilitado o interessado que não comprovar sua habilitação, seja por não apresentar quaisquer dos documentos exigidos, ou apresentá-los em desacordo com o estabelecido neste Aviso de Dispensa Eletrônica.

6.8. Na hipótese de o interessado não atender às exigências para a habilitação, o órgão ou entidade examinará os documentos de habilitação da proposta subsequente e assim sucessivamente, na ordem de classificação, até a apuração de uma proposta que atenda às condições de habilitação.

6.9. Constatado o atendimento às exigências de habilitação, o fornecedor será habilitado.

7. DOS RECURSOS ADMINISTRATIVOS

7.1. O interessado terá o prazo de 01 (um) dia útil para apresentação do recurso.

7.1.1. A manifestação motivada na sessão pública, imediatamente à declaração do vencedor, é pressuposto de admissibilidade do recurso, ficando os demais licitantes desde logo intimados para apresentar contrarrazões no prazo de 01 (um) dia útil, que começará a correr do término do prazo do recorrente, sendo-lhes assegurada vista imediata dos autos.

7.2. A petição devidamente fundamentada deverá ser encaminhada através de campo próprio do sistema, no prazo estabelecido no item 7.1. *(adequar de acordo com o sistema eletrônico utilizado)*

7.3. O acolhimento do recurso importará a invalidação, apenas, dos atos insuscetíveis de aproveitamento.

7.4. A decisão proferida em grau de recurso será definitiva e dela dar-se-á conhecimento, mediante publicação no Diário Oficial do Município e no endereço eletrônico _____.

7.5. Não serão conhecidas as contrarrazões a recursos intempestivamente apresentadas.

8. DO CONTRATO

8.1. Após a homologação e adjudicação, caso se conclua pela contratação, será firmado Termo de Contrato ou emitido instrumento equivalente.

8.2. O prazo para assinatura do contrato ou aceitação do instrumento equivalente, conforme o caso (Nota de Empenho/Carta/Autorização/Ordem de Fornecimento/Ordem de Serviço) será de ___ (___) dias úteis, contados a partir da data de sua convocação, e poderá ser prorrogado uma única vez, por igual período, quando solicitado pelo fornecedor durante o seu transcurso, desde que ocorra motivo justificado e aceito pela Administração.

8.3 Alternativamente à convocação para comparecer perante o órgão ou entidade para a assinatura do Termo de Contrato, a Administração poderá encaminhá-lo para assinatura, mediante correspondência postal com aviso de recebimento (AR) ou meio eletrônico, para que seja assinado e devolvido no prazo de ____ (_____) dias, a contar da data de seu recebimento.

8.4. O Aceite da Nota de Empenho, Ordem de Serviço, Fornecimento ou do instrumento equivalente, emitida à empresa adjudicada, implica o reconhecimento de que:

8.4.1. referido documento está substituindo o contrato, aplicando-se à relação de negócios ali estabelecida as disposições da Lei nº 14.133, de 2021;

8.4.2. a contratada se vincula à sua proposta e às previsões contidas no Aviso de Dispensa Eletrônica e seus anexos;

8.4.3. a contratada reconhece que as hipóteses de extinção são aquelas previstas nos artigos 137 e 138 da Lei nº 14.133/21 e reconhece os direitos da Administração previstos nos artigos 137 a 139 da mesma Lei.

8.5. O prazo de vigência da contratação é de _____ prorrogável conforme previsão nos anexos a este Aviso de Contratação Direta.

8.6. As condições de habilitação e contratação consignadas neste aviso, deverão ser mantidas pelo fornecedor durante a vigência do contrato.

9. DO RECEBIMENTO

9.1. Os produtos/ serviços deverão ser entregues no prédio da Prefeitura Municipal de _____, situado na Rua _____, nº _____- Centro. *(adequar quando for serviço)*

9.2. Concluída a entrega do produto, o recebimento deste dar-se-á:

a) provisoriamente, de forma sumária, pelo servidor _____, responsável por seu acompanhamento e fiscalização, com verificação posterior da conformidade do material com as exigências contratuais;

b) definitivamente, mediante termo detalhado que comprove o atendimento das exigências contratuais.

9.3. A nota fiscal/fatura, sem qualquer rasura, deve ser emitida pelo fornecedor, em nome do Município de _____ e deverá, obrigatoriamente, ser entregue junto com o seu objeto.

10. SANÇÕES

(Adequar essa cláusula de acordo com a legislação municipal que regulamentar a aplicação de penalidades)

10.1. Incorre em infração administrativa o fornecedor que cometer quaisquer das infrações previstas no art. 155 da Lei nº 14.133, de 2021 e art. ___ do Decreto de nº_____, quais sejam:

I – dar causa à inexecução parcial do contrato;

II – dar causa à inexecução parcial do contrato que cause grave dano à Administração, ao funcionamento dos serviços públicos ou ao interesse coletivo;

III – dar causa à inexecução total do contrato;

IV – deixar de entregar a documentação exigida para o certame;

V – não manter a proposta, salvo em decorrência de fato superveniente devidamente justificado;

VI – não celebrar o contrato ou não entregar a documentação exigida para a contratação, quando convocado dentro do prazo de validade de sua proposta;

VII – ensejar o retardamento da execução ou da entrega do objeto sem motivo justificado;

VIII – apresentar declaração ou documentação falsa ou prestar declaração falsa durante a execução do contrato;

IX – fraudar ou praticar ato fraudulento na execução do contrato;

X – comportar-se de modo inidôneo ou cometer fraude de qualquer natureza;

XI – praticar atos ilícitos com vistas a frustrar os objetivos da contratação;

XII – praticar ato lesivo previsto no art. 5º da Lei nº 12.846, de 1º de agosto de 2013;

XIII – tumultuar a sessão pública da licitação;

XIV – propor recursos manifestamente protelatórios em sede de contratação direta ou de licitação;

XV – deixar de regularizar os documentos fiscais no prazo concedido, na hipótese de o infrator enquadrar-se como Microempresa ou Empresa de Pequeno Porte, nos termos da Lei Complementar Federal nº 123, de 14 de dezembro de 2006;

XVI – deixar de manter as condições de habilitação durante o prazo do contrato;

XVII – permanecer inadimplente após a aplicação de advertência;

XVIII – deixar de complementar o valor da garantia recolhida após solicitação do contratante;

XIX – deixar de devolver eventuais valores recebidos indevidamente após ser devidamente notificado;

XX – manter empregado, responsável técnico ou qualquer pessoa sob sua responsabilidade com qualificação em desacordo com as exigências do edital ou do contrato, durante a execução do objeto;

XXI – utilizar as dependências do contratante para fins diversos do objeto do contrato;

XXII – tolerar, no cumprimento do contrato, situação apta a gerar ou causar dano físico, lesão corporal ou consequências letais a qualquer pessoa;

XXIII – deixar de fornecer Equipamento de Proteção Individual – EPI, quando exigido, aos seus empregados ou omitir-se em fiscalizar sua utilização, na hipótese de contratação de serviços de mão de obra;

XXIV – deixar de substituir empregado cujo comportamento for incompatível com o interesse público, em especial quando solicitado pela Administração;

XXV – deixar de repor funcionários faltosos;

XXVI – deixar de apresentar, quando solicitado pela administração, comprovação do cumprimento das obrigações trabalhistas e com o Fundo de Garantia do tempo de Serviço (FGTS) em relação aos empregados diretamente envolvidos na execução do contrato, em especial quanto ao:

a) registro de ponto;

b) recibo de pagamento de salários, adicionais, horas extras, repouso semanal remunerado e décimo terceiro salário;

c) comprovante de depósito do FGTS;

d) recibo de concessão e pagamento de férias e do respectivo adicional;

e) recibo de quitação de obrigações trabalhistas e previdenciárias dos empregados dispensados até a data da extinção do contrato;

f) recibo de pagamento de vale-transporte e vale-alimentação, na forma prevista em norma coletiva.

XXVII – deixar de observar a legislação pertinente aplicável ao seu ramo de atividade;

XXVIII – entregar o objeto contratual em desacordo com as especificações, condições e qualidades contratadas e/ou com vício, irregularidade ou defeito oculto que o tornem impróprio para o fim a que se destina;

XXIX – ofender agentes públicos no exercício de suas funções;

XXX – induzir a administração em erro;

XXXI – deixar de manter empregados, que fiquem nas dependências e à disposição da administração nos contratos de serviços contínuos com regime de dedicação exclusiva de mão de obra;

XXXII – compartilhar recursos humanos e materiais disponíveis de uma contratação para execução simultânea de outros contratos por parte do contratado, nos contratos de serviços contínuos com regime de dedicação exclusiva de mão de obra;

XXXIII – impossibilitar a fiscalização pelo contratante quanto à distribuição, controle e supervisão dos recursos humanos alocados aos seus contratos, em relação aos contratos de serviços contínuos com regime de dedicação exclusiva de mão de obra;

XXXIV – apresentar proposta inexequível com finalidade de tumultuar o procedimento;

XXXV – deixar de demonstrar exequibilidade da proposta quando exigida pela administração;

XXXVI – subcontratar serviço em contrato em que não há essa possibilidade;

XXXVII – deixar de apresentar no prazo do art. 96, §3º da Lei 14133/21, garantia pelo contratado quando optar pela modalidade seguro garantia;

XXXVIII – deixar de comprovar, quando solicitado, na execução contratual, a reserva de cargos prevista em lei para pessoa com deficiência, para reabilitado da Previdência Social ou para aprendiz, bem como as reservas de cargos previstas em outras normas específicas;

XXXIX – deixar de manter preposto aceito pela Administração para representar o contratado na execução do contrato;

XL – deixar de aceitar as supressões e acréscimos de até 25% (vinte e cinco por cento) em relação aos contratos.

10.2. O fornecedor que cometer qualquer das infrações discriminadas nos subitens anteriores ficará sujeito, sem prejuízo da responsabilidade civil e criminal, às seguintes sanções:

10.2.1. de advertência que consiste em comunicação formal ao infrator do descumprimento de uma obrigação do Aviso de Dispensa ou da inexecução parcial do contrato quando não se justificar a imposição de penalidade mais grave;

10.2.2. de multa, o infrator que, injustificadamente, descumprir a legislação, cláusulas do edital ou cláusulas contratuais, não podendo ser inferior a 0,5% (cinco décimos por cento) nem superior a 30% (trinta por cento) do valor de referência do certame ou do contrato nos termos estabelecidos nos respectivos instrumentos, devendo ser observados, preferencialmente, os seguintes percentuais e diretrizes:

I – multa moratória de 0,5% (cinco décimos por cento) por dia de atraso na entrega de material ou execução de serviços, até o limite de 10% (dez por cento), correspondente a até 30 (trinta) dias de atraso, calculado sobre o valor correspondente à parte inadimplente, excluída, quando for o caso, a parcela correspondente aos impostos destacados no documento fiscal;

II – multa de 10% (dez por cento) sobre o valor total da adjudicação do certame ou do valor da contratação direta em caso de recusa do infrator em assinar o contrato, ou recusar-se a aceitar ou retirar o instrumento equivalente;

III – multa de 5% (cinco por cento) sobre o valor de referência do certame, nas hipóteses constantes do item 10.1, subitens I, IV, V, XIII, XIV e XV, deste edital;

IV – multa de 5% (cinco por cento) sobre o valor total da adjudicação, nas hipóteses constantes do item 10.1, subitens XVI, XVII, XVIII, XX, XXI, XXIII, XXIV, XXV, XXVI, XXVII, XXXI, XXXIII, XXXVIII e XXXIX deste edital;

V – multa de 10% (dez por cento) sobre o valor de referência do certame, nas hipóteses constantes do item 10.1, subitens II, III, VI, VII, VIII, IX, X, XI, XII, XXIX, XXX, XXXIV e XXXV deste edital;

VI – multa de 10% (dez por cento) sobre o valor total da adjudicação, nas hipóteses constantes do item 10.1, subitens XIX, XXII, XVIII, XXXII, XXXVI, XXXVII e XL, deste edital;

VII – multa indenizatória, a título de perdas e danos, na hipótese de o infrator ensejar a rescisão do contrato e sua conduta implicar gastos à administração, superiores aos contratados.

10.2.3. de impedimento de licitar e contratar que impedirá o infrator de participar de licitação e contratar com a administração:

I – por até 01 (um) ano, se o infrator:

a) deixar de entregar a documentação exigida para o certame;

b) não manter a proposta, salvo em decorrência de fato superveniente devidamente justificado;

c) ensejar o retardamento da execução ou da entrega do objeto do certame sem motivo justificado;

II – por até 02 (dois) anos, se o infrator:

a) apresentar declaração ou documentação falsa exigida para o certame ou prestar declaração falsa durante o mesmo ou durante a execução do contrato;

b) der causa à inexecução parcial do contrato que cause grave dano à administração, ao funcionamento dos serviços públicos ou ao interesse coletivo;

III – por até 03 (três) anos, se o infrator:

a) não celebrar o contrato, quando convocado dentro do prazo de validade de sua proposta;

b) fraudar o certame ou praticar ato fraudulento na execução do contrato;

c) der causa à inexecução total do contrato.

10.2.4. de Declaração de Inidoneidade de contratar com a Administração Pública, será aplicada por prazo não superior a 6 (seis) anos, nas seguintes hipóteses:

I – por período de 3 (três) a 4 (quatro) anos, no caso de praticar atos ilícitos com vistas a frustrar os objetivos do certame;

II – por período de 4 (quatro) a 5 (cinco) anos, nos casos de:

a) fraudar o certame ou praticar ato fraudulento na execução do contrato;

b) comportar-se de modo inidôneo ou cometer fraude de qualquer natureza.

III – por período de 5 (cinco) a 6 (seis) anos, nos casos de:

a) praticar ato lesivo previsto no art. 5º da Lei 12.846/13;

b) dar causa à inexecução total do contrato, por ato doloso que cause lesão ao erário.

10.3. Na aplicação das sanções será observado Decreto nº _____ de _____.

10.4. Será considerado falta grave e caracterizado como falha em sua execução o não recolhimento das contribuições sociais da Previdência Social, que poderá dar ensejo à rescisão do contrato, sem prejuízo da aplicação de sanção pecuniária e do impedimento para licitar e contratar com a Administração, nos termos da Lei Federal nº 14.133, de 2021.

11. DAS DISPOSIÇÕES GERAIS

11.1. O procedimento será divulgado no *site* oficial do Município no endereço eletrônico _____, na imprensa oficial do Município nos termos da Lei Municipal nº _____ e no Portal Nacional de Contratações Públicas – PNCP.

11.2. No caso de todos os fornecedores restarem desclassificados ou inabilitados (procedimento fracassado), a Administração poderá:

11.2.1. republicar o presente aviso com uma nova data;

11.2.2. valer-se, para a contratação, de proposta obtida na pesquisa de preços que serviu de base ao procedimento, se houver, privilegiando-se os menores preços, sempre que possível, e desde que atendidas às condições de habilitação exigidas.

11.2.2.1. No caso do subitem anterior, a contratação será operacionalizada fora deste procedimento.

11.2.3. fixar prazo para que possa haver adequação das propostas ou da documentação de habilitação, conforme o caso.

11.3. As providências dos subitens 11.2.1 e 11.2.2 acima poderão ser utilizadas se não houver o comparecimento de quaisquer fornecedores interessados (procedimento deserto).

11.4. Havendo a necessidade de realização de ato de qualquer natureza pelos fornecedores, cujo prazo não conste deste Aviso de Dispensa Eletrônica, deverá ser atendido o prazo indicado pelo agente competente da Administração na respectiva notificação.

11.5. Caberá ao fornecedor acompanhar as operações, ficando responsável pelo ônus decorrente da perda do negócio diante da inobservância de quaisquer mensagens emitidas pela Administração ou de sua desconexão.

11.6. Não havendo expediente ou ocorrendo qualquer fato superveniente que impeça a realização do certame na data marcada, a sessão será automaticamente transferida para o primeiro dia útil subsequente, no mesmo horário anteriormente estabelecido, desde que não haja comunicação em contrário.

11.7. Os horários estabelecidos na divulgação deste procedimento e durante o envio de lances observarão o horário de Brasília-DF, inclusive para contagem de tempo e registro no Sistema e na documentação relativa ao procedimento.

11.8. No julgamento das propostas e da habilitação, a Administração poderá sanar erros ou falhas que não alterem a substância das propostas, dos documentos e sua validade jurídica, mediante despacho fundamentado, registrado em ata e acessível a todos, atribuindo-lhes validade e eficácia para fins de habilitação e classificação.

11.9. As normas disciplinadoras deste Aviso de Dispensa Eletrônica serão sempre interpretadas em favor da ampliação da disputa entre os interessados, desde que não comprometam o interesse da Administração, o princípio da isonomia, a finalidade e a segurança da contratação.

11.10. Os fornecedores assumem todos os custos de preparação e apresentação de suas propostas e a Administração não será, em nenhum caso, responsável por esses custos, independentemente da condução ou do resultado do processo de contratação.

11.11. Em caso de divergência entre disposições deste Aviso de Dispensa Eletrônica e de seus anexos ou demais peças que compõem o processo, prevalecerá as deste Aviso.

11.12. Da sessão pública será divulgada Ata no sistema eletrônico.

11.13. Para dirimir, na esfera judicial, as questões oriundas do presente Edital, será competente o juízo da Comarca de _____/MG.

11.14. Na hipótese de não haver expediente no dia da abertura da presente licitação, ficará esta transferida para o primeiro dia útil subsequente, no mesmo local e horário, anteriormente estabelecidos.

11.15. Quaisquer dúvidas porventura existentes sobre o disposto no presente aviso deverão ser objeto de consulta, por escrito, ao Agente de Contratação por meio eletrônico, em formulário específico do provedor do sistema _____. Demais informações poderão ser obtidas pelos telefones (___) _____ou através do e-mail: _____.

11.16. Os casos omissos serão resolvidos pelo Agente de Contratação.

11.17. Integram este Aviso de Dispensa Eletrônica, para todos os fins e efeitos, os seguintes anexos:

ANEXO ____ – Termo de Referência;

ANEXO ___ – Minuta de Termo de Contrato;

ANEXO ___ – Planilha de Custos e Formação de Preços.

_____ , _____ de _____ de _____

Assinatura da autoridade competente

DESPACHO DE AUTORIZAÇÃO DE CONTRATAÇÃO DECORRENTE DO PROCESSO Nº ____/_____ – DISPENSA ELETRÔNICA Nº ____/_____

O Prefeito Municipal de _____, no uso das atribuições que lhe confere o inciso VIII do artigo 72 da Lei nº 14.133/202, AUTORIZA a contratação, conforme o resultado do processo na forma que segue:

Nº	VENCEDOR	ITEM	VALOR TOTAL R$

_____, ___ de _____ de _____.

Prefeito Municipal

RESULTADO DO PROCESSO Nº ____/_____
DISPENSA ELETRÔNICA Nº ____/_____

A Prefeitura Municipal de _____, através do Agente de Contratação, torna público o resultado do Processo nº ____/20___, Dispensa Eletrônica de Licitação, na forma que segue:

Nº	VENCEDOR	ITEM	VALOR TOTAL R$

Autorização de Contratação: Prefeito Municipal

Condições: Conforme ata de julgamento

Publicado em ___/___/___

_____

Agente de Contratação

EXTRATO DO CONTRATO RELATIVO AO PROCESSO Nº _____/_____
DISPENSA ELETRÔNICA Nº _____/_____

CONTRATANTE:

CONTRATADO:

OBJETO:

RECURSO ORÇAMENTÁRIO:

VALOR DO CONTRATO:

VIGÊNCIA:

Publicado em ___/___/___

_____

Agente de Contratação

MODELO DE PROCESSO DE INEXIGIBILIDADE DE LICITAÇÃO – ARTIGO 74, I, II E III DA LEI FEDERAL Nº 14.133/2021

EXERCÍCIO DE _____

PROCESSO Nº:____/_____

INEXIGIBILIDADE DE LICITAÇÃO Nº _____/_____
RECURSO ORÇAMENTÁRIO:
SÍNTESE DO OBJETO: Contratação de _____ para suprir as necessidades da Secretaria Municipal de _____.
AUTUAÇÃO

Aos ____ dias do mês de _____ do ano de _____, nesta Prefeitura, eu, _____, autuei a autorização e demais documentos que seguem.

AUTORIZAÇÃO

Estando cumpridas as formalidades previstas na Lei Federal nº 14.133/2021, AUTORIZO a abertura do procedimento de inexigibilidade de licitação, com fundamento no inciso __ do art. 74 da Lei Federal 14.133/2021, para _____, em decorrência da necessidade de _____ *(JUSTIFICAR A NECESSIDADE DA CONTRATAÇÃO)*, conforme solicitação em anexo e em atendimento ao disposto no inciso II do art. 16 da Lei Complementar nº 101 de 05 de maio de 2000, declaro que a despesa tem adequação orçamentária e financeira com a lei orçamentária anual, compatibilidade com o plano plurianual e com a lei de diretrizes orçamentárias.

_____, ___ de _____ de _____.

Prefeito Municipal

6 – MODELO DE PROCESSO DE INEXIGIBILIDADE DE LICITAÇÃO – ARTIGO 74, I, II E III DA LEI FEDERAL Nº 14.133/2021

(continua)

DOCUMENTO DE FORMALIZAÇÃO DA DEMANDA – DFD					
(Atenção: é obrigação de quem solicita dizer exatamente o que precisa)					
ÓRGÃO					
SETOR REQUISITANTE					
JUSTIFICATIVA DA NECESSIDADE DA CONTRATAÇÃO *(Para que precisa?)*					
GRAU DE PRIORIDADE DA CONTRATAÇÃO					
( ) Baixa ( ) Média ( ) Alta					

DESCRIÇÃO DO OBJETO A SER CONTRATADO *(o que precisa?)*					
ITEM	QUANT.	UNIDADE MEDIDA	DETALHAMENTO	PREÇO ESTIMADO	
				UNIT. R$	TOTAL R$

PREVISÃO DE DATA EM QUE DEVE SER INICIADA A PRESTAÇÃO DOS SERVIÇOS OU O FORNECIMENTO: ____/____/_____
(Em que tempo precisa?)

Fornecimento de material *(Para atender como?)*			
( )	Consumo	( )	Permanente

REGIME DE FORNECIMENTO			
( ) ( ) ( )	Parcela única Semanal Quinzenal	( ) ( )	Mensal Outro. Especificar: _____

OU CASO O OBJETO SEJA PRESTAÇÃO DE SERVIÇO: Prestação de serviços			
( )	Não continuado	( )	Continuado
( )	Parcela única	( ) ( ) ( ) ( )	Semanal Quinzenal Mensal Outro. Especificar: _____

REGIME DE EXECUÇÃO			
( ) ( ) ( ) ( )	Empreitada por preço unitário Empreitada por preço global Empreitada integral Fornecimento e prestação de serviço associado	( ) ( ) ( )	Contratação por tarefa Contratação integrada Contratação semi-integrada

EXIGÊNCIA DE AMOSTRAS OU PROTÓTIPO
( ) Não. ( ) Sim. Critérios objetivos de avaliação: _____

(continua)

HABILITAÇÃO ESPECÍFICA

( ) Não.
( ) Sim. Especificar: Detalhar as exigências específicas relativas à habilitação, tais como qualificação técnica, qualificação econômico-financeira etc., acompanhadas das respectivas justificativas, em decorrência da natureza do objeto.

Para as contratações com fundamento no art. 74, I, deverá ser comprovada a inviabilidade de competição mediante a apresentação de atestado de exclusividade, contrato de exclusividade, declaração do fabricante ou outro documento idôneo capaz de comprovar que o objeto é fornecido ou prestado por produtor, empresa ou representante comercial exclusivos, vedada a preferência por marca específica.

Para as contratações com fundamento no art. 74, II, através de empresário exclusivo (pessoa física ou jurídica), deverá ser apresentado o contrato, declaração, carta ou outro documento que ateste a exclusividade permanente e contínua de representação, no país ou em estado específico, do profissional do setor artístico, afastada a possibilidade de contratação direta por inexigibilidade por meio de empresário com representação restrita a evento ou local específico. Deverá ainda ser incluída no processo a documentação que comprove a consagração do artista pela crítica especializada ou pela opinião pública.

Para contratações com fundamento no art. 74, III deverá ser demonstrada a notória especialização do profissional ou da empresa que será contratada, cujo conceito no campo de sua especialidade, decorrente de desempenho anterior, estudos, experiência, publicações, organização, aparelhamento, equipe técnica ou outros requisitos relacionados com suas atividades, permita inferir que o seu trabalho é essencial e reconhecidamente adequado à plena satisfação do objeto do contrato.

RESPONSABILIDADES ESPECÍFICAS DA CONTRATADA

( ) Não.
( ) Sim. Especificar: *(detalhar as responsabilidades específicas da contratada em decorrência da natureza do objeto)*

RESPONSABILIDADES ESPECÍFICAS DO CONTRATANTE

( ) Não.
( ) Sim. Especificar: *(detalhar as responsabilidades específicas do contratante em decorrência da natureza do objeto)*

LOCAL DE ENTREGA/EXECUÇÃO E CRITÉRIOS DE ACEITAÇÃO DO OBJETO

(Para entregar/executar em qual local, dias úteis e horários? Quem será o fiscal do contrato?)
(Para entregar/executar em qual local, dias úteis e horário? Adequar de acordo com o objeto)
O prazo de entrega dos _____ é de ___ (____) dias, contados do recebimento da Ordem de Fornecimento/Serviço, ao _____ no endereço _____ – _____/MG – CEP _____, de segunda a sexta-feira, no horário de ___h às __h, e de ___h às __h, telefone (__) _____.

(OU)

A apresentação artística deverá ser realizada no dia ____ de _____ de _____, às _____ horas, com duração mínima de ____ horas, no local em que o evento será realizado. *(Utilizar esta cláusula quando a contratação tiver por fundamento o art. 74, II)*

(continua)

(OU)

O prazo para iniciar os serviços é de ____ (_____) dias, contados do recebimento da ordem de serviços. *(Utilizar esta cláusula quando estiverem contratando SERVIÇOS)*

As dúvidas/os esclarecimentos sobre a entrega podem ser enviada(o)s ao *e-mail* _____@_____.

Os bens/serviços serão recebidos provisoriamente no prazo de ____ (_____) dias, pelo(a) responsável pelo acompanhamento e fiscalização do contrato, para efeito de posterior verificação de sua conformidade com as especificações constantes neste Documento de Formalização de Demanda e na proposta. *(adequar de acordo com o objeto)*

Os bens/serviços poderão ser rejeitados, no todo ou em parte, quando em desacordo com as especificações constantes neste Documento de Formalização de Demanda e na proposta, devendo ser substituídos no prazo de ___ (___) dias, a contar da notificação da contratada, às suas custas, sem prejuízo da aplicação das penalidades.

Os bens/serviços serão recebidos definitivamente no prazo de ___ (_____) dias, contados do recebimento provisório, após a verificação da qualidade e quantidade do material/serviço e consequente aceitação mediante termo circunstanciado. *(adequar de acordo com o objeto)* A hipótese de a verificação a que se refere o subitem anterior não ser procedida dentro do prazo fixado reputar-se-á como realizada, consumando-se o recebimento definitivo no dia do esgotamento do prazo.

O recebimento provisório ou definitivo do objeto não exclui a responsabilidade da contratada pelos prejuízos resultantes da incorreta execução do contrato.

DEFINIÇÃO DA NECESSIDADE DE ELABORAÇÃO OU NÃO DE ESTUDOS TÉCNICOS PRELIMINARES

( ) Com base na baixa complexidade do objeto, o Estudo preliminar e o gerenciamento de riscos da contratação serão dispensados para esta contratação, bastando a elaboração de Projeto Básico.

( ) Devido à alta complexidade do objeto, serão necessários elaboração do Estudo preliminar e gerenciamento de riscos da contratação.

( ) Devido à existência de Estudo Técnico Preliminar e de gerenciamento de riscos de contratação anterior, serão utilizados o ETP e GR do Processo nº _____/_____.

CRÉDITOS ORÇAMENTÁRIOS
(Qual a fonte de recurso e dotação orçamentária?)

Informamos que existe previsão de recursos orçamentários à conta da dotação nº _____, compatível com o valor que será pago pela execução do objeto contratado.

(conclusão)

ESTIMATIVA DO VALOR DA CONTRATAÇÃO

(Qual o valor que outros órgãos públicos estão pagando por esse objeto ou objeto similar?) Objetivando a instrução do processo, informamos que foram apresentadas notas fiscais emitidas pela futura contratada em decorrência de serviços que possuem a mesma natureza do que está sendo contratado pela Prefeitura Municipal de _____, prestados anteriormente, sendo que todas foram expedidas até 1 (um) ano antes da presente data. *(as notas fiscais poderão ser substituídas por outro documento idôneo)*

Apuramos que o pagamento antecipado de ____% do valor do total do serviço gera benefício financeiro para o Município de redução do valor final de em média ____%. *(manter esta cláusula quando a contratação estiver sendo fundamentada pelo art. 74, II)*

RESPONSABILIDADE PELA FORMALIZAÇÃO DA DEMANDA

Data: ___/___/___

_____
Assinatura/Identificação do Responsável

(DESDE QUE JUSTIFICADO NO DOCUMENTO DE FORMALIZAÇÃO DE DEMANDA – DFD, O ESTUDO TÉCNICO PRELIMINAR – ETP PODERÁ SER DISPENSADO)

ESTUDO TÉCNICO PRELIMINAR

Objeto: _____

1. INTRODUÇÃO

As contratações públicas produzem importante impacto na atividade econômica, considerando a quantidade de recursos envolvidos.

Este estudo visa buscar a melhor solução para a contratação de _____, considerando que um planejamento bem elaborado possibilita contratações potencialmente mais eficientes, posto que a realização de estudos prévios proporciona conhecimento de novas modelagens/metodologias constantes no mercado, resultando na melhor qualidade do gasto com recursos públicos.

Apresentamos os estudos técnicos preliminares que visam assegurar a viabilidade (técnica e econômica) da contratação pretendida e o levantamento dos elementos essenciais que servirão para compor o Projeto Básico. *(texto meramente sugestivo. Adequar de acordo com a necessidade da Administração)*

(Obs.: O estudo técnico preliminar deverá conter ao menos os elementos previstos nos itens I, IV, VI, VIII e XIII abaixo e, quando não contemplar os demais itens, deverá apresentar as devidas justificativas)

2. DESENVOLVIMENTO

I – NECESSIDADE DA CONTRATAÇÃO

Atualmente o/a _____ dispõe de _____ e, em consequência _____.

A necessidade da contratação se evidencia na _____, portanto, _____.

(A justificativa da necessidade deve ser apresentada pela unidade requisitante da contratação, indicando:

Quem precisa = Público-alvo (interno e/ou externo)

Por que precisa = Objetivos, motivos e justificativas da contratação

Para que precisa = Quais problemas serão resolvidos/necessidades atendidas, sob a perspectiva do interesse público)

II – ALINHAMENTO ENTRE A CONTRATAÇÃO E O PLANEJAMENTO

A presente contratação encontra respaldo institucional conforme previsão no item _____ do Plano Anual de Contratação do _____.

Deverão demonstrar o alinhamento entre a contratação e o planejamento da Administração, identificando a previsão no Plano Anual de Contratações (PAC) ou, se for o caso, justificando a ausência de previsão.

Informar a política pública a que esteja vinculada ou a ser instituída pela contratação, se for o caso.

III – REQUISITOS DA CONTRATAÇÃO

(Apresentar os requisitos da contratação que caracterizam a inviabilidade de competição do objeto, demonstrando o preenchimento do disposto no art. 74, inciso I ou II ou III da Lei Federal nº 14.133/21)

IV – ESTIMATIVA DAS QUANTIDADES

Definir e documentar o método para a estimativa das quantidades a serem contratadas. Poderá ser utilizado o histórico dos quantitativos de contratações anteriores.

Deverá ser realizada uma análise da contratação anterior, ou série histórica (se houver), para identificar as inconsistências no dimensionamento dos quantitativos. Incluir no processo as memórias de cálculo e os documentos que lhe dão suporte.

Para preenchimento deste tópico, deverão analisar e indicar:

(Qual método foi utilizado para definir as estimativas das quantidades? Há possibilidade de ocorrências futuras que possam impactar o quantitativo?

Em qual documento está a memória de cálculo?

Foi realizada análise crítica com relação aos quantitativos indicados? Existe possibilidade de contratação de quantidade superior à estimada? Por quê?)

V – LEVANTAMENTO DE MERCADO

Não é o caso da contratação em tela, tendo em vista a natureza do objeto.

OU

Foram analisadas as contratações efetuadas pelo _____, motivo pelo qual verificou-se que foi utilizada a seguinte metodologia para a referida contratação: *(citar a metodologia)*

Do levantamento realizado no mercado, constatou-se a existência das seguintes soluções: *(citar as soluções)*

Após a análise do custo-benefício de cada uma delas, optou-se pela solução _____, que, apesar de ter custo inicial maior, apresenta maior durabilidade e maiores benefícios em longo prazo. *(adequar conforme o objeto)*

(Em situações específicas ou nos casos de complexidade técnica do objeto, poderá ser realizada audiência pública para coleta de contribuições a fim de definir a solução mais adequada visando preservar a relação custo-benefício.

Para preenchimento deste tópico, deverão analisar e indicar:

Quais alternativas possíveis? Ou seja, o que há no mercado para atender à demanda?

Qual a justificativa técnica e econômica da escolha do tipo de solução a contratar?

É o caso de audiência prévia com os fornecedores ou consulta pública?

É o caso de contratar startup para trazer a solução – Lei Complementar nº 182?)

VI – ESTIMATIVA DO VALOR DA CONTRATAÇÃO

Baseado nas notas fiscais emitidas pela futura contratada em decorrência de serviços que possuem a mesma natureza do que está sendo contratado pela Prefeitura Municipal de _____ prestados anteriormente, estima-se o valor total do contrato em R$_____ (_____).

(Deverão demonstrar a estimativa do valor da contratação, acompanhada dos preços unitários referenciais, das memórias de cálculo e dos documentos que lhe dão suporte)

VII – DESCRIÇÃO DA SOLUÇÃO COMO UM TODO

Contratação de empresa especializada em _____ para _____, por _____ meses ininterruptos, prorrogáveis por até ___ meses.

(Descrever todos os elementos que devem ser produzidos/contratados/executados para que a contratação produza resultados pretendidos pela Administração.

Para preenchimento deste tópico, deverão verificar:

Qual a solução representa o menor dispêndio?

Obs.: Menor dispêndio envolve a análise do ciclo de vida do bem. Deverão ser considerados os custos indiretos, relacionados com as despesas de manutenção, utilização, reposição, depreciação e impacto ambiental, entre outros fatores, poderão ser considerados para a definição do menor dispêndio, sempre que objetivamente mensuráveis, conforme dispuser o regulamento.

Qual a solução será adotada no ETP?

Solução adotada devidamente justificada (com base no levantamento de mercado, sob os aspectos da economicidade, eficácia, eficiência, padronização, sustentabilidade e demais princípios aplicáveis)

Soluções descartadas com justificativas?

Quais benefícios a serem alcançados?

Há necessidade de apresentação de amostras ou protótipo? Quais elementos devem ser observados? Qual procedimento a ser adotado?

Os serviços porventura existentes, têm caráter continuado?)

VIII – JUSTIFICATIVA PARA O PARCELAMENTO (OU NÃO) DA SOLUÇÃO

(Definir e documentar o método para avaliar se o objeto é divisível ou não, levando em consideração o mercado, podendo ser parcelado caso a contratação nesses moldes assegure ser técnica e economicamente viável.

Análise técnica: É viável?

Análise econômica: É viável? É vantajoso?

Será por item, lote ou global?)

IX – RESULTADOS PRETENDIDOS

(Informar os benefícios diretos e indiretos que a Administração deseja com a contratação, em termos de economicidade, eficácia, eficiência, de melhor aproveitamento dos recursos humanos, materiais e financeiros disponíveis, inclusive com respeito a impactos ambientais positivos (por exemplo, diminuição do consumo de papel ou de energia elétrica), bem como, se for o caso, a melhoria da qualidade de produtos ou serviços oferecidos à sociedade.

Deve-se verificar ainda, se for o caso, a contribuição para o desenvolvimento nacional sustentável.

Para preenchimento deste tópico, deverão analisar e indicar:

Qual o resultado econômico a ser alcançado?

Foi avaliado o aproveitamento dos recursos humanos?

Foi avaliado o aproveitamento dos materiais disponíveis?

Foi avaliado o aproveitamento dos recursos financeiros disponíveis?)

X – PROVIDÊNCIAS A SEREM ADOTADAS PELA ADMINISTRAÇÃO

Não se vislumbra necessidade de tomada de providências e adequações para a solução a ser contratada.

OU

Para a plenitude da solução contratada, faz-se necessária a adequação de _____. (*Elaborar cronograma com todas as atividades necessárias à adequação para que a contratação surta seus efeitos e com os responsáveis por esses ajustes nos diversos setores*)

(Juntar o cronograma ao processo e incluir, no Mapa de Riscos, os riscos de a contratação fracassar caso os ajustes não ocorram em tempo.

Para preenchimento deste tópico, deverão analisar e indicar se é necessário que o órgão público, previamente e/ou para viabilizar a execução da contratação, verifique a necessidade de providenciar:

- adaptações em seu espaço físico e elétrico;

- mobiliário, instalação elétrica, adequação de espaço para prestação do serviço;

- alterações em sua estrutura organizacional;

- atualização de infraestrutura tecnológica;

- capacitação de servidores, ou seja, os servidores foram treinados para a gestão e fiscalização do contrato?)

XI – CONTRATAÇÕES CORRELATAS E/OU INTERDEPENDENTES

Não se verificam contratações correlatas nem interdependentes para a viabilidade e contratação desta demanda.

OU

São contratações correlatas a esta demanda:

\- _____

("Contratações correlatas são aquelas que guardam relação com o objeto principal, interligando-se a essa prestação do serviço, mas que não precisam, necessariamente, ser adquiridas para a completa prestação do objeto principal.")

São contratações interdependentes desta demanda:

- _____

("Contratações interdependentes são aquelas que precisam ser contratadas com o objeto principal para sua completa prestação.")

(Para preenchimento deste tópico, deverão analisar e indicar:
Há outra(s) contratação(ões):
- necessária (s) à satisfação da demanda?
- Interligada(s)?
- que interfere(m) no objeto a ser contratado? (quantitativa e qualitativamente)
- *que pode(m) ser agregada(s) ao presente objeto?)*

XII – IMPACTOS AMBIENTAIS E MEDIDAS DE TRATAMENTO
A presente contratação não apresenta a possibilidade de ocorrência de impactos ambientais.

OU

Na realização do serviço verifica-se a possibilidade da ocorrência de danos ao meio ambiente em decorrência do _____.
Sendo assim, deverá constar do Projeto Básico a obrigatoriedade de a contratada instalar _____.

(No caso de a administração da unidade verificar a possibilidade de ocorrência de danos ao meio ambiente, deverá prever as medidas a serem adotadas pela contratada ou pela administração com vistas a evitar a ocorrência do referido dano ou seu tratamento.

Para preenchimento deste tópico, deverão analisar:
- Foram consideradas as medidas mitigadoras do consumo de energia e outros recursos?
- Foi considerada a logística reversa para desfazimento e reciclagem de bens e refugos?
- Foi considerado o desfazimento do bem? (quando aplicável))

XIII – DECLARAÇÃO DE VIABILIDADE DA CONTRATAÇÃO

Os estudos técnicos preliminares evidenciaram que a contratação da solução mostra-se possível e necessária.

Diante do exposto, declara-se ser viável a contratação pretendida.

_____, _____de _____de 20__.

(Obs.: Quando houver Equipe de Planejamento instituída, o documento deverá ser assinado por todos os membros.

Não havendo equipe de planejamento constituída, é obrigatória a assinatura da autoridade da Área Requisitante e Técnica (se houver))

(DESDE QUE JUSTIFICADO NO DOCUMENTO DE FORMALIZAÇÃO DE DEMANDA – DFD, O MAPA DE GESTÃO DE RISCOS PODERÁ SER DISPENSADO)

(continua)

MAPA DE GESTÃO DE RISCOS	
SÍNTESE DO OBJETO	
SETOR RESPONSÁVEL	
FASE DE ANÁLISE	

( ) Planejamento da Contratação	( ) Gestão do contrato

MAPEAMENTO DOS RISCOS		
RISCO 01	*(descrever o risco)* *(Ex.: Questionamentos excessivos em relação ao objeto)*	
PROBABILIDADE	( ) Baixa ( ) Média ( ) Alta	
IMPACTO	( ) Baixo ( ) Médio ( ) Alto	
Dano	*(descrever o possível dano caso a contratação não se efetive)* *(Ex.: Atrasar a aquisição do produto e gerar desabastecimento no setor)*	
AÇÃO PREVENTIVA		RESPONSÁVEL
(Exemplo: Descrever o objeto de forma mais detalhada e objetiva possível)		Nome do servidor:
AÇÃO DE CONTINGÊNCIA		RESPONSÁVEL
(Exemplo: Utilizar Ata de Registro de Preços de outro órgão)		Nome do servidor:
RISCO 02	*(descrever o risco)* *(Exemplo: Questionamentos quanto à utilização da inexigibilidade para a contratação do objeto)*	
PROBABILIDADE	( ) Baixa ( ) Média ( ) Alta	
IMPACTO	( ) Baixo ( ) Médio ( ) Alto	
Dano	*(descrever o possível dano caso a contratação não se efetive)*	
AÇÃO PREVENTIVA		RESPONSÁVEL
		Nome do servidor:
AÇÃO DE CONTINGÊNCIA		RESPONSÁVEL
(Exemplo: Utilizar Ata de Registro de Preços de outro órgão)		Nome do servidor:

(conclusão)

RESPONSÁVEIS PELA ELABORAÇÃO DO MAPA DE RISCOS
Certifico que sou responsável pela elaboração do presente documento. _____ _____ Data Nome/Assinatura Responsável

PARECER JURÍDICO

(Conforme disposto no §1º do art. 53 da Lei 14.133/2021, o parecer jurídico deverá:

a) ser elaborado em linguagem simples e compreensível, e de forma clara e objetiva;

b) apreciar todos os elementos indispensáveis à contratação;

c) expor os pressupostos de fato e de direito levados em consideração na análise jurídica)

Com base nas informações e justificativas apresentadas no processo, a contratação de _____, quanto ao aspecto jurídico, encontra tipificação legal no inciso ___ do art. 74 da Lei Federal nº 14.133/2021, porque _____ _____ *(justificar)*.

Quanto à fase preparatória, sob o ângulo jurídico-formal, seguiu todas as cautelas recomendadas pela Lei Federal nº 14.133/2021 e no Decreto Municipal nº _____ *(citar o nº do decreto municipal que regulamenta as dispensas e inexigibilidades)* possuindo o número de ordem em série anual, a indicação do nome da repartição interessada, a minuta do contrato, _____ *(descrever os documentos que constam na fase preparatória do processo)*, sendo certo, ainda, constar a expressa indicação da fundamentação legal e o regime de execução *(ou)* fornecimento. *(adaptar se o objeto for fornecimento)*

Desta forma, entendemos que o processo de inexigibilidade de licitação encontra respaldado na Lei nº 14.133/2021, razão pela qual opino pelo prosseguimento do processo.

Ante o exposto, o que procuramos em sede de parecer jurídico foi traçar o quadro jurídico em que está inserida a questão, para que o administrador, que tem competência administrativa para contratar via inexigibilidade de licitação, tenha elementos técnico-jurídicos, aos quais acrescerá os elementos técnico-administrativos, para pautar a sua decisão.

Salvo Melhor Juízo, este é o Parecer Jurídico, que remeto à autoridade competente.

_____, _____ de ____.

Advogado

OAB/MG nº

TERMO DE REFERÊNCIA (para compras e serviços)

1. DO OBJETO

1.1. Contratação de _____, para _____a fim de atender à necessidade da _____ conforme condições, quantidades e exigências estabelecidas neste instrumento e conforme abaixo especificado:

Item	Descrição	Qtde.	Unid.
01			
02			

1.2. A vigência contratual iniciará na assinatura do contrato e encerrará em ___/___/____.

1.2.1. A vigência do contrato poderá ser prorrogada, nos termos do art. 107 da Lei Federal nº 14.133/2021. *(Manter esta cláusula se o objeto tratar de serviço ou fornecimento contínuos)*

2. JUSTIFICATIVA E OBJETIVO DA CONTRATAÇÃO

2.1. A contratação de _____ é necessária para possibilitar a ____ _____.

3. DESCRIÇÃO DA SOLUÇÃO

3.1. A contratação, conforme quantidades e descrições contidas na cláusula 1 deste instrumento, visa atender à necessidade de _____, motivo pelo qual é necessária a contratação pelo período de _____.

4. DA FUNDAMENTAÇÃO LEGAL

4.1. Contratação fundamentada nos pressupostos do art. 74, ___, da Lei nº 14.133, de 1º de abril de 2021 e Portaria Municipal nº _____/_____. *(indicar a Portaria da procuradoria Jurídica do Município)*

5. REQUISITOS DA CONTRATAÇÃO

5.1. São requisitos da contratação, além do disposto no Documento de Formalização de Demanda e/ou Estudos Técnicos Preliminares:

5.1.1. Em razão da inviabilidade de competição, será contratada _____ para _____.

5.1.2. O prazo para entrega do material é de ____ (__) dias a contar do recebimento da ordem de fornecimento;

5.1.3. Os produtos deverão ser entregues no _____, sendo responsabilidade exclusiva da contratada a realização da entrega, devendo essa possuir pessoal habilitado para descarregamento do material, quando necessário;

(OU)

5.1.3. A apresentação artística deverá ser realizada no dia ____ de _____ de _____, às ____ horas, com duração mínima de ____ horas, no local em que o evento será realizado. *(Utilizar esta cláusula quando a contratação tiver por fundamento o art. 74, II)*

(OU)

5.1.2. A execução dos serviços deverá ser iniciada em até ___ (_____) dias, contados do recebimento da nota de empenho.

(incluir aqui informações específicas relacionadas à forma de execução dos serviços, se houver)

6. DOS EFEITOS DA CONTRATAÇÃO

6.1. Busca-se com a contratação do objeto alcançar _____, para _____.

7. DOS CRITÉRIOS DE MEDIÇÃO E PAGAMENTO

7.1. O pagamento será realizado em até ___ (_____) dias, contados da efetiva entrega do objeto, que ocorrerá após o recebimento da nota de empenho e mediante a disponibilização da nota fiscal correspondente.

(OU)

7.1. O pagamento será realizado até o ___ (_____) dia do mês subsequente à efetiva execução do serviço, mediante a disponibilização da nota fiscal correspondente.

(Em caso de contratação de artista (art. 74, II) em que haja antecipação de parte do valor, utilizar a seguinte cláusula:)

7.1. O Contratante pagará a importância total de R$_____ (_____), que será pago em ___ (_____) parcelas, no valor de R$_____ cada, sendo:

Primeira parcela: no valor de R$_____ (_____), a ser realizada no ato de assinatura do contrato;

Segunda parcela: no valor de R$_____ (_____), a ser realizada em até ___ (_____) dias, após a realização da apresentação artística.

8. DA ADEQUAÇÃO ORÇAMENTÁRIA

8.1. As despesas decorrentes desta contratação correrão pelas dotações orçamentárias nºs _____.

9. DA FISCALIZAÇÃO

9.1. A fiscalização e acompanhamento da execução do contrato serão realizados pelo _____, através da realização de _____ _____.

10. DO VALOR ESTIMADO DA CONTRATAÇÃO

10.1. Com base em pesquisa realizada no PNCP de compras OU de serviços que possuem a mesma natureza do que está sendo contratado pelo Município e praticados pelo mesmo fornecedor com outros órgãos públicos, estima-se o valor total da contratação em R$_____ (_____).

11. DA RAZÃO DA ESCOLHA DO FORNECEDOR *(OU PRESTADOR DO SERVIÇO)*

11.1. A _____ está sendo contratada porque possui exclusividade no fornecimento de _____ *(ou na prestação dos serviços de _____)*, conforme comprova o _____ *(indicar o documento apresentado que comprova a exclusividade podendo ser: atestado ou contrato de exclusividade, ou declaração do fabricante)* que caracteriza a inviabilidade de competição. *(Esta cláusula deverá ser usada nas contratações com fundamento no art. 74, I da Lei 14.133/2021)*

(OU)

11.1. O artista _____ está sendo contratado porque é consagrado pela crítica especializada (e/ou pela opinião pública), conforme comprova o _____ *(indicar o documento apresentado que comprova a consagração pela mídia e/ou pela opinião pública)* o que caracteriza a inviabilidade de competição. *(Esta cláusula deverá ser usada nas contratações com fundamento no art. 74, II da Lei 14.133/2021)*

(OU)

11.1. A empresa (ou pessoa física) _____ está sendo contratada porque possui notória especialização na área _____, decorrente de

_____ (*indicar o que caracterizou/comprovou a notória especialização*), motivo pelo qual se infere que seu trabalho é essencial e reconhecidamente adequado à plena execução do objeto. *(Esta cláusula deverá ser usada nas contratações com fundamento no art. 74, III da Lei 14.133/2021)*

PROJETO BÁSICO (para obras e serviços de engenharia)

(Na elaboração do projeto básico o setor de engenharia deverá observar os seguintes requisitos do art. 6º, inciso XXV da Lei Federal 14.133:)

"Art. 6º...

XXV – projeto básico: conjunto de elementos necessários e suficientes, com nível de precisão adequado para definir e dimensionar a obra ou o serviço, ou o complexo de obras ou de serviços objeto da licitação, elaborado com base nas indicações dos estudos técnicos preliminares, que assegure a viabilidade técnica e o adequado tratamento do impacto ambiental do empreendimento e que possibilite a avaliação do custo da obra e a definição dos métodos e do prazo de execução, devendo conter os seguintes elementos:

(a) levantamentos topográficos e cadastrais, sondagens e ensaios geotécnicos, ensaios e análises laboratoriais, estudos socioambientais e demais dados e levantamentos necessários para execução da solução escolhida;

b) soluções técnicas globais e localizadas, suficientemente detalhadas, de forma a evitar, por ocasião da elaboração do projeto executivo e da realização das obras e montagem, a necessidade de reformulações ou variantes quanto à qualidade, ao preço e ao prazo inicialmente definidos;

c) identificação dos tipos de serviços a executar e dos materiais e equipamentos a incorporar à obra, bem como das suas especificações, de modo a assegurar os melhores resultados para o empreendimento e a segurança executiva na utilização do objeto, para os fins a que se destina, considerados os riscos e os perigos identificáveis, sem frustrar o caráter competitivo para a sua execução;

d) informações que possibilitem o estudo e a definição de métodos construtivos, de instalações provisórias e de condições organizacionais para a obra, sem frustrar o caráter competitivo para a sua execução;

e) subsídios para montagem do plano de licitação e gestão da obra, compreendidos a sua programação, a estratégia de suprimentos, as normas de fiscalização e outros dados necessários em cada caso;)

f) orçamento detalhado do custo global da obra, fundamentado em quantitativos de serviços e fornecimentos propriamente avaliados, obrigatório exclusivamente para os regimes de execução previstos nos incisos I, II, III, IV e VII do *caput* do art. 46 desta Lei;".

MINUTA DO CONTRATO para _____

Pelo presente instrumento particular, o MUNICÍPIO DE _____, inscrito no CNPJ/ MF sob o nº _____, com sede administrativa na _____ – _____ - MG, neste ato representado por seu Prefeito Municipal, Sr. _____, de ora em diante denominado simplesmente CONTRATANTE, e de outro lado _____, neste ato representado por _____, de ora em diante denominado simplesmente CONTRATADO, de conformidade com o art. 74, _____ da Lei Federal nº 14.133/2021, Processo nº ____/_____, Inexigibilidade de Licitação nº _____/_____, têm como justo e contratado o seguinte:

CLÁUSULA 1ª – DO OBJETO

1.1. Contratação de _____ para _____, em atendimento das necessidades da Secretaria Municipal de _____, conforme abaixo especificado:

ITEM	UNID.	QUANT.	DESCRIÇÃO DETALHADA	MARCA	VALOR UNITÁRIO
01					

CLÁUSULA 2ª – DOS PREÇOS E FORMA DE PAGAMENTO

2.1. Dos preços

2.1.1. O contratante pagará ao contratado valor total estimado de R$_____

2.2. O valor a ser pago será apurado através das requisições emitidas e devidamente atendidas pelo Contratado, mediante a apresentação da nota fiscal correspondente.

(OU)

2.2. O valor será pago mensalmente, mediante a apresentação da nota fiscal correspondente.

2.3. DAS CONDIÇÕES DE PAGAMENTO

2.3.1. As faturas deverão ser emitidas contra a Prefeitura Municipal de _____, pela Contratada, no primeiro dia subsequente à comunicação do valor aprovado e o pagamento deverá ocorrer em até ___ (_____) dias, após a entrega do produto.

(OU)

2.3.1. O pagamento será realizado até o ___ (_____) dia do mês subsequente da efetiva execução do serviço, mediante a disponibilização da nota fiscal correspondente.

(OU, quando o objeto for a contratação de artista com fundamento no art. 74, II e houver antecipação de parte do valor, utilizar a cláusula abaixo:)

2.3.1. O Contratante pagará a importância total de R$_____ (_____ _____), que será pago em ___ (_____) parcelas, no valor de R$_____ cada, sendo:

Primeira parcela: no valor de R$_____ (_____), a ser realizada no ato de assinatura do contrato;

Segunda parcela: no valor de R$_____ (_____), a ser realizada em até ___ (_____) dias, após a realização da apresentação artística.

2.3.2. As faturas/notas fiscais que apresentarem incorreções serão devolvidas ao emitente, e seu vencimento ocorrerá ___ (_____) dias após a data de sua reapresentação.

2.3.3. O pagamento das faturas seguirá a estrita ordem cronológica das datas de suas exigibilidades, cabendo à contratada manter durante toda a execução do objeto, em compatibilidade com as obrigações por ela assumidas, todas as condições de habilitação e qualificação exigidas na licitação.

2.3.4. Dos pagamentos devidos à Contratada, serão descontados os valores de multa ou eventuais débitos daquela para com a administração, referentes a qualquer contrato entre as mesmas partes, sem obrigatoriedade de prévio aviso.

2.3.5. Nos casos de eventuais atrasos de pagamento não justificados, provocados exclusivamente pela Administração, o valor devido deverá ser acrescido de atualização financeira, e sua apuração se fará desde a data de seu vencimento até a data do efetivo pagamento, em que os juros de mora serão calculados à taxa de 0,5% (meio por cento) ao mês, mediante aplicação da seguinte fórmula:

$$EM = N \times VP \times I$$

onde:

EM = Encargos moratórios;

VP = Valor da parcela em atraso;

N = Número de dias entre a data prevista para o pagamento (vencimento) e a do efetivo pagamento;

I = Índice de compensação financeira, assim apurado:

$$I = \frac{(TX / 100)}{30}$$

TX = Percentual da taxa de juros de mora mensal definido no edital/contrato.

CLÁUSULA 3ª – DA DOTAÇÃO

3.1. As despesas decorrentes do presente contrato correrão à conta da dotação orçamentária nº _____.

CLÁUSULA 4ª – DA VIGÊNCIA

4.1. Este contrato entra em vigor na data de sua assinatura, encerrando-se em ___/___/_____.

4.2. A prorrogação do prazo contratual poderá ocorrer, a critério do Contratante, nos termos do art. 107 da Lei Federal nº 14.133/2021.

CLÁUSULA 5ª – DA ALTERAÇÃO CONTRATUAL

5.1. O Contratado fica obrigado a aceitar, nas mesmas condições contratuais, os acréscimos ou supressões que se fizerem nos serviços, até 25% (vinte e cinco por cento), de acordo com o que preceitua o art. 125 da Lei Federal nº 14.133/2021.

CLÁUSULA 6ª – DAS RESPONSABILIDADES DO CONTRATANTE

6.1. O Contratante se obriga a proporcionar ao Contratado todas as condições necessárias ao pleno cumprimento das obrigações decorrentes do presente contrato, consoante estabelece a Lei nº 14.133/2021.

6.2. Fiscalizar e acompanhar a execução do contrato.

6.3. Indicar o responsável pela fiscalização e recebimento dos produtos.

6.4. Comunicar ao CONTRATADO toda e qualquer ocorrência relacionada com a execução do objeto, diligenciando nos casos que exigem providências corretivas.

6.5. Providenciar os pagamentos ao CONTRATADO à vista das Notas Fiscais/Faturas devidamente atestadas, nos prazos fixados.

6.6. Aprovar amostras dos materiais. *(manter esta cláusula se for o caso)*

CLÁUSULA 7ª – DAS RESPONSABILIDADES DO CONTRATADO

7.1. Responder, em relação aos seus empregados, por todas as despesas decorrentes da execução do objeto, tais como: salários, seguros de acidente, taxas, impostos e contribuições, indenizações, vales-refeição, vales-transporte e outras que porventura venham a ser criadas e exigidas pelo Governo.

7.2. Executar o objeto com qualidade.

7.3. Substituir (ou refazer), em até _____ (_____) dias, às suas expensas, o objeto do contrato que não se adequar às especificações constantes deste contrato.

7.4. Responder pelos danos causados diretamente ao CONTRATANTE ou a terceiros, decorrentes de sua culpa ou dolo, durante a execução do objeto, não excluindo ou reduzindo essa responsabilidade a fiscalização ou o acompanhamento pelo CONTRATANTE.

7.5. Assumir a responsabilidade por todos os encargos previdenciários e obrigações sociais previstos na legislação social e trabalhista em vigor, obrigando-se a saldá-la na época própria, vez que os seus empregados não manterão nenhum vínculo empregatício com o CONTRATANTE.

7.6. Manter durante o período de execução do objeto, as condições de regularidade junto ao FGTS, INSS, e às Fazendas Federal, Estadual, e Municipal, bem como as condições de qualificação exigidas na licitação.

7.7. Apresentar a atualização, a cada 180 dias, da Certidão Negativa de Débito Trabalhista (CNDT) referida na Lei nº 12.440 de 07.07.2011.

7.8. A contratada está obrigada a viabilizar o acesso de seus empregados, via internet, por meio de senha própria, aos sistemas da Previdência Social e da Receita do Brasil, com o objetivo de verificar se as suas contribuições previdenciárias foram recolhidas;

7.9. Reter 11% sobre o valor da fatura de serviços da contratada, nos termos do art. 31, da Lei 8.212/1993; *(Obs.: esta cláusula só será aplicada se o objeto do contrato for prestação de serviços para cessão de mão de obra)*

7.10. A contratada é obrigada a viabilizar a emissão do cartão cidadão pela Caixa Econômica Federal para todos os empregados;

7.11. A contratada está obrigada a oferecer todos os meios necessários aos seus empregados para a obtenção de extratos de recolhimentos sempre que solicitado pela fiscalização;

A contratada deve, sempre que solicitado, apresentar extrato de FGTS dos empregados.

(Quando o objeto for a contratação de artista com fundamento no art. 74, II, incluir:)

7.12. Responsabilizar-se pela alimentação e hospedagem dos integrantes das bandas.

7.13. Arcar com o pagamento do ECAD.

7.14. Caso o serviço não seja prestado, o valor pago de forma antecipada será devolvido ao contratante, no prazo máximo de _____ (_____) dias, devidamente corrigido pela Tabela de Atualização Monetária da Contadoria Judicial do TJMG, sem prejuízo das penalidades cabíveis. *(manter esta cláusula se houver pagamento antecipado na contratação com fundamento no art. 74, II)*

(incluir outras obrigações do contratado de acordo com o objeto, se houver)

CLÁUSULA 8º – DA EXTINÇÃO:

8.1. O presente instrumento contratual poderá ser extinto de conformidade com o disposto no art. 137 da Lei nº 14.133/2021.

CLÁUSULA 9º – DA FISCALIZAÇÃO

9.1. A fiscalização da execução do contrato, objeto da presente licitação, será exercida por um representante do Contratante. O fiscal do contrato será o servidor _____, observados os artigos 117 e seguintes da Lei 14.133/21, e o gestor do contrato o Sr. _____.

9.2. A fiscalização de que trata o item anterior não exclui, nem reduz a responsabilidade do Contratado, inclusive perante terceiros, por qualquer irregularidade, ou em decorrência de imperfeições técnicas, vícios redibitórios ou emprego de material inadequado ou de qualidade inferior, inexistindo em qualquer circunstância, a corresponsabilidade do Contratante ou de seus agentes e prepostos, conforme prevê o art. 120 da Lei nº 14.133/2021.

9.3. O Contratante se reserva o direito de rejeitar no todo ou em parte o objeto, se considerados em desacordo com os termos do presente contrato.

CLÁUSULA 10 – DAS SANÇÕES ADMINISTRATIVAS

(Adequar essa cláusula de acordo com a legislação municipal que regulamentar a aplicação de penalidades)

10.1. Incorre em infração administrativa o fornecedor que cometer quaisquer das infrações previstas no art. 155 da Lei nº 14.133, de 2021 e art. ___ do Decreto de nº_____, quais sejam:

I – dar causa à inexecução parcial do contrato;

II – dar causa à inexecução parcial do contrato que cause grave dano à Administração, ao funcionamento dos serviços públicos ou ao interesse coletivo;

III – dar causa à inexecução total do contrato;

IV – deixar de entregar a documentação exigida para o certame;

V – não manter a proposta, salvo em decorrência de fato superveniente devidamente justificado;

VI – não celebrar o contrato ou não entregar a documentação exigida para a contratação, quando convocado dentro do prazo de validade de sua proposta;

VII – ensejar o retardamento da execução ou da entrega do objeto da licitação sem motivo justificado;

VIII – apresentar declaração ou documentação falsa exigida para o certame ou prestar declaração falsa durante a licitação ou a execução do contrato;

IX – fraudar a licitação ou praticar ato fraudulento na execução do contrato;

X – comportar-se de modo inidôneo ou cometer fraude de qualquer natureza;

XI – praticar atos ilícitos com vistas a frustrar os objetivos da licitação;

XII – praticar ato lesivo previsto no art. 5º da Lei nº 12.846, de 1º de agosto de 2013;

XIII – tumultuar a sessão pública da licitação;

XIV – propor recursos manifestamente protelatórios;

XV – deixar de regularizar os documentos fiscais no prazo concedido, na hipótese de o infrator enquadrar-se como Microempresa ou Empresa de Pequeno Porte, nos termos da Lei Complementar Federal nº 123, de 14 de dezembro de 2006;

XVI – deixar de manter as condições de habilitação durante o prazo do contrato;

XVII – permanecer inadimplente após a aplicação de advertência;

XVIII – deixar de complementar o valor da garantia recolhida após solicitação do contratante;

XIX – deixar de devolver eventuais valores recebidos indevidamente após ser devidamente notificado;

XX – manter empregado, responsável técnico ou qualquer pessoa sob sua responsabilidade com qualificação em desacordo com as exigências do edital ou do contrato, durante a execução do objeto;

XXI – utilizar as dependências do contratante para fins diversos do objeto do contrato;

XXII – tolerar, no cumprimento do contrato, situação apta a gerar ou causar dano físico, lesão corporal ou consequências letais a qualquer pessoa;

XXIII – deixar de fornecer Equipamento de Proteção Individual – EPI, quando exigido, aos seus empregados ou omitir-se em fiscalizar sua utilização, na hipótese de contratação de serviços de mão de obra;

XXIV – deixar de substituir empregado cujo comportamento for incompatível com o interesse público, em especial quando solicitado pela Administração;

XXV – deixar de repor funcionários faltosos;

XXVI – deixar de apresentar, quando solicitado pela administração, comprovação do cumprimento das obrigações trabalhistas e com o Fundo de Garantia do tempo de Serviço (FGTS) em relação aos empregados diretamente envolvidos na execução do contrato, em especial quanto ao:

a) registro de ponto;

b) recibo de pagamento de salários, adicionais, horas extras, repouso semanal remunerado e décimo terceiro salário;

c) comprovante de depósito do FGTS;

d) recibo de concessão e pagamento de férias e do respectivo adicional;

e) recibo de quitação de obrigações trabalhistas e previdenciárias dos empregados dispensados até a data da extinção do contrato;

f) recibo de pagamento de vale-transporte e vale-alimentação, na forma prevista em norma coletiva;

XXVII – deixar de observar a legislação pertinente aplicável ao seu ramo de atividade;

XXVIII – entregar o objeto contratual em desacordo com as especificações, condições e qualidades contratadas e/ou com vício, irregularidade ou defeito oculto que o tornem impróprio para o fim a que se destina;

XXIX – ofender agentes públicos no exercício de suas funções;

XXX – induzir a administração em erro;

XXXI – deixar de manter empregados, que fiquem nas dependências e à disposição da administração nos contratos de serviços contínuos com regime de dedicação exclusiva de mão de obra;

XXXII – compartilhar recursos humanos e materiais disponíveis de uma contratação para execução simultânea de outros contratos por parte do contratado, nos contratos de serviços contínuos com regime de dedicação exclusiva de mão de obra;

XXXIII – impossibilitar a fiscalização pelo contratante quanto à distribuição, controle e supervisão dos recursos humanos alocados aos seus contratos, em relação aos contratos de serviços contínuos com regime de dedicação exclusiva de mão de obra;

XXXIV – apresentar proposta inexequível com finalidade de tumultuar o procedimento;

XXXV – deixar de demonstrar exequibilidade da proposta quando exigida pela administração;

XXXVI – subcontratar serviço em contrato em que não há essa possibilidade;

XXXVII – deixar de apresentar no prazo do art. 96, §3º da Lei 14133/21, garantia pelo contratado quando optar pela modalidade seguro garantia;

XXXVIII – deixar de comprovar, quando solicitado, na execução contratual, a reserva de cargos prevista em lei para pessoa com deficiência, para reabilitado da Previdência Social ou para aprendiz, bem como as reservas de cargos previstas em outras normas específicas;

XXXIX – deixar de manter preposto aceito pela Administração no local da obra ou do serviço para representar o contratado na execução do contrato;

XL – deixar de aceitar as supressões e acréscimos de até 25% (vinte e cinco por cento) em relação aos contratos.

10.2. O fornecedor que cometer qualquer das infrações discriminadas nos subitens anteriores ficará sujeito, sem prejuízo da responsabilidade civil e criminal, às seguintes sanções:

10.2.1. de advertência que consiste em comunicação formal ao infrator da inexecução parcial do contrato quando não se justificar a imposição de penalidade mais grave;

10.2.2. de multa, o infrator que, injustificadamente, descumprir a legislação, cláusulas do edital ou cláusulas contratuais, não podendo ser inferior a 0,5% (cinco décimos por cento) nem superior a 30% (trinta por cento) do valor de referência do certame ou do contrato nos termos estabelecidos nos respectivos instrumentos, devendo ser observados, preferencialmente, os seguintes percentuais e diretrizes:

I – multa moratória de 0,5% (cinco décimos por cento) por dia de atraso na entrega de material ou execução de serviços, até o limite de 10% (dez por cento), correspondente a até 30 (trinta) dias de atraso, calculado sobre o valor correspondente à parte inadimplente, excluída, quando for o caso, a parcela correspondente aos impostos destacados no documento fiscal;

II – multa de 10% (dez por cento) sobre o valor total da adjudicação do certame ou do valor da contratação direta em caso de recusa do infrator em assinar o contrato, ou recusar-se a aceitar ou retirar o instrumento equivalente;

III – multa de 5% (cinco por cento) sobre o valor de referência do certame, nas hipóteses constantes do item 10.1, subitens I, IV, V, XIII, XIV e XV, deste edital;

IV – multa de 5% (cinco por cento) sobre o valor total da adjudicação, nas hipóteses constantes do item 10.1, subitens XVI, XVII, XVIII, XX, XXI, XXIII, XXIV, XXV, XXVI, XXVII, XXXI, XXXIII, XXXVIII e XXXIX deste edital;

V – multa de 10% (dez por cento) sobre o valor de referência do certame, nas hipóteses constantes do item 10.1, subitens II, III, VI, VII, VIII, IX, X, XI, XII, XXIX, XXX, XXXIV e XXXV deste edital;

VI – multa de 10% (dez por cento) sobre o valor total da adjudicação, nas hipóteses constantes do item 10.1, subitens XIX, XXII, XVIII, XXXII, XXXVI, XXXVII e XL, deste edital;

VII – multa indenizatória, a título de perdas e danos, na hipótese de o infrator ensejar a rescisão do contrato e sua conduta implicar gastos à administração, superiores aos contratados.

c) de impedimento de licitar e contratar que impedirá o infrator de participar de licitação e contratar com a administração:

I – por até 01 (um) ano, se o infrator:

a) deixar de entregar a documentação exigida para o certame;

b) não manter a proposta, salvo em decorrência de fato superveniente devidamente justificado;

c) ensejar o retardamento da execução ou da entrega do objeto do certame sem motivo justificado;

II – por até 02 (dois) anos, se o infrator:

a) apresentar declaração ou documentação falsa exigida para o certame ou prestar declaração falsa durante o mesmo ou durante a execução do contrato;

b) der causa à inexecução parcial do contrato que cause grave dano à administração, ao funcionamento dos serviços públicos ou ao interesse coletivo;

III – por até 03 (três) anos, se o infrator:

a) não celebrar o contrato, quando convocado dentro do prazo de validade de sua proposta;

b) fraudar o certame ou praticar ato fraudulento na execução do contrato;

c) der causa à inexecução total do contrato.

d) de Declaração de inidoneidade de contratar com a Administração Pública, será aplicada por prazo não superior a 6 (seis) anos, nas seguintes hipóteses:

I – por período de 3 (três) a 4 (quatro) anos, no caso de praticar atos ilícitos com vistas a frustrar os objetivos do certame;

II – por período de 4 (quatro) a 5 (cinco) anos, nos casos de:

a) fraudar o certame ou praticar ato fraudulento na execução do contrato;

b) comportar-se de modo inidôneo ou cometer fraude de qualquer natureza.

III – por período de 5 (cinco) a 6 (seis) anos, nos casos de:

a) praticar ato lesivo previsto no art. 5º da Lei 12.846/13;

b) dar causa à inexecução total do contrato, por ato doloso que cause lesão ao erário.

10.3. Na aplicação das sanções será observado Decreto nº _____ de _____.

10.4. Será considerado falta grave e caracterizado como falha em sua execução o não recolhimento das contribuições sociais da Previdência Social, que poderá dar ensejo à rescisão do contrato, sem prejuízo da aplicação de sanção pecuniária e do impedimento para licitar e contratar com a Administração, nos termos da Lei Federal nº 14.133, de 2021.

CLÁUSULA 11 – DOS CASOS OMISSOS

11.1. Os casos omissos, assim como as dúvidas, serão resolvidos com base na Lei nº 14.133/2021, cujas normas ficam incorporadas ao presente instrumento, ainda que delas não se faça aqui menção expressa.

CLÁUSULA 12 – DO REGIME DE EXECUÇÃO *OU FORNECIMENTO*

12.1. O regime de execução *OU fornecimento* do presente contrato será _____ *(preencher conforme DFD).*

CLÁUSULA 13 – DOS REAJUSTES

13.1. Por força das Leis Federais nºs 9.069/95 e 10.192/2001, o valor do contrato será reajustado mediante iniciativa da CONTRATADA, desde que observado o interregno mínimo de 1 (um) ano, a contar da data do orçamento estimado ou do último reajuste, tendo como base a variação de índice oficial.

13.2. Decorrido o prazo acima estipulado, os preços unitários serão corrigidos monetariamente pelo INPC (IBGE) ou outro índice que venha a substituí-lo por força de determinação governamental.

13.3. A aplicação do índice dar-se-á de acordo com a variação acumulada do INPC (IBGE) ocorrida nos 12 (doze) meses imediatamente anteriores. *(Se o objeto da licitação for serviços contínuos, deverão excluir os itens 23.1, 23.2 e 23.3 e deixar a redação abaixo:)*

13.1 Observado o interregno mínimo de 1 (um) ano, o critério de reajustamento será por:

I – reajustamento em sentido estrito, quando não houver regime de dedicação exclusiva de mão de obra ou predominância de mão de obra, corrigidos monetariamente pelo INPC (IBGE) ou outro índice que venha a substituí-lo por força de determinação governamental, a contar da data do orçamento estimado ou do último reajuste. A aplicação do índice dar-se-á de acordo com a variação acumulada do INPC (IBGE) ocorrida nos 12 (doze) meses imediatamente anteriores.

II – repactuação, quando houver regime de dedicação exclusiva de mão de obra ou predominância de mão de obra, mediante demonstração analítica da variação dos custos.

CLÁUSULA 14 – DO REEQUILÍBRIO DE PREÇOS

14.1 Eventuais pedidos de reequilíbrio econômico deverão ser respondidos em até _____ dias contados do protocolo.

CLÁUSULA 15 – DO FORO

As partes elegem o foro da Comarca de _____, para dirimir quaisquer questões decorrentes da execução do presente Contrato.

E por estarem justos e contratados, assinam o presente instrumento em 03 (três) vias de igual teor e forma, juntamente de 02 (duas) testemunhas que a tudo assistiram e também assinam.

_____/MG, _____ de _____ de _____.

_____
Prefeito Municipal

_____
CONTRATADO

Testemunhas: _____

CPF Nº:

_____

CPF Nº:

ATA DA SESSÃO PÚBLICA DA INEXIGIBILIDADE DE LICITAÇÃO Nº ____/_____ RELATIVA AO PROCESSO Nº ____/_____

Aos ___ dias do mês de_____, do ano de 20___, às __:__ horas, reuniram-se o Agente de Contratação e a equipe de apoio com a finalidade de verificar se estão presentes os elementos previstos na Lei Federal nº 14.133/2021 para formalização da contratação de _____ por inexigibilidade de licitação.

A sessão teve o seguinte desenvolvimento registrado, sem emendas, rasuras ou ressalvas:

1 – JUSTIFICATIVA

A justificativa da contratação foi apresentada pelo _____, no Projeto Básico anexo ao presente processo.

2 – RAZÃO DA ESCOLHA DO FORNECEDOR (OU PRESTADOR DOS SERVIÇOS)

A razão da escolha do _____ para executar o objeto foi apresentada no Projeto Básico anexo ao processo, haja vista que a empresa _____ é a única capaz de _____ para atender à necessidade da administração, conforme comprova o _____ (*indicar a documentação que comprova a inviabilidade de competição*), anexado ao processo.

3 – ANÁLISE DA DOCUMENTAÇÃO

A empresa _____ apresentou os seguintes documentos de habilitação, estando todos dentro do prazo de validade e atendendo as normas legais vigentes:

a) Prova de inscrição no Cadastro Nacional de Pessoas Jurídicas (CNPJ) atualizado, relativo ao domicílio ou sede do licitante, pertinente e compatível com o objeto desta licitação ou no CPF – Cadastro Nacional de Pessoas Físicas;

b) Prova de existência da pessoa jurídica através de contrato social ou equivalente, e no caso de pessoa física documento de identificação pessoal;

c) Prova de regularidade para com a Fazenda Federal relativa a Tributos Federais e à Dívida Ativa da União e prova de regularidade perante o Instituto Nacional de Seguridade Social – INSS, através de certidão expedida conjuntamente pela Secretaria da Receita Federal do Brasil – RFB e pela Procuradoria-Geral da Fazenda Nacional – PGFN, conforme Portarias MF 358 e 443/2014;

d) Certificado de Regularidade de Situação perante o Fundo de Garantia do Tempo de Serviço – FGTS ou documento equivalente que comprove a regularidade;

e) Certidão de regularidade com a Fazenda Estadual e Municipal, referente ao domicílio da empresa;

f) Certidão Negativa de Débitos Trabalhistas (CNDT), provando a inexistência de débitos inadimplidos perante a Justiça do Trabalho.

Pelo exposto, o Agente de Contratação deliberou que foram apresentados os elementos constantes dos artigos 72 e 74 da Lei Federal nº 14.133/2021, para contratação do objeto:

Objeto: _____

Executante: _____

Valor: R$_____

Nada mais havendo a tratar, lavrou-se a presente ATA, que depois de lida e aprovada, foi por todos assinada, e será encaminhada ao Sr. Prefeito Municipal *OU Secretário Municipal* para fins de Ratificação.

_____, ____ de _____ de 20___.

_____
_____– Agente de Contratação

_____
_____– Equipe de Apoio

_____
_____– Equipe de Apoio

DESPACHO DE AUTORIZAÇÃO DE CONTRATAÇÃO DECORRENTE DO PROCESSO Nº ____/20___ – INEXIGIBILIDADE DE LICITAÇÃO Nº ____/20__

O Prefeito Municipal de _____, no uso das atribuições que lhe confere o inciso VIII do artigo 72 da Lei nº 14.133/202, AUTORIZA a contratação, conforme o resultado do processo na forma que segue:

Nº	CONTRATADO	ITEM	VALOR TOTAL R$

Prefeitura Municipal de _____, ___ de _____ de ____.

Prefeito Municipal *(ou)* Secretário Municipal de _____.

RESULTADO DO PROCESSO Nº ____/20____
INEXIGIBILIDADE DE LICITAÇÃO Nº ____/20____

O Poder Executivo do Município de _____, através do Agente de Contratação, torna público o resultado do Processo nº ____/20___, Inexigibilidade de Licitação nº ___/20___, na forma que segue:

Nº	VENCEDOR	ITEM	VALOR TOTAL ESTIMADO R$

Autorização de Contratação: Prefeito Municipal *(ou)* Secretário Municipal de _____.

Condições: Conforme ata de julgamento e demais documentos contidos no processo.

Publicado em ___/___/___

_____
Agente de Contratação

PUBLICAÇÃO NO PNCP PARA AS CONTRATAÇÕES QUE NÃO GERAREM FORMALIZAÇÃO DE CONTRATO

Os Municípios com até 20.000 (vinte mil) habitantes, enquanto não se cadastrarem no PNCP, poderão realizar as publicações no *site* oficial e no Diário Oficial do Município, conforme art. 176 da Lei Federal nº 14.133/2021:

Art. 176. Os Municípios com até 20.000 (vinte mil) habitantes terão o prazo de 6 (seis) anos, contado da data de publicação desta Lei, para cumprimento:

FUNDAMENTO LEGAL	DATA DO PAGAMENTO	FORNECEDOR	OBJETO	VALOR TOTAL R$

EXTRATO DO CONTRATO RELATIVO AO PROCESSO Nº _____/_____
INEXIGIBILIDADE DE LICITAÇÃO Nº _____/_____

CONTRATANTE:
CONTRATADO:

OBJETO:
RECURSO ORÇAMENTÁRIO:

VALOR DO CONTRATO:
VIGÊNCIA:

Publicado em ___/___/___

_____

Agente de Contratação

MODELO DE PROCESSO DE INEXIGIBILIDADE – ARTIGO 74, V DA LEI FEDERAL Nº 14.133/2021

EXERCÍCIO DE _____
PROCESSO Nº:____/_____

INEXIGIBILIDADE DE LICITAÇÃO Nº _____/_____

RECURSO ORÇAMENTÁRIO:

SÍNTESE DO OBJETO: Aquisição de imóvel localizado à _____
_____, cujas características de instalações e de localização foram imprescindíveis para sua escolha, conforme requerido e demonstrado pela Secretaria Municipal de _____.

(OU)

SÍNTESE DO OBJETO: Locação de imóvel localizado à _____
_____, cujas características de instalações e de localização foram imprescindíveis para sua escolha, conforme requerido e demonstrado pela Secretaria Municipal de _____.

AUTUAÇÃO
Aos _____ dias do mês de _____ do ano de _____, nesta Prefeitura, eu, _____, autuei a autorização e demais documentos que seguem.

AUTORIZAÇÃO

Estando cumpridas as formalidades previstas na Lei Federal nº 14.133/2021, AUTORIZO a abertura do procedimento de inexigibilidade de licitação, com fundamento no inciso V, do art. 74 da Lei Federal 14.133/2021, para _____, em decorrência da necessidade de instalação do _____ haja vista que _____ *(JUSTIFICAR A NECESSIDADE DA CONTRATAÇÃO)*, conforme solicitação em anexo e em atendimento ao disposto no inciso II do art. 16 da Lei Complementar nº 101 de 05 de maio de 2000, declaro que a despesa tem adequação orçamentária e financeira com a lei orçamentária anual, compatibilidade com o plano plurianual e com a lei de diretrizes orçamentárias.

_____, ___ de _____ de _____.

Prefeito Municipal

CERTIFICAÇÃO E JUSTIFICATIVA EM ATENDIMENTO AOS INCISOS II E III, DO §5º, DO ART. 74 DA LEI FEDERAL Nº 14.133/2021

Certifico que inexiste no município de _____ outro imóvel disponível e vago para a locação *OU* aquisição pretendida pela Administração para a instalação de _____, cujas características de instalações e localização atendam as necessidades da Secretaria Municipal de _____.

O imóvel está localizado na _____, o que o torna singular para a Administração haja vista que _____.

O imóvel que será locado *(OU)* adquirido possui as seguintes características de instalação adequadas à necessidade da Secretaria Municipal de _____:

(elencar as características que fazem do imóvel único para atender às necessidades da administração)

O imóvel está em perfeito estado de conservação, **entretanto, será necessária a realização de adaptações para adequação à necessidade a que se destina, conforme relatório e planilha do setor de engenharia do Município, em anexo.** (*Manter a redação destacada em negrito se for o caso. O relatório de vistoria deverá indicar todas as adaptações necessárias a serem realizadas no imóvel, indicando o custo de cada uma delas)*

Por ser verdade, firmo o presente.

_____, de _____ de _____ de _____

Assinatura do setor requisitante

PORTARIA Nº ____/__

NOMEIA COMISSÃO PARA PROCEDER À AVALIAÇÃO PRÉVIA DE IMÓVEL

O Prefeito do Município de _____, Estado de Minas Gerais, no uso de suas atribuições legais, e de conformidade com o disposto no inciso I, do §5º, do art. 74 da Lei Federal nº 14.133 de 01 de abril de 2021,

RESOLVE:

Art. 1º Designar para compor a Comissão responsável pela avaliação prévia de imóvel, sob a Presidência do primeiro, os Srs. _____, _____ e _____.

Art. 2º Esta Portaria entra em vigor na data de sua publicação.

Art. 3º Revogam-se as disposições em contrário.

_____, ___ de _____ de _____.

_____
Prefeito Municipal

LAUDO DE AVALIAÇÃO

Aos ____ dias do mês de _____ do ano de ____, a Comissão de Avaliação designada através da Portaria nº ____/___, procedeu à avaliação prévia do imóvel situado na rua_____.

Mediante a avaliação identificou-se que o imóvel está em perfeito estado de conservação, **entretanto, será necessária a realização de adaptações para adequação à necessidade a que se destina, conforme relatório e cronograma do setor de engenharia, anexos à presente avaliação, o que exigirá o prazo de _____ para amortização dos investimentos necessários conforme cronograma abaixo destacado:** *(Manter a redação em negrito se for o caso)*

(fazer e incluir o cronograma prevendo quantos meses de locação serão necessários para amortização)

(OU)

O valor mensal da locação do imóvel foi avaliado pelo preço máximo de R$_____ (_____).

Nada mais, lavrou-se o presente Laudo que vai assinado pelos membros da Comissão de Avaliação.

Presidente da Comissão de Avaliação

Membros

PARECER JURÍDICO

(Conforme disposto no §1º do art. 53 da Lei 14.133/2021 o parecer jurídico deverá:

a) ser elaborado em linguagem simples e compreensível, e de forma clara e objetiva;

b) apreciar todos os elementos indispensáveis à contratação;

c) expor os pressupostos de fato e de direito levados em consideração na análise jurídica)

Com base nas informações e justificativas apresentadas no processo, a aquisição *(OU)* locação do imóvel localizado à _____, quanto ao aspecto jurídico, encontra tipificação legal no inciso V, do art. 74 da Lei Federal nº 14.133/2021, porque _____ *(justificar)*.

Quanto à fase preparatória, sob o ângulo jurídico-formal, seguiu todas as cautelas recomendadas pela Lei Federal nº 14.133/2021 e no Decreto Municipal nº _____ *(citar o nº do decreto municipal que regulamenta as dispensas e inexigibilidades)*, possuindo o número de ordem em série anual, a indicação do nome da repartição interessada, a minuta do contrato, _____ *(descrever os documentos que constam na fase preparatória do processo)* sendo certo, ainda, constar a expressa indicação da fundamentação legal e o regime de execução *(OU)* fornecimento *(adaptar se o objeto for aquisição de imóvel)*, em especial:

I – Está comprovada a necessidade da contratação para atender ao interesse público, conforme constou no estudo técnico preliminar – ETP;

II – Há a definição do objeto para o atendimento da necessidade, por meio de _____ *(termo de referência, anteprojeto, projeto básico ou projeto executivo – adequar de acordo com o processo)*;

III – Consta a definição das condições de execução e pagamento, das garantias exigidas e ofertadas e das condições de recebimento; *(adequar de acordo com o processo)*

IV – Também há na fase preparatória do processo o orçamento estimado, com as composições dos preços utilizados para sua;

V – o setor requisitante justificou:

a) a adequação e eficiência da forma de combinação dos parâmetros, para os fins de seleção da proposta apta a gerar o resultado de contratação mais vantajoso para a Administração Pública, considerado todo o ciclo de vida do objeto;

Desta forma, entendemos que o processo de inexigibilidade de licitação encontra respaldado na Lei nº 14.133/2021, razão pela qual opino pelo prosseguimento do processo.

Ante o exposto, o que procuramos em sede de parecer jurídico foi traçar o quadro jurídico em que está inserida a questão, para que o administrador, que tem competência administrativa para contratar via inexigibilidade de licitação, tenha elementos técnico-jurídicos, aos quais acrescerá os elementos técnico-administrativos, para pautar a sua decisão.

Salvo Melhor Juízo, este é o Parecer Jurídico, que remeto à autoridade competente.

_____, _____ de ____.

Advogado

OAB/MG nº

TERMO DE REFERÊNCIA

1. DO OBJETO

1.1. Aquisição OU locação de imóvel registrado sob o nº _____, localizado à _____, para _____a fim de atender à necessidade da _____ conforme condições e exigências estabelecidas neste instrumento e especificações abaixo relacionadas

ITEM	DESCRIÇÃO DETALHADA DO IMÓVEL	Qtde.	Unid.
01			

1.2. A vigência contratual iniciará na assinatura do contrato e encerrará em ___/___/____.

1.2.1. A vigência do contrato poderá ser prorrogada, nos termos do art. 112 da Lei Federal nº 14.133/2021. *(Manter esta cláusula se o objeto tratar de locação de imóvel)*

2. JUSTIFICATIVA E OBJETIVO DA CONTRATAÇÃO

2.1. A aquisição *OU* locação do imóvel situado à _____ é necessária para instalação de _____ e possibilitará a _____ _____.

3. DESCRIÇÃO DA SOLUÇÃO

3.1. A aquisição *OU* locação visa atender à necessidade de _____ para instalação do _____.

4. DA FUNDAMENTAÇÃO LEGAL

4.1. Contratação fundamentada nos pressupostos do art. 74, V, da Lei nº 14.133, de 1º de abril de 2021.

5. REQUISITOS DA CONTRATAÇÃO

5.1. São requisitos da contratação, além do disposto no Documento de Formalização de Demanda e/ou Estudos Técnicos Preliminares:

5.1.1. As características de instalações do imóvel conferem a singularidade do imóvel que será locado *OU* adquirido haja vista que _____.

5.1.2. A localização do imóvel confere sua singularidade haja vista que _____.

5.1.3. A locação do imóvel deverá ser iniciada em até ___ (_____) dias, contados da assinatura do contrato.

OU

5.1.3. A propriedade do imóvel pelo Município será formalizada com a lavratura do registro do mesmo no Cartório de Ofício do Registro de Imóveis.

6. DOS EFEITOS DA CONTRATAÇÃO

6.1. Busca-se com a aquisição OU locação instalar _____ para funcionamento de _____.

7. DOS CRITÉRIOS DE MEDIÇÃO E PAGAMENTO

7.1. O pagamento da locação do imóvel será realizado mensalmente no dia ___ (_____).

OU

7.1. O pagamento do imóvel será realizado em até ___ (_____) dias contados da efetiva transferência de titularidade da propriedade do imóvel para o Município de _____, por escritura pública lavrada em notas de tabelião.

8. DA ADEQUAÇÃO ORÇAMENTÁRIA

8.1 As despesas decorrentes desta contratação correrão pelas dotações orçamentárias nºs _____.

9. DA FISCALIZAÇÃO

9.1. A fiscalização da execução do contrato será realizada pelo servidor _____, através de _____ e a gestão do contrato pelo _____.

10. DO VALOR ESTIMADO DA CONTRATAÇÃO

10.1. Objetivando a instrução do processo, informamos que foi realizada a avaliação prévia do bem, **considerando os custos de adaptações do imóvel** *(manter a redação destacada em negrito se for o caso)*, estimando-se o valor de aquisição de R$_____ (_____).

OU

10.1. Objetivando a instrução do processo, informamos que foi realizada a avaliação prévia do bem, **considerando os custos de adaptações do imóvel** *(manter a redação destacada em negrito se for o caso)*, estimando-se o valor mensal da locação de R$_____ (_____).

11. DA RAZÃO DA ESCOLHA DO IMÓVEL

11.1. A escolha do imóvel locado *OU* adquirido se deu em decorrência de ser o único imóvel disponível no Município de _____ cujas características de instalação e localização o tornam adequado à instalação de _____, motivo pelo qual infere-se a singularidade do imóvel que evidencia a vantagem da contratação e atendimento ao interesse público.

11.1.1. O imóvel que será locado *OU* adquirido possui as seguintes características de instalação adequadas à necessidade da Secretaria Municipal de _____:

(elencar as características que fazem do imóvel único para atender às necessidades da administração)

1.1.2. O imóvel que será locado *OU* adquirido está localizado à _____ _____, o que o torna singular para a Administração haja vista que _____ _____.

MINUTA DO CONTRATO DE LOCAÇÃO OU AQUISIÇÃO DE IMÓVEL

Pelo presente instrumento particular, o MUNICÍPIO DE _____, inscrito no CNPJ/MF sob o nº _____, com sede administrativa na _____ – _____- MG, neste ato representado por seu Prefeito Municipal, Sr. _____, de ora em diante denominado simplesmente CONTRATANTE, e de outro lado _____ (qualificação), neste ato representado por _____, de ora em diante denominado simplesmente CONTRATADO, de conformidade com o art. 74, V da Lei Federal nº 14.133/2021, **Lei Federal nº 8.245/91** *(Manter a redação destacada em negrito apenas para contratos cujo objeto seja locação)* Processo nº ____/_____, Inexigibilidade de Licitação nº _____/_____, têm como justo e contratado o seguinte:

CLÁUSULA 1ª – DO OBJETO

1.1. Locação OU aquisição do imóvel registrado sob o nº _____-, situado na ___ _____, para instalação e funcionamento de _____ _____, conforme abaixo especificado:

ITEM	UNID.	QUANT.	DESCRIÇÃO DETALHADA DO IMÓVEL LOCADO	VALOR MENSAL UNITÁRIO	VALOR TOTAL
01					

OU

ITEM	UNID.	QUANT	DESCRIÇÃO DETALHADA DO IMÓVEL ADQUIRIDO	VALOR TOTAL
01				

1.2. O referido imóvel foi havido pelo CONTRATADO por meio de Escritura Pública de Compra e Venda, lavrada em _____, no _____ Cartório de Notas da cidade de _____, livro nº _____, fls. _____ verso, conforme acha registrada no Cartório do ___Ofício do Registro de Imóveis da cidade de _____-___. *(manter esta cláusula se o objeto for AQUISIÇÃO de imóvel)*

1.3. O imóvel descrito no item 1.1 desta Cláusula encontra-se na posse do CONTRATADO livre e desembaraçado de todo e qualquer ônus ou encargos, real ou pessoal, judicial ou extrajudicial, hipoteca de qualquer espécie, arrendamentos a prazo fixo ou por tempo indeterminado, quite de cotas condominiais, impostos e taxas. *(manter esta cláusula se o objeto for AQUISIÇÃO de imóvel)*

CLÁUSULA 2ª – DOS PREÇOS E FORMA DE PAGAMENTO

2.1. Dos preços

2.1.1. O Adquirente pagará ao proprietário o valor total de R$_____ (_____).

2.1.2. O pagamento será realizado em ___ (_____) parcelas mensais no valor de R$_____, nas seguintes datas: *(Adaptar de acordo com o que foi acordado)*

1ª Parcela com vencimento em ___/___/___;

2ª Parcela com vencimento em ___/___/___;

3ª Parcela com vencimento em ___/___/___.

OU

2.1.1. O Locatário pagará ao Locador o valor mensal de R$_____ (_____).

2.1.2. O pagamento será realizado mensalmente, até o ___ (_____) dia útil do mês seguinte ao vencido, mediante apresentação do respectivo comprovante legal.

2.1.3. O pagamento das faturas seguirá a estrita ordem cronológica das datas de suas exigibilidades, cabendo à contratada manter durante toda a execução do objeto, em compatibilidade com as obrigações por ela assumidas, todas as condições de habilitação e qualificação exigidas na licitação.

2.1.4. Dos pagamentos devidos à Contratada, serão descontados os valores de multa ou eventuais débitos daquela para com a administração, referentes a qualquer contrato entre as mesmas partes, sem obrigatoriedade de prévio aviso.

2.1.5. Nos casos de eventuais atrasos de pagamento não justificados, provocados exclusivamente pela Administração, o valor devido deverá ser acrescido de atualização financeira, e sua apuração se fará desde a data de seu vencimento até a data do efetivo pagamento, em que os juros de mora serão calculados à taxa de 0,5% (meio por cento) ao mês, mediante aplicação da seguinte fórmula:

$$EM = N \times VP \times I$$

onde:

EM = Encargos moratórios;

VP = Valor da parcela em atraso;

N = Número de dias entre a data prevista para o pagamento (vencimento) e a do efetivo pagamento;

I = Índice de compensação financeira, assim apurado:

$$I = (TX / 100)$$

TX = Percentual da taxa de juros de mora mensal definido no edital/contrato.

CLÁUSULA 3ª – DA DOTAÇÃO

3.1. As despesas decorrentes do presente contrato correrão à conta da dotação orçamentária nº _____.

CLÁUSULA 4ª – DA VIGÊNCIA

4.1. Este contrato entra em vigor na data de sua assinatura, encerrando-se em ___/___/_____.

4.2. A prorrogação do prazo contratual poderá ocorrer, a critério do Contratante, nos termos do art. 112 da Lei Federal nº 14.133/2021. *(aplicável se o objeto for locação)*

CLÁUSULA 5ª – DA ALTERAÇÃO CONTRATUAL

5.1. O Contratado fica obrigado a aceitar, nas mesmas condições contratuais, os acréscimos ou supressões que se fizerem nos serviços, até 25% (vinte e cinco por cento), de acordo com o que preceitua o art. 125 da Lei Federal nº 14.133/2021.

CLÁUSULA 6ª – DAS RESPONSABILIDADES DO CONTRATANTE

6.1. Pagar pontualmente as parcelas, conforme descrito na cláusula 2.1.2 deste contrato;

6.2. Levar imediatamente ao conhecimento do Contratado o surgimento de qualquer dano ou defeito, cuja reparação a este incumba, bem como as eventuais turbações de terceiros;

6.3. Assumir toda a responsabilidade pela execução dos atos e pagamentos de quaisquer encargos relativos a esta compra e venda, inclusive os relativos a escritura e seu registro no competente Cartório de Registro de Imóveis.

(OU utilizar as cláusulas abaixo caso o objeto seja locação de imóvel:)

6.1. Pagar pontualmente o aluguel na forma prevista na cláusula 2.1.2;

6.2. Levar imediatamente ao conhecimento do locador o surgimento de qualquer dano ou defeito, cuja reparação a este incumba, bem como as eventuais turbações de terceiros;

6.3. Servir-se do imóvel para o uso convencionado ou presumido, compatível com a natureza deste e com o fim a que se destina;

6.4. Restituir o imóvel, finda a locação, no estado em que o recebeu, salvo as deteriorações decorrentes do seu uso norma.

(relacionar as despesas que serão de responsabilidade da Prefeitura em caso de locação de imóvel, como por exemplo: água, luz, etc.)

CLÁUSULA 7ª – DAS RESPONSABILIDADES DO CONTRATADO

7.1. Entregar ao contratante o imóvel em estado de servir ao uso a que se destina;

7.2. Responder pelos vícios ou defeitos anteriores à aquisição;

7.3. Fornecer ao contratado recibo discriminado das importâncias por este pagas;

7.4. As despesas que se fizerem necessárias para a desocupação do imóvel, caso esteja sendo ocupado por terceiros;

7.5. Manter durante o período de execução do objeto, as condições de regularidade junto ao FGTS, INSS, e às Fazendas Federal, Estadual e/ou Municipal;

(OU utilizar as cláusulas abaixo caso o objeto seja locação de imóvel:)

7.1. Entregar ao locatário o imóvel em estado de servir ao uso a que se destina;

7.2. Garantir, durante o tempo da locação, o uso pacífico do imóvel locado;

7.3. Responder pelos vícios ou defeitos anteriores à locação;

7.4. Fornecer ao locatário recibo discriminado das importâncias por este pagas;

7.5. Pagar o IPTU do imóvel;

7.6. Permitir, a qualquer tempo, a retirada do imóvel dos equipamentos e desfazimento das instalações, tais como balcões, guichês, divisórias, caixa forte;

7.7. As despesas que se fizerem necessárias para a desocupação do imóvel, caso esteja sendo ocupado por terceiros;

7.8. Manter durante o período de execução do objeto, as condições de regularidade junto ao FGTS, INSS, e às Fazendas Federal, Estadual, e Municipal, bem como as condições de qualificação exigidas na licitação;

7.9. Apresentar a atualização, a cada 180 dias, da Certidão Negativa de Débito Trabalhista (CNDT) referida na Lei nº 12.440 de 07.07.2011;

(incluir outras obrigações do contratado de acordo com o objeto, se houver)

CLÁUSULA 8º – DA EXTINÇÃO

8.1. O presente instrumento contratual poderá ser extinto de conformidade com o disposto no art. 137 da Lei nº 14.133/2021.

CLÁUSULA 9º – DA FISCALIZAÇÃO

9.1. A fiscalização da execução do contrato, objeto da presente licitação, será exercida pelo servidor _____.

9.2. A fiscalização de que trata o item anterior não exclui, nem reduz a responsabilidade do Contratado, inclusive perante terceiros, por qualquer irregularidade, ou em decorrência de imperfeições técnicas, vícios redibitórios ou emprego de material inadequado ou de qualidade inferior, inexistindo em qualquer circunstância, a corresponsabilidade do Contratante ou de seus agentes e prepostos, conforme prevê o art. 120 da Lei nº 14.133/2021.

CLÁUSULA 10 – DAS SANÇÕES ADMINISTRATIVAS

(Adequar essa cláusula de acordo com a legislação municipal que regulamentar a aplicação de penalidades)

10.1. Incorre em infração administrativa o contratado que cometer quaisquer das infrações previstas no art. 155 da Lei nº 14.133, de 2021 e art. ___ do Decreto de nº_____, quais sejam:

I – dar causa à inexecução parcial do contrato;

II – dar causa à inexecução parcial do contrato que cause grave dano à Administração, ao funcionamento dos serviços públicos ou ao interesse coletivo;

III – dar causa à inexecução total do contrato;

IV – deixar de entregar a documentação exigida;

V – não manter a proposta, salvo em decorrência de fato superveniente devidamente justificado;

VI – não celebrar o contrato ou não entregar a documentação exigida para a contratação, quando convocado dentro do prazo de validade de sua proposta;

VII – ensejar o retardamento da execução ou da entrega do objeto sem motivo justificado;

VIII – apresentar declaração ou documentação falsa exigida para o certame ou prestar declaração falsa durante a execução do contrato;

IX – fraudar ou praticar ato fraudulento na execução do contrato;

X – comportar-se de modo inidôneo ou cometer fraude de qualquer natureza;

XI – praticar atos ilícitos com vistas a frustrar os objetivos da contratação;

XII – praticar ato lesivo previsto no art. 5º da Lei nº 12.846, de 1º de agosto de 2013;

XIII – tumultuar os procedimentos;

XIV – deixar de regularizar os documentos fiscais no prazo concedido, na hipótese de o infrator enquadrar-se como Microempresa ou Empresa de Pequeno Porte, nos termos da Lei Complementar Federal nº 123, de 14 de dezembro de 2006;

XV – deixar de manter as condições de habilitação durante o prazo do contrato;

XVI – permanecer inadimplente após a aplicação de advertência;

XVII – deixar de complementar o valor da garantia recolhida após solicitação do contratante, se houver;

XIII – deixar de devolver eventuais valores recebidos indevidamente após ser devidamente notificado;

XIX – manter empregado, responsável técnico ou qualquer pessoa sob sua responsabilidade com qualificação em desacordo com as exigências do contrato, durante a execução do objeto;

XX – utilizar as dependências do contratante para fins diversos do objeto do contrato;

XXI – tolerar, no cumprimento do contrato, situação apta a gerar ou causar dano físico, lesão corporal ou consequências letais a qualquer pessoa;

XXII – deixar de apresentar, quando solicitado pela administração, comprovação do cumprimento das obrigações trabalhistas e com o Fundo de Garantia do tempo de Serviço (FGTS) em relação aos empregados diretamente envolvidos na execução do contrato, em especial quanto ao:

a) registro de ponto;

b) recibo de pagamento de salários, adicionais, horas extras, repouso semanal remunerado e décimo terceiro salário;

c) comprovante de depósito do FGTS;

d) recibo de concessão e pagamento de férias e do respectivo adicional;

e) recibo de quitação de obrigações trabalhistas e previdenciárias dos empregados dispensados até a data da extinção do contrato;

f) recibo de pagamento de vale-transporte e vale-alimentação, na forma prevista em norma coletiva.

XXIII – deixar de observar a legislação pertinente aplicável ao seu ramo de atividade;

XXIV – entregar o objeto contratual em desacordo com as especificações, condições e qualidades contratadas e/ou com vício, irregularidade ou defeito oculto que o tornem impróprio para o fim a que se destina;

XXV – ofender agentes públicos no exercício de suas funções;

XXIV – induzir a administração em erro;

XXV – apresentar proposta inexequível;

XXVI – deixar de demonstrar exequibilidade da proposta quando exigida pela administração;

XXVII – deixar de apresentar no prazo do art. 96, §3º da Lei 14133/21, garantia pelo contratado quando optar pela modalidade seguro garantia;

XXVIII – deixar de comprovar, quando solicitado, na execução contratual, a reserva de cargos prevista em lei para pessoa com deficiência, para reabilitado da Previdência Social ou para aprendiz, bem como as reservas de cargos previstas em outras normas específicas;

XXIX – deixar de aceitar as supressões e acréscimos de até 25% (vinte e cinco por cento) em relação aos contratos.

10.2 O fornecedor que cometer qualquer das infrações discriminadas nos subitens anteriores ficará sujeito, sem prejuízo da responsabilidade civil e criminal, às seguintes sanções:

10.2.1. de advertência que consiste em comunicação formal ao da inexecução parcial do contrato quando não se justificar a imposição de penalidade mais grave;

10.2.2. de multa, o infrator que, injustificadamente, descumprir a legislação, cláusulas contratuais, não podendo ser inferior a 0,5% (cinco décimos por cento) nem superior a 30% (trinta por cento) do valor do contrato nos termos estabelecidos nos respectivos instrumentos, devendo ser observados, preferencialmente, os seguintes percentuais e diretrizes:

I – multa moratória de 0,5% (cinco décimos por cento) por dia de atraso na entrega de material ou execução de serviços, até o limite de 10% (dez por cento), correspondente a até 30 (trinta) dias de atraso, calculado sobre o valor correspondente à parte inadimplente, excluída, quando for o caso, a parcela correspondente aos impostos destacados no documento fiscal;

II – multa de 10% (dez por cento) sobre o valor total da adjudicação do certame ou do valor da contratação direta em caso de recusa do infrator em assinar o contrato, ou recusar-se a aceitar ou retirar o instrumento equivalente;

III – multa de 5% (cinco por cento) sobre o valor de referência do certame, nas hipóteses constantes do item 10.1, subitens I, IV, V, XIII, XIV e XV, deste edital;

IV – multa de 5% (cinco por cento) sobre o valor total da adjudicação, nas hipóteses constantes do item 10.1, subitens XVI, XVII, XVIII, XX, XXI, XXIII, XXIV, XXV, XXVI, XXVII, XXXI, XXXIII, XXXVIII e XXXIX deste edital;

V – multa de 10% (dez por cento) sobre o valor de referência do certame, nas hipóteses constantes do item 10.1, subitens II, III, VI, VII, VIII, IX, X, XI, XII, XXIX, XXX, XXXIV e XXXV deste edital;

VI – multa de 10% (dez por cento) sobre o valor total da adjudicação, nas hipóteses constantes do item 10.1, subitens XIX, XXII, XVIII, XXXII, XXXVI, XXXVII e XL, deste edital;

VII – multa indenizatória, a título de perdas e danos, na hipótese de o infrator ensejar a rescisão do contrato e sua conduta implicar gastos à administração, superiores aos contratados.

10.2.3. de impedimento de licitar e contratar que impedirá o infrator de participar de licitação e contratar com a administração:

I – por até 01 (um) ano, se o infrator:

a) deixar de entregar a documentação exigida para o certame;

b) não manter a proposta, salvo em decorrência de fato superveniente devidamente justificado;

c) ensejar o retardamento da execução ou da entrega do objeto do certame sem motivo justificado;

II – por até 02 (dois) anos, se o infrator:

a) apresentar declaração ou documentação falsa exigida para o certame ou prestar declaração falsa durante o mesmo ou durante a execução do contrato;

b) der causa à inexecução parcial do contrato que cause grave dano à administração, ao funcionamento dos serviços públicos ou ao interesse coletivo;

III – por até 03 (três) anos, se o infrator:

a) não celebrar o contrato, quando convocado dentro do prazo de validade de sua proposta;

b) fraudar o certame ou praticar ato fraudulento na execução do contrato;

c) der causa à inexecução total do contrato.

d) de Declaração de Inidoneidade de contratar com a Administração Pública, será aplicada por prazo não superior a 6 (seis) anos, nas seguintes hipóteses:

I – por período de 3 (três) a 4 (quatro) anos, no caso de praticar atos ilícitos com vistas a frustrar os objetivos do certame;

II – por período de 4 (quatro) a 5 (cinco) anos, nos casos de:

a) fraudar o certame ou praticar ato fraudulento na execução do contrato;

b) comportar-se de modo inidôneo ou cometer fraude de qualquer natureza.

III – por período de 5 (cinco) a 6 (seis) anos, nos casos de:

a) praticar ato lesivo previsto no art. 5º da Lei 12.846/13;

b) dar causa à inexecução total do contrato, por ato doloso que cause lesão ao erário.

10.3. Na aplicação das sanções será observado Decreto nº _____ de _____ de_____.

10.4. Será considerado falta grave e caracterizado como falha em sua execução o não recolhimento das contribuições sociais da Previdência Social, que poderá dar ensejo à rescisão do contrato, sem prejuízo da aplicação de sanção pecuniária e do impedimento para licitar e contratar com a Administração, nos termos da Lei 14.133/2021.

CLÁUSULA 11 – DA IMISSÃO NA POSSE *(Manter esta cláusula quando o objeto contratado tratar de AQUISIÇÃO de imóvel)*

11.1. O Contratante fica imitido na posse do imóvel por este contrato e pela Cláusula "Constituti", no estado em que se encontra, transferindo-lhe o Contratado, neste ato, toda posse, o domínio, direito e ação que exercia sobre o imóvel ora vendido, obrigando-se a fazer esta venda sempre boa, firme e valiosa a qualquer tempo, respondendo pela evicção de direito, passando a correr por conta do Contratante, a partir desta data, todos os tributos e quaisquer encargos que venham a incidir sobre o imóvel.

CLÁUSULA 12 – DAS CUSTAS, EMOLUMENTOS, IMPOSTOS, TAXAS E OUTRAS DESPESAS *(Manter esta cláusula quando o objeto contratado tratar de AQUISIÇÃO de imóvel)*

12.1. São de exclusiva responsabilidade do Contratado:

a) todas as custas, emolumentos e outras despesas decorrentes da escritura de compra e venda;

b) todos os impostos, taxas e contribuições de qualquer natureza que incidam sobre o bem adquirido e devidos a órgãos públicos, a partir da data de assinatura do contrato;

c) as despesas que se fizerem necessárias à averbação de obras civis existentes sobre o imóvel objeto do presente instrumento e que porventura não estejam devidamente averbadas no Registro Imobiliário competente;

CLÁUSULA 13 – DA IRREVOGABILIDADE E IRRETRATABILIDADE DA VENDA *(Manter esta cláusula quando o objeto contratado tratar de AQUISIÇÃO de imóvel)*

13.1. As partes celebram a compra e venda do imóvel descrito na cláusula 1.1 em caráter irrevogável e irretratável, e suas disposições obrigam as partes, seus herdeiros e sucessores a qualquer título.

CLÁUSULA 14 – DOS CASOS OMISSOS

11.1. Os casos omissos, assim como as dúvidas, serão resolvidos com base na Lei nº 14.133/2021, cujas normas ficam incorporadas ao presente instrumento, ainda que delas não se faça aqui menção expressa.

CLÁUSULA 14 – DOS REAJUSTES *(Manter esta cláusula se o objeto se tratar de locação)*

14.1. Por força das Leis Federais nºs 9.069/95 e 10.192/2001, o valor deste Contrato será reajustado mediante iniciativa da CONTRATADA, desde que observado o interregno mínimo de 1 (um) ano, a contar da data-limite para a apresentação da proposta ou do último reajuste, tendo como base a variação de índice oficial.

14.2. Decorrido o prazo acima estipulado, os preços unitários serão corrigidos monetariamente pelo INPC (IBGE) ou outro índice que venha a substituí-lo por força de determinação governamental.

14.3. A aplicação do índice dar-se-á de acordo com a variação acumulada do INPC (IBGE) ocorrida nos 12 (doze) meses imediatamente anteriores.

CLÁUSULA 15 – DO FORO

As partes elegem o foro da Comarca de _____, para dirimir quaisquer questões decorrentes da execução do presente Contrato.

E por estarem justos e contratados, assinam o presente instrumento em 03 (três) vias de igual teor e forma, juntamente de 02 (duas) testemunhas que a tudo assistiram e também assinam.

_____/MG, _____ de _____ de _____ .

_____
Prefeito Municipal

_____
CONTRATADO

Testemunhas: _____

CPF Nº:

_____

CPF Nº

ATA DA SESSÃO PÚBLICA DA INEXIGIBILIDADE DE LICITAÇÃO Nº ____/____, RELATIVA AO PROCESSO Nº ____/____

Aos ___ dias do mês de_____, do ano de 20___, às __:__ horas reuniram-se o Agente de Contratação e a equipe de apoio com a finalidade de verificar se estão presentes os elementos previstos na Lei Federal nº 14.133/2021 para formalização da locação *OU* aquisição de imóvel na_____ por inexigibilidade de licitação.

A sessão teve o seguinte desenvolvimento registrado, sem emendas, rasuras ou ressalvas:

1 – JUSTIFICATIVA

A justificativa da locação *OU* aquisição do imóvel foi apresentada pelo _____, no Termo de Referência anexo ao presente processo.

2 – RAZÃO DA ESCOLHA DO IMÓVEL

A razão da escolha do imóvel foi apresentada no Termo de Referência anexo ao processo, haja vista a necessidade de instalação do _____.

3 – ANÁLISE DA DOCUMENTAÇÃO

O Contratado _____ apresentou os seguintes documentos de habilitação, estando todos dentro do prazo de validade e atendendo as normas legais vigentes:

a) Prova de inscrição no Cadastro Nacional de Pessoas Jurídicas (CNPJ) atualizado, relativo ao domicílio ou sede do licitante, pertinente e compatível com o objeto desta licitação ou no CPF – Cadastro Nacional de Pessoas Físicas;

b) Prova de existência da pessoa jurídica através de contrato social ou equivalente, e no caso de pessoa física documento de identificação pessoal;

c) Prova de regularidade para com a Fazenda Federal relativa a Tributos Federais e à Dívida Ativa da União e prova de regularidade perante o Instituto Nacional de Seguridade Social – INSS, através de certidão expedida conjuntamente pela Secretaria da Receita Federal do Brasil – RFB e pela Procuradoria-Geral da Fazenda Nacional – PGFN, conforme Portarias MF 358 e 443/2014;

d) Certificado de Regularidade de Situação perante o Fundo de Garantia do Tempo de Serviço – FGTS ou documento equivalente que comprove a regularidade;

e) Certidão de regularidade com a Fazenda Estadual e/ou Municipal, referente ao domicílio da empresa;

f) Certidão Negativa de Débitos Trabalhistas (CNDT), provando a inexistência de débitos inadimplidos perante a Justiça do Trabalho.

Pelo exposto, o Agente de Contratação deliberou que foram apresentados os elementos constantes dos artigos 72 e 74 da Lei Federal nº 14.133/2021, para contratação do objeto: _____

Executante: _____

Valor: R$_____

Nada mais havendo a tratar, lavrou-se a presente ATA, que depois de lida e aprovada, foi por todos assinada, e será encaminhada ao Sr. Prefeito Municipal para fins de Ratificação.

_____, ____ de _____ de _____.

_____
_____ – Agente de Contratação

_____
_____ – Equipe de Apoio

_____
_____ – Equipe de Apoio

DESPACHO DE AUTORIZAÇÃO DE CONTRATAÇÃO DECORRENTE DO PROCESSO Nº ____/_____ – INEXIGIBILIDADE DE LICITAÇÃO Nº ____/____

O Prefeito Municipal de _____, no uso das atribuições que lhe confere o inciso VIII do artigo 72 da Lei nº 14.133/202, AUTORIZA a contratação, conforme o resultado do processo na forma que segue:

Nº	CONTRATADO	ITEM	VALOR TOTAL R$ (OU) VALOR MENSAL R$

Prefeitura Municipal de _____, ___ de _____ de 20__.

Prefeito Municipal *OU* Secretário Municipal de _____.

RESULTADO DO PROCESSO Nº ____/20____
INEXIGIBILIDADE DE LICITAÇÃO Nº ____/20____

A Prefeitura Municipal de _____, através do Agente de Contratação, torna público o resultado do Processo nº ____/_____, Inexigibilidade de Licitação nº ___/_____, na forma que segue:

Nº	CONTRATADO	ITEM	VALOR TOTAL ESTIMADO R$ OU VALOR MENSAL ESTIMADO R$

Autorização de Contratação: Prefeito Municipal *OU* Secretário Municipal de _____.

Condições: Conforme ata de julgamento e demais documentos contidos no processo.

Publicado em ___/___/___

_____
Agente de Contratação

MODELO DE PROCESSO DE INEXIGIBILIDADE/CREDENCIAMENTO ELETRÔNICO – ARTIGO 74, IV, C/C 79, III, DA LEI FEDERAL Nº 14.133/2021

EXERCÍCIO DE _____
PROCESSO Nº:____/_____
INEXIGIBILIDADE DE LICITAÇÃO: CREDENCIAMENTO ELETRÔNICO Nº ____/_____

RECURSO ORÇAMENTÁRIO:

SÍNTESE DO OBJETO: Credenciamento de empresas de transporte aéreo para fornecimento de passagens aéreas nacionais e internacionais, sem o intermédio de Agência de Viagens e Turismo, para fins de transporte de servidores em eventuais viagens a serviço do Município de _____, compreendendo a reserva, inclusive de assento, emissão, remarcação, cancelamento e reembolso, conforme especificações contidas no anexo I deste edital.

AUTUAÇÃO
Aos ____ dias do mês de _____ do ano de _____, nesta Prefeitura, eu, _____, autuei a autorização e demais documentos que seguem.

AUTORIZAÇÃO

Estando cumpridas as formalidades previstas na Lei Federal nº 14.133/2021, AUTORIZO a abertura do procedimento de inexigibilidade de licitação, com fundamento no art. 74, IV c/c 79, III da Lei Federal 14.133/2021, para credenciamento de empresas de transporte aéreo para fornecimento de passagens aéreas nacionais e internacionais, sem o intermédio de Agência de Viagens e Turismo, para fins de transporte de servidores em eventuais viagens a serviço do Município de _____, compreendendo a reserva, inclusive de assento, emissão, remarcação, cancelamento e reembolso, conforme solicitação em anexo e em atendimento ao disposto no inciso II do art. 16 da Lei Complementar nº 101 de 05 de maio de 2000, declaro que a despesa tem adequação orçamentária e financeira com a lei orçamentária anual, compatibilidade com o plano plurianual e com a lei de diretrizes orçamentárias.

_____, ___ de _____ de _____.

Prefeito Municipal

8 – MODELO DE PROCESSO DE INEXIGIBILIDADE/CREDENCIAMENTO ELETRÔNICO – ARTIGO 74, IV, C/C 79, III, DA LEI FEDERAL Nº 14.133/2021

(continua)

DOCUMENTO DE FORMALIZAÇÃO DA DEMANDA – DFD
(Atenção: é obrigação de quem solicita dizer exatamente o que precisa)

ÓRGÃO	
SETOR REQUISITANTE	

JUSTIFICATIVA DA NECESSIDADE DA CONTRATAÇÃO:
(Para que precisa?)

O Executivo Municipal de _____ deve providenciar transporte aéreo para os servidores/ agentes municipais que necessitem de deslocamento exclusivamente em serviço, quando comprovadamente necessário, para qualquer Estado da Federação e Distrito Federal ou para o exterior, visando à execução de tarefas ligadas à fiscalização, capacitação, participação em congressos, conferências, missões, reuniões técnicas e demais demandas que se fizerem necessárias.

A escolha do transporte aéreo justifica-se pelos ganhos relacionados ao tempo despendido, à segurança dos passageiros e ao custo-benefício resultante desta modalidade de deslocamento.

Os benefícios diretos e indiretos esperados que resultarão do credenciamento de companhias aéreas são: propiciar eficiência operacional e redução de custos com a aquisição de passagens aéreas, consolidando de forma efetiva a prevalência do menor preço na aquisição das passagens, através da aplicação no disposto no art. 79, III da Lei Federal nº 14.133/2021:

"Art. 79. O credenciamento poderá ser usado nas seguintes hipóteses de contratação:
[...]
III – em mercados fluidos: caso em que a flutuação constante do valor da prestação e das condições de contratação inviabiliza a seleção de agente por meio de processo de licitação."

GRAU DE PRIORIDADE DA CONTRATAÇÃO
( ) Baixa ( ) Média ( ) Alta

DESCRIÇÃO DO OBJETO A SER CONTRATADO *(o que precisa?)*					
ITEM	QUANT.	UNIDADE MEDIDA	DETALHAMENTO	PREÇO ESTIMADO	
				UNIT. R$	TOTAL R$

PREVISÃO DE DATA EM QUE DEVE SER INICIADA A EXECUÇÃO DO OBJETO: ___/___/____
(Em que tempo precisa?)

Fornecimento de material			
( )	Consumo	( )	Permanente

REGIME DE FORNECIMENTO			
( )	Parcela única		
( )	Semanal	( )	Mensal
( )	Quinzenal	( )	Outro. Especificar: _____

(continua)

EXIGÊNCIA DE AMOSTRAS OU PROTÓTIPO

( ) Não.

( ) Sim. Critérios objetivos de avaliação: _____

HABILITAÇÃO ESPECÍFICA

( ) Não.

( ) Sim. Especificar:

RESPONSABILIDADES ESPECÍFICAS DA CONTRATADA

( ) Não.

( ) Sim. Especificar:

RESPONSABILIDADES ESPECÍFICAS DO CONTRATANTE

( ) Não.

( ) Sim. Especificar:

LOCAL DE ENTREGA/EXECUÇÃO E CRITÉRIOS DE ACEITAÇÃO DO OBJETO

(Para executar em qual local, dias úteis e horários? Quem será o fiscal do contrato?)

O prazo para iniciar a execução do objeto é de ____ (_____) dias, contados do recebimento da ordem de serviços.

As dúvidas/os esclarecimentos sobre a entrega podem ser enviada(o)s ao *e-mail* _____@_____.

O objeto será recebido provisoriamente no prazo de ____ (____) dias, pelo(a) responsável pelo acompanhamento e fiscalização do contrato, para efeito de posterior verificação de sua conformidade com as especificações constantes neste Documento de Formalização de Demanda e na proposta. *(adequar de acordo com o objeto)*

O objeto poderá ser rejeitado, no todo ou em parte, quando em desacordo com as especificações constantes neste Documento de Formalização de Demanda e na proposta, devendo ser substituídos no prazo de ___ (___) dias, a contar da notificação da contratada, às suas custas, sem prejuízo da aplicação das penalidades.

O objeto será recebido definitivamente no prazo de ___ (_____) dias, contados do recebimento provisório, após a verificação da qualidade e quantidade do material/serviço e consequente aceitação mediante termo circunstanciado. *(adequar de acordo com o objeto)*

Na hipótese de a verificação a que se refere o subitem anterior não ser procedida dentro do prazo fixado, reputar-se-á como realizada, consumando-se o recebimento definitivo no dia do esgotamento do prazo.

O recebimento provisório ou definitivo do objeto não exclui a responsabilidade da contratada pelos prejuízos resultantes da incorreta execução do contrato.

(conclusão)

DEFINIÇÃO DA NECESSIDADE DE ELABORAÇÃO OU NÃO DE ESTUDOS TÉCNICOS PRELIMINARES

( ) Com base na baixa complexidade do objeto, o Estudo preliminar e o gerenciamento de riscos da contratação serão dispensados para esta contratação, bastando a elaboração de Projeto Básico.

( ) Devido à alta complexidade do objeto, serão necessários elaboração do Estudo preliminar e gerenciamento de riscos da contratação.

( ) Devido à existência de Estudo Técnico Preliminar e de gerenciamento de riscos de contratação anterior, serão utilizados o ETP e GR do Processo nº _____/_____.

CRÉDITOS ORÇAMENTÁRIOS
(Qual a fonte de recurso e dotação orçamentária?)

Informamos que existe previsão de recursos orçamentários à conta da dotação nº _____, compatível com o valor que será pago pela execução do objeto contratado.

ESTIMATIVA DO VALOR DA CONTRATAÇÃO

(Qual o valor que outros órgãos públicos estão pagando por esse objeto ou objeto similar?)

Considerando que não é possível prever o trajeto e destino das passagens aéreas que serão adquiridas, haja vista que a definição dependerá exclusivamente da demanda, bem como a flutuação constante do valor do objeto ocasionada pela sistemática utilizada pelas companhias aéreas praticada no mercado e validada pela Lei 11.182/2005, que estipula a liberdade tarifária para fixação de seus preços, não é cabível estabelecer previamente os valores a serem pagos pelo objeto.

O valor anual previsto para custeio das despesas com passagens aéreas é de R$_____ (_____).

RESPONSABILIDADE PELA FORMALIZAÇÃO DA DEMANDA

Data: ___/___/___ _____
Assinatura/Identificação do Responsável

(DESDE QUE JUSTIFICADO NO DOCUMENTO DE FORMALIZAÇÃO DE DEMANDA – DFD, O ESTUDO TÉCNICO PRELIMINAR – ETP PODERÁ SER DISPENSADO)

ESTUDO TÉCNICO PRELIMINAR

Objeto: _____

1. INTRODUÇÃO

As contratações públicas produzem importante impacto na atividade econômica, considerando a quantidade de recursos envolvidos.

Este estudo visa buscar a melhor solução para a contratação de _____, considerando que um planejamento bem elaborado possibilita contratações potencialmente mais eficientes, posto que a realização de estudos prévios proporciona conhecimento de novas modelagens/metodologias constantes no mercado, resultando na melhor qualidade do gasto com recursos públicos.

Apresentamos os estudos técnicos preliminares que visam assegurar a viabilidade (técnica e econômica) da contratação pretendida e o levantamento dos elementos essenciais que servirão para compor o Projeto Básico. *(texto meramente sugestivo. Adequar de acordo com a necessidade da Administração)*

(Obs.: O estudo técnico preliminar deverá conter ao menos os elementos previstos nos itens I, IV, VI, VIII e XIII abaixo e, quando não contemplar os demais itens, deverá apresentar as devidas justificativas)

2. DESENVOLVIMENTO

I – NECESSIDADE DA CONTRATAÇÃO

Atualmente o/a _____ dispõe de _____ e, em consequência _____.

A necessidade da contratação se evidencia na _____, portanto, _____.

(A justificativa da necessidade deve ser apresentada pela unidade requisitante da contratação, indicando:

Quem precisa = Público-alvo (interno e/ou externo)
Por que precisa = Objetivos, motivos e justificativas da contratação

Para que precisa = Quais problemas serão resolvidos/necessidades atendidas, sob a perspectiva do interesse público)

II – ALINHAMENTO ENTRE A CONTRATAÇÃO E O PLANEJAMENTO

A presente contratação encontra respaldo institucional conforme previsão no item __ do Plano Anual de Contratação do _____.

(Deverão demonstrar o alinhamento entre a contratação e o planejamento da Administração, identificando a previsão no Plano Anual de Contratações (PAC) ou, se for o caso, justificando a ausência de previsão.

Informar a política pública a que esteja vinculada ou a ser instituída pela contratação, se for o caso)

III – REQUISITOS DA CONTRATAÇÃO

(Apresentar os requisitos da contratação que caracterizam a inviabilidade de competição do objeto, demonstrando o preenchimento do disposto no art. 74, inciso IV da Lei Federal nº 14.133/21)

IV – ESTIMATIVA DAS QUANTIDADES

(Definir e documentar o método para a estimativa das quantidades a serem contratadas. Poderá ser utilizado o histórico dos quantitativos de contratações anteriores.

Deverá ser realizada uma análise da contratação anterior, ou série histórica (se houver), para identificar as inconsistências no dimensionamento dos quantitativos. Incluir no processo as memórias de cálculo e os documentos que lhe dão suporte.

Para preenchimento deste tópico, deverão analisar e indicar:

Qual método foi utilizado para definir as estimativas das quantidades? Há possibilidade de ocorrências futuras que possam impactar o quantitativo?

Em qual documento está a memória de cálculo?

Foi realizada análise crítica com relação aos quantitativos indicados? Existe possibilidade de contratação de quantidade superior à estimada? Por quê?)

V – LEVANTAMENTO DE MERCADO

Não é o caso da contratação em tela, tendo em vista a natureza do objeto.

OU

Foram analisadas as contratações efetuadas pelo _____, motivo pelo qual verificou-se que foi utilizada a seguinte metodologia para a referida contratação: *(citar a metodologia)*

Do levantamento realizado no mercado, constatou-se a existência das seguintes soluções: *(citar as soluções)*

Após a análise do custo-benefício de cada uma delas, optou-se pela solução _____, que, apesar de ter custo inicial maior, apresenta maior durabilidade e maiores benefícios em longo prazo. *(adequar conforme o objeto)*

(Em situações específicas ou nos casos de complexidade técnica do objeto, poderá ser realizada audiência pública para coleta de contribuições a fim de definir a solução mais adequada visando preservar a relação custo-benefício.

Para preenchimento deste tópico, deverão analisar e indicar:

Quais alternativas possíveis? Ou seja, o que há no mercado para atender à demanda?

Qual a justificativa técnica e econômica da escolha do tipo de solução a contratar?

É o caso de audiência prévia com os fornecedores ou consulta pública?

É o caso de contratar startup para trazer a solução – Lei Complementar nº 182?)

VI – ESTIMATIVA DO VALOR DA CONTRATAÇÃO

Considerando que não é possível prever o trajeto e destino das passagens aéreas que serão adquiridas haja vista que a definição dependerá exclusivamente da demanda, bem como a flutuação constante do valor do objeto ocasionada pela sistemática utilizada pelas companhias aéreas praticada no mercado e validada pela Lei 11.182/2005, que estipula a liberdade tarifária para fixação de seus preços, não é cabível estabelecer previamente os valores a serem pagos pelo objeto.

O valor anual previsto para custeio das despesas com passagens aéreas é de R$_____ (_____).

VII – DESCRIÇÃO DA SOLUÇÃO COMO UM TODO

Contratação de empresa especializada em _____ para _____, por _____ meses ininterruptos, prorrogáveis por até ___ meses.

(Descrever todos os elementos que devem ser produzidos/contratados/executados para que a contratação produza resultados pretendidos pela Administração.

Para preenchimento deste tópico, deverão verificar:

Qual a solução representa o menor dispêndio?

Obs.: Menor dispêndio envolve a análise do ciclo de vida do bem. Deverão ser considerados os custos indiretos, relacionados com as despesas de manutenção, utilização, reposição, depreciação e impacto ambiental, entre outros fatores, poderão ser considerados para a definição do menor dispêndio, sempre que objetivamente mensuráveis, conforme dispuser o regulamento. (continua)

Qual a solução será adotada no ETP?

Solução adotada devidamente justificada (com base no levantamento de mercado, sob os aspectos da economicidade, eficácia, eficiência, padronização, sustentabilidade e demais princípios aplicáveis)?

Soluções descartadas com justificativas?

Quais benefícios a serem alcançados?

Há necessidade de apresentação de amostras ou protótipo? Quais elementos devem ser observados? Qual procedimento a ser adotado?

Os serviços porventura existentes, têm caráter continuado?)

VIII – JUSTIFICATIVA PARA O PARCELAMENTO (OU NÃO) DA SOLUÇÃO

(Definir e documentar o método para avaliar se o objeto é divisível ou não, levando em consideração o mercado, podendo ser parcelado caso a contratação nesses moldes assegure ser técnica e economicamente viável).

Análise técnica: É viável?

Análise econômica: É viável? É vantajoso?

Será por item, lote ou global?)

IX – RESULTADOS PRETENDIDOS

(Informar os benefícios diretos e indiretos que a Administração deseja com a contratação, em termos de economicidade, eficácia, eficiência, de melhor aproveitamento dos recursos humanos, materiais e financeiros disponíveis, inclusive com respeito a impactos ambientais positivos (por exemplo, diminuição do consumo de papel ou de energia elétrica), bem como, se for o caso, a melhoria da qualidade de produtos ou serviços oferecidos à sociedade).

Deve-se verificar ainda, se for o caso, a contribuição para o desenvolvimento nacional sustentável.

Para preenchimento deste tópico, deverão analisar e indicar:

Qual o resultado econômico a ser alcançado?

Foi avaliado o aproveitamento dos recursos humanos?

Foi avaliado o aproveitamento dos materiais disponíveis?

Foi avaliado o aproveitamento dos recursos financeiros disponíveis?

X – PROVIDÊNCIAS A SEREM ADOTADAS PELA ADMINISTRAÇÃO

Não se vislumbra necessidade de tomada de providências e adequações para a solução a ser contratada.

OU

Para a plenitude da solução contratada, faz-se necessária a adequação de _____. *(Elaborar cronograma com todas as atividades necessárias à adequação para que a contratação surta seus efeitos e com os responsáveis por esses ajustes nos diversos setores)*

(Juntar o cronograma ao processo e incluir, no Mapa de Riscos, os riscos de a contratação fracassar caso os ajustes não ocorram em tempo.

Para preenchimento deste tópico, deverão analisar e indicar se é necessário que o órgão público, previamente e/ou para viabilizar a execução da contratação, verifique a necessidade de providenciar:

– Adaptações em seu espaço físico e elétrico;

– Mobiliário, instalação elétrica, adequação de espaço para prestação do serviço;

– Alterações em sua estrutura organizacional;

– Atualização de infraestrutura tecnológica;

– Capacitação de servidores, ou seja, os servidores foram treinados para a gestão e fiscalização do contrato?)

XI – CONTRATAÇÕES CORRELATAS E/OU INTERDEPENDENTES

Não se verificam contratações correlatas nem interdependentes para a viabilidade e contratação desta demanda.

OU

São contratações correlatas a esta demanda:

- _____

("Contratações correlatas são aquelas que guardam relação com o objeto principal, interligando-se a essa prestação do serviço, mas que não precisam, necessariamente, ser adquiridas para a completa prestação do objeto principal.")

São contratações interdependentes desta demanda:

- _____

"Contratações interdependentes são aquelas que precisam ser contratadas com o objeto principal para sua completa prestação."

(Para preenchimento deste tópico, deverão analisar e indicar:

Há outra(s) contratação(ões):

– Necessária(s) à satisfação da demanda?

– Interligada(s)?

– Que interfere(m) no objeto a ser contratado? (quantitativa e qualitativamente)

– Que pode(m) ser agregada(s) ao presente objeto?)

XII – IMPACTOS AMBIENTAIS E MEDIDAS DE TRATAMENTO

A presente contratação não apresenta a possibilidade de ocorrência de impactos ambientais.

(OU)

Na realização do serviço, verifica-se a possibilidade da ocorrência de danos ao meio ambiente em decorrência do _____.

Sendo assim, deverá constar do Projeto Básico a obrigatoriedade de a contratada instalar _____.

(No caso de a administração da unidade verificar a possibilidade de ocorrência de danos ao meio ambiente, deverá prever as medidas a serem adotadas pela contratada ou pela administração com vistas a evitar a ocorrência do referido dano ou seu tratamento.

Para preenchimento deste tópico, deverão analisar:

- Foram consideradas as medidas mitigadoras do consumo de energia e outros recursos?

- Foi considerada a logística reversa para desfazimento e reciclagem de bens e refugos?

- Foi considerado o desfazimento do bem? (quando aplicável)

XIII – DECLARAÇÃO DE VIABILIDADE DA CONTRATAÇÃO

Os estudos técnicos preliminares evidenciaram que a contratação da solução se mostra possível e necessária.

Diante do exposto, declara-se ser viável a contratação pretendida.

_____, _____de _____de 20__.

(Obs.: Quando houver Equipe de Planejamento instituída, o documento deverá ser assinado por todos os membros.

Não havendo equipe de planejamento constituída, é obrigatória a assinatura da autoridade da Área Requisitante e Técnica (se houver)

(DESDE QUE JUSTIFICADO NO DOCUMENTO DE FORMALIZAÇÃO DE DEMANDA – DFD, O MAPA DE GESTÃO DE RISCOS PODERÁ SER DISPENSADO)

(continua)

MAPA DE GESTÃO DE RISCOS	
SÍNTESE DO OBJETO	
SETOR RESPONSÁVEL	
FASE DE ANÁLISE	
( ) Planejamento da Contratação	( ) Gestão do contrato
MAPEAMENTO DOS RISCOS	
RISCO 01	*(descrever o risco)* *(Ex.: Questionamentos excessivos em relação ao objeto)*
PROBABILIDADE	( ) Baixa ( ) Média ( ) Alta
IMPACTO	( ) Baixo ( ) Médio ( ) Alto
Dano	*(descrever o possível dano caso a contratação não se efetive)* *(Ex.: Atrasar a aquisição objeto poderá prejudicar a participação de servidores e agentes públicos em eventos de interesse público)*
AÇÃO PREVENTIVA	RESPONSÁVEL
(Exemplo: Descrever o objeto de forma mais detalhada e objetiva possível)	Nome do servidor:
AÇÃO DE CONTINGÊNCIA	RESPONSÁVEL
(Exemplo: Utilizar Ata de Registro de Preços de outro órgão)	Nome do servidor:
RISCO 02	*(descrever o risco)* *(Exemplo: Questionamentos quanto à utilização da inexigibilidade para a contratação do objeto)*
PROBABILIDADE	( ) Baixa ( ) Média ( ) Alta
IMPACTO	( ) Baixo ( ) Médio ( ) Alto
Dano	*(descrever o possível dano caso a contratação não se efetive)*
AÇÃO PREVENTIVA	RESPONSÁVEL
	Nome do servidor:
AÇÃO DE CONTINGÊNCIA	RESPONSÁVEL
(Exemplo: Utilizar Ata de Registro de Preços de outro órgão)	Nome do servidor:

(conclusão)

RESPONSÁVEIS PELA ELABORAÇÃO DO MAPA DE RISCOS
Certifico que sou responsável pela elaboração do presente documento.
Data Nome/Assinatura Responsável

PARECER JURÍDICO

(Conforme disposto no §1º do art. 53 da Lei 14.133/2021, o parecer jurídico deverá:

a) ser elaborado em linguagem simples e compreensível, e de forma clara e objetiva;

b) apreciar todos os elementos indispensáveis à contratação;

c) expor os pressupostos de fato e de direito levados em consideração na análise jurídica)

Com base nas informações e justificativas apresentadas no processo, a contratação de _____, quanto ao aspecto jurídico, encontra tipificação legal no art. 74, IV c/c 79, III da Lei Federal nº 14.133/2021, porque _____.

Quanto à fase preparatória, sob o ângulo jurídico-formal, seguiu todas as cautelas recomendadas pela Lei Federal nº 14.133/2021 e no Decreto Municipal nº _____ *(citar o nº do Decreto municipal que regulamenta o credenciamento)*, possuindo o número de ordem em série anual, a indicação do nome da repartição interessada, a minuta do contrato, _____ *(descrever os documentos que constam na fase preparatória do processo)* sendo certo, ainda, constar a expressa indicação da fundamentação legal e o regime de execução, em especial:

I – Está comprovada a necessidade da contratação para atender o interesse público, conforme constou no estudo técnico preliminar – ETP;

II – Há a definição do objeto para o atendimento da necessidade, por meio de _____ *(termo de referência, anteprojeto, projeto básico ou projeto executivo – adequar de acordo com o processo)*;

III – Consta a definição das condições de execução e pagamento, das garantias exigidas e ofertadas e das condições de recebimento; *(adequar de acordo com o processo)*

IV – Também há na fase preparatória do processo o orçamento estimado, com as composições dos preços utilizados para sua;

V – o setor requisitante justificou:

a) a adequação e eficiência da forma de combinação dos parâmetros, para os fins de seleção da proposta apta a gerar o resultado de contratação mais vantajoso para a Administração Pública, considerado todo o ciclo de vida do objeto.

Desta forma, entendemos que o processo de inexigibilidade de licitação encontra respaldado na Lei nº 14.133/2021, razão pela qual opino pelo prosseguimento do processo.

Ante o exposto, o que procuramos em sede de parecer jurídico foi traçar o quadro jurídico em que está inserida a questão, para que o administrador, que tem competência administrativa para contratar via inexigibilidade de licitação, tenha elementos técnico-jurídicos, aos quais acrescerá os elementos técnico-administrativos, para pautar a sua decisão.

Salvo Melhor Juízo, este é o Parecer Jurídico, que remeto à autoridade competente.

_____, _____ de ____.

_____
Advogado
OAB/MG nº

PROCESSO Nº _____/_____

EDITAL DE CREDENCIAMENTO ELETRÔNICO Nº __/_____

A Prefeitura Municipal de _____, através da Comissão de Contratação, divulga para conhecimento do público interessado que no local, hora e data adiante indicados, em sessão pública, receberá as propostas para CREDENCIAMENTO ELETRÔNICO DE EMPRESAS DE TRANSPORTE AÉREO PARA FORNECIMENTO DE PASSAGENS AÉREAS NACIONAIS E INTERNACIONAIS, SEM O INTERMÉDIO DE AGÊNCIA DE VIAGENS E TURISMO, PARA FINS DE TRANSPORTE DE SERVIDORES EM EVENTUAIS VIAGENS A SERVIÇO DO MUNICÍPIO DE _____, COMPREENDENDO A RESERVA, INCLUSIVE DE ASSENTO, EMISSÃO, REMARCAÇÃO, CANCELAMENTO E REEMBOLSO, com fundamento no art. 74 inciso IV c/c 79, III da Lei Federal nº 14.133/2021:

1. DA ENTREGA DOS DOCUMENTOS

1.1. Os documentos para credenciamento deverão ser encaminhados, exclusivamente, por meio do sistema eletrônico, a partir de ___/___/____.

1.2. O envio da documentação ocorrerá por meio de chave de acesso e senha.

1.3. A comunicação entre a Comissão de Contratação e os licitantes ocorrerá exclusivamente mediante troca de mensagens, em campo próprio do sistema eletrônico.

1.4. Cabe ao licitante acompanhar as operações no sistema eletrônico, ficando responsável pelo ônus decorrente da perda de negócios diante da inobservância de qualquer mensagem emitida pelo sistema ou por estar desconectado do sistema, inclusive quanto ao não encaminhamento de documento afeto ao certame.

1.5. Os interessados poderão solicitar credenciamento, a qualquer tempo, desde que cumpridos todos os requisitos e que esteja vigente o presente edital de credenciamento.

2. DO CADASTRO NO SISTEMA PARA PARTICIPAÇÃO NO CERTAME

2.1. Para participação no certame, a licitante deverá se cadastrar como usuária perante o provedor do sistema eletrônico utilizado pelo Município, qual seja, _____ _____, sendo observado o seguinte:

a) O cadastramento para acesso ao sistema ocorrerá pela atribuição de chave de identificação e de senha pessoal e intransferível;

b) A chave de identificação e senha serão utilizadas em qualquer credenciamento eletrônico;

c) Deverão comunicar imediatamente ao provedor do sistema qualquer acontecimento que possa comprometer o sigilo ou a inviabilidade do uso da senha, para imediato bloqueio de acesso;

d) A senha de acesso é de responsabilidade exclusiva do usuário, não cabendo ao provedor do portal de compras públicas ou ao órgão promotor da licitação responsabilidade por eventuais danos decorrentes do uso indevido da senha, ainda que por terceiros;

e) Deverão solicitar o cancelamento da chave de identificação ou da senha de acesso por interesse próprio.

2.2. Caberá ao licitante acompanhar as operações no sistema eletrônico durante o processo e responsabilizar-se pelo ônus decorrente de eventuais perdas diante da inobservância de mensagens emitidas pelo sistema ou de sua desconexão.

3. DAS PUBLICAÇÕES E INTIMAÇÕES

3.1. Enquanto o município não se cadastrar no PNCP, todas as publicações e intimações, inclusive para fins de recurso, serão feitas no *site* oficial, no Diário Oficial do Município, conforme art. 176 da Lei Federal nº 14.133/2021 e no sistema eletrônico _____ utilizado pelo Município para deflagrar o presente certame. *(essa redação poderá ser mantida apenas para municípios com população de até 20.000 habitantes que não tiverem cadastrado no PNCP)*

4. DO OBJETO

4.1. Constitui objeto o credenciamento de empresas de transporte aéreo para fornecimento de passagens aéreas nacionais e internacionais, sem o intermédio de Agência de Viagens e Turismo, para fins de transporte de servidores em eventuais viagens a serviço do Município de _____, compreendendo a reserva, inclusive de assento, emissão, remarcação, cancelamento e reembolso, conforme especificações contidas no anexo I deste edital.

4.2. O credenciamento será distribuído por itens para os quais os interessados poderão participar de um ou mais itens.

5. DA DOTAÇÃO ORÇAMENTÁRIA

5.1. As despesas decorrentes deste Credenciamento correrão à conta das dotações orçamentárias nºs _____.

6. DA DOCUMENTAÇÃO

6.1. Habilitação jurídica:

a) Registro comercial, no caso de empresa individual.

b) Ato constitutivo, estatuto ou contrato social em vigor, devidamente registrado.

b.1) No caso de sociedades por ações, deverá estar acompanhado da documentação de eleição de seus administradores.

b.2) O contrato social consolidado dispensa a apresentação do contrato original e das alterações anteriores, devendo ser apresentadas alterações posteriores, ainda não consolidadas.

c) Inscrição do ato constitutivo, no caso de sociedades civis, acompanhada de prova de diretoria em exercício.

d) Em se tratando de Microempreendedor Individual – MEI, o Contrato Social ou Estatuto poderá ser substituído pelo Certificado da Condição de Microempreendedor Individual – CCMEI.

e) Decreto de autorização, em se tratando de empresa ou sociedade estrangeira em funcionamento no País e ato de registro ou autorização para funcionamento expedido pelo órgão ou entidade competente.

6.2. Qualificação técnica:

a) Comprovação de aptidão pertinente e compatível em características com o objeto do credenciamento, através de atestado(s) emitido(s) por pessoa(s) jurídica(s) de direito público ou privado.

6.3. Qualificação econômico-financeira:

6.3.1. Balanço Patrimonial e Demonstrações Contábeis dos 2 (dois) últimos exercícios sociais, já exigíveis e apresentados na forma da lei, que comprovem a boa situação financeira da empresa, vedada a sua substituição por balancetes ou balanços provisórios, podendo ser atualizados monetariamente, quando encerrados há mais de 03 (três) meses da data de apresentação da proposta, tomando como base a variação, ocorrida no período, do ÍNDICE GERAL DE PREÇOS – DISPONIBILIDADE INTERNA – IGP-DI, publicado pela Fundação Getúlio Vargas – FGV ou outro indicador que o venha substituir.

1 – Se necessária a atualização monetária do Balanço Patrimonial, deverá ser apresentado, juntamente dos documentos em apreço, o Memorial de Cálculo correspondente, assinado pelo representante legal da empresa licitante e por profissional de contabilidade habilitado e devidamente registrado no Conselho Regional de Contabilidade – CRC.

Observações: Serão também aceitos como na forma da lei o Balanço Patrimonial e Demonstrações Contábeis assim apresentados:

I. Sociedades regidas pela Lei Federal nº 6.404/1976 (Sociedade Anônima): Publicados em Diário Oficial, ou publicados em jornal de grande circulação, ou por fotocópia registrada ou autenticada na Junta Comercial da sede ou domicílio da empresa, ou em outro órgão equivalente;

II. Sociedades sujeitas ao regime estabelecido pela Lei Complementar nº 123/2006, optantes pelo Regime Especial Unificado de Arrecadação de Tributos e Contribuições Simples Nacional, o Balanço Patrimonial poderá ser substituído pela Declaração de Informações Socioeconômicas e Fiscais – DEFIS.

III. Microempreendedor Individual – MEI, o Balanço Patrimonial poderá ser substituído pela Declaração Anual do Simples Nacional – DASN.

IV. Sociedades cadastradas no Sistema Público de Escrituração Digital – SPED deverão apresentar, na forma da lei, a seguinte documentação, extraída das fichas do Livro Digital:

– Termos de Abertura e Encerramento do Livro Digital;

– Balanço Patrimonial;

– Demonstrativo de Resultado do Exercício; e

– Recibo de entrega emitido pelo SPED.

V. Sociedades criadas no exercício em curso: Fotocópia do Balanço de Abertura, devidamente registrado ou autenticado na Junta Comercial da sede ou domicílio da empresa, ou em outro órgão equivalente;

2 – Os documentos relativos ao Balanço Patrimonial e Demonstrações Contábeis somente serão aceitos se publicados em jornais oficiais (publicação original ou cópia que possibilite inclusive a identificação do veículo e a data da publicação), ou cópias do Livro Diário registrado na Junta Comercial, Cartório de Registro de Pessoa Jurídica, ou em outro órgão equivalente, contendo assinatura do representante legal da empresa licitante e do profissional de contabilidade habilitado e devidamente registrado no Conselho Regional de Contabilidade – CRC.

3 – O Balanço Patrimonial e Demonstrações Contábeis apresentadas para fins de habilitação após o último dia útil do mês de maio do corrente ano serão obrigatoriamente do exercício imediatamente anterior.

6.3.2. Certidão de Falência e Concordata emitida por órgão competente com data de emissão de até 3 (três) meses da data de abertura da sessão, quando ausente indicação expressa de prazo de validade na certidão.

6.3.2.1. No caso de certidão de recuperação judicial positiva, a licitante deverá, juntamente da certidão, sob pena de inabilitação, apresentar comprovação de que o plano de recuperação expressamente prevê a participação da empresa em contratações públicas, bem como que referido plano foi homologado judicialmente.

6.4. Regularidade fiscal e trabalhista:

a) prova de inscrição no Cadastro Nacional de Pessoas Jurídicas (CNPJ) atualizado, relativo ao domicílio ou sede do licitante, pertinente e compatível com o objeto desta licitação;

b) prova de regularidade para com a Fazenda Estadual e Municipal do domicílio ou sede do licitante, ou outra equivalente, na forma da lei;

c) Prova de regularidade para com a Fazenda Federal relativa a Tributos Federais e à Dívida Ativa da União e prova de regularidade perante o Instituto Nacional de Seguridade Social – INSS, através de certidão expedida conjuntamente pela Secretaria da Receita Federal do Brasil – RFB e pela Procuradoria-Geral da Fazenda Nacional – PGFN, conforme Portarias MF 358 e 443/2014;

d) prova de regularidade relativa ao Fundo de Garantia por Tempo de Serviço, demonstrando situação regular no cumprimento dos encargos sociais instituídos por lei, mediante a apresentação de: Certificado de Regularidade de Situação perante o Fundo de Garantia do Tempo de Serviço – FGTS ou documento equivalente que comprove a regularidade.

e) Certidão Negativa de Débitos Trabalhistas (CNDT), provando a inexistência de débitos inadimplidos perante a Justiça do Trabalho.

6.5. Deverão ainda, as licitantes, apresentar:

a) Declaração de cumprimento do disposto no inciso XXXIII do art. 7º da Constituição Federal, na forma do Decreto nº 4.358/2002, de acordo com o Anexo IV.

b) Termo de Adesão ao Credenciamento devidamente preenchido, conforme modelo contido no Anexo III.

6.6. Sob pena de inabilitação, todos os documentos apresentados para habilitação deverão estar em nome do licitante e, preferencialmente, com número do CNPJ e endereço respectivo, observando-se que:

a) se o licitante for matriz, todos os documentos deverão estar em nome da matriz; ou

b) se o licitante for filial, todos os documentos deverão estar em nome da filial;

c) se o licitante for matriz, e o executor do contrato for filial, a documentação deverá ser apresentada com CNPJ da matriz e da filial, simultaneamente;

d) serão dispensados da filial aqueles documentos que, pela própria natureza, comprovadamente, forem emitidos somente em nome da matriz.

7. DO PROCEDIMENTO PARA CREDENCIAMENTO

7.1. A Comissão poderá, durante a análise da documentação, convocar os interessados para quaisquer esclarecimentos, porventura necessários.

7.2. A recusa será sempre baseada no não cumprimento de quesitos estabelecidos pelo Edital de Credenciamento.

7.3. Serão credenciadas todas as licitantes que satisfizerem as exigências contidas neste edital.

8. DA EXECUÇÃO DOS SERVIÇOS

8.1. A Administração realizará pesquisa de preços a cada demanda com viagem aérea que necessitar contratar e será escolhida a tarifa de menor preço dentre as credenciadas.

8.2. O valor de cada passagem será calculado com base na tarifa publicada no *site* da credenciada no momento da reserva, e somando o valor da taxa de embarque.

8.3. A credenciada deverá enviar para a Administração Municipal, em até ___ (_____) dias contados do recebimento da ordem de serviço, a confirmação da(s) reserva(s) do(s) bilhete(s) e a(s) passagem(ns) aérea(s) eletronicamente emitida(s).

8.4. Os serviços de remarcação e cancelamento somente serão remunerados se comprovadamente for praticada a cobrança de taxa de remarcação ou cancelamento na política de comercialização do CREDENCIADO e obedecerão, neste caso, aos valores praticados usualmente por cada CREDENCIADO.

8.5. As passagens aéreas são pessoais, intransferíveis e destinadas exclusivamente ao transporte dos passageiros nelas identificados.

8.6. Mediante a disponibilidade, será permitida a antecipação gratuita de embarque para passageiros em voos nacionais, no mesmo dia e mantendo os aeroportos de origem e destino.

8.7. A emissão, remarcação ou cancelamento da passagem se darão mediante a requisição emitida pela Administração Municipal e encaminhada à credenciada por meio eletrônico, conforme endereço que deverá ser informado pela própria credenciada.

8.8. Quaisquer tributos, encargos, custos e despesas, diretos ou indiretos, serão considerados como inclusos nos preços, não sendo considerados pleitos de acréscimos, a esse ou a qualquer título, devendo os serviços ser executados sem ônus adicional à Administração.

9. DOS PROCEDIMENTOS PARA ESCOLHA/EMISSÃO DAS PASSAGENS

9.1. A escolha da credenciada que prestará os serviços dependerá do resultado da cotação a ser realizada dentre as credenciadas pela Administração Municipal a cada demanda existente, para identificação daquela que ofertar o menor preço no momento da reserva da passagem em classe econômica.

9.2. A Administração observará, como procedimento para autorização de emissão de passagem, o horário, período de participação do servidor no trabalho, evento ou missão, tempo de translado e a otimização do trabalho, visando garantir condição laborativa produtiva, preferencialmente, utilizando os seguintes parâmetros:

a) Escolha do voo prioritariamente em percursos de menor duração, estimando-se, sempre que possível, trechos sem escalas e/ou conexões;

b) Embarque e desembarque compreendidos no período entre sete e vinte horas, salvo a inexistência de voos que atendam a estes horários;

c) Horário do desembarque que anteceda em no mínimo três horas o início previsto dos trabalhos, evento ou missão.

10. LOCAL E HORÁRIOS DA PRESTAÇÃO DOS SERVIÇOS

10.1. Os serviços de cotação, reserva, inclusive de assento, emissão e/ou cancelamento de passagens aéreas serão prestados eletronicamente pela credenciada, e deverão ser executados de forma ininterrupta, inclusive em finais de semana e feriados.

11. CUSTO ESTIMADO

11.1. O valor anual estimado para custeio das despesas com passagens aéreas, objeto deste credenciamento, é de R$_____ (_____).

12. DO CONTRATO DE ADESÃO

12.1. O interessado que atender a todas as condições previstas neste edital será convocado para assinar o Contrato de Adesão, no prazo de _____ (_____) contados da _____, conforme modelo contido no Anexo II.

13. DAS OBRIGAÇÕES DO CREDENCIADO

13.1. Caberá ao credenciado as seguintes obrigações no cumprimento do objeto deste credenciamento:

I – Arcar com a responsabilidade civil por todos e quaisquer danos materiais e morais causados, pela ação ou omissão de seus empregados, trabalhadores, prepostos ou representantes, dolosa ou culposamente, à Administração ou à terceiros;

II – Não transferir a outrem, no todo ou em parte, os serviços avençados, sem prévia autorização da Administração;

III – Responsabilizar-se por todas as obrigações trabalhistas, sociais, previdenciárias, tributárias e as demais previstas na legislação específica, cuja inadimplência não transfere responsabilidade à Administração;

IV – Fornecer passagens aéreas para quaisquer destinos servidos por suas linhas regulares de transporte aéreo nacional ou internacional;

V – Executar os serviços estritamente de acordo com as especificações contidas neste edital e anexos, responsabilizando-se pelo refazimento total ou parcial, na hipótese de se constatar defeitos na execução ou estiver em desacordo com as especificações adotadas;

VI – Enviar todas as informações essenciais para a perfeita execução dos serviços, por meio de confirmações, que devem conter: aeroportos de embarque e desembarque, percurso, data, horários, escala(s) ou conexão(ões), se houver, nome do passageiro e demais informações necessárias para a realização da viagem;

VII – Providenciar, a pedido da Administração, o cancelamento da passagem, e fazer o devido reembolso de todos aqueles não utilizados, no prazo máximo previsto na legislação específica, a contar da data do recebimento da solicitação;

VIII – Executar os serviços de acordo com as normas técnicas em vigor;

IX – Atender, no prazo máximo de 72 (setenta e duas) horas, contadas do recebimento da comunicação, a toda reclamação porventura ocorrida, prestando à Administração os esclarecimentos e correções/adequações que se fizerem necessários;

X – Abster-se de veicular qualquer tipo de publicidade ou qualquer outra informação acerca do objeto deste credenciamento, sem prévia autorização da Administração;

XI – Responsabilizar-se pelo ônus oriundo de remarcação ou cancelamento de passagens, quando não for originada por solicitação ou falha na execução de responsabilidade da Administração;

XII – Manter disponível *site* na internet a fim de viabilizar o acesso à Administração, permitindo a consulta de voos e assentos disponíveis, preços, ofertas, reserva, emissão, cancelamento e remarcação de passagens.

XIII – Manter-se, durante toda a execução do serviço, em compatibilidade com todas as condições de habilitação e qualificação exigidas no credenciamento.

13.2 O Município se reserva o direito de, a qualquer momento, solicitar a atualização dos documentos relativos à habilitação/qualificação para o credenciamento.

14. DO VALOR E FORMA DE PAGAMENTO

14.1. A remuneração pelos serviços realizados obedecerá à tarifa publicada no *site* do CREDENCIADO, inclusive os valores promocionais de *sites* e aplicativos, no momento da reserva, somado o valor da taxa de embarque. As taxas de embarque serão remuneradas de acordo a legislação e valores vigentes da data da aquisição do trecho de viagem.

14.2. A Secretaria Municipal de Fazenda efetuará o pagamento decorrente da concretização do objeto licitado, por processo legal, após a comprovação da prestação dos serviços em até _____ (_____) dias úteis, mediante a apresentação da nota fiscal correspondente.

14.3. Em caso de irregularidade na emissão dos documentos fiscais, o prazo de pagamento será contado a partir da regularização dos mesmos e sua reapresentação.

14.4. O Município poderá sustar o pagamento a que a prestadora de serviço tenha direito, enquanto não sanados os defeitos, vícios ou incorreções resultantes da contratação e/ou não recolhimento de eventual multa aplicada.

14.5. Os pagamentos efetuados à prestadora de serviço não a isentarão de suas obrigações e responsabilidades vinculadas à execução do serviço, especialmente aquelas relacionadas com a qualidade.

14.6. Nos casos de eventuais atrasos de pagamento não justificados, provocados exclusivamente pela Administração, o valor devido deverá ser acrescido de atualização financeira, e sua apuração se fará desde a data de seu vencimento até a data do efetivo pagamento, em que os juros de mora serão calculados à taxa de 0,5% (meio por cento) ao mês, mediante aplicação da seguinte fórmula:

$$EM = N \times VP \times I$$

onde:

EM = Encargos moratórios;

VP = Valor da parcela em atraso;

N = Número de dias entre a data prevista para o pagamento (vencimento) e a do efetivo pagamento;

I = Índice de compensação financeira, assim apurado:

$$I = \frac{(TX / 100)}{30}$$

TX = Percentual da taxa de juros de mora mensal definido no edital/contrato.

15. SANÇÕES POR INADIMPLEMENTO

(Adequar essa cláusula de acordo com a legislação municipal que regulamentar a aplicação de penalidades)

15.1. Incorre em infração administrativa o fornecedor que cometer quaisquer das infrações previstas no art. 155 da Lei nº 14.133, de 2021 e art. ___ do Decreto de nº_____, quais sejam:

I – dar causa à inexecução parcial do contrato;

II – dar causa à inexecução parcial do contrato que cause grave dano à Administração, ao funcionamento dos serviços públicos ou ao interesse coletivo;

III – dar causa à inexecução total do contrato;

IV – deixar de entregar a documentação exigida para o certame;

V – não manter a proposta, salvo em decorrência de fato superveniente devidamente justificado;

VI – não celebrar o contrato ou não entregar a documentação exigida para a contratação, quando convocado dentro do prazo de validade de sua proposta;

VII – ensejar o retardamento da execução ou da entrega do objeto da licitação sem motivo justificado;

VIII – apresentar declaração ou documentação falsa exigida para o certame ou prestar declaração falsa durante a licitação ou a execução do contrato;

IX – fraudar a licitação ou praticar ato fraudulento na execução do contrato;

X – comportar-se de modo inidôneo ou cometer fraude de qualquer natureza;

XI – praticar atos ilícitos com vistas a frustrar os objetivos da licitação;

XII – praticar ato lesivo previsto no art. 5º da Lei nº 12.846, de 1º de agosto de 2013;

XIII – tumultuar a sessão pública da licitação;

XIV – propor recursos manifestamente protelatórios em sede de contratação direta ou de licitação;

XV – deixar de regularizar os documentos fiscais no prazo concedido, na hipótese de o infrator enquadrar-se como Microempresa ou Empresa de Pequeno Porte, nos termos da Lei Complementar Federal nº 123, de 14 de dezembro de 2006;

XVI – deixar de manter as condições de habilitação durante o prazo do contrato;

XVII – permanecer inadimplente após a aplicação de advertência;

XVIII – deixar de complementar o valor da garantia recolhida após solicitação do contratante;

XIX – deixar de devolver eventuais valores recebidos indevidamente após ser devidamente notificado;

XX – manter empregado, responsável técnico ou qualquer pessoa sob sua responsabilidade com qualificação em desacordo com as exigências do edital ou do contrato, durante a execução do objeto;

XXI – utilizar as dependências do contratante para fins diversos do objeto do contrato;

XXII – tolerar, no cumprimento do contrato, situação apta a gerar ou causar dano físico, lesão corporal ou consequências letais a qualquer pessoa;

XXIII – deixar de fornecer Equipamento de Proteção Individual – EPI, quando exigido, aos seus empregados ou omitir-se em fiscalizar sua utilização, na hipótese de contratação de serviços de mão de obra;

XXIV – deixar de substituir empregado cujo comportamento for incompatível com o interesse público, em especial quando solicitado pela Administração;

XXV – deixar de repor funcionários faltosos;

XXVI – deixar de apresentar, quando solicitado pela administração, comprovação do cumprimento das obrigações trabalhistas e com o Fundo de Garantia do tempo de Serviço (FGTS) em relação aos empregados diretamente envolvidos na execução do contrato, em especial quanto ao:

a) registro de ponto;

b) recibo de pagamento de salários, adicionais, horas extras, repouso semanal remunerado e décimo terceiro salário;

c) comprovante de depósito do FGTS;

d) recibo de concessão e pagamento de férias e do respectivo adicional;

e) recibo de quitação de obrigações trabalhistas e previdenciárias dos empregados dispensados até a data da extinção do contrato;

f) recibo de pagamento de vale-transporte e vale-alimentação, na forma prevista em norma coletiva;

XXVII – deixar de observar a legislação pertinente aplicável ao seu ramo de atividade;

XXVIII – entregar o objeto contratual em desacordo com as especificações, condições e qualidades contratadas e/ou com vício, irregularidade ou defeito oculto que o tornem impróprio para o fim a que se destina;

XXIX – ofender agentes públicos no exercício de suas funções;

XXX – induzir a administração em erro;

XXXI – deixar de manter empregados, que fiquem nas dependências e à disposição da administração nos contratos de serviços contínuos com regime de dedicação exclusiva de mão de obra;

XXXII – compartilhar recursos humanos e materiais disponíveis de uma contratação para execução simultânea de outros contratos por parte do contratado, nos contratos de serviços contínuos com regime de dedicação exclusiva de mão de obra;

XXXIII – impossibilitar a fiscalização pelo contratante quanto à distribuição, controle e supervisão dos recursos humanos alocados aos seus contratos, em relação aos contratos de serviços contínuos com regime de dedicação exclusiva de mão de obra;

XXXIV – apresentar proposta inexequível com finalidade de tumultuar o procedimento;

XXXV – deixar de demonstrar exequibilidade da proposta quando exigida pela administração;

XXXVI – subcontratar serviço em contrato em que não há essa possibilidade;

XXXVII – deixar de apresentar no prazo do art. 96, §3º da Lei 14.133/21, garantia pelo contratado quando optar pela modalidade seguro garantia;

XXXVIII – deixar de comprovar, quando solicitado, na execução contratual, a reserva de cargos prevista em lei para pessoa com deficiência, para reabilitado da Previdência Social ou para aprendiz, bem como as reservas de cargos previstas em outras normas específicas;

XXXIX – deixar de manter preposto aceito pela Administração no local da obra ou do serviço para representar o contratado na execução do contrato;

XL – deixar de aceitar as supressões e acréscimos de até 25% (vinte e cinco por cento) em relação aos contratos.

15.2. O fornecedor que cometer qualquer das infrações discriminadas nos subitens anteriores ficará sujeito, sem prejuízo da responsabilidade civil e criminal, às seguintes sanções:

15.2.1. de advertência que consiste em comunicação formal ao infrator do descumprimento de uma obrigação do edital, da Ata de Registros de Preços ou da inexecução parcial do contrato quando não se justificar a imposição de penalidade mais grave.

15.2.2. de multa, o infrator que, injustificadamente, descumprir a legislação, cláusulas do edital ou cláusulas contratuais, não podendo ser inferior a 0,5% (cinco décimos por cento) nem superior a 30% (trinta por cento) do valor de referência do certame ou do contrato nos termos estabelecidos nos respectivos instrumentos, devendo ser observados, preferencialmente, os seguintes percentuais e diretrizes:

I – multa moratória de 0,5% (cinco décimos por cento) por dia de atraso na entrega de material ou execução de serviços, até o limite de 10% (dez por cento), correspondente a até 30 (trinta) dias de atraso, calculado sobre o valor correspondente à parte inadimplente, excluída, quando for o caso, a parcela correspondente aos impostos destacados no documento fiscal;

II – multa de 10% (dez por cento) sobre o valor total da adjudicação do certame ou do valor da contratação direta em caso de recusa do infrator em assinar o contrato, ou recusar-se a aceitar ou retirar o instrumento equivalente;

III – multa de 5% (cinco por cento) sobre o valor de referência do certame, nas hipóteses constantes do item 15.1, subitens I, IV, V, XIII, XIV e XV, deste edital;

IV – multa de 5% (cinco por cento) sobre o valor total da adjudicação, nas hipóteses constantes do item 15.1, subitens XVI, XVII, XVIII, XX, XXI, XXIII, XXIV, XXV, XXVI, XXVII, XXXI, XXXIII, XXXVIII e XXXIX deste edital;

V – multa de 10% (dez por cento) sobre o valor de referência do certame, nas hipóteses constantes do item 15.1, subitens II, III, VI, VII, VIII, IX, X, XI, XII, XXIX, XXX, XXXIV e XXXV deste edital;

VI – multa de 10% (dez por cento) sobre o valor total da adjudicação, nas hipóteses constantes do item 15.1, subitens XIX, XXII, XVIII, XXXII, XXXVI, XXXVII e XL, deste edital;

VII – multa indenizatória, a título de perdas e danos, na hipótese de o infrator ensejar a rescisão do contrato e sua conduta implicar gastos à administração, superiores aos contratados.

15.2.3. de impedimento de licitar e contratar que impedirá o infrator de participar de licitação e contratar com a administração:

I – por até 01 (um) ano, se o infrator:

a) deixar de entregar a documentação exigida para o certame;

b) não manter a proposta, salvo em decorrência de fato superveniente devidamente justificado;

c) ensejar o retardamento da execução ou da entrega do objeto do certame sem motivo justificado;

II – por até 02 (dois) anos, se o infrator:

a) apresentar declaração ou documentação falsa exigida para o certame ou prestar declaração falsa durante o mesmo ou durante a execução do contrato;

b) der causa à inexecução parcial do contrato que cause grave dano à administração, ao funcionamento dos serviços públicos ou ao interesse coletivo;

III – por até 03 (três) anos, se o infrator:

a) não celebrar o contrato, quando convocado dentro do prazo de validade de sua proposta;

b) fraudar o certame ou praticar ato fraudulento na execução do contrato;

c) der causa à inexecução total do contrato.

d) de Declaração de Inidoneidade de contratar com a Administração Pública, será aplicada por prazo não superior a 6 (seis) anos, nas seguintes hipóteses:

I – por período de 3 (três) a 4 (quatro) anos, no caso de praticar atos ilícitos com vistas a frustrar os objetivos do certame;

II – por período de 4 (quatro) a 5 (cinco) anos, nos casos de:

a) fraudar o certame ou praticar ato fraudulento na execução do contrato;

b) comportar-se de modo inidôneo ou cometer fraude de qualquer natureza.

III – por período de 5 (cinco) a 6 (seis) anos, nos casos de:

a) praticar ato lesivo previsto no art. 5º da Lei 12.846/13;

b) dar causa à inexecução total do contrato, por ato doloso que cause lesão ao erário.

15.3. Na aplicação das sanções será observado Decreto nº _____ de _____.

15.4. Será considerado falta grave e caracterizado como falha em sua execução o não recolhimento das contribuições sociais da Previdência Social, que poderá dar ensejo à rescisão do contrato, sem prejuízo da aplicação de sanção pecuniária e do impedimento para licitar e contratar com a Administração, nos termos da Lei Federal nº 14.133, de 2021.

16. INSTRUÇÕES PARA IMPUGNAÇÕES E RECURSOS

16.1. Qualquer pessoa poderá impugnar os termos do edital de credenciamento, por meio eletrônico, na forma prevista no edital, até três dias úteis anteriores à data fixada para início do recebimento dos documentos para credenciamento, enviada exclusivamente para o endereço eletrônico _____.

16.2. A impugnação não possui efeito suspensivo e caberá à comissão de contratação decidir sobre aquela no prazo de três dias úteis, contados da data de recebimento da impugnação.

16.3. A concessão de efeito suspensivo à impugnação é medida excepcional e deverá ser motivada pela comissão de contratação.

16.4. Acolhida a impugnação, será definida e publicada nova data para recebimento dos documentos, se for o caso.

16.5. Os pedidos de esclarecimento deverão ser enviados até o terceiro dia útil que anteceder a data fixada para início do recebimento dos documentos para credenciamento exclusivamente via internet, para o endereço eletrônico _____.

16.6. Os recursos referentes às decisões relativas ao processo de credenciamento poderão ser interpostos no prazo de 3 (três) dias úteis contados do dia subsequente à intimação dos atos. A petição devidamente fundamentada deverá ser dirigida exclusivamente para o endereço eletrônico _____.

16.7. Os recursos serão recebidos e serão dirigidos à autoridade máxima do órgão ou entidade contratante por intermédio da comissão de contratação, que poderá reconsiderar sua decisão, no prazo de 3 (três) dias úteis, ou, nesse mesmo prazo, fazê-lo subir, devidamente informado.

16.8. A autoridade máxima, após receber o recurso e a informação da comissão de contratação, proferirá, no prazo de 3 (três) dias úteis, a sua decisão, devendo promover a sua respectiva publicação.

16.9. A comissão de contratação não se responsabilizará por impugnações e recursos que não sejam entregues na forma prevista na presente cláusula.

17. DAS DISPOSIÇÕES GERAIS

17.1. São parte integrante deste edital os Anexos, I, II e III.

17.2. Fica eleito o foro da Comarca de _____, Estado de Minas Gerais, para solucionar quaisquer questões oriundas deste credenciamento.

17.3. Cópias do Edital e seus anexos serão fornecidas, gratuitamente, por meio eletrônico, no provedor do sistema _____, pelo *site* _____ ou *e-mail* _____.

17.4. Quaisquer dúvidas porventura existentes sobre o disposto no presente Edital deverão ser objeto de consulta, à Comissão de Contratação por meio eletrônico, em formulário específico do provedor do sistema _____. Demais informações poderão ser obtidas pelos telefones (__) _____ ou através do fax (0__) _____ – *E-mail*: _____.

_____, ____ de _____ de _____.

Comissão de Contratação

ANEXO I AO PROCESSO Nº _____/____, CREDENCIAMENTO ELETRÔNICO Nº _____/____

TERMO DE REFERÊNCIA

1. DO OBJETO

1.1. Credenciamento de empresas de transporte aéreo para fornecimento de passagens aéreas nacionais e internacionais, sem o intermédio de Agência de Viagens e Turismo, para fins de transporte de servidores em eventuais viagens a serviço do Município de _____, compreendendo a reserva, inclusive de assento, emissão, remarcação, cancelamento e reembolso, conforme quantidades e exigências estabelecidas neste instrumento e abaixo especificado:

ITEM	DESCRIÇÃO DETALHADA DO OBJETO	QUANTIDADE ESTIMADA ANUAL	VALOR
01	Fornecimento de passagens em linhas aéreas nacionais compreendendo a reserva, inclusive de assento, emissão, remarcação, cancelamento e reembolso.		A remuneração pelos serviços realizados obedecerá à tarifa publicada no *site* do CREDENCIADO, inclusive os valores promocionais de *sites* e aplicativos, no momento da reserva, somado o valor da taxa de embarque. Obs.: As taxas de embarque serão remuneradas de acordo a legislação e valores vigentes na data da aquisição do trecho de viagem.
02	Fornecimento de passagens em linhas aéreas internacionais compreendendo a reserva, inclusive de assento, emissão, remarcação, cancelamento e reembolso		A remuneração pelos serviços realizados obedecerá à tarifa publicada no *site* do CREDENCIADO, inclusive os valores promocionais de sites e aplicativos, no momento da reserva, somado o valor da taxa de embarque. Obs.: As taxas de embarque serão remuneradas de acordo a legislação e valores vigentes na data da aquisição do trecho de viagem.

(O QUADRO ACIMA DEVERÁ SER PREENCHIDO PELA PREFEITURA. A PESSOA SÓ VAI ADERIR AO ESTABELECIDO PELA ADMINISTRAÇÃO)

1.2. A vigência contratual iniciará na assinatura do Contrato de Adesão e encerrará em ___/___/____.

1.2.1. A vigência do Contrato de Adesão poderá ser prorrogada, nos termos do art. 107 da Lei Federal nº 14.133/2021.

2. JUSTIFICATIVA E OBJETIVO DA CONTRATAÇÃO

2.1. A contratação de _____ é necessária para possibilitar a ____
_____.

3. DESCRIÇÃO DA SOLUÇÃO

3.1. A contratação, conforme quantidades e descrições contidas na cláusula 1 deste instrumento, visa atender à necessidade de _____, motivo pelo qual é necessária a contratação pelo período de _____.

4. DA FUNDAMENTAÇÃO LEGAL

4.1. Contratação fundamentada nos pressupostos do art. 74, IV, c/c art. 79, III da Lei nº 14.133, de 1º de abril de 2021.

5. REQUISITOS DA CONTRATAÇÃO

5.1. São requisitos da contratação, além do disposto no Documento de Formalização de Demanda *e/ou* Estudos Técnicos Preliminares:

5.1.1. Em razão da inviabilidade de competição, serão credenciadas todas as interessadas para atendimento do objeto, sendo que a seleção do fornecedor será realizada a cada compra, através da apuração do menor preço de aquisição da passagem aérea, dentre todas as credenciadas, para a data e destino específicos.

5.1.2. A emissão da(s) passagem(ns) deverá ser realizada e enviada à Administração em até ___ (_____) dias, contados do recebimento do requerimento.

(incluir aqui informações específicas relacionadas à forma de execução dos serviços, se houver)

6. DOS EFEITOS DA CONTRATAÇÃO

Busca-se com a contratação do objeto providenciar transporte aéreo para os servidores/agentes municipais que necessitem de deslocamento exclusivamente em serviço, quando comprovadamente necessário, para qualquer Estado da Federação e Distrito Federal ou para o exterior, visando à execução de tarefas ligadas à fiscalização, capacitação, participação em congressos, conferências, missões, reuniões técnicas e demais demandas que se fizerem necessárias.

A escolha do transporte aéreo justifica-se pelos ganhos relacionados ao tempo despendido, à segurança dos passageiros e ao custo-benefício resultante desta modalidade de deslocamento.

Os benefícios diretos e indiretos esperados que resultarão do credenciamento de companhias aéreas são: propiciar eficiência operacional e redução de custos com a aquisição de passagens aéreas, consolidando de forma efetiva a prevalência do menor preço na aquisição das passagens, através da aplicação do disposto no art. 79, III da Lei Federal nº 14.133/2021.

7. DOS CRITÉRIOS DE MEDIÇÃO E PAGAMENTO

7.1. O pagamento será realizado até o ___ (_____) dia subsequente à efetiva execução do serviço, mediante a disponibilização da nota fiscal correspondente.

8. DA ADEQUAÇÃO ORÇAMENTÁRIA

8.1. As despesas decorrentes desta contratação correrão pelas dotações orçamentárias nºs _____.

9. DA FISCALIZAÇÃO

9.1. A fiscalização e acompanhamento da execução do contrato serão realizados pelo _____, através da realização de _____ _____.

10. DO VALOR ESTIMADO DA CONTRATAÇÃO

10.1. O valor anual estimado para custeio das despesas com passagens aéreas, objeto deste credenciamento, é de R$_____ (_____).

11. DA EXECUÇÃO DO SERVIÇO

11.1. A Administração realizará pesquisa de preços a cada demanda com viagem aérea que necessitar e será escolhida a tarifa de menor preço dentre as credenciadas.

11.2. O valor de cada passagem será calculado com base na tarifa publicada no *site* da credenciada no momento da reserva, e somando o valor da taxa de embarque.

11.3. A credenciada deverá enviar para a Administração Municipal, em até ___ (_____) dias contados do recebimento da ordem de serviço, a confirmação da(s) reserva(s) do(s) bilhete(s) e a(s) passagem(ns) aérea(s) eletronicamente emitida(s).

11.4. Os serviços de remarcação e cancelamento somente serão remunerados se comprovadamente for praticada a cobrança de taxa de remarcação ou cancelamento na política de comercialização do CREDENCIADO e obedecerão, neste caso, aos valores praticados usualmente por cada CREDENCIADO.

11.5. As passagens aéreas são pessoais, intransferíveis e destinadas exclusivamente ao transporte dos passageiros nelas identificados.

11.6. Mediante a disponibilidade será permitida a antecipação gratuita de embarque para passageiros em voos nacionais, no mesmo dia e mantendo os aeroportos de origem e destino.

11.7. A emissão, remarcação ou cancelamento da passagem se darão mediante a requisição emitida pela Administração Municipal e encaminhada à credenciada por meio eletrônico, conforme endereço que deverá ser informado pela própria credenciada.

11.8. Quaisquer tributos, encargos, custos e despesas, diretos ou indiretos, serão considerados como inclusos nos preços, não sendo considerados pleitos de acréscimos, a esse ou a qualquer título, devendo os serviços ser executados sem ônus adicional à Administração.

12. DOS PROCEDIMENTOS PARA ESCOLHA/EMISSÃO DAS PASSAGENS

12.1. A escolha da credenciada que prestará os serviços dependerá do resultado da cotação a ser realizada dentre as credenciadas pela Administração Municipal a cada demanda existente, para identificação daquela que ofertar o menor preço no momento da reserva da passagem em classe econômica.

12.2. A Administração observará, como procedimento para autorização de emissão de passagem, o horário, período de participação do servidor no trabalho, evento ou missão, tempo de translado e a otimização do trabalho, visando garantir condição laborativa produtiva, preferencialmente, utilizando os seguintes parâmetros:

a) Escolha do voo prioritariamente em percursos de menor duração, estimando-se, sempre que possível, trechos sem escalas e/ou conexões;

b) Embarque e desembarque compreendidos no período entre sete e vinte horas, salvo a inexistência de voos que atendam a estes horários;

c) Horário do desembarque que anteceda em no mínimo três horas o início previsto dos trabalhos, evento ou missão.

13. LOCAL E HORÁRIOS DA PRESTAÇÃO DOS SERVIÇOS

13.1. Os serviços de cotação, reserva, inclusive de assento, emissão e/ou cancelamento de passagens aéreas serão prestados eletronicamente pela credenciada, e deverão ser executados de forma ininterrupta, inclusive em finais de semana e feriados.

ANEXO II AO PROCESSO Nº ____/___, CREDENCIAMENTO Nº _____/___

MINUTA DO CONTRATO DE ADESÃO AO EDITAL DE CREDENCIAMENTO ELETRÔNICO nº ____/____

Pelo presente instrumento particular, o MUNICÍPIO DE _____, inscrito no CNPJ/MF sob o nº _____, com sede administrativa na _____ – _____- MG, neste ato representado por seu Prefeito Municipal, Sr. _____, de ora em diante denominado simplesmente CONTRATANTE, e de outro lado _____ (qualificação), neste ato representado por _____, de ora em diante denominado simplesmente CONTRATADO, de conformidade com o art. 74, IV c/c 79, III da Lei Federal nº 14.133/2021, Processo nº ____/_____, Inexigibilidade de Licitação nº _____/_____, têm como justo e contratado o seguinte:

CLÁUSULA 1ª – DO OBJETO

1.1. Credenciamento de empresas de transporte aéreo para fornecimento de passagens em linhas aéreas nacionais e internacionais, sem o intermédio de Agência de Viagens e Turismo, para fins de transporte de servidores em eventuais viagens a serviço do Município de _____, compreendendo a reserva, inclusive de assento, emissão, remarcação, cancelamento e reembolso, conforme quantidades e exigências estabelecidas neste instrumento e abaixo especificado:

ITEM	DESCRIÇÃO DETALHADA DO OBJETO	QUANTIDADE ESTIMADA ANUAL	VALOR
01	Fornecimento de passagens em linhas aéreas nacionais compreendendo a reserva, inclusive de assento, emissão, remarcação, cancelamento e reembolso		A remuneração pelos serviços realizados obedecerá à tarifa publicada no *site* do CREDENCIADO, inclusive os valores promocionais de *sites* e aplicativos, no momento da reserva, somado o valor da taxa de embarque. Obs.: As taxas de embarque serão remuneradas de acordo a legislação e valores vigentes na data da aquisição do trecho de viagem.
02	Fornecimento de passagens em linhas aéreas internacionais compreendendo a reserva, inclusive de assento, emissão, remarcação, cancelamento e reembolso.		A remuneração pelos serviços realizados obedecerá à tarifa publicada no *site* do CREDENCIADO, inclusive os valores promocionais de *sites* e aplicativos, no momento da reserva, somado o valor da taxa de embarque. Obs.: As taxas de embarque serão remuneradas de acordo a legislação e valores vigentes na data da aquisição do trecho de viagem.

(O QUADRO ACIMA DEVERÁ SER PREENCHIDO PELA PREFEITURA. A PESSOA SÓ VAI ADERIR AO ESTABELECIDO PELA ADMINISTRAÇÃO)

CLÁUSULA 2ª – DOS PREÇOS E FORMA DE PAGAMENTO

2.1. Dos preços

2.1.1. A remuneração pelos serviços realizados obedecerá à tarifa publicada no *site* do CREDENCIADO, inclusive os valores promocionais de *sites* e aplicativos, no momento da reserva, somado o valor da taxa de embarque. As taxas de embarque serão remuneradas de acordo a legislação e valores vigentes da data da aquisição do trecho de viagem.

2.3. DAS CONDIÇÕES DE PAGAMENTO

2.3.1. O pagamento será realizado até o ___ (_____) dia da efetiva execução do serviço, mediante a disponibilização da nota fiscal correspondente, devidamente acompanhada de relatório discriminando as passagens emitidas com os respectivos usuários, datas e trechos de deslocamento, indicação dos aeroportos de embarque e desembarque, percurso, data, horários, escala(s) ou conexão(ões), se houver, e demais informações necessárias para a realização da viagem;

2.3.2. As faturas/notas fiscais que apresentarem incorreções serão devolvidas ao emitente, e seu vencimento ocorrerá ___ (_____) dias após a data de sua reapresentação.

2.3.3. O pagamento das faturas seguirá a estrita ordem cronológica das datas de suas exigibilidades, cabendo à contratada manter durante toda a execução do objeto, em compatibilidade com as obrigações por ela assumidas, todas as condições de habilitação e qualificação exigidas na licitação;

2.3.4. Dos pagamentos devidos à Contratada, serão descontados os valores de multa ou eventuais débitos daquela para com a administração, referentes a qualquer contrato entre as mesmas partes, sem obrigatoriedade de prévio aviso;

2.3.5. Nos casos de eventuais atrasos de pagamento não justificados, provocados exclusivamente pela Administração, o valor devido deverá ser acrescido de atualização financeira, e sua apuração se fará desde a data de seu vencimento até a data do efetivo pagamento, em que os juros de mora serão calculados à taxa de 0,5% (meio por cento) ao mês, mediante aplicação da seguinte fórmula:

$$EM = N \times VP \times I$$

onde:

EM = Encargos moratórios;

VP = Valor da parcela em atraso;

N = Número de dias entre a data prevista para o pagamento (vencimento) e a do efetivo pagamento;

I = Índice de compensação financeira, assim apurado:

$$I = (TX / 100)$$
$$30$$

TX = Percentual da taxa de juros de mora mensal definido no edital/contrato.

CLÁUSULA 3ª – DA DOTAÇÃO

3.1. As despesas decorrentes do presente contrato correrão à conta da dotação orçamentária nº _____.

CLÁUSULA 4ª – DA VIGÊNCIA

4.1. Este Contrato de Adesão entra em vigor na data de sua assinatura, encerrando-se em ___/___/_____.

4.2. A prorrogação do prazo contratual poderá ocorrer, a critério do Contratante, nos termos do art. 107 da Lei Federal nº 14.133/2021.

CLÁUSULA 5ª – DA ALTERAÇÃO CONTRATUAL

5.1. O Contratado fica obrigado a aceitar, nas mesmas condições contratuais, os acréscimos ou supressões que se fizerem nos serviços, até 25% (vinte e cinco por cento), de acordo com o que preceitua o art. 125 da Lei Federal nº 14.133/2021.

CLÁUSULA 6ª – DAS RESPONSABILIDADES DO CONTRATANTE

6.1. O Contratante se obriga a proporcionar ao Contratado todas as condições necessárias ao pleno cumprimento das obrigações decorrentes do presente contrato, consoante estabelece a Lei nº 14.133/2021;

6.2. Fiscalizar e acompanhar a execução do contrato;

6.3. Indicar o responsável pela fiscalização e recebimento dos produtos;

6.4. Comunicar ao CONTRATADO toda e qualquer ocorrência relacionada com a execução do objeto, diligenciando nos casos que exigem providências corretivas;

6.5. Providenciar os pagamentos ao CONTRATADO à vista das Notas Fiscais/Faturas devidamente atestadas, nos prazos fixados.

CLÁUSULA 7ª – DAS RESPONSABILIDADES DO CONTRATADO

7.1. Caberá ao credenciado as seguintes obrigações no cumprimento do objeto deste credenciamento:

I – Arcar com a responsabilidade civil por todos e quaisquer danos materiais e morais causados, pela ação ou omissão de seus empregados, trabalhadores, prepostos ou representantes, dolosa ou culposamente, à Administração ou à terceiros;

II – Não transferir a outrem, no todo ou em parte, os serviços avençados, sem prévia autorização da Administração;

III – Responsabilizar-se por todas as obrigações trabalhistas, sociais, previdenciárias, tributárias e as demais previstas na legislação específica, cuja inadimplência não transfere responsabilidade à Administração;

IV – Fornecer passagens aéreas para quaisquer destinos servidos por suas linhas regulares de transporte aéreo nacional ou internacional;

V – Executar os serviços estritamente de acordo com as especificações contidas neste edital e anexos, responsabilizando-se pelo refazimento total ou parcial, na hipótese de se constatar defeitos na execução ou estiver em desacordo com as especificações adotadas;

VI – Enviar todas as informações essenciais para a perfeita execução dos serviços, por meio de confirmações, que devem conter: aeroportos de embarque e desembarque, percurso, data, horários, escala(s) ou conexão(ões), se houver, nome do passageiro e demais informações necessárias para a realização da viagem;

VII – Providenciar, a pedido da Administração, o cancelamento da passagem, e fazer o devido reembolso de todos aqueles não utilizados, no prazo máximo previsto na legislação específica, a contar da data do recebimento da solicitação;

VIII – Executar os serviços de acordo com as normas técnicas em vigor;

IX – Atender, no prazo máximo de 72 (setenta e duas) horas, contadas do recebimento da comunicação, a toda reclamação porventura ocorrida, prestando à Administração os esclarecimentos e correções/adequações que se fizerem necessários;

X – Abster-se de veicular qualquer tipo de publicidade ou qualquer outra informação acerca do objeto deste credenciamento, sem prévia autorização da Administração;

XI – Responsabilizar-se pelo ônus oriundo de remarcação ou cancelamento de passagens, quando não for originada por solicitação ou falha na execução de responsabilidade da Administração;

XII – Manter disponível *site* na internet a fim de viabilizar o acesso à Administração, permitindo a consulta de voos e assentos disponíveis, preços, ofertas, reserva, emissão, cancelamento e remarcação de passagens.

XIII – Manter-se, durante toda a execução do serviço, em compatibilidade com todas as condições de habilitação e qualificação exigidas no credenciamento.

XIV – Apresentar a atualização, a cada 180 dias, da Certidão Negativa de Débito Trabalhista (CNDT) referida na Lei nº 12.440 de 07.07.2011.

7.2. O Município se reserva o direito de, a qualquer momento, solicitar a atualização dos documentos relativos à habilitação/qualificação para o credenciamento.

(incluir outras obrigações do contratado de acordo com o objeto, se houver)

CLÁUSULA 8º – DA EXTINÇÃO

8.1. O presente contrato de adesão poderá ser extinto a pedido do CONTRATADO, com antecedência mínima de 30 (trinta) dias, com fundamento no inciso II do art. 138 da Lei nº 14.133/2021.

8.2. Aplica-se ainda ao presente instrumento contratual as possibilidades de extinção previstas no art. 137 da Lei nº 14.133/2021.

CLÁUSULA 9º – DA FISCALIZAÇÃO

9.1. A fiscalização da execução do contrato, objeto da presente licitação, será exercida pelo servidor _____.

9.2. A fiscalização de que trata o item anterior não exclui, nem reduz a responsabilidade do Contratado, inclusive perante terceiros, por qualquer irregularidade, ou em decorrência de imperfeições técnicas, vícios redibitórios ou emprego de material inadequado ou de qualidade inferior, inexistindo em qualquer circunstância, a corresponsabilidade do Contratante ou de seus agentes e prepostos, conforme prevê o art. 120 da Lei nº 14.133/2021.

9.3. O Contratante se reserva o direito de rejeitar no todo ou em parte o objeto, se considerados em desacordo com os termos do presente contrato.

CLÁUSULA 10 – DAS SANÇÕES ADMINISTRATIVAS

(Adequar essa cláusula de acordo com a legislação municipal que regulamentar a aplicação de penalidades)

10.1. Incorre em infração administrativa o fornecedor que cometer quaisquer das infrações previstas no art. 155 da Lei nº 14.133, de 2021 e art. ___ do Decreto de nº_____, quais sejam:

I – dar causa à inexecução parcial do contrato;

II – dar causa à inexecução parcial do contrato que cause grave dano à Administração, ao funcionamento dos serviços públicos ou ao interesse coletivo;

III – dar causa à inexecução total do contrato;

IV – deixar de entregar a documentação exigida para o certame;

V – não manter a proposta, salvo em decorrência de fato superveniente devidamente justificado;

VI – não celebrar o contrato ou não entregar a documentação exigida para a contratação, quando convocado dentro do prazo de validade de sua proposta;

VII – ensejar o retardamento da execução ou da entrega do objeto da licitação sem motivo justificado;

VIII – apresentar declaração ou documentação falsa exigida para o certame ou prestar declaração falsa durante a licitação ou a execução do contrato;

IX – fraudar a licitação ou praticar ato fraudulento na execução do contrato;

X – comportar-se de modo inidôneo ou cometer fraude de qualquer natureza;

XI – praticar atos ilícitos com vistas a frustrar os objetivos da licitação;

XII – praticar ato lesivo previsto no art. 5º da Lei nº 12.846, de 1º de agosto de 2013;

XIII – tumultuar a sessão pública da licitação;

XIV – propor recursos manifestamente protelatórios em sede de contratação direta ou de licitação;

XV – deixar de regularizar os documentos fiscais no prazo concedido, na hipótese de o infrator enquadrar-se como Microempresa ou Empresa de Pequeno Porte, nos termos da Lei Complementar Federal nº 123, de 14 de dezembro de 2006;

XVI – deixar de manter as condições de habilitação durante o prazo do contrato;

XVII – permanecer inadimplente após a aplicação de advertência;

XVIII – deixar de complementar o valor da garantia recolhida após solicitação do contratante;

XIX – deixar de devolver eventuais valores recebidos indevidamente após ser devidamente notificado;

XX – manter empregado, responsável técnico ou qualquer pessoa sob sua responsabilidade com qualificação em desacordo com as exigências do edital ou do contrato, durante a execução do objeto;

XXI – utilizar as dependências do contratante para fins diversos do objeto do contrato;

XXII – tolerar, no cumprimento do contrato, situação apta a gerar ou causar dano físico, lesão corporal ou consequências letais a qualquer pessoa;

XXIII – deixar de fornecer Equipamento de Proteção Individual – EPI, quando exigido, aos seus empregados ou omitir-se em fiscalizar sua utilização, na hipótese de contratação de serviços de mão de obra;

XXIV – deixar de substituir empregado cujo comportamento for incompatível com o interesse público, em especial quando solicitado pela Administração;

XXV – deixar de repor funcionários faltosos;

XXVI – deixar de apresentar, quando solicitado pela administração, comprovação do cumprimento das obrigações trabalhistas e com o Fundo de Garantia do tempo de Serviço (FGTS) em relação aos empregados diretamente envolvidos na execução do contrato, em especial quanto ao:

a) registro de ponto;

b) recibo de pagamento de salários, adicionais, horas extras, repouso semanal remunerado e décimo terceiro salário;

c) comprovante de depósito do FGTS;

d) recibo de concessão e pagamento de férias e do respectivo adicional;

e) recibo de quitação de obrigações trabalhistas e previdenciárias dos empregados dispensados até a data da extinção do contrato;

f) recibo de pagamento de vale-transporte e vale-alimentação, na forma prevista em norma coletiva.

XXVII – deixar de observar a legislação pertinente aplicável ao seu ramo de atividade;

XXVIII – entregar o objeto contratual em desacordo com as especificações, condições e qualidades contratadas e/ou com vício, irregularidade ou defeito oculto que o tornem impróprio para o fim a que se destina;

XXIX – ofender agentes públicos no exercício de suas funções;

XXX – induzir a administração em erro;

XXXI – deixar de manter empregados, que fiquem nas dependências e à disposição da administração nos contratos de serviços contínuos com regime de dedicação exclusiva de mão de obra;

XXXII – compartilhar recursos humanos e materiais disponíveis de uma contratação para execução simultânea de outros contratos por parte do contratado, nos contratos de serviços contínuos com regime de dedicação exclusiva de mão de obra;

XXXIII – impossibilitar a fiscalização pelo contratante quanto à distribuição, controle e supervisão dos recursos humanos alocados aos seus contratos, em relação aos contratos de serviços contínuos com regime de dedicação exclusiva de mão de obra;

XXXIV – apresentar proposta inexequível com finalidade de tumultuar o procedimento;

XXXV – deixar de demonstrar exequibilidade da proposta quando exigida pela administração;

XXXVI – subcontratar serviço em contrato em que não há essa possibilidade;

XXXVII – deixar de apresentar no prazo do art. 96, §3º da Lei 14133/21, garantia pelo contratado quando optar pela modalidade seguro garantia;

XXXVIII – deixar de comprovar, quando solicitado, na execução contratual, a reserva de cargos prevista em lei para pessoa com deficiência, para reabilitado da Previdência Social ou para aprendiz, bem como as reservas de cargos previstas em outras normas específicas;

XXXIX – deixar de manter preposto aceito pela Administração no local da obra ou do serviço para representar o contratado na execução do contrato;

XL – deixar de aceitar as supressões e acréscimos de até 25% (vinte e cinco por cento) em relação aos contratos.

10.2 O fornecedor que cometer quaisquer infrações discriminadas nos subitens anteriores ficará sujeito, sem prejuízo da responsabilidade civil e criminal, às seguintes sanções:

10.2.1. de advertência que consiste em comunicação formal ao infrator do descumprimento de uma obrigação do edital, da Ata de Registros de Preços ou da inexecução parcial do contrato quando não se justificar a imposição de penalidade mais grave;

10.2.2. de multa, o infrator que, injustificadamente, descumprir a legislação, cláusulas do edital ou cláusulas contratuais, não podendo ser inferior a 0,5% (cinco décimos por cento) nem superior a 30% (trinta por cento) do valor de referência do certame ou do contrato nos termos estabelecidos nos respectivos instrumentos, devendo ser observados, preferencialmente, os seguintes percentuais e diretrizes:

I – multa moratória de 0,5% (cinco décimos por cento) por dia de atraso na entrega de material ou execução de serviços, até o limite de 10% (dez por cento), correspondente a até 30 (trinta) dias de atraso, calculado sobre o valor correspondente à parte inadimplente, excluída, quando for o caso, a parcela correspondente aos impostos destacados no documento fiscal;

II – multa de 10% (dez por cento) sobre o valor total da adjudicação do certame ou do valor da contratação direta em caso de recusa do infrator em assinar o contrato, ou recusar-se a aceitar ou retirar o instrumento equivalente;

III – multa de 5% (cinco por cento) sobre o valor de referência do certame, nas hipóteses constantes do item 10.1, subitens I, IV, V, XIII, XIV e XV, deste edital;

IV – multa de 5% (cinco por cento) sobre o valor total da adjudicação, nas hipóteses constantes do item 10.1, subitens XVI, XVII, XVIII, XX, XXI, XXIII, XXIV, XXV, XXVI, XXVII, XXXI, XXXIII, XXXVIII e XXXIX deste edital;

V – multa de 10% (dez por cento) sobre o valor de referência do certame, nas hipóteses constantes do item 10.1, subitens II, III, VI, VII, VIII, IX, X, XI, XII, XXIX, XXX, XXXIV e XXXV deste edital;

VI – multa de 10% (dez por cento) sobre o valor total da adjudicação, nas hipóteses constantes do item 10.1, subitens XIX, XXII, XVIII, XXXII, XXXVI, XXXVII e XL, deste edital;

VII – multa indenizatória, a título de perdas e danos, na hipótese de o infrator ensejar a rescisão do contrato e sua conduta implicar gastos à administração, superiores aos contratados.

10.2.3. de impedimento de licitar e contratar que impedirá o infrator de participar de licitação e contratar com a administração:

I – por até 01 (um) ano, se o infrator:

a) deixar de entregar a documentação exigida para o certame;

b) não manter a proposta, salvo em decorrência de fato superveniente devidamente justificado;

c) ensejar o retardamento da execução ou da entrega do objeto do certame sem motivo justificado;

II – por até 02 (dois) anos, se o infrator:

a) apresentar declaração ou documentação falsa exigida para o certame ou prestar declaração falsa durante o mesmo ou durante a execução do contrato;

b) der causa à inexecução parcial do contrato que cause grave dano à administração, ao funcionamento dos serviços públicos ou ao interesse coletivo;

III – por até 03 (três) anos, se o infrator:

a) não celebrar o contrato, quando convocado dentro do prazo de validade de sua proposta;

b) fraudar o certame ou praticar ato fraudulento na execução do contrato;

c) der causa à inexecução total do contrato.

d) de Declaração de Inidoneidade de contratar com a Administração Pública, será aplicada por prazo não superior a 6 (seis) anos, nas seguintes hipóteses:

I – por período de 3 (três) a 4 (quatro) anos, no caso de praticar atos ilícitos com vistas a frustrar os objetivos do certame;

II – por período de 4 (quatro) a 5 (cinco) anos, nos casos de:

a) fraudar o certame ou praticar ato fraudulento na execução do contrato;

b) comportar-se de modo inidôneo ou cometer fraude de qualquer natureza.

III – por período de 5 (cinco) a 6 (seis) anos, nos casos de:

a) praticar ato lesivo previsto no art. 5º da Lei 12.846/13;

b) dar causa à inexecução total do contrato, por ato doloso que cause lesão ao erário.

10.3. Na aplicação das sanções será observado Decreto nº _____ de _____.

10.4. Será considerado falta grave e caracterizado como falha em sua execução o não recolhimento das contribuições sociais da Previdência Social, que poderá dar ensejo à rescisão do contrato, sem prejuízo da aplicação de sanção pecuniária e do impedimento para licitar e contratar com a Administração, nos termos da Lei 14.133/2021.

CLÁUSULA 11 – DOS CASOS OMISSOS

11.1. Os casos omissos, assim como as dúvidas, serão resolvidos com base na Lei nº 14.133/2021, cujas normas ficam incorporadas ao presente instrumento, ainda que delas não se faça aqui menção expressa.

CLÁUSULA 12 – DA EXECUÇÃO DO SERVIÇO

12.1. A Administração realizará pesquisa de preços a cada demanda com viagem aérea que necessitar e será escolhida a tarifa de menor preço dentre as credenciadas.

12.2. O valor de cada passagem será calculado com base na tarifa publicada no *site* da credenciada no momento da reserva, e somando o valor da taxa de embarque.

12.3. A credenciada deverá enviar para a Administração Municipal, em até ___ (_____) dias contados do recebimento da ordem de serviço, a confirmação da(s) reserva(s) do(s) bilhete(s) e a(s) passagem(ns) aérea(s) eletronicamente emitida(s).

12.4. Os serviços de remarcação e cancelamento somente serão remunerados se comprovadamente for praticada a cobrança de taxa de remarcação ou cancelamento na política de comercialização do CREDENCIADO e obedecerão, neste caso, aos valores praticados usualmente por cada CREDENCIADO.

12.5. As passagens aéreas são pessoais, intransferíveis e destinadas exclusivamente ao transporte dos passageiros nelas identificados.

12.6. Mediante a disponibilidade será permitida a antecipação gratuita de embarque para passageiros em voos nacionais, no mesmo dia e mantendo os aeroportos de origem e destino.

12.7. A emissão, remarcação ou cancelamento da passagem se darão mediante a requisição emitida pela Administração Municipal e encaminhada à credenciada por meio eletrônico, conforme endereço que deverá ser informado pela própria credenciada.

12.8. Quaisquer tributos, encargos, custos e despesas, diretos ou indiretos, serão considerados como inclusos nos preços, não sendo considerados pleitos de acréscimos, a esse ou a qualquer título, devendo os serviços ser executados sem ônus adicional à Administração.

CLÁUSULA 13 – LOCAL E HORÁRIOS DA PRESTAÇÃO DOS SERVIÇOS

13.1. Os serviços de cotação, reserva, inclusive de assento, emissão e/ou cancelamento de passagens aéreas serão prestados eletronicamente pela credenciada, e deverão ser executados de forma ininterrupta, inclusive em finais de semana e feriados.

CLÁUSULA 14 – CUSTO ESTIMADO

14.1. O valor anual estimado para custeio das despesas com passagens aéreas, objeto do credenciamento, é de R$_____ (_____).

CLÁUSULA 15 – DOS PROCEDIMENTOS PARA ESCOLHA/EMISSÃO DAS PASSAGENS

15.1. A escolha da credenciada que prestará os serviços dependerá do resultado da cotação a ser realizada dentre as credenciadas pela Administração Municipal a cada demanda existente, para identificação daquela que ofertar o menor preço no momento da reserva da passagem em classe econômica.

15.2. A Administração observará, como procedimento para autorização de emissão de passagem, o horário, período de participação do servidor no trabalho, evento ou missão, tempo de translado e a otimização do trabalho, visando garantir condição laborativa produtiva, preferencialmente, utilizando os seguintes parâmetros:

a) Escolha do voo prioritariamente em percursos de menor duração, estimando-se, sempre que possível, trechos sem escalas e/ou conexões;

b) Embarque e desembarque compreendidos no período entre sete e vinte horas, salvo a inexistência de voos que atendam a estes horários;

c) Horário do desembarque que anteceda em no mínimo três horas o início previsto dos trabalhos, evento ou missão.

CLÁUSULA 16 – DO FORO

As partes elegem o foro da Comarca de _____, para dirimir quaisquer questões decorrentes da execução do presente Contrato.

E por estarem justos e contratados, assinam o presente instrumento em 03 (três) vias de igual teor e forma, juntamente de 02 (duas) testemunhas que a tudo assistiram e também assinam.

_____/MG, _____ de _____ de _____ .

_____

Prefeito Municipal

_____

CONTRATADO

Testemunhas: _____

CPF Nº:

_____

CPF Nº:

ANEXO III AO PROCESSO Nº _____/____, CREDENCIAMENTO ELETRÔNICO Nº _____/____

TERMO DE ADESÃO AO CREDENCIAMENTO

Através do presente, a empresa _____, inscrita no CNPJ sob o nº _____ , vem solicitar credenciamento no(s) item(ns) abaixo especificados, conforme constante no Anexo I do Edital de Credenciamento nº _____/_____.

ITEM	DESCRIÇÃO DETALHADA DO OBJETO	QUANTIDADE ESTIMADA ANUAL	VALOR
01	Fornecimento de passagens em linhas aéreas nacionais compreendendo a reserva, inclusive de assento, emissão, remarcação, cancelamento e reembolso		A remuneração pelos serviços realizados obedecerá à tarifa publicada no *site* do CREDENCIADO, inclusive os valores promocionais de *sites* e aplicativos, no momento da reserva, somado o valor da taxa de embarque. Obs.: As taxas de embarque serão remuneradas de acordo a legislação e valores vigentes na data da aquisição do trecho de viagem.
02	Fornecimento de passagens em linhas aéreas internacionais compreendendo a reserva, inclusive de assento, emissão, remarcação, cancelamento e reembolso.		A remuneração pelos serviços realizados obedecerá à tarifa publicada no *site* do CREDENCIADO, inclusive os valores promocionais de *sites* e aplicativos, no momento da reserva, somado o valor da taxa de embarque. Obs.: As taxas de embarque serão remuneradas de acordo a legislação e valores vigentes na data da aquisição do trecho de viagem.

No tocante à proposta de preços para prestação de serviços, aceito os mesmos conforme definidos no Edital.

Igualmente, informo que concordo com todas as condições estipuladas no edital.

_____, _____.

Nome e assinatura do interessado

ANEXO IV AO PROCESSO Nº _____/____, CREDENCIAMENTO ELETRÔNICO Nº _____/____

MODELO DE DECLARAÇÃO DE QUE NÃO EMPREGA MENOR

_____, inscrito no CNPJ nº_____, por intermédio de seu representante legal o(a) Sr(a)._____, portador(a) da Carteira de Identidade nº_____ e do CPF nº_____, DECLARA, para fins do disposto no inciso V do art. 27 da Lei nº 8.666, de 21 de junho de 1993, acrescido pela Lei nº 9.854, de 27 de outubro de 1999, que não emprega menor de dezoito anos em trabalho noturno, perigoso ou insalubre e não emprega menor de dezesseis anos.

Ressalva: emprega menor, a partir de quatorze anos, na condição de aprendiz ( ).

_____
(data)

_____
(representante legal)

(Observação: em caso afirmativo, assinalar a ressalva acima)

DESPACHO DE AUTORIZAÇÃO DE CONTRATAÇÃO DECORRENTE DO PROCESSO Nº ____/_____

INEXIGIBILIDADE DE LICITAÇÃO CREDENCIAMENTO ELETRÔNICO Nº ____/_____

O Prefeito Municipal de _____, no uso das atribuições que lhe confere o inciso VIII do artigo 72 da Lei nº 14.133/202, AUTORIZA a contratação, conforme o resultado do processo na forma que segue:

Nº	CONTRATADO	ITEM

_____, ___ de _____ de ____.

Prefeito Municipal *OU* Secretário Municipal de _____.

RESULTADO DO PROCESSO Nº ____/_____

INEXIGIBILIDADE DE LICITAÇÃO CREDENCIAMENTO ELETRÔNICO Nº ____/_____

A Prefeitura Municipal de _____, através da Comissão de Contratação, torna público o resultado do Processo nº ____/20___, Inexigibilidade de Licitação nº ___/20___, na forma que segue:

Nº	CREDENCIADO	ITEM

Autorização de Contratação: Prefeito Municipal *OU* Secretário Municipal de _____.

Condições: Conforme ata de julgamento e demais documentos contidos no processo.

Publicado em ___/___/___

_____
Presidente da Comissão de Contratação

EXTRATO DO CONTRATO DE ADESÃO RELATIVO AO PROCESSO Nº ____/____ – INEXIGIBILIDADE DE LICITAÇÃO CREDENCIAMENTO ELETRÔNICO Nº _____/_____

CONTRATANTE:

CONTRATADO:

OBJETO:

RECURSO ORÇAMENTÁRIO:

VALOR ANUAL PREVISTO PARA CUSTEIO DAS DESPESAS:

VIGÊNCIA:

Publicado em ___/___/___

_____

Presidente da Comissão de Contratação

MODELO DE EDITAL DE INEXIGIBILIDADE/ CREDENCIAMENTO – ARTIGO 74, IV, C/C 79, II, DA LEI FEDERAL Nº 14.133/2021

PROCESSO Nº _____/_____

EDITAL DE CREDENCIAMENTO Nº __/____

EDITAL DE CREDENCIAMENTO ELETRÔNICO DE SERVIÇOS

O Município de _____, através da Comissão de Contratação, divulga para conhecimento do público interessado que no local, hora e data adiante indicados, em sessão pública, receberá as propostas para CREDENCIAMENTO ELETRÔNICO DE SERVIÇOS _____, com fundamento no arts. 74, IV c/c art. 79, II da Lei Federal nº 14.133/2021:

1. DA ENTREGA DOS DOCUMENTOS

1.1. Os documentos para credenciamento deverão ser encaminhados, exclusivamente, por meio do sistema eletrônico, a partir de __/__/___.

1.2. O envio da documentação ocorrerá por meio de chave de acesso e senha.

1.3. A comunicação entre a Comissão de Contratação e os licitantes ocorrerá exclusivamente mediante troca de mensagens, em campo próprio do sistema eletrônico.

1.4. Cabe ao licitante acompanhar as operações no sistema eletrônico, ficando responsável pelo ônus decorrente da perda de negócios diante da inobservância de qualquer mensagem emitida pelo sistema ou por estar desconectado do sistema, inclusive quanto ao não encaminhamento de documento afeto ao certame.

1.5. Os interessados poderão solicitar credenciamento, a qualquer tempo, desde que cumpridos todos os requisitos e que esteja vigente o presente edital de credenciamento.

2. DO CADASTRO NO SISTEMA PARA PARTICIPAÇÃO NO CERTAME

2.1. Para participação no certame, a licitante deverá se cadastrar como usuária perante o provedor do sistema eletrônico utilizado pelo Município, qual seja, _____ _____, sendo observado o seguinte:

a) O cadastramento para acesso ao sistema ocorrerá pela atribuição de chave de identificação e de senha pessoal e intransferível;

b) A chave de identificação e senha serão utilizadas em qualquer credenciamento eletrônico;

c) Deverão comunicar imediatamente ao provedor do sistema qualquer acontecimento que possa comprometer o sigilo ou a inviabilidade do uso da senha, para imediato bloqueio de acesso;

d) A senha de acesso é de responsabilidade exclusiva do usuário, não cabendo ao provedor do portal de compras públicas ou ao órgão promotor da licitação responsabilidade por eventuais danos decorrentes do uso indevido da senha, ainda que por terceiros;

e) Deverão solicitar o cancelamento da chave de identificação ou da senha de acesso por interesse próprio.

2.2. Caberá ao licitante acompanhar as operações no sistema eletrônico durante o processo e responsabilizar-se pelo ônus decorrente de eventuais perdas diante da inobservância de mensagens emitidas pelo sistema ou de sua desconexão.

3. DAS PUBLICAÇÕES E INTIMAÇÕES

3.1. Enquanto o município não se cadastrar no PNCP, todas as publicações e intimações, inclusive para fins de recurso, serão feitas no *site* oficial e no Diário Oficial do Município, conforme art. 176 da Lei Federal nº 14.133/2021 e no sistema eletrônico _____ utilizado pelo Município para deflagrar o presente certame. *(redação para municípios com população de até 20.000 habitantes)*

4. DO OBJETO

4.1. Constitui objeto o credenciamento de prestação de serviços de _____ _____, para atender à Secretaria Municipal de _____ _____, conforme especificado no Anexo I deste Edital.

4.2. O credenciamento será distribuído por item para os quais os interessados poderão participar de um ou mais itens.

5. DA DOTAÇÃO ORÇAMENTÁRIA

5.1. As despesas decorrentes deste Credenciamento correrão à conta das dotações orçamentárias nºs _____.

6. DA DOCUMENTAÇÃO

6.1. Habilitação jurídica:

a) registro comercial, no caso de empresa individual;

b) ato constitutivo, estatuto ou contrato social em vigor, devidamente registrado.

b.1) No caso de sociedades por ações, deverá estar acompanhado da documentação de eleição de seus administradores.

b.2) O contrato social consolidado dispensa a apresentação do contrato original e das alterações anteriores, devendo ser apresentadas alterações posteriores, ainda não consolidadas.

c) Inscrição do ato constitutivo, no caso de sociedades civis, acompanhada de prova de diretoria em exercício.

d) Em se tratando de Microempreendedor Individual – MEI, o Contrato Social ou Estatuto poderá ser substituído pelo Certificado da Condição de Microempreendedor Individual – CCMEI.

e) decreto de autorização, em se tratando de empresa ou sociedade estrangeira em funcionamento no País e ato de registro ou autorização para funcionamento expedido pelo órgão ou entidade competente.

6.2. Qualificação técnica:

a) Comprovação de aptidão pertinente e compatível em características com o objeto do credenciamento, através de atestado(s) emitido(s) por pessoa(s) jurídica(s) de direito público ou privado.

b) Registro do Responsável Técnico no Conselho Regional Profissional compatível com o objeto.

(ADAPTAR A EXIGÊNCIA DE QUALIFICAÇÃO TÉCNICA CONFORME NATUREZA DO OBJETO)

6.3. Qualificação econômico-financeira:

6.3.1. Balanço Patrimonial e Demonstrações Contábeis dos 2 (dois) últimos exercícios sociais, já exigíveis e apresentados na forma da lei, que comprovem a boa situação financeira da empresa, vedada a sua substituição por balancetes ou balanços provisórios, podendo ser atualizados monetariamente, quando encerrados há mais de 03 (três) meses da data de apresentação da proposta, tomando como base a variação, ocorrida no período, do ÍNDICE GERAL DE PREÇOS – DISPONIBILIDADE INTERNA – IGP-DI, publicado pela Fundação Getúlio Vargas – FGV ou outro indicador que o venha substituir.

1 – Se necessária a atualização monetária do Balanço Patrimonial, deverá ser apresentado, juntamente com os documentos em apreço, o Memorial de Cálculo correspondente, assinado pelo representante legal da empresa licitante e por profissional de contabilidade habilitado e devidamente registrado no Conselho Regional de Contabilidade – CRC.

Observações: Serão também aceitos como na forma da lei o Balanço Patrimonial e Demonstrações Contábeis assim apresentados:

I. Sociedades regidas pela Lei Federal nº 6.404/1976 (Sociedade Anônima): Publicados em Diário Oficial, ou publicados em jornal de grande circulação, ou por fotocópia registrada ou autenticada na Junta Comercial da sede ou domicílio da empresa, ou em outro órgão equivalente;

II. Sociedades sujeitas ao regime estabelecido pela Lei Complementar nº 123/2006, optantes pelo Regime Especial Unificado de Arrecadação de Tributos e Contribuições Simples Nacional, o Balanço Patrimonial poderá ser substituído pela Declaração de Informações Socioeconômicas e Fiscais – DEFIS.

III. Microempreendedor Individual – MEI, o Balanço Patrimonial poderá ser substituído pela Declaração Anual do Simples Nacional – DASN.

IV. Sociedades cadastradas no Sistema Público de Escrituração Digital – SPED deverão apresentar, na forma da lei, a seguinte documentação, extraída das fichas do Livro Digital:

– Termos de Abertura e Encerramento do Livro Digital;

– Balanço Patrimonial;

– Demonstrativo de Resultado do Exercício; e

– Recibo de entrega emitido pelo SPED.

V. Sociedades criadas no exercício em curso: Fotocópia do Balanço de Abertura, devidamente registrado ou autenticado na Junta Comercial da sede ou domicílio da empresa, ou em outro órgão equivalente;

2 – Os documentos relativos ao Balanço Patrimonial e Demonstrações Contábeis somente serão aceitos se publicados em jornais oficiais (publicação original ou cópia que possibilite inclusive a identificação do veículo e a data da publicação), ou cópias do Livro Diário registrado na Junta Comercial, Cartório de Registro de Pessoa Jurídica, ou em outro órgão equivalente, contendo assinatura do representante legal da empresa licitante e do profissional de contabilidade habilitado e devidamente registrado no Conselho Regional de Contabilidade – CRC.

3 – O Balanço Patrimonial e Demonstrações Contábeis apresentadas para fins de habilitação após o último dia útil do mês de maio do corrente ano serão obrigatoriamente do exercício imediatamente anterior.

6.3.2. Certidão de Falência e Concordata emitida por órgão competente com data de emissão de até 3 (três) meses da data de abertura da sessão, quando ausente indicação expressa de prazo de validade na certidão.

6.3.2.1. No caso de certidão de recuperação judicial positiva, a licitante deverá, juntamente com a certidão, sob pena de inabilitação, apresentar comprovação de que o plano de recuperação expressamente prevê a participação da empresa em contratações públicas, bem como que referido plano foi homologado judicialmente.

6.4. Regularidade fiscal e trabalhista:

a) prova de inscrição no Cadastro Nacional de Pessoas Jurídicas (CNPJ) atualizado, relativo ao domicílio ou sede do licitante, pertinente e compatível com o objeto desta licitação;

b) prova de regularidade para com a Fazenda Estadual e Municipal do domicílio ou sede do licitante, ou outra equivalente, na forma da lei;

c) Prova de regularidade para com a Fazenda Federal relativa a Tributos Federais e à Dívida Ativa da União e prova de regularidade perante o Instituto Nacional de Seguridade Social – INSS, através de certidão expedida conjuntamente pela Secretaria da Receita Federal do Brasil – RFB e pela Procuradoria-Geral da Fazenda Nacional – PGFN, conforme Portarias MF 358 e 443/2014;

d) prova de regularidade relativa ao Fundo de Garantia por Tempo de Serviço, demonstrando situação regular no cumprimento dos encargos sociais instituídos por lei, mediante a apresentação de:

– Certificado de Regularidade de Situação perante o Fundo de Garantia do Tempo de Serviço – FGTS ou documento equivalente que comprove a regularidade;

e) Certidão Negativa de Débitos Trabalhistas (CNDT), provando a inexistência de débitos inadimplidos perante a Justiça do Trabalho;

6.5. Deverão ainda, as licitantes, apresentar:

a) Declaração de cumprimento do disposto no inciso XXXIII do art. 7º da Constituição Federal, na forma do Decreto nº 4.358/2002, de acordo com o Anexo IV;

b) Termo de Adesão ao Credenciamento devidamente preenchido, conforme modelo contido no Anexo III.

6.6. Sob pena de inabilitação, todos os documentos apresentados para habilitação deverão estar em nome do licitante e, preferencialmente, com número do CNPJ e endereço respectivo, observando-se que:

a) se o licitante for matriz, todos os documentos deverão estar em nome da matriz; ou

b) se o licitante for filial, todos os documentos deverão estar em nome da filial;

c) se o licitante for matriz, e o executor do contrato for filial, a documentação deverá ser apresentada com CNPJ da matriz e da filial, simultaneamente;

d) serão dispensados da filial aqueles documentos que, pela própria natureza, comprovadamente, forem emitidos somente em nome da matriz.

7. DO PROCEDIMENTO

7.1. A Comissão poderá, durante a análise da documentação, convocar os interessados para quaisquer esclarecimentos, porventura necessários.

7.2. A recusa será sempre baseada no não cumprimento de quesitos estabelecidos pelo Edital de Credenciamento.

7.3. Serão credenciadas todas as licitantes que satisfizerem as exigências contidas neste edital, cabendo ao usuário agendar a execução do serviço diretamente com um dos credenciados.

8. DAS OBRIGAÇÕES DO CREDENCIADO

8.1. Caberá ao credenciado as seguintes obrigações no cumprimento do objeto deste credenciamento:

I – *(DESCREVER AQUI OS SERVIÇOS A SEREM EXECUTADOS)*

II –

III –

8.2. Manter-se, durante toda a execução do serviço, em compatibilidade com todas as condições de habilitação e qualificação exigidas no credenciamento.

8.3. O Município se reserva o direito de, a qualquer momento, solicitar a atualização dos documentos relativos à habilitação/qualificação para o credenciamento.

9. DO VALOR E FORMA DE PAGAMENTO

9.1. A remuneração pelos serviços realizados obedecerá aos valores constantes do Anexo I;

9.2. A Secretaria Municipal de Fazenda efetuará o pagamento decorrente da concretização do objeto licitado, por processo legal, mensalmente, após a comprovação da prestação dos serviços, sendo necessária a apresentação dos documentos fiscais devidos, em até _____ (_____) dias úteis;

9.3. Em caso de irregularidade na emissão dos documentos fiscais, o prazo de pagamento será contado a partir da regularização destes e sua reapresentação;

9.4. O Município poderá sustar o pagamento a que a prestadora de serviço tenha direito, enquanto não sanados os defeitos, vícios ou incorreções resultantes da contratação e/ou não recolhimento de multa aplicada;

9.5. Os pagamentos efetuados à prestadora de serviço não a isentarão de suas obrigações e responsabilidades vinculadas à execução do serviço, especialmente aquelas relacionadas com a qualidade;

9.6. Nos casos de eventuais atrasos de pagamento não justificados, provocados exclusivamente pela Administração, o valor devido deverá ser acrescido de atualização financeira, e sua apuração se fará desde a data de seu vencimento até a data do efetivo pagamento, em que os juros de mora serão calculados à taxa de 0,5% (meio por cento) ao mês, mediante aplicação da seguinte fórmula:

$$EM = N \times VP \times I$$

onde:

EM = Encargos moratórios;

VP = Valor da parcela em atraso;

N = Número de dias entre a data prevista para o pagamento (vencimento) e a do efetivo pagamento;

I = Índice de compensação financeira, assim apurado:

$$I = \frac{(TX / 100)}{30}$$

TX = Percentual da taxa de juros de mora mensal definido no edital/contrato.

10. DO CONTRATO DE ADESÃO

10.1. O interessado que atender a todas as condições previstas neste edital será convocado para assinar o Contrato de Adesão, no prazo de ____ (_____) contados da _____, conforme modelo contido no Anexo II.

11. SANÇÕES PARA O CASO DE INADIMPLEMENTO

(Adequar essa cláusula de acordo com a legislação municipal que regulamentar a aplicação de penalidades)

11.1. Incorre em infração administrativa o fornecedor que cometer quaisquer das infrações previstas no art. 155 da Lei nº 14.133, de 2021 e art. ___ do Decreto de nº_____, quais sejam:

I – dar causa à inexecução parcial do contrato;

II – dar causa à inexecução parcial do contrato que cause grave dano à Administração, ao funcionamento dos serviços públicos ou ao interesse coletivo;

III – dar causa à inexecução total do contrato;

IV – deixar de entregar a documentação exigida para o certame;

V – não manter a proposta, salvo em decorrência de fato superveniente devidamente justificado;

VI – não celebrar o contrato ou não entregar a documentação exigida para a contratação, quando convocado dentro do prazo de validade de sua proposta;

VII – ensejar o retardamento da execução ou da entrega do objeto da licitação sem motivo justificado;

VIII – apresentar declaração ou documentação falsa exigida para o certame ou prestar declaração falsa durante a licitação ou a execução do contrato;

IX – fraudar a licitação ou praticar ato fraudulento na execução do contrato;

X – comportar-se de modo inidôneo ou cometer fraude de qualquer natureza;

XI – praticar atos ilícitos com vistas a frustrar os objetivos da licitação;

XII – praticar ato lesivo previsto no art. 5º da Lei nº 12.846, de 1º de agosto de 2013;

XIII – tumultuar a sessão pública da licitação;

XIV – propor recursos manifestamente protelatórios em sede de contratação direta ou de licitação;

XV – deixar de regularizar os documentos fiscais no prazo concedido, na hipótese de o infrator enquadrar-se como Microempresa ou Empresa de Pequeno Porte, nos termos da Lei Complementar Federal nº 123, de 14 de dezembro de 2006;

XVI – deixar de manter as condições de habilitação durante o prazo do contrato;

XVII – permanecer inadimplente após a aplicação de advertência;

XVIII – deixar de complementar o valor da garantia recolhida após solicitação do contratante;

XIX – deixar de devolver eventuais valores recebidos indevidamente após ser devidamente notificado;

XX – manter empregado, responsável técnico ou qualquer pessoa sob sua responsabilidade com qualificação em desacordo com as exigências do edital ou do contrato, durante a execução do objeto;

XXI – utilizar as dependências do contratante para fins diversos do objeto do contrato;

XXII – tolerar, no cumprimento do contrato, situação apta a gerar ou causar dano físico, lesão corporal ou consequências letais a qualquer pessoa;

XXIII – deixar de fornecer Equipamento de Proteção Individual – EPI, quando exigido, aos seus empregados ou omitir-se em fiscalizar sua utilização, na hipótese de contratação de serviços de mão de obra;

XXIV – deixar de substituir empregado cujo comportamento for incompatível com o interesse público, em especial quando solicitado pela Administração;

XXV – deixar de repor funcionários faltosos;

XXVI – deixar de apresentar, quando solicitado pela administração, comprovação do cumprimento das obrigações trabalhistas e com o Fundo de Garantia do tempo de Serviço (FGTS) em relação aos empregados diretamente envolvidos na execução do contrato, em especial quanto ao:

a) registro de ponto;

b) recibo de pagamento de salários, adicionais, horas extras, repouso semanal remunerado e décimo terceiro salário;

c) comprovante de depósito do FGTS;

d) recibo de concessão e pagamento de férias e do respectivo adicional;

e) recibo de quitação de obrigações trabalhistas e previdenciárias dos empregados dispensados até a data da extinção do contrato;

f) recibo de pagamento de vale-transporte e vale-alimentação, na forma prevista em norma coletiva.

XXVII – deixar de observar a legislação pertinente aplicável ao seu ramo de atividade;

XXVIII – entregar o objeto contratual em desacordo com as especificações, condições e qualidades contratadas e/ou com vício, irregularidade ou defeito oculto que o tornem impróprio para o fim a que se destina;

XXIX – ofender agentes públicos no exercício de suas funções;

XXX – induzir a administração em erro;

XXXI – deixar de manter empregados, que fiquem nas dependências e à disposição da administração nos contratos de serviços contínuos com regime de dedicação exclusiva de mão de obra;

XXXII – compartilhar recursos humanos e materiais disponíveis de uma contratação para execução simultânea de outros contratos por parte do contratado, nos contratos de serviços contínuos com regime de dedicação exclusiva de mão de obra;

XXXIII – impossibilitar a fiscalização pelo contratante quanto à distribuição, controle e supervisão dos recursos humanos alocados aos seus contratos, em relação aos contratos de serviços contínuos com regime de dedicação exclusiva de mão de obra;

XXXIV – apresentar proposta inexequível com finalidade de tumultuar o procedimento;

XXXV – deixar de demonstrar exequibilidade da proposta quando exigida pela administração;

XXXVI – subcontratar serviço em contrato em que não há essa possibilidade;

XXXVII – deixar de apresentar no prazo do art. 96, §3º da Lei 14133/21, garantia pelo contratado quando optar pela modalidade seguro garantia;

XXXVIII – deixar de comprovar, quando solicitado, na execução contratual, a reserva de cargos prevista em lei para pessoa com deficiência, para reabilitado da Previdência Social ou para aprendiz, bem como as reservas de cargos previstas em outras normas específicas;

XXXIX – deixar de manter preposto aceito pela Administração no local da obra ou do serviço para representar o contratado na execução do contrato;

XL – deixar de aceitar as supressões e acréscimos de até 25% (vinte e cinco por cento) em relação aos contratos.

11.2. O fornecedor que cometer qualquer das infrações discriminadas nos subitens anteriores ficará sujeito, sem prejuízo da responsabilidade civil e criminal, às seguintes sanções:

11.2.1. de advertência que consiste em comunicação formal ao infrator do descumprimento de uma obrigação do edital, da Ata de Registros de Preços ou da inexecução parcial do contrato quando não se justificar a imposição de penalidade mais grave;

11.2.2. de multa, o infrator que, injustificadamente, descumprir a legislação, cláusulas do edital ou cláusulas contratuais, não podendo ser inferior a 0,5% (cinco décimos por cento) nem superior a 30% (trinta por cento) do valor de referência do certame ou do contrato nos termos estabelecidos nos respectivos instrumentos, devendo ser observados, preferencialmente, os seguintes percentuais e diretrizes:

I – multa moratória de 0,5% (cinco décimos por cento) por dia de atraso na entrega de material ou execução de serviços, até o limite de 10% (dez por cento), correspondente a até 30 (trinta) dias de atraso, calculado sobre o valor correspondente à parte inadimplente, excluída, quando for o caso, a parcela correspondente aos impostos destacados no documento fiscal;

II – multa de 10% (dez por cento) sobre o valor total da adjudicação do certame ou do valor da contratação direta em caso de recusa do infrator em assinar o contrato, ou recusar-se a aceitar ou retirar o instrumento equivalente;

III – multa de 5% (cinco por cento) sobre o valor de referência do certame, nas hipóteses constantes do item 11.1, subitens I, IV, V, XIII, XIV e XV, deste edital;

IV – multa de 5% (cinco por cento) sobre o valor total da adjudicação, nas hipóteses constantes do item 11.1, subitens XVI, XVII, XVIII, XX, XXI, XXIII, XXIV, XXV, XXVI, XXVII, XXXI, XXXIII, XXXVIII e XXXIX deste edital;

V – multa de 10% (dez por cento) sobre o valor de referência do certame, nas hipóteses constantes do item 11.1, subitens II, III, VI, VII, VIII, IX, X, XI, XII, XXIX, XXX, XXXIV e XXXV deste edital;

VI – multa de 10% (dez por cento) sobre o valor total da adjudicação, nas hipóteses constantes do item 11.1, subitens XIX, XXII, XVIII, XXXII, XXXVI, XXXVII e XL, deste edital;

VII – multa indenizatória, a título de perdas e danos, na hipótese de o infrator ensejar a rescisão do contrato e sua conduta implicar gastos à administração, superiores aos contratados.

11.2.3. de impedimento de licitar e contratar que impedirá o infrator de participar de licitação e contratar com a administração:

I – por até 01 (um) ano, se o infrator:

a) deixar de entregar a documentação exigida para o certame;

b) não manter a proposta, salvo em decorrência de fato superveniente devidamente justificado;

c) ensejar o retardamento da execução ou da entrega do objeto do certame sem motivo justificado;

II – por até 02 (dois) anos, se o infrator:

a) apresentar declaração ou documentação falsa exigida para o certame ou prestar declaração falsa durante o mesmo ou durante a execução do contrato;

b) der causa à inexecução parcial do contrato que cause grave dano à administração, ao funcionamento dos serviços públicos ou ao interesse coletivo;

III – por até 03 (três) anos, se o infrator:

a) não celebrar o contrato, quando convocado dentro do prazo de validade de sua proposta;

b) fraudar o certame ou praticar ato fraudulento na execução do contrato;

c) der causa à inexecução total do contrato.

d) de Declaração de Inidoneidade de contratar com a Administração Pública, será aplicada por prazo não superior a 6 (seis) anos, nas seguintes hipóteses:

I – por período de 3 (três) a 4 (quatro) anos, no caso de praticar atos ilícitos com vistas a frustrar os objetivos do certame;

II – por período de 4 (quatro) a 5 (cinco) anos, nos casos de:

a) fraudar o certame ou praticar ato fraudulento na execução do contrato;

b) comportar-se de modo inidôneo ou cometer fraude de qualquer natureza.

III – por período de 5 (cinco) a 6 (seis) anos, nos casos de:

a) praticar ato lesivo previsto no art. 5º da Lei 12.846/13;

b) dar causa à inexecução total do contrato, por ato doloso que cause lesão ao erário.

11.3. Na aplicação das sanções será observado Decreto nº _____ de _____.

11.4. Será considerado falta grave e caracterizado como falha em sua execução o não recolhimento das contribuições sociais da Previdência Social, que poderá dar ensejo à rescisão do contrato, sem prejuízo da aplicação de sanção pecuniária e do impedimento para licitar e contratar com a Administração, nos termos da Lei Federal nº 14.133, de 2021.

12. INSTRUÇÕES PARA IMPUGNAÇÕES E RECURSOS

12.1. Qualquer pessoa poderá impugnar os termos do edital de credenciamento, por meio eletrônico, na forma prevista no edital, até três dias úteis anteriores à data fixada para início do recebimento dos documentos para credenciamento, enviada exclusivamente para o endereço eletrônico _____.

12.2. A impugnação não possui efeito suspensivo e caberá à comissão de contratação decidir sobre ela no prazo de três dias úteis, contados da data de recebimento da impugnação.

12.3. A concessão de efeito suspensivo à impugnação é medida excepcional e deverá ser motivada pela comissão de contratação.

12.4. Acolhida a impugnação, será definida e publicada nova data para recebimento dos documentos, se for o caso.

12.5. Os pedidos de esclarecimento deverão ser enviados até o terceiro dia útil que anteceder a data fixada para início do recebimento dos documentos para credenciamento exclusivamente via internet, para o endereço eletrônico _____.

12.6. Os recursos referentes às decisões relativas ao processo de credenciamento poderão ser interpostos no prazo de 3 (três) dias úteis contados do dia subsequente à intimação dos atos. A petição devidamente fundamentada deverá ser dirigida exclusivamente para o endereço eletrônico _____.

12.7. Os recursos serão recebidos e serão dirigidos à autoridade máxima do órgão ou entidade contratante por intermédio da comissão de contratação, o qual poderá reconsiderar sua decisão, no prazo de 3 (três) dias úteis, ou, nesse mesmo prazo, fazê-lo subir, devidamente informado.

12.8. A autoridade máxima, após receber o recurso e a informação da comissão de contratação, proferirá, no prazo de 3 (três) dias úteis, a sua decisão, devendo promover a sua respectiva publicação.

12.9. A comissão de contratação não se responsabilizará por impugnações e recursos que não sejam entregues na forma prevista na presente cláusula.

13. DAS DISPOSIÇÕES GERAIS

13.1. São parte integrante deste edital os Anexos, I, II e III.

13.2. Fica eleito o foro da Comarca de _____, Estado de Minas Gerais, para solucionar quaisquer questões oriundas deste credenciamento.

13.3. Cópias do Edital e seus anexos serão fornecidas, gratuitamente, por meio eletrônico, no provedor do sistema _____, pelo *site* _____ ou *e-mail* _____.

13.4. Quaisquer dúvidas porventura existentes sobre o disposto no presente Edital deverão ser objeto de consulta, à comissão de Contratação por meio eletrônico, em formulário específico do provedor do sistema _____. Demais informações poderão ser obtidas pelos telefones (__) _____ou através do fax (0__) _____ – *E-mail*: _____.

_____, ____ de _____ de _____.

Comissão de Contratação

ANEXO I AO PROCESSO Nº ____/____, CREDENCIAMENTO ELETRÔNICO Nº ____/____

TERMO DE REFERÊNCIA

(para compras e serviços)

1. DO OBJETO:

1.1. Credenciamento para prestação de serviços de _____, para _____a fim de atender à necessidade da _____ conforme condições, quantidades e exigências estabelecidas neste instrumento e conforme abaixo especificado:

RELAÇÃO DOS SERVIÇOS

ITEM	ATIVIDADE	QUANTIDADE ESTIMADA MENSAL *(OU)* ANUAL *(Definir se o quantitativo estimado será anual ou mensal)*	VALOR R$	ESPECIFICAÇÕES/ OBRIGAÇÕES
01				

(O QUADRO ACIMA DEVERÁ SER PREENCHIDO PELO ÓRGÃO PÚBLICO. O PRESTADOR DE SERVIÇOS SÓ VAI ADERIR AO ESTABELECIDO PELA ADMINISTRAÇÃO)

(A ADMINISTRAÇÃO DEVERÁ FICAR ATENTA AO PREÇO FIXADO NO EDITAL, UMA VEZ QUE NÃO HAVERÁ DISPUTA DE PREÇO. RECOMENDAMOS QUE OBSERVEM O MENOR PREÇO APURADO EM AMPLA PESQUISA DE MERCADO)

1.2. A vigência contratual iniciará na assinatura do contrato e encerrará em ___/___/____.

1.2.1. A vigência do contrato poderá ser prorrogada, nos termos do art. 107 da Lei Federal nº 14.133/2021.

2. JUSTIFICATIVA E OBJETIVO DA CONTRATAÇÃO

2.1. A contratação de _____ é necessária para possibilitar a ____

3. DESCRIÇÃO DA SOLUÇÃO

3.1. A contratação, conforme quantidades e descrições contidas na cláusula 1 deste instrumento, visa atender à necessidade de _____, motivo pelo qual é necessária a contratação pelo período de _____.

4. DA FUNDAMENTAÇÃO LEGAL

4.1. Contratação fundamentada nos pressupostos do art. 74, IV, c/c inciso II do art. 79, da Lei nº 14.133, de 1º de abril de 2021.

5. REQUISITOS DA CONTRATAÇÃO

5.1. São requisitos da contratação, além do disposto no Documento de Formalização de Demanda e/ou Estudos Técnicos Preliminares:

5.1.1. Em razão da inviabilidade de competição, será contratada _____ para _____.

5.1.2. A execução dos serviços deverá ser iniciada em até ___ (_____) dias, contados do recebimento da nota de empenho;

(incluir aqui informações específicas relacionadas à forma de execução dos serviços, se houver)

6. DOS EFEITOS DA CONTRATAÇÃO

6.1. Busca-se com a contratação do objeto alcançar _____, para _____.

7. DOS CRITÉRIOS DE MEDIÇÃO E PAGAMENTO

7.1. O pagamento será realizado até o ___ (_____) dia do mês subsequente à efetiva execução do serviço, mediante a disponibilização da nota fiscal correspondente e relatório detalhado dos serviços prestados, devidamente comprovado pelo fiscal do contrato.

8. DA ADEQUAÇÃO ORÇAMENTÁRIA

8.1. As despesas decorrentes desta contratação correrão pelas dotações orçamentárias nºs _____.

9. DA FISCALIZAÇÃO

9.1. A fiscalização e acompanhamento da execução do contrato serão realizados pelo _____, através da realização de _____ _____.

10. DO VALOR ESTIMADO DA CONTRATAÇÃO

10.1. O valor estimado da contratação foi apurado através de pesquisa de preços realizada no PNCP para objeto idêntico *OU* similar.

11. DA EXECUÇÃO DO SERVIÇO

11.1. A Secretaria _____ emitirá a ordem de serviços e a entregará diretamente ao usuário, acompanhada da relação de todos os credenciados.

11.2. Caberá ao usuário agendar a execução do serviço diretamente com um dos credenciados.

MODELO DE EDITAL DE INEXIGIBILIDADE/ CREDENCIAMENTO – ARTIGO 74, IV, C/C 79, I, DA LEI FEDERAL Nº 14.133/2021

PROCESSO Nº _____/_____

EDITAL DE CREDENCIAMENTO ELETRÔNICO Nº __/_____
EDITAL DE CREDENCIAMENTO ELETRÔNICO DE SERVIÇOS

_____

O Município de _____, através da Comissão de Contratação, divulga para conhecimento do público interessado que no local, hora e data adiante indicados, em sessão pública, receberá as propostas para CREDENCIAMENTO ELETRÔNICO DE SERVIÇOS _____, com fundamento no art. 74, IV c/c art. 79, I da Lei Federal nº 14.133/2021.

1. DA ENTREGA DOS DOCUMENTOS

1.1. Os documentos para credenciamento deverão ser encaminhados, exclusivamente, por meio do sistema eletrônico, a partir de ___/___/____.

1.2. O envio da documentação ocorrerá por meio de chave de acesso e senha.

1.3. A comunicação entre a Comissão de contratação e os licitantes ocorrerá exclusivamente mediante troca de mensagens, em campo próprio do sistema eletrônico.

1.4. Cabe ao licitante acompanhar as operações no sistema eletrônico, ficando responsável pelo ônus decorrente da perda de negócios diante da inobservância de qualquer mensagem emitida pelo sistema ou por estar desconectado do sistema, inclusive quanto ao não encaminhamento de documento afeto ao certame.

1.5. Os interessados poderão solicitar credenciamento, a qualquer tempo, desde que cumpridos todos os requisitos e que esteja vigente o presente edital de credenciamento.

2. DO CADASTRO NO SISTEMA PARA PARTICIPAÇÃO NO CERTAME

2.1. Para participação no certame, a licitante deverá se cadastrar como usuária perante o provedor do sistema eletrônico utilizado pelo Município, qual seja, _____ _____, sendo observado o seguinte:

a) O cadastramento para acesso ao sistema ocorrerá pela atribuição de chave de identificação e de senha pessoal e intransferível;

b) A chave de identificação e senha serão utilizadas em qualquer credenciamento eletrônico;

c) Deverão comunicar imediatamente ao provedor do sistema qualquer acontecimento que possa comprometer o sigilo ou a inviabilidade do uso da senha, para imediato bloqueio de acesso;

d) A senha de acesso é de responsabilidade exclusiva do usuário, não cabendo ao provedor do portal de compras públicas ou ao órgão promotor da licitação responsabilidade por eventuais danos decorrentes do uso indevido da senha, ainda que por terceiros;

e) Deverão solicitar o cancelamento da chave de identificação ou da senha de acesso por interesse próprio.

2.2. Caberá ao licitante acompanhar as operações no sistema eletrônico durante o processo e responsabilizar-se pelo ônus decorrente de eventuais perdas diante da inobservância de mensagens emitidas pelo sistema ou de sua desconexão.

3. DAS PUBLICAÇÕES E INTIMAÇÕES

3.1. Enquanto o município não se cadastrar no PNCP, todas as publicações e intimações, inclusive para fins de recurso, serão feitas no *site* oficial e no Diário Oficial do Município, conforme art. 176 da Lei Federal nº 14.133/2021 e no sistema eletrônico _____ utilizado pelo Município para deflagrar o presente certame. *(redação para municípios com população de até 20.000 habitantes)*

4. DO OBJETO

4.1. Constitui objeto o credenciamento de prestação de serviços de _____ _____, para atender à Secretaria Municipal de _____ _____, conforme especificado no Anexo I deste Edital.

4.2. O credenciamento será distribuído por item para os quais os interessados poderão participar de um ou mais itens.

5. DA DOTAÇÃO ORÇAMENTÁRIA

5.1. As despesas decorrentes deste Credenciamento correrão à conta das dotações orçamentárias nºs _____.

6. DA DOCUMENTAÇÃO

6.1. Habilitação jurídica:

a) Registro comercial, no caso de empresa individual.

b) Ato constitutivo, estatuto ou contrato social em vigor, devidamente registrado.

b.1) No caso de sociedades por ações, deverá estar acompanhado da documentação de eleição de seus administradores.

b.2) O contrato social consolidado dispensa a apresentação do contrato original e das alterações anteriores, devendo ser apresentadas alterações posteriores, ainda não consolidadas.

c) Inscrição do ato constitutivo, no caso de sociedades civis, acompanhada de prova de diretoria em exercício.

d) Em se tratando de Microempreendedor Individual – MEI, o Contrato Social ou Estatuto poderá ser substituído pelo Certificado da Condição de Microempreendedor Individual – CCMEI.

e) Decreto de autorização, em se tratando de empresa ou sociedade estrangeira em funcionamento no País e ato de registro ou autorização para funcionamento expedido pelo órgão ou entidade competente.

6.2. Qualificação técnica:

a) Comprovação de aptidão pertinente e compatível em características com o objeto do credenciamento, através de atestado(s) emitido(s) por pessoa(s) jurídica(s) de direito público ou privado.

b) Registro do Responsável Técnico no Conselho Regional Profissional compatível com o objeto.

(Adaptar a exigência de qualificação técnica conforme natureza do objeto)

6.3. Qualificação econômico-financeira:

6.3.1. Balanço Patrimonial e Demonstrações Contábeis dos 2 (dois) últimos exercícios sociais, já exigíveis e apresentados na forma da lei, que comprovem a boa situação financeira da empresa, vedada a sua substituição por balancetes ou balanços provisórios, podendo ser atualizados monetariamente, quando encerrados há mais de 03 (três) meses da data de apresentação da proposta, tomando como base a variação, ocorrida no período, do ÍNDICE GERAL DE PREÇOS – DISPONIBILIDADE INTERNA – IGP-DI, publicado pela Fundação Getúlio Vargas – FGV ou outro indicador que o venha substituir.

1 – Se necessária a atualização monetária do Balanço Patrimonial, deverá ser apresentado, juntamente com os documentos em apreço, o Memorial de Cálculo correspondente, assinado pelo representante legal da empresa licitante e por profissional de contabilidade habilitado e devidamente registrado no Conselho Regional de Contabilidade – CRC.

Observações: Serão também aceitos como na forma da lei o Balanço Patrimonial e Demonstrações Contábeis assim apresentados:

I. Sociedades regidas pela Lei Federal nº 6.404/1976 (Sociedade Anônima): Publicados em Diário Oficial, ou publicados em jornal de grande circulação, ou por fotocópia registrada ou autenticada na Junta Comercial da sede ou domicílio da empresa, ou em outro órgão equivalente;

II. Sociedades sujeitas ao regime estabelecido pela Lei Complementar nº 123/2006, optantes pelo Regime Especial Unificado de Arrecadação de Tributos e Contribuições Simples Nacional, o Balanço Patrimonial poderá ser substituído pela Declaração de Informações Socioeconômicas e Fiscais – DEFIS.

III. Microempreendedor Individual – MEI, o Balanço Patrimonial poderá ser substituído pela Declaração Anual do Simples Nacional – DASN.

IV. Sociedades cadastradas no Sistema Público de Escrituração Digital – SPED deverão apresentar, na forma da lei, a seguinte documentação, extraída das fichas do Livro Digital:

– Termos de Abertura e Encerramento do Livro Digital;

– Balanço Patrimonial;

– Demonstrativo de Resultado do Exercício; e

– Recibo de entrega emitido pelo SPED.

V. Sociedades criadas no exercício em curso: Fotocópia do Balanço de Abertura, devidamente registrado ou autenticado na Junta Comercial da sede ou domicílio da empresa, ou em outro órgão equivalente.

2 – Os documentos relativos ao Balanço Patrimonial e Demonstrações Contábeis somente serão aceitos se publicados em jornais oficiais (publicação original ou cópia que possibilite inclusive a identificação do veículo e a data da publicação), ou cópias do Livro Diário registrado na Junta Comercial, Cartório de Registro de Pessoa Jurídica, ou em outro órgão equivalente, contendo assinatura do representante legal da empresa licitante e do profissional de contabilidade habilitado e devidamente registrado no Conselho Regional de Contabilidade – CRC.

3 – O Balanço Patrimonial e Demonstrações Contábeis apresentadas para fins de habilitação após o último dia útil do mês de maio do corrente ano serão obrigatoriamente do exercício imediatamente anterior.

6.3.2. Certidão de Falência e Concordata emitida por órgão competente com data de emissão de até 3 (três) meses da data de abertura da sessão, quando ausente indicação expressa de prazo de validade na certidão.

6.3.2.1. No caso de certidão de recuperação judicial positiva, a licitante deverá, juntamente da certidão, sob pena de inabilitação, apresentar comprovação de que o plano de recuperação expressamente prevê a participação da empresa em contratações públicas, bem como que referido plano foi homologado judicialmente.

6.4. Regularidade fiscal e trabalhista:

a) prova de inscrição no Cadastro Nacional de Pessoas Jurídicas (CNPJ) atualizado, relativo ao domicílio ou sede do licitante, pertinente e compatível com o objeto desta licitação;

b) prova de regularidade para com a Fazenda Estadual e Municipal do domicílio ou sede do licitante, ou outra equivalente, na forma da lei;

c) Prova de regularidade para com a Fazenda Federal relativa a Tributos Federais e à Dívida Ativa da União e prova de regularidade perante o Instituto Nacional de Seguridade Social – INSS, através de certidão expedida conjuntamente pela Secretaria da Receita Federal do Brasil – RFB e pela Procuradoria-Geral da Fazenda Nacional – PGFN, conforme Portarias MF 358 e 443/2014.

d) prova de regularidade relativa ao Fundo de Garantia por Tempo de Serviço, demonstrando situação regular no cumprimento dos encargos sociais instituídos por lei, mediante a apresentação de:

– Certificado de Regularidade de Situação perante o Fundo de Garantia do Tempo de Serviço – FGTS ou documento equivalente que comprove a regularidade.

e) Certidão Negativa de Débitos Trabalhistas (CNDT), provando a inexistência de débitos inadimplidos perante a Justiça do Trabalho.

6.5. Deverão ainda, as licitantes, apresentar:

a) Declaração de cumprimento do disposto no inciso XXXIII do art. 7º da Constituição Federal, na forma do Decreto nº 4.358/2002, de acordo com o Anexo IV.

b) Termo de Adesão ao Credenciamento devidamente preenchido, conforme modelo contido no Anexo III.

6.6. Sob pena de inabilitação, todos os documentos apresentados para habilitação deverão estar em nome do licitante e, preferencialmente, com número do CNPJ e endereço respectivo, observando-se que:

a) se o licitante for matriz, todos os documentos deverão estar em nome da matriz; ou

b) se o licitante for filial, todos os documentos deverão estar em nome da filial;

c) se o licitante for matriz, e o executor do contrato for filial, a documentação deverá ser apresentada com CNPJ da matriz e da filial, simultaneamente;

d) serão dispensados da filial aqueles documentos que, pela própria natureza, comprovadamente, forem emitidos somente em nome da matriz.

7. DO PROCEDIMENTO

7.1. A Comissão poderá, durante a análise da documentação, convocar os interessados para quaisquer esclarecimentos, porventura necessários.

7.2. A recusa será sempre baseada no não cumprimento de quesitos estabelecidos pelo Edital de Credenciamento.

7.3. Serão credenciadas todas as licitantes que satisfizerem as exigências contidas neste edital.

7.4. Para a execução dos serviços será elaborada uma lista que deverá ser seguida rigorosamente quando da convocação para execução dos serviços.

7.5. Será realizado sorteio para definir a ordem de classificação dos credenciados no dia _____, às _____ horas.

7.6. À medida que forem deferidas novas adesões, os credenciados serão inseridos ao final da lista, obedecida a ordem de deferimento.

7.7. Executado o serviço ou sendo chamado e não puder atender, será convocado o próximo da lista e assim sucessivamente.

8. DAS OBRIGAÇÕES DO CREDENCIADO

8.1. Caberá ao credenciado as seguintes obrigações no cumprimento do objeto deste credenciamento:

I – *(Descrever aqui os serviços a serem executados)*

II –

III –

8.2. Manter-se, durante toda a execução do serviço, em compatibilidade com todas as condições de habilitação e qualificação exigidas no credenciamento.

8.3. O Município se reserva o direito de, a qualquer momento, solicitar a atualização dos documentos relativos à habilitação/qualificação para o credenciamento.

9. DO VALOR E FORMA DE PAGAMENTO

9.1. A remuneração pelos serviços realizados obedecerá aos valores constantes do Anexo I.

9.2. A Secretaria Municipal de Fazenda efetuará o pagamento decorrente da concretização do objeto licitado, por processo legal, mensalmente, após a comprovação da prestação dos serviços, sendo necessária a apresentação dos documentos fiscais devidos, em até _____ (_____) dias úteis.

9.3. Em caso de irregularidade na emissão dos documentos fiscais, o prazo de pagamento será contado a partir da regularização dos mesmos e sua reapresentação.

9.4. O Município poderá sustar o pagamento a que a prestadora de serviço tenha direito, enquanto não sanados os defeitos, vícios ou incorreções resultantes da contratação e/ou não recolhimento de multa aplicada.

9.5. Os pagamentos efetuados à prestadora de serviço não a isentarão de suas obrigações e responsabilidades vinculadas à execução do serviço, especialmente aquelas relacionadas com a qualidade.

9.6. Nos casos de eventuais atrasos de pagamento não justificados, provocados exclusivamente pela Administração, o valor devido deverá ser acrescido de atualização financeira, e sua apuração se fará desde a data de seu vencimento até a data do efetivo pagamento, em que os juros de mora serão calculados à taxa de 0,5% (meio por cento) ao mês, mediante aplicação da seguinte fórmula:

$$EM = N \times VP \times I$$

onde:

EM = Encargos moratórios;

VP = Valor da parcela em atraso;

N = Número de dias entre a data prevista para o pagamento (vencimento) e a do efetivo pagamento;

I = Índice de compensação financeira, assim apurado:

$$I = \frac{(TX / 100)}{30}$$

TX = Percentual da taxa de juros de mora mensal definido no edital/contrato.

10. DO CONTRATO DE ADESÃO

10.1. O interessado que atender a todas as condições previstas neste edital será convocado para assinar o Contrato de Adesão, no prazo de ____ (_____) contados da _____, conforme modelo contido no Anexo II.

11. SANÇÕES PARA O CASO DE INADIMPLEMENTO

(Adequar essa cláusula de acordo com a legislação municipal que regulamentar a aplicação de penalidades)

11.1. Incorre em infração administrativa o fornecedor que cometer quaisquer das infrações previstas no art. 155 da Lei nº 14.133, de 2021 e art. ___ do Decreto de nº_____, quais sejam:

I – dar causa à inexecução parcial do contrato;

II – dar causa à inexecução parcial do contrato que cause grave dano à Administração, ao funcionamento dos serviços públicos ou ao interesse coletivo;

III – dar causa à inexecução total do contrato;

IV – deixar de entregar a documentação exigida para o certame;

V – não manter a proposta, salvo em decorrência de fato superveniente devidamente justificado;

VI – não celebrar o contrato ou não entregar a documentação exigida para a contratação, quando convocado dentro do prazo de validade de sua proposta;

VII – ensejar o retardamento da execução ou da entrega do objeto da licitação sem motivo justificado;

VIII – apresentar declaração ou documentação falsa exigida para o certame ou prestar declaração falsa durante a licitação ou a execução do contrato;

IX – fraudar a licitação ou praticar ato fraudulento na execução do contrato;

X – comportar-se de modo inidôneo ou cometer fraude de qualquer natureza;

XI – praticar atos ilícitos com vistas a frustrar os objetivos da licitação;

XII – praticar ato lesivo previsto no art. 5º da Lei nº 12.846, de 1º de agosto de 2013;

XIII – tumultuar a sessão pública da licitação;

XIV – propor recursos manifestamente protelatórios em sede de contratação direta ou de licitação;

XV – deixar de regularizar os documentos fiscais no prazo concedido, na hipótese de o infrator enquadrar-se como Microempresa ou Empresa de Pequeno Porte, nos termos da Lei Complementar Federal nº 123, de 14 de dezembro de 2006;

XVI – deixar de manter as condições de habilitação durante o prazo do contrato;

XVII – permanecer inadimplente após a aplicação de advertência;

XVIII – deixar de complementar o valor da garantia recolhida após solicitação do contratante;

XIX – deixar de devolver eventuais valores recebidos indevidamente após ser devidamente notificado;

XX – manter empregado, responsável técnico ou qualquer pessoa sob sua responsabilidade com qualificação em desacordo com as exigências do edital ou do contrato, durante a execução do objeto;

XXI – utilizar as dependências do contratante para fins diversos do objeto do contrato;

XXII – tolerar, no cumprimento do contrato, situação apta a gerar ou causar dano físico, lesão corporal ou consequências letais a qualquer pessoa;

XXIII – deixar de fornecer Equipamento de Proteção Individual – EPI, quando exigido, aos seus empregados ou omitir-se em fiscalizar sua utilização, na hipótese de contratação de serviços de mão de obra;

XXIV – deixar de substituir empregado cujo comportamento for incompatível com o interesse público, em especial quando solicitado pela Administração;

XXV – deixar de repor funcionários faltosos;

XXVI – deixar de apresentar, quando solicitado pela administração, comprovação do cumprimento das obrigações trabalhistas e com o Fundo de Garantia do tempo de Serviço (FGTS) em relação aos empregados diretamente envolvidos na execução do contrato, em especial quanto ao:

a) registro de ponto;

b) recibo de pagamento de salários, adicionais, horas extras, repouso semanal remunerado e décimo terceiro salário;

c) comprovante de depósito do FGTS;

d) recibo de concessão e pagamento de férias e do respectivo adicional;

e) recibo de quitação de obrigações trabalhistas e previdenciárias dos empregados dispensados até a data da extinção do contrato;

f) recibo de pagamento de vale-transporte e vale-alimentação, na forma prevista em norma coletiva.

XXVII – deixar de observar a legislação pertinente aplicável ao seu ramo de atividade;

XXVIII – entregar o objeto contratual em desacordo com as especificações, condições e qualidades contratadas e/ou com vício, irregularidade ou defeito oculto que o tornem impróprio para o fim a que se destina;

XXIX – ofender agentes públicos no exercício de suas funções;

XXX – induzir a administração em erro;

XXXI – deixar de manter empregados, que fiquem nas dependências e à disposição da administração nos contratos de serviços contínuos com regime de dedicação exclusiva de mão de obra;

XXXII – compartilhar recursos humanos e materiais disponíveis de uma contratação para execução simultânea de outros contratos por parte do contratado, nos contratos de serviços contínuos com regime de dedicação exclusiva de mão de obra;

XXXIII – impossibilitar a fiscalização pelo contratante quanto à distribuição, controle e supervisão dos recursos humanos alocados aos seus contratos, em relação aos contratos de serviços contínuos com regime de dedicação exclusiva de mão de obra;

XXXIV – apresentar proposta inexequível com finalidade de tumultuar o procedimento;

XXXV – deixar de demonstrar exequibilidade da proposta quando exigida pela administração;

XXXVI – subcontratar serviço em contrato em que não há essa possibilidade;

XXXVII – deixar de apresentar no prazo do art. 96, §3º da Lei 14.133/21, garantia pelo contratado quando optar pela modalidade seguro garantia;

XXXVIII – deixar de comprovar, quando solicitado, na execução contratual, a reserva de cargos prevista em lei para pessoa com deficiência, para reabilitado da Previdência Social ou para aprendiz, bem como as reservas de cargos previstas em outras normas específicas;

XXXIX – deixar de manter preposto aceito pela Administração no local da obra ou do serviço para representar o contratado na execução do contrato;

XL – deixar de aceitar as supressões e acréscimos de até 25% (vinte e cinco por cento) em relação aos contratos.

11.2. O fornecedor que cometer qualquer das infrações discriminadas nos subitens anteriores ficará sujeito, sem prejuízo da responsabilidade civil e criminal, às seguintes sanções:

11.2.1. de advertência que consiste em comunicação formal ao infrator do descumprimento de uma obrigação do edital, da Ata de Registros de Preços ou da inexecução parcial do contrato quando não se justificar a imposição de penalidade mais grave;

11.2.2. de multa, o infrator que, injustificadamente, descumprir a legislação, cláusulas do edital ou cláusulas contratuais, não podendo ser inferior a 0,5% (cinco décimos por cento) nem superior a 30% (trinta por cento) do valor de referência do certame ou do contrato nos termos estabelecidos nos respectivos instrumentos, devendo ser observados, preferencialmente, os seguintes percentuais e diretrizes:

I – multa moratória de 0,5% (cinco décimos por cento) por dia de atraso na entrega de material ou execução de serviços, até o limite de 10% (dez por cento), correspondente a até 30 (trinta) dias de atraso, calculado sobre o valor correspondente à parte inadimplente, excluída, quando for o caso, a parcela correspondente aos impostos destacados no documento fiscal;

II – multa de 10% (dez por cento) sobre o valor total da adjudicação do certame ou do valor da contratação direta em caso de recusa do infrator em assinar o contrato, ou recusar-se a aceitar ou retirar o instrumento equivalente;

III – multa de 5% (cinco por cento) sobre o valor de referência do certame, nas hipóteses constantes do item 11.1, subitens I, IV, V, XIII, XIV e XV, deste edital;

IV – multa de 5% (cinco por cento) sobre o valor total da adjudicação, nas hipóteses constantes do item 11.1, subitens XVI, XVII, XVIII, XX, XXI, XXIII, XXIV, XXV, XXVI, XXVII, XXXI, XXXIII, XXXVIII e XXXIX deste edital;

V – multa de 10% (dez por cento) sobre o valor de referência do certame, nas hipóteses constantes do item 11.1, subitens II, III, VI, VII, VIII, IX, X, XI, XII, XXIX, XXX, XXXIV e XXXV deste edital;

VI – multa de 10% (dez por cento) sobre o valor total da adjudicação, nas hipóteses constantes do item 11.1, subitens XIX, XXII, XVIII, XXXII, XXXVI, XXXVII e XL, deste edital;

VII – multa indenizatória, a título de perdas e danos, na hipótese de o infrator ensejar a rescisão do contrato e sua conduta implicar gastos à administração, superiores aos contratados.

c) de impedimento de licitar e contratar que impedirá o infrator de participar de licitação e contratar com a administração:

I – por até 01 (um) ano, se o infrator:

a) deixar de entregar a documentação exigida para o certame;

b) não manter a proposta, salvo em decorrência de fato superveniente devidamente justificado;

c) ensejar o retardamento da execução ou da entrega do objeto do certame sem motivo justificado;

II – por até 02 (dois) anos, se o infrator:

a) apresentar declaração ou documentação falsa exigida para o certame ou prestar declaração falsa durante o mesmo ou durante a execução do contrato;

b) der causa à inexecução parcial do contrato que cause grave dano à administração, ao funcionamento dos serviços públicos ou ao interesse coletivo;

III – por até 03 (três) anos, se o infrator:

a) não celebrar o contrato, quando convocado dentro do prazo de validade de sua proposta;

b) fraudar o certame ou praticar ato fraudulento na execução do contrato;

c) der causa à inexecução total do contrato.

d) de Declaração de Inidoneidade de contratar com a Administração Pública, será aplicada por prazo não superior a 6 (seis) anos, nas seguintes hipóteses:

I – por período de 3 (três) a 4 (quatro) anos, no caso de praticar atos ilícitos com vistas a frustrar os objetivos do certame;

II – por período de 4 (quatro) a 5 (cinco) anos, nos casos de:

a) fraudar o certame ou praticar ato fraudulento na execução do contrato;

b) comportar-se de modo inidôneo ou cometer fraude de qualquer natureza.

III – por período de 5 (cinco) a 6 (seis) anos, nos casos de:

a) praticar ato lesivo previsto no art. 5º da Lei 12.846/13;

b) dar causa à inexecução total do contrato, por ato doloso que cause lesão ao erário.

11.3. Na aplicação das sanções será observado Decreto nº _____ de _____.

11.4. Será considerado falta grave e caracterizado como falha em sua execução o não recolhimento das contribuições sociais da Previdência Social, que poderá dar ensejo à rescisão do contrato, sem prejuízo da aplicação de sanção pecuniária e do impedimento para licitar e contratar com a Administração, nos termos da Lei Federal nº 14.133, de 2021.

12. INSTRUÇÕES PARA IMPUGNAÇÕES E RECURSOS

12.1. Qualquer pessoa poderá impugnar os termos do edital de credenciamento, por meio eletrônico, na forma prevista no edital, até três dias úteis anteriores à data fixada para início do recebimento dos documentos para credenciamento, enviada exclusivamente para o endereço eletrônico _____.

12.2. A impugnação não possui efeito suspensivo e caberá à comissão de contratação ou decidir sobre a mesma no prazo de três dias úteis, contados da data de recebimento da impugnação.

12.3. A concessão de efeito suspensivo à impugnação é medida excepcional e deverá ser motivada pela comissão de contratação.

12.4. Acolhida a impugnação, será definida e publicada nova data para recebimento dos documentos, se for o caso.

12.5. Os pedidos de esclarecimento deverão ser enviados até o terceiro dia útil que anteceder a data fixada para início do recebimento dos documentos para credenciamento exclusivamente via internet, para o endereço eletrônico _____.

12.6. Os recursos referentes às decisões relativas ao processo de credenciamento poderão ser interpostos no prazo de 3 (três) dias úteis contados do dia subsequente à intimação dos atos. A petição devidamente fundamentada deverá ser dirigida exclusivamente para o endereço eletrônico _____.

12.7. Os recursos serão recebidos e serão dirigidos à autoridade máxima do órgão ou entidade contratante por intermédio da comissão de contratação, o qual poderá reconsiderar sua decisão, no prazo de 3 (três) dias úteis, ou, nesse mesmo prazo, fazê-lo subir, devidamente informado.

12.8. A autoridade máxima, após receber o recurso e a informação da comissão de contratação, proferirá, no prazo de 3 (três) dias úteis, a sua decisão, devendo promover a sua respectiva publicação.

12.9. A comissão de contratação ou da comissão especial de credenciamento não se responsabilizará por impugnações e recursos que não sejam entregues na forma prevista na presente cláusula.

13. DAS DISPOSIÇÕES GERAIS

13.1. São parte integrante deste edital os Anexos, I, II e III.

13.2. Fica eleito o foro da Comarca de _____, Estado de Minas Gerais, para solucionar quaisquer questões oriundas deste credenciamento.

13.3. Cópias do Edital e seus anexos serão fornecidas, gratuitamente, por meio eletrônico, no provedor do sistema _____, pelo *site* _____ ou *e-mail* _____.

13.4. Quaisquer dúvidas porventura existentes sobre o disposto no presente Edital deverão ser objeto de consulta, à comissão de Contratação por meio eletrônico, em formulário específico do provedor do sistema _____. Demais informações poderão ser obtidas pelos telefones (__) _____ou através do fax (0__) _____ – *E-mail*: _____.

_____, ____ de _____ de _____.

Comissão de Contratação

REFERÊNCIAS

ANDRADE, Darcy Bessone de Oliveira. *Do contrato*. Rio de Janeiro: Forense, 1960.

COMISSÃO MUNDIAL SOBRE O MEIO AMBIENTE E DESENVOLVIMENTO. *Relatório Brundtland*. 1987.

DALLARI, Adilson Abreu. Privatização, eficiência e responsabilidade. *In*: MOREIRA NETO, Diogo de Figueiredo. *Uma avaliação das tendências contemporâneas do direito administrativo*. Rio de Janeiro: Renovar, 2003.

MEIRELLES, Hely Lopes. *Direito administrativo brasileiro*. São Paulo: Malheiros, 1996.

PEREIRA, Caio Mário da Silva. *Instituições de direito civil*. 6. ed. [s.l.]: [s.n.], 1969. v. III.

TCEMG. *Cartilha TCEMG e os Municípios* 2022. Disponível em: https://eeventos.tce.mg.gov.br.

TOLEDO JUNIOR, Flávio Corrêa de. As despesas impróprias na jurisprudência do TCE-SP. *Fórum Administrativo – FA*, Belo Horizonte, ano 16, n. 185, p. 31-37, jul. 2016.

Esta obra foi composta em fonte Palatino Linotype, corpo 10
e impressa em papel Offset 75g (miolo) e Supremo 250g (capa)
pela gráfica Star7.